제1판 특수교사 임용시험 대비

임지원 특수교육 기출맥서

임지원 편저

2009~2024 기출문제
영역별 수록

박문각 임용 동영상강의 www.pmg.co.kr

3

脈

박문각

기출맥서 **소개**

기출맥서 포커스

•• 정확하고 깊은 분석

1차 고득점을 위한 핵심 자료인 기출문제를 학습하는 데 가장 중요한 것은 정확한 분석이다. 문제의 상황과 의도를 파악하지 않고, 단순히 문제마다 적용된 이론을 알아보기만 하는 것은 단편적이고 얕은 학습에 불과하다. 문제마다 제시된 상황과 요구하는 것, 답안작성의 조건 등을 정확하게 분석하고, 이에 따라 답안의 키워드를 파악할 수 있어야 한다. 이것이 기출분석 및 학습의 핵심이다. 이에 따라 기출맥서는 기출문제를 정확하고 깊게 분석하는 데 초점을 두고 정리하였다.

•• 정확, 명료, 간결한 예시답안

– 정확한 답안

답안작성의 가장 중요한 첫걸음은 문제 상황 및 의도를 정확하게 파악하는 것이다. 그렇지 않으면 말이 되지 않는 오류를 범할 수 있다. 이러한 오류는 다음 학습에도 연쇄적으로 영향을 줄 수 있으며, 이미 형성된 오류와 오개념을 뒤늦게 고쳐나가느라 시간을 허비하는 경우를 종종 본다. 이는 임용시험을 위한 특수교육학 공부에 매우 불필요한 과정이다. 기출문제를 처음 볼 때부터 정확한 예시답안을 기준으로 학습하는 것이 중요하다.

– 명료하고 간결한 답안

가장 좋은 답안은 구체적이고, 명료하며, 간결한 답안이다. 의미가 모호하거나, 추상적이거나, 장황하게 늘여 놓은 답안은 감점의 대상이 되기 쉽다. 서술형 문항의 답안을 작성할 때에는 항상 구체적으로, 명료하게, 간결하게 작성해야 한다. 다만, 기출맥서에서 다루는 수백 문항 중 극소수의 몇 문항은 해석의 여지가 있다고 본다. 이 극소수의 문항을 제외한 모든 서술형 문항의 예시답안은 명료하고 간결한 예시답안이 되도록 정리하였다.

•• 기출 학습의 편의성

기존의 "특수교육의 맥을 잡는 기출 BOOK"을 개정하며, 교재 활용의 편의성을 좀 더 향상시키고자 교재 구성을 전면 개정하였다. 문제와 해설을 한 번에 볼 수 있도록 하되, 왼편에 해설을 싣고, 오른편에 문제를 실어 문제를 풀거나 필기를 할 때 불편함이 없도록 하였다.

기출맥서의 구성

•• 각 파트별로 문제와 해설을 동시에 볼 수 있도록 구성하였다. 왼쪽 페이지에는 해설 자료를, 오른쪽 페이지에는 문제를 배치하여, 문제를 풀고 필기를 하는 데 불편함이 없도록 하였다.

•• 문제: 2009~2024학년도의 유아, 초등, 중등 기출문제 중 특수교육학에 해당하는 문제를 빠짐없이 정리하였다. (교육과정, 법, 2차 전공논술문항 제외)

•• 해설: 정답 및 예시답안, 알찬 지문풀이, 문제 속 자료분석, 관련이론, 고득점 답안 비법, 핵심테마 체크 등으로 구성되어 있으며, 문항에 따라 해설의 구성은 상이하다.

•• 기출맥서는 총 3권으로 구성되어 있다.

– 1권: Part 01 ~ 05 (개별화교육 및 통합교육, 특수교육평가, 행동지원, 특수교육공학, 전환교육)
– 2권: Part 06 ~ 09 (지적장애, 정서 및 행동장애, 자폐범주성장애, 학습장애)
– 3권: Part 10 ~ 14 (시각장애, 청각장애, 의사소통장애, 지체 및 중복장애, 건강장애)

여러분이 똑똑하고 알차게 준비하여 1차 시험에 고득점하기를 바라는 마음을 작업하는 내내 잊지 않으려 했습니다. 명료하고 효과적인 기출분석의 과정에 기출맥서가 양질의 길잡이가 되길 바랍니다.

2024년 임지원

기출맥서 **활용법**

15

정답 및 예시답안

1) ① 네트형 경쟁
② 지나친 경쟁심이 유발되지 않도록
2) 6학년 선수 이예성
3) 영수는 망막색소변성에 의해 망막의
즉, 망막 주변에

알찬 지문풀이

• ㉠ 학생 A의 시력은 한천석 시시력표를
수 있는 수준 ➡ 시력 = [0.1 × 볼 수 있
해당하는 숫자를 읽을 수 있는 수준

• ㉢ 시각장애학교 체육과 교과서 및 지
동 영역이 제외되어 있

문제 속 자료분석

• 준수 ➡ 전맹이므로 시각활용기술을 지
• 경호 ➡ 선천성 백내장은 수정체의 혼탁
주사하기와 같은 시각활용기술보다, 일반
조치가 필요
• 현미 ➡ 무홍채증은 색소결핍에 의한 질
등 광선을 조절해
• 수진 ➡ 망막색소

관련이론

✦ 교육적(기능적) 시력

완전실명	시력이 전혀 없는 상태(전
광각(LP)	암실에서 광선을 인식할 수
수동(HM)	눈앞에서 손을 좌우로 움직
	앞 1m 전방에서 손가

고득점 답안 비법 ✰ 이 문제는 특정 안질환
어떤 안질환과 관련지어 서술하는 것은 부적절
✰ 학생 특성 중 '피로하거나 과도한 스트레스를
판단할 수 없음. 이는 단순하게 학생 특성으로

핵심테마 체크 ✔

• 자발화 표본분석
• 어휘다양도
• 의뢰 전 중재

14

정답 및 예

1) ㉠ 한
이
㉡ 외
하
2) 어휘다

2022. 유
★답안작성

사 장 교사와 시각장애 거점 특수교육
는 민 교사가 5세 유아 진서에 대해
다. 물음에 답하시오. [5점]

정답 및 예시답안

객관식 문항은 정답을, 기입형 문항은 정답인 용어를 표기하였다. 서술형 문항에 대한 답안은 예시답안으로서 문장의 핵심 의미와 키워드를 중심으로 확인하길 권장한다. 문장의 서술은 의미가 달라지지 않는 선에서 다양하게 서술될 수 있다는 점을 유념해야 한다.

알찬 지문풀이

문제에 제시된 지문의 의미를 분석하거나, 오답으로 제시된 부분은 맞는 내용으로 풀이한 것이다. 주로 객관식 문항의 지문이나 보기를 분석한 내용이다. 지문풀이를 보기 전 스스로 분석을 한 후, 확인하는 용도로 사용하기에 효과적인 메뉴이다.

문제 속 자료분석

문제 상황으로 제시된 자료나 내용을 분석하고 정리한 것이다. 쉽게 알아볼 수 있는 문제 상황은 제외하고, 분석이나 정리가 필요한 일부 문항에 대하여 분석한 것이다. 문항에 따라 제시된 상황 자체가 좋은 학습 자료일 때가 있다. 그러한 문항을 학습할 때 활용할 수 있는 내용이다.

관련이론

문제를 정확하게 파악하기 위해 관련짓고 적용해야 할 이론을 바로 확인할 수 있도록 정리하였다. 기출분석과 동시에 해당 이론에 대해 이해 여부를 점검하고, 암기를 위해 반복적으로 확인하는 것은 중요한 학습과정이다.

고득점 답안 비법

서술형 문항의 경우, 적용력을 요구하고, 요구하는 조건에 맞게 답안을 작성하는 것이 중요하다. 이와 관련하여 유의할 사항이 있는 문항의 경우, 그 유의점을 고득점 답안 비법에 짚어 두었다.

핵심테마 체크

문항마다 꼭 알아야 할 핵심테마를 정리해 둔 것이다. 제시된 핵심테마를 보면서 관련이론을 인출하는 용도로 사용할 수도 있고, 전체적으로 핵심테마를 훑어보면 출제 빈도도 자연스럽게 파악할 수 있다.

답안작성 연습용 문항 표시

일부 문항은 출제연도 아래에 '★답안작성'이라고 표기되어 있다. 해당 문항은 답안작성 훈련이 필요하거나, 연습해 보면 도움이 될 문항이다. 모든 서술형 문항에 대해 답안작성 연습을 하기에는 시간이 부족하다. 답안작성 훈련에 도움이 될 문항을 선정해야 할 때 '★답안작성' 표기를 우선 고려하면 도움이 될 것이다.

최근 3개년 기출 **출제경향 분석**

01 전공별 기출 배점분석에 기반한 출제경향

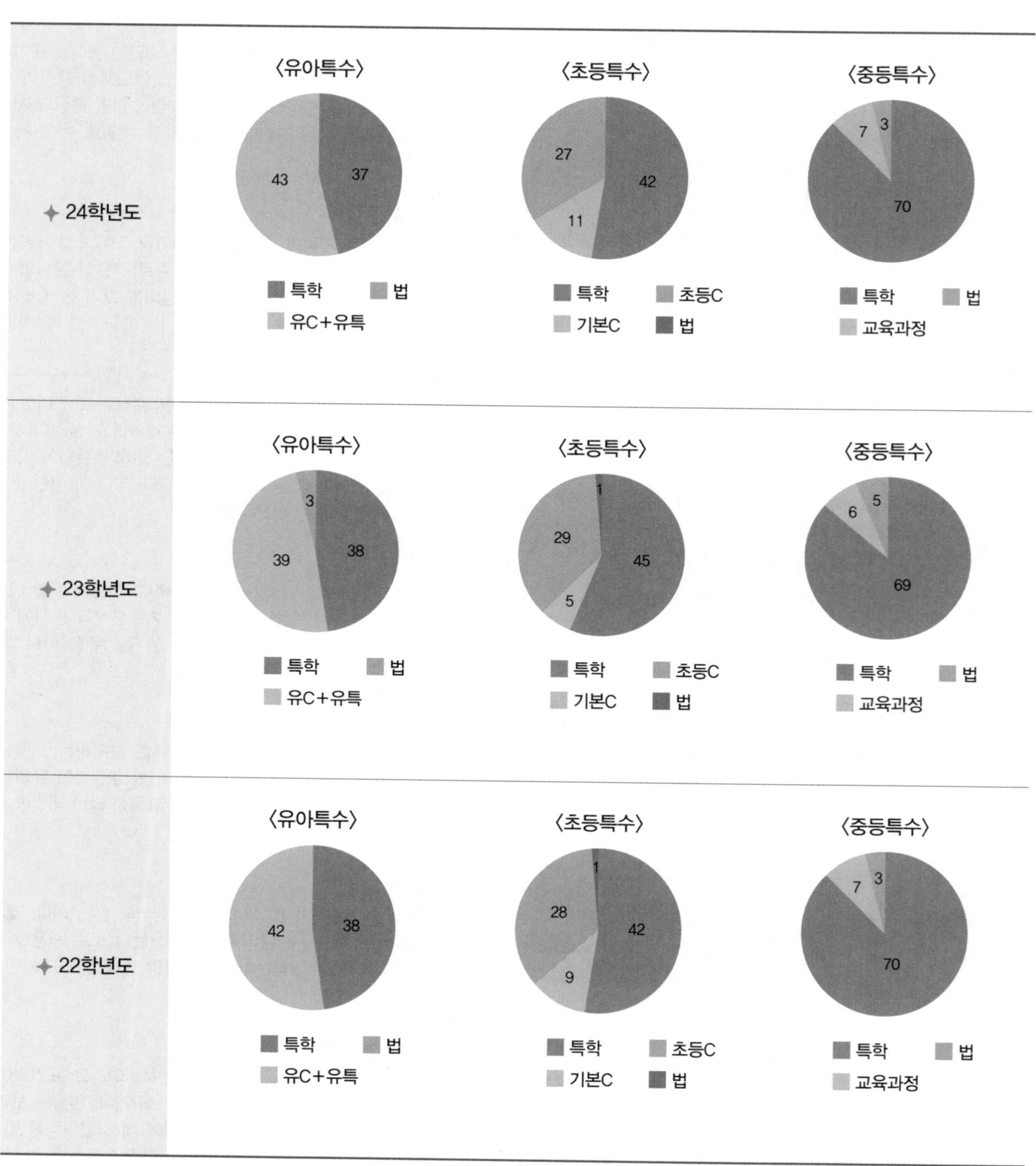

02 적용력 및 답안작성 능력이 중요한 문항 비율에 기반한 출제경향

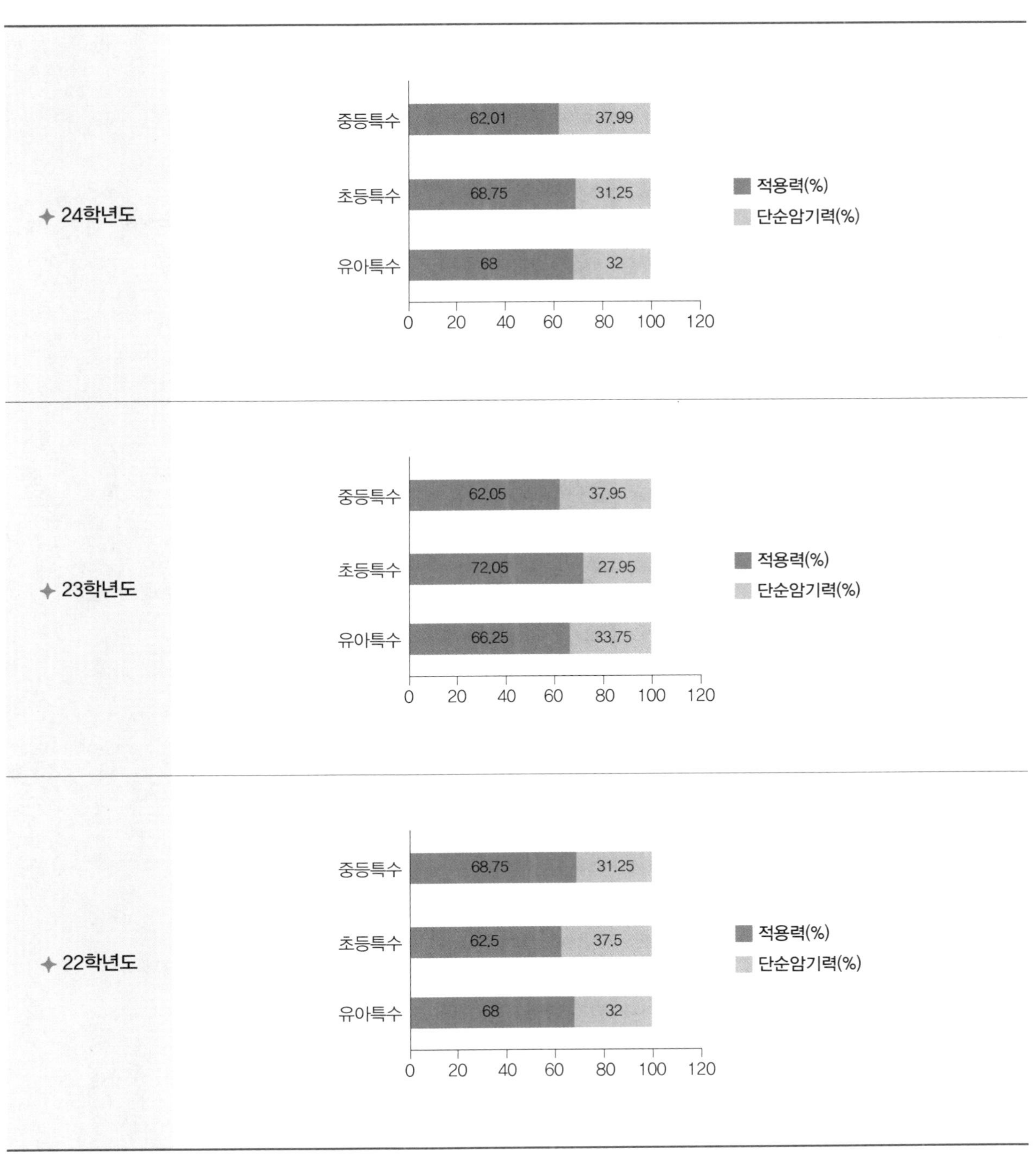

최근 3개년 기출 **출제경향 분석**

03 출제된 적이 없는 새로운 내용의 배점 비율 분석

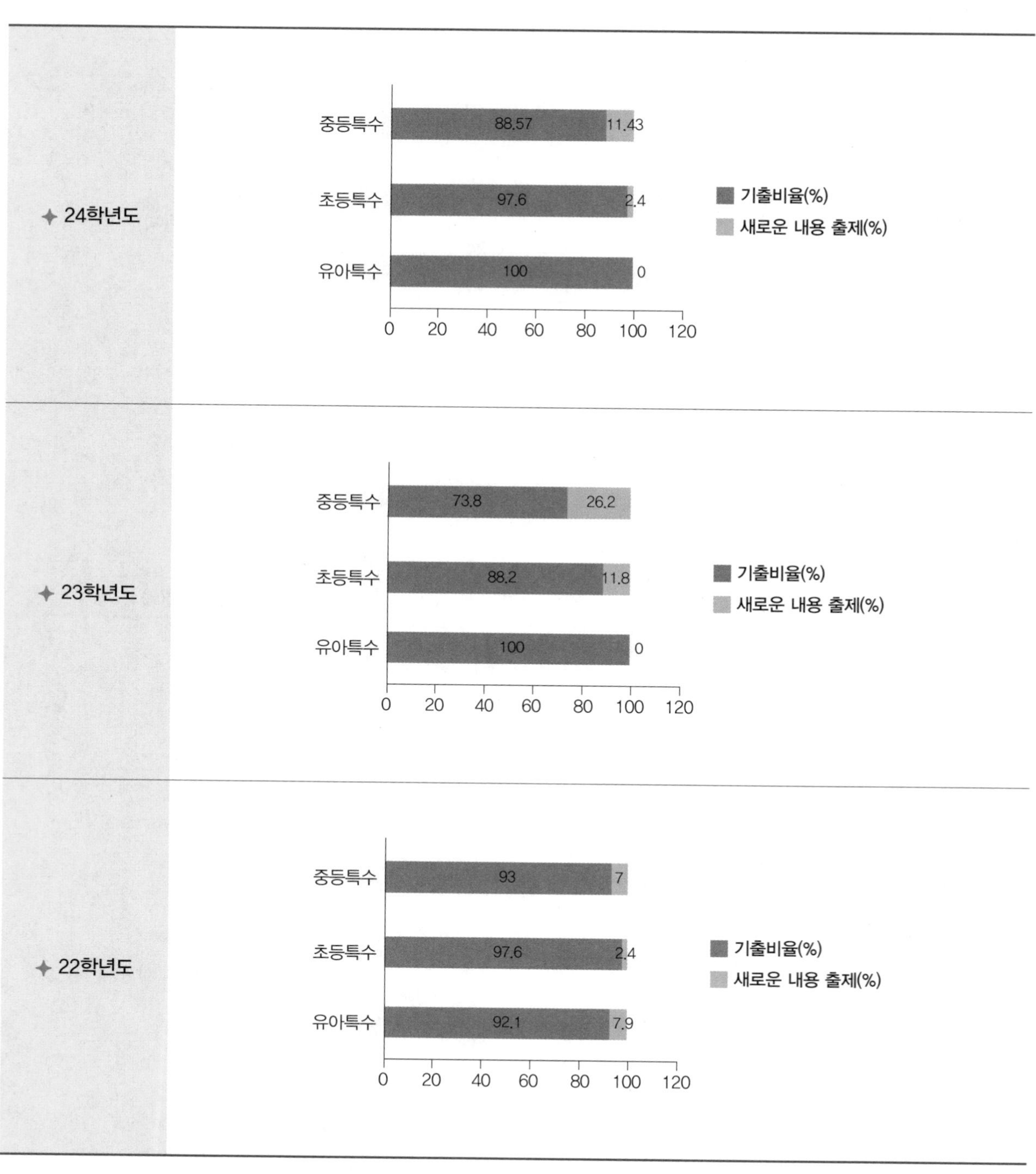

임지원
특수교육
기출맥서

고득점을 위한 **똑똑한 기출분석 가이드**

01 기출분석의 기본 시퀀스

•• 기출분석은 특수교육학 기본이론의 이해를 바탕으로 시작해야 한다.
기본이론의 베이스 없이 기출문제를 먼저 보게 되면, 기출문제를 제대로 이해하고 파악하기 어렵고, 추후 기본이론을 체계적으로 반복학습하기 어려울 수 있다.

STEP 01 문제 파악하기

▸ 문제에 제시된 상황, 질문, 조건 등을 빠짐없이 꼼꼼하게 읽기
▸ 제시된 자료 중 더 분석할 사항은 반복적으로 의미를 찾아보고 내용 정리하기
▸ 해석하기 어려운 부분은 별도로 표기하여, 추가학습을 하거나 다음 반복학습 때 해결하기

STEP 02 질문 및 답안작성 조건 확인하기

▸ 질문을 읽고 질문의 의미와 의도 등 핵심을 파악할 것
▸ 서술형의 경우, 답안작성의 조건 정확히 짚어두기

STEP 03 답안작성하기

▸ 객관식: 정답인 논리적인 이유 확인하기. 오답의 경우 오답인 이유, 고쳐야 할 부분 등을 구체적으로 확인하기
▸ 기입형: 정답에 해당하는 정확한 용어 작성하기
▸ 서술형: 문제 상황, 답안작성 조건 등을 정확하게 이해하고, 구체적이고 간결한 답안작성하기

STEP 04 나의 학습 상태 점검 및 정리하기

▸ 기출문제를 학습하는 과정에서 나의 현재 상태를 파악하고, 보완 및 개선할 점을 정리하기
: 관련이론의 이해 여부 확인, 서브노트나 단권화 등 나의 자료에서 보완할 부분, 문제를 파악하는 능력, 반복적인 실수, 답안작성 시 부족한 점, 문제를 해결하는 데 걸리는 시간 등

02 다양한 초점, 다양한 방식의 기출 반복학습

- 기출문제는 1차 시험 직전까지 반복해야 할 가장 중요한 자료이다. 다만, 단편적이고 얕은 방식으로 동일하게 반복만 하는 것은 효과적이지 않다. 특히 답만 기억하는 방식의 반복학습은 의미가 없다.
- 기출문제를 반복할 때에는 반복 싸이클마다 기출학습의 초점 및 목표를 다양하게 두고, 다양한 반복학습을 하는 것이 중요하다. (＊다음 각 싸이클의 목표는 순서로 보지 말고, 다양한 초점으로 볼 것)

Cycle 1	▸**문제 풀기**: 기출학습의 기본 시퀀스에 따라 문제를 읽고, 풀고, 답안작성하기 ＊다시 풀어볼 문제 별도로 표기해두기
Cycle 2	▸**출제이론 정리하기**: 각 문항의 영역별, 테마별 출제이론 및 키워드를 확인하고, 자료로 정리하기
Cycle 3	▸**기출문구 학습하기**: 기출문제에 자료나 지문으로 제시된 주요 문구(답안 내용✘)로 출제된 이론의 키워드 및 핵심 학습하기
Cycle 4	▸**답안작성 연습하기**: 이해력 및 적용력을 요구하는 서술형 문항을 선별하여 구체적이고, 간결하게 답안을 작성하는 연습하기
Cycle 5	▸**어려운 문제 다시 풀기**: 한 번에 해결하기 어려웠던 문제 다시 풀어보기
Cycle 6	▸**기출변형 활용하기**: 기출문제마다 추가적으로 다뤄질 수 있는 부분, 바꿔서 물어볼 수 있을 부분 등을 짚어보기. 또는 기출변형 문제 풀어보기
Cycle 7	▸**연도별 기출 풀기**: 특수교육학 영역별로 우선 학습을 한 후, 다양한 반복의 한 방법으로 연도별로 기출을 풀어보는 것이 효과적임. 연도별로 기출문제를 풀어보면, 약간의 출제경향을 파악할 수 있음. 시간을 정해두고, 답안작성까지 하며 풀어보면 실전 연습도 함께 할 수 있음

고득점을 위한 **똑똑한 기출분석 가이드**

03 기출문제 유형별 고득점 학습전략

•• 객관식

예시문항

다음은 특수교사가 학습장애학생 A의 쓰기 능력을 평가하기 위해 수집한 자료이다. 〈자료 1〉은 주어진 문장을 3분 내에 가능한 빠르고 반듯하게 여러 번 써보도록 하여 얻은 것이다. 〈자료 2〉는 '가을'이라는 주제에 대해 15분 동안 글을 쓰도록 하여 얻은 것이다. 학생 A의 쓰기 능력을 향상시키기 위해 고려해야 하는 것만을 〈보기〉에서 있는 대로 고른 것은? 〈2012. 중〉

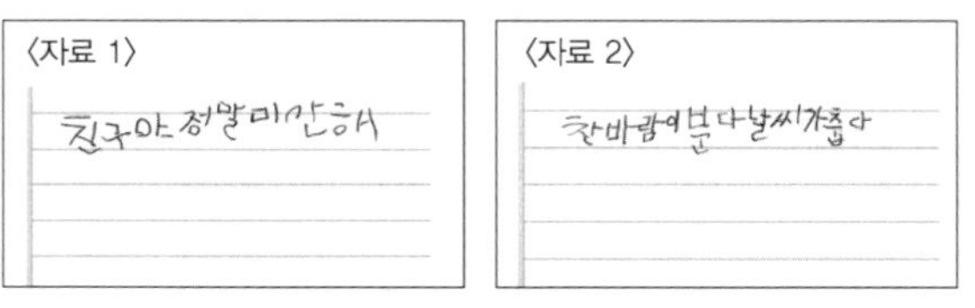

〈보기〉

ㄱ. 학생의 쓰기 유창성을 향상시키기 위해 문장을 천천히 정확하게 베껴 쓰도록 지도한다.
ㄴ. 학생이 글씨를 쓸 때, 글씨 쓰는 자세, 연필 잡는 법, 책상 위의 종이 위치를 점검한다.
ㄷ. 학생이 스스로 혹은 또래와 함께 체크리스트를 활용하여 문법적 오류를 점검하도록 한다.
ㄹ. 문장 지도를 할 때, 두 문장을 연결 어미로 결합하여 하나의 문장으로 만들 수 있도록 지도한다.
ㅁ. 작문 지도를 할 때, 도식조직자를 활용하여 주제에 대해 아이디어를 생성하고 조직하도록 지도한다.

맞춤형 학습전략

✦ 객관식은 2009~2013학년도의 출제유형으로서, 현 시험 제도에서는 출제되지 않는 유형임. 그러나 문제 상황, 출제영역, 내용의 깊이, 관련이론, 난이도 등을 파악하며 반드시 심층적으로 분석해야 함

✦ **객관식 기출문제를 활용하여 공부하는 방법!**

- 문제 상황과 적용할 이론 파악하기
- 〈보기〉 중 적절한 항목을 찾고, 적절한 이유 정리하기
- 〈보기〉 중 적절하지 않은 항목을 찾고, 고치거나 이유 서술해 보기
- 문제 상황이나 〈보기〉를 통해 주어진 주요 문구와 키워드를 체크하고 나의 자료에 추가 · 정리하기
- 문제 상황을 활용하여, 서답형에 맞게 기출변형 문제 만들어 보기

•• 기입형

예시문항

다음은 기도순음청력검사를 통해 산출된 청각장애학생 A의 오른쪽 귀 평균청력손실치에 대한 설명이다. 괄호 안의 ㉠과 ㉡에 해당하는 말을 각각 쓰시오. [2점] 〈2014. 중〉

학생 A의 오른쪽 귀 평균청력손실치 75dB은 대부분의 (㉠)이/가 분포되어 있는 주파수인 1,000Hz, 500Hz, (㉡)Hz의 각각의 청력손실치로 계산하여 구한 값이다. 즉, 1,000Hz의 청력손실치 75dB의 2배 값에 500Hz의 청력손실치 70dB과 (㉡)Hz의 청력손실치 80dB을 더한 값을 4로 나눈 값이다.

맞춤형 학습전략

✦ 기입형은 예시와 같이 빈칸을 두거나, 또는 밑줄 친 부분에 해당하는 용어를 요구하는 등 간단한 용어나 표현을 정확하게 표기해야 하는 유형

✦ **기입형 문항을 공부하는 방법!**

- 기입형 학습의 핵심은 기본개념과 용어에 대한 정확한 이해와 암기
- 빈칸이 없는 부분, 밑줄이 없는 부분을 체크하여 문제를 변형해 보고, 예상문제 만들어 보기
- 용어나 해당 내용을 정확하게 기입하는 것이 중요하여, 실수를 많이 범하는 유형이기도 함

•• 서술형

예시문항

✦ 예시 (1)

(가)는 지체장애 특수학교 2학년 학생들의 특성이고, (나)는 2009 개정 슬기로운 생활과 교육과정에 따른 '마을과 사람들' 단원 지도 계획과 학생 지원 계획의 일부이다. 물음에 답하시오. [5점] 〈2015. 초〉

> (가) 학생 특성
> …(생략)…
> (나) 단원 지도 계획과 학생 지원 계획
> …(생략)…

1) (가)에 제시된 미나의 특성을 고려할 때, (나)의 ㉠에 문제가 발생하지 않도록 하기 위해 교사가 유의해야 할 사항을 1가지 쓰시오. [1점]
 • ______

2) (가)에 제시된 현우의 특성을 고려할 때, (나)의 마을 조사 활동 시 ㉡의 장점을 1가지 쓰시오. [1점]
 • ______

3) 교사가 은지에게 (나)의 ㉢을 착용시킨 이유를 은지의 특성에 비추어 1가지 쓰시오. [1점]
 • ______

✦ 예시 (2)

(가)는 자폐성장애 학생 J를 위한 기본 교육과정 고등학교 과학과 '주방의 전기 기구' 수업 지도 계획의 일부이고, (나)는 '주방의 조리 도구' 수업 지도 계획의 일부이다. 〈작성 방법〉에 따라 서술하시오. [5점] 〈2019. 중〉

> (가) '주방의 전기 기구' 수업 지도 계획
> …(생략)…
> (나) '주방의 조리 도구' 수업 지도 계획
> …(생략)…

〈작성 방법〉

- 밑줄 친 ㉠에서 사용한 사건(빈도)기록법의 유형을 쓰고, '촉진의 형태가 바뀌는 용암 체계'에 비해 밑줄 친 ㉡이 갖는 특성 1가지를 서술할 것
- 밑줄 친 ㉢과 ㉣을 할 때 '동기' 반응을 향상시키기 위한 방법을 순서대로 서술할 것(단, 〈유의 사항〉에서 제시된 방법을 제외할 것)
- 밑줄 친 ㉤을 할 때 교사가 가르칠 내용을 '자기주도(self-initiation)' 반응 측면에서 서술할 것

➜

맞춤형 학습전략

✦ 중등의 경우, 〈작성 방법〉을 제시하여, 문제가 요구하는 조건을 구체적으로 요구하는 경우가 많음. 이 경우 반드시 〈작성 방법〉에서 요구하는 사항이 반영된 답안을 작성해야 함

✦ 유·초등의 경우, 소문항 중 일부가 서술형으로 출제되며, "~에 근거하여", "~를 고려하여" 또는 "~와/과 관련지어" 등과 같은 조건을 포함하여 문제를 제시하는 경우가 많음. 이 경우 반드시 해당 조건을 답안에 반영하여 서술해야 함

✦ 서술형은 특히 이해 기반의 학습과 암기가 중요한 유형. 답안을 서술할 때에는 암기한 내용을 그대로 옮겨 적는 것이 아니라, 문제 상황을 이해하고, 이론을 적용하고, 제시된 조건을 반영하여 적절한 문장으로 표현해야 함

✦ **서술형 문항을 활용하여 공부하는 방법!**

- 문제 상황과 적용할 이론, 답안작성의 조건 등을 꼼꼼하게 파악하기
- 적용된 이론의 기본 개념과 관련 용어 정리하기
- 문제 상황과 조건에 맞는 답안작성하기. 이때, 반드시 완성된 문장으로 작성하는 연습을 꾸준히 할 것
- 문제에 제시된 주요 문구나 키워드를 나만의 자료로 정리하기
- 서술형이 어렵게 느껴질 경우, 관련이론의 이해, 이론의 암기, 문제에 대한 적용력, 문제 파악 능력 등 여러 가지 가능한 문제점을 구체적으로 정리하고, 자신에게 해당하는 문제점을 명확하게 파악하여 이를 보완하는 방향으로 학습전략을 세울 것
- 맞는 항목과 틀린 항목 등이 제시되는 경우, 맞으면 맞는 이유, 틀리면 틀린 이유를 짚어보고 직접 서술해 볼 것

고득점을 위한 **똑똑한 기출분석 가이드**

•• 논술형

예시문항		맞춤형 학습전략
(가)는 ○○중학교에 재학 중인 장애학생에 관한 특성과 배치형태이고, (나)는 교수적 수정을 적용하고자 하는 국어과 교수·학습 지도안의 일부이다. (다)는 이에 대한 국어교사와 특수교사의 대화 내용이다. 통합교육 상황에서 '교수적 수정'의 필요성, 적용 사례 및 시사점을 〈작성 방법〉에 따라 논술하시오. [10점] 〈2019. 중〉 (가) 학생의 특성 및 배치형태 …(생략)… (나) 국어과 교수·학습 지도안 …(생략)… (다) 대화 내용 …(생략)… 〈작성 방법〉 ○ 서론, 본론, 결론의 형식으로 작성할 것 ○ 서론에는 통합교육 장면에서 '교수적 수정'의 필요성을 서술할 것 ○ 본론에서 아래 내용을 포함하여 작성할 것 – 밑줄 친 ㉠의 적용 사례를 (나)의 수업 상황과 연관지어 각 1가지씩 작성할 것(단, 학생 A, B, C의 특성을 고려하여 작성하되 한 사례에 1명의 학생을 반영하여 제시할 것) – 밑줄 친 ㉡의 예를 3가지 제시하되, 학생 A에게는 '반응 형태의 수정', 학생 B에게는 '제시 형태의 수정' 그리고 학생 C에게는 '시간 조정(단, 시간 연장 방법은 제외)'에 대해 제시할 것 ○ 결론에는 통합교육에서 '교수적 수정'이 지닌 한계를 쓰고 '보편적 학습설계'가 주는 시사점을 서술할 것	➔	✦ 2020학년도부터 시험전형이 부분적으로 수정되어, 현 시험제도에는 전공논술문항이 출제되지 않고, 서술형 문항의 비중이 더 커졌음. 따라서 논술형 문항을 학습할 때에는 긴 글로 논술하지 말고, 하위의 내용요소들을 하나하나의 서술형 문항이라 생각하고 서술형에 대비하여 활용하는 것이 효과적임 ✦ 기출문항 중 전공논술에 해당하는 문항들, 그리고 2009~2013학년도 사이의 논술문항 등은 문제 상황을 파악하고 조건에 맞게 답안을 구상하는 연습을 하는 데 도움이 됨 ✦ **논술형 문항을 활용하여 공부하는 방법!** • 문제 상황, 주어진 학생 특성 및 활동, 작성 조건 등을 빠짐없이 파악하고 정리해 보기 • 구체적이고 체계적인 답안의 개요 세워 보기 • 문제에 맞는 답안에 꼭 필요한 키워드 나열해 보기(*이론서의 문장을 옮겨 적는 것이 아님) • 논술형 문항의 하위 요소들을 서술형 문항들이라 생각하고, 간단한 문장으로 답안작성해 보기

CONTENTS

차례

脈 테마별 기출분포도

테마		연도별 기출분포	셀프체크
시각에 대한 이해	시각에 대한 이해_시력, 시야 등	⑩초 ⑫초 ⑫중 ⑭중 ⑮중 ⑯초 ⑱중 ⑲유 ⑳초 ㉒유 ㉓중	□□□□□
눈의 구조 및 안질환	중막질환_무홍채증	⑬초	□□□□□
	선천성 백내장	⑨중 ⑬초 ⑭중 ㉑중	□□□□□
	선천성 녹내장	⑩중 ⑭중 ⑯중	□□□□□
	망막질환	⑪중 ⑫초 ⑬초 ⑭중 ⑯초 ⑯중 ⑰초 ⑰중 ⑳초 ㉑중	□□□□□
	시신경질환	⑩초 ⑭중 ⑯초 ⑯중	□□□□□
	외안근 이상	⑰초	□□□□□
	기타_백색증 등	⑩유 ⑩초 ⑮유 ㉑중	□□□□□
시력평가	시력/시야검사	⑪중 ⑫중 ⑲중 ㉒유	□□□□□
교육_ 시각장애	확대핵심교육과정	⑯초	□□□□□
	교수적합화	⑨중 ⑩유 ⑩초 ⑫중 ⑬초 ⑭중 ⑯초 ⑰중 ⑱초 ㉒초	□□□□□
	교과교육	⑫초	□□□□□
	자료수정_촉각화, 청각화 등	⑬중 ⑱초 ⑲초	□□□□□
교육_ 저시력	Corn의 시기능 모델	⑪중	□□□□□
	시각전략	⑭중 ㉒유	□□□□□
	읽기 및 쓰기 지도_확대법 등	⑬중 ⑭중 ⑯중 ⑰중 ⑳중 ㉑초	□□□□□
	학습환경 조성_조명, 대비 등	⑨초 ⑨중 ⑫초 ⑭중 ⑰중	□□□□□
	보조공학_확대경, 망원경 등	⑫유 ⑫초 ⑫중 ⑬중 ⑭중 ⑰초 ⑰중 ⑲유 ⑳중 ㉑중 ㉒유 ㉔초 ㉔중	□□□□□
교육_ 시각중복	촉각적 전략	⑮중 ⑯유 ⑲초 ㉒초 ㉔중	□□□□□
	농맹학생의 의사소통 및 전략	⑮중 ⑯유	□□□□□
보행훈련	보행의 개념	⑪중 ⑮유	□□□□□
	방향정위	⑫초 ⑫중 ⓭중 ⑮초 ⑱중 ㉒중 ㉔중	□□□□□
	이동	⑨중 ⑩중 ⑪중 ⑫중 ⓭중 ⑱중 ⑲중 ㉑초 ㉒중 ㉓중 ㉔중	□□□□□
점자	점자 읽기 및 점형 쓰기	⑨유 ⑨초 ⑨중 ⑩중 ⑪유 ⑪초 ⑪중 ⑬초 ⑬중 ⓭초 ⓭중 ⑭중 ⑮중 ⑯초 ⑯중 ⑰초 ⑰중 ⑱초 ⑱중 ⑲초 ⑲중 ⑳초 ⑳중 ㉑초 ㉑중 ㉒초 ㉒중 ㉓중	□□□□□
정보매체 및 보조공학	다양한 기구 및 컴퓨터 기능 등	⑩중 ⓭초 ⑭중 ⑯중 ⑰초 ⑰중 ⑱중 ⑲중 ⑳중 ㉒유 ㉒중	□□□□□

PART

10

시각장애

핵심테마 체크

- 시야
- 시각기술
- 비광학 기구

MY MEMO

01

정답 및 예시답안

1) ① 주변시야
   ② 진서가 가지고 있는 선천성 녹내장이 진행성 질환이기 때문에 교육적 요구(교육적 지원사항 등)가 달라질 수 있기 때문이다.
2) 진서의 눈과 자료의 거리를 멀게 하여 시야에 자료 전체의 모습이 들어오도록 한다.
3) ① 동화책의 글자나 그림 등을 순차적으로 따라가며 보도록 한다.
   ② 타이포스코프

관련이론

✦ 시야상실에 따른 시각기술

1) 중심시야상실에 따른 시각기술
   - 황반변성처럼 시야 중심에 암점이 있으면 이를 대체할 만한 비교적 양호한 다른 망막 부위를 사용해야 한다. 즉, 중심 암점 부위에서 비교적 조금 떨어진 양호한 시야 부위를 찾아내어야 최적의 중심외 보기 기술을 사용할 수 있다. 양안의 시력이나 시야 차이가 현저하거나 한 눈만 사용하는 사람이 중심외 보기 훈련에 더 적합한데, 양안의 시력이나 시야가 비슷하면 이 기술이 효과적이지 않다.
   - 중심외 보기 기술을 습득하는 데 몇 주에서 몇 개월이 걸리기도 하고, 혼자 자연스럽게 익히는 경우도 있다. 그러나 어린 아동이나 고령자는 적절한 중심외 보기 부위를 찾아내지 못하는 경우가 있다. 따라서 시계 보기 검사법이나 A4 용지 활용법이 중심외 보기 훈련을 위한 간단하고 효과적인 방법으로 사용될 수 있다.
   - 중심 암점의 영향을 최소화하는 전략으로 저시각인과 물체 간의 거리를 조절하는 방법이 있다. 중심 10° 정도의 암점이 있는 저시각인은 6m 거리에서 직경 1m 정도의 테두리 안이 보이지 않게 되고, 30cm 거리에서는 직경 5cm 정도의 테두리 안이 보이지 않게 된다. 따라서 목표물이 암점보다 더 커질수록 목표물을 확인하기가 쉬워지는 원리에 따라 저시각인이 목표물에 더 가까이 다가가면 상대적으로 암점이 작아지는 효과를 얻어 목표물을 더 잘 볼 수 있다.
2) 주변시야상실에 따른 시각기술
   - 망막색소변성으로 주변시야가 상실되거나 시로장애로 반맹이 되면 보행과 일상 활동에서 보이는 범위가 좁아져 어려움을 겪게 된다. 따라서 저시각인이 잔존시야로 추시하기, 추적하기, 주사하기 같은 시각기술을 익히거나 목표물과의 거리를 조절하거나 시야 확대 기구를 사용하는 것이 도움이 된다.
   - 잔존시야를 사용하는 시각기술은 나안으로 훈련하거나 안경을 사용하고 있는 경우에는 이를 착용하고 지도한다. 추시하기는 환경 속에 정지해 있는 대상물의 윤곽을 눈으로 따라가는 것을 말하는데 예를 들어, 근거리에서 책의 한 줄 한 줄을 좌에서 우로 따라가면서 읽는 데 사용되고, 원거리에서 거리 간판이나 표지판을 읽는 것이 해당된다. 추적하기는 환경에서 움직이는 대상물을 따라가는 능력으로, 추시하기 기술보다 어렵다. 주로 근거리에서는 마우스 커서를 따라가고, 움직이는 사람이나 버스를 확인할 때 필요한 기술이다. 주사하기는 체계적으로 특정 공간을 훑어보는 기술로, 추적기술을 익힌 다음에 배운다. 근거리에서는 책에서 본인이 원하는 줄이나 단어의 위치를 찾을 때 사용되고, 원거리에서는 교실, 운동장, 상가 등의 지역에서 특정 대상물을 찾을 때 사용한다.
   - 주변시야가 상실되었더라도 중심시력이 양호한 경우에는 저시력인과 대상물 간의 거리를 조절하는 방법으로 주변시야상실의 영향을 감소시킬 수 있다. 예를 들어, 중심시야 5°만을 볼 수 있는 구심정 협착(망막색소변성의 터널시력)이 있다면 6m에서는 직경 1m 테두리 안을 볼 수 있고, 30cm에서는 직경 5cm 안의 목표물을 볼 수 있다. 때문에 이 직경보다 큰 대상물은 전체를 확인하기 어렵게 되는데, 따라서 저시각인이 대상물로부터 더 멀리 떨어지게 되면 대상물이 상대적으로 작아져 이 직경 안에 들어오게 되므로 전체를 볼 수 있게 된다.
   - 저시각인이 시야가 너무 좁아 효율적인 주사하기를 통해서도 주변에 대한 정보를 신속하게 처리하지 못한다면, 프리즘이나 역단안경 같은 기구가 도움이 될 수 있다. 시야가 매우 좁지만 중심시력이 0.2 정도라면 확대경 렌즈로 오목렌즈(마이너스 렌즈)를 처방하거나, 안경에 프레스넬 프리즘을 부착하거나, 역단안 망원경을 사용할 수 있다. 한편, 반맹의 경우에 프리즘 같은 저시각 기구가 효과적인 반면, 역단안경은 효과적이지 못하다.

01 2022. 유 ★답안작성

다음은 유아특수교사 장 교사와 시각장애 거점 특수교육 지원센터에 근무하는 민 교사가 5세 유아 진서에 대해 나눈 대화의 일부이다. 물음에 답하시오. [5점]

> ○월 ○일
>
> 장 교사: 선생님, 우리 반 진서는 선천성 녹내장이 있는데 진행성이다 보니 어머니께서 개별화교육계획에 (㉠)을/를 포함한 시각 특성을 반영해 달라고 하셨어요. 검사를 통해 그 특성을 파악해야 할 것 같은데, 어떤 검사가 좋을까요?
>
> 민 교사: (㉠)을/를 측정하는 대표적인 검사로는 시계보기 검사, 대면법, 암슬러 격자 검사, 1.2m 띠를 활용한 검사 등이 있어요. 진서의 특성을 감안할 때 1.2m 띠를 활용한 검사를 추천해요. 시력, 대비 감도, 조명 선호 등 다른 시각적인 특성도 고려할 부분이 있는지 함께 확인해 보세요. 그리고 진서의 행동도 주의 깊게 관찰하면서 종합적으로 판단하는 것이 좋아요. 특히 진서와 같은 경우에는 병원에서 하는 검사뿐만 아니라, ㉡ <u>유치원에서도 시각 평가를 자주 할 필요가 있어요</u>.
>
> ○월 □일
>
> 민 교사: 진서의 시각 특성을 고려해서 교육활동에 적용해 보셨어요?
>
> 장 교사: 네, 자료를 제시할 때 ㉢ <u>진서의 눈과 자료의 거리를 조절</u>하여 자료 전체의 모습을 볼 수 있도록 했어요. 교실 창문으로 햇살이 들어오니 진서가 눈부심을 많이 느껴 커튼을 치고 실내등을 조절해 주었어요. 진서가 동화책을 볼 때에는 개인 조명을 사용하도록 하고 있어요. 또 진서가 동화책을 볼 때 ㉣ <u>추시하기(tracing)</u>를 가르치기 시작했어요.

1) ① 괄호 안의 ㉠에 공통으로 들어갈 말을 쓰고, ② 민 교사가 ㉡과 같이 말한 이유를 쓰시오. [2점]

①:

②:

2) ㉢의 구체적인 방법을 쓰시오. [1점]

3) ① ㉣의 구체적인 지도내용을 1가지 쓰고, ② ㉣을 도와줄 수 있는 비광학기구를 1가지 쓰시오. [2점]

①:

②:

핵심테마 체크 ✔

• 안질환별 중재방안_백색증

MY MEMO

02

정답 및 예시답안

④

알찬 지문풀이

• ① 백색증은 ~~안압 상승을 초래하므로 아동에게 정기적으로 안약~~을 넣도록 지도한다. ➡ 안압 상승은 녹내장의 증상

• ② 백색증은 ~~망막 박리를 초래하므로 아동에게 신체적인 운동을 줄이도록~~ 권장한다. ➡ 백색증은 색소결핍으로 인한 질환이며 망막 박리와 직접적인 관계가 없음

• ③ 백색증은 점진적인 시력 저하를 초래하므로 ~~아동에게 점자를 미리 익히도록~~ 지도한다. ➡ 백색증으로 시력이 저하될 수 있지만 백색증으로 인해 전맹이 되는 것은 아니므로 점자지도는 부적절함

• ⑤ 백색증은 ~~암순응 곤란~~을 초래하므로 교실의 전체 조명보다 ~~높은 수준의 조명~~을 아동에게 개별적으로 제공한다. ➡ 백색증은 밝은 빛에 민감한 것이므로 암순응이 아니며, 낮은 수준의 조명을 제공해야 함

문제 속 자료분석

• ④ 백색증은 눈부심을 초래하므로 아동에게 햇빛이 비치는 실외에서 차양이 넓은 모자를 착용하도록 지도한다. ➡ 백색증의 특징

관련이론

✦ 백색증

• 멜라닌 합성이 결핍되어 나타나는 유전질환
• 백색증으로 인해 눈부심을 크게 호소하며, 안진, 눈물 흘림증, 심한 시력저하 등이 나타날 수 있음
• 햇빛이 비치는 실외로 나갈 때, 빛을 흡수하여 여과시키는 안경을 착용하고 차양이 있는 모자를 쓰도록 함
• 교실의 자연조명도 조절해야 하는데, 직사광선을 차단하기 위하여 커튼이나 블라인드를 설치
• 광택이 있는 표면은 반사되어 눈이 부시므로 교실의 전체 조명보다 낮은 조명을 선택
• 백색증 학생은 원거리 활동을 가까운 거리에서 하는 것을 좋아하므로 독서대 또는 높이를 조절할 수 있는 책상을 제공하고, 저시력기구를 사용하도록 함
• 눈부심에 매우 민감하므로 실내 · 외 모두에서 착색 렌즈를 사용하거나 조명등이 눈바로 앞에 보이지 않는 곳에 자리를 배치하거나 빛 반사를 줄여 줄 수 있는 담황색 종이를 사용하거나 어두운 색 계열의 가림판을 대고 읽는 것이 도움

02

2010. 유

백색증(albinism)으로 인한 시각장애가 있는 아동의 교육을 위해 교사가 해야 할 조치로 가장 적절한 것은?

① 백색증은 안압 상승을 초래하므로 아동에게 정기적으로 안약을 넣도록 지도한다.
② 백색증은 망막 박리를 초래하므로 아동에게 신체적인 운동을 줄이도록 권장한다.
③ 백색증은 점진적인 시력 저하를 초래하므로 아동에게 점자를 미리 익히도록 지도한다.
④ 백색증은 눈부심을 초래하므로 아동에게 햇빛이 비치는 실외에서 차양이 넓은 모자를 착용하도록 지도한다.
⑤ 백색증은 암순응 곤란을 초래하므로 교실의 전체 조명보다 높은 수준의 조명을 아동에게 개별적으로 제공한다.

핵심테마 체크 ✔

• 안질환별 중재방안_녹내장

MY MEMO

03

정답 및 예시답안

②

알찬 지문풀이

• ② 책을 읽을 때 ~~빛의 조도를 높여~~ 준다. ➡ 학생의 개별 특성에 적절한 적정조도를 유지해야 함

문제 속 자료분석

• ① 터널 시야와 야맹 증세가 나타난다.
• ③ 안구가 늘어나고 각막이 커지기 때문에 거대각막이라고도 한다.
• ④ 시야가 좁은 학생은 보행에 어려움이 있으므로 보행지도를 한다.
• ⑤ 약물을 복용하는 학생은 감각이 둔해질 수 있으므로 감각 훈련을 실시한다.

➡ 녹내장의 특성

관련이론

✦ 녹내장

- 전방각 조직의 형성 이상으로 방수가 유출되지 않아 안압이 상승하는 것
- 안압이 상승하면서 시신경이 눌리거나 혈액 공급이 원활하게 되지 않아 시야가 좁아지거나 시력이 떨어지다가 최악의 경우 실명하게 되는 질환
- 시신경손상이 주변부에서 중심부까지 진행하여 심각한 시야손상 및 시력 감소를 동반하는 경우가 많음
- 약물이나 수술 등을 통해 더 이상 시신경이 손상되지 않도록 관리하는 것이 무엇보다 중요
- 정상 안압을 유지하기 위하여 안약을 사용
- 약물을 복용하는 아동은 감각이 둔해질 수 있으므로 감각 훈련을 실시
- 시야가 좁은 경우, 보행에 어려움이 있으므로 보행지도를 실시
- 피로와 스트레스로 안압이 상승할 수 있으므로 스트레스를 받지 않도록 주의
- 암순응에 적응하는 데 어려움이 있을 수 있어 조명변화에 적응할 시간 제공
- 주변부 시야손상이 큰 경우 가운데 자리가 적절하고, 좌・우측의 시야손상 차이가 큰 경우 잔존시야를 보다 효율적으로 활용할 수 있는 쪽에 자리 배치
- 주변시야손상 정도에 따라 추시, 추적, 주사 등의 시기능 훈련을 실시하는 것이 필요

03

2010. 중

녹내장을 가진 시각장애학생의 특성 및 교육적 조치로서 가장 거리가 먼 것은?

① 터널 시야와 야맹 증세가 나타난다.
② 책을 읽을 때 빛의 조도를 높여 준다.
③ 안구가 늘어나고 각막이 커지기 때문에 거대각막이라고도 한다.
④ 시야가 좁은 학생은 보행에 어려움이 있으므로 보행지도를 한다.
⑤ 약물을 복용하는 학생은 감각이 둔해질 수 있으므로 감각 훈련을 실시한다.

핵심테마 체크 ✔

- 저시력 학생을 위한 교육
- 안질환별 중재방안_황반변성
- 타이포스코프

MY MEMO

04

정답 및 예시답안

①

알찬 지문풀이

- ① 약시학급의 경우, ~~교실 환경을 전체적으로 더 밝게~~ 해 준다. ➡ 개별 학생의 특성에 맞게 적절한 조도를 제공해야 함
- ② 망막색소변성의 경우, 대부분 진행성이므로 점자를 배우게 한다. ➡ 망막색소변성은 진행성이므로 결국 실명에 이르게 됨. 따라서 점자훈련을 미리 실시할 필요가 있음
- ③ 백내장이 수정체 가장자리에 있는 경우, 고도 조명을 제공한다. ➡ 가장자리에는 간체세포가 분포되어 있으며, 간체세포는 낮은 조명에서 기능을 함. 이 간체세포에 백내장이 있을 경우, 중심의 추체세포를 활용하도록 조명을 제공해야 하며, 추체세포는 높은 조명에서 기능을 하므로 고도조명을 제공하는 것이 적절
- ④ 독서할 때에 글줄을 자주 잃는 경우, 타이포스코프를 제공한다. ➡ 타이포스코프는 읽어야 할 부분만 보이도록 하는 도구이므로 독서를 할 때 도움이 됨
- ⑤ 황반변성의 경우, 글자와 종이의 대비가 선명한 자료를 제공한다. ➡ 황반변성으로 인하여 시력이 저하되었을 경우 대비를 뚜렷하게 하여 자료를 더 잘 볼 수 있도록 함

관련이론

✦ 안질환별 특성

망막색소변성	• 유전성으로, 병소는 망막의 시세포 중 간체이지만 결국 모든 시세포에 장애를 일으키며(진행성 질환), 그 결과 터널시야와 야맹증이 나타남 • 진행성이므로 점자를 학습하도록 함 • 주변시야손상이 계속 진행되면 터널을 지나갈 때처럼 보이는 터널시야가 나타나며, 효율적인 잔존시각 활용을 위해 추시, 추적, 주사 등의 시기능 훈련이 필요할 수 있음 • 중심부까지 시야손상이 진행되어 시력저하가 일어나면 확대 자료, 확대경, 망원경 같은 확대기기를 사용하도록 함. 다만 시야가 좁기 때문에 너무 큰 확대 자료나 고배율 확대경을 사용하게 되면 잔존시야 내에 목표물이 들어올 수 없으므로 잔존시야를 고려한 최소 확대 글자크기나 확대경 배율을 추천해야 함 • 망막색소변성증은 망막박리를 일으킬 수 있으므로, 과격한 신체활동을 자제하는 것이 필요
황반변성	• 망막의 중심부를 황반이라고 하고, 황반은 원뿔세포로 이루어져 있음 • 중심부 암점에 따른 중심시야손상이 일어나고 시력도 저하 • 황반변성이 있는지 알아보기 위해 엠슬러 그래프지를 사용하여 검사 • 암점이 발달하고 확대되므로 중심외 보기 방법을 지도 • 어두운 곳에서 밝은 곳으로 들어갈 때 필요한 명순응에 어려움이 있을 수 있어 조명 변화에 적응할 시간을 제공 • 중심부 암점의 영향을 감소시키기 위해 학습 자료를 상대적으로 더 크게 확대하거나 더 높은 배율의 확대경을 사용하거나 물체에 더 가까이 다가가는 것이 도움이 될 수 있음 • 눈부심을 느끼는 경우에는 빛이 고루 퍼지는 조명을 사용하고 착색 렌즈를 사용하거나 창을 등진 앞자리에 앉도록 배치하는 것이 도움이 될 수 있음
선천성 백내장	• 수정체가 혼탁해지는 것으로, 이로 인해 시력저하가 일어남 • 백내장의 유형과 진행 정도에 따라 수정체 혼탁의 위치와 정도가 다를 수 있으며, 시력저하 정도도 다양 • 백내장이 수정체 가장자리에 있는 아동에게는 높은 조명을, 중심부에 혼탁이 있는 아동에게는 낮은 조명을 사용 • 중심부 백내장으로 인해 중심부 혼탁이 심한 경우에는 중심시력의 현저한 저하가 일어나서 혼탁이 덜한 쪽으로 보는 중심외 보기가 필요할 수 있음 • 수정체 혼탁 부위를 고려하여 교실에서의 자리 배치와 개인 조명기구지원 여부를 결정할 필요가 있음

04 2009. 중

저시력학생을 위한 적절한 교육 환경 및 처치로 가장 거리가 먼 것은?

① 약시학급의 경우, 교실 환경을 전체적으로 더 밝게 해준다.
② 망막색소변성의 경우, 대부분 진행성이므로 점자를 배우게 한다.
③ 백내장이 수정체 가장자리에 있는 경우, 고도 조명을 제공한다.
④ 독서할 때에 글줄을 자주 잃는 경우, 타이포스코프를 제공한다.
⑤ 황반변성의 경우, 글자와 종이의 대비가 선명한 자료를 제공한다.

핵심테마 체크

- 안질환별 중재방안_당뇨망막병증
- 안질환별 중재방안_황반변성
- 망막의 시세포

MY MEMO

05

정답 및 예시답안

1) 신체안전
2) 한영 / 한영이는 황반변성이 있어 망막의 중심에 분포되어 있고 색각기능을 담당하는 추체세포가 기능을 하지 못하기 때문이다.
3) ① (환부에) 냉찜질을 함
   ② 민수 / 민수는 안전수동으로 안내판을 읽지 못하는 시력의 상태이며 당뇨망막병증에 따라 촉각이 둔감화되어 활용하기 어렵기 때문이다.
4) ① 심폐소생술
   ② 12345－4－123456

관련이론

✦ 시각의 교육적 정의

완전실명	시력이 전혀 없는 상태(전맹)
광각(LP)	암실에서 광선을 인식할 수 있는 상태
수동(HM)	눈앞에서 손을 좌우로 움직일 때 이를 알아볼 수 있는 정도의 상태
지수(FC)	자기 앞 1m 전방에서 손가락 수를 셀 수 있는 상태
저시각	일반 활자를 읽지 못할 수도 있으나 시력으로 일상생활을 할 수 있는 상태로, 한계는 일정치 않으나 다각적으로 변화를 발견하지 못하는 시력 감퇴가 있는 상태

✦ 망막의 시세포

- 망막을 구성하는 주요 광수용체중은 원뿔(추체)세포와 막대(간체)세포로 이루어짐
- 원뿔세포는 망막의 중심부(황반)에 많고, 밝은 곳에서 물체의 형태와 색을 인식하는 기능을 하므로 원뿔세포에 손상이 생기면 물체가 흐릿하게 보이는 시력저하와 색을 구별하는 능력이 감소됨
- 막대(간체)세포는 망막의 주변부에 많고 어두운 곳에서 물체의 명암을 인식하는 기능을 하므로 막대세포에 손상이 생기면 어두운 곳에서 물체를 잘 보지 못하는 야맹증이 생김
- 일반적으로 망막이 손상되면 손상된 망막 부위에는 물체의 상이 맺히지 못해 물체의 일부가 보이지 않는 시야장애가 나타나고, 망막의 손상이 중심부(황반)로 진행될수록 시야장애 외에 시력저하, 색각 이상, 암순응 등의 문제까지 일어나게 됨

✦ 황반변성

- 망막의 중심부를 황반이라고 하고, 황반은 원뿔세포로 이루어져 있음
- 중심부 암점에 따른 중심시야손상이 일어나고 시력도 저하
- 황반변성이 있는지 알아보기 위해 엠슬러 그래프지를 사용하여 검사
- 암점이 발달하고 확대되므로 중심외 보기 방법을 지도
- 어두운 곳에서 밝은 곳으로 들어갈 때 필요한 명순응에 어려움이 있을 수 있어 조명 변화에 적응할 시간을 제공
- 중심부 암점의 영향을 감소시키기 위해 학습 자료를 상대적으로 더 크게 확대하거나 더 높은 배율의 확대경을 사용하거나 물체에 더 가까이 다가가는 것이 도움이 될 수 있음
- 눈부심을 느끼는 경우에는 빛이 고루 퍼지는 조명을 사용하고 착색 렌즈를 사용하거나 창을 등진 앞자리에 앉도록 배치하는 것이 도움이 될 수 있음

✦ 당뇨망막병증

- 당뇨병으로 망막까지 손상을 입게 되어 발생
- 망막의 혈관에서 출혈이 생기거나 망막이 벗겨져 떨어지는 망막박리 가능
- 정기적인 안과검진과 혈당 조절이 절대적으로 중요
- 시력이 계속 저하되어 확대해도 자료를 보기 어려워지고, 손의 촉각 둔감화로 점자를 읽기도 어렵다면 듣기 자료와 스크린 리더와 같은 청각활용 보조기기를 사용하여 학습하도록 해야 함
- 망막박리가 일어날 수 있으므로, 과격한 신체활동은 자제하도록 지도

05

2020. 초
★답안작성

(가)는 시각장애 학생별 시력 특성이고, (나)는 2015 개정 특수교육 교육과정 중 공통 교육과정 체육과 5~6학년군 '응급 상황 이렇게 행동해요' 단원 지도 계획의 일부이다. 물음에 답하시오. [6점]

(가) 학생별 시력 특성

이름	시력 특성	이름	시력 특성
한영	• 황반변성 • 큰 암점	세희	• 녹내장 • 시야 15도
영철	• 망막색소변성 • 시야 10도	지유	• 미숙아 망막병증 • 광각(LP)
민수	• 당뇨망막병증 • 안전수동 (HM/50cm)	연우	• 시신경위축 • 광각(LP)

(나) 단원 지도 계획

단원	응급 상황 이렇게 행동해요		
차시	주요 학습 내용		자료(자) 및 유의점(유)
3	응급 처치	응급 처치 이해하기	자 관련 ㉠ 유인물 유 묵자 자료의 대비 수준 고려
4	응급 처치	상해별 처치법 알아보기	자 모둠 활동용 처치 ㉡ 안내판 유 점자 자료의 점역자주 주의
5	(㉢)	상황 알기	자 상황별(심정지, 무호흡 등) 동영상 콘텐츠 유 화면해설서비스(DVS) 확인
6	(㉢)	순서 익히기	자 순서 카드 1단계: 반응 확인 ➡ 2단계: 도움 요청과 119 신고 ➡ 3단계: 가슴 압박 ➡ 4단계: ㉣ 인공 호흡 ➡ 5단계: 가슴 압박과 인공 호흡의 반복 유 점자 자료 제작 시 가로로 내용 제시
7	(㉢)	실습하기	자 실습용 인체 모형

1) 2015 개정 특수교육 교육과정 중 공통 교육과정 체육과의 '내용 체계'에서 (나)의 단원이 속해 있는 영역의 핵심 개념 중 1가지를 쓰시오. [1점]

2) 묵자 자료 읽기가 가능한 (가)의 학생 중에서 ㉠을 제작할 때 정보 제시 방법으로 색상 차이를 활용하는 것이 적절하지 <u>않은</u> 학생을 찾아 이름과 그 이유를 쓰시오. [1점]

3) 다음은 골절에 대한 ㉡의 내용이다. ① ⓐ에 들어갈 내용을 RICE 기법의 4가지 요소에 근거하여 쓰고, ② ㉡의 내용을 반드시 듣기 자료로 제공해 주어야 하는 학생을 (가)에서 찾아 이름과 그 이유를 쓰시오. [2점]

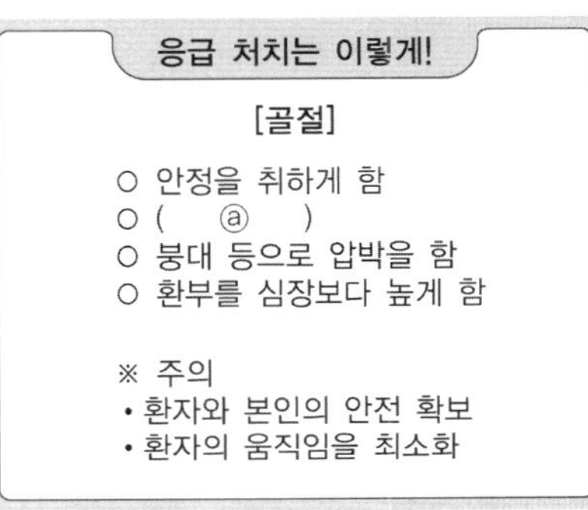
응급 처치는 이렇게!

[골절]

○ 안정을 취하게 함
○ (ⓐ)
○ 붕대 등으로 압박을 함
○ 환부를 심장보다 높게 함

※ 주의
• 환자와 본인의 안전 확보
• 환자의 움직임을 최소화

①:

②:

4) ① (나)의 ㉢에 들어갈 말을 쓰고, ② ㉣의 '인공'을 점자로 쓰시오(단, 아래의 예시와 같이 각 점형의 점번호를 답으로 제시할 것). [2점]

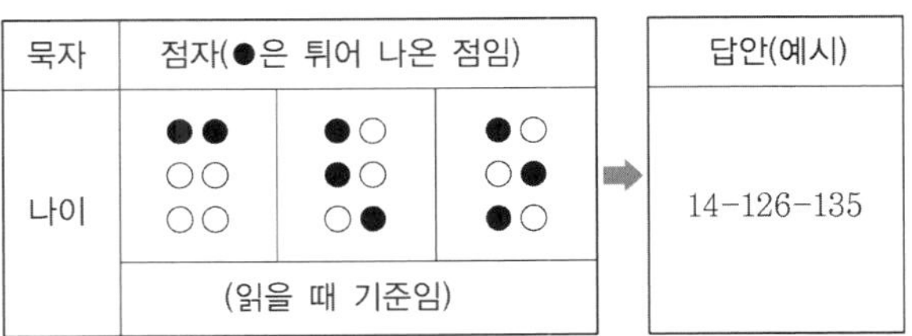

묵자	점자(●은 튀어 나온 점임)				답안(예시)
나이	●● ○○ ○○	●○ ●○ ○●	●○ ○● ●○	➡	14-126-135
	(읽을 때 기준임)				

①:

②:

핵심테마 체크 ✔

- 안질환별 중재방안
- 시력

MY MEMO

06

정답 및 예시답안

②

알찬 지문풀이

- ㉠ 학생 A의 시력은 한천석 시시력표를 읽을 때, ~~4m 앞에서~~ 시력 기준 0.1에 해당하는 숫자를 읽을 수 있는 수준 ➡ 시력 = [0.1 × 볼 수 있는 곳까지의 거리(m)] / 5m이므로 A 학생은 2m 앞에서 0.1에 해당하는 숫자를 읽을 수 있는 수준
- ㉢ 시각장애학교 체육과 교과서 및 지도서를 사용하시면 도움이 되는데, 일반 중학교 체육교과와는 달리 ~~표현활동 영역이 제외~~되어 있습니다. ➡ 일반 체육교과와 내용영역 동일

문제 속 자료분석

- ㉡ 공간에 대한 이해를 돕기 위해 확대 자료 또는 촉지도를 활용 ➡ 공간에 대한 이해에 적절
- ㉣ 골볼은 모든 선수가 안대를 하고 공의 소리를 들으면서 경기하는 구기 종목이므로 일반학생들과 함께 경기할 수 있지만, 학생 A는 망막박리의 위험이 있을 수 있으니 조심하셔야 합니다. ➡ 미숙아 망막증에 의해 망막병리가 나타날 수 있음

관련이론

✦ 원거리 시력검사

- 일반적으로 말하는 시력)은 5m의 거리에서 측정한 원거리 시력, 즉 중심시력이자 나안시력
- 란돌트 고리, 스넬렌 시표, 한식표준 시시력표를 사용하여 5m 또는 6m의 거리에서 볼 수 있는 문자의 크기만을 안경이나 콘택트렌즈를 착용하지 않은 채 측정
- 맨 위 시표들도 읽지 못하여 0.1의 시력이 나오지 않는 아동의 경우는 시력표 쪽으로 가까이 가서 0.1시표를 읽을 수 있는 지점과 시력표와의 거리를 미터로 측정
- 시력은 **[0.1 × 볼 수 있는 곳까지의 거리(m)] / 5m**의 계산식을 사용하여 산출
- 시력표 앞 1m(0.02)까지 근접해도 0.1시표를 읽지 못하는 경우는 손가락 수를 알아맞히는 거리인 지수(FC)를 측정 → 손가락 수를 셀 수 없고 눈앞에서 흔드는 손의 움직임만을 알 수 있다면 시력은 수동(HM)으로 표기 → 손 흔듦도 알지 못하는 경우에는 암실에서 환자의 눈에 광선을 점멸하며 광선의 유무를 확인하고 이때의 시력은 광각(LP) → 빛도 느낄 수 없는 시력은 0으로 맹이라고 하며, 빛도 느끼지 못하는 상태라는 의미로 NLP로 표기
- 적합한 망원경 배율계산과 추천
  - 망원경 배율은 좌안과 우안 중 좋은 눈을 기준으로 단안 망원경을 추천하고, 두 눈의 시력이 같을 경우에는 쌍안경도 추천할 수 있음
  - 좋은 눈을 기준으로 하는 이유는 보다 낮은 배율의 망원경을 사용하도록 하여 더 넓은 시야와 편안한 사용을 돕기 위함
  - 망원경은 배율이 높을수록 시야가 좁아지고 렌즈 주변부에서 보이는 물체 상의 왜곡이 커져서 사용의 어려움과 어지러움을 호소할 수 있다는 점을 고려해야 함
  - **망원경 배율(x) = [목표 원거리 시력 ÷ 현재 원거리 시력]**

06

2011. 중

D중학교에 재학 중인 학생 A는 미숙아망막증으로 양안의 교정시력이 0.04이다. 담당 체육교사가 학생 A를 위한 체육 수업에 대해 조언을 요청하여, 특수교사는 다음과 같은 안내문을 만들었다. ㉠~㉣에서 옳은 내용만을 모두 고른 것은? [2.5점]

> 체육 선생님께
> A의 체육 지도를 위해 힘써 주셔서 감사드립니다.
> A를 위한 체육 수업에 도움이 되고자 몇 가지 적어 보았습니다.
> 참고가 되셨으면 합니다.
>
> • 교수 방법
> – ㉠ 학생 A의 시력은 한천석 시시력표를 읽을 때, 4m 앞에서 시력 기준 0.1에 해당하는 숫자를 읽을 수 있는 수준이므로, 시각적 지표는 확대해 주시면 좋습니다.
> – ㉡ 공간에 대한 이해를 돕기 위해 확대 자료 또는 촉지도를 활용하시면 되는데, 제작에 도움을 드리겠습니다.
> – 신체 동작에 대한 이해를 돕기 위해 관절의 움직임이 가능한 인형을 사용하시면 좋습니다.
>
> • 시각장애학교 체육과 교사용 지도서 참조
> – 학생 A를 지도할 때, ㉢ 시각장애학교 체육과 교과서 및 지도서를 사용하시면 도움이 되는데, 일반 중학교 체육교과와는 달리 표현활동 영역이 제외되어 있습니다.
>
> • 대표적인 시각장애인 스포츠
> – ㉣ 골볼은 모든 선수가 안대를 하고 공의 소리를 들으면서 경기하는 구기 종목이므로 일반학생들과 함께 경기할 수 있지만, 학생 A는 망막박리의 위험이 있을 수 있으니 조심하셔야 합니다.

① ㉠, ㉡ ② ㉡, ㉣
③ ㉠, ㉡, ㉣ ④ ㉠, ㉢, ㉣
⑤ ㉡, ㉢, ㉣

핵심테마 체크 ✔

- 안질환별 중재방안_망막색소변성
- 시각장애 학생 특성에 따른 지원_전맹
- 점자
- 시각기술

MY MEMO

07

정답 및 예시답안

1) • 학생 이름: 수진
   • 이유: 망막색소변성은 대표적 증상 중 주변시야 결손이 있으며, 저시력의 상태이므로 추시와 주사와 같은 시각기술을 지도하는 것은 잔존시력을 활용하는 데에 도움이 된다.

2) • 안내인이 제시하는 종소리를 따라 달리기
   • 안내인과 학생을 끈으로 연결하여 함께 달리기

3) 25초

문제 속 자료분석

- 준수 ➡ 전맹이므로 시각활용기술을 지도하는 것은 부적절
- 경호 ➡ 선천성 백내장은 수정체의 혼탁으로 뿌옇게 보이는 증상이 나타나며, 이에 대해서는 추시나 주사하기와 같은 시각활용기술보다, 일반적으로 백내장의 위치에 따라 적절한 조명을 제공하는 교육적 조치가 필요
- 현미 ➡ 무홍채증은 색소결핍에 의한 질환으로 일반적으로 낮은 조명을 제공하고, 밝은 빛을 차단하는 등 광선을 조절해 주는 것이 필요
- 수진 ➡ 망막색소변성에 따른 저시력의 상태이므로, 망막색소변성의 대표적 증상에 따라 추시와 주사기술을 지도할 필요가 있음

관련이론

✦ 안질환별 특성

구분	특성
망막색소변성	• 유전성으로, 병소는 망막의 시세포 중 간체이지만 결국 모든 시세포에 장애를 일으키며(진행성 질환), 그 결과 터널시야와 야맹증이 나타남 • 진행성이므로 점자를 학습하도록 함 • 주변시야손상이 계속 진행되면 터널을 지나갈 때처럼 보이는 터널시야가 나타나며, 효율적인 잔존시각활용을 위해 추시, 추적, 주사 등의 시기능 훈련이 필요할 수 있음 • 중심부까지 시야손상이 진행되어 시력저하가 일어나면 확대 자료, 확대경, 망원경 같은 확대기기를 사용하도록 함. 다만 시야가 좁기 때문에 너무 큰 확대 자료나 고배율 확대경을 사용하게 되면 잔존시야 내에 목표물이 들어올 수 없으므로 잔존시야를 고려한 최소 확대 글자크기나 확대경 배율을 추천해야 함 • 망막색소변성증은 망막박리를 일으킬 수 있으므로, 과격한 신체활동을 자제하는 것이 필요
선천성 백내장	• 수정체가 혼탁해지는 것으로, 이로 인해 시력저하가 일어남 • 백내장의 유형과 진행 정도에 따라 수정체 혼탁의 위치와 정도가 다를 수 있으며, 시력저하 정도도 다양 • 백내장이 수정체 가장자리에 있는 아동에게는 높은 조명을, 중심부에 혼탁이 있는 아동에게는 낮은 조명을 사용 • 중심부 백내장으로 인해 중심부 혼탁이 심한 경우에는 중심시력의 현저한 저하가 일어나서 혼탁이 덜한 쪽으로 보는 중심외 보기가 필요할 수 있음 • 수정체 혼탁 부위를 고려하여 교실에서의 자리 배치와 개인 조명기구지원 여부를 결정할 필요가 있음
무홍채증	• 선천적인 유전성질환으로 홍채의 일부만 있거나 홍채가 자라지 않은 경우 • 근거리 작업을 하는 동안 안피로, 두통 또는 불쾌감이 나타나므로 약 40~50분 동안 작업을 한 후에 10분 정도 쉬도록 함 • 무홍채증 학생에게 맞는 저시력기구(핀홀, 콘택트렌즈, 색안경 등)를 사용하도록 지도 • 차양이 있는 모자와 색안경을 착용 • 창문을 통해 들어오는 빛을 등지고 앉게 함 • 홍채의 결손 정도에 따라 시력저하 정도가 다양 • 홍채의 역할을 대신할 수 있는 착색 렌즈나 홍채 콘택트렌즈 사용 가능 • 조명의 밝기를 보통 이하로 낮추는 것과 조명의 밝기변화에 적응하는 데 시간을 주는 것이 필요 • 교사는 창문이나 광원 앞에 서 있거나 그 곳에서 교구를 제시하지 않도록 함 • 종이로부터 반사되는 빛의 양을 줄이고 대비를 높여 주기 위해 타이포스코프를 사용

고득점 답안 비법 ☆ 1) 답안작성 시, 학생의 특성과 관련지어 이유를 서술할 것

07

2013. 초
★답안작성

다음의 (가)는 시각장애 특수학교 체육 담당 교사가 지도하는 학급 학생 현황이고, (나)는 '안전하게 달리기'를 제재로 작성한 교수·학습 계획의 일부이다. 물음에 답하시오. [5점]

(가) 학급 학생 현황

학생	안질환	시각장애 정도	학생	안질환	시각장애 정도
준수	선천성 녹내장	전맹	경호	선천성 백내장	저시력
현미	무홍채증	저시력	수진	망막색소변성	저시력

(나) 교수·학습 계획

<table>
<tr><th colspan="2">학습 목표</th><td colspan="2">시각장애 정도에 따라 올바른 방법으로 달리기를 할 수 있다.</td></tr>
<tr><th colspan="2">단계</th><th>교수·학습 활동</th><th>자료 및 유의점</th></tr>
<tr><td colspan="2">도입</td><td>• 시각장애인 육상 올림픽 경기 동영상 시청하기</td><td></td></tr>
<tr><td rowspan="2">전개</td><td>활동 1</td><td>• 트랙 등 육상 활동 장소에 친숙해지도록 보행지도하기</td><td></td></tr>
<tr><td>활동 2</td><td>• 시각장애 정도에 따른 달리기 방법 지도하기
– 저시력 학생: 출발 위치 확인하기, 자기 레인 유지하며 달리기 등을 위해 ㉠ <u>추시하기와 주사하기</u> 기술 활용하기
– 전맹 학생: ㉡ <u>안내인(가이드 러너)과 함께 달리기</u></td><td>• 자기 기록을 점자 스티커에 적어 '나의 기록판'에 붙이기
예: ㉢
○● ●○ ●○ ○○ ●○
○● ●○ ○● ○● ○○
●● ○○ ○○ ○● ●●</td></tr>
</table>

1) (가)에서 (나)의 ㉠의 기술을 지도받을 필요가 있는 학생의 이름을 쓰고, 이 학생을 선정한 이유를 쓰시오. [2점]

- 학생 이름 :

- 이유 :

2) (나)의 ㉡을 하기 위해 사용할 수 있는 바람직한 방법 2가지를 쓰시오. [2점]

3) (나)의 ㉢의 점자를 읽고 쓰시오. [1점]

핵심테마 체크

• 시각장애 학생을 위한 교수적 수정

MY MEMO

08

정답 및 예시답안

1) 유아특수교육
2) 유치원 C
3) • 지원 방법 1: 명화에 대해 상세하게 설명해준다.
• 지원 방법 2: 촉각적으로 다양한 재료의 느낌을 확인하도록 한다.

08 2014. 유

꿈나무 유치원에는 5세의 발달지체 유아와 시각장애(맹) 유아가 다니고 있다. (가)는 발달지체 유아의 현재 학습 수행 수준과 단기목표이고, (나)는 미술 활동계획안의 일부이다. 물음에 답하시오. [5점]

(가) 발달지체 유아의 현재 학습 수행 수준과 단기목표

영역	현재 학습 수행 수준	단기목표
인지발달	• 이동하는 물체를 바라봄 • 일반적인 몸짓을 모방함	• 다양한 동작 모방하기
소근육운동 발달	• 손바닥으로 사물을 쥐고 조작함	• 다양한 도구를 쥐고 색칠하기

(나) 미술 활동계획안

활동명	명화 속의 바람	활동형태	대 · 소집단활동
활동 목표	• 겨울 풍경을 그린 명화를 감상한다. • 겨울의 날씨 변화에 관심을 가진다. • ㉠ <u>신체를 이용해 바람을 표현한다.</u> • ㉡ <u>겨울풍경을 다양하게 표현한다.</u>		
누리 과정 관련 요소	• 예술경험 : (생략) • 자연탐구 : 탐구하는 태도 기르기－호기심을 유지하고 확장하기 • 자연탐구 : 탐구하는 태도 기르기－탐구과정 즐기기 • 자연탐구 : 탐구하는 태도 기르기－탐구기술 활용하기 • 자연탐구 : ㉢ ________		
활동 자료	명화, 도화지, 다양한 그리기 재료		
활동 방법	① 겨울 풍경을 그린 명화를 보며 작품을 감상한다.  〈프란시스코 고야, '눈보라'〉 (1786년~1787년, 유화, 캔버스에 유채, 293x275cm, 프라도 미술관 소장) ② <u>겨울 날씨의 특징을 이야기 나눈다.</u> ③ 신체를 이용해 바람을 동작으로 표현한다. ④ 겨울 풍경을 다양한 재료를 사용하여 그린다. ⑤ 유아들이 그린 그림을 서로 감상하며 자신의 생각과 느낌을 표현한다.		

1) 발달지체 유아의 단기목표를 고려하여 활동목표 ㉠과 ㉡을 수정하여 쓰시오. [2점]

• ㉠의 수정된 활동목표 :

• ㉡의 수정된 활동목표 :

2) 활동방법 ②와 관련된 '3－5세 누리과정' 관련요소 ㉢의 '내용 범주'와 '내용'을 쓰시오. [1점]

• 내용범주 :

• 내용 :

3) 시각장애(맹) 유아가 명화를 감상할 수 있도록 지원하는 방법 2가지를 쓰시오. [2점]

• 지원 방법 1 :

• 지원 방법 2 :

09

핵심테마 체크

- 전맹 학생을 위한 교육
- 저시력 학생을 위한 교육

MY MEMO

정답 및 예시답안

⑤

10

핵심테마 체크

- 전맹 학생을 위한 교육

MY MEMO

정답 및 예시답안

②

알찬 지문풀이

- ㄱ. ➡ 전맹이므로 조도를 높여주는 것은 도움이 되지 못함
- ㄴ. ➡ 중도실명이므로 시 기억을 활용해야 함
- ㄷ. ➡ 확대 독서기는 학습 자료의 내용을 크게 확대하기 위한 기기
- ㅂ. ➡ 민우는 10 미만의 수 덧셈과 뺄셈이 가능하며, 또래 수준에서 학습이 크게 지체되지 않으므로 지능검사는 직접적인 관련이 없음

09

2009. 초

다음은 초등학교 3학년 미술과 '여러 가지 색' 단원 수업 계획의 일부이다. 전맹(全盲) 학생인 영희에게 이 단원을 가르치려고 할 때 필요한 교수적합화(교수수정)를 <보기>에서 고른 것은?

학습목표: 여러 가지 색 알기
학습활동: 기본 5색(빨강, 노랑, 초록, 파랑, 보라) 알기
학습자료: 기본 5색 물감

보기

ㄱ. 개인용 조명기구를 설치한다.
ㄴ. 아세테이트지로 덮어 색의 대비를 높인다.
ㄷ. 언어를 통하여 색에 대한 연상이 이루어지도록 한다.
ㄹ. 질감이 다른 물질을 물감에 혼합하여 색의 차이를 표현한다.

① ㄱ, ㄷ
② ㄱ, ㄹ
③ ㄴ, ㄷ
④ ㄴ, ㄹ
⑤ ㄷ, ㄹ

10

2010. 유

다음은 통합유치원에 다니는 시각장애 유아 민우에 대한 상담일지와 진단서의 일부이다. 정 교사는 이 자료를 참고하여 탐구생활 영역의 수업을 계획하고자 한다. <보기>에서 정 교사가 민우를 위해 실시할 수 있는 교육적 지원으로 적절한 것을 모두 고른 것은?

(김민우)의 상담일지

- 수학과 과학에 관심이 많고 공룡을 좋아함
- 수 계산: 구체물을 활용하여 10 미만의 수 덧셈과 뺄셈 가능
- 현재 시각장애인복지관에서 한글 점자의 자모음과 숫자 점자를 배우고 있음

〈진단서〉

발급일: 2009. 10. 01.

- 성명: 김민우
- 생년월일: 2002년 11월 ○○일(현재, 만 6세 10개월)
- 현재 시력: 좌-전맹 우-전맹
  - 2008년 12월 16일 갑작스런 시력 감퇴와 안구 통증으로 처음 내원
  - 2009년 1월 23일 안암 진단 확정 후 안구 적출 수술 실시
  - 현재 양안의 안구를 모두 적출한 상태임
  - 의안 착용 상담 요망
  - 기타 특이 소견 없음

보기

ㄱ. 명암의 구분을 향상시키기 위해 조도를 높인다.
ㄴ. 장애 발생 시기상, 시 기억을 활용하기에 적합하지 않으며 촉각에 의존한 교육을 실시한다.
ㄷ. '측정하기' 지도 시, 확대독서기를 활용하여 묵자로 된 학습 자료를 음성으로 변환시켜 제공한다.
ㄹ. '자료 정리 및 비교하기' 지도 시, 굵기와 질감이 다른 실, 철사 등을 활용하여 촉각 그래프를 만들어 제시한다.
ㅁ. '다양한 도형 알기' 지도 시, 글루건(glue gun)이나 입체 복사기 등을 활용하여 양각화한 평면 도형을 제시한다.
ㅂ. 한국 웩슬러 아동 지능검사(K-WISC-Ⅲ)의 동작성 검사와 언어성 검사를 실시하여 현재의 지능 수준을 전반적으로 분석한다.

① ㄱ, ㄷ
② ㄹ, ㅁ
③ ㄱ, ㄹ, ㅁ
④ ㄴ, ㄷ, ㅂ
⑤ ㄴ, ㅁ, ㅂ

핵심테마 체크 ✔

• 시각장애 학생을 위한 교육

MY MEMO

11

정답 및 예시답안

④

관련이론

✦ **시각장애 학생의 과학수업 시 유의할 점**

- 작업 영역 재료 기구 등에 대해 잘 안내하여 주고 그것들을 잘 조정된 작업 공간에 배치한다.
- 작업 상황을 효과적으로 모니터링할 수 있는 곳에 시각장애 학생을 배치한다.
- 시각장애 학생의 욕구를 충족시켜 줄 수 있도록 작업 상황을 의미 있게 개작하거나 다감각적 경험을 할 수 있는 학습활동을 개발한다.
- 탐색하고 조작할 수 있는 자료를 제공하여 관찰, 실험, 탐구기능을 신장시킨다.
- 생물, 물질 등은 실물, 모형, 양각 도형 등을 사용하여 지도한다.
- 맹학생이 직접 관찰, 조사할 수 없는 것을 다른 사람에게 물어서 조사한다. 손으로 만져서 알기 어려운 것이나 기구가 없어 알 수 없는 것은 개념상의 오류를 범하지 않도록 설명을 충분히 제공한다.
- 만져보기 적당한 것을 사용한다(예 완두콩, 달팽이 등).
- 박제, 표본, 모형들을 사용할 때는 살아있는 생물이나 실물에 대하여 보충설명을 한다(예 동물의 체온, 소리 동작, 실물 크기 등).
- 그림이나 다이어그램 등은 대비가 잘 되도록 인쇄해 주거나 점역해 주되 말로 잘 설명해 준다.
- 시험이나 시각적 관찰결과 등을 말로 묘사해 준다.
- 식물의 생장과정을 지도할 때는 흙에 심지 말고 물에서 자라게 하여 관찰하기 쉽게 한다.
- 재료나 도구를 효과적으로 사용할 수 있도록 개작한다(예 개작한 자, 저울, 주사기, 온도계, 세포 모형 등).
- 안전하고 깨지지 않는 재료와 기구를 사용한다.
- 재료나 도구의 명칭을 점자나 확대 문자로 표기한다.
- 기구나 재료와 작업면 사이의 대비는 잘 이루어지도록 한다.
- 복잡한 자료는 분해하여 지도한 다음 이를 다시 종합하여 지도한다.
- 과학 점자 기호를 바르게 읽고 쓰도록 한다.
- 과학에 관한 다양한 점역서와 녹음 도서를 확보하여 읽기 자료로 제공함으로써 과학의 학습과 포괄적인 이해에 도움이 되도록 한다.
- 시각장애 학생의 과학교육을 위하여 개발된 자료: 플라스틱 생물 모형 시리즈, 관찰 도구, 간편 기계 세트 감광기 등 이것들은 모두 촉각적으로 읽을 수 있도록 개조되어 있다.

11

2010. 초

통합학급을 담당하는 유 교사는 2007년 개정 초등학교 교육과정 과학과 4학년의 '식물의 한 살이'를 지도하려고 한다. 다음과 같은 특성을 보이는 시각장애 학생 정희를 지도하는 방법으로 적절한 것을 〈보기〉에서 모두 고른 것은?

인적 사항			
이름	이정희	학교	푸른초등학교
생년월일	1999년 10월 2일	학년	4학년
장애유형	시각장애	원인	시신경 위축
시력	• 좌안: 광각 (light perception; LP) • 우안: 수동 (hand movement; HM)	발생 시기	선천성

보기

ㄱ. 강낭콩을 기르는 과정을 묵자자료로 확대하여 제공한다.
ㄴ. 강낭콩의 성장과정을 입체모형으로 제작하여 만져 보게 한다.
ㄷ. 강낭콩 줄기의 길이를 측정하도록 촉각표시가 된 자를 제공한다.
ㄹ. 강낭콩 성장과정을 손으로 확인할 수 있도록 싹이 튼 강낭콩을 흙보다는 물에서 기른다.
ㅁ. 강낭콩 줄기의 길이 변화를 측정하여 얻은 결과수치를 대비가 높은 색을 사용하여 제시한다.

① ㄱ, ㄷ　　② ㄱ, ㅁ
③ ㄴ, ㄷ　　④ ㄴ, ㄷ, ㄹ
⑤ ㄷ, ㄹ, ㅁ

핵심테마 체크 ✔

• 시각장애 학생을 위한 교육

MY MEMO

12

정답 및 예시답안

④

알찬 지문풀이

- ㉢ 우리 지역의 지형을 정확히 알도록 하는 데 주안점을 두고, 일반지도처럼 지역 경계선을 ~~자세하게 표시~~해야 해요. ➡ 지도는 중요한 부분을 위주로 간략화하여 제작하는 것이 좋음
- ㉣ 기호나 글자들은 양각의 ~~화살표나 안내선(leadline)을 주로 사용~~하여 혼돈이 없도록 해야 해요. ➡ 화살표나 안내선(유도선)의 사용은 혼란을 줄 수 있으므로 가급적 사용하지 않는 것이 좋음

관련이론

✦ 시각장애 학생의 사회과 지도 시 유의할 점

- 유적, 유물 등의 실물자료가 없을 경우에는 모형을 확보하여 활용하도록 한다.
- 지구본, 양각 도형, 통계, 방송 등을 적절하게 활용하여 학습의 효과를 높이도록 한다.
- 양각 지도의 읽기와 각종 자료의 양각 지도화에 숙달되도록 한다.
- 가능한 한 야외 및 현지 조사, 견학 등을 실시하여 지리학습의 경험을 다양화하도록 한다.
- 방향정위 및 가동성 지도와 함께 지도가 묘사하는 것이 무엇인가를 이해하는 데 필요한 지리개념을 획득할 수 있는 특정한 훈련을 한다. 일반학생은 강을 보고 그 개념을 쉽게 획득하지만, 맹학생은 쉽지 않기 때문이다.
- 지도와 그래프를 체계적으로 남김 없이 읽게 하고, 여러 쪽에 걸쳐 있는 길이가 긴 표를 놓치지 않고 읽게 한다.
- 양각 지도가 복잡한 것일 경우에는 이를 분해하여 지도한 후 다시 종합하여 지도하도록 한다.
- 촉각 자료만으로는 충분한 정보를 제공할 수 없는 경우에는 구두로 잘 설명하여 주어야 한다.
- 저시력 학생들에게는 그들의 필요에 따라서 지도나 그래프 등을 확대하거나 축소하여 준다. 이때 중요하지 않은 사소한 것들을 깨끗이 제거하고, 배경과 좋은 대비를 이루도록 색깔을 사용하거나 굵은 선으로 나타낸다. 시야가 좁아서 그래프 전체를 한 번에 보지 못하고 일부만 보는 학생은 전체적인 조망을 하도록 한다.

✦ 양각그림 제작 시 유의할 점

- 원본 그림이 본문의 내용이나 개념을 이해하는 데 필요한 자료인지 확인한다. 단지 장식적인 목적의 그림이거나 구어 설명만으로 충분한 이해가 가능하다면 생략할 수 있다.
- 원본 그림을 양각 그림으로 만들 때 점자프린터나 입체복사기로 출력할 것인지, 교사가 여러 가지 사물과 재료로 제작할 것인지를 결정한다. 단순한 시각 자료는 점자프린터나 입체복사기로도 제작할 수 있다.
- 양각 그림의 크기는 양손으로 확인할 수 있는 크기가 적절하다. 너무 크거나 작으면 촉각 자료의 전체 모양이나 세부 요소 간의 관계를 파악하기 어렵다. 촉각 자료의 세부 요소는 손으로 지각하고 구별할 수 있는 최소 크기가 되어야 한다.
- 양각 그림을 만들 때 원본 그림과 똑같이 만드는 데 주안점을 둘 필요가 없다. 원본 그림에서 필수적이지 않은 요소는 제거하거나 단순화하여 양각 그림을 만들면 더 잘 이해할 수 있다.
- 양각 그림은 원본 그림과 동일한 크기로 제시하는 데 주안점을 둘 필요는 없다. 다만 원본 그림을 정확한 비례로 확대·축소해야 하고, 필요에 따라 그림의 확대나 축소 비율을 명시할 수 있다.
- 복잡한 원본 그림의 모든 세부 정보가 필요하다면 원본 그림을 한 장에 제시하기보다 여러 장으로 분리하여 책자형으로 제작할 수 있다. 첫 장에는 원본 그림의 전체 윤곽이나 형태를 나타내는 양각 그림을 배치하고, 다음 장부터는 원본 그림을 몇 개로 나누어 만든 세부 양각 그림들을 제시한다.
- 양각 그림의 주요 특징을 손으로 탐색할 때 그림 이해를 돕기 위한 짧은 설명의 점자 글을 함께 제시할 수 있다.
- 원본 그림의 형태를 단지 양각의 윤곽선만으로 나타내기보다 선의 안쪽을 채운 양각면 형태로 제시하면 대상의 모양이나 형태 등을 더 잘 지각할 수 있다.
- 중증의 저시력 학생은 촉각 탐색뿐만 아니라 잔존 시각도 활용할 수 있도록 그림의 양각 윤곽선에 대비가 높은 색을 입히면 양각 그림 자료를 더 잘 이해할 수 있다.
- 양각 그림에 너무 많은 촉각 심벌, 무늬, 질감이 들어가면 오히려 이해하기 어렵고 혼동을 줄 수 있다.
- 양각 그림에 여러 개의 양각 선을 사용해야 할 때는 양각 선들을 촉각으로 구별할 수 있도록 5mm 정도의 간격을 두고, 그림의 양각 선과 점자 글자 간의 간격도 3mm 이상 되도록 한다.
- 양각 그림에 점자 글자를 적기 어려운 경우에는 안내선(유도선)을 사용하기보다 기호나 주석을 사용한다. 안내선을 사용해야만 한다면 안내선으로 사용한 양각선이 양각 그림에서 사용하고 있는 양각 선과 구별하여야 한다.
- 복잡한 원본 그림을 양각 그림으로 제작하는 방법으로는 전체-부분 방식이나 단계별 방식이 있다. 전체-부분 방식은 전체 그림을 2개 이상의 부분 양각 그림으로 나누어 제작하는 것이고, 단계별 방식은 원본 그림의 전체 윤곽과 세부 내용을 나누어 제시하는 것이다.
- 복잡한 원본 그림을 여러 부분으로 분리하여 양각 그림 자료를 제작할 때 그림의 분리점(또는 분리선)을 더욱 명확하고 도드라지게 표시해야 분리된 양각 그림 자료를 탐색한 후 하나로 통합하여 이해하기 쉽다.
- 복잡한 원본 그림을 분리할 때는 논리적인 분할이 이루어져야 하고, 각 분리된 부분을 잘 나타내는 제목을 다시 붙여야 한다. 분할은 수평이나 수직으로 절반을 나누거나 1/4로 나눌 수 있으며, 또는 자연의 랜드마크에 의해 나눌 수 있다.
- 양각 그림을 개발할 때 학생의 연령과 경험을 고려해야 한다. 학생의 연령과 기술 수준이 낮을수록 양각 그림에서 사용하는 양각 면, 양각 선, 양각 점, 양각 기호의 수를 줄여주는 것이 좋다.

12

2012. 초

다음은 시각장애 특수학교 교사가 전맹 학생을 대상으로 사회과 '우리 지역의 생활 모습' 단원을 지도하려고 동료 교사와 나눈 대화이다. 대화의 내용 중 적절한 것을 모두 고르면?

> 황 교사: 다음 주에 '우리 지역에서 발달한 산업 조사하기'를 주제로 수업을 하려고 해요. ㉠ 지도와 그래프를 보고 분석하는 능력이 사회과의 중요한 기능 목표이므로, 사회과부도의 산업지도를 보고 촉각지도를 만들려고 해요. 어떻게 만들면 좋을까요?
> 박 교사: 먼저 ㉡ 전체 산업지도에서 우리 지역에 해당되는 부분을 분리하여 촉각지도로 제작하세요. 이때 ㉢ 우리 지역의 지형을 정확히 알도록 하는 데 주안점을 두고, 일반지도처럼 지역 경계선을 자세하게 묘사해야 해요.
> 황 교사: 산업지도 안에는 여러 가지 기호나 글자들도 표시되어 있는데 어떻게 하죠?
> 박 교사: ㉣ 기호나 글자들은 양각의 화살표나 안내선(lead line)을 주로 사용하여 혼돈이 없도록 해야 해요.
> 황 교사: 통계청의 산업통계 그래프도 촉각그래프로 만들어 함께 사용하려고 해요. 그런데 우리 단원과 관련 없는 정보는 어떻게 하면 좋을까요?
> 박 교사: ㉤ 단원의 학습 주안점을 주의 깊게 읽어보고 관련성이 적은 요소는 생략할 수 있어요.

① ㉠, ㉢　② ㉡, ㉤
③ ㉢, ㉣　④ ㉠, ㉡, ㉤
⑤ ㉡, ㉣, ㉤

핵심테마 체크 ✔

• 녹음 도서 제작(음성자료)

MY MEMO

13

정답 및 예시답안

④

알찬 지문풀이

• ㉡ 시각장애 학생은 ~~듣기를 이용하여 학습 자료를 자세히 분석하거나 원하는 페이지를 쉽게 찾아갈 수~~ 있습니다. ➡ 시각장애 학생은 듣기를 통해 앞의 내용을 다시 듣거나, 건너뛰거나, 자세히 분석하거나, 원하는 장이나 페이지를 찾기 어렵다. 녹음 도서의 인덱싱 방법도 정독, 표제어, 문단, 특수한 체재를 통하여 다시 읽거나 전체를 훑어 읽는 데 시간이 많이 걸린다.

관련이론

✦ 시각장애 학생의 듣기

장점	• 듣기는 말하기, 읽기, 쓰기보다 더 많은 양을 차지한다. 듣기는 말하기, 읽기, 쓰기의 발달에 도움을 준다. • 중복장애 학생과 묵독이나 점독에 어려움이 있는 학생에게 듣기는 중요한 학습 수단이다. • 속도가 빠르다. 예를 들면, 고등학생은 점독을 할 때 충분히 이해하면서 분당 90단어 이상을 읽을 수 있고, 녹음 도서는 분당 150~170단어, 경우에 따라서는 이해력을 저해하지 않으면서 분당 275단어의 압축 속도로 읽을 수 있다. • 듣기는 자료를 구하고 처리하는 데 효과적인 수단이다. 경우에 따라 듣기가 점자보다 학습에서 더 효과적인 수단은 아니지만 점자도서를 보급, 제작하는 것보다 녹음 도서를 제작하는 것이 더 쉽고 빠르다.
단점	• 듣기(청독)는 일부 내용을 전달하기 어렵다. 특히 그림, 차트, 그래프, 도형 등은 듣기에 의하여 정확하게 전달될 수 없다. • 듣기는 참조하는 데 어려움을 준다. 학생은 듣기를 통해 앞의 내용을 다시 듣거나, 건너뛰거나, 자세히 분석하거나, 원하는 장이나 페이지를 찾기 어렵다. 녹음 도서의 인덱싱 방법도 정독, 표제어, 문단, 특수한 체재를 통하여 다시 읽거나 전체를 훑어 읽는 데 시간이 많이 걸린다. • 자료를 통제하기 어렵다. 속도, 억양, 고저, 간격 등은 낭독자가 결정한다. 전자공학의 발달로 압축어, 속도와 음색의 다양한 조절, 그 밖의 기기를 통하여 다양한 변화와 발전이 이루어지고 있으나 아직도 자료를 통제하는 데 어려움이 있다. • 듣기는 수동적이다. 녹음 도서는 가만히 앉아서 듣기 때문에 수동적이 되기 쉽다. 따라서 집중력을 높이기 위해서는 능동적인 듣기를 해야 한다. • 자료를 구하기 어렵다. 정안 학생이 사용하는 청각 자료는 시각장애 학생도 사용할 수 있으나 이러한 자료는 시각적 자료와 함께 사용하는 경우가 많아 시각장애 학생이 사용하기 어렵다. 시각장애 학생이 교과서와 참고서의 대체자료로 녹음 도서를 구하기 어렵다는 점이 듣기 학습을 제한한다.

✦ 음성자료 제작 방법

- 소음이 적은 시간과 장소에서 녹음한다.
- 일부러 읽는 속도를 늦추지 말고 보통 속도로 최대한 명확하게 발음하여 읽는다.
- 자료를 녹음할 때 원본 자료에 기재된 표지, 목차, 저자 소개 등을 빠뜨리지 않고 녹음하는 것을 기본으로 한다.
- 쉼표, 마침표 같은 구두점은 특별한 경우가 아니면 듣기 가독성과 이해도를 돕기 위해 생략한다.
- 녹음 자료를 체계적으로 관리할 수 있도록 일정한 규칙에 따라 파일 이름을 붙인다.
- 도서는 한 개의 챕터를 한 파일로 제작하는 것이 일반적이나 한 개의 파일이 60분이 넘어가면 두 개 파일로 나누어 저장하고 이를 알기 쉽게 파일 이름에 번호를 달아준다.
- 제목 번호 낭독은 보편적으로 로마자 단위는 '단원'을 붙여 낭독하고, 1. 1은 '1장 1절'로, 1. 1. 1은 '1장 1절 1'로, ①은 '동그라미 일'로, (1)은 '괄호 일'로, 1)은 '반괄호 일'로 낭독한다.
- 괄호 안에 있는 글을 읽는 방법은 여러 가지가 있다. 괄호 안 글이 길거나 문장일 경우는 '괄호 열고-내용 낭독-괄호 닫고' 순서로 읽는다. 괄호 안 글이 한두 단어 정도면 괄호 밖으로 빼서 자연스러운 연결 문장으로 만들어 읽을 수 있다.
- 문장 중에 '주'가 나오면 해당 문장을 마친 후 '주석 시작-주석 내용-주석 끝' 순서로 읽는다.
- 표를 읽을 경우에는 각 항목 어떠한 순서로 읽을 것인지 알려 준 후 항목별 내용을 읽어준다.
- 원그래프는 현재 몇 시 방향에서 시작하여 시계 또는 반시계 반향으로 어떤 항목이 어느 정도 비율을 차지하는지 읽어준다.
- 막대그래프는 가로축과 세로축의 제목을 읽고, 가로축의 항목별로 세로축의 크기를 설명한다.
- 선그래프의 경우는 x축과 y축의 제목을 읽고, x축과 y축의 범위와 간격이 어떠한지 먼저 이야기한다. 그 다음 각 좌표의 점을 x축, y축 순서로 읽어준다. 이때 각 그래프의 변화 경향성이 어디서부터 감소하고 증가하는지를 설명한다.

13

2013. 중

시각장애 학생을 위한 듣기 지도와 녹음 도서 제작에 대한 두 교사의 대화이다. ㉠~㉣ 중 옳은 것만을 있는 대로 고른 것은?

> 이 교사: 김 선생님, 시각장애 학생에게 듣기 지도를 하려고 해요. 듣기를 이용해서 교육을 하면 어떤 장점이 있나요?
> 김 교사: ㉠ <u>듣기는 묵자나 점자를 읽는 데 어려움이 있는 학생에게 중요한 학습 수단입니다.</u> 그리고 ㉡ <u>시각장애 학생은 듣기를 이용하여 학습 자료를 자세히 분석하거나 원하는 페이지를 쉽게 찾아갈 수 있습니다.</u>
> 이 교사: 듣기 지도를 위해 녹음 도서를 제작하려고 합니다. 그런데 교과서에 있는 영어로 된 용어나 이름은 어떻게 녹음해야 하는지 궁금해요.
> 김 교사: ㉢ <u>영어로 된 용어나 이름은 발음과 철자를 함께 녹음해야 합니다.</u>
> 이 교사: 이 밖에 주의해야 할 내용은 무엇이 있나요?
> 김 교사: ㉣ <u>녹음 도서를 제작할 때에는 책 전체의 위계를 알 수 있도록 책의 장, 절, 순서를 나타내는 숫자 등의 내용을 함께 녹음하는 것도 필요합니다.</u>

① ㉠
② ㉠, ㉡
③ ㉡, ㉢
④ ㉠, ㉢, ㉣
⑤ ㉡, ㉢, ㉣

핵심테마 체크 ✔

- 입체복사기
- 점자

MY MEMO

14

정답 및 예시답안

1) 가이드는 소리로(박수, 종소리 등) 목표물의 위치를 알려준다.
2) (영역형 경쟁에서는 남녀 성별에 따른 차이가 비교적 두드러지게 나타난다.) 남녀 혼합 팀을 구성하여 경쟁을 할 경우 양성의 평등한 참여를 보장할 수 있는 게임 규칙을 적용한다.
3) ① 입체복사 자료는 경기장의 시각적 형태를 그대로 양각화한 자료이므로 점자그림 자료에 비해 실제 시각적인 형태를 제시할 수 있다는 장점이 있다.
   ② 불필요한 부분들을 생략하고 단순화시켜서 촉각 식별이 용이하도록 한다.
4) 페널티 지역

관련이론

✦ 입체복사기

- 입체복사기는 시각장애인을 위한 촉지도, 다이어그램, 텍스트 및 그래픽 등의 촉각 이미지를 간단하고 빠르게 제작하는 기기이다.
- 특수 제작된 전용 용지에 원하는 이미지를 직접 그리거나 프린터로 출력한 후 입체복사기를 통과시키면 열과 반응된 검정색 잉크 부분만 부풀어 올라 촉각 이미지가 생성된다.
- 사용법이 간단하여 누구나 손쉽게 조작할 수 있으며 별도의 대기 시간이나 예열 시간이 없고 안전하다.

✦ 양각 그림 자료를 제작할 때 준수해야 할 지침과 기준

- 원본 그림이 본문의 내용이나 개념을 이해하는 데 필요한 자료인지 확인한다. 단지 장식적인 목적의 그림이거나 구어 설명만으로 충분한 이해가 가능하다면 생략할 수 있다.
- 원본 그림을 양각 그림으로 만들 때 점자프린터나 입체복사기로 출력할 것인지, 교사가 여러 가지 사물과 재료로 제작할 것인지를 결정한다. 단순한 시각 자료는 점자프린터나 입체복사기로도 제작할 수 있다.
- 양각 그림의 크기는 양손으로 확인할 수 있는 크기가 적절하다. 너무 크거나 작으면 촉각 자료의 전체 모양이나 세부 요소 간의 관계를 파악하기 어렵다. 촉각 자료의 세부 요소는 손으로 지각하고 구별할 수 있는 최소 크기가 되어야 한다.
- 양각 그림을 만들 때 원본 그림과 똑같이 만드는 데 주안점을 둘 필요가 없다. 원본 그림에서 필수적이지 않은 요소는 제거하거나 단순화하여 양각 그림을 만들면 더 잘 이해할 수 있다.
- 양각 그림은 원본 그림과 동일한 크기로 제시하는 데 주안점을 둘 필요는 없다. 다만 원본 그림을 정확한 비례로 확대·축소해야 하고, 필요에 따라 그림의 확대나 축소 비율을 명시할 수 있다.
- 복잡한 원본 그림의 모든 세부 정보가 필요하다면 원본 그림을 한 장에 제시하기보다 여러 장으로 분리하여 책자형으로 제작할 수 있다. 첫 장에는 원본 그림의 전체 윤곽이나 형태를 나타내는 양각 그림을 배치하고, 다음 장부터는 원본 그림을 몇 개로 나누어 만든 세부 양각 그림들을 제시한다.
- 양각 그림의 주요 특징을 손으로 탐색할 때 그림 이해를 돕기 위한 짧은 설명의 점자 글을 함께 제시할 수 있다.
- 원본 그림의 형태를 단지 양각의 윤곽선만으로 나타내기보다 선의 안쪽을 채운 양각면 형태로 제시하면 대상의 모양이나 형태 등을 더 잘 지각할 수 있다.
- 중증의 저시력 학생은 촉각 탐색뿐만 아니라 잔존 시각도 활용할 수 있도록 그림의 양각 윤곽선에 대비가 높은 색을 입히면 양각 그림 자료를 더 잘 이해할 수 있다.
- 양각 그림에 너무 많은 촉각 심벌, 무늬, 질감이 들어가면 오히려 이해하기 어렵고 혼동을 줄 수 있다.
- 양각 그림에 여러 개의 양각 선을 사용해야 할 때는 양각 선들을 촉각으로 구별할 수 있도록 5mm 정도의 간격을 두고, 그림의 양각 선과 점자 글자 간의 간격도 3mm 이상 되도록 한다.
- 양각 그림에 점자 글자를 적기 어려운 경우에는 안내선(유도선)을 사용하기보다 기호나 주석을 사용한다. 안내선을 사용해야만 한다면 안내선으로 사용한 양각선이 양각 그림에서 사용하고 있는 양각 선과 구별하여야 한다.
- 복잡한 원본 그림을 양각 그림으로 제작하는 방법으로는 전체－부분 방식이나 단계별 방식이 있다. 전체－부분 방식은 전체 그림을 2개 이상의 부분 양각 그림으로 나누어 제작하는 것이고, 단계별 방식은 원본 그림의 전체 윤곽과 세부 내용을 나누어 제시하는 것이다.
- 복잡한 원본 그림을 여러 부분으로 분리하여 양각 그림 자료를 제작할 때 그림의 분리점(또는 분리선)을 더욱 명확하고 도드라지게 표시해야 분리된 양각 그림 자료를 탐색한 후 하나로 통합하여 이해하기 쉽다.
- 복잡한 원본 그림을 분리할 때는 논리적인 분할이 이루어져야 하고, 각 분리된 부분을 잘 나타내는 제목을 다시 붙여야 한다. 분할은 수평이나 수직으로 절반을 나누거나 1/4로 나눌 수 있으며, 또는 자연의 랜드마크에 의해 나눌 수 있다.
- 양각 그림을 개발할 때 학생의 연령과 경험을 고려해야 한다. 학생의 연령과 기술 수준이 낮을수록 양각 그림에서 사용하는 양각 면, 양각 선, 양각 점, 양각 기호의 수를 줄여주는 것이 좋다.

14

2018. 초
★답안작성

(가)는 특수교육 관련 사이트의 질의 · 응답 게시판에 올라온 글의 일부이고, (나)는 시각장애인용 축구장을 설명하기 위해 시각장애 학교 교사가 학생에게 제공한 입체복사 자료이다. 물음에 답하시오. [5점]

(가)

> **Q** 안녕하세요? 저는 초등학교 교사입니다. 우리 반에는 ㉠ 광각의 시력을 가진 단순 시각장애 학생이 1명 있습니다. 다음 주부터 체육과 실기 수업으로 ㉡ 축구형 게임 단원의 '공을 차 목표물 맞히기'를 진행하려고 하는데, 시각장애 학생의 실기 수업을 어떻게 진행해야 할지 막막합니다. 조언 부탁합니다.
>
> **A** 안녕하세요? 저는 시각장애 학교 교사입니다. 일반적으로 단순 시각장애 학생이라면 일반 학생과 비슷한 환경 속에서 성과를 낼 수 있습니다. 다만, 학생의 시각적인 요구에 맞게 약간의 조정이 필요합니다. 우선 방울이 들어 있는 특수공을 사용하거나 이것이 여의치 않을 경우에는 축구 연습용 주머니에 공을 넣어 사용하시고, 소음을 최소화할 수 있는 실내에서 수업을 진행하는 것이 좋겠습니다. 그리고 ㉢ 가이드를 목표물 뒤에 배치하는 것도 필요합니다.
>
> … (하략) …

(나)

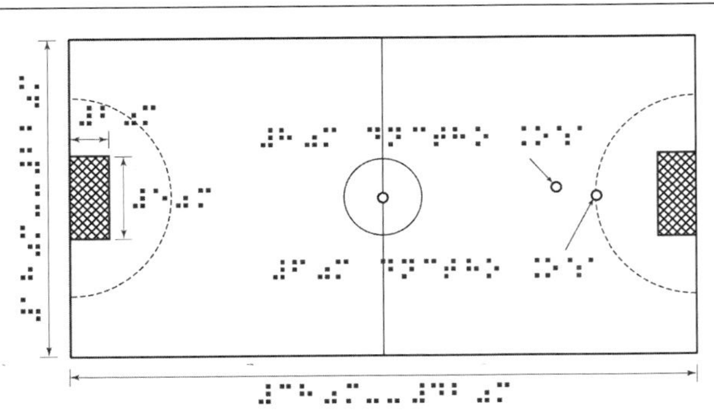

※ 검은 점 · 선 · 면은 볼록하게 튀어나온 것임

1) (가)의 밑줄 친 ㉠을 대상으로 '공을 차 목표물 맞히기' 수업을 진행할 때 밑줄 친 ㉢의 역할을 쓰시오. [1점]

2) (가)의 밑줄 친 ㉡에서 남녀 혼합 팀을 구성하여 경쟁을 할 경우, 지도상의 유의점을 2015 개정 특수교육 교육과정 중 공통 교육과정 체육과 '교수 · 학습 방법 및 유의 사항'에 근거하여 쓰시오. [1점]

3) ① (나)와 같은 입체복사 자료의 장점을 점자 그림 자료와 비교하여 1가지 쓰고, ② 복잡한 시각 자료를 입체복사 자료로 제작할 때 유의해야 할 점 1가지를 쓰시오. [2점]

①:

②:

4) 다음은 (나)의 입체복사 자료에 표기된 점자의 일부이다. 점자를 묵자로 쓰시오(단, 검은 점은 볼록하게 튀어나온 것임). [1점]

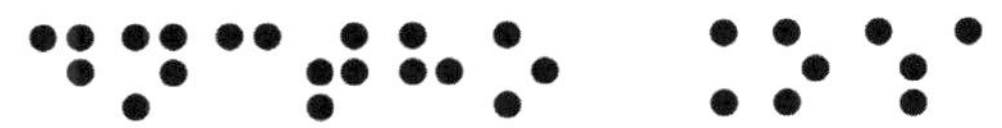

핵심테마 체크 ✓

- 점자
- 안질환별 중재방안
- 망막의 시세포
- 확대 핵심 교육과정

MY MEMO

15

정답 및 예시답안

1) ① 네트형 경쟁
   ② 지나친 경쟁심이 유발되지 않도록 한다.
2) 6학년 선수 이예성
3) 영수는 망막색소변성에 의해 망막의 주변 시세포가 먼저 손상되어 시야가 매우 좁아진 상태이다. 즉, 망막 주변에 분포하고 있으며 낮은 조명에서 기능을 하는 간체가 손상된 경우이다. 이에 따라 간체가 아닌 추체가 기능할 수 있도록 적절한 조도(높은 조도)를 제공해야 한다.
4) 확대 핵심 교육과정

관련이론

✦ 망막의 시세포

- 망막을 구성하는 주요 광수용체증은 원뿔(추체)세포와 막대(간체)세포로 이루어진다.
- 원뿔세포는 망막의 중심부(황반)에 많고, 밝은 곳에서 물체의 형태와 색을 인식하는 기능을 하므로 원뿔세포에 손상이 생기면 물체가 흐릿하게 보이는 시력저하와 색을 구별하는 능력이 감소된다.
- 막대(간체)세포는 망막의 주변부에 많고 어두운 곳에서 물체의 명암을 인식하는 기능을 하므로 막대세포에 손상이 생기면 어두운 곳에서 물체를 잘 보지 못하는 야맹증이 생긴다.
- 일반적으로 망막이 손상되면 손상된 망막 부위에는 물체의 상이 맺히지 못해 물체의 일부가 보이지 않는 시야장애가 나타나고, 망막의 손상이 중심부(황반)로 진행될수록 시야장애 외에 시력저하, 색각 이상, 암순응 등의 문제까지 일어나게 된다.

✦ 확대 핵심 교육과정

개념	• 시각장애로 인한 특별한 요구를 감안한 학습 영역을 추가시킨 특별한 교육과정 • 특수교육과정, 비학문적 교육과정 혹은 장애특성화 교육과정 • 시각장애인이 사회의 구성원으로서 독립적으로 살아가기 위해서 필수적으로 습득해야 하는 지식과 기술들로 구성된 교육과정	
내용	• 보상기술 • 방향정위와 이동기술 • 사회기술 • 레크리에이션/여가기술 • 전환	• 기능적 기술 및 공학 • 시기능 훈련 • 생활기술 • 진로교육

고득점 답안 비법 ☆ 3)의 답안은 영수의 특성을 고려하고, 이를 관련지어 서술해야 함

15

2016. 초

(가)는 시각장애 특수학교 체육 담당 교사가 지도하는 6학년 학생들의 특성이고, (나)는 '간이 시각배구 게임하기'를 제재로 작성한 교수·학습 과정안의 일부이다. 물음에 답하시오. [5점]

(가) 학생 특성

이름	원인 질환	시력 정도	시야 특성	인지 특성
영수	망막색소변성	양안 교정시력 0.06	양안 주시점에서 10°	정상
미현	시신경위축	전맹	-	정상

(나) 교수·학습 과정안

단원	㉠ 배구형 게임	제재	간이 시각배구 게임하기
학습 목표	규칙에 맞게 간이 시각배구 게임을 할 수 있다.		
단계	교수·학습 활동	자료(㉶) 및 유의 사항(㊌)	
도입	• 준비 운동하기 • 전시 학습 확인하기 • 학습 동기 유발하기 – 시각배구 대회 소개하기 – 시각배구 선수 소개하기	㉶ ㉢ 점자 읽기 자료, 묵자 읽기 자료	
전개	〈활동 2〉 ㉡ 간이 시각배구 게임하기 • 2인제 시각배구 게임하기 – 영수: 교사가 굴려 주는 공을 보면서 공격(수비)하기 – 미현: 교사가 굴려 주는 공소리를 듣고 공격(수비)하기	㉶ 소리나는 배구공, 네트 ㊌ ㉣ 영수는 야맹증이 있고, 낮은 조도에서 학습 활동을 하는 데 어려움이 있기 때문에 적절한 조도 환경을 제공한다. ㊌ 여가 시간에 시각배구를 활용할 수 있는 다양한 방법을 지도한다.	

1) '2011 개정 특수교육 교육과정' 중 공통 교육과정 체육과에 근거하여 ① '내용 체계'에서 (나)의 ㉠ 단원이 속해 있는 영역의 명칭을 쓰고, ② ㉡을 지도할 때 고려해야 할 사항을 '내용 영역별 지도'를 근거로 1가지 쓰시오. [2점]

①:

②:

2) 다음은 (나)의 ㉢의 일부이다. 점자를 묵자로 쓰시오(검은 점이 볼록하게 튀어 나온 점임). [1점]

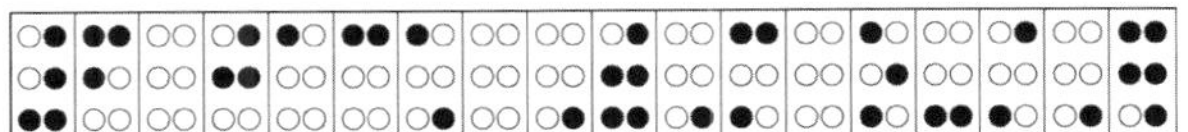

3) (가)에 제시된 영수의 특성을 고려할 때, (나)의 ㉣이 필요한 이유를 망막의 시세포(광수용체)와 관련지어 쓰시오. [1점]

4) (나)의 수업에서 교사는 시각장애라는 특성을 반영한 다음과 같은 교육과정을 고려하여 지도하고자 한다. (   ) 안에 들어갈 말을 쓰시오. [1점]

> (   )은/는 시각장애인이 사회의 구성원으로 독립적으로 살아가기 위해서 필수적으로 습득해야 하는 지식과 기술로 구성된 교육과정을 의미하며, 그 내용으로는 보상 기술, 기능적 기술, 여가 기술, 방향정위와 이동 기술, 사회 기술, 시기능 훈련, 일상생활 기술 등이 있다.

핵심테마 체크 ✓

- 교육적(기능적) 시력
- 점자
- 총론_교육과정 편성

MY MEMO

16

정답 및 예시답안

○ 학생 A는 30cm 거리에서 손가락의 수를 셀 수 있는 시력이고, 학생 B는 30cm 거리에서 손의 움직임을 알 수 있는 시력이다.
○ ㉠은 1−26으로 표기하고, ㉥은 235이다.
○ ㉦은 시각장애인 자립생활이다.

관련이론

✦ 교육적(기능적) 시력

완전실명	시력이 전혀 없는 상태(전맹)
광각(LP)	암실에서 광선을 인식할 수 있는 상태
수동(HM)	눈앞에서 손을 좌우로 움직일 때 이를 알아볼 수 있는 정도의 상태
지수(FC)	자기 앞 1m 전방에서 손가락 수를 셀 수 있는 상태
저시각	일반 활자를 읽지 못할 수도 있으나 시력으로 일상생활을 할 수 있는 상태로, 한계는 일정치 않으나 다각적으로 변화를 발견하지 못하는 시력 감퇴가 있는 상태

✦ 확대 핵심 교육과정

개념	• 시각장애로 인한 특별한 요구를 감안한 학습 영역을 추가시킨 특별한 교육과정 • 특수교육과정, 비학문적 교육과정 혹은 장애특성화 교육과정 • 시각장애인이 사회의 구성원으로서 독립적으로 살아가기 위해서 필수적으로 습득해야 하는 지식과 기술들로 구성된 교육과정	
내용	• 보상기술 • 방향정위와 이동기술 • 사회기술 • 레크리에이션/여가기술 • 전환	• 기능적 기술 및 공학 • 시기능 훈련 • 생활기술 • 진로교육

16

2023. 중

(가)는 시각장애 학생의 시력이고, (나)는 과학 교사가 학생에게 제공한 피드백의 일부이다. (다)는 교사와 학부모가 나눈 대화의 일부이다. <작성 방법>에 따라 서술하시오. [4점]

(가) 학생의 시력

구분	학생 A	학생 B	학생 C
시력	좌안: LP 우안: 30cm FC	좌안: LP 우안: 30cm HM	좌안: NLP 우안: 50cm FC

(나) 과학 교사가 학생에게 제공한 피드백

… (상략) …

㉠ 그러므로 학생 ㉡ B가
㉢ 소화액을
㉣ 잘 이해하고
㉤ 있군요㉥!

⇩ 점역 후

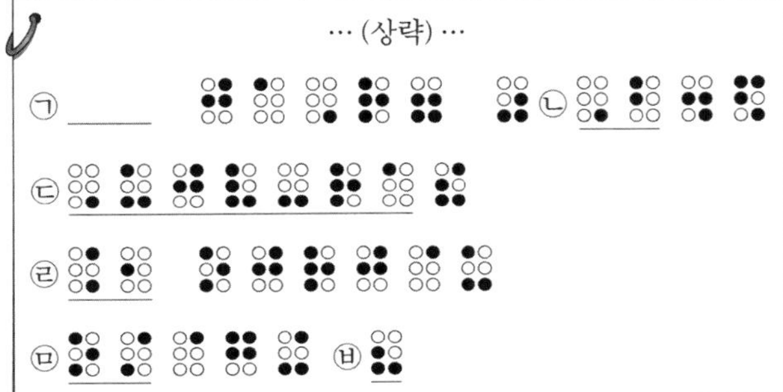

(다) 교사와 학부모의 대화

과학 교사: 지난 과학 수업에 대한 피드백을 점자로 제공하였으니, 학생과 함께 확인해 주세요.

학 부 모: 네. 그런데 학생 B가 시력이 더 나빠졌어요. 그래서 걷다가 자주 다치고, 점자정보단말기 사용도 서툰데 점자 이외에 다른 영역을 더 지도해 주실 수 있나요?

과학 교사: 네. 우리 학교에서는 시각장애 학생의 재활을 위하여 확대중핵교육과정(Expanded Core Curriculum)을 바탕으로 보행, 일상생활, 대인관계, 기능시각, 보조 공학 영역으로 구성된 (㉦)을/를 창의적 체험활동에 편성하고 있습니다. 청각장애 특수학교에서 '농인의 생활과 문화'를 창의적 체험활동에 편성하여 운영하는 것과 같습니다.

학 부 모: 걱정이 많았는데 다행이네요. 감사합니다.

작성방법

- (가)를 바탕으로 학생 A와 C의 시력 차이를 우세안 기준으로 서술할 것
- (나)의 밑줄 친 ㉠을 약자로 표기할 때, 점형의 번호를 읽기 기준 순서대로 쓰고, (나)의 밑줄 친 ㉡~㉥ 중 점자가 틀린 것 1가지를 찾아 점형의 번호를 읽기 기준 순서대로 바르게 고쳐 쓸 것 [단, 개정 한국 점자 규정(문화체육관광부 고시제2020-38호)에 근거할 것]

※점형의 구분은 '-'로 표시할 것				
답안 예시	⠇	⠐	⠣	⠶
	123 -	5 -	126 -	2356

- (다)의 괄호 안의 ㉦에 해당하는 명칭을 쓸 것 [단, 2015 개정 특수교육 교육과정 총론(교육부 고시 제2022-3호)에 근거할 것]

핵심테마 체크 ✔

- 안질환별 중재방안_망막 색소변성
- 장애인 복지법의 장애 정도
- 콘(Corn)의 모델

MY MEMO

정답 및 예시답안

⑤

알찬 지문풀이

- ⑤ 학생 A는 지속적인 시기능 저하가 나타날 수 있으므로 심리적 안정을 고려하며, ~~중심외보기를 통해 주변 시야를 활용하는 시기능 훈련~~을 한다. ➡ 망막색소변성－망막 주변에 흑색의 색소가 많이 발생, 점차 진행됨에 따라 시야검사에 변동이 나타남. 처음에는 주변시력만 저하되지만 점차 중심시력까지 저하되어, 안경교정으로도 교정이 되지 않음

관련이론

✦ **Corn의 저시각 아동을 위한 교육원칙과 교육접근**

구분		내용
시기능 훈련 시 고려할 원칙		• 개별적인 교육적 요구 수준에 맞춰 시각활용에 중점 • 시기능 훈련은 교육기간 내내 적용 • 주변 사람들의 기대가 저시력 아동의 새로운 시각기술 습득을 도움 • 시각 사용으로 인한 피로에 영향을 줄 수 있는 요인들을 고려
저시각 교육접근	시각자극 접근	• 시각을 실생활 기능에서 효율적으로 활용하도록 질 높은 시각자극 경험을 단계에 맞춰 제공 • 빛이 있는지 없는지 판단하기, 사물이 있는지 없는지 판단하기, 움직이는 대상을 머리를 움직이거나 눈을 움직여 추적하기, 눈으로 본 대상으로 접근하기 • 목표: 뇌에서 시각자극을 인식하는 것
	시각효율 접근	• 시기능의 발달과 시각과 관련된 환경 요소들을 고려 • 목표: 다음을 통해 시각자극을 해석하는 것을 돕는 것으로 시각적 잠재력을 최대화
	시각활용 접근	• 광학·비광학적 보조구 사용 • 시각환경 수정 • 시각 사용 극대화 • 목표: 저시각을 향상시키는 데 아동이 적극적으로 참여하도록 돕는 것
시기능 모델		

17

2011. 중

학생 A는 최근에 나타난 망막색소변성으로 시각장애 2급 판정을 받았다. 특수교사는 학생 A가 통합학급에서 효율적으로 교육받을 수 있도록 다음에 제시한 콘(Corn)의 모델을 활용하여 시기능을 평가·훈련하고자 한다. 교사의 평가 및 훈련 계획으로 적절하지 않은 것은?

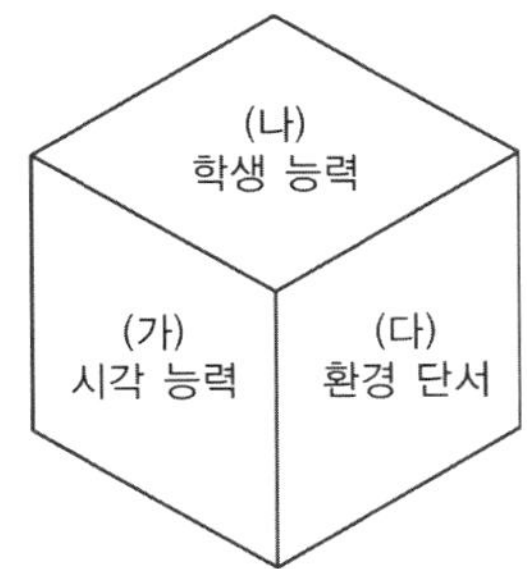

① 시지각은 학생의 경험 및 지식과 관련이 있으므로, 시기능 훈련 시인지적 요인을 고려한다.

② (가)에는 시력, 시야, 안구운동, 뇌기능, 빛지각과 색각이 포함되므로, 이러한 능력을 고려하여 시기능 훈련을 계획한다.

③ (나)에는 감각발달통합 능력이 포함되므로, 다양한 감각 정보를 조직화하고 해석하는 능력을 시기능 훈련에 포함시킨다.

④ (다)를 참고하여, 학생 A가 광학 및 비광학 기구를 활용할 때, 색상, 대비, 시간, 공간 및 조명의 효과성을 다양한 환경에서 평가한다.

⑤ 학생 A는 지속적인 시기능 저하가 나타날 수 있으므로 심리적 안정을 고려하며, 중심외보기를 통해 주변 시야를 활용하는 시기능 훈련을 한다.

핵심테마 체크 ✔

• 중심외 보기

MY MEMO

18

정답 및 예시답안

○ 중심외 보기

문제 속 자료분석

• 교사: 자, 책에 있는 그림을 보세요.
• 학생: 선생님, 그림을 똑바로 보면 그림 전체가 오히려 더 잘 안 보여요. ➡ **중심으로 보기가 어려움**
• 교사: 그러면 그림의 약간 위쪽, 오른쪽, 아래쪽, 왼쪽을 한 번씩 보세요. 그림의 어느 쪽을 볼 때 가장 잘 보이나요?
• 학생: 그림의 약간 오른쪽을 볼 때가 가장 잘 보이는 것 같아요.
• 교사: 그러면 책에 있는 다른 그림들을 볼 때도 그림의 약간 오른쪽을 보도록 하세요. ➡ **중심외 보기**

관련이론

✦ 시각활용기술(시각능력)

구분	내용
고시(주시)	• 정지해 있는 한 사물에 초점을 맞추는 기술 • 주시를 촉진할 때 주의해야 할 점은 큰 것을 먼 거리에서 막연하게 보게 하지 말고, 근거리에서 물체를 보도록 하여 눈을 사용하는 능력을 키워 주어야 한다는 점
추시	• 고정되어 있는 두 개 이상의 사물을 순차적으로 따라가 보는 기술 • 움직이지 않는 목표물을 눈으로 따라가며 목표물 전체를 보는 기술
추적	• 움직이는 목표물을 눈으로 따라가며 보는 기술
주사	• 다수의 고정되어 있는 대상물을 적절히 눈의 이동을 통해 보는 기술 • 시각적인 탐색으로 일정한 시야에서 필요한 정보를 찾아내는 것 • 특정 공간이나 장소를 눈이나 머리를 체계적으로 움직이면서 빠뜨리지 않고 훑어보는 기술
폭주	• 두 눈을 협응하여 자신에게 가까이 오는 대상물을 보는 기술
개산	• 두 눈을 협응하여 자신에게서 멀어져 가는 사물을 보는 기술
중심외 보기	• 중심시력의 결손으로 인해 머리와 몸을 움직여 대상물을 보는 기술 • 정면에 위치한 물체를 보기 위해 안구나 고개가 정면을 향하지 않고, 안구나 고개를 돌려 주변부로 보아야 하는데, 학생마다 시야 중심부의 손상 위치와 크기에 따라 중심외 보기 방향이 다를 수 있음
위치찾기	• 가장 선명한 시야로부터 대상물이 나타나는 부위로 대상물을 찾는 기술

18

2014. 중

다음의 (가)는 저시력학생 A의 시각 특성이고, (나)는 시각장애 특수학교 교사가 미술 수업을 하고 있는 장면이다. 특수교사가 학생 A에게 가르치고 있는 시각 활용 기술에 해당하는 용어를 쓰시오. [2점]

(가) 학생 A의 시각 특성

• 교정시력 : 좌안 광각, 우안 0.08 • 시야 : 우안 중심(부) 암점

(나) 미술 수업 장면

교사 : 자, 책에 있는 그림을 보세요. 학생 : 선생님, 그림을 똑바로 보면 그림 전체가 오히려 더 잘 안 보여요. 교사 : 그러면 그림의 약간 위쪽, 오른쪽, 아래쪽, 왼쪽을 한 번씩 보세요. 그림의 어느 쪽을 볼 때 가장 잘 보이나요? 학생 : 그림의 약간 오른쪽을 볼 때가 가장 잘 보이는 것 같아요. 교사 : 그러면 책에 있는 다른 그림들을 볼 때도 그림의 약간 오른쪽을 보도록 하세요.

핵심테마 체크

- 안질환별 중재방안
- 확대법

MY MEMO

19

정답 및 예시답안

- ○ 투사 확대법 / 교과서의 내용을 슬라이드에 투사하여 제시하는 것
- ○ 정동기 학생 / 당뇨망막병증은 점차 촉각이 둔감화되어 촉각을 사용하는 점자를 사용하기 어렵기 때문
- ○ 시각중복장애 학생의 평가는 누가 기록에 의한 수시 평가를 기본으로 하며, 수업 시간이나 생활 장면에서 이루어지는 언어 활동을 관찰, 기록하여 문장으로 진술한다.

문제 속 자료분석

교육적 조치	• 교실 바닥과 다른 색의 책상 제공 ➡ 대비 • 학생에게 굵은 선이 그어진 공책 제공 ➡ 대비 • 휴식 시간을 자주 제공 ➡ 눈이 피로하지 않도록 하기 위함 • 독서대 제공 ➡ 효율적인 읽기를 위한 지원 • 교실의 제일 앞줄에 자리 제공 ➡ 상대적 거리 확대 • 일반 교과서의 150% 크기인 확대교과서 제공 ➡ 상대적 크기 확대 • 판서 내용을 볼 수 있게 망원경 제공 ➡ 각도 확대, 보조공학기기 활용 • 보행 훈련 제공

관련이론

✦ 자료를 확대하는 방법

상대적 거리 확대법	• 물체와 눈과의 거리를 가깝게 하는 방법
상대적 크기 확대법	• 물체의 실물 크기를 확대하는 방법 • 큰 인쇄매체를 사용하는 방법 ① 장점 – 다른 매체사용 방법을 지도할 필요가 없음 – 저시력에 대한 임상적 평가가 필요없음 – 다른 학생과 같이 자신의 책을 가지고 다님 ② 단점 – 한번에 볼 수 있는 단어가 적음 – 확대 인쇄한 글자나 그림이 부정확할 수 있음 – 크기, 무게 등이 다루기 어려울 수 있음 – 졸업 후 활용이 어려움
각도 확대법	• 렌즈를 사용하여 물체의 크기를 확대하는 방법 • 광학기구를 사용하는 방법 ① 장점 – 다양한 크기의 매체를 사용 가능 – 가볍고 이동하기 더 용이 – 큰 인쇄매체의 경우보다 적은 경비 – 칠판, 표지판, 사람과 같이 거리가 있는 인쇄물과 물체에 접근 가능 ② 단점 – 시각적 장치를 위해 임상적 평가가 필요 – 임상적 평가와 시각적 장치에 대한 기금 필요 – 시각적 장치를 사용하는 것을 가르쳐야 함 – 시각적 장치에 대해 스스로 의식을 많이 할 수도 있음 – 시각적 장치들이 사용하는 데 불편함에 따라 문제 발생 가능
투사 확대법	• 필름, 슬라이드 등을 스크린에 투영하는 방법 • 확대독서기 등

19 2016. 중 ★답안작성

(가)는 일반학교에 재학 중인 저시력 학생들의 정보이고, (나)는 그에 따른 교육 계획이다. 〈작성 방법〉에 따라 순서대로 서술하시오. [4점]

(가) 학생 정보

학생	안질환	유형
이영수	시신경 위축	단순 시각장애
박근화	망막색소변성	단순 시각장애
정동기	당뇨망막병증	단순 시각장애
김영철	추체 이영양증	단순 시각장애
김창운	미숙아망막병증	시각중복장애(경도 정신지체)
김영진	선천성 녹내장	단순 시각장애

(나) 교육 계획

<table>
<tr><td>교육적 조치</td><td colspan="2">• 교실 바닥과 다른 색의 책상 제공
• 학생에게 굵은 선이 그어진 공책 제공
• 휴식 시간을 자주 제공
• 독서대 제공
• 교실의 제일 앞줄에 자리 제공
• 일반 교과서의 150% 크기인 확대교과서 제공
• 판서 내용을 볼 수 있게 망원경 제공
• 보행 훈련 제공</td></tr>
<tr><td rowspan="4">국어과 지도 계획</td><td>교육과정 수정</td><td>• 읽기와 쓰기 영역에 묵자를 효율적으로 사용하는 데 필요한 학습 내용을 추가함</td></tr>
<tr><td>교수·학습 운영</td><td>• 학생의 시력 변화와 요구에 기초하여 한 가지 문자 매체만을 강조하기보다는 필요에 따라 ㉠ <u>묵자와 점자를 병행하여 사용</u>하게 함</td></tr>
<tr><td rowspan="2">평가 방법</td><td>• 자료를 확대하거나 (비)광학기구를 활용하여 실시함
• 지문의 양을 조절하고, 시력 정도에 따라 적정 평가 시간을 제공함</td></tr>
<tr><td>＊ 김창운(시각중복장애)
• 단편적인 지식보다 활동에 초점을 두고 영역별 성취도를 종합적으로 평가함
• (㉡   )</td></tr>
</table>

작성방법

- (나)의 '교육적 조치'에서 4가지 확대법 중 사용되지 않은 방법 1가지의 명칭과 이것을 수업에 활용할 때의 예를 쓸 것
- 밑줄 친 ㉠을 활용하여 지도하기에 적합하지 않은 학생을 (가)에서 찾아 이름을 쓰고 그 이유를 기술할 것
- ㉡에 들어갈 내용을 「2009 개정 교육과정에 따른 특수교육 교육과정(교육과학기술부 고시 제2012-32호)」 국어과 평가운용에 근거하여 쓸 것

핵심테마 체크 ✔

• 저시력 학생을 위한 교육

MY MEMO

20

정답 및 예시답안

③

알찬 지문풀이

• ① 색깔 단서가 ~~적은 자료를 제공~~한다. ➡ 색깔 단서를 활용하여 자료를 뚜렷이 볼 수 있도록 도울 수 있음

• ② ~~모둠 활동에 참여시키지 않고~~ 개별과제를 하도록 한다. ➡ 학급 또래 학생들과 마찬가지로 동등하게 모둠활동에 참여시켜야 함

• ④ 주요 특산물을 표시한 우리나라 지도를 ~~점자지도로 제작~~해 준다. ➡ 저시력이므로 점자지도는 불필요

• ⑤ 정호가 자리에 앉아서 칠판에 적힌 모둠별 발표 개요를 읽을 수 있게 ~~확대경을 제공~~한다. ➡ 자리에 앉아 칠판에 적힌 내용을 보기 위해 확대경은 부적절. 먼 거리에 있는 대상을 볼 때에는 망원경이 적합

20

2009. 초

다음 (가)는 초등학교 4학년 사회과 '우리 시 · 도의 자연과 생산 활동' 단원의 수업 계획이고, (나)는 일반학급에 통합된 시각장애 학생 정호의 특성이다. 정호의 특성을 고려할 때, 가장 적절한 지도사항은?

(가)

단계	교수 · 학습 활동
탐구 문제 파악	여러 지역의 특산물에 대한 영상물 상영 및 탐구 문제 제시
가설 설정	지역의 자연환경과 특산물 간의 관계를 가설로 설정
탐색	주요 지역의 특산물에 대한 모둠별 조사 계획
정보 수집 및 처리	자료 조사 및 조사 결과를 모둠별로 정리
결과 제시	모둠별로 발표 개요를 칠판에 적고, 조사 결과를 발표

(나) 정호의 특성

- 대비감도가 낮다.
- 좋은 쪽 눈의 교정시력이 0.08이다.
- 학업성취도 수준은 학급 내에서 보통이다.
- 가까이 있는 사물은 볼 수 있지만 멀리 있는 사물은 거의 보지 못한다.

① 색깔 단서가 적은 자료를 제공한다.
② 모둠 활동에 참여시키지 않고 개별과제를 하도록 한다.
③ 사회 교과서를 읽을 때 오목렌즈 안경을 사용하도록 지도한다.
④ 주요 특산물을 표시한 우리나라 지도를 점자지도로 제작해 준다.
⑤ 정호가 자리에 앉아서 칠판에 적힌 모둠별 발표 개요를 읽을 수 있게 확대경을 제공한다.

핵심테마 체크

- 확대경과 망원경
- 촉진
- 교수적 수정
- 학습된 무기력

MY MEMO

21

정답 및 예시답안

1) ⓒ / 칠판에 사진 자료를 제시할 때 경민이에게 확대경이 아니라 망원경을 제공한다.
ⓔ / 촉진을 준 후 정우가 반응하기까지의 시간이 아니라, 촉진을 제시하기 전(촉진을 제시하기까지) 반응할 수 있는 시간을 점차 늘린다.
2) ① 민지는 워커를 이용하여 이동하기 때문이다.
② 교수환경의 수정
3) 학습된 무기력

관련이론

✦ 확대경

의미	• 근거리 시력의 개선을 위해 사용하는 보조기구 • 원거리 시력을 사용하는 저시력 학생과 중심 암점이 있는 학생에게 도움
적용	• 연령이 낮거나 확대경을 처음 사용해보는 학생은 확대경 렌즈의 직경이 크고 사각형인 확대경이 사용하기 쉬울 수 있음 • 저배율부터 고배율로 단계적으로 도입하여 적응하도록 함 • 렌즈의 초점거리 개념을 알고 맞추기 어려운 유아나 시각·지적장애 학생은 처음에는 학습 자료 위에 대고 사용하는 집광 확대경이나 스탠드형 확대경을 사용하도록 한 후 손잡이형 확대경을 도입 • 뇌성마비를 가진 시각장애 학생이 수지 기능의 문제로 손잡이형 확대경을 손으로 잡거나 초점거리를 유지하기 어렵다면 스탠드형 확대경을 사용 • 과학실험이나 미술 활동처럼 양손을 사용해야 한다면 안경부착형이나 안경형 확대경을 사용 • 주변시야가 좁은 학생은 상대적으로 낮은 배율을 사용하면 시야 감소 문제를 줄일 수 있고, 반대로 중심 암점이 있는 학생은 상대적으로 높은 배율을 사용하면 암점 영향의 감소 효과를 얻을 수 있음 • 주변시야손상이 심한 학생은 프리즘 부착 안경이 도움 • 밝은 조명을 선호하는 학생은 집광 확대경이나 조명이 부착된 확대경 종류를 사용

✦ 망원경

<table>
<tr><td>의미</td><td colspan="2">• 원거리 활동에 유용하지만, 일부 종류는 근거리에도 사용이 가능
• 망원경을 사용하는 능력은 망원경의 강도와 시야 간의 관계, 대상과의 거리와 시야 간의 관계에 의해 영향
• 망원경의 강도가 높을수록 시야가 좁아지며, 대상이 가까울수록 시야가 좁아짐
• 망원경은 눈으로 들어오는 빛의 양을 감소시킴</td></tr>
<tr><td rowspan="4">종류</td><td>방식</td><td>• 갈릴레이식: 대물은 볼록렌즈, 접안은 오목렌즈
• 케플러식: 대물은 볼록렌즈, 접안은 고배율의 볼록렌즈</td></tr>
<tr><td>사용 눈</td><td>• 양안: 양안시력이 동일한 저시각인을 위한 망원경
• 단안: 시력이 좋은 눈으로 사용할 수 있는 망원경</td></tr>
<tr><td>초점</td><td>• 가변 초점식 • 고정 초점식 • 자동 초점식</td></tr>
<tr><td>종류</td><td>• 손잡이형 망원경
• 클립형 망원경: 안경 한쪽에 걸이식으로 부착
• 안경장착형 망원경: 안경 렌즈 상단에 양안 또는 단안에 부착
• 전시야형 망원경: 안경 중앙에 부착
• 역단안경: 물체를 축소하여 상대적으로 넓은 시야를 얻을 수 있도록 하는 원리. 시야가 좁지만 중심시력이 좋은 경우 도움이 됨</td></tr>
<tr><td>구조</td><td colspan="2">• 공통적으로 접안렌즈, 대물렌즈, 경통으로 구성되어 있으나 배율과 렌즈직경과 시야각은 다름</td></tr>
</table>

21

2020. 유

(가)는 통합학급 5세반 특수교육대상 유아들의 특성이고, (나)는 활동계획안이며, (다)는 교사들의 평가회 장면이다. 물음에 답하시오. [5점]

(가)

민지	• 자신감이 부족함 • 지혜를 좋아하고 지혜의 행동을 모방함 • 워커를 이용하여 이동함
경민	• 1세 때 선천성 백내장 수술로 인공수정체를 삽입하였음 • 가까운 사물은 잘 보이지만 5m 이상 떨어진 사물은 흐릿하게 보임 • 눈이 쉽게 피로하며 안구건조증이 심함
정우	• 자발적으로 활동에 참여하려고 하지 않음 • 다른 사람과 눈맞춤은 하지 않지만 상대방의 말을 듣고 이해함 • 불편한 점이 있을 때 '아' 소리만 내고 아직 말을 못함

(나)

활동명	동물들의 움직임 표현하기
활동 목표	…(생략)…
활동 자료	생상스의 '동물의 사육제' 중 제 1~3곡의 음원, 광택이 없는 동물 사진 자료(사자, 닭, 당나귀), 스카프
활동 방법	• 생상스의 '동물의 사육제'를 듣는다. • 동물 사진 자료를 보며 이야기를 나눈다. • 음악을 들으며 자신이 표현하고 싶은 동물들의 움직임을 자유롭게 표현한다. …(중략)…
활동상의 유의점	ⓐ 동물들의 움직임을 표현하는 활동 시 민지를 지혜와 짝지어준다. ⓑ 민지에게 수시로 잘할 수 있다는 격려와 응원을 해준다. ⓒ 칠판에 사진 자료를 제시할 때 경민이에게 확대경을 줘서 볼 수 있게 한다. ⓓ 경민이가 눈을 깜빡이거나 비비는 등 힘든 모습을 보이면, 인공 눈물을 넣어주고 잠시 쉬게 한 후 활동에 참여하게 한다. ⓔ 동물의 움직임을 표현할 때, 촉진을 준 후 정우가 반응하기까지의 시간을 점차 늘린다. ⓕ 정우가 활동에 대한 생각과 느낌을 그림카드로 표현할 수 있도록 해준다.
연계 활동	• 동물 머리띠 만들기 • '사자 왕의 생일잔치' 동극하기

(다)

송 교사: 꽃빛 1반 교실 배치가 좀 달라졌나요?

박 교사: ㉠ <u>민지를 고려해서 미리 충분한 공간을 확보하려고 교실 교구장 배치를 좀 바꿨어요.</u>

최 교사: 저는 민지가 동물의 움직임을 표현하는 것을 보고 감동 받았어요. 작년에는 남에게 많이 의존하고 수동적인 태도를 보였어요.

박 교사: 민지가 전에는 ㉡ <u>실패의 경험들이 누적되어 활동에 참여하는 것을 두려워하고, 끈기 있게 노력하거나 도전하려고 하지 않았어요. "나는 잘 걸을 수 없으니까 못해요. 못 할 거예요."라고 자주 말했어요.</u> 그런데 지금은 민지가 시간이 걸리고 힘들어도 스스로 하려고 노력하고, 성공하는 기쁨을 가끔 맛보기도 해요.

최 교사: 박 선생님이 아이들에게 자유롭고 허용적인 분위기를 조성해 주셔서 유아들이 모두 참여할 수 있었던 것 같아요.

…(하략)…

1) (가)에 근거하여 (나)의 활동상의 유의점 ⓐ~ⓕ 중 적절하지 <u>않은</u> 것을 2가지 찾아 그 기호를 쓰고, 각각 바르게 고쳐 쓰시오. [2점]

2) (가)에 근거하여 ① (다)에서 ㉠의 이유를 쓰고, ② ㉠에 해당하는 교수적 수정의 유형을 쓰시오. [2점]

①:

②:

3) (다)의 ㉡에 해당하는 심리상태를 쓰시오. [1점]

핵심테마 체크

- 장애인 복지법의 장애 정도
- 손잡이형 확대경의 초점거리
- 망원경
- 망막의 시세포

MY MEMO

22

정답 및 예시답안

②

알찬 지문풀이

- ㄴ. 좋은 눈의 시력이 ~~0.04 정도~~일 것이다. ➡ 시각장애 3급은 0.06 기준
- ㄷ. 두 눈의 시야가 각각 주시점에서 ~~10도 이하로~~ 남았을 것이다. ➡ 시각장애 3급은 5도 이하
- ㅁ. ~~근거리 시력검사~~의 결과를 바탕으로 처방받은 단안 망원경을 사용하고 있을 것이다. ➡ 망원경은 원거리에서 활용하는 보조기구

문제 속 자료분석

- ㄱ. 야맹증의 가능성이 있을 것이다. ➡ 간상체에 문제가 있으며, 간상체는 낮은 조명에서 기능을 하는 것이므로 야맹증의 가능성이 있음
- ㄹ. 확대경의 배율을 고려하여 물체와 확대경 간의 초점거리를 8cm 정도 유지할 것이다. ➡ 확대경이 3배율이므로 이에 따라 초점거리는 약 8.3cm 정도가 적절

관련이론

✦ 렌즈의 배율

- 평행광선이 구면렌즈를 통과할 때 광선이 초점이나 상점이라고 하는 광축에 모인다.
- 렌즈의 상점은 렌즈의 뒤 표면으로부터 광선이 모이는 점까지의 거리를 측정함으로써 정해지는데 이것을 초점거리라고 한다.
- 초점거리와 렌즈의 굴절력은 렌즈의 도수를 결정한다.
- 도수가 높고 만곡도가 높은 구면렌즈는 평평한 구면렌즈보다 초점거리가 더 짧고 광선을 렌즈에 더 가깝게 모아준다.
- 렌즈의 도수는 디옵터(D)로 표시하고 다음과 같이 계산한다.

$$\text{디옵터(D)} = \frac{100\text{cm}}{\text{초점거리(cm)}}$$

- 예를 들면, 초점거리가 4cm인 볼록렌즈의 도수는 +25D이고, 초점거리가 25cm인 볼록렌즈의 도수는 +4D이다.
- 즉, 초점거리가 짧은 렌즈의 도수는 초점거리가 긴 렌즈의 도수보다 더 높다.
- 이 원리는 오목렌즈에도 적용된다.
- 초점거리가 더 짧으면 렌즈의 도수는 더 높다. 그러나 오목렌즈의 경우에는 마이너스(−)를 붙인다. 거리는 8cm이므로 3배율의 렌즈가 효과적이다.
- 흔히 렌즈의 도수를 X로 표시하는데 1X는 4D이다. 따라서 12D는 3X가 된다. 또한 1X는 1배율을 나타낸다.

✦ 손잡이형 확대경의 배율(M)

- 제조 회사에 따라 다르면 배율을 계산하는 공식은 다음과 같다.

$$\text{배율(M)} = \frac{\text{초점거리}}{4} + 1$$

* 이 공식에서 초점거리는 '눈과 확대경의 거리'

- 대부분의 확대경 제조회사는 제품 설명서에 확대경의 굴절률을 표시하여 배율 정보를 제공한다.
- 손잡이형 확대경의 경우는 +4D(1X)~+60D(15X)의 배율로 이루어져 있다. 또한 손잡이형 확대경에는 플라스틱 테로 둘러싸인 단순한 평면 볼록렌즈와 양면 볼록렌즈가 있다.
- 손잡이형 확대경을 사용할 때는 물체와 초점거리를 맞추고, 눈과의 거리를 일정하게 유지해야 한다. 예를 들면, 확대경의 배율이 +12D(3X)라면, 눈과 확대경의 거리는 8cm를 유지해야 한다.
- 또한 아동이 안경을 쓰고 있다면, 눈과 확대경의 거리를 일정하게 유지하고, 물체와의 초점이 맞을 때까지 거리를 조절한다.

✦ 망원경

- 망원경(telescope)은 일반적으로 6m 이상 떨어진 물체를 볼 때 사용되고 때로는 60cm 이내의 물체를 볼 때에도 사용된다.
- 양안 시력이 동일한 저시각인을 위해서는 양안 망원경을, 양안 시력이 다른 저시각인들 위해서는 시력이 좋은 눈으로 사용할 수 있는 단안 망원경을 활용할 수 있다.

22

2012. 중

다음은 시각장애학생 A에 대한 정보이다. 이 정보를 통해 교사가 파악한 사항 중 적절한 것을 〈보기〉에서 고른 것은? [2.5점]

- 장애 정도: 시각장애 3급 ①호
- 손잡이형 확대경: 3X(안경 착용하지 않음)
- 손잡이형 단안망원경: 보행 시 활용함
- 의료적 사항: 망막 간상체의 문제가 있음

보기

ㄱ. 야맹증의 가능성이 있을 것이다.
ㄴ. 좋은 눈의 시력이 0.04 정도일 것이다.
ㄷ. 두 눈의 시야가 각각 주시점에서 10도 이하로 남았을 것이다.
ㄹ. 확대경의 배율을 고려하여 물체와 확대경 간의 초점 거리를 8cm 정도 유지할 것이다.
ㅁ. 근거리 시력검사의 결과를 바탕으로 처방받은 단안망원경을 사용하고 있을 것이다.

① ㄱ, ㄴ
② ㄱ, ㄹ
③ ㄴ, ㄷ
④ ㄷ, ㅁ
⑤ ㄹ, ㅁ

핵심테마 체크 ✔

• 시력의 교정

MY MEMO

23

정답 및 예시답안

○ ㉠ −20
○ ㉡ 암점

관련이론

✦ 시력의 교정

- 시력은 렌즈로 교정을 한다.
- 안과의사나 검안사는 교정렌즈를 처방할 때 렌즈 굴절력의 단위를 디옵터(diopter)로 명시한다.
- 디옵터 수는 근점과 원점 사이 거리인 조절 범위를 말하며, 1/m 단위의 원점을 말한다(Goldstein, 1998).
- 근시안의 원점거리가 1m인 경우에는 1/1m로 디옵터 수는 1.0으로 1디옵터 교정이 필요하다.
- 근시안의 원점거리가 10cm인 경우에는 1/0.1m로 디옵터 수는 10으로 10디옵터 교정이 필요하다.
- 1디옵터는 평행광선을 굴절시켜 1m 거리에 초점을 맺히게 하는 구면렌즈의 굴절력을 말한다. 즉, 구면렌즈에서 초점까지의 거리가 1m가 된다는 것이다.
- 구면렌즈의 굴절력이 클수록 빛의 굴절이 커지고 초점거리는 짧아진다. 빛의 초점이 눈의 망막 위에서 벗어나면 굴절력을 가진 렌즈를 사용하여 초점이 망막 위에 맺히도록 해 줄 수 있다.
- +와 −는 렌즈가 볼록렌즈인지 오목렌즈인지를 명시한 것이다.
- +는 볼록렌즈로 원시용이고, −는 오목렌즈로 근시용이다.

23

2015. 중

다음은 저시력 학생의 보조공학기기에 대한 설명이다. 괄호 안의 ㉠, ㉡에 들어갈 말을 순서대로 쓰시오. [2점]

> 저시력 학생의 보조공학기기는 크게 나누어 광학기구와 비광학 기구, 그리고 전자보조기구 등이 있다. 광학기구에는 확대경과 망원경, 안경 등이 있으며, 각각에 사용되는 렌즈는 굴절력을 갖고 있다. 렌즈의 도수는 디옵터(Diopter ; D)로 표시한다. 오목렌즈를 사용하는 학생이 초점거리가 5cm인 렌즈를 사용한다면 이 학생의 렌즈 도수는 (㉠) D가 된다.
> 확대경은 중심 시야에 (㉡)이/가 있는 학생에게 도움이 되며, 중심시력을 상실하지 않았을 경우에는 크게 도움이 되지 않는다.

핵심테마 체크 ✔

• 저시력 기구_확대경

MY MEMO

24

정답 및 예시답안

①

문제 속 자료분석

• ㉠ ➡ 확대경 사용으로 인하여 시야는 더 좁아질 수 있으므로 시야가 좁을수록 효과적이라는 설명은 부적절하며, 확대경은 중심 암점이 있는 학생에게 도움이 됨

관련이론

✦ 확대경

<table>
<tr><td>개념</td><td colspan="2">• 주로 근거리 시력의 개선을 위해 사용하는 보조기구이다.
• 멀리 떨어져 있는 물체는 작게 보이므로 그 물체에 다가가거나 확대경을 사용하면 상이 확대된다.
• 원거리 시력을 사용하는 저시력 학생과 중심 암점이 있는 학생에게 도움이 된다.
• 확대경과 함께 알맞은 조도를 유지할 수 있도록 조명시설을 설치한다.
• 중심외 보기 방법을 가르친다.</td></tr>
<tr><td rowspan="9">종류와 특징</td><td colspan="2">• 연령이 낮거나 확대경을 처음 사용해 보는 학생은 확대경 렌즈의 직경이 크고 사각형인 확대경이 사용하기 쉬울 수 있다. 확대경 사용에 익숙해지면 휴대성이 좋은 작은 확대경을 사용할 수 있다.
• 고배율의 확대경 사용이 필요한 학생은 처음부터 해당 배율을 사용하기보다 저배율부터 고배율로 단계적으로 도입하여 적응하도록 한다.
• 고배율 확대경의 사용으로 안피로, 어지러움, 낮은 대비자료 보기의 어려움 등을 호소한다면 휴대형이나 데스크형 확대 독서기를 사용하도록 할 수 있다.
• 렌즈의 초점거리 개념을 알고 맞추기 어려운 유아나 시각・지적장애 학생은 처음에는 학습 자료 위에 대고 사용하는 집광 확대경이나 스탠드형 확대경을 사용하도록 손잡이형 확대경을 도입할 수 있다.
• 뇌성마비를 가진 시각장애 학생이 수지 기능의 문제로 손잡이형 확대경을 손으로 잡거나 초점거리를 유지하기 어렵다면 스탠드형 확대경을 사용할 수 있다.
• 주변시야가 좁은 학생은 상대적으로 낮은 배율을 사용하면 시야 감소 문제를 줄일 수 있고, 반대로 중심 암점이 있는 학생은 상대적으로 높은 배율을 사용하면 암점 영향의 감소 효과를 얻을 수 있다.</td></tr>
<tr><td>종류</td><td>기능</td></tr>
<tr><td>집광 확대경</td><td>• 빛을 모아 주는 성질이 있어 렌즈 안을 밝게 비춘다.
• 밝은 조명을 선호하는 학생에게 도움이 된다.
• 읽기 자료에 대고 사용하므로 초점거리를 맞출 필요가 없어 유아가 사용하기 쉽다.
• 고배율이 없어 경도 저시력 학생에게만 유용하다.</td></tr>
<tr><td>막대 확대경</td><td>• 읽기 자료에 대고 사용한다.
• 한 줄 단위로 읽을 수 있어 글줄을 놓치는 학생에게 도움이 된다.
• 고배율이 없어 경도 저시력 학생 중 시야 문제나 안진 문제로 안정된 읽기가 어려운 학생에게 유용하다.</td></tr>
<tr><td>스탠드 확대경</td><td>• 읽기 자료에 대고 사용하므로 초점거리를 맞출 필요가 없다.
• 어린 학생이나 수지운동기능에 문제가 있는 학생에게 유용하다.
• 밝은 조명을 선호하는 학생에게 조명이 부착된 스탠드형 확대경을 지원한다.
• 고배율의 확대경도 있다.</td></tr>
<tr><td>손잡이형 확대경</td><td>• 렌즈와 자료 간의 초점거리를 맞추어야 선명하게 확대된다.
• 지능이나 수지운동기능 문제로 초점거리를 맞추고 유지하기 어려운 학생은 사용하기 어렵다.
• 밝은 조명을 선호하는 학생에게 조명이 부착된 손잡이형 확대경을 지원한다.
• 고배율의 확대경도 있다.</td></tr>
<tr><td>안경형/ 안경 부착형 확대경</td><td>• 양손을 사용하는 활동이나 과제를 할 때 유용하다.
• 렌즈와 자료 간의 초점거리를 맞추어야 선명하게 확대된다.
• 양안을 모두 사용할 수 있는 학생은 양안용, 한쪽을 실명하거나 양쪽 시력 차가 큰 학생은 좋은 눈을 기준으로 단안용을 사용한다.</td></tr>
<tr><td>아스페릭 안경</td><td>• 안경에 볼록렌즈를 삽입하여 물체의 확대된 상을 보여준다.
• 렌즈가 상의 왜곡이 적고 상대적으로 시야가 넓다.</td></tr>
<tr><td>프리즘 안경</td><td>• 반맹 학생에게 유용하다.
• 안경 렌즈에서 시야가 손상된 쪽에 프리즘을 부착하면 손상된 시야 부분에 대한 보상 효과가 있다.</td></tr>
</table>

24

2012. 유

다음은 시각장애 특수학교의 초임교사가 저시력 유아의 시기능 향상을 위한 저시력 기구 사용과 지도 방법에 대해 경력교사와 나눈 대화이다. 경력교사의 설명 중 옳지 않은 것은?

① ㉠
② ㉡
③ ㉢
④ ㉣
⑤ ㉤

핵심테마 체크

- 확대경의 초점거리
- 렌즈의 배율과 시야

MY MEMO

25

정답 및 예시답안

○ ㉠을 사용할 때 읽기 자료와 렌즈 사이의 거리는 10cm를 유지하도록 하고, 이는 렌즈의 배율에 맞게 초점거리를 맞추어야 크고 선명하게 볼 수 있기 때문이다.
○ ㉡을 고려할 학생은 A이다. A는 터널시야로 시야가 좁으므로 큰 확대 글자나 고배율을 선택하여 잔존시야 내에 목표물이 들어올 수 없기 때문이다.

관련이론

✦ 확대경의 사용거리

자료-렌즈 거리	• 초점거리라고 하며, 초점거리를 맞추고 유지해야 학습 자료의 글자를 해당 배율에 맞게 크고 선명하게 볼 수 있음 • 초점거리 = 100cm / D(디옵터) • **초점거리 맞추는 방법**: 사용자에게 편안한 방법을 적용 – 확대경 렌즈를 자료에 댄 후 천천히 떨어뜨리면서 가장 크고 선명한 상이 보일 때 멈추도록 함 – 확대경 렌즈를 눈 가까이 댄 후 천천히 자료에 다가가면서 가장 크고 선명한 상이 보일 때 멈추도록 함 – 자료와 눈의 거리를 20~25cm 정도 유지한 상태에서 자료로부터 확대경 거리를 증감시키면서 가장 크고 선명한 상이 보일 때 멈추도록 함
눈-렌즈 거리	• 시야에 영향을 주는 거리 • 렌즈로부터 눈이 멀리 떨어질수록 렌즈 속에 보이는 글자 수가 적어지고 렌즈 주변의 왜곡현상을 더 많이 느끼게 되어 읽기 가독성이 떨어질 수 있음

✦ 배율과 시야

- 확대경 사용 시 시야에 영향을 주는 요인: **렌즈 지름, 렌즈 배율, 눈과 렌즈의 거리**
- 확대경의 사용방법을 지도할 때는 목표물, 확대경, 눈 간의 거리 관계, 즉 배율-시야-초점거리 간의 관계를 지도하는 것이 필요
- 작업거리 = (자료와 확대경의 거리) + (확대경과 눈의 거리)
- 초점거리 = 자료와 확대경의 거리
- 확대경과 눈의 거리는 시야에 영향을 미치기 때문에, 눈이 확대경에 가깝게 위치할수록 더 넓은 시야를 얻을 수 있음
- 시야가 좁은 저시각인일수록 눈을 보다 확대경에 가깝게 유지하는 것이 필요

25

2021. 중
★답안작성

(가)는 교육 실습생이 담당하는 학급의 학생 특성이고, (나)는 지도 교사가 교육 실습생에게 제공한 연수 자료의 일부이다. 〈작성 방법〉에 따라 서술하시오. [4점]

(가) 학생 특성

학생	원인	특성
A	망막색소변성	• 시력: 우안(0.2) / 좌안(0.1) • 터널 시야
B	황반변성	• 시력: 우안(0.1) / 좌안(0.1) • 중심외보기 전략 사용 • 읽기 활동 시 ㉠ <u>손잡이형 확대경(+10D)</u>을 사용
C	백색증	• 시력: 우안(0.1) / 좌안(0.1) • 안구진탕 • 대비감도 감소
D	당뇨망막병증	• 시력: 양안 광각(Light Perception)
E	선천성 백내장	• 시력: 우안(0.05) / 좌안(0.05) • 시각중복장애(지적장애) • 수정체 중심부 혼탁

(나) 연수 자료

… (상략) …

○ 고려 사항
- 수업 시간에 광학 기구 사용 방법을 함께 지도해야 함
- ㉡ <u>읽기 활동을 위해 학생이 필요로 하는 최소 글자 크기나 최소 확대 배율을 선택</u>해야 함

… (하략) …

작성방법

- (가)의 밑줄 친 ㉠의 사용 방법을 지도할 때, 읽기 자료와 렌즈 사이의 거리를 쓰고, 읽기 자료와 렌즈 사이의 거리를 일정하게 유지해야 하는 이유를 1가지 서술할 것
- (나)의 밑줄 친 ㉡을 고려하여 읽기 지도를 해야 하는 학생을 (가)의 A~E에서 찾아 쓰고, 그 이유를 학생 특성과 관련지어 서술할 것

핵심테마 체크 ✔

- 확대법
- 확대경

MY MEMO

26

정답 및 예시답안

③

관련이론

✦ 확대경의 사용 자세

- 확대경은 종류에 따라 손잡이에 해당하는 부분을 잡도록 하여 렌즈를 가리지 않도록 해야 한다.
- 읽기 활동을 할 때에는 주로 오른손으로 잡지만 읽기와 쓰기 활동을 병행할 때는 왼손으로 확대경을 잡고 오른손으로 필기구를 쥐어야 하는 경우가 있으므로, 양손을 번갈아 확대경을 능숙하게 사용할 수 있도록 지도하는 것이 필요하다.
- 확대경을 사용하여 장시간 읽기 활동을 할 때 눈과 신체의 피로를 줄이고 바른 독서 자세를 취하도록 독서대에 읽기 자료를 올려놓고 확대경을 사용하도록 한다.

✦ 확대경의 배율과 시야

- 확대경은 확대 자료나 확대 독서기와 비교하여 휴대하기가 용이하고 가격도 저렴하다.
- 다만 확대경은 확대 독서기보다 확대 배율이 낮고, 대비를 조절하는 기능이 없으며, 배율이 높아지면 렌즈 속에 보이는 글자 수가 적어져 읽기 가독성이 현저히 떨어진다. 또 큰 그림은 렌즈 안에 모두 들어오지 않는다.
- 확대경을 효율적으로 사용하는 방법은 다음을 포함한다.
  - 눈과 렌즈 간의 거리를 가깝게 하면 시야가 넓어지는 효과가 있으므로 고배율의 확대경을 사용할수록 눈과 렌즈 간의 거리를 가까이 하여 렌즈 속에 더 많은 정보가 보이도록 한다.
  - 확대경 렌즈의 직경이 클수록 렌즈 속으로 보이는 시야가 넓어지므로, 같은 배율이라도 직경이 큰 렌즈를 구해 사용하면 렌즈 속에 더 많은 글자를 볼 수 있다.
  - 확대경이 고배율일수록 렌즈의 곡률 문제로 렌즈의 직경이 작아지고, 렌즈 가장자리에서 물체 상의 왜곡 현상이 증가하므로 렌즈의 중앙으로 보도록 한다.

26

2013. 중

저시력 학생을 위한 확대법과 확대경에 대한 두 교사의 대화이다. ㉠~㉣ 중 옳은 것만을 있는 대로 고른 것은?

> 박 교사: 선생님, 저시력 학생을 위해 자료를 확대하는 방법 중 상대적 거리 확대법에 대하여 설명해 주세요.
> 이 교사: 예. ㉠ 교과서나 교육 자료를 큰 문자로 인쇄하거나 확대 복사하는 것이 상대적 거리 확대법의 예입니다.
> 박 교사: 각도 확대법은 무엇인가요?
> 이 교사: 각도 확대법은 광학기구를 이용하여 확대하는 방법입니다. 확대경을 이용하는 것이 좋은 예입니다. ㉡ 주변 시야를 상실한 저시력 학생이 확대경을 사용하면 학생의 시야보다 넓은 시야를 가지게 됩니다.
> 박 교사: 스탠드 확대경도 각도 확대법에 이용되는 광학기구인가요?
> 이 교사: 예. ㉢ 스탠드 확대경을 이용하면 확대경과 자료의 거리가 일정하게 유지되는 장점이 있습니다.
> 박 교사: 안경 장착형 확대경은 어떤 장점이 있나요?
> 이 교사: 저시력 학생이 ㉣ 안경 장착형 확대경을 이용하면 읽기와 쓰기를 동시에 할 수 있습니다.

① ㉠, ㉣
② ㉡, ㉢
③ ㉢, ㉣
④ ㉠, ㉡, ㉢
⑤ ㉠, ㉡, ㉣

핵심테마 체크

- 확대경
- 점자

MY MEMO

27

정답 및 예시답안

1) ① 확대경 렌즈와 글자 간의 거리를 5cm로 맞추어 보도록 지도한다. (*TIP : (가)에 제시된 "X=D/4"라는 공식은 "1X=4D"라는 개념을 공식화하여 나타낸 것이지, 다른 내용이 아님. 즉, "1X=4D"는 공식이 아니라, 1배율은 4디옵터의 의미라는 것이고, 이를 공식화하여 나타낸 것임. 다른 내용이거나 새로운 내용이 아님!)
   ② 눈과 확대경 렌즈의 거리를 가깝게 조정하여 넓은 시야로 보도록 한다.
2) 교육과정
3) ① 교육과정
   ② 지름 6cm 공

관련이론

✦ 확대경의 사용

배율과 시야		• 확대경 사용 시 시야에 영향을 주는 요인 : 렌즈 지름, 렌즈 배율, 눈과 렌즈의 거리 • 확대경의 사용방법을 지도할 때는 목표물, 확대경, 눈 간의 거리 관계, 즉 배율－시야－초점거리 간의 관계를 지도하는 것이 필요 • 작업거리 = (자료와 확대경의 거리) + (확대경과 눈의 거리) • 초점거리 = 자료와 확대경의 거리 • 확대경과 눈의 거리는 시야에 영향을 미치기 때문에, 눈이 확대경에 가깝게 위치할수록 더 넓은 시야를 얻을 수 있음 • 시야가 좁은 저시각인일수록 눈을 보다 확대경에 가깝게 유지하는 것이 필요
사용 거리	자료－렌즈 거리	• 초점거리라고 하며, 초점거리를 맞추고 유지해야 학습 자료의 글자를 해당 배율에 맞게 크고 선명하게 볼 수 있음 • 초점거리 = 100cm/D(디옵터) • 초점거리 맞추는 방법 : 사용자에게 편안한 방법을 적용 － 확대경 렌즈를 자료에 댄 후 천천히 떨어뜨리면서 가장 크고 선명한 상이 보일 때 멈추도록 한다. － 확대경 렌즈를 눈 가까이 댄 후 천천히 자료에 다가가면서 가장 크고 선명한 상이 보일 때 멈추도록 한다. － 자료와 눈의 거리를 20~25cm 정도 유지한 상태에서 자료로부터 확대경 거리를 증감시키면서 가장 크고 선명한 상이 보일 때 멈추도록 한다.
	눈－렌즈 거리	• 시야에 영향을 주는 거리 • 렌즈로부터 눈이 멀리 떨어질수록 렌즈 속에 보이는 글자 수가 적어지고 렌즈 주변의 왜곡현상을 더 많이 느끼게 되어 읽기 가독성이 떨어질 수 있음
사용 지도 및 지침		• 렌즈의 중심부로 자료를 보고 있는지 확인하여 교정 • 렌즈의 중심부로 자료를 보고 있는지 확인하여 교정 • 조명의 밝기 수준이 부적절하거나 조명이 직접 눈에 비추어 눈부심을 일으키는지 확인하여 조명의 밝기와 위치를 조정 • 학생의 시력 변동으로 확대경 배율의 증감이 필요한지 확인하고 시력 변동에 적합한 배율의 확대경을 다시 추천 • 현재 보고 있는 자료의 명도대비나 색상대비 수준이 낮다면 확대독서기를 사용하도록 함

27

2024. 초
★답안작성

(가)는 특수학교에 재학 중인 시각장애 학생들의 특성이고, (나)는 2015 개정 특수교육 교육과정 중 공통 교육과정 체육과 5~6학년군 '쇼다운형 게임을 해요' 단원의 교수 · 학습 과정안 일부이다. 물음에 답하시오. [5점]

(가)

학생	특성
민호	• 원인: 시신경위축 • ㉠ <u>읽기를 위해 5배율(X)의 손잡이형 확대경을 사용함(단, $X = \frac{D(디옵터)}{4}$, 볼록 렌즈임)</u>
현아	• 원인: 망막색소변성 • 시력: NLP(No Light Perception)
영미	• 원인: 녹내장 • 확대경 사용 방법 지도가 필요함 − 확대 배율 ┐ − 확대경 렌즈의 지름 [A] − 눈과 확대경 렌즈 간 거리 ┘

(나)

<table>
<tr><td>단원</td><td colspan="2">1. 쇼다운형 게임을 해요</td><td>차시 1/4</td></tr>
<tr><td>학습 목표</td><td colspan="3">• 쇼다운형 게임의 특성을 이해하고, 기본 자세를 익힐 수 있다.</td></tr>
<tr><td>확대핵심교육과정(ECC)</td><td colspan="3">• 점자
− 현아: 점자 읽기 시도
• 확대경 사용
− 영미: ㉡ <u>확대경을 사용할 때 넓은 시야로 자료를 볼 수 있도록 지도</u></td></tr>
<tr><td rowspan="2">단계</td><td colspan="2">교수 · 학습 활동</td><td rowspan="2">자료(㉶) 및 유의점(㊒)</td></tr>
<tr><td>교사</td><td>학생</td></tr>
<tr><td colspan="4">⋮</td></tr>
<tr><td>도입</td><td colspan="2">• ㉢ 안전사고 예방을 위한 사전 활동하기</td><td rowspan="3">㉶ ㉣ <u>쇼다운 테이블, 쇼다운 라켓, 쇼다운 공</u>, 손등 보호 장갑

㉶ 확대경, 게임 규칙 읽기 자료(묵자 자료, ㉤ <u>점자 자료</u>)</td></tr>
<tr><td rowspan="4">전개</td><td colspan="2"><활동 1> 쇼다운형 게임 알아보기</td></tr>
<tr><td>• 시설 및 용구 설명하기</td><td>• 쇼다운 라켓 특징 이야기하기</td></tr>
<tr><td colspan="2"><활동 2> 쇼다운형 게임 경기 방법 알아보기</td></tr>
<tr><td>• 게임 규칙 설명하기
• 기본 자세 설명하기</td><td>• 게임 방법 익히기
• 라켓 잡는 법 익히기</td><td>㊒ ㉥ 시범적 지도 방법(Braille-me method)을 활용하여 자세 지도</td></tr>
<tr><td colspan="4">⋮</td></tr>
</table>

1) ① (가)의 ㉠에 근거하여 민호가 글자를 가장 크고 선명하게 읽게 하는 교사의 지도 방법 1가지를 쓰고(단, 확대경 렌즈와 글자 간 거리를 관련지을 것), ② (가)의 [A]를 고려하여 (나)의 ㉡의 방법 1가지를 쓰시오. [2점]

①:

②:

2) ① (나)의 ㉢에서 교사가 할 수 있는 활동 예시를 ㉣을 활용하여 1가지 쓰고(단, 2015 개정 특수교육 교육과정 중 공통 교육과정 체육과 '교수 학습 활동 계획' 중 '학습자 관리와 안전 고려'를 근거로 할 것), ② (나)의 ㉤에 해당하는 다음의 점자를 묵자로 쓰시오(단, 검은 점이 튀어 나온 점이며, 한국 점자 규정(문화체육관광부고시 제2020−38호)에 의거할 것). [2점]

⠨⠕⠐⠪⠢⠀⠼⠋⠴⠉⠍⠲⠀⠈⠿

①:

②:

3) (나)의 ㉥을 구체적으로 1가지 쓰시오. [1점]

핵심테마 체크 ✔

- 손잡이형 확대경의 사용 방법
- 토글키, 필터키
- 음성인식
- 웹 접근성 지침

MY MEMO

28

정답 및 예시답안

○ 렌즈를 사물에 대었다가 들어 올리면서 약 5cm의 거리에서 초점을 맞추고, 렌즈와 눈과의 거리를 가깝게 하여 넓은 시야로 보도록 한다.
○ ㉢ / 토글키는 두 가지 상태 중 하나를 설정하는 키이므로 틀린 설명이다(*연속하여 여러 번 입력되는 것을 한 번만 입력되게 하는 것은 토글키가 아니라 필터키).
㉣ / 음성인식은 음성으로 입력하는 기능이고, 해당 키 값의 소리가 나는 것은 입력이 아니라 출력이 되는 것이므로 틀린 설명이다.
○ 학생 S는 빛에 매우 민감하게 반응하므로, '한국형 웹 콘텐츠 작성 지침 2. 1'에 따른 운용의 용이성 중 광과민성 발작예방지침에 따라 ㉥과 같이 활용할 수 있도록 해야 한다.

관련이론

✦ 확대경의 사용거리

- 확대경으로 자료를 크고 선명하게 보기 위해서는 '자료－확대경', '렌즈－눈' 간의 거리를 적절히 조절하는 것이 중요하다.
- 확대경 사용 거리는 '학습 자료와 확대경 렌즈 간의 거리', '확대경 렌즈와 눈 간의 거리'로 이루어지며, 학습 자료부터 눈까지의 거리를 작업 거리 또는 독서 거리라고 부른다.
- 학생에게 확대경 사용 거리에 대해 다음과 같이 지도하는 것이 필요하다.
  - 학습 자료와 확대경 렌즈 간의 거리를 초점 거리라고 하며, 초점거리를 맞추고 유지해야 학습 자료의 글자를 해당 배율에 맞게 크고 선명하게 볼 수 있다. 초점 거리는 [100cm/D(디옵터)] 계산식으로 구할 수 있으며, 확대경 배율이 높을수록 초점거리는 짧아진다. 학생이 10디옵터를 사용한다면 100/10 = 10cm의 초점거리를 유지해야 한다.
  - 확대경 렌즈와 눈 간의 거리는 시야와 관련이 있다. 확대경 렌즈로부터 눈이 멀리 떨어질수록 렌즈 속에 보이는 글자 수가 적어지고 렌즈 주변의 왜곡현상을 더 많이 느끼게 되어 읽기 가독성이 떨어질 수 있다. 따라서 확대경 배율이 높을수록 렌즈에 더 다가가는 것이 필요하다.

✦ 확대경 사용 교육

- 확대경 사용법 교육은 학생이 좋아하는 읽기 자료 중에 편집이 단순하고 줄 간격이 넓은 자료로 시작하는 것이 좋다.
- 확대경 사용법 교육은 먼저 초점거리를 맞추는 방법을 지도한 후 간단한 단어나 문장을 읽는 연습 활동을 구성하는 것이 좋다.
- 확대경의 초점거리를 맞추는 세 가지 방법 중 자신에게 편안한 것을 사용할 수 있다.
  - 확대경 렌즈를 자료에 댄 후 천천히 떨어뜨리면서 가장 크고 선명한 상이 보일 때 멈추도록 한다.
  - 확대경 렌즈를 눈 가까이 댄 후 천천히 자료에 다가가면서 가장 크고 선명한 상이 보일 때 멈추도록 한다.
  - 자료와 눈의 거리를 20~25cm 정도 유지한 상태에서 자료로부터 확대경 거리를 증감시키면서 가장 크고 선명한 상이 보일 때 멈추도록 한다.

28

2017. 중
★답안작성

(가)는 학생 S의 특성이고, (나)는 사회과 '도시의 위치와 특징' 단원의 전개 계획이다. ㉠을 이용하여 가장 큰 배율과 넓은 시야로 지도 보는 방법을 서술하고, ㉡~㉤ 중에서 바르지 않은 것 2가지를 찾아 그 이유를 제시하시오. 그리고 ㉥의 이유를 서술하시오. [5점]

(가) 학생 S의 특성

- 황반변성증으로 교정시력이 0.1이며, 눈부심이 있음
- 묵자와 점자를 병행하여 학습하고, 컴퓨터 사용을 많이 함
- 주의 집중력이 좋으나, 지체・중복장애로 인해 상지의 기능적 사용에 어려움이 있고, 빛에 매우 민감하게 반응함
- 키보드를 통한 자료 입력 시 손이 계속 눌려 특정 음운이 연속해서 입력되는 경우가 자주 있음(예: ㄴㄴㄴㄴ나)

(나) '도시의 위치와 특징' 단원 전개 계획

차시	주요 학습 내용	학생 S를 위한 고려 사항
1	세계의 여러 도시 위치 확인하기	• ㉠ 손잡이형 확대경(+20D)을 활용하여 지도를 보게 함
2~4	인터넷을 통해 유명하거나 매력적인 도시 찾아보기	• 컴퓨터 환경 설정 수정(윈도우용) – ㉡ 고대비 설정을 통해 눈부심을 줄이고 대비 수준을 높임 – ㉢ 토글키 설정을 통해 키보드를 한 번 눌렀을 때 누르는 시간에 관계없이 한 번만 입력되게 함
5~6	도시별 특징을 찾고 보고서 작성하기	• ㉣ 키보드를 누를 때 해당키 값의 소리가 나게 '음성인식' 기능을 설정함
7	관련 웹 콘텐츠를 통해 단원 평가하기	• ㉤ 색에 관계없이 인식될 수 있는 콘텐츠를 활용함 • ㉥ 깜빡이거나 번쩍이는 콘텐츠가 없는 사이트를 활용함

작성방법

- ㉠의 사용 방법을 작성할 때, 렌즈와 사물과의 거리, 렌즈와 눈과의 거리를 포함하여 서술할 것
- ㉡~㉤ 중에서 바르지 않은 것 2가지의 기호를 쓰고, 그 이유를 제시할 것
- ㉥의 이유를 작성할 때, '한국형 웹 콘텐츠 작성 지침 2.1'과 학생 S의 특성에 기초하여 작성할 것

핵심테마 체크 ✔

- 손잡이형 확대경
- 대비 조절
- 광학문자인식시스템
- 제어판을 통한 컴퓨터 기능 조절
- 망원경

MY MEMO

29

정답 및 예시답안

○ ㉠ ~~눈과 확대경 간의 거리를 멀게 하고, 확대경과 읽기 자료 간의 거리도 멀게~~ 하여 보도록 지도함 / **눈과 확대경 간의 거리를 가깝게 하고, 확대경과 읽기 자료 간의 거리는 초점거리에 맞게 조정하여 보도록 지도함**
(*이유 : 눈과 확대경 간의 거리를 멀게 하면 시야가 더 좁아지며, 확대경과 읽기 자료 간의 거리는 렌즈의 굴절력에 맞게 초점거리를 맞추어 봐야 명료하게 볼 수 있다.)

○ ㉤ 양안 중 ~~시력이 더 나쁜 쪽~~ 눈으로 망원경을 보게 하고, 훈련 초기에는 목표물의 위치를 찾기 쉽도록 ~~처방된 배율보다 높은 배율~~의 망원경을 사용하여 지도함 / **양안 중 시력이 더 좋은 눈으로 망원경을 보게 하고, 훈련 초기에는 처방된 배율보다 더 낮은 배율의 망원경을 사용하여 지도함**
(*이유 : 양안 시력이 동일한 저시각인을 위해서는 양안 망원경을, 양안 시력이 다른 저시각인을 위해서는 시력이 좋은 눈으로 단안 망원경을 사용할 수 있다. 망원경의 배율은 저배율에서부터 점차 적정한 고배율로 단계적으로 적용해야 한다. 망원경의 배율이 높을수록 시야가 좁아지기 때문에 초보 망원경 사용자는 공간에서 목표물을 찾기가 더욱 어려워진다.)

문제 속 자료분석

- ㉡ 저대비 자료를 볼 때는 확대경 대신 전자독서확대기를 사용하게 하고, 교구의 색은 배경색과 대비가 높은 것을 활용함 ➡ 전자독서확대기는 단순히 확대만 하는 것이 아니라 대비나 크기 등을 조절할 수 있으므로 효과적일 수 있음
- ㉢ 광학문자인식시스템을 사용하여 묵자 인쇄 자료를 텍스트 파일로 변환시키는 방법을 지도함 ➡ 광학문자인식시스템은 인쇄 자료를 스캔하여 문서 파일로 변환시켜 주며, 이를 통하여 점역을 하거나 음성이 출력되도록 할 수 있음
- ㉣ 제어판에서 커서의 너비를 '넓게'로 조정하고, 마우스 포인터의 움직임 속도를 '느림'으로 조정함 ➡ 시신경 위축의 결과로 시력, 시야, 대비가 감퇴될 수 있으므로 커서를 잘 볼 수 있도록 조정

관련이론

✦ 광학문자인식시스템(OCR)

① 광학문자인식시스템(OCR)은 인쇄 자료를 확대해도 읽을 수 없어 인쇄 자료를 점자나 음성으로 다시 변환해야 읽을 수 있는 맹학생에게 유용
② 광학문자인식시스템은 스캐너 또는 카메라로 인쇄물을 스캔하여 저장한 후 문자인식 프로그램을 통해 이미지를 제외한 문자만을 추출하여 텍스트 파일로 변환하게 됨. 맹학생은 이 텍스트 파일을 음성이나 점자로 출력하여 이용하게 됨
③ 광학문자인식시스템은 일체형 제품과 컴퓨터에 설치하는 소프트웨어형이 있음
  - 일체형 기기: 광학문자판독기라고 부르는데 카메라, 문자인식 프로그램, TTS 기능이 기기 안에 모두 통합되어 있는 것
  - 소프트웨어형: 문자인식 프로그램으로 불리는 소프트웨어형은 컴퓨터에 설치하고 별도의 스캐너를 연결해서 사용해야 함

✦ 망원경의 사용지도 및 지침

- 저배율 망원경에서 시작하여 고배율 망원경으로 단계적으로 도입
- 망원경은 조금만 움직여도 목표물이 망원경에서 벗어날 수 있음을 유의
- 처음에는 망원경을 사용하지 않는 쪽의 눈을 가리고 교육하면 시각적 혼란을 줄일 수 있으며, 익숙해지면 양 눈을 뜬 상태에서도 망원경을 편안하게 사용할 수 있음
- 처음에는 제자리에서 정지된 목표물을 확인하고 익숙해지면 움직이는 목표물을 확인하는 단계로 나아감
- 안경을 착용한 상태에서 망원경을 사용하였을 때 초점이 맞추어지지 않는다면, 사용 중인 망원경의 배율이 나안 상태에서 처방된 것인지 아니면 안경렌즈의 배율을 고려한 처방인지 확인
- 안경을 착용하고 망원경을 사용하게 되면 눈과 망원경 접안렌즈 간의 거리가 멀어져 시야가 좁아지는 현상이 생긴다는 점을 기억해야 함
- 접안렌즈를 눈에 최대한 붙이는 이유는 빛은 대물렌즈로만 들어오고 접안렌즈와 눈 사이의 공간으로 불필요한 빛이 들어오지 않도록 차단해야 보다 선명하고 넓은 시야로 볼 수 있기 때문
- 학생이 원거리 자료를 볼 때 한손으로 단안망원경을 잡고 다른 손으로 필기하기 위해서는 양손을 번갈아 망원경을 사용할 수 있도록 지도
- 중심부 암점이 있는지 확인하여 망원경을 볼 때 중심외 보기 방향으로 보도록 교정
- 학생의 시력 변동으로 망원경 배율의 증감이 필요한지 확인하고 시력 변동에 적합한 배율의 망원경을 다시 추천

고득점 답안 비법 ✰ 틀린 내용만 보지 말고, 맞는 내용도 안질환과 학생 특성을 모두 관련지어 맞는 이유에 대해 명확히 짚어볼 것!

29

2014. 중
★답안작성

다음은 특수학교 최 교사가 보조공학 전문가와 함께 다양한 안질환 유형을 지닌 시각장애학생들을 상담 및 관찰한 후, 이를 바탕으로 작성한 보조공학기기 중재 계획이다. ㉠~㉤ 중 상담 및 관찰 평가 결과에 적합하지 않은 중재 계획 2가지를 찾아 기호를 쓰고, 각각의 중재 계획을 바르게 수정하시오. [4점]

안질환	학생 상담 및 관찰 평가 결과	보조공학기기 중재 계획
선천성 녹내장	손잡이형 확대경을 올바르게 사용하지 못하여 독서할 때 글자가 흐릿하게 보이고 렌즈를 통해 보이는 글자 수가 적다고 호소함	㉠ 눈과 확대경 간의 거리를 멀게 하고, 확대경과 읽기 자료 간의 거리도 멀게 하여 보도록 지도함
선천성 백내장	낮은 대비감도로 인해 저대비 자료를 보거나 교구를 사용하는 데 어려움을 보임	㉡ 저대비 자료를 볼 때는 확대경 대신 전자독서확대기를 사용하게 하고, 교구의 색은 배경색과 대비가 높은 것을 활용함
망막 색소 변성증	점자교과서 외에 다양한 참고서의 점자 인쇄 자료와 전자 파일을 구하는 데 어려움을 호소함	㉢ 광학문자인식시스템을 사용하여 묵자 인쇄 자료를 텍스트 파일로 변환시키는 방법을 지도함
시신경 위축	컴퓨터 화면에서 커서의 위치를 찾거나 마우스 포인터의 움직임을 따라 가는 데 어려움을 보임	㉣ 제어판에서 커서의 너비를 '넓게'로 조정하고, 마우스 포인터의 움직임 속도를 '느림'으로 조정함
미숙아 망막증	원거리의 물체나 표지판을 확인하는 데 어려움을 가지고 있어 단안 망원경 사용법을 배우기를 희망함	㉤ 양안 중 시력이 더 나쁜 쪽 눈으로 망원경을 보게 하고, 훈련 초기에는 목표물의 위치를 찾기 쉽도록 처방된 배율보다 높은 배율의 망원경을 사용하여 지도함

핵심테마 체크

- 망원경의 배율
- 망원경의 배율 계산 이론

MY MEMO

30

정답 및 예시답안

- ㉠은 시력이 더 좋은 우안에 사용한다는 내용이 들어가고, 그 이유는 더 낮은 배율을 사용함으로써 더 넓은 시야로 편안하게 볼 수 있기 때문이다.
- ㉡에 해당하는 배율은 5이다.
- ㉢에 적합한 보조공학기기는 확대 독서기(CCTV)이다.

관련이론

✦ 효과적인 망원경 사용을 위한 지도사항

- 저배율 망원경에서 시작하여 고배율 망원경으로 단계적으로 도입하면 고배율 망원경 사용에 따른 눈의 피로나 어지러움을 줄이고 망원경으로 목표물을 찾는 어려움을 줄일 수 있다. 망원경은 조금만 움직여도 목표물이 망원경에서 벗어날 수 있음을 유의해야 한다.
- 처음에는 망원경을 사용하지 않는 쪽의 눈을 가리고 교육하면 시각적 혼란을 줄일 수 있으며, 익숙해지면 양눈을 뜬 상태에서도 망원경을 편안하게 사용할 수 있다.
- 망원경 사용 교육은 학생의 관심이 높고 성공 가능성이 높은 원거리 과제로 시작하고, 처음부터 오랜 시간 교육하는 것보다 단계적으로 교육 시간을 늘려나가는 것이 좋다.
- 처음에는 제자리에서 정지된 목표물을 확인하고 익숙해지면 움직이는 목표물을 확인하는 단계로 나아간다.

✦ 상대적 거리 확대법과 상대적 크기 확대법을 통한 렌즈 배율 계산

<table>
<tr><td>상대적 거리 확대법</td><td>• 물체와 눈과의 거리를 가깝게 하는 방법
• 확대경 배율

• ERr(필요한 확대비) = Da/Db(D = distance, a = after, b = before)
= 자료와의 거리 조정 이전 거리 / 자료와의 조정 이후 거리
• 확대독서기와 학습 자료의 확대 비율 = ERr = Da/Db
• 확대경 디옵터(D) = (100/초점거리)cm = (100/자료를 보기 위해 다가간 거리)cm

• 망원경 배율

• ERr(필요한 확대비) = Db/Da(D = distance, a = after, b = before)
= 목표물과의 거리 조정 이전 거리 / 목표물과의 거리 조정 이후 거리
• 망원경 배율(x) = ERr = Db/Da</td></tr>
<tr><td>상대적 크기 확대법</td><td>• 물체의 실물 크기를 확대하는 방법
• 확대경 배율

• ERr(필요한 확대비) = Sa/Sb(S = size, a = after, b = before, r = require)
= 확대 이후 글자크기 / 확대 이전 글자크기
= 현재 읽을 수 있는 글자크기 / 읽기를 바라는 글자크기
• 확대독서기와 학습 자료의 확대 비율 = ERr = Sa/Sb
• 확대경 디옵터(D) = (Sa/Sb) × (100/검사거리)cm
= (현재 읽을 수 있는 글자크기 / 읽기를 바라는 글자크기) × (100/검사거리)cm

• 망원경 배율

• ERr(필요한 확대비) = Sa/Sb(S = size, a = after, b = before, r = require)
= 목표물의 확대 이후 크기 / 목표물의 확대 이전 크기
• 망원경 배율(x) = Sa/Sb
= 읽기를 바라는 시표크기의 해당 시력 / 현재 읽을 수 있는 시표크기의 해당 시력
= 목표 원거리 시력 / 현재 원거리 시력</td></tr>
</table>

30

2020. 중
★답안작성

(가)는 시각장애 학생 H와 I의 특성이고, (나)는 특수교사가 작성한 보조공학 지원 계획의 일부이다. 〈작성 방법〉에 따라 서술하시오. [4점]

(가) 학생 H와 I의 특성

• 학생 H

시야	정상	
대비감도	정상	
원거리 시력 (나안 시력)	좌안(왼쪽 눈)	우안(오른쪽 눈)
	0.02	0.06

• 학생 I

시야	정상
대비감도	낮은 대비의 자료를 볼 때 어려움이 있음
근거리 시력	근거리 자료를 읽기 위해서 고배율 확대가 필요함

(나) 보조공학 지원 계획

학생	보조공학 지원 내용
H	• 원거리에 있는 도로 표지판을 보기 위해 적합한 배율의 단안 망원경 추천이 필요함 –단안 망원경을 어느 쪽 눈에 사용할지 결정: (㉠) –적합한 단안 망원경 배율: (㉡)
I	• ㉢ 책을 읽기 위해 투사확대법을 적용한 보조공학기기 지원이 필요함

작성방법

• (가)의 학생 H의 특성에 근거하여 (나)의 괄호 안의 ㉠에 들어갈 내용을 쓰고, 그 이유를 1가지 서술할 것 (단, 배율과 시야를 고려할 것)
• (가)의 학생 H의 특성에 근거하여 (나)의 괄호 안의 ㉡에 해당하는 배율을 쓸 것 [단, 목표(필요한) 원거리 시력은 0.3임]
• (가)의 학생 I의 특성에 근거하여 (나)의 밑줄 친 ㉢에 적합한 보조공학기기를 1가지 쓸 것

핵심테마 체크 ✔

- 인공와우 구성요소별 기능
- 청능 훈련
- 신호음 대 소음비
- FM 보청기
- 시각장애 발생원인
- 확대경의 종류

MY MEMO

31

정답 및 예시답안

1) ㉢ / 인공와우 수술 후 (보청기와 마찬가지로) 지속적인 청능 훈련이 필요하다.
2) 윤수가 FM 보청기를 착용하여 (활동에 참여하며) 교사의 지시를 들을 수 있도록 지원한다.
3) ① 주변시야손상
   ② 확대경을 사용하면 시야가 더 좁아지기 때문이다.
4) 스탠드형 확대경

관련이론

✦ 확대경의 배율과 시야

- 확대경 사용 시 시야에 영향을 주는 요인: **렌즈 지름, 렌즈 배율, 눈과 렌즈의 거리**
- 확대경의 사용방법을 지도할 때는 목표물, 확대경, 눈 간의 거리 관계, 즉 배율−시야−초점거리 간의 관계를 지도하는 것이 필요
- 작업거리 = (자료와 확대경의 거리) + (확대경과 눈의 거리)
- 초점거리 = 자료와 확대경의 거리
- 확대경과 눈의 거리는 시야에 영향을 미치기 때문에, 눈이 확대경에 가깝게 위치할수록 더 넓은 시야를 얻을 수 있음
- 시야가 좁은 저시각인일수록 눈을 보다 확대경에 가깝게 유지하는 것이 필요

✦ 스탠드형 확대경

- 읽기 자료에 대고 사용하므로 초점거리를 맞출 필요가 없음
- 어린 학생이나 수지운동기능에 문제가 있는 학생에게 유용
- 밝은 조명을 선호하는 학생에게 조명이 부착된 스탠드형 확대경을 지원
- 고배율의 확대경도 있음

31

2019. 유

다음은 통합학급 박 교사와 김 교사가 특수학급 윤 교사와 협의회에서 나눈 대화의 일부이다. 물음에 답하시오. [5점]

> 윤 교사: 유아들 지도하느라 많이 힘드시죠?
> 박 교사: 윤수가 최근에 인공와우 수술을 받은 거 아시죠?
> 윤 교사: 알죠. ㉠ 인공와우는 인간의 말소리를 잘 들을 수 있게 하는 데 초점이 맞춰져 있어요. 그리고 무엇보다도 매핑(mapping)이 중요하죠.
> 박 교사: 매핑이 뭔가요?
> 윤 교사: ㉡ 매핑은 어음처리기를 프로그래밍(programming) 하는 것을 말하죠.
> 김 교사: 저의 조카도 인공와우 수술을 받았어요. 보청기와는 달리 ㉢ 별다른 청능훈련이 필요하지 않다고 하던데요.
> 박 교사: 수술을 해도 ㉣ 모두 정상적인 청력을 갖게 되지는 않는다고 알고 있어요. 그리고 윤수는 ㉤ 유아들 간 상호작용이 활발한 활동을 할 때면 소음으로 인해 지시를 잘 이해하지 못하던데, 제가 어떻게 해야 할지 모르겠어요. 다른 유아들도 있는데 윤수만 고려해서 조용한 활동만 할 수도 없잖아요.
>
> …(중략)…
>
> 윤 교사: 김 선생님은 어떠세요?
> 김 교사: 저는 그림책을 보거나 사물을 관찰하는 활동을 할 때, 경호에게 확대경을 제공하고 있어요. 그런데 확대경이 모든 저시력 유아에게 도움이 되는 것은 아니라고 하던데 맞나요?
> 윤 교사: 맞아요. 확대경 사용이 대부분의 저시력 유아들에게는 도움이 되지만, ㉥ 어떤 유아들은 사용하면 안 되는 경우가 있어요.
> 김 교사: 그래요? 저는 모두 도움이 되는 것으로 알고 있는데 아니었군요. 그런데 경호가 손잡이형 확대경을 사용할 때 손이 흔들려서 많이 힘들어 해요.
> 윤 교사: 그렇군요. 그러면 (㉦)을/를 사용하게 해 보세요.

1) ㉠~㉣ 중 적절하지 않은 내용을 찾아 바르게 고쳐 쓰시오. [1점]

2) ㉤의 상황에서 박 교사가 윤수를 위해 제공할 수 있는 대안적 지원을 쓰시오. [1점]

3) ① ㉥에 해당하는 시각장애의 발생 원인을 1가지 쓰고, ② 이 유아들이 확대경을 사용하면 안 되는 이유를 쓰시오. [2점]

①:

②:

4) ㉦에 들어갈 확대경의 종류를 쓰시오. [1점]

핵심테마 체크 ✔

• 녹음 자료 제작(음성자료)
• 점자
• 촉각안내법

MY MEMO

32

정답 및 예시답안

1) 초과정
2) ① ⓑ / 보통 속도로 읽는다, 녹음 시 자연스러운 속도로 읽는다, 읽는 속도는 자연스럽게 하여 녹음한다 등
   ② ⓓ / 설명 자료의 표지, 목차, 저자 소개 등은 생략하지 않고 녹음한다.
3) 어린 무용수
5) 손아래손 안내법(핸드 언더 핸드)

관련이론

✦ 음성자료 제작 방법

• 소음이 적은 시간과 장소에서 녹음한다.
• 일부러 읽는 속도를 늦추지 말고 보통 속도로 최대한 명확하게 발음하여 읽는다.
• 자료를 녹음할 때 원본 자료에 기재된 표지, 목차, 저자 소개 등을 빠뜨리지 않고 녹음하는 것을 기본으로 한다.
• 쉼표, 마침표 같은 구두점은 특별한 경우가 아니면 듣기 가독성과 이해도를 돕기 위해 생략한다.
• 녹음 자료를 체계적으로 관리할 수 있도록 일정한 규칙에 따라 파일 이름을 붙인다.
• 도서는 한 개의 챕터를 한 파일로 제작하는 것이 일반적이나 한 개의 파일이 60분이 넘어가면 두 개 파일로 나누어 저장하고 이를 알기 쉽게 파일 이름에 번호를 달아준다.
• 제목 번호 낭독은 보편적으로 로마자 단위는 '단원'을 붙여 낭독하고, 1. 1은 '1장 1절'로, 1. 1. 1은 '1장 1절 1'로, ①은 '동그라미 일'로, (1)은 '괄호 일'로, 1)은 '반괄호 일'로 낭독한다.
• 괄호 안에 있는 글을 읽는 방법은 여러 가지가 있다. 괄호 안 글이 길거나 문장일 경우는 '괄호 열고-내용 낭독-괄호 닫고' 순서로 읽는다. 괄호 안 글이 한두 단어 정도면 괄호 밖으로 빼서 자연스러운 연결 문장으로 만들어 읽을 수 있다.
• 문장 중에 '주'가 나오면 해당 문장을 마친 후 '주석 시작-주석 내용-주석 끝' 순서로 읽는다.
• 표를 읽을 경우에는 각 항목 어떠한 순서로 읽을 것인지 알려 준 후 항목별 내용을 읽어준다.
• 원그래프는 현재 몇 시 방향에서 시작하여 시계 또는 반 시계 반향으로 어떤 항목이 어느 정도 비율을 차지하는지 읽어준다.
• 막대그래프는 가로축과 세로축의 제목을 읽고, 가로축의 항목별로 세로축의 크기를 설명한다.
• 선그래프의 경우는 x축과 y축의 제목을 읽고, x축과 y축의 범위와 간격이 어떠한지 먼저 이야기한다. 그 다음 각 좌표의 점을 x축, y축 순서로 읽어준다. 이때 각 그래프의 변화 경향성이 어디서부터 감소하고 증가하는지를 설명한다.

✦ 촉각교수전략

촉각적 모델링	• 특정 기술을 수행하는 데 필요한 신체 자세나 동작을 지도할 때 교사가 올바른 신체 자세나 동작을 시범 보이면 학생이 손으로 만져 탐색하고 모방하도록 하는 것이다.
신체적 안내법	• 특정 기술을 수행하는 데 필요한 신체 자세나 동작을 지도할 때 교사가 자신의 손을 사용하여 학생의 신체의 각 부위를 접촉하여 적절한 자세와 동작을 취하도록 돕는 것이다.
손위손 안내법	• 학생의 손 위에 교사의 손을 놓고, 교사가 학생의 손의 움직임을 조정하여 학습 기술을 지도하는 방법이다. • 교사의 적극적인 개입이 이루어지는 촉각교수방법으로 중복장애 학생에게 많이 사용된다. • 다만 다른 사람의 접촉에 예민하거나 거부감을 보이는 학생에게 사용하지 말아야 하며, 교사는 학생의 손을 접촉하여 안내할 때 강압적으로 다루지 않도록 유의해야 한다.
손아래손 안내법	• 학생의 손 아래에 교사의 손을 두고 교사의 손 움직임을 학생이 인식하도록 하여 학습 기술을 지도하는 방법이다. • 교사가 학생의 손을 잡아끌지 않아 덜 개입적이므로 촉각적 민감성이 심하거나 친숙하지 않은 물체를 접촉하는 것을 주저하거나 물체를 탐색하는 데 거부감이나 문제행동을 보이는 학생에게 효과적이다. • 교사는 학생이 손아래손 안내법으로 물체에 대한 거부감이나 저항이 감소하게 되면, 손위손 안내법으로 바꾸어 지도할 수 있다.

32

2019. 초
★답안작성

다음은 시각장애 특수학교 김 교사와 미술관 담당자가 주고받은 휴대전화 문자 대화의 일부이다. 물음에 답하시오. [6점]

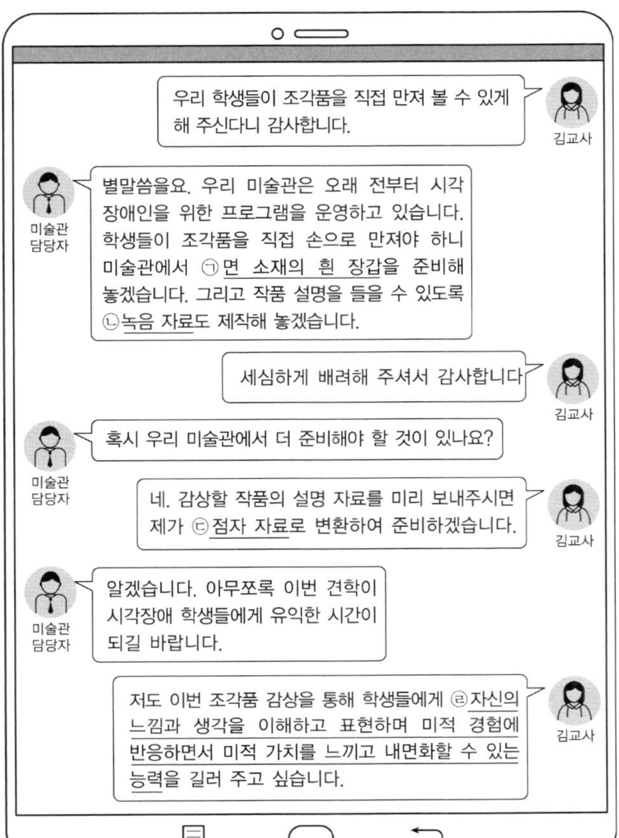

1) 조각품을 만질 때에 ㉠을 사용해야 하는 이유를 1가지 쓰시오. [1점]

2) 다음은 ㉡을 제작할 때 유의점에 대한 설명이다. 적절하지 <u>않은</u> 내용 2가지를 찾아 ①과 ②에 각각 기호를 쓰고 바르게 고쳐 쓰시오. [2점]

> ⓐ 조용한 실내에서 녹음한다.
> ⓑ 읽는 속도를 늦추어 녹음한다.
> ⓒ 외국어 단어나 문장은 정확한 발음으로 읽은 후 철자를 읽어 준다.
> ⓓ 설명 자료의 표지, 목차, 저자 소개 등은 특별한 경우가 아니면 생략하여 녹음한다.
> ⓔ 쉼표와 마침표 같은 구두점은 특별한 경우가 아니면 내용 이해도를 높이기 위해 생략한다.

① :

② :

3) 다음은 ㉢의 일부이다. 점자를 묵자로 쓰시오(단, 검은 점은 볼록하게 튀어나온 것임). [1점]

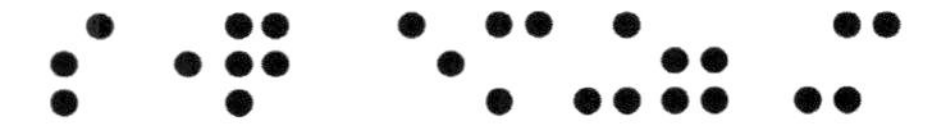

4) ㉣에 해당하는 미술과의 교과 역량을 2015 개정 미술과 교육과정에 근거하여 쓰시오. [1점]

5) 김 교사는 새로운 자극에 거부감이 있는 시각중복장애 학생이 조각품을 감상할 수 있도록 다음과 같이 안내하였다. 김 교사가 사용한 촉각 안내법의 명칭을 쓰시오. [1점]

> • 교사가 먼저 조각품의 표면을 탐색한다.
> • 학생 스스로 교사의 손 위에 자신의 손을 올려놓게 한다.
> • 학생의 손이 조각품에 닿을 때까지 교사의 손을 조금씩 뒤로 뺀다.

핵심테마 체크 ✔

- 시각장애 학생을 위한 교수적 수정
- 점자
- 촉각을 이용한 교수법

MY MEMO

33

정답 및 예시답안

1) ① 심폐지구력
   ② 트랙을 따라 잡고 달릴 수 있도록 라인(로프) 등을 설치한다.
2) ① 경기장 라인에 블록 등을 놓아 라인의 위치를 촉각적으로 인지하도록 한다.
   ② 아이쉐이드반칙
3) 교사가 자신의 손을 사용하여 학생의 신체를 접촉하여 볼 굴리기를 하도록 안내한다.

관련이론

✦ 시각장애 학생을 위한 수업 중 교수전략

구분	방법	내용
언어를 이용한 교수방법	설명식 수업	• 교사 주도의 설명식 수업을 할 때 학생의 이해 수준을 점검하기 위해 자주 묻고 답하면서 교정적 피드백을 제공하는 것이 필요
	토의식 수업	• 토의식 수업은 풍부한 상호작용이 이루어지므로 학생의 생각과 이해 수준 등을 관찰·점검하고 적절한 안내와 피드백을 주는 것이 필요
촉각을 이용한 교수방법	신체적 안내법	• 교사가 자신을 손을 사용하여 학생의 신체부위를 접촉하거나 이끌어서 적절한 자세나 동작을 지도
	손위손 안내법	• 교사가 학생의 손 위에 자신의 손을 얹어 손 동작이나 자세를 지도 • 신체적 안내법과 다른 점은 교사가 접촉하는 학생의 신체부위는 손에 한정된다는 점 • 교사가 학생에게 양각 지도나 사물을 탐색하는 바른 손의 자세와 움직임을 지도할 때 사용할 수 있음
	손아래손 안내법	• 교사가 학생의 손 아래에 자신의 손을 두고 교사의 손 동작과 움직임을 학생이 느끼고 모방하도록 안내 • 손위손 안내법에 비해 덜 개입적이고 강압적이므로 타인의 접촉에 민감한 학생에게 더 효과적일 수 있음
모델링	시각적 모델링	• 저시력 학생에게 적합 • 교사가 시범을 보일 때 저시력 학생이 잔존시각을 잘 활용할 수 있도록 환경을 조성하는 것이 필요 • 학생이 교사의 시범을 다가와서 보는 것을 허용해야 하고, 교사는 창가처럼 태양이 비추는 장소를 피해 시범을 보여야 하며, 시범을 보이는 장소와 배경과 대비되는 옷을 입는 것이 좋음
	촉각적 모델링	• 맹학생을 위한 촉각 교수방법에도 속함 • 교사가 과제 수행에 필요한 자세와 동작을 단계별로 시범을 보이면 학생이 교사의 신체 자세와 동작을 만져서 확인하고 동일하게 모방하는 것 • 맹학생이 촉각적 모델링만으로 교사의 시범을 정확하게 이해하기 어려우므로, 학생이 교사의 자세와 동작을 손으로 탐색할 때 교사는 설명을 함께 제공하는 것이 좋음
공동운동		• 학생이 시각을 이용하여 교사와 같은 신체 움직임을 동시에 경험하면서 학습 • 촉각적 모델링이 교사의 신체부위에 학생이 손을 대어 교사의 자세나 움직임(동작)을 탐색하도록 한다면, 공동촉각 운동은 맹학생이 특정 동작을 공동운동으로 배우기 위해 교사와 학생이 해당 신체부위를 서로 접촉 • 공동운동에는 교사 대신 또래교수를 활용할 수 있는데, 배울 동작이나 기술에 따라 체격이 비슷한 사람이 수행하는 것이 효과적일 때가 있음
전체-부분-전체 교수법		• 언어, 체육, 일상생활 등 다양한 활동에서 사용 • 보통 3개의 학습단계로 진행 – 첫 번째 단계는 학습과제(기술이나 지식)의 '전체(whole)'를 학생에게 노출함으로써 학습과제에 대한 전체적인 이해를 돕는다. – 두 번째 단계는 학습과제를 구성하는 '부분들(parts)'에 초점을 두어 지도하는 것으로, 교사는 과제 분석한 각 부분을 촉각 교수법 등을 통해 지도해 나간다. – 마지막 단계는 각 부분들을 성공적으로 학습한 후에 각 부분을 서로 연결하여 전체를 수행하도록 지도하는 것으로, 부분과 전체 간의 관계에 대한 학습자의 통합적인 이해를 통해 학습이 마무리 된다.
과제분석 행동연쇄		• 시각장애 학생은 과제 수행방법을 지도할 때 과제 분석법으로 이용하여 분석된 수행단계들을 단계적으로 지도해 나가는 행동연쇄가 효과적
촉진과 소거		• 교사는 촉진들을 조합하여 사용할 수 있으며, 점진적으로 촉진의 수준은 낮추어 가며 최종적으로 교사의 촉진 없이도 학생이 혼자서 과제 수행을 할 수 있도록 해야 함

33

2022. 초
★답안작성

(가)는 시각장애 학생의 주요 특성이고, (나)는 2015 개정 특수교육 교육과정 중 공통 교육과정 체육과 3~4학년군 '골볼형 게임을 해요' 단원 지도 계획의 일부이다. 물음에 답하시오. [5점]

(가) 학생 주요 특성

학생	주요특성	비고
민수	• 학습 매체: 묵자와 점자 병행 사용	장애학생 건강체력평가(PAPS-D)에서 4명 모두 (㉠) 영역에서만 낮은 등급을 받음 ⬇ 기초 체력 증진 계획 수립 필요
한나	• 보행: 시각, 촉각, 청각적 정보 활용	
정기	• 시야: 터널 시야와 야맹증	
병수	• 시력: FC/50 cm • 청력: 110 dB HL	

(나) 단원 지도 계획

단원	골볼형 게임을 해요	
차시	교수·학습활동	자료(㉶) 및 유의점(㋴)
1	• 기초 체력 증진과 골볼형게임의 이해 – ㉡ 기초 체력 증진: 오래 달리기 실시 – 골볼의 역사와 장비 알아 보기	㋴ ㉢ 보조 인력 없이 운동장 트랙 달리기 지도 ㉶ 골볼, 안대, 보호대 등
2	• 안전한 게임 방법 익히기 – ㉣ 경기장 라인 알기 • 페널티 규정 익히기 – 반칙 카드 놀이 게임을 통한 규정 습득	㋴ 경기장을 직접 돌며 구조와 기능 파악 ㉶ 경기 규정집, 종류별 ㉤ 반칙 카드
3	• ㉥ 기초 체력 증진: 줄넘기 놀이 • 공격기능 익히기: ㉦ 볼 굴리기 • 굴러오는 공 소리 듣고 수비하기: 쪼그려 자세, 허들 자세, 무릎 자세 등	㉶ 줄넘기 ㋴ 정확한 자세와 동작을 단계별로 지도 ㋴ 병수를 위한 대안적인 참여 방법 마련

1) ① (나)의 ㉡과 ㉥을 고려하여 (가)의 ㉠에 들어갈 '장애학생 건강체력평가(PAPS-D)'의 하위 영역을 쓰고, ② 병수에게 적합한 ㉢의 방법을 쓰시오. [2점]

①:

②:

2) ① 게임에 참여할 학생을 고려한 ㉣의 제작 방법을 쓰고, ② ㉤의 종류 중 하나인 다음의 점자 카드를 묵자로 쓰시오(단, 검은 점이 튀어 나온 점이며, 2017 개정 한국 점자 규정에 의거할 것). [2점]

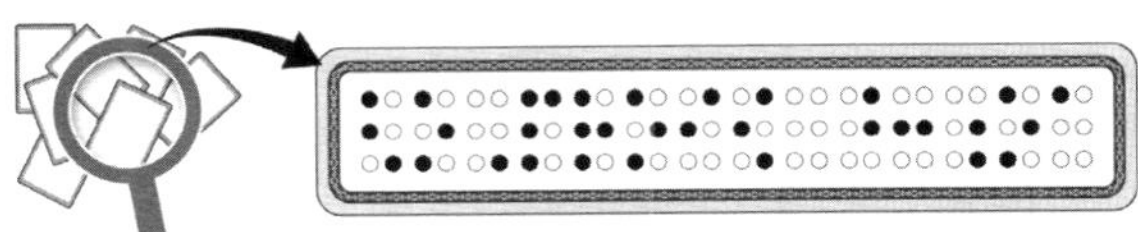

①:

②:

3) 신체적 안내법을 활용한 ㉦의 지도 방법을 쓰시오. [1점]

핵심테마 체크 ✔

- 촉각 그래픽 자료
- 청각시각장애 학생(중복장애)의 의사소통 방법
- 팀 모델

MY MEMO

34

정답 및 예시답안

1) ① ㉣ / AAC의 일환으로 단순화된 수화를 지도하면 그 의미가 제한적이기 때문에, 가족 등의 가까운 사람들을 제외하고는 주변 사람과 의사소통하는 것이 어려워진다.
   ② ㉤ / 청각정신지체중복장애이며 AAC를 활용할 수 있으므로 구어 중심의 중재를 하는 것은 은영이의 강점을 활용하는 것과 거리가 멀다.
2) ① 간학문적 팀
   ② 전문가들은 서로 간에 공식적으로 의사소통을 수행한다.
   ③ 진단과 중재 모두에서 독립적인 수행을 기반으로 하기 때문에 전문가 간의 진정한 의미에서의 합의된 결정이 반영되지 않으면 적절한 교육 프로그램을 제공하기 어렵다.

문제 속 자료분석

- 수지의 강점: 촉지각 능력이 뛰어남
- 인호의 강점: 수화를 모국어로 습득, 촉독(촉각) 수화를 사용
- 은영의 강점: AAC를 활용하여 의사소통함

관련이론

✦ 촉각 자료와 그래픽 사용

- 수학에서는 이차원의 평면도형과 삼차원의 입체도형까지도 교과서의 지면에 실린다. 이 경우에 맹학생은 특히 촉각으로 표현된 도형을 파악하는 것이 쉽지 않다. 그래서 수학과에서는 시각장애 학생에게 촉각 그래픽과 모형을 정확하게 식별하고 해석하는 방법을 지도하는 것이 필수적이다.
- 이차원의 촉각 자료를 제시하기 전에 실물과 삼차원의 모형을 먼저 경험할 기회를 제공한다.
- 또한 촉각 그래픽을 이해하는 데 필요한 공간 개념과 위치 개념에 대한 지식을 가르쳐 주고, 그래픽 자료를 적절하게 탐색하고 해석하는 요령을 지도해야 한다.
- 촉각에 의지해야 하는 학생은 촉각만으로 그래픽 전체를 파악하기 어렵다. 따라서 공간 파악을 하면서 촉각 정보, 즉 선과 촉각적인 심벌을 식별하고, 그 정도를 따라가면서 분석·종합하여 파악하는 것이 필요하다.

✦ 촉각 표시물을 효과적으로 해석하기 위한 지침

- 촉각 그래픽으로 제시되는 표시물의 실물 혹은 입체 모형을 사용한다. 원, 세모, 네모 등의 입체 도형들을 모아 놓은 도형 세트를 사용하여 손으로 만져 확인할 수 있게 한다. 혹은 원, 세모, 네모인 실물들을 사용하여 도형의 특성을 파악할 수 있게 한다.
- 논리적으로 삼차원의 사물에서 이차원의 표시순으로 지도하는 것이 바람직하다. 간단한 것에서 복잡한 것으로 나아가는 것이다.
- 촉각 표시물을 탐색하는 체계적인 탐색 방식을 지도한다. 한 손 혹은 양손으로 그래픽을 전체적으로 만져가면서 그래픽의 배치, 형식, 설명 정보의 위치와 내용을 파악하도록 한다.

✦ 청각시각장애인의 의사소통 방법

방법	내용
촉수화 또는 지문자	• 청각장애가 먼저 발생하고 그 이후에 시각장애가 발생하여 아동이 수화언어를 모국어로 습득 또는 학습한 경우에 수화언어로 의사소통이 가능한데, 이때 잔존시력이 없는 경우에는 수화언어 표현을 맹농이 손으로 접촉하여 수화언어로 의사소통하는 방법이 촉수화이다. • 청각시각장애인이 수화언어를 습득하지 못한 경우에는 수화언어 대신 지문자를 사용할 수도 있다. 잔존시력이 있는 경우에는 수화자가 보이도록 거리를 조정하여 제시하고, 시각청각장애인이 수화언어를 이해하기 위해서는 우선 수화자의 위치를 파악해야 하므로 수화자는 맹농이 수화자 위치를 파악했는지 먼저 점검해야 한다.
손가락 점자	• 점자를 주된 의사소통 수단으로 학습한 맹농의 경우, 점자 타자기에 점자를 입력하는 것과 같은 방법으로 점자를 직접 양손의 손가락 위로 접촉하여 의사소통을 하는 방법이다. 보통 왼손가락과 오른손가락을 각각 3점씩 사용하며, 맹농이 사용하는 촉각언어 중 배우기 쉽고 사용하기 쉬운 방법이다.
손문자	• 손바닥에 문자를 적어 의사소통을 하는 방법이다.
필담	• 점자 또는 묵자로 기록하여 의사소통을 하는 방법이다.
구어	• 보청기나 인공와우를 활용하여 의사소통을 하는 방법이다.

고득점 답안 비법 ✰ 1) 답안작성 시, '유아의 강점'을 고려한 지도 방법에 대해 판단해야 함

34

2016. 유

다음은 ○○특수학교에 다니는 5세 중복장애 유아들을 위한 지원 방안이다. 물음에 답하시오. [5점]

유아	특성	지도 방법	전문가 협력
수지	• 시각정신지체 중복장애 • 촉지각 능력이 뛰어남	㉠ <u>네모와 같은 단순한 그림을 촉각 그래픽 자료로 지도함</u>	… (생략) …
인호	• 농맹중복장애 • 4세 중도 실명 • 수화를 모국어로 습득함 • 촉독(촉각) 수화를 사용함	㉡ <u>수지와 의사소통할 때 촉독 수화를 사용하게 함</u> ㉢ <u>다양한 사물을 손으로 느껴 체험하도록 지도함</u>	• 유아특수교사, 청각사 등 다양한 영역의 전문가들이 참여함 • 전문가별로 중재 계획을 개발하고 정보를 서로 공유함 • 인호의 부모가 팀원임 • 때때로 팀원 간에 인호의 문제를 논의함
은영	• 청각정신지체 중복장애 • 보완대체 의사소통 체계(AAC)를 활용하여 주변 사람과 의사소통함	㉣ <u>AAC의 일환으로 단순화된 수화를 지도함</u> ㉤ <u>구어 중심의 중재를 함</u>	… (생략) …

1) ㉠~㉤ 중 유아의 강점을 고려한 지도 방법으로 적절하지 <u>않은</u> 것 2가지를 찾아 그 기호와 이유를 각각 쓰시오. [2점]

① 기호와 이유 :

② 기호와 이유 :

2) 인호를 위한 전문가 팀의 ① 협력 모델명을 쓰고, 진단 측면에서 이 협력 모델의 ② 장점과 ③ 단점을 쓰시오. [3점]

① :

② :

③ :

35

핵심테마 체크

- 농맹 중복장애 학생이 사용하는 의사소통 방법

MY MEMO

정답 및 예시답안

○ ㉠ 손가락 점자
○ ㉡ 촉수화

관련이론

✦ 촉수화와 손가락 점자

촉수화 또는 지문자	• 청각장애가 먼저 발생하고 그 이후에 시각장애가 발생하여 아동이 수화언어를 모국어로 습득 또는 학습한 경우에 수화언어로 의사소통이 가능한데, 이때 잔존시력이 없는 경우에는 수화언어 표현을 맹농이 손으로 접촉하여 수화언어로 의사소통하는 방법이 촉수화이다. • 청각시각장애인이 수화언어를 습득하지 못한 경우에는 수화언어 대신 지문자를 사용할 수도 있다. • 잔존시력이 있는 경우에는 수화자가 보이도록 거리를 조정하여 제시하고, 시각청각장애인이 수화언어를 이해하기 위해서는 우선 수화자의 위치를 파악해야 하므로 수화자는 맹농이 수화자 위치를 파악했는지 먼저 점검해야 한다.
손가락 점자	• 점자를 주된 의사소통 수단으로 학습한 맹농은 점자 타자기에 점자를 입력하는 것과 같은 방법으로 점자를 직접 양손의 손가락 위로 접촉하여 의사소통하는 방법이다. • 보통 왼손가락과 오른손가락을 각각 3점씩 사용하며, 맹농이 사용하는 촉각언어 중 배우기 쉽고 사용하기 쉬운 방법이다.

36

핵심테마 체크

- 보행 훈련의 개념
- 안질환별 중재방안_백색증

MY MEMO

정답 및 예시답안

1) 방향정위, 이동
2) 빛을 흡수하여 여과시키는 안경을 착용하고 차양이 있는 모자를 쓰도록 한다.
3) ㉢ 회피
   ㉣ 안전기지

관련이론

✦ 보행의 정의

- 보행은 방향정위와 이동이라고 정의된다.
- 보행에는 두 가지 요인이 있는데, 하나는 정신적 방향정위이고, 다른 하나는 신체적 이동이다.
- 정신적 방향정위는 개인이 자신에 대한 순간적 공간 관계를 인식하는 능력이고, 신체적 이동은 개체가 한 장소에서 다른 장소로 옮겨가는 능력이다.
- 정신적 방향정위와 신체적 이동은 보행에 있어서 중요한 요인일 뿐만 아니라 서로 분리될 수 없는 기능으로 상호보완적인 관계이지 결코 배타적인 관계가 아니다.

✦ 백색증의 교육적 조치

- 햇빛이 비치는 실외로 나갈 때, 빛을 흡수하여 여과시키는 안경을 착용하고 차양이 있는 모자를 쓰도록 한다.
- 교실의 자연조명도 조절해야 하는데, 직사광선을 차단하기 위하여 커튼이나 블라인드를 설치한다.
- 광택이 있는 표면은 반사되어 눈이 부시므로 교실의 전체 조명보다 낮은 조명을 선택해야 한다.
- 백색증 학생은 원거리 활동을 가까운 거리에서 하는 것을 좋아하므로 독서대 또는 높이를 조절할 수 있는 책상을 제공하고, 저시력 기구를 사용하도록 한다.

35

2015. 중

다음은 농 · 맹 중복장애 학생이 사용하는 의사소통 방법에 대한 설명이다. 괄호 안의 ㉠, ㉡에 해당하는 방법이 무엇인지 쓰시오. [2점]

> 점자를 주된 의사소통 수단으로 사용하는 농 · 맹 중복장애 학생이 왼손 손가락과 오른손 손가락을 3개씩 사용하여 상대방의 양손 손가락 위를 접촉하여 점자로 의사소통하는 방법을 (㉠)(이)라고 한다. 그리고 수화(수어, sign language)를 사용하는 농 · 맹 중복장애 학생(잔존시력 없음)이 상대방의 손 위에 자신의 손을 얹어 상대방의 수화를 이해하고 의사소통하는 방법을 (㉡)(이)라고 한다.

36

2015. 유

다음은 통합학급 김 교사와 특수학급 박 교사 간의 대화이다. 물음에 답하시오. [5점]

> 김 교사: 선생님, 지난주에 백색증을 가진 저시력 유아 진수가 입학했는데 여러 가지 어려움이 있네요.
> 박 교사: 대개 저시력 유아들이 환경이 바뀌면 어려움이 있을 수 있어요. 그래서 진수를 지도할 때 여러 가지를 고려해야 해요. 진수에게 잔존시력이 있긴 하지만 필요에 따라서는 ㉠ 보행훈련을 해야 할 수도 있어요. 그래서 실내 활동과 ㉡ 실외 활동을 할 때 잘 살펴보세요.
>
> … (중략) …
>
> 김 교사: 선생님, 또 한 가지 걱정이 있어요. 진수는 어머니가 데리러 와도 별 반응이 없어요. 어머니가 부르는데도 진수는 별로 반가워하는 것 같지가 않아요. 아침에 헤어질 때 울지도 않고 어머니에 대한 반응이 별로 없어요. 어머니와 진수의 애착 관계가 괜찮은 걸까요?
> 박 교사: 글쎄요. 진수의 애착 행동은 (㉢) 유형의 유아들이 나타내는 특성이긴 한데……. 안정 애착 유형의 유아들은 어머니가 돌아오면 반기며 좋아해요. 그리고 어머니를 (㉣)(으)로 생각하기 때문에 낯선 상황에서도 적극적으로 환경을 탐색하거든요. 앞으로 진수를 더 많이 관찰해야 할 것 같아요.

1) ㉠에 포함되는 요소 2가지를 쓰시오. [2점]

2) ㉡을 할 때 진수의 시효율성을 높이기 위해서 교사가 취해야 할 적절한 조치 1가지를 쓰시오. [1점]

3) 에인스워드(M. Ainsworth)의 애착 이론에 근거하여 ㉢에 해당하는 애착 유형 1가지를 쓰고, ㉣에 알맞은 말을 쓰시오. [2점]

㉢ 애착 유형 :

㉣ :

핵심테마 체크

- 안내견 보행
- 지팡이 보행

MY MEMO

37

정답 및 예시답안

①

알찬 지문풀이

- ㉡ 안내견을 사용하면 방향정위에 ~~신경 쓰지 않아도 되니 좋을~~ 것 같아. ➡ 방향정위에 집중할 수 있는 장점
- ㉢ ~~만 20~~세가 안 되어서 안내견을 사용할 수 없다고 생각했어요. ➡ 만 16세
- ㉣ 실내에서 사용하는 트레일링, 대각선법 그리고 실내・외에서 사용 가능한 이점 촉타법 ➡ 이점촉타는 실내에서 주로 사용하지만 실외 사용 가능
- ㉤ 지팡이 끝을 바닥에서 떼지 않고 양쪽으로 이동시키는 '~~터치앤슬라이드~~' 방법도 가르쳐 주실 거야. ➡ 지면접촉유지법

핵심테마 체크

- 방향정위
- 지역사회 보행기술
- 이점촉타법 변형

MY MEMO

38

정답 및 예시답안

- ㉠에 포함되지 않은 요소는 선별이다. 교사는 학생에게 방향정위 하는 데 가장 적합한 정보를 선별하는 방법을 지도해야 한다.
- ㉡은 기준선 보행이다.
- 지팡이 끝으로 점자블록 경계선의 반대쪽 지면을 터치한 후, 지팡이 끝을 바닥에 유지한 채 끌어 점자블록 경계선에 닿게 한다.

관련이론

✦ 방향정위의 과정

지각	잔존시력, 후각, 청각, 촉각과 근육감각을 사용하여 환경정보를 수집한다.
분석	수집된 지각 정보들을 분석한다. 정보들이 일관적으로 나타나는지, 믿을 만한지, 자신에게 익숙한 것인지에 따라 분류하거나 또는 지각 정보를 제공하는 출처, 정보를 얻어내는 감각의 유형과 강도(세기)에 따라 분류한다.
선별	출발점에서 목표까지 방향정위하는 데 가장 적합하다고 여겨지는 정보만을 선별해낸다.
계획	출발점에서 목표까지의 행로에서 관련이 깊다고 선별된 정보들을 기초로 하여 이동계획을 짠다.
실행	이동계획을 실행에 옮긴다.

✦ 기준선 보행

- 기준선 보행은 보행자의 진행 방향과 같은 방향으로 뻗어 있는 벽, 펜스, 화단, 담벼락 등이 있을 때 이들을 기준선으로 활용하여 따라가는 기술이다.
- 기준선 종류에 따라 대각선법, 이점촉타법, 촉타후 긋기법, 삼점촉타법 등을 이용하여 기준선과 기준선 반대쪽으로 번갈아 접촉하며 따라가게 된다.
- 기준선 보행은 보행자가 방향을 잃지 않고 심리적 안정감을 갖도록 할 수 있다는 장점이 있다.
- 기준선의 종류와 바닥 상태에 따라 적절한 흰 지팡이 기술을 사용하도록 해야 한다.
- **복도 벽 기준선 보행**: 실내에서는 흰지팡이를 두드리는 소리가 시끄러울 수 있어 대각선법이나 지면접촉 유지법을 이용하여 기준선 보행을 한다.
- **실내 화단이나 펜스**: 실내 화단이나 펜스를 따라갈 때에는 이점촉타법, 삼점촉타법을 사용할 수 있다. 지면 상태가 좋지 않아 바닥 상태까지 확인하며 따라가야 할 때는 이점촉타법보다 삼점촉타법을 사용하는 것이 좋다.
- **점자블록**: 이점촉타법을 사용하면 점자블록을 감지하기 어려우므로, 촉타 후 긋기법이나 지면접촉 유지법을 사용하여 점자블록을 따라가는 것이 좋다.

고득점 답안 비법 ㉡과 관련하여 지도할 내용을 작성할 때, 문제 상황과 관련지어 설명할 것. 또한 지팡이 끝을 지면에서 어떻게 움직이는 것인지 명확히 알아볼 수 있도록 작성해야 함

37

2012. 중

다음은 대학 입학을 앞둔 19세 중도실명 학생 A가 보행훈련에 관해 특수교사, 복지관의 사회복지사와 나눈 대화이다. ㉠~㉤ 중에서 적절한 것만을 있는 대로 고른 것은?

> 특 수 교 사: ㉠ 보행훈련의 목적은 잔존감각과 인지기능을 최대한 활용하여 자신의 목적지까지 안전성, 효율성, 품위를 갖추어 독립적으로 이동할 수 있도록 하는 것이라서 대학생활에서 무척 중요해. 그런데 아직 방향정위가 안 되니까 ㉡ 안내견을 사용하면 방향정위에 신경 쓰지 않아도 되니 좋을 것 같아.
>
> 학 생 A: 저는 ㉢ 만 20세가 안 되어서 안내견을 사용할 수 없다고 생각했어요.
>
> … (중략) …
>
> 사회복지사: 지팡이를 활용하여 캠퍼스 보행을 지도해 주실 수도 있어. 방향정위를 포함하여, ㉣ 실내에서 사용하는 트레일링, 대각선법 그리고 실내·외에서 사용 가능한 이점촉타법 등을 보행지도사가 지도해 주실 거야. 그리고 대학 복도에서 ㉤ 지팡이 끝을 바닥에서 떼지 않고 양쪽으로 이동시키는 '터치앤슬라이드' 방법도 가르쳐 주실 거야.

① ㉠, ㉣　② ㉠, ㉤
③ ㉠, ㉡, ㉣　④ ㉡, ㉢, ㉣
⑤ ㉢, ㉣, ㉤

38

2022. 중
★답안작성

다음은 중도 실명한 시각장애 학생 G를 위하여 교육 실습생이 작성한 보행 교육 계획의 일부이다. 〈작성 방법〉에 따라 서술하시오. [4점]

구분		내용
학생특성		• 학년: 중학교 1학년 • 시력: 양안 광각
목표		방향정위와 이동 기술을 사용하여 학교 정문에서 기숙사까지 찾아갈 수 있다.
		내용
방향정위		• 학생이 실행한 방향정위 인지 과정의 각 요소를 확인하고 피드백 제공 **방향정위 인지 과정** – 학교 정문에서 기숙사까지 이동하는 데 필요한 정보를 촉각, 후각, 청각, 근육감각 등을 사용하여 수집한다. – 지각한 정보를 일정한 기준으로 범주화하고 분류한다. – 학교 정문에서 기숙사까지 보행 계획을 수립한다. – 계획한 보행 경로를 따라 보행한다.
이동	지팡이 보행	• 학교 정문에서 기숙사까지 갈 때 ㉡ 촉타후긋기기술(touch-and-drag technique)을 사용하여 학교 정문에서 기숙사까지 연결된 점자블록의 경계선을 따라가며 보행하는 방법 지도

작성방법

- ㉠에 포함되지 않은 방향정위 인지 과정의 요소를 쓰고, 이 요소를 위해 교사가 학생에게 지도해야 할 내용 1가지를 서술할 것 [단, 힐과 폰더(E. Hill & P. Ponder)의 방향정위 인지 과정에 근거할 것]
- 밑줄 친 ㉡의 보행 방법을 쓸 것
- 밑줄 친 ㉡에서 촉타후긋기 기술을 지도할 때 교사가 학생에게 지도해야 할 내용 1가지를 서술할 것 [단, 지팡이 끝을 지면에서 어떻게 움직여야 하는지를 서술할 것]

핵심테마 체크 ✔

• 방향정위의 기본요소

MY MEMO

39

정답 및 예시답안

1) 인지지도
2) ⓐ 칠판
ⓑ 교실의 어느 위치에서든 쉽게 되돌아갈 수 있기 때문이다, 항상 재확인이 가능하여 방향정위에 활용할 수 있기 때문이다.
3) ㉡ 둘레파악법(주변탐색)
㉢ 수직횡단파악법(격자탐색)

관련이론

✦ 인지지도

• 환경의 공간구조나 사물의 위치와 공간관계에 대한 정신적 이미지
• 인지지도는 사물중심의 기준위치에 따라 랜드마크, 보행경로, 사물들 간의 거리와 방향을 표상화한 것
• 시각장애인이 환경 내에서 독립적으로 보행한다면 그 환경에 대한 인지지도를 형성하고 있다는 것을 의미
• 인지지도의 종류
  – 경로 인지지도: 출발지점과 목표지점 두 지점을 연결하는 경로에 대한 방향과 거리 및 경로 중 랜드마크 등에 대한 정신적 표상을 가리킨다. 보행을 위해 환경 전체에 대한 이해가 필수적인 것은 아니다. 현재 위치에서부터 목표 지점까지의 경로를 이해하고 있다면 보행이 가능
  – 총체 인지지도: 특정 환경 전체 및 환경 내 사물들 간의 위치 관계 등에 대한 인지적인 표상이다. 특정 환경에 대한 총체 인지지도를 형성하고 있다면, 해당 환경 내에서는 항상 같은 경로를 따라 보행하는 대신 상황에 따라 다양한 경로를 선택할 수 있음
• 경로 인지지도를 먼저 형성하고 나서 점차 총체 인지지도를 확보하는 것이 시각장애인의 방향정위 전략. 처음 접하는 환경에서는, 더욱이 복잡한 환경일수록, 경로 인지지도를 형성하여 보행하면서 점차 총체 인지지도를 형성해 가는 것이 실용적
• 자기대화와 평행대화도 인지지도를 촉진하는 데 유용
  – 자기대화: 교육생이 보행하는 과정 내내 자신이 생각하고 행동하는 것을 말로 표현하는 것
  – 평행대화: 보행지도사가 교육생의 보행과정을 말로 진술하는 것. 교육생이 자신의 움직임이나 신체언어를 자각하지 못할 때 특히 유용한 지도 전략
• 시각장애 여부에 따라 인지지도 형성의 속도와 정확성은 차이가 있기는 하지만 보행지도사는 선천적 맹인도 인지지도를 형성할 수 있다는 점에 주목하여야 함
• 선천적 시각장애인은 고유수용감각, 운동감각, 촉각 등 근거리 자극 및 자기중심 기준위치를 기초로 공간정보를 조직하는 데 비해, 후천적 시각장애인은 원거리 자극 및 사물중심 기준위치를 기초로 공간정보를 조직화
• 선천적 시각장애인은 공간정보를 경로 인지지도로 조직하는 데 비해, 후천적 시각장애인은 공간정보를 총체 인지지도로 조직하는 경향

✦ 자기익숙화(친숙과 과정)

• 새로운 환경에 대해 보행자와 사물 간의 관계 및 사물 간의 관계를 파악하는 과정
• 새로운 환경을 파악하기 위해 촉각지도, 안내보행, 구두설명을 활용하기도 하지만 스스로 새로운 환경을 탐색하는 자기익숙화 전략도 활용
• 특정 전략 한 가지만을 사용하는 대신 여러 전략을 체계적으로 활용하는 것이 낯선 환경의 자기익숙화 효과를 높임

주변 탐색	보행자가 특정 환경의 전체적인 윤곽을 이해하기 위해 특정 공간의 주위 경계를 각각 탐색하고 각 경계면의 특징을 반영한 이름을 붙여 기억하는 것
격자 탐색	특정 환경을 바둑판과 같이 구획을 설정하여 전후 또는 좌우 방향으로 체계적으로 이동하면서 사물의 위치를 파악하는 것
기준점	환경 자체를 탐색하기 위해 어느 지점에 있든지 간에 쉽게 되돌아와 활용할 수 있는 기준 예 강당을 익히고자 하는 시각장애인은 출입구를 기준점으로 삼아 강당 내 어느 지점에 있든지 간에 사물들 간의 배열을 파악하기 위해 필요할 때마다 기준점을 재확인하면서 방향정위를 하는 전략

39

2015. 초

(가)는 3월에 전학 온 시각장애학생 근우의 특성이고, (나)는 통합학급 교사가 '2009 개정 교육과정' 사회과 3~4학년군 '위치의 개념 알기'라는 제재로 근우의 방향정위를 고려하여 작성한 교수 · 학습과정안의 일부이다. 물음에 답하시오. [5점]

(가) 근우의 특성

- 양안 교정시력이 0.03임
- 교실에서 자신과 사물의 위치를 파악하고 이동하는 데 어려움을 보임
- 학습에는 큰 문제가 없고 또래 관계도 원만하여 일반학급에 완전 통합되어 있음

(나) 교수 · 학습 과정안

<table>
<tr><td>단원</td><td>우리가 살아가는 곳</td><td>제재</td><td>위치의 개념 알기</td></tr>
<tr><td>학습 목표</td><td colspan="3">무엇이 어디에 있는지 찾아보는 활동을 통해 위치가 무엇인지 말할 수 있다.</td></tr>
<tr><td>단계</td><td colspan="3">교수 · 학습 활동</td></tr>
<tr><td>도입</td><td colspan="3">… (생략) …</td></tr>
<tr><td>전개</td><td colspan="3"><활동 1> 한별이네 교실에서 친구나 물건이 어디에 있는지 말하기
… (중략) …

㉠ <u><활동 2> 우리 교실에서 친구나 물건이 어디에 있는지 말하기</u>
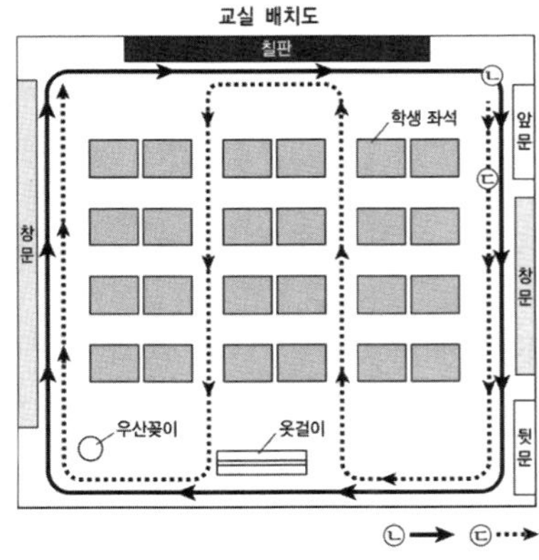
• 특정한 친구를 기준으로 위치 말하기
• 교실 내에서 자리를 이동한 후 자신의 위치 말하기
• 근우가 교실 내에서 이동하며 교실 환경 익히기
－㉡과 같이 사방 벽면을 따라 이동하며 사물의 위치 익히기
－㉢과 같이 친구들의 좌석 사이를 이동하며 친구들의 위치 익히기

<활동 3> 학교 안내도를 보고 여러 교실의 위치 말하기</td></tr>
</table>

1) (나)의 ㉠과 관련하여 다음 괄호 안에 들어갈 용어를 쓰시오. [1점]

> 새로운 교실 환경에서 방향정위를 습득한 근우는 친구들과 사물들의 위치, 사물들 간의 거리를 인지적으로 형상화하게 됨으로써 교실에서 독립적이고 안전하게 이동할 수 있게 된다. 이때 근우는 교실 환경에 대한 (   )을/를 형성한 것으로 볼 수 있다.

2) 근우가 새로운 교실 환경을 탐색할 때, (나)의 교실 배치도에서 참고점으로 활용하기에 ⓐ <u>적절한 지표(landmarks)</u>를 1가지 찾아 <u>쓰고</u>, 그 ⓑ <u>이유</u>를 2가지 쓰시오. [2점]

ⓐ :

ⓑ :

3) (나)의 ㉡과 ㉢에 해당하는 환경 탐색 기법의 명칭을 각각 쓰시오. [2점]

㉡ :

㉢ :

핵심테마 체크 ✔
- 저시력 학생을 위한 교육
- 자기보호법

MY MEMO

40

정답 및 예시답안

④

알찬 지문풀이

- ④ ㉣ 활동을 위해 계단에서 넘어지지 않도록 복도보다 ~~밝은 고도 조~~명을 설치하여 ~~조도 차이를 증가~~시킨다. ➡ 보행 시 전체적으로 환경정보를 파악할 수 있도록 주변 조명을 고르게 제공하여야 하며, 조도 차이를 증가시켜 일부만 밝은 고도 조명을 제공하는 것은 눈부심을 유발할 수 있음

문제 속 자료분석

- 학생 특성: 미숙아 망막병증, 시력(좌안: 0.05, 우안: 광각), 중등도 정신지체 ➡ 좌안의 경우 0.1시표를 2.5m에서 볼 수 있는 정도의 시력을 가지고 있으므로 잔존시력을 활용할 수 있음
- ① ㉠을 학생의 특성에 맞게 사진 및 그림 자료로 수정·확대하여 보여주고, '우리 교실 어디 있지?' 노래를 부르며 교실 위치에 대한 기억을 촉진한다. ➡ 자료를 수정 또는 확대하는 것은 학생의 시각적 특성에 적절하며, 중등도 정신지체이므로 기억촉진 전략을 사용하면 효과적임
- ② ㉡ 활동을 위해 학생이 식별할 수 있는 물체나 색깔을 보행 단서로 정하고, 이동 경로에 대한 과제분석을 하여 단계적으로 반복 지도한다. ➡ 시각적·인지적 특성에 적절한 지도방안
- ③ ㉢ 활동에서 학생의 우측 상단에 장애물이 있을 경우, 모델링과 신체적·언어적 촉진을 활용하여 학생이 머리나 상체를 보호할 수 있게 왼손을 들어 상부보호법 자세를 바르게 취하도록 지도한다. ➡ 상부보호법은 팔을 들어 상체를 보호할 수 있도록 하는 기법
- ⑤ ㉤ 활동을 위해 교실(음악실) 문과 대비되는 색으로 피아노 건반 그림을 크게 그린 후 문 가운데 부착한다. ➡ 광수는 잔존시력을 활용할 수 있으므로 대비를 뚜렷하게 해주는 방법은 적절함

관련이론

✦ 실내단독 이동기술

자기보호법	• 상부보호법 • 하부보호법 • 상·하부보호법
트레일링	• 벽 등의 사물을 따라가는 기법으로 특히 시각장애 아동이 사물을 따라 이동하여 자신의 목표물을 찾는 방법 • 자신이 따라가고자 하는 대상과 15~20cm 간격을 두고 나란히 서서 사물 쪽의 팔을 45도 각도로 올려 계란을 쥔 듯한 손 모양을 만든 뒤 사물에 살짝 갖다 대면서 가는 기법 • **자기보호법 + 트레일링**: 특히 시각장애 학생이 따라가던 벽과 벽이 끊어진 열린 공간을 이동할 때 이 2가지 방법을 함께 사용할 것을 권장
신체정렬	• 신체 정렬을 통해 현재 위치를 파악하고 이동 방향을 결정하도록 지도 • 수평정렬 / 수직정렬
실내보행 기타기술	• **직각서기**: 신체의 방향선과 일직선을 수립하여 환경 속에서 정확한 위치를 설정할 때 사용 • **비어링 교정**: 비어링은 직선보행을 할 때 자신도 모르게 왼쪽이나, 오른쪽으로 굽어져 걷는 현상 • **방향잡기**: 목표지점을 향하여 일직선으로 갈 수 있는 기술로, 이를 위해 소리나 사물로부터 방향을 가늠하게 함. 훈련의 궁극적인 목적은 직선보행 • **떨어뜨린 물건 찾기**: 손으로 찾기, 지팡이로 찾기 등

40 2012. 초

다음은 시각장애 특수학교의 강 교사가 시각 · 중복장애 학생 광수를 지도하기 위해 기본교육과정 사회과의 '학교 공동 시설 바르게 이용하기'를 제재로 준비한 수업계획이다. 학생의 특성에 따른 지도 및 지원 전략으로 적절하지 않은 것은?

〈수업계획서〉

학생 특성	미숙아 망막병증, 시력(좌안 : 0.05, 우안 : 광각), 중등도 정신지체
학습 목표	함께 공부하는 주요 교실을 혼자서 찾아갈 수 있다.

교수 · 학습 활동

㉠ 주요 교실 위치도

2층
1층
음악실
교실
출발
도착
㉡ 주요 교실 찾아가기
㉢ 복도 지나가기
㉣ 계단 오르내리기
㉤ 교실 확인하기

① ㉠을 학생의 특성에 맞게 사진 및 그림 자료로 수정 · 확대하여 보여주고, '우리 교실 어디 있지?' 노래를 부르며 교실 위치에 대한 기억을 촉진한다.
② ㉡ 활동을 위해 학생이 식별할 수 있는 물체나 색깔을 보행 단서로 정하고, 이동 경로에 대한 과제분석을 하여 단계적으로 반복 지도한다.
③ ㉢ 활동에서 학생의 우측 상단에 장애물이 있을 경우, 모델링과 신체적 · 언어적 촉진을 활용하여 학생이 머리나 상체를 보호할 수 있게 왼손을 들어 상부보호법 자세를 바르게 취하도록 지도한다.
④ ㉣ 활동을 위해 계단에서 넘어지지 않도록 복도보다 밝은 고도 조명을 설치하여 조도 차이를 증가시킨다.
⑤ ㉤ 활동을 위해 교실(음악실) 문과 대비되는 색으로 피아노 건반 그림을 크게 그린 후 문 가운데 부착한다.

핵심테마 체크

- 따라가기
- 대각선법
- 촉타법
- 자기보호법

MY MEMO

41

정답 및 예시답안

④

관련이론

✦ 따라가기(트레일링)

실내에서 흰지팡이가 없이 벽을 따라 이동할 때 자주 사용하는 기술이다. 벽 주변에 장애물이 있으면 자기보호법과 함께 사용할 수 있다.

- **손의 자세**: 벽에 대는 손의 자세는 손등 또는 손의 측면이 가장 일반적이며, 벽의 재질이나 매끄러움 정도에 따라 선택할 수 있다.
- **손 스쳐가기**: 벽 반보 떨어져 나란히 서서 벽과 가까운 쪽 팔을 전방 45도 각도로 뻗은 후 손의 측면이나 손등을 가볍게 벽에 대고 이동한다. 벽을 따라 이동할 때 벽에 댄 손이 몸통보다 항상 앞에 있어야 단서나 장애물을 먼저 확인할 수 있다.

✦ 대각선법

- 대각선법은 실내와 친숙한 곳에서 주로 사용하는 기술이다.
- 흰지팡이를 잡은 손의 팔을 뻗고 흰지팡이가 대각선 방향이 되도록 조정한 후 팁을 바닥으로부터 5cm 이하를 유지함으로써 이동할 때 장애물과 턱을 확인할 수 있다.
- 이점촉타법처럼 지면을 두드리지 않기 때문에 촉각 정보를 수집하기 어렵다.
- 유아나 시각중복장애 학생이 흰지팡이를 바닥에서 들어올리기 어렵다면 팁을 지면에 대고 이동하도록 할 수 있으며, 표준 팁 대신 볼 팁을 사용할 수도 있다.
- 대각선법은 지팡이를 잡은 손의 팔을 펴야 하며 팁은 한 발 앞에 항상 위치해 있어야 한다.
- 그리고 대각선법에서 지팡이의 양 끝은 어깨보다 약 5cm 정도 더 나와 있어야 한다.
- 대각선법에서 잡는 방법은 집게손가락 잡기, 연필 잡는 식 잡기, 엄지손가락 잡기가 있으며 어린 아동은 흰지팡이를 견고하게 잡고 유지하도록 집게손가락 잡기나 엄지손가락 잡기를 추천할 수 있으며, 손에 힘이 있는 상급 학년 학생은 연필 잡는 식으로 잡기도 가능하다.
- 대각선법은 실내에서 벽을 따라 기준선 보행을 할 때도 사용할 수 있으며, 벽과 반대쪽 손으로 흰지팡이를 잡고 지팡이 팁을 벽 걸레받이에 대고 이동한다.

41

2010. 중

다음은 시각장애학생의 보행훈련에서 사용하는 기법들이다. (가)와 (나)의 기법으로 옳은 것은?

> (가) 기준선(벽 등)과 가까운 팔을 진행 방향과 평행되게 하고, 그 팔을 약 45도 아래쪽 정면으로 뻗쳐서 손을 허리 높이 정도로 들고, 새끼손가락 둘째 마디 바깥 부분을 기준선에 가볍게 대면서 이동한다.
> (나) 흰지팡이를 자신의 몸 전면에 가로질러 뻗치게 하고 첨단은 지면에서 약 5cm 떨어지며, 흰지팡이의 아래쪽 끝과 위쪽 끝은 몸의 가장 넓은 부위보다 밖으로 약 2~4cm 벗어나게 해서 이동한다.

	(가)	(나)
①	따라가기(trailing)	자기보호법
②	하부보호법	대각선법(diagonal technique)
③	따라가기(trailing)	촉타법(touch technique)
④	따라가기(trailing)	대각선법(diagonal technique)
⑤	대각선법(diagonal technique)	촉타법(touch technique)

핵심테마 체크 ✔

- 대각선법
- 방향정위의 기본요소
- 점자
- 안내법

MY MEMO

42

정답 및 예시답안

1) • **용어**: 대각선법
   • **기능**: 대각선법에서 지팡이는 몸 전면 하부를 보호하는 역할을 하여 익숙한 실내에서 편리하게 사용할 수 있는 기능이 있다.
2) • ㉡ 단서
   • ㉢ 지표(랜드마크)
   • **차이점**: 지표는 일정 기간 고정되어 있고 영구적이지만, 단서는 영구적이지 못하고 쉽게 바뀌는 특징이 있다.
3) **예절실**: ㅖ – ㅈ – 얼(약자) – ㅅ – ㅣ – ㄹ(종성)
4) ㉤ / 시각장애인인 경호가 안내하는 희수의 팔꿈치 조금 위를 잡고 반보 뒤에서 걷는다.

관련이론

✦ 대각선법

- 대각선법은 독립보행을 위하여 사용되는 두 가지 기본 지팡이 기술 중 첫 번째 기술로, 실내에서 주로 사용하는 방법이다. 이 기술은 교육생이 혼자서 익숙한 실내 환경을 다닐 수 있는 능력을 향상시킨다.
- 익숙한 실내를 지팡이 없이 다니는 경우도 많지만 익숙하다고 할지라도 상황이 변할 때가 많다. 누군가 청소하기 위해 물통을 꺼내 놓거나 전구를 교체하기 위해 복도 중앙에 사다리를 둘 수도 있기 때문이다.
- 대각선법은 이점 촉타법보다는 제한이 있으나 자기보호법이나 트레일링법보다는 더 많은 보호를 하기 때문에 익숙한 실내에서 편리하게 사용할 수 있는 지팡이법이다.

– 정인욱복지재단, 『시각장애인 보행의 이론과 실제』, 시그마프레스, 2012.

- 대각선법을 사용할 때 맹학생은 지팡이를 자신의 전면에 비스듬히 든다. 이때 지팡이는 완충기의 역할을 한다. 지팡이를 몸으로부터 떨어뜨려 비스듬한 각도를 이루고 지팡이의 끝은 지면으로부터 약 5cm 띄우며 지팡이의 아래쪽 끝과 위쪽 끝은 몸의 가장 넓은 부위보다 밖으로 2~4cm 나가도록 잡는다.
- 대각선법은 몸 전면 하부에 있는 장애물을 미리 알려주며 보호법과 같은 역할을 한다. 대각선법은 주로 익숙한 건물 내에서 사용된다.

– 임안수, 『시각장애아교육』, 학지사, 2008.

✦ 안내법

- 안내법은 실내외 모두에서 사용하는 방법이다. 안내법은 가장 기초적인 보행방법으로서, 보행 교육과정의 첫 번째 주제가 되고 교육생에게 주변 환경을 탐색할 수 있는 첫 번째 기회를 제공한다.
- 안내법의 주체는 안내하는 사람이 아니라 안내를 받는 사람이라는 것이 기본 원리이다. 그러므로 주체는 안내인의 팔을 잡는 시각장애인이며, 시각장애인은 필요에 따라 도움을 수락할 수도 있고 거절할 수도 있다. 그리고 도움을 받아들였어도 필요하다면 안내인의 팔을 놓고 도움을 중단할 수도 있다.
- 시각장애인이 방향정위가 되지 않는 곳이나 낯선 곳에서는 안내인 보행이 원하는 장소를 찾기에는 가장 효율적인 방법이다. 그러나 안내는 정안인이라고 해서 무조건 자연스럽게 잘할 수 있는 것은 아니다. 안내인과 시각장애인 모두 적절한 안내법을 익혀야 안전한 보행이 가능하다.
- 안내보행은 일반보행과 다르며, 안내인은 안내하는 것에 지속적으로 집중해야 한다는 것이 가장 큰 차이점이다.

✦ 안내할 때 '잠깐 멈춤'의 의미

- 안내인이 시각장애인을 안내할 때, 처음에는 계단이 시작된다거나 바닥이 고르지 않다는 것을 말로 설명할 수도 있지만, 어느 정도 안내를 하다 보면 모든 정보를 말로 설명하는 데 무리가 있음을 느낄 수도 있고, 대화하면서 함께 걷다보면 이러한 정보 전달이 대화의 맥을 끊어 놓는 경우가 있을 수 있다. 이때 노련한 안내인은 '잠깐 멈춤'이라는 방법을 활용한다. '잠깐 멈춤'의 의미는 시각장애인으로 하여금 환경의 변화를 미리 예측하게 하는 기능을 하는데, 계단 앞에서 잠깐 멈출 수 있고 계단이 다 끝나는 지점에서 잠깐 멈추어 계단이 다 끝났음을 알려줄 수 있는 유용한 방법이다.

42

2013추. 중

다음은 일반학급에서 통합교육을 받고 있는 경호의 특성과 학교생활 모습을 나타낸 글이다. 물음에 답하시오. [7점]

> 시각장애 학생 경호는 점자를 주된 학습 매체로 사용하며, 익숙한 공간에서는 단독 보행이 가능하다. 평상시에는 화장실이나 다른 교실로 이동할 때, 지팡이를 몸의 앞쪽에서 가로질러 잡고 지팡이 끝(tip)을 지면에서 약간 들면서 보행하는 (㉠)을(를) 사용한다.
> 하지만 오늘은 자기보호법과 트레일링(trailing) 기법을 사용하여 미술실로 향했다. 경호는 미술실로 가기 위해서 ㉡ 친구들이 지나다니는 발자국 소리와 계단 앞의 점자블록을 이용해 ㉢ 계단 난간을 찾았다.
> 계단을 지나 ㉣ ⠌⠨⠞⠠⠕⠂(이)라고 적힌 곳에서 정안인 친구 희수가 와서 함께 가자고 했다. ㉤ 희수는 경호의 팔꿈치 조금 위를 잡고 반보 뒤에서 걸었다. ㉥ 희수는 2층으로 올라가는 계단 앞에서 잠깐 멈추었다가 올라갔다. 미술실 앞에서 ㉦ 여닫이로 된 출입문을 열고 들어간 후, 경호가 문을 닫았다. ㉧ 희수는 경호의 손을 의자 등받이에 얹어 준 후 자기 자리로 가서 앉았다.

1) ㉠에 들어갈 지팡이 사용 기법의 용어를 쓰고, 이 기법에 해당되는 지팡이의 주된 기능을 1가지만 쓰시오. [2점]

- 용어 :
- 기능 :

2) ㉡과 ㉢에 해당되는 방향정위(orientation)의 기본 요소를 쓰고, 두 요소 간의 가장 큰 차이점을 쓰시오. [3점]

- ㉡ :
- ㉢ :
- 차이점 :

3) ㉣의 점자를 읽고 쓰시오. [1점]

4) ㉤~㉧의 상황에서 적절하지 않은 것을 1가지 찾아 그 기호를 쓰고, 바르게 고쳐 쓰시오. [1점]

- 기호와 수정 내용 :

핵심테마 체크 ✔

- 망막의 시세포
- 방향정위의 기본요소
- 이동법
- 지팡이의 재질 및 내구성
- 점자

MY MEMO

43

정답 및 예시답안

○ ㉡ / 학생은 추체의 기능을 상실한 상태이기 때문에 색상을 통한 시각단서를 제공하는 것은 부적절하다.
㉢ / 안내법에서 보행의 주체는 학생인데, 안내자가 문을 열고 닫으면 시각장애 학생이 주체적으로 보행하기 어렵다. 따라서 안내자가 문을 열고, 학생이 문을 닫아야 한다.

○ ㉦의 이유: 지팡이는 물체와 보행 표면에 대한 정보를 제공하는 역할을 하므로 너무 단단하면 정보 제공이 어려울 수 있고, 너무 약하면 충격이나 압력에 견디기 힘들기 때문이다. (지팡이의 역할, 재질, 내구성을 고려하여 작성할 것)

○ 24－134－1235－3－15－1245

문제 속 자료분석

- ㉦ 지팡이는 너무 단단하거나 ➡ 지팡이의 재질에 대한 것
  지팡이가 너무 약해서는 안 됨 ➡ 지팡이의 내구성을 의미

관련이론

✦ 지팡이 사용의 목적

- 지팡이가 먼저 장애물에 접촉하여 신체의 안전을 확보할 수 있다.
- 지팡이를 통해 장애물의 재질을 알 수 있고 인도나 차도 등을 구분할 수 있다.
- 흰지팡이는 시각장애인만 사용할 수 있는 것으로 법으로 지정해 놓고 있기 때문에 보행자나 자동차 운전자들의 주의를 환기시켜 주고, 복잡한 지역에서 길을 잃어버린 경우 등에서 도움을 요청할 때 효과적이다.
- 지팡이만을 가지고 움직이는 공간 전체를 감지하기 어렵고, 특히 허리 위쪽의 신체부위를 장애물로부터 보호하는 데 어려움이 있다. 또한 지팡이가 주는 정보는 지팡이가 접촉하는 순간에만 전달된다는 점 등의 단점이 있음을 알고, 사용자는 이에 대한 보완도 스스로 고려해야 한다.

✦ 지팡이의 선택

구분	내용
길이	• 지팡이의 길이는 사용자의 체격, 보폭, 보행 속도에 따라 다름 • 일반적으로 사용자의 겨드랑이 높이 정도 되는 것이 좋음 • 최대로 긴 것이라도 자기의 어깨 높이보다 더 길지 않아야 함 • 짧은 경우라도 자기의 팔꿈치 높이보다 짧으면 좋지 않음
무게	• 지나치게 무겁거나 가벼운 지팡이는 사용하기에 적합하지 않음 • 보편적으로 170~200g 정도의 것이 성인용으로 적합
접촉 탐지 능력	• 장애물을 탐지하고 지면의 상태를 알아내는 것 • 지팡이에서 전달되는 소리나 진동이 잘 전달되어야 함
내구성	• 지팡이는 우선 튼튼하고 오래 사용할 수 있어야 함 • 충격이나 압력에도 견딜 수 있어야 하고 오래 사용하여도 변질·약화되지 않는 것
팁	• 지팡이의 팁이 예민하여 사물을 잘 탐지할 수 있어야 함 • 잘 닳지 않고 울퉁불퉁한 지면에서도 유연하게 잘 미끄러져야 함
손잡이	• 손잡이는 우선 잡기에 편해야 하고 오래 사용해도 피로를 느끼지 않게 하는 것 • 기후의 변화에도 이상이 없는 것 • 우리나라에서 제작되는 지팡이의 손잡이 재질은 폴리우레탄을 사용하고 있음

✦ 흰지팡이 구조와 선택

- 흰지팡이는 손잡이, 자루, 팁으로 구성된다. 흰지팡이 종류에는 일자형 지팡이, 접이식 지팡이, 안테나형 지팡이 등이 있으며, 휴대가 용이하고 견고한 접이식 지팡이를 많이 사용한다.
- 흰지팡이 팁도 표준 팁, 볼 팁, 롤링 팁 등 다양하며, 학생의 연령이나 운동기능에 적합한 팁을 사용할 수 있다.
- 흰지팡이의 길이는 학생의 가슴 높이 정도에 오는 것이 적절하다.

43

2018. 중
★답안작성

(가)는 중도에 실명한 시각장애 학생의 보행훈련 계획이고, (나)는 보행훈련을 위한 점자 노선도이다. <작성 방법>에 따라 서술하시오. [4점]

(가) 보행훈련 계획

학생 특성	시력		• 초기: 직선이 휘어져 보였다고 함 • 현재: 망막 중심부(황반부)에 커다란 암점이 생겼고, 추체의 기능을 상실한 상태임
	읽기		• 묵자와 점자를 병행하여 활용함
보행 훈련	목표		• 방향정위와 다양한 이동기법 이해하기
	방향 정위		• 선별된 감각적 자료를 기초로 노선도를 설계함 – ㉠ 랜드마크와 번호체계 등을 활용함 – ㉡ 다양한 색상의 시각 단서와 여러 가지 촉각 단서를 활용함
	이동	안내법	• 계단을 이용할 때에 안내자가 '잠깐 멈춤'을 통해 계단의 시작과 끝을 알게 함 • ㉢ 문을 통과할 때에 안내자가 문을 열고 닫게 함
		보호법	• ㉣ 상부보호법, 하부보호법을 이용하여 실내 보행훈련을 실시함
		지팡이 보행	• ㉤ 2점 촉타법에서 지팡이 끝이 왼쪽 지점을 칠 때 오른발이 지면에 닿게 함
		안내견 보행	• ㉥ 위험한 상황에서 안내견이 '지적 불복종'한다는 것을 인식하게 함
	유의점		• 안내법 보행 시 안내자가 시각장애인에게 환경적 정보를 제공해야 함 • ㉦ 지팡이는 너무 단단하거나 약해서는 안 됨 • 주인 이외의 사람이 안내견을 만지거나 먹을 것을 주는 행동을 절대 하지 않도록 해야 함

(나) 점자 노선도

3학년 3반 교실 ㉧ 뒷문에서 출발 → (트레일링을 통해) 4개의 교실 문을 지나감 → 바닥에 카펫이 밟히면 우회전 후 15보 직진 → 멀티미디어실 앞문으로 입장

작성방법

- 밑줄 친 ㉠~㉥ 중에서 적절하지 않은 것 2가지의 기호를 적고, 그 이유를 각각 서술할 것
- 지팡이의 역할을 고려하여 밑줄 친 ㉦의 이유를 1가지 서술할 것
- 밑줄 친 ㉧을 점자로 읽을 때 각 점형의 점번호를 순서대로 쓸 것[아래의 예시 참조(점형의 구분은 '–'로 표시할 것)]

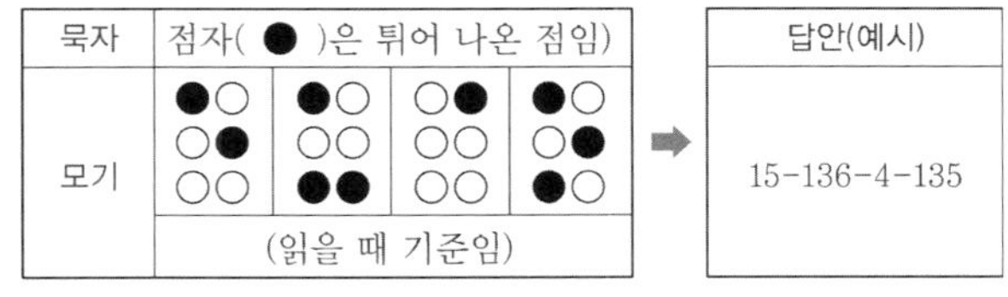

핵심테마 체크 ✔

- 안내견 보행
- 독립보행을 위한 청각기술 훈련
- 사운드 섀도

MY MEMO

44

정답 및 예시답안

- ㉠은 목적지 보행이다.
- ㉡은 안내견이 안전하지 못한 상황(위험한 상황)에서 지시나 명령 등에 불복종하는 것을 의미한다.
- ㉢은 소리 변별이다.
- ㉣: 인도에서 버스 정류장을 지나치는 동안 버스 정류장 유리벽으로 인해 차도의 차량 소리가 잠시 작아지는 것으로 버스 정류장을 찾는다. (*TIP: 위 답안은 이론서에 제시된 예시 답안임. 버스 정류장을 찾는 과정에서 학생과 버스 정류장 사이에 있는 물체나 구조물 등으로 인해 청각단서가 차단되어 잘 들리지 않게 되는 현상을 예로 쓴 것은 모두 답안이 될 수 있음)

관련이론

✦ 안내견의 기초 보행 훈련

올바른 보행위치 인식	올바른 안내견의 보행위치는 안내견이 사람과 나란히 한쪽(주로 왼쪽)에 위치한 상태에서 안내견의 전체 몸길이의 약 3/4이 사람보다 앞서 있는 상태이다.
직선보행	한 지점에서 시작하여 다음의 방향전환 시까지 계속되는 보행을 훈련하는 것으로, 단순히 일직선상으로 나아가는 것을 의미하지는 않는다. 즉, 장애물 등을 피하면서 방향전환 명령이 있기 전까지 안전하게 길을 따라 걷는 훈련을 받는다. 이는 사용자의 방향정위를 수월하게 하는 효과를 가져온다.
장애물인지	보행 시 보행에 해를 끼치는 모든 형태의 비정상적인 것들을 만났을 때 멈추거나 피하는 등 효과적으로 대처할 수 있도록 하는 훈련이다.
유혹 억제	살아 있는 동물인 만큼 언제 어디서나 본능적으로 유혹에 빠질 수 있다. 이때 적절한 통제력으로 안전보행이 가능하도록 인위적 환경을 조성하여 훈련한다.
연석인지	하나의 직선 인도가 끝나는 지점인 건널목이나 각종 건물 등의 진입로에 위치하는 내림 연석에 이르면, 안내견은 그 가장자리에서 정지한다. 이는 사람이 발을 헛디디지 않게 함과 동시에 지나는 차량이 없는지의 여부를 확인케 하고 또한 방향정위를 지원하는 효과도 있다.
목적지 보행	안내견 보행에 있어서 기본적인 방향설정과 방향정위는 사람의 몫이다. 그러나 자주 혹은 정기적으로 다니는 보행 목적지의 경우 안내견이 좀 더 주도적으로 보행할 수 있으며, 목적지 근처에 이르렀을 때 출입문과 같은 최종 포인트를 지적하는 것은 견의 몫이다.

✦ 독립보행을 위한 청각기술 훈련

소리인식	보행환경 주변에서 나는 소리를 들을 수 있는 것을 말한다.
소리식별	수돗물 소리, 체육관에서 공 튀기는 소리, 엘리베이터 소리, 오토바이 소리 등처럼 소리의 정체가 무엇인지 아는 것이다.
소리변별	소리가 나는 여러 사물 중에 같은 소리, 다른 소리, 특정 사물이 내는 소리를 구분해 내는 것을 말한다.
소리위치 추정	소리가 나는 곳을 알고 도달할 수 있는 것을 말한다. 소리의 방향과 크기를 통해 거리를 가능한 한 정확하게 판단하는 것이 중요하다.
소리추적	사람이나 차량처럼 소리 나는 대상을 따라가는 것을 말한다. 보행교사가 박수를 치면서 앞서가면 학생이 박수 소리를 듣고 따라가기 등이 해당된다.

✦ 사운드 마스크와 사운드 섀도

맹학생은 흰지팡이나 발과 손 같은 신체를 통해 들어오는 촉각 정보와 더불어 청각 정보를 방향정위에 주로 활용한다. 보행 중에 방향정위를 위해 설정한 청각단서를 들을 수 없게 되면 방향정위에 어려움을 겪을 수밖에 없다. 보행 중에 청각단서를 이용하는 것을 방해하는 주요 원인인 사운드 마스크와 사운드 섀도에 적절히 대처하는 방법을 익히는 것도 필요하다.

- 사운드 마스크는 청각단서가 주변의 소음으로 인해 들리지 않는 현상으로 인도 보행 중에 주변공사 소음으로 인해 차량의 진행음, 카페 음악, 횡단보도, 신호음 등을 들을 수 없는 경우이다. 소음이 일시적인 것이면 소음이 사라질 때까지 기다리거나 촉각이나 후각 같은 다른 감각 정보를 이용하여 천천히 이동하거나 행인에게 도움을 요청할 수 있다.
- 사운드 섀도는 보행 도중 청각단서가 나오는 곳과 시각장애 학생 사이에 큰 물체나 구조물이 있어 청각단서가 차단되어 잘 들리지 않는 현상이다. 인도를 걷는 중 음원과 시각장애 학생 사이에 공사를 위한 대형 칸막이가 있는 경우이다. 청각단서를 차단하는 것이 일시적인 것이면 지나갈 때까지 기다리거나 촉각이나 후각 같은 다른 감각 정보를 이용하여 천천히 이동하거나 행인에게 도움을 요청할 수 있다. 다만 사운드 섀도는 버스 정류장 등을 찾을 때 활용할 수 있는데, 인도에서 버스 정류장을 지나치는 동안 버스 정류장 유리벽으로 인해 차도의 차량 소리가 잠시 작아지기 때문이다.

44

2024. 중
★답안작성

(가)는 시각장애 학생 A의 안내견 학교 체험 활동 노트이고, (나)는 학생 B의 보행 수업 노트이다. 〈작성 방법〉에 따라 서술하시오. [4점]

(가) 학생 A의 안내견 학교 체험 활동 노트

[안내견 학교에 다녀온 날]

- 안내견과 보행을 하게 되면 내가 빠르고 안전한 보행을 할 수 있음
- 안내견이 시각장애인과 보행하기 위해, 여러 가지 보행 프로그램 훈련을 받고 있었음
  - ㉠ <u>내가 자주 가거나 정기적으로 가는 곳은 안내견이 보행을 주도하는 경우도 있다고 함</u>
  - 안내견 학교 선생님의 "엎드려!", "앉아!", "앞으로 가!", "기다려!" 등의 명령에 안내견이 복종하는 훈련 내용과 ㉡ <u>지적 불복종</u>의 훈련 내용도 있었음

(나) 학생 B의 보행 수업 노트

오늘은 선생님과 청각을 활용한 보행 수업을 했음
- (　㉢　): 사거리 신호등의 신호에 따라 대기하고 있는 자동차 소리와 출발하는 자동차 소리의 차이를 들었음
- 소리 추적: 학교로 돌아가기 위해, 인도와 평행한 도로를 지나는 차량의 소리를 들으며 따라갔음
- 사운드 섀도(sound shadow): (　㉣　)

작성방법

- (가)의 밑줄 친 ㉠과 같은 안내견 훈련 방법을 쓸 것
- (가)의 밑줄 친 ㉡의 개념을 서술할 것
- (나)의 괄호 안의 ㉢에 해당하는 용어를 쓰고, 괄호 안의 ㉣의 내용에 해당하는 예를 1가지 서술할 것 (단, ㉣은 버스 정류장을 찾는 상황으로 제시할 것)

핵심테마 체크 ✔

• 지팡이 기법

MY MEMO

45

정답 및 예시답안

③

알찬 지문풀이

- ㄱ. 계단을 오를 때에는 ~~대각선법으로~~ 지팡이를 잡는다. ➡ **연필 쥐듯이**
- ㄴ. 지팡이를 움직여서 그리는 호의 넓이는 신체 부위에서 ~~가장 넓은 어깨넓이를 유지~~한다. ➡ **신체의 어깨보다 약 5cm 정도 넓게 하는 것이 적당**
- ㄹ. 지팡이로 신체 왼쪽 바닥면을 두드리는 동시에 ~~왼쪽 발~~을 리듬에 맞추어 앞으로 내딛는다. ➡ **오른쪽 발**

관련이론

✦ 지팡이 보행

구분	내용
구조	• 손잡이 • 손잡이 끈 • 자루 • 팁(표준팁, 볼팁, 롤링팁)
선택 시 고려사항	• 길이 • 무게 • 접촉 탐지 능력 • 내구성 • 팁 • 손잡이
대각선법	• 실내와 친숙한 곳에서 사용되는 주요 지팡이 기법 • 몸을 가로질러 지팡이를 뻗치고 지팡이 끝은 어깨에서 약 2.5cm 정도 더 나오게 함 • 지면을 두드리지 않기 때문에 촉각 정보를 수집하기 어려움 • 지팡이를 잡은 손의 팔을 펴야 하며 팁은 한 발 앞에 항상 위치 • 실내에서 벽을 따라 기준선 보행을 할 때도 사용할 수 있으며, 벽과 반대쪽 손으로 흰지팡이를 잡고 지팡이 팁을 벽 걸레받이에 대고 이동 • 벽을 이용하게 되는 경우 지팡이 끝을 벽에 붙이면서 가는 대각선법과 트레일링기법을 동시에 사용하면 신속하고 편하게 목적지에 도달 • **대각선법 지팡이 잡기**: 집게손가락으로 / 엄지손가락으로 / 연필 잡는 식
이점 촉타법	• 발을 내디딜 곳의 지면을 지팡이로 하여금 먼저 탐색하도록 하는 방법 • 보행경로에 있는 지면 및 장애물의 높이, 특성, 구조에 대한 중요한 정보를 시각장애인에게 제공 • 지팡이를 잡은 손은 몸 중심에 두고 두 번째 손가락은 뻗고 나머지 손가락들로 지팡이를 감아 잡음(*두 번째 손가락만 아래쪽으로 뻗는 이유는 지팡이 끝으로 전달되어 오는 진동과 느낌을 잘 전달받기 위함) • 지팡이를 잡은 쪽의 팔은 최대한 곧게 뻗도록 하는데, 이것은 몸 앞의 공간을 지팡이로 최대한 확보하기 위함 • **지팡이 잡기**: 악수하듯 잡기 / 손가락 끝으로 잡기 • 팔의 위치, 손목운동, 지팡이의 호, 지팡이 터치법, 발과의 리듬 등을 고려해야 함 • 이점촉타법 변형 − **지면접촉 유지법** − **촉타 후 밀기법(터치 앤 슬라이드)** − **촉타 후 긋기법(터치 앤 드래그)** − **삼점촉타법** − **한번은 바닥치고, 한번은 측면치기**
상황별 지팡이 사용법	• 계단 오르내리기 • 문 통과하기 • 사물 확인하기 • 지팡이 보관

PART 10

45 2009. 중

A는 시각이 급격히 저하되어 지팡이를 사용하여야 독립 보행이 가능한 중학교 1학년 학생이다. 김 교사는 재량 활동 시간을 활용하여 A에게 기본적인 지팡이 기법을 지도하려고 한다. 김 교사가 가르치고자 하는 지팡이 기법의 내용 중 적절한 것을 〈보기〉에서 모두 고른 것은?

보기

ㄱ. 계단을 오를 때에는 대각선법으로 지팡이를 잡는다.
ㄴ. 지팡이를 움직여서 그리는 호의 넓이는 신체 부위에서 가장 넓은 어깨넓이를 유지한다.
ㄷ. 지팡이를 잡은 손은 몸 앞 중앙에 오도록 유지하고, 손목을 좌우로 움직여 호를 그린다.
ㄹ. 지팡이로 신체 왼쪽 바닥면을 두드리는 동시에 왼쪽 발을 리듬에 맞추어 앞으로 내딛는다.
ㅁ. 2점 촉타법 응용기법으로는 터치 앤 슬라이드(touch & slide), 터치 앤 드래그(touch & drag) 방법 등이 있다.
ㅂ. 2점 촉타법은 주로 실외 보행을 위해 사용하도록 지도하고, 익숙한 학교 복도에서는 주로 대각선법을 사용하도록 지도한다.

① ㄱ, ㄷ, ㅁ ② ㄱ, ㄹ, ㅂ
③ ㄷ, ㅁ, ㅂ ④ ㄱ, ㄹ, ㅁ, ㅂ
⑤ ㄴ, ㄷ, ㄹ, ㅁ

핵심테마 체크 ✔

- 근거리 시력검사
- 대각선법
- 핸드트레일링
- 점자

MY MEMO

46

정답 및 예시답안

○ ㉠에 해당하는 검사는 근거리 시력검사이다.
○ ㉡에서는 왼손으로 지팡이를 잡고 왼팔을 뻗어 지팡이가 대각선 방향이 되도록 조정하며, 왼손의 집게손가락을 펴고 엄지와 나머지 손가락으로 지팡이를 감싸 잡는다.
○ ㉢에서는 오른쪽의 벽과 반보 떨어져 나란히 서서 오른 팔을 45도 각도로 뻗은 후 손의 측면이나 손등을 가볍게 벽에 대고 이동하며, 벽에 댄 손은 몸통보다 항상 앞에 있도록 한다.
○ ㉣의 점형은 45-136-4-23456-6-135-2이다.

관련이론

✦ 근거리 시력검사

의미	• 공인 근거리 시력표로 독서 거리에서 볼 수 있는 글자 크기를 측정한다. • 확대경 지원 여부 결정과 적합한 배율을 추천한다. • 근거리용 확대 독서기의 지원 여부를 결정한다.
목적	• 40cm 정도 거리에서 보는 능력을 측정하고, 검사 결과에 따라 확대경과 근거리용 확대 독서기를 추천하는 데 목적이 있다.
시력표	• 근거리 시력표, 한천석 한식 근거리 시력표, 한국시각장애교육재활학회 근거리 시력표 등

✦ 따라가기(트레일링)

실내에서 흰지팡이가 없이 벽을 따라 이동할 때 자주 사용하는 기술이다. 벽 주변에 장애물이 있으면 자기보호법과 함께 사용할 수 있다.

- 손의 자세: 벽에 대는 손의 자세는 손등 또는 손의 측면이 가장 일반적이며, 벽의 재질이나 매끄러움 정도에 따라 선택할 수 있다.
- 손 스쳐가기: 벽 반보 떨어져 나란히 서서 벽과 가까운 쪽 팔을 전방 45도 각도로 뻗은 후 손의 측면이나 손등을 가볍게 벽에 대고 이동한다. 벽을 따라 이동할 때 벽에 댄 손이 몸통보다 항상 앞에 있어야 단서나 장애물을 먼저 확인할 수 있다.

✦ 대각선법

- 대각선법은 실내와 친숙한 곳에서 주로 사용하는 기술이다.
- 흰지팡이를 잡은 손의 팔을 뻗고 흰지팡이가 대각선 방향이 되도록 조정한 후 팁을 바닥으로부터 5cm 이하를 유지함으로써 이동할 때 장애물과 턱을 확인할 수 있다.
- 이점촉타법처럼 지면을 두드리지 않기 때문에 촉각 정보를 수집하기 어렵다.
- 유아나 시각중복장애 학생이 흰지팡이를 바닥에서 들어올리기 어렵다면 팁을 지면에 대고 이동하도록 할 수 있으며, 표준 팁 대신 볼 팁을 사용할 수도 있다.
- 대각선법은 지팡이를 잡은 손의 팔을 펴야 하며 팁은 한 발 앞에 항상 위치해 있어야 한다.
- 그리고 대각선법에서 지팡이의 양 끝은 어깨보다 약 5cm 정도 더 나와 있어야 한다.
- 대각선법에서 잡는 방법은 집게손가락 잡기, 연필 잡는 식 잡기, 엄지손가락 잡기가 있고, 어린 아동은 흰지팡이를 견고하게 잡고 유지하도록 집게손가락 잡기나 엄지손가락 잡기를 추천할 수 있으며, 손에 힘이 있는 상급 학년 학생은 연필 잡는 식으로 잡기도 가능하다.
- 대각선법은 실내에서 벽을 따라 기준선 보행을 할 때도 사용할 수 있으며, 벽과 반대쪽 손으로 흰지팡이를 잡고 지팡이 팁을 벽 걸레받이에 대고 이동한다.

고득점 답안 비법 ✮ 대각선법과 핸드트레일링법에 대한 답안 서술 시, 양팔 및 손의 위치와 모양, 지팡이의 위치 등에 대해 명확히 설명할 것

46

2019. 중
★답안작성

(가)는 학생 B의 특성이고, (나)는 특수교사의 자료 요청 계획 및 지도 계획의 일부이다. 〈작성 방법〉에 따라 서술하시오. [4점]

(가) 학생 B의 특성

- 교통사고로 인한 뇌손상 및 안구 손상으로 시각장애를 갖게 됨
- 현재 확대자료를 활용하나 시력이 점점 나빠질 예후가 있어 점자 교육이 요구됨

(나) 자료 요청 계획 및 지도 계획

〈자료 요청 계획〉
- ○○시 시각장애 특성화 특수교육지원센터에 요청할 사항
  - CCTV
  - '점자 익히기' 교과서/지도서 및 점자 쓰기 도구
  - ㉠ 읽기(교과서, 지필평가 자료)를 위한 시력검사

〈지도 계획〉
- 문자나 그림자료를 활용할 때 보조기기를 활용하여 지도한다.
- 점자 교육의 효율성을 위하여 잔존시력이 있는 상태에서 점자를 지도한다.
- 촉각지도를 통해 학교 건물 내부를 오리엔테이션 하도록 지도한다(보건실 촉각 표시에 전자 라벨을 붙여서 활용함)
- ㉡ 대각선법과 ㉢ 핸드 트레일링법을 함께 활용하여 보건실까지 독립보행할 수 있도록 지도한다.

[촉각지도]

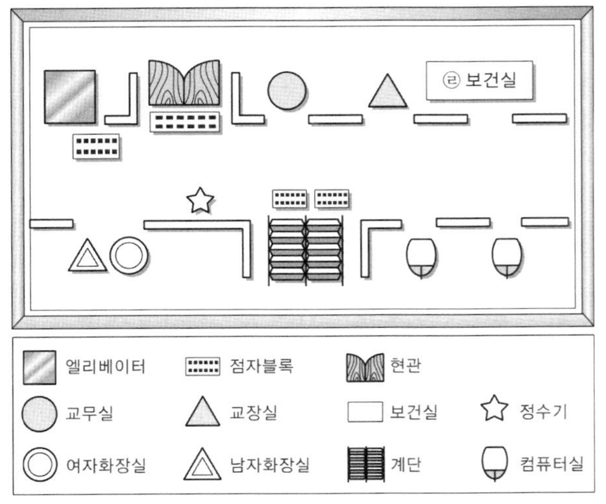

작성방법
- 밑줄 친 ㉠에 해당하는 검사 유형을 쓸 것
- 밑줄 친 ㉡과 ㉢에서 학생이 취해야 할 자세를 순서대로 서술할 것 (단, 우측 보행상황에서 양팔 및 손의 위치와 모양 그리고 지팡이의 위치를 포함하여 서술할 것)
- ㉣을 점자로 표기할 때 각 점형의 점번호를 순서대로 쓸 것[아래의 예시 참조(점형의 구분은 '—'로 표시할 것)]

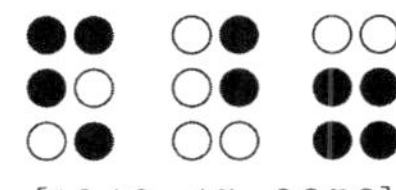

[1246-45-2356]

핵심테마 체크 ✔

- 보행의 개념
- 지팡이 보행
- 안내견 보행

MY MEMO

47

정답 및 예시답안

④

문제 속 자료분석

- ㉠ ➡ 이동성의 지도 요소가 아니라 방향정위의 요소
- ㉣ ➡ 시각장애인이 안전보다 방향정위에 집중할 수 있기 때문에 익숙하지 않은 지역에서 보행하는 데 편리

관련이론

✦ 안내견 보행

안내견 보행의 장단점	• 장점 ① 머리 높이나 통로에 있는 장애물을 피할 수 있다. ② 안전하지 못한 상황에서 지적으로 불복종할 수 있다. ③ 빠른 속도로 자신감을 가지고 보행할 수 있다. ④ 시각장애인이 안전보다 방향정위에 집중할 수 있기 때문에 익숙하지 않은 지역에서 보행하는 데 편리하다. ⑤ 안내견을 사용함으로써 사회적 접촉과 상호작용이 촉진된다. • 단점 ① 안내견을 빗질하고 먹이고 돌보는 데 시간이 많이 걸린다. ② 안내견을 사용하지 않을 때 기다리게 하기 어렵다. ③ 시각장애인보다 안내견이 주위 사람의 주목을 끈다.	
안내견 훈련 프로그램	기본훈련	• 복종 • 품행훈련 • 명령에 대한 올바른 반응
	기초 보행 훈련	• 올바른 보행위치 인식 • 직선보행 • 장애물인지 • 유혹 억제 • 연석인지 • 목적지 보행
	특수 편의시설	• 교통 훈련 • 대중교통 적응 • 다양한 환경에서의 보행: 복잡한 번화가 / 주거 지역

47

2011. 중

A는 중도에 실명한 K고등학교 3학년 학생이다. 대학 입학 후 안내견을 사용하고자 하여 순회교사를 통해 특수교육 관련서비스로 보행훈련을 받고 있다. 다음은 순회교사가 학생 A를 위해 작성한 지도 계획서의 일부이다. ㉠~㉤에서 옳은 것만을 모두 고른 것은?

〈10월 학생 A의 지도 계획서〉

⊙ 지도 내용

■ 이동성의 지도 요소
㉠ 이동성 지도 요소에는 지표와 단서, 번호 체계, 친숙화 과정이 포함된다.

■ 지팡이 보행 방법
- 이점 촉타법
  - ㉡ 지팡이 호의 넓이: 어깨 너비보다 5~6cm 정도 넓게 유지한다.
  - 계단 오르기: ㉢ 지팡이 손잡이 아래 부분을 연필 쥐듯이 잡고 팔을 앞으로 뻗어 한두 계단 위쪽 끝부분을 지팡이 끝으로 스치듯 치면서 올라간다.

■ 안내견 보행의 장점
㉣ 주로 시각장애인의 방향정위를 지원한다.
㉤ 허리 위쪽의 장애물을 피하도록 도움을 준다.

① ㉠, ㉡　　② ㉡, ㉤
③ ㉠, ㉢, ㉣　　④ ㉡, ㉢, ㉤
⑤ ㉢, ㉣, ㉤

핵심테마 체크 

- 확대 자료
- 눈부심 대비
- 점자
- 트레일링
- 대각선법

MY MEMO

48

정답 및 예시답안

1) ① 대비를 뚜렷하게 조정한다.
   ② 반사가 적은 종이를 사용하여 병기판을 제작한다.
2) 24－136－36－34
3) ① 트레일링
   ② 실내에서 벽을 이용하는 경우 지팡이 끝을 벽에 붙이면서 가는 대각선법을 사용하여 신속하고 편하게 목적지에 도달할 수 있기 때문이다.

문제 속 자료분석

1) ① 병기판의 글자가 정자체, 볼드타입, 50포인트로 확대하여 제시되어 있으므로, 이 특성을 제외한 방법을 써야 함. 따라서 대비조정이 적절함
   ② 병기판 '제작'과 관련한 개선방안을 써야 함. 눈부심을 고려하여 병기판을 만들어야 한다는 대화 맥락에 따라 답안을 작성할 것
   대각선법의 활용 이유나 장점 등은 여러 가지가 있으나, (다)에 근거하여 벽을 따라가고 있는 보행상황과 관련지어 답안을 작성해야 함

48 2021. 초 ★답안작성

(가)는 특수교사와 자원봉사자의 대화이고, (나)는 교실 모습의 일부이며, (다)는 지우의 보행 모습이다. 물음에 답하시오. [5점]

(가) 특수교사와 자원봉사자의 대화

특 수 교 사 :	지우가 지금은 22포인트 정도의 글자를 읽을 수 있지만, 시력이 급격하게 낮아지고 있어서 점자 교육이 필요한 상황이에요.
자원봉사자 :	아, 그렇군요.
특 수 교 사 :	마침 '확대문자－점자 병기판'을 만드는데 도움을 주시겠다고 하셔서 감사해요.
자원봉사자 :	아직은 배우는 중이지만 지난번에 교육받은 대로 점자 스티커를 붙여서 만들어 볼게요.
특 수 교 사 :	확대문자는 50포인트 볼드타입으로 만들어 주시는데요, 확대 이외에 ㉠ <u>가독성</u>을 높일 수 있는 다른 방법도 고려하시고, 지우가 ㉡ <u>눈부심이 심하다는 점</u>도 감안해서 만들어 주세요.
자원봉사자 :	네, 알겠습니다.
특 수 교 사 :	그리고 쉬는 시간에 지우가 화장실을 잘 찾는지 살펴봐 주세요.

(나) 교실 속 '확대문자 – 점자 병기판' 모습

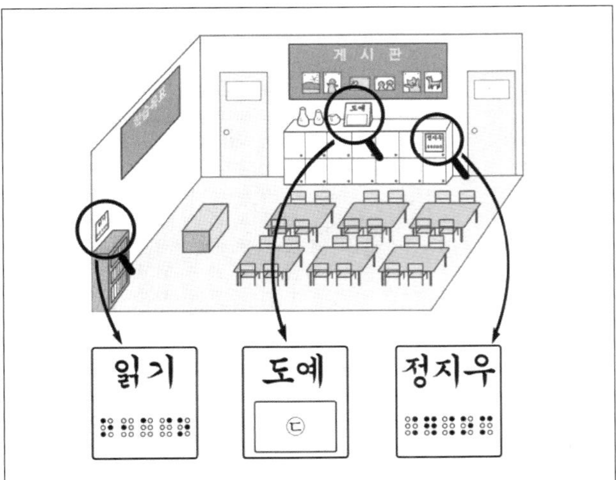

(다) 지우의 보행 모습

1) (나)의 '확대문자 – 점자 병기판'을 보고, ① ㉠을 고려한 개선방안을 쓰고, ② ㉡을 고려한 개선방안을 쓰시오. [2점]

①:

②:

2) (나)의 ㉢에 해당하는 점자를 쓰시오(단, 아래의 예시와 같이 각 점형의 점번호를 답으로 제시할 것). [1점]

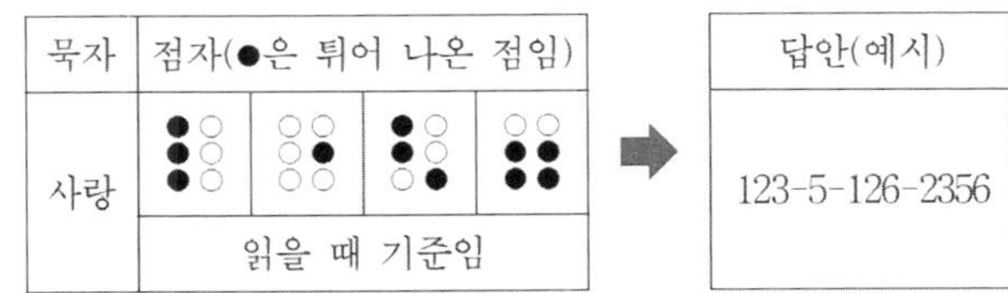

묵자	점자(●은 튀어 나온 점임)	답안(예시)
사랑	(점형) 읽을 때 기준임	123-5-126-2356

3) (다)의 지우가 대각선법과 함께 사용한 오른손 활용 방법의 명칭을 쓰고, 교사가 지우에게 이점촉타법보다 대각선법을 활용하게 한 이유를 1가지 쓰시오. [2점]

① 명칭 :

② 이유 :

핵심테마 체크

- 비어링
- 친숙화 과정의 기준점
- 보행기술
- 점자블록

MY MEMO

49

정답 및 예시답안

○ ㉠은 비어링이다.
○ ㉡의 기준점으로 칠판을 사용할 수 있고, ㉡과 ㉣에서 손 스쳐가기(핸드트레일링)와 상부 보호법을 사용해 벽을 따라 보행한다.
○ ㉢은 보행 경로의 방향을 유도하는 기능이 있다.

관련이론

✦ 비어링

- **비어링**: 직선보행을 할 때 자신도 모르게 왼쪽이나 오른쪽으로 굽어져 걷는 현상이다.
- 이때 보행자가 실시하여야 하는 것이 '방향잡기'이다.
- **방향잡기**: 목표지점을 향하여 일직선으로 갈 수 있는 기술로, 이를 위해 소리나 사물로부터 방향을 가늠하게 한다. → 훈련의 궁극적인 목적은 직선보행이다.
- **비어링의 원인**: 좌우청력의 불균형, 평형감각 불안정, 운동감각의 이상, 불균형한 자세, 불안감에 의한 신체적 긴장감 등이 있다.
- **경우에 따라 비어링이 요구되는 경우도 있음**: 횡단보도를 건널 때는 교차로 중앙보다는 반대편으로 약간 비어링할 수 있도록 의식적으로 걸을 필요가 있는 곳도 있다.
- **인도보행과 비어링 수정**: 인도는 차도와 인접해 있고 직선형으로 만들어져 있으므로 인도를 걸어갈 때 직선으로 이동하는 기술이 중요하다.
- 인도에서 똑바로 이동하지 못해 방향이 틀어지는 비어링이 일어나면 차도로 들어갈 수 있으며, 방향을 다시 정렬하는 비어링 수정기술을 사용하는 것이 필요하다.
  - **인도 직선보행**: 인도에서 직선 이동이 이루어지려면 먼저 바른 자세로 이동해야 하며, 이점촉타법을 사용할 때 팁이 신체 좌우를 균등한 거리로 두드려야 한다. 긴 거리를 직선으로 계속 이동하기 위해서는 이동 중에 차도의 차량 진행 방향이나 앞서 가는 사람들의 소리를 활용하는 것이 필요하다.
  - **비어링 수정**: 인도 보행 중에 차량 소리가 가까워지거나 지팡이 팁이 인도 아래로 떨어지는 느낌이 든다면 인도 중앙에서 차도 쪽으로 비어링한 것임을 알고 멈춰서야한다. 비어링을 수정하려면 연석에서 평행 서기를 한 후 인도 중앙을 향해 옆으로 3~4걸음 이동한 후 차량 소리를 이용해 방향과 자세를 정렬해야 한다.

✦ 친숙화 과정의 기준점

- 환경 자체를 탐색하기 위해 어느 지점에 있든지 간에 쉽게 되돌아와 활용할 수 있는 기준이다.
- 강당을 익히고자 하는 시각장애인은 출입구를 기준점으로 삼아 강당 내 어느 지점에 있든지 사물들 간의 배열을 파악하기 위해 필요할 때마다 기준점을 재확인하면서 방향정위를 하는 전략이다.

✦ 트레일링

실내에서 흰 지팡이가 없이 벽을 따라 이동할 때 자주 사용하는 기술이다. 벽 주변에 장애물이 있으면 자기보호법과 함께 사용할 수 있다.

- **손의 자세**: 벽에 대는 손의 자세는 손등 또는 손의 측면이 가장 일반적이며, 벽의 재질이나 매끄러움 정도에 따라 선택할 수 있다.
- **손 스쳐가기**: 벽 반보 떨어져 나란히 서서 벽과 가까운 쪽 팔을 전방 45도 각도로 뻗은 후 손의 측면이나 손등을 가볍게 벽에 대고 이동한다. 벽을 따라 이동할 때 벽에 댄 손이 몸통보다 항상 앞에 있어야 단서나 장애물을 먼저 확인할 수 있다.

✦ 점형(위치 표시용) 점자블록과 선형(유도용) 점자블록

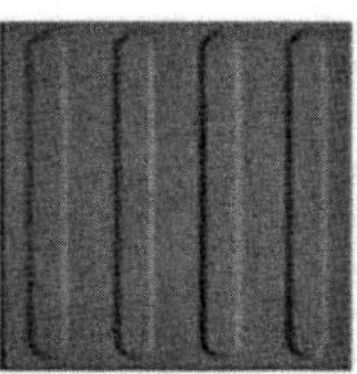

고득점 답안 비법 ☆ 기준점의 예시의 경우 일반적으로 교실 내에 고정된 지표이면서 하나만 있는 것을 써야 함. 기준점의 핵심은 항상 되돌아 갈 수 있으며, 공간 내에 하나만 존재하는 것이어야 함. 출입문도 교실에 하나만 존재하는 상황이라는 전제를 한다면 답안으로 가능함

49 2023. 중 ★답안작성

(가)는 시각장애 학생 A의 보행 모습이고, (나)는 학생 A의 보행 수업을 위한 사전 평가 결과이다. (다)는 학생 A를 위한 개별화 교육계획의 일부이다. <작성 방법>에 따라 서술하시오. [4점]

(가) 학생 A의 보행 모습

(나) 학생 A의 보행 수업을 위한 사전 평가 결과

사전 체크리스트	예	아니오
• 공간의 모양과 크기를 파악할 수 있다.		√
• 공간에 익숙해지기 위한 전략을 알고 있다.		√
• 방향을 잃지 않고 목적지에 도착한다.		√
• 좌 · 우로 틀어지지 않고 목표 진행 방향으로 걷는다.		√
• 점자블록을 정보로 활용할 수 있다.		√
결과 분석	• 공간에 대한 인지와 익숙화 전략이 부족함 • (㉠)이/가 심함 • 점자블록을 정보로 파악하지 못함	

(다) 학생 A를 위한 개별화교육계획

교육 목표	보행의 기초적인 기술을 익힐 수 있다.	직선 독립 보행을 할 수 있다.
교육 내용	○ 자기 익숙화 전략 – 교실 공간 탐색하기 • ㉡ <u>교실 둘레 탐색하기</u> • 교실 중심부 탐색하기 ○ 점자블록의 종류와 기능 [종류: 점형 블록 / 기능: 보행 동선의 분기점, 대기점, 시발점, 목적 지점 등의 위치를 표시하며 위험 지역을 둘러막을 때 쓰임] [종류: 선형 블록 / 기능: (㉢)]	○ 이점 촉타법 활용하기 – 이점 촉타법의 변형 ○ (㉠) 수정 방법 실습하기 – (㉠) 인식하기 → 멈춰서기 → 진로 방향과 평행하게 서기 → 자세 정렬하기 → 직선 보행하기 ○ 기준선 보행 실습하기 – ㉣ <u>벽 기준선 보행</u> – 화단 기준선 보행 – 점자블록 기준선 보행

작성방법

• (가)를 보고 (나)와 (다)의 괄호 안의 ㉠에 공통으로 해당하는 용어를 쓸 것
• (다)의 밑줄 친 ㉡의 기준점으로 활용할 수 있는 것을 1가지 쓰고, 밑줄 친 ㉡과 ㉣에서 공통적으로 활용할 수 있는 독립보행 방법을 서술할 것 (단, 신체를 활용할 것)
• (다)의 괄호 안의 ㉢에 해당하는 기능을 서술할 것

50

정답 및 예시답안

①

알찬 지문풀이

- ㄷ. ➡ 다음 글자들은 약자를 사용해 'ㅏ'를 생략한다.

<table>
<tr><td>가</td><td>나</td><td>다</td><td>마</td><td>바</td><td>사</td><td>자</td><td>카</td><td>타</td><td>파</td><td>하</td><td>억</td><td>언</td><td>얼</td></tr>
<tr><td>●●
●○
○●</td><td>●●
○○
○○</td><td>○●
●○
○○</td><td>●○
○●
○○</td><td>○●
○●
○○</td><td>●○
●○
●○</td><td>○●
○○
○●</td><td>●●
●○
○○</td><td>●○
●●
○○</td><td>●●
○●
○○</td><td>○●
●●
○○</td><td>●●
○●
○●</td><td>○●
●●
●●</td><td>○●
●●
●○</td></tr>
<tr><td>연</td><td>열</td><td>영</td><td>옥</td><td>온</td><td>옹</td><td>운</td><td>울</td><td>은</td><td>을</td><td>인</td><td colspan="2">것</td><td>ㅆ
받침</td></tr>
<tr><td>●○
○○
○●</td><td>●○
●●
○●</td><td>●●
●●
○●</td><td>●●
○○
●●</td><td>●○
●●
●●</td><td>●●
●●
●●</td><td>●●
●●
○○</td><td>●●
●○
●●</td><td>●○
○●
●●</td><td>○●
●○
●●</td><td>●●
●●
●○</td><td>○●
○●
○●</td><td>○●
●○
●○</td><td>○●
○○
●○</td></tr>
</table>

- ㄹ. ➡ 된소리표(○○ ○○ ○●, 6점)

핵심테마 체크 ✔

- 점자

MY MEMO

51

정답 및 예시답안

⑤

핵심테마 체크 ✔

- 점자

MY MEMO

52

정답 및 예시답안

④

핵심테마 체크 ✔

- 점자

MY MEMO

55

2011. 중
★답안작성

특수학급 최 교사는 시각장애학생 A가 이용할 시설 입구에 편의상 시설 명칭의 앞 글자를 점자 라벨로 만들어 붙여 확인할 수 있도록 하였다. ㉠~㉣에서 점자 표기가 옳은 것만을 모두 고른 것은? [1.5점]

과학실 ㉠ 과	출입문 ㉡ 출	비상구 ㉢ 비	2반 교실 ㉣ 2
○● ●○ ●○ ○○ ○○ ●○ ○○ ●● ○●	○○ ●● ○● ●○ ○● ●●	○● ○● ○● ●○ ○○ ○●	○● ●○ ○● ●○ ●● ○○

① ㉡, ㉣
② ㉠, ㉡, ㉢
③ ㉠, ㉢, ㉣
④ ㉡, ㉢, ㉣
⑤ ㉠, ㉡, ㉢, ㉣

56

2014. 중

다음은 중도에 실명한 학생 A의 한글점자 받아쓰기 결과이다. 학생 A가 잘못 받아쓴 단어 3개를 찾아 쓰고, 잘못 받아쓴 각각의 단어에 대해 교사가 지도해야 할 점자 문법 요소를 쓰시오. [3점]

문항	학생 A의 점자 답안지
1. 우수	●● ●● ○○ ●● ●● ○○ ○○ ○○ ○○ ●○ ○● ●○
2. 떡	○○ ○● ●● ○○ ●○ ○● ○● ○○ ○●
3. 차로	○○ ○○ ●○ ○● ○● ○○ ○● ○○ ●●
4. 나사	●● ●○ ○○ ●○ ○○ ●○
5. 구애	○● ●● ●○ ○○ ○○ ●● ○○ ●○ ●○

※ 제시된 점자는 읽기 기준이고, •은 볼록 나온 점임

57

2015. 중

다음은 중도에 실명하여 점자를 익히고 있는 학생의 점자 받아쓰기 결과이다. (가)~(라) 중에서 잘못 받아쓴 단어를 찾아 쓰고, 점자를 쓸 때 적용해야 하는 점자의 문법적 내용 요소 ①~④를 예시와 같이 쓰시오. [5점]

문항	단어	점자	문법적 내용 요소
예시	깍두기	○○ ●● ●○ ○● ●● ○● ●○ ○○ ●○ ○○ ●○ ○○ ○○ ○● ○● ○● ○○ ○○ ●○ ○○ ●○	'까'는 '가'의 약자 앞에 된소리표를 사용하여 쓴다.
(가)	밥그릇	○● ●○ ○● ○● ○○ ○● ○○ ○● ●○ ○○ ●○ ○● ●○ ○○ ○○ ○○ ○○ ○● ○○ ○● ●○	①
(나)	바위	○● ●● ●○ ○● ○○ ●● ○○ ●○ ●○	②
(다)	그리고는	●○ ●○ ●● ●○ ○○ ○○ ○○ ○● ○○ ●● ○○ ●●	③
(라)	찡그리고	○○ ○● ●○ ○○ ●○ ●○ ○○ ○○ ○● ●● ○○ ○○ ○● ○● ●○ ●● ○○ ●●	④

※ 제시된 점자는 읽기 기준이고, •은 볼록 나온 점임

58

핵심테마 체크

• 점자

MY MEMO

정답 및 예시답안

○ ㉠ 첫째, '팦'에서 'ㅏ'을 생략하면 '폐'와 혼동될 수 있으므로 'ㅏ'를 생략할 수 없다, 둘째, 물음표(?)는 236점인데, 느낌표에 해당하는 235점을 찍었으므로 틀린 것이다.
○ ㉡ 된소리표
○ ㉢ 1-25-6-234로 표기한다.

59

핵심테마 체크

• 점자

MY MEMO

정답 및 예시답안

○ ㉠ 수표(3456점)를 찍지 않았다, 수의 자릿점은 5점이 아니라 2점을 찍어야 한다.
○ ㉡ 운(*숫자 다음에 글자가 바로 와 붙여 찍어야 하는 경우, 숫자 바로 다음에 찍어야 되는 글자의 초성이나 약자가 숫자 기호와 동일하지 않은 경우, 칸을 띄지 않고 바로 붙여 찍을 수 있다.)
○ ㉢ 점자자료의 부피를 줄이기 위해서 약자를 사용한다, 읽기와 쓰기 속도를 향상시키기 위하여 약자를 사용한다.

58

2020. 중
★답안작성

(가)는 중도 실명한 학생 F가 국어 시간에 필기한 내용이고, (나)는 교육실습생이 수업을 마친 후 지도교사와 나눈 대화의 일부이다. <작성 방법>에 따라 서술하시오. [4점]

(가) 필기 내용

필기 내용	영희야, 배가 <u>많이 아팠지?</u>
밑줄 친 부분에 해당하는 점자	●○ ○○ ○○ ●○ ○○ ●○ ●● ○● ○● ●○ ○○ ○● ●● ○● ○● ○○ ●○ ○● ○○ ○○ ○● ●● ○○ ○○ ●● ●○ ○○ ○● ○○ ●○ ○● ●○ ●○

※ 제시된 점형은 읽기 기준이며, •은 볼록 튀어 나온 점임

(나) 대화

교육실습생: 선생님, 학생 F가 국어 시간에 필기한 내용이에요. 점자를 잘 찍은 것 같아요.
지 도 교 사: 어디 봅시다. 그런데 학생 F가 ㉠ <u>점자를 잘못 찍은 부분</u>이 있군요.
교육실습생: 그런가요? 제가 한글 점자 규정에 대한 공부가 부족했던 것 같아요.
지 도 교 사: 교사는 한글 점자 규정을 잘 알고 있어야 해요. 그래야만 학생이 점자를 잘못 찍으면 바로 교정해 줄 수 있어요.

…(중략)…

교육실습생: 한글 점자 규정을 공부하면서 잘 모르는 것이 있었는데, 질문해도 될까요?
지 도 교 사: 네, 어떤 것이 궁금한가요?
교육실습생: '힘껏'의 '껏'은 어떻게 찍어야 하나요?
지 도 교 사: '껏'을 찍을 때에는 '것'의 약자 표기 앞에 (㉡)을/를 덧붙여서 찍어요.
교육실습생: 아, 그렇군요. 선생님, 한글 점자 규정의 '약어' 관련 부분도 어려웠어요. 지금도 잘 모르겠어요. ㉢ <u>그러면서</u>는 점자로 어떻게 찍나요?

작성방법

- (나)의 밑줄 친 ㉠에 해당하는 것을 (가)에서 2가지 찾아 쓰고, 각각의 이유를 서술할 것
- (나)의 괄호 안의 ㉡에 들어갈 용어를 쓸 것
- (나)의 밑줄 친 ㉢을 점자로 표기할 때, 각 점형의 점번호를 순서대로 쓸 것
  [아래의 예시 참조(점형의 구분은 '–'로 표시할 것)]

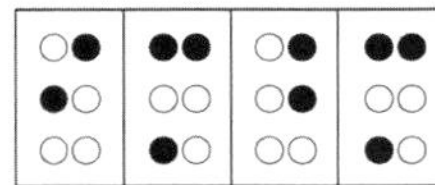

[24–134–45–134]

59

2016. 중
★답안작성

(가)는 맹학생 영수가 필기한 내용이고, (나)는 필기 내용에 대해 김 교사와 영수가 나눈 대화이다. 밑줄 친 ㉠에 해당하는 내용 2가지를 쓰고, ㉡에 들어 갈 약자를 묵자로 적으시오. 그리고 밑줄 친 ㉢에 해당하는 내용 2가지를 점자의 특성에 기초하여 쓰시오. [4점]

(가) 영수의 필기 내용

필기 내용	땅 1평은 3.3m²이고, <u>땅 1,000</u>평은 약 3,300m²이다.
밑줄 친 부분에 해당하는 점자	○○ ○● ○○ ○○ ●○ ○○ ○● ○● ○● ○○ ●○ ●● ○○ ○○ ○● ●● ●● ●● ○● ○○ ●● ○○ ○○ ○○ ○○ ○○ ○○

※ 제시된 점형은 읽기 기준이며, •은 볼록 튀어 나온 점임

(나) 김 교사와 영수의 대화 내용

김 교사: 영수야, 네가 찍은 점자를 보니 약자까지 다 익힌 것 같구나. 그런데 문법에는 좀 더 신경을 쓰면 좋을 것 같아. ㉠ <u>'땅 1,000'을 점자로 찍은 것에 문법적인 오류</u>가 있어.
영 수: 숫자는 매번 헷갈려요. 그런데 정말 이해가 안 되는 것은 '1,000평'처럼 묵자에서 숫자 다음에 한글이 이어 나올 때에요. 점자에서는 어떤 경우에 한 칸을 띄는지 궁금해요.
김 교사: 그건 숫자 다음에 바로 초성 'ㄴ, ㄷ, ㅁ, ㅋ, ㅌ, ㅍ, ㅎ'과 약자 (㉡)이/가 오는 경우란다.
영 수: 감사합니다. 한 가지 더 궁금한 것이 있어요. 약자를 다 외우긴 했는데 ㉢ <u>약자를 사용하는 이유</u>를 잘 모르겠어요.

핵심테마 체크 ✔

- 시각기술_고시
- 시각장애 학생의 자리배치
- 자료의 확대
- 점자 타자기
- 옵타콘
- 점자

MY MEMO

60

정답 및 예시답안

○ ㉡ / 고시에 어려움이 있으므로, 자세 변경을 통하여 시각기술을 활용하도록 해야 하기 때문이다.
㉣ / 옵타콘은 점자 읽기를 위한 장치가 아니라, 활자 등의 모양을 그대로 촉각화하는 장치이기 때문에 부적절하다.
○ 중학교 1학년 2학기부터 가르치고, 중학교 2학년부터 평가한다.
○ 356-6-1-256-1345-4-1345

문제 속 자료분석

- ㉠의 이유: 눈부심을 피할 수 있도록 하기 위함

관련이론

✦ 시각전략(시각기술)

고시(주시)	• 정지해 있는 한 사물에 초점을 맞추는 기술 • 주시를 촉진할 때 주의해야 할 점은 큰 것을 먼 거리에서 막연하게 보게 하지 말고, 근거리에서 물체를 보도록 하여 눈을 사용하는 능력을 키워 주어야 한다는 점
추시	• 고정되어 있는 두 개 이상의 사물을 순차적으로 따라가 보는 기술 • 움직이지 않는 목표물을 눈으로 따라가며 목표물 전체를 보는 기술
추적	• 움직이는 목표물을 눈으로 따라가며 보는 기술
주사	• 다수의 고정되어 있는 대상물을 적절히 눈의 이동을 통해 보는 기술 • 시각적인 탐색으로 일정한 시야에서 필요한 정보를 찾아내는 것 • 특정 공간이나 장소를 눈이나 머리를 체계적으로 움직이면서 빠뜨리지 않고 훑어보는 기술
폭주	• 두 눈을 협응하여 자신에게 가까이 오는 대상물을 보는 기술
개산	• 두 눈을 협응하여 자신에게서 멀어져 가는 사물을 보는 기술
중심외 보기	• 중심시력의 결손으로 인해 머리와 몸을 움직여 대상물을 보는 기술 • 정면에 위치한 물체를 보기 위해 안구나 고개가 정면을 향하지 않고, 안구나 고개를 돌려 주변부로 보아야 하는데, 학생마다 시야 중심부의 손상 위치와 크기에 따라 중심외 보기 방향이 다를 수 있음
위치찾기	• 가장 선명한 시야로부터 대상물이 나타나는 부위로 대상물을 찾는 기술

✦ 옵타콘

① 맹학생이 일반 묵자를 읽을 수 있도록 소형 촉지판에 있는 핀이 문자 모양대로 도출되어 읽을 수 있게 해 주는 장치
② 묵자를 점자로 바꿔 주는 것이 아니라 카메라에 비친 글자 모양을 읽도록 해 주는 것
③ 옵타콘은 작은 렌즈를 통해 인쇄되어 있는 묵자를 받아들이고, 이는 다시 눈의 망막 역할을 하는 이미지 모듈에서 이미지로 전환되어 케이블을 통해 촉지부와 이미지 표시 장치로 전달되는 것

고득점 답안 비법 ☆ 이 문제는 특정 안질환이라고 판단할 수 있는 명확한 단서를 주지 않았으므로, 답안작성 시 어떤 안질환과 관련지어 서술하는 것은 부적절함

☆ 학생 특성 중 '피로하거나 과도한 스트레스를 받으면 안질환의 증상이 심해짐'이라는 부분으로 특정 안질환이라고 판단할 수 없음. 이는 단순하게 학생 특성으로 여길 것

60

2017. 중
★답안작성

(가)는 시각장애 중학생 C를 위한 단원 지도 계획이고, (나)는 점자 읽기 및 쓰기 평가 자료이다. 〈작성 방법〉에 따라 ㉠~㉣ 중에서 바르지 않은 것 2가지를 찾아 그 이유를 쓰고, ㉤을 언제부터 가르치고 평가해야 하는지 서술하시오. 그리고 ㉥의 'A에게'를 점자로 읽을 때 각 점형의 점번호를 순서대로 제시하시오. [4점]

(가) 단원 지도 계획

학생 특성	시력		• 수업 시간에 머리를 돌리거나 몸을 기울임 • 고시 능력에 문제가 있음 • 피로하거나 과도한 스트레스를 받으면 안질환의 증상이 심해짐
	학업		• 묵자와 점자를 병행하여 학습함 • 인지 및 운동 기능에는 어려움이 없음
영어과 지도 계획	목표		• 영어 단어가 포함된 문장 읽고 쓰기
	묵자 활용	교수·학습 자료	• 수업 자료 제작 시 명암 대비를 고려함
		교수·학습 방법	• ㉠ <u>교실 앞쪽에 창을 등지고 앉도록 자리를 배치함</u> • ㉡ <u>머리를 돌리거나 몸을 기울이지 않도록 자세를 교정함</u>
		평가 방법	• ㉢ <u>시험지를 확대하여 제공함</u>
	점자 활용	교수·학습 자료	• 실물, 모형, 입체 복사 자료 등의 대체 자료를 제공함
		교수·학습 방법	• 점자타자기로 쓰기 지도를 함 • ㉣ <u>옵타콘을 활용하여 점자 읽기를 지도함</u>
		평가 방법	• ㉤ <u>영어 약자 점자</u>의 사용 규칙을 포함한 점자 활용 수준, 읽기 속도, 쓰기 정확도를 고려함

(나) 점자 읽기 및 쓰기 평가 자료

길음역(Gireum Station)에서 친구 ㉥ <u>A에게</u> 전화했다.

작성방법

• ㉠~㉣ 중에서 바르지 <u>않은</u> 것 2가지의 기호를 쓰고, 그 이유를 각각 제시할 것
• ㉤의 내용을 작성할 때 「2015 개정 교육과정에 따른 특수교육 교육과정(교육부 고시 제2015-81호)」 영어과 교수·학습 및 평가의 방향에 근거하여 쓸 것
• ㉥은 아래의 예와 같이 각 점형의 점번호를 답으로 제시할 것(점형의 구분은 '-'로 표시할 것)

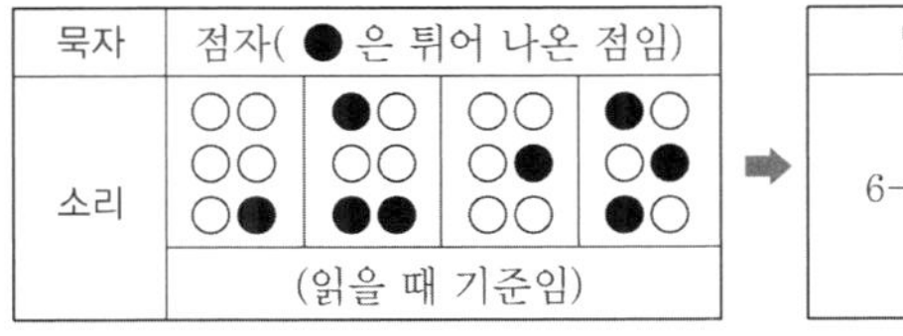

묵자	점자(●은 튀어 나온 점임)
소리	(점형 그림)
	(읽을 때 기준임)

➡

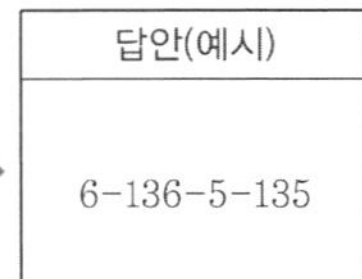

답안(예시)
6-136-5-135

핵심테마 체크 ✔

- 공통 C_국어과
- 점자

MY MEMO

61

정답 및 예시답안

○ 해당 국어과 내용 영역은 읽기, 쓰기, 문법 영역이고, 시각장애 학생의 읽기 속도를 감안하여 ㉡처럼 하는 것이다.

○ 첫째, 첫소리 'ㅎ'과 숫자 '0'은 점형이 같아 오독할 수 있어 숫자 '3'과 'ㅎ' 사이를 한 칸 띄어 써야 하므로 잘못되었고, 둘째, 묵자 '9'를 '5'로 잘못 점역하였다.

61

2021. 중

(가)는 시각장애학교 교육 실습생이 국어과 수업을 위해 작성한 수업 계획의 일부이고, (나)는 교육 실습생이 수업을 위해 준비한 학습 자료의 일부이다. <작성 방법>에 따라 서술하시오. [4점]

(가) 수업 계획

○ 학습 주제: '내가 그린 히말라야시다 그림(지은이-성석제)'을 읽고 이야기하기

○ 성취기준
[9국05-01] 문학은 심미적 체험을 바탕으로 한 다양한 소통 활동임을 알고 문학 활동을 한다.

○ 단원: 세상을 보는 눈

○ 학습 목표
1. 소설 속에 등장하는 서술자의 특성을 파악하여 표로 만들 수 있다.
2. 등장인물의 심리 변화를 파악하여 설명할 수 있다.

○ 학습 활동
- 활동 1: 두 서술자의 상황을 표로 정리하기(모둠 활동)
  - 유의점: 중도 실명한 ㉠ 점자 사용 학습자에게 점자 교육하기
- 활동 2: 등장인물의 심리 변화를 정리하기
  - 유의점: 공간과 색채 관련 어휘를 구체적으로 설명하기

○ 평가: 지필평가
- 유의점: ㉡ 지필평가 시 지문의 양 조절, 녹음 자료의 제공 및 시력 정도별 적정 시간 제공 등을 종합적으로 고려하여 평가하기

(나) 학습 자료

묵자	3학년 9반
점자	⠼⠉⠚⠁⠉⠡⠀⠼⠑⠘⠒

(제시된 점형은 읽기 기준이며, •은 볼록 튀어 나온 점임)

작성방법

- (가)의 ㉠을 위하여 점자 학습 내용이 추가된 국어과 내용 영역 3가지를 쓰고, (가)의 밑줄 친 ㉡처럼 하는 이유를 서술할 것 [단, 2015 개정 특수교육 교육과정(교육부 고시 제2020-226호) 중 공통교육과정 국어과 '교수·학습 및 평가의 방향'에 근거할 것]
- (나)의 묵자를 점자로 점역한 부분 중에서 틀린 곳 2가지를 찾아 쓰고, 각각의 이유를 서술할 것

핵심테마 체크

- 점자
- 점자 타자기
- 전자 점자

MY MEMO

62

정답 및 예시답안

1) • ⓐ: 엉
   • 카드 A: 그러나
   • 카드 B: 막(학생이 하나의 점형이 여러 가지로 읽히는 경우를 어려워하기 때문에 1점에 대한 여러 사례를 지도하는 것으로 보아야 함)
2) 점자 타자기
3) 무지 점자(전자 점자)
4) ③ / 점자 내용은 읽기, 쓰기, 문법 영역에 추가되어 있다.

관련이론

✦ 점자 타자기

점자판에 비교하여 점자 타자기가 갖는 장점

- 점자 타자기는 점자판보다 속도가 2배 빠르다.
- 점자 타자기는 점자판보다 적은 근육운동을 덜 필요로 한다.
- 점자 타자기는 점자를 쓰면서 읽을 수 있다. 이것은 처음 점자 읽기학습에 매우 중요하며, 쓰기·읽기학습이 동시에 이루어지기 때문에 점자학습이 보다 효과적이다.

✦ 전자 점자(무지 점자)

- 전자 점자는 무지 점자라고도 한다.
- 전자 점자는 종이를 사용하지 않고 점자알 크기의 핀(금속이나 나일론)이 표면으로 올라와 점자를 구성한다. 이 핀을 읽은 후 스페이스 바를 누르면 지금까지의 점자는 사라지고, 다음 줄에 해당하는 점자가 나타난다.
- 전자 점자는 소리가 나지 않기 때문에 교실에서 다른 친구에게 방해를 주지 않고 공부할 수 있다.
- 전자 점자를 사용하면 시각장애인은 철자, 구두점 등을 직접 읽을 수 있으며, 맹농인도 사용할 수 있다.
- 시각장애인 컴퓨터 프로그래머는 정확성 때문에 전자 점자를 사용하기도 한다.

62

2013추. 초

다음은 4학년 유미를 위한 점자지도에 대해 두 교사가 나눈 대화 내용이다. 물음에 답하시오. [5점]

> 김 교사: 하나의 점형이 여러 가지로 읽히는 경우가 많아서 유미가 조금 힘들어하고 있어요. 좋은 지도 방법이 없을까요?
>
> 이 교사: 여러 가지 방법이 있어요, 그중 ㉠ 점자 카드를 이용하는 것이 있는데, 동일 점형이 포함된 여러 장의 낱말 카드를 반복해서 읽어 보게 하세요.
>
> 김 교사: 또한 유미는 읽을 때와는 달리 점자판으로 점자를 쓸 때, 점형의 좌우를 바꾸어 쓰는 것에 오류를 범해요. 어떻게 하면 이 문제를 해결할 수 있을까요?
>
> 이 교사: 방향 및 위치 개념의 형성에 대한 지도가 조금 더 필요할 것 같아요. 이와 더불어 (㉡)와(과) ㉢ 점자정보단말기를 한번 이용해 보세요. 점자정보단말기는 읽고 쓸 때의 점형이 같아서 학생들이 사용할 때 혼란을 덜 느낄 수 있어요. 그리고 대부분의 (㉡)은(는) 종이 위에 점자를 쓰면서 바로 읽을 수 있고, 빠르게 쓸 수 있어서 점자지도에 매우 유용합니다. …(중략)… 그리고 체계적인 점자지도를 위해서는 ㉣ 2011 특수교육 교육과정에 제시된 교수·학습 내용을 참고하세요.

1) (가)는 ㉠의 일부이고, (나)는 카드 번호 ①의 기준 점형에 따라 카드 A를 만든 이유이다. (나)의 ⓐ에 들어갈 말을 쓰고, 카드 번호 ②의 카드 A와 카드 B를 묵자로 쓰시오. [2점]

	카드 번호	기준 점형	카드 A	카드 B	비고
(가)	①	⠻	⠠⠻	⠈⠻	검은 점이 볼록하게 찍힌 점임
	②	⠁	⠁⠉	⠑⠁	
(나)	⠻은 /ㅅ/ㅆ/ㅈ/ㅉ/ㅊ/ 다음에 (ⓐ)(으)로 읽힌다.				

• ⓐ :

• 카드 A :　　　　• 카드 B :

2) ㉡에 들어갈 알맞은 말을 쓰시오. [1점]

3) ㉢에 대한 다음의 설명 중 ①에 공통으로 들어갈 알맞은 말을 쓰시오. [1점]

> 점자정보단말기는 여섯 개의 키와 스페이스 바로 구성된 점자 컴퓨터 기기로, 휴대할 수 있으며 음성이나 (①)을(를) 지원한다. (①)은(는) 종이를 사용하지 않고, 점자알 크기의 핀이 표면으로 올라오는 점자이다. 이 핀을 읽은 후 스페이스 바를 누르면 지금까지의 점자는 사라지고, 다음 줄에 해당하는 점자가 나타난다.

4) ㉣에 대한 다음의 설명 ①~④에서 알맞지 않은 것 1가지를 찾아 번호를 쓰고, 이를 바르게 수정하시오. [1점]

> 2011 특수교육 교육과정 중 점자지도와 관련한 사항은 공통 교육과정 국어 교과에 포함되어 있다. ① 국어 교과는 국어 활동(듣기·말하기, 읽기, 쓰기), 국어(문법), 문학에 대한 기본적인 지식을 갖추고 비판적이고 창의적인 국어 능력을 기르며, 국어 생활을 능동적으로 수행하는 태도를 기르는 데 중점을 둔다. 시각장애 학생을 위한 국어 교과의 내용에는 일반 교육과정의 영역에 '묵자'와 '점자'의 학습 내용이 추가된다. ② 묵자 사용 학습자를 위하여 묵자를 효율적으로 사용하는 데 필요한 학습 내용이 읽기와 쓰기 영역에 추가되었고, ③ 점자 사용 학습자를 위하여 점자 학습의 내용이 듣기, 읽기, 쓰기 영역에 추가되었다. ④ 이를 위해 별도의 점자 익히기 교과서와 교사용 지도서를 제작하여 현장에 보급하고 있다.

• 번호와 수정 내용 :

핵심테마 체크 ✔

• 점자
• 점자정보단말기

MY MEMO

63

정답 및 예시답안

○ ㉠에 해당하는 것은 첫째, 단어 전체를 대문자로 나타낼 때에는 6점을 두 번 표기해야 하는데, 한 번만 표기하였다. 둘째, M을 잘못 표기하였다. M은 134점으로 찍어야 한다.
○ 해당 기호는 ⓒ, ⓓ, ⓕ, ⓗ이다.
○ 두 점의 기능은 커서의 기능이다.

관련이론

✦ 점자정보단말기

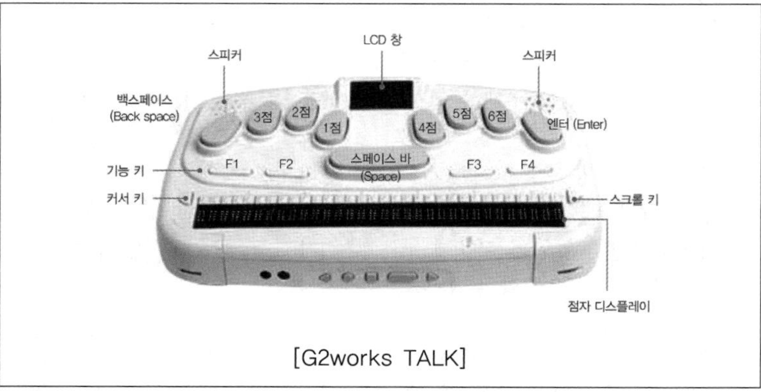

[G2works TALK]

• 점자정보단말기는 점자로 읽고 쓸 수 있는 전자기기이다.
• 본체의 여섯 개의 점자 입력 버튼으로 점자를 입력하고, 음성 합성 장치와 점자디스플레이를 통해 음성과 점자로 출력할 수 있다.
• 점자정보단말기는 노트북처럼 파일과 폴더 관리, 문서 작성, 독서, 녹음과 재생, 인터넷 등의 다양한 기능이 있으며, 컴퓨터 및 스마트폰과 연결하여 사용할 수도 있다.
• 점자정보단말기는 초등학교에서 점자를 익힌 후부터 학습 및 생활 전반에서 적극적으로 사용하는 기기이다.
• 점자정보단말기 종류 중에는 점자를 모르거나 익숙하지 않은 시각장애인을 위해 일반 묵자 자판을 이용하여 입력할 수 있는 제품도 있다.
• 점자정보단말기의 음성 합성장치는 음성 크기, 속도, 고저를 학생에게 맞게 설정할 수 있다. 일반적으로 처음 사용하는 경우에는 음성 속도를 느리게 설정하여 듣다가 점차 빠른 속도로 조정하여 듣게 되며, 여러 사람이 있는 곳에서는 이어폰을 사용하도록 해야 한다.
• 점자정보단말기를 보다 효율적으로 사용하기 위해 단축키를 기억하여 사용하는 것이 좋다. 점자정보단말기는 자체적으로 점자 학습 프로그램을 탑재하고 있으므로 점자를 배우는 단계에 있는 학생은 점자 학습동기를 높이고 점자를 숙달하는 데 활용할 수 있다.
• 점자정보단말기는 본체 중앙에 위치한 <space>키를 기준으로 좌측으로 1점, 2점, 3점, 우측으로 4점, 5점, 6점의 점자 입력 키들이 배열되어 있다. 본체의 하단에는 플라스틱 재질의 점자가 출력되는 점자디스플레이가 있는데, 점 칸이 6개 점이 아닌 8개의 점으로 구성되어 있다. 점 칸의 제일 아래의 두 점은 컴퓨터의 커서에 해당하는 것으로, 커서를 이동하여 원하는 위치에 점자의 입력이나 수정을 할 수 있다.

63

2022. 중

(가)는 시각장애학교의 초임 교사가 체육 수업 후 작성한 수업 성찰 일지의 일부이고, (나)는 중도 실명한 학생이 수업 시간에 작성한 필기 내용이며, (다)는 퍼킨스(Perkins) 스타일의 점자 키보드가 적용된 점자정보단말기의 일부이다. <작성 방법>에 따라 서술하시오. [4점]

(가) 수업 성찰 일지

- 주제: 건강관리(이론 수업)
- 대상: 중학교 1학년
- 수업 성찰 내용
  - 학생과의 상호작용이 다소 부족하였음
  - 학생과 효과적인 상호작용을 위한 방법을 모색할 필요가 있음
  - 중도 실명한 학생의 점자 필기 내용을 확인하고, ㉠ <u>잘못 표기한 점자 부분</u>을 교정해 주었음
  - 점자정보단말기 사용에 익숙하지 않은 학생이 '㉡ <u>가슴</u>둘레' 어휘를 입력할 때 어려움을 겪고 있었음
  - 점자정보단말기로 점자를 입력하는 방법을 추가하여 지도할 필요가 있음

(나) 필기 내용

필기 내용	비만을 진단할 때 <u>BMI</u>를 활용한다.
밑줄 친 부분에 해당하는 점자	○○ ○● ●● / ○○ ○○ ○● / ●○ ●○ ○○ / ●● ○○ ○● / ○● ●○ ○○ / ○○ ●● ○●

(제시된 점형은 읽기 기준이며, •은 볼록 튀어 나온 점임)

(다) 점자정보단말기

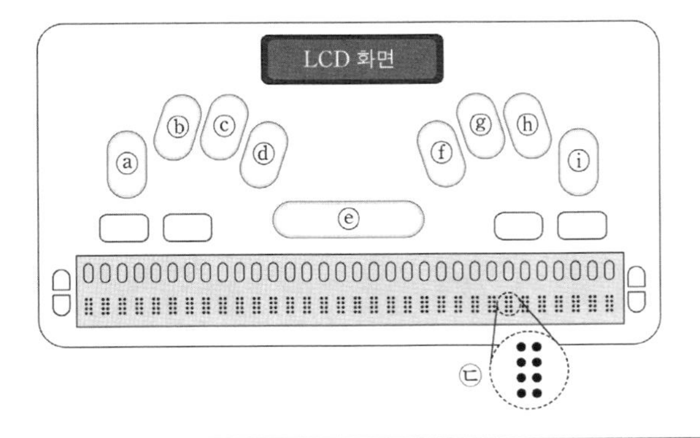

작성방법

- (가)의 밑줄 친 ㉠에 해당하는 것을 (나)에서 2가지 찾아 각각의 이유를 서술할 것 [단, 개정 한국 점자 규정(문화체육관광부 고시 제2020-38호)에 근거할 것]
- (가)의 밑줄 친 ㉡을 한글 점자의 약자로 점자정보단말기에 입력할 때, 동시에 눌러야 할 점자키를 (다)의 ⓐ~ⓘ에서 찾아 해당 기호를 모두 쓸 것
- (다)의 ㉢과 같이 점자 출력부의 각 점자 셀은 8개의 점으로 이루어졌는데, 점자 셀의 제일 아래에 있는 두 점의 기능을 1가지 서술할 것

핵심테마 체크 ✔

- 아세테이트지
- 타이포스코프

MY MEMO

64

정답 및 예시답안

①

관련이론

✦ 아세테이트지

- 대비를 높이거나 종이로부터 반사되는 눈부심을 줄여줄 수 있다.
- 선글라스로 사용하는 착색 렌즈와 비슷한 기능을 가지고 있다.
- 아세테이트지는 대비감도가 낮거나 눈부심에 민감한 학생에게 도움이 되며, 일반적으로 노란색 계열을 많이 사용하지만 안질환에 따라 밝은 갈색 등 다른 색을 사용할 수 있다.
- 아세테이트지는 책 위에 놓고 보면 되며, 낮은 대비 자료를 볼 때 도움이 된다.

✦ 타이포스코프

- 타이포스코프는 대조강화경으로 불리기도 하는데, 보통 검정색 하드보드지나 플라스틱판 가운데 길쭉한 직사각형 구멍을 내어 만든다.
- 타이포스코프의 주요 기능은 한 줄 단위로 문장을 제시하여 글줄을 잃어버리지 않도록 하고, 바탕색과 글자색 간의 대비를 더 높이며, 종이의 흰색보다 타이포스코프의 검정색이 빛 반사가 낮아 눈부심을 줄여줄 수 있다.
- 따라서 타이포스코프는 시야의 문제로 인해 문장을 좌에서 우로 똑바로 읽어나가지 못하거나 다음 줄을 잃어버리거나 눈부심에 민감한 학생이 사용하면 도움이 된다.
- 타이포스코프와 비슷한 기능을 하는 것으로 라인 가이드(line guide)가 있다. 타이포스코프는 보통 책 한 페이지의 절반 정도를 덮을 수 있는 직사각형 크기이고, 라인 가이드는 20cm 자 정도의 크기이다.

64

2010. 중

다음의 (가)와 (나)에 들어갈 명칭으로 옳은 것은? [1.5점]

> 일반적으로 전경과 배경과의 대비가 높을수록 시감도는 증가된다. 따라서 저시력학생에게 굵은 선을 그은 종이를 제공하면 대비가 증가되어 읽고 쓰기가 쉬워진다. 특히, 책 지면 위에 [(가)]를 올려놓으면 대비가 증가되어 컬러 인쇄물이나 묵자(墨字)가 더 잘 보이는 효과가 있다. [(나)]는 반사로 인한 눈부심을 막아 주고 읽을 글줄을 제시해 주기 때문에 저시력학생의 읽기에 도움을 준다.

	(가)	(나)
①	노란색 아세테이트지	타이포스코프
②	타이포스코프	노란색 아세테이트지
③	노란색 아세테이트지	마이크로스코프
④	마이크로스코프	초록색 아세테이트지
⑤	초록색 아세테이트지	타이포스코프

핵심테마 체크

- 점자
- 안질환별 중재방안
- 시야보조기구
- 타이포스코프

MY MEMO

65

정답 및 예시답안

1) '석탑'
2) 안구진탕을 읽기 활동 시 글의 읽는 줄을 고시(주시)하는 데 어려움이 있으므로 독서보조판을 활용하여 읽던 줄글의 위치를 놓치지 않도록 도움을 줄 수 있다.
3) 역단안경, 프레넬 프리즘
4) ① 학습자의 경험들을 통합시켜 형성하도록 한다.
   ② 실물이나 모형 등 대체적인 경험을 제공한다.

관련이론

✦ 타이포스코프

- 타이포스코프는 대조강화경으로 불리기도 하는데, 보통 검정색 하드보드지나 플라스틱판 가운데 길쭉한 직사각형 구멍을 내어 만든다.
- 타이포스코프의 주요 기능은 한 줄 단위로 문장을 제시하여 글줄을 잃어버리지 않도록 하고, 바탕색과 글자색 간의 대비를 더 높이며, 종이의 흰색보다 타이포스코프의 검정색이 빛 반사가 낮아 눈부심을 줄여줄 수 있다.
- 따라서 타이포스코프는 시야의 문제로 인해 문장을 좌에서 우로 똑바로 읽어나가지 못하거나 다음 줄을 잃어버리거나 눈부심에 민감한 학생이 사용하면 도움이 된다.
- 타이포스코프와 비슷한 기능을 하는 것으로 라인 가이드(line guide)가 있다. 타이포스코프는 보통 책 한 페이지의 절반 정도를 덮을 수 있는 직사각형 크기이고, 라인 가이드는 20cm 자 정도의 크기이다.

✦ 시야보조기구

- 저시각인이 시야가 너무 좁아 효율적인 주사하기를 통해서도 주변에 대한 정보를 신속하게 처리하지 못한다면, 프리즘이나 역단안경 같은 기구가 도움이 될 수 있다.
- 시야가 매우 좁지만 중심시력이 0.2 정도라면 확대경 렌즈로 오목렌즈(마이너스 렌즈)를 처방하거나, 안경에 프레넬 프리즘을 부착하거나, 역단안 망원경을 사용할 수 있다.
- 반맹의 경우에 프리즘 같은 저시각 기구가 효과적인 반면, 역단안경은 효과적이지 못하다.

65

2017. 초
★답안작성

(가)는 시각장애 특수학교에 다니는 학생들의 특성이고, (나)는 2011 개정 특수교육 교육과정(교육과학기술부 고시 제2012-32호) 중 공통 교육과정 국어과 5~6학년 '견문과 감상을 나타내어요' 단원 지도 계획이다. 물음에 답하시오. [5점]

(가)

- 혜미(단순 시각장애)
  - 원인: 망막박리
  - 현재 시각 정도: 맹
  - 점자를 읽기 수단으로 사용함
- 수지(단순 시각장애)
  - 원인: 안구진탕(안진)
  - 현재 시각 정도: 저시력
  - 묵자 읽기 속도가 느리고, 시기능(시효율)이 낮음
- 민수(단순 시각장애)
  - 원인: 망막색소변성
  - 현재 시각 정도: 양안 중심시력 0.2
시야는 주시점에서 10도(터널 시야)
  - 묵자 읽기 속도가 느림

(나)

차시	주요 학습 내용 및 활동	유의 사항
1~2	• 단원 도입 • 견문과 감상이 드러나는 글의 특성 알기	• ㉠ 점역된 읽기 자료를 제공한다.
3~4	• 견문과 감상이 드러나는 글 읽기 • 견문과 감상이 드러나는 글 쓰는 방법 알기	• ㉡ 독서보조판(typoscope)을 제공한다.
5~7	• 견문과 감상이 드러나는 글쓰기 • 문장 성분의 호응 관계에 주의하며 고쳐 쓰기	• 안전한 현장체험학습을 위해 개별 학생의 특성을 고려한 ㉢ 보행교육을 실시한다.
8~9	• 현장체험학습을 통해 우리 지역의 자랑거리 조사하기 • 우리 지역의 자랑거리가 잘 드러나게 여행 안내서 만들기	• ㉣ 시각장애로 인하여 습득하기 어려운 어휘(예: 바다, 산, 구름, 푸르다, 검다, 붉다 등) 학습에 유의하여 지도한다.

1) 다음은 (가)의 혜미에게 제공하고자 하는 (나)의 ㉠의 예이다. 점자를 묵자로 쓰시오(단, 검은 점은 볼록하게 튀어 나온 것임). [1점]

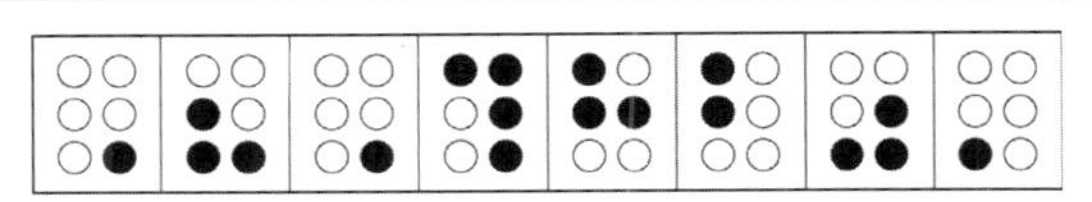

2) (가)의 수지의 특성을 고려할 때 (나)의 ㉡이 수지의 읽기 속도 및 시기능(시효율)을 향상시킬 수 있는 이유 1가지를 쓰시오. [1점]

3) (가)의 민수의 특성을 고려하여 (나)의 ㉢을 실시하고자 할 때, 민수의 시야를 개선하기 위해 사용할 수 있는 광학기구의 예 1가지를 쓰시오. [1점]

4) (나)의 ㉣을 지도할 때 고려하여야 할 사항을 2011 개정 특수교육 교육과정(교육과학기술부 고시 제2012-32호) 중 공통 교육과정 국어과 '교수 · 학습 운용'에 근거하여 2가지 쓰시오. [2점]

①:

②:

핵심테마 체크 ✔

- 화면해설서비스
- 데이지

MY MEMO

66

정답 및 예시답안

○ ㉠ 화면해설서비스
○ ㉡ 데이지

관련이론

✦ 시각장애 학생을 위한 청각활용 보조공학

구분	내용
화면 읽기 프로그램	• 화면 읽기 프로그램은 화면 낭독 프로그램이나 스크린리더라고 부르는데, 컴퓨터 화면의 내용을 확대하여 보는 데도 어려움이 있는 학생이 컴퓨터에 설치하는 소프트웨어이다. • 화면 읽기 프로그램은 맹학생이 많은 학습 자료를 빠른 속도로 듣기를 통해 학습, 컴퓨터로 문서를 작성, 인터넷에서 필요한 자료를 검색, SNS 등 다양한 컴퓨터 기반의 여가활동에 활용할 수 있다. • 음성 출력기능은 음성 속도, 고저, 크기를 자신에게 맞게 조절할 수 있으며, 공용 장소에서는 이어폰을 착용하고 사용하도록 해야 한다. • 화면 읽기 프로그램 역시 단축키를 사용하는 것이 효율적이다. • 텍스트(txt)나 한글(hwp) 문서 파일을 읽을 때 문서의 내용을 글자, 단어, 줄 단위로 읽거나 문서 처음부터 끝까지 연속하여 읽는 등의 읽기 방식을 선택할 수 있으며, 읽다가 멈춘 지점을 표시하기 위한 책갈피 기능도 가지고 있다. • 화면 읽기 설정에서 읽기 가독성을 위해 구두점을 생략하고 있을 수 있고, 정확한 글쓰기를 위해서는 구두점 읽기를 선택할 수 있다.
데이지 플레이어	• 예전에는 사람이 직접 도서를 읽어 테이프에 육성으로 녹음하면 시각장애 학생이 녹음기를 활용하여 독서를 하였다. 최근에는 전자도서 형태로 제작이 증가하고 그 파일을 다양한 기기를 통해 읽을 수 있게 되었는데, 대표적인 기기가 데이지 플레이어다. • 데이지 플레이어의 음성 속도, 크기, 고저 등도 자신에게 맞게 설정할 수 있으며, 독서 기능 외에 녹음하고 재생할 수 있는 녹음 기능, Wifi를 통해 웹 라디오나 팟 캐스트를 청취할 수 있는 기능도 있다. 또한 데이지 플레이어는 기본적으로 데이지도서를 이용하도록 만들어졌으나 다양한 문서 파일(hwp, doc, pdf 등) 형식도 읽을 수 있다. • 데이지도서(DAISY)란 시각장애인 등 일반 활자 이용에 어려움이 있는 사람들을 위한 표준화된 형식의 디지털도서로, 텍스트, 녹음, 점자 파일 등을 포함하므로 시각장애 정도에 따라 자신에게 적합한 것을 선택할 수 있다.

광학문자 인식 시스템	• 광학문자인식시스템(OCR)은 인쇄자료를 확대해도 읽을 수 없어 인쇄자료를 점자나 음성으로 다시 변환해야 읽을 수 있는 맹학생에게 유용하다.
	• 광학문자인식시스템은 스캐너 또는 카메라로 인쇄물을 스캔하여 저장한 후 문자인식 프로그램을 통해 이미지를 제외한 문자만을 추출하여 텍스트 파일로 변환하게 된다. 맹학생은 이 텍스트 파일을 음성이나 점자로 출력하여 이용하게 된다.
	• 광학문자인식시스템은 일체형 제품과 컴퓨터에 설치하는 소프트웨어형이 있다.
	  − **일체형 기기**: 광학문자판독기라고 부르는데 카메라, 문자인식 프로그램, TTS 기능이 기기 안에 모두 통합되어 있는 것이다.
	  − **소프트웨어형**: 문자인식 프로그램으로 불리는 소프트웨어형은 컴퓨터에 설치하고 별도의 스캐너를 연결해서 사용해야 한다.

보이스 아이	• 보이스아이(VIOICEYE)는 문자정보를 바코드 심벌로 저장하고, 보이스아이 전용 리더기나 보이스아이 앱을 설치한 스마트폰을 이용해 바코드를 음성으로 변환하여 듣거나 확대해서 볼 수 있도록 한 기기이다. • 바코드는 가로와 세로 1.5cm 정도 크기로, 바코드 한 개에 책 두 페이지 분량 정도가 저장된다. • 보이스아이 메이커라는 소프트웨어를 컴퓨터에 설치하여 사용하면 hwp와 MS워드 문서의 페이지 우측 상단에 보이스아이 바코드를 자동으로 생성하여 삽입할 수 있다. • 최근에는 보이스아이 전용 기기 없이도 스마트폰에서 보이스아이 앱을 설치한 후, 바코드 심벌에 스마트폰 카메라를 대면 바코드에 저장된 문서 내용을 음성으로 변환하여 들을 수 있다.
스마트 기기 환경 설정	• 스마트폰의 화면을 화면 확대 기능을 통해서도 보기 어려운 학생은 음성지원기능을 활용할 수 있다. • iOS폰은 보이스 오버(VoiceOver), 안드로이드폰은 톡백(Talkback) 등으로 불리는 시각장애인을 위한 화면 읽기 프로그램을 내장하고 있다. 이들 프로그램 모두 음성 속도・크기・고저를 조절할 수 있다.

66

2018. 중

다음은 시각장애학교 김 교사가 보조공학 연수에서 작성한 연수 일지이다. ㉠에 들어갈 서비스의 명칭과 ㉡에 들어갈 전자도서의 형식을 순서대로 쓰시오. [2점]

<시각장애 학생의 정보 접근 향상 방안 연수>

2017. 9. 15.

○ 서비스 명칭: (㉠)
- 정의: TV 프로그램 등에서 대사나 음향을 방해하지 않고 시각적 요소를 해설해 주는 서비스
- 기원: 극장에서 직접 배우들의 의상, 얼굴 표정, 신체어, 색깔, 행동 등 시각적 요소를 전문가가 설명
- 현황: 공영 방송의 일부 드라마나 영화에서 해당 서비스를 실시함
- 활용: 학습용 동영상 콘텐츠 제작 시 해당 서비스를 반영하여 학생들의 정보 접근성을 높임

○ 전자도서 형식: (㉡)
- 정의: 시각장애인이나 독서장애인을 위한 전자도서의 국제 표준 형식
- 방식: 녹음 혹은 CD도서와 달리 이미지, 동영상, 텍스트, 점자 파일을 하나의 포맷으로 저장하는 제작 방식
- 현황: 국립장애인도서관에서는 해당 형식의 도서를 제작하여 지역 점자도서관과 연계해 필요한 장애인에게 무료로 제공하고 있음. 또한 홈페이지를 통해 해당 형식의 전자도서 제작을 직접 신청받기도 함
- 활용: 여러 장르의 도서를 다양한 형식의 콘텐츠로 제작해 줌으로써 학습 교재의 접근성을 높일 수 있음

핵심테마 체크 ✔

- 스탠드 확대경
- 촉각단서
- 점자

MY MEMO

67

정답 및 예시답안

○ 저시력 학생은 손 떨림이 있어 초점거리를 맞추기 어려우므로, 초점거리가 고정되어 있는 ㉠이 적합하다. ㉠은 읽기 자료에 대고 사용하여 초점거리를 맞출 필요가 없다는 장점이 있다.

○ ㉡을 통해 학생에게 다음 활동을 알려주고 적절한 반응을 유도하기 위함이다. (*TIP : 촉각단서는 특정 메시지를 전달하기 위한 방법으로서 이 내용도 해당될 수 있으나, '사물놀이 악기를 탐색하는 활동' 중 촉각단서를 제공한다고 하였으므로, 활동과 관련한 의미를 쓰는 것이 적절함)

○ (나)에 제시된 점자는 '덩덩쿵따쿵'이다.

67

2024. 중
★답안작성

(가)는 시각장애 ○○특수학교 음악과 교수·학습 지도안의 일부이고, (나)는 구음 장단의 점자 자료이다. <작성 방법>에 따라 서술하시오. [4점]

(가) 음악과 교수·학습 지도안

<table>
<tr><td>학습 목표</td><td colspan="5">사물놀이 악기를 연주하는 바른 자세와 연주법을 익혀 흥겹게 연주할 수 있다.</td></tr>
<tr><td>지도 계획</td><td colspan="4">교수·학습 활동</td><td>자료(㉶) 및 유의점(㉷)</td></tr>
<tr><td rowspan="5">활동 지도 계획</td><td>도입</td><td colspan="3">• 이전 차시 수업 상기
– 지난 시간에 배운 민요의 형식을 학생이 상기하도록 이야기하기</td><td></td></tr>
<tr><td rowspan="4">전개</td><td colspan="3">[활동 1] 사물놀이 악기를 연주하는 바른 연주 자세와 연주법 알기</td><td rowspan="2">㉶
꽹과리, 장구, 징, 북</td></tr>
<tr><td>맹 학생</td><td>저시력 학생</td><td>시각중복장애 학생</td></tr>
<tr><td>사물놀이 악기의 연주 자세와 연주법에 대해 교사의 '신체적 안내법'과 설명을 병행하여 지도한다.</td><td>배경이 단순한 곳에서 교사는 사물놀이 악기 연주 자세와 연주법을 시범 보이고, 학생이 이를 가까이에서 보도록 지도한다.
※ ㉠<u>스탠드형 확대경</u> 제공</td><td>'손 아래 손 안내법'으로 사물놀이 악기를 탐색하는 활동에서 ㉡<u>촉각단서(touch cue)</u>를 제공하여 지도한다.</td><td>㉷
저시력 학생은 손떨림이 있으므로 악기 지도 시 유의한다.</td></tr>
<tr><td colspan="3">[활동 2] 제재곡 영남 가락 중 '별달거리' 악보를 보고 사물놀이 연주하기</td><td>㉶
제재곡 악보</td></tr>
</table>

(나) 구음 장단의 점자 자료

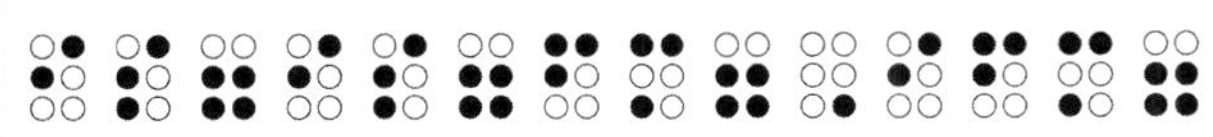

(제시된 점형은 읽기 기준이며, •은 볼록 튀어 나온 점임)

작성방법

- (가)의 저시력 학생에게 밑줄 친 ㉠이 적합한 이유를 기기의 특성에 근거하여 1가지 쓰고, ㉠의 장점을 1가지 서술할 것
- (가)의 시각중복장애 학생에게 밑줄 친 ㉡을 제공하는 이유를 1가지 서술할 것
- (나)에 제시된 점자를 묵자로 쓸 것 [단, 한국 점자 규정(문화체육관광부 고시 제2020-38호)에 근거할 것]

脈 테마별 기출분포도

테마		연도별 기출분포	셀프체크
청각장애 정의	청각장애 정의의 다양한 관점	㉓초	□□□□□
청각생리	귀의 구조 및 손상부위에 따른 분류	⑨중 ⑩유 ⑩중 ⑪유 ⑪초 ⑫유 ⑫초 ⑫중 ⑬중 ⓭유 ⑭초 ⑯유 ⑰중 ⑲초 ⑳초 ㉑초 ㉑중 ㉒중	□□□□□
진단과 평가	소리의 특성	⓭중	□□□□□
	객관적 청력검사	⑪중 ⑫중	□□□□□
	순음청력검사	⑫중 ⓭유 ⑭초 ⑭중 ⑮중 ⑯중 ⑰중 ⑲초 ⑳초 ⑳중 ㉑유 ㉑초	□□□□□
	청력도 해석	⑩유 ⑩중 ⑪중 ⑫유 ⑫초 ⓭유 ⓭중 ⑯초 ⑱중 ⑲유 ⑳중	□□□□□
	6개음 검사	⑩중 ⑪유 ⑪초 ⑪중 ⑫중 ⓭유 ⑰초 ⑲유 ㉑유 ㉑초 ㉓중 ㉔초	□□□□□
	어음청력검사	⑩중 ⑪중 ⑫중 ⑯초 ⑰중 ⑲초 ⑳초 ⑳중 ㉑유 ㉑초 ㉒중 ㉓중	□□□□□
공학적 지원	보청기	⑨중 ⑪중 ⑫유 ⑫초 ⑬유 ⑬초 ⓭중 ⑮유 ⑱초 ⑲유 ⑳유 ㉑유 ㉑초 ㉔중	□□□□□
	인공와우	⑩중 ⑪중 ⑫유 ⑫초 ⑫중 ⑬유 ⑬초 ⑲유	□□□□□
구화교육	듣기, 말하기, 읽기, 쓰기 특성	⑨중 ⑯중 ⑳중	□□□□□
	청능훈련	⑪중 ⑮초 ⑯중 ⑰유 ㉑중 ㉒중 ㉓중	□□□□□
	독화_독화소	⑨중 ⑭중 ⑳중	□□□□□
	독화지도 및 유의할 점	⑪초 ⑮초 ⑳중 ㉒중 ㉓중	□□□□□
수화교육	수화의 특성	⑫중 ⑱초 ⑲중 ㉑중 ㉒중	□□□□□
	수화소	⑨유 ⑨초 ⑨중 ⑫중 ⑬중 ⑱초 ⑲중	□□□□□
	지문자 및 지숫자	⑪초 ⑫중 ⑭초 ⑯초 ⑰초 ⑱중 ㉑초 ㉒초 ㉒중 ㉓중 ㉔초	□□□□□
	자연수화/문법수화	⑬중 ⑮중 ⑲유 ⑲중 ㉑중 ㉓초	□□□□□
	수화를 활용한 언어지도_2Bi	⑬중 ⑯유 ⑱초 ⑲중	□□□□□
	수화를 활용한 언어지도_TC	⑬중 ㉓초	□□□□□
통합교육	통합교육을 위한 교육적 지원	⑫중 ⑬중 ⓭중 ⑯유 ⑯중 ⑰초 ⑳유 ㉑중 ㉒중	□□□□□
	청취를 위한 지원	⑬중 ⓭중 ⑯유 ⑰초 ⑳유 ㉒중	□□□□□
	의사소통 전략_회복전략 등	⑮초 ⑱중 ㉒초 ㉔중	□□□□□

PART

11

청각장애

핵심테마 체크

- 총체적 의사소통법(TC)
- 한국수어와 음성언어
- 청각장애 정의의 다양한 관점

MY MEMO

01

정답 및 예시답안

1) ① 의사소통에 사용할 수 있는 모든 수단 중 학생의 요구에 맞는 적절한 수단을 종합적으로 사용하여 충분히 표현하고 이해하는 의사소통하도록 하기 위함이다.
   ② 독화, 발화, 몸짓, 읽기, 쓰기 등
2) ① 음성언어는 2개의 말소리가 동시에 발성되지 않는 분절성이 있는 반면 한국수어는 여러 가지 요소가 동시에 산출되는 동시성을 갖는다.
   ② 한국수어는 음성언어와 달리 가역성을 가지고 있는 언어이다.
3) 문화적 관점

관련이론

✦ 총체적 의사소통법(Total Communication)

① 종합적 의사소통, TC라고 불리는 이 방법은 청각장애인 간이든 청각장애인과 일반인 간이든 의사소통의 모든 수단을 활용하는 것을 의미한다.
② 동시법 또는 결합법이라고도 하는 것으로 의사소통에 사용할 수 있는 모든 수단, 즉 독화, 발화, 수화, 지문자, 몸짓, 기타 등을 동시에 사용하거나 그러한 것들 중에서 의사소통에 적절한 어떤 한 수단을 사용하는 것이다.
③ 종합적 의사소통은 의사소통 방법에서는 청각장애 아동이 조기부터 이용할 수 있는 청능, 발어, 말읽기, 지문자, 몸짓, 그림, 읽기, 쓰기 등을 배우도록 한다.
④ 의사소통에서 아동의 요구, 능력에 따른 최적의 이해·표현을 보장하는 것은 청각장애 아동에 대한 도덕적 권리를 보장하는 것이며, 극단적인 구화주의는 청각장애 자체를 부정하는 것이다.
⑤ 종합적 의사소통 철학이 청각장애인을 위한 최적의 선택을 지지하는 것이라면, 언어적 측면에서 체계화된 지도가 수반되어야 한다. 조기에 시각적으로 제시되는 양식에 의존해 온 청각장애 아동은 청각으로 부호화된 언어를 수용해 본 경험이 없으므로, 수화가 일차적 언어를 수행하는 매체가 될 것이다.

✦ 청각장애 정의의 다양한 관점

관점	내용
의학적 관점 (병리적 관점)	① 생리학적 관점 ② 청각장애는 청각기관의 기능장애로서 생리학적인 청력손실 정도에 따라 농과 난청으로 구별한다. ③ 일반적으로 정상청력은 20~25dB HL까지로 보며, 농은 90dB HL 이상으로 규정하고 있다.
교육적 관점	① 교육학적 관점에서는 청각을 통한 언어정보 이해 및 처리능력 정도로 농과 난청을 결정한다. 즉, 개인과 환경 간의 관계 그리고 그로 인한 사회적 제약을 중요시한다. ② 장애인 등에 대한 특수교육법에서 나타난 바와 같이 교육학적 관점에서의 청각장애는 청력손실로 인한 의사소통에 초점이 맞추어져 있다.
문화적 관점	① 최근에는 문화적 관점에서 청각장애를 정의하고 있다. ② 농인은 청력이 손실된 또는 청각보조기기가 필요한 사람이 아니라 구어가 아닌 수어를 사용하는 소수집단을 이루는 사람이라는 관점이다.

고득점 답안 비법 ☆ 1) 청각장애인 개인에게 적합하고 용이한 의사소통 양식을 선택하여 사용할 수 있도록 한다는 점이 핵심

☆ 2) 수화의 언어적 특성 중 음성언어에는 없는, 음성언어와 구분되는 특성을 작성

☆ 3) ⓒ '병리적 관점에서 벗어나' ⓒ의 관점이라는 맥락에서 파악해야 함. 청각장애 정의에 대한 다양한 관점인 의학적 관점(병리적 관점), 교육적 관점, 문화적 관점 중 ⓒ은 문화적 관점의 키워드

01 2023. 초 ★답안작성

다음은 청각장애특수학교 교육현장실습 중 예비 교사와 지도 교사가 나눈 대화이다. 물음에 답하시오. [5점]

예비 교사: ㉠ 총체적 의사소통법으로 수업을 할 수 있도록 수어를 배우고 있습니다. 그런데 농학생과 의사소통이 잘 안 되는 경우가 있습니다.
지도 교사: 국어대응식수화로 의사소통해서 그럴 수 있습니다. 국어대응식수화는 문법수화로 불리기도 합니다. 한국수어는 자연수어라고도 하지요.
예비 교사: 한국어 단어마다 수어 단어를 대응시키면 한국수어 문장이 되는 것 아닌가요?
지도 교사: 아닙니다. 국어대응식수화는 한국수어를 사용하는 농학생은 이해하기 어렵습니다. 예를 들면 다음과 같습니다. (자료를 보여 주며)

> 한국어: 나는 친절한 친구가 좋다.
> 국어대응식수화: [나] [친절하다] [친구] [좋다]

위와 같은 국어대응식수화 문장은 한국수어를 사용하는 농학생이 "나는 친절하다. 친구가 좋아한다."라고 해석할 수 있습니다.
예비 교사: 아! 한국수어의 문법 체계는 한국어 문법 체계와 다른 거군요.
지도 교사: 예. 한국수어는 음성언어와 ㉡ 언어적 특성 측면에서 차이가 있습니다. 수어 단어뿐만 아니라 한국수어 문법도 공부하고 연습해야 합니다. 아울러 농문화에 대한 이해를 충분히 하는 것도 중요합니다. 그리고 병리적 관점에서 벗어나 ㉢ 농문화를 수어 사용 소수집단 구성원들의 생활양식으로 인정하는 관점에서 수어를 이해해야 합니다.

1) ① ㉠의 도입 목적을 1가지 쓰고, ② ㉠에서 사용되는 의사소통 유형을 1가지 쓰시오. (단, 수어는 제외할 것) [2점]

①:

②:

2) ㉡ 측면에서 한국수어와 음성언어의 차이점을 2가지 쓰시오. [2점]

①:

②:

3) ㉢에 해당하는 관점의 명칭을 쓰시오. [1점]

핵심테마 체크 ✔

- 귀의 구조
- 손상부위에 따른 청각장애

MY MEMO

02

정답 및 예시답안

④

알찬 지문풀이

- ㄱ. ~~침골과 등골~~에 손상이 있다. ➡ 이소골은 중이
- ㄹ. 기도 검사 결과에는 ~~청력손실이 있~~고, 골도 검사 결과는 ~~정상 범위~~에 있다. ➡ 모두 손상
- ㅂ. 보청기 착용 효과가 충분히 예상되므로, 보청기 적합 절차를 거쳐 착용한다. ➡ 전음성

관련이론

✦ 귀의 구조

부위	구조와 기능
외이	• 외이에는 이개(귓바퀴)와 외이도가 포함되며, 소리를 모아서 중이로 전달하는 역할을 한다.
중이	• 중이는 고막, 이소골(추골 · 침골 · 등골), 고실, 이내근, 이관(유스타키오관)으로 이루어져 있으며 측두골 안에 들어 있다. • 중이는 소리를 고체 진동으로 바꾸어 내이의 림프액으로 전달하는 기능을 한다. • 즉, 외이도를 통해 들어온 음파(진동)를 고막과 이소골이라는 뼈를 통해 내이에 전달한다.
내이	• 측두골 추체부에 위치한 내이는 와우, 전정, 반규관으로 이루어져 있다. • 전정과 반규관은 평형감각을 감지하여 수용하는 기능을 하며, 전정기관이라 부른다. • 와우는 소리를 인식하는 기관으로 중이에서 전달된 음파를 신경 흥분으로 전환하여 수용하는 기능을 한다. • 내이는 그 형태와 구조가 복잡하여 미로라고도 하는데, 미로는 안쪽의 막미로와 이를 바깥쪽으로 둘러싸고 있는 골미로로 구분된다. • 골미로는 외림프로, 막미로는 내림프로 채워져 있다. 이러한 미로는 난원창(전정창) 및 정원창(와우창)을 통해 고실과 연결되며, 내이도, 전정도수관 및 와우소관으로 이어져 후두와 연결된다. • 내이는 청각기관과 평형기관의 두 부분으로 되어 있다.
청신경/청각 중추	• 내이의 코르티기에서 발생한 청각전파는 청신경을 따라 내이도를 지나 뇌간을 거치고, 청각중추로 가게 된다. 이 과정에서 다른 기능을 맡은 중추들과 서로 복잡하게 연관되어 억제 · 기억 · 습관화하게 하며 뜻을 알게 하는 등의 기능을 하게 된다.

✦ 손상부위에 따른 청각장애

유형	특성	손실 부위
전음성 난청	일반적으로 청력손실이 60~70dB을 넘지 않으며, 보청기로 소리를 증폭시켜 줌으로써 어느 정도 효과를 기대할 수 있다. 골도청력은 거의 정상에 가깝다.	외이 또는 중이의 이상
감각 신경성 난청	청력손실이 많고 기도청력과 골도청력에 모두 결함을 보이며, 골도청력역치와 기도청력역치 사이에 차이가 거의 없다.	내이(유모세포) 또는 청신경 이상
혼합성 난청	전음성 난청과 감각신경성 난청의 혼합, 청력손실이 많고 기도청력과 골도청력이 모두 손상되어 있다. 골도청력역치와 기도청력역치 사이에 차이가 있으며, 이때 기도청력손실이 더 많다.	중이의 증폭기능과 내이의 이상
중추성 난청	청각신호의 정보처리과정에서의 결함으로 말소리를 종합하고 분석하여 이해하는 데 문제를 보인다.	중추신경계의 이상

✦ 말초청각장애와 중추청각장애

- 네 가지 유형은 다시 말초청각장애와 중추청각장애로 구분된다. 말초청각장애는 외이, 중이, 내이, 청신경의 병변으로 발생하며, 중추청각장애는 청신경을 거쳐 청각 중추에 이르는 과정에서의 문제로 발생한다.

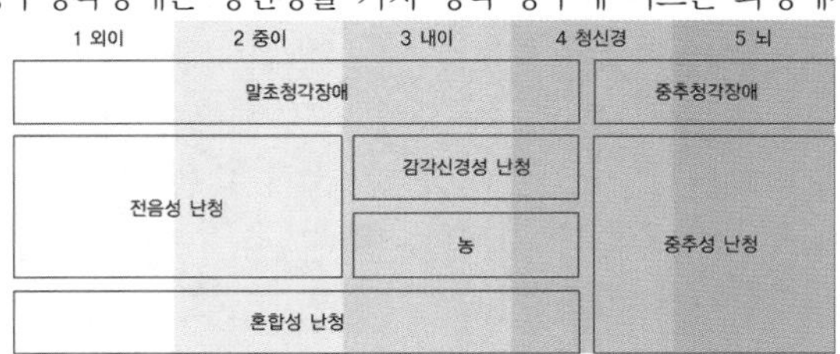

02

2009. 중

청각장애학교에 재학하고 있는 A학생은 감음 신경성 청각장애로 진단받았다. <보기>에서 A학생에게 해당될 수 있는 설명을 고른 것은?

보기

ㄱ. 침골과 등골에 손상이 있다.
ㄴ. 코르티기에 손상이 있다.
ㄷ. 기도와 골도 검사 결과 모두에 청력손실이 있고, 그 정도가 유사하다.
ㄹ. 기도 검사 결과에는 청력손실이 있고, 골도 검사 결과는 정상 범위에 있다.
ㅁ. 보청기 착용 효과가 없는 경우에는, 인공와우 이식을 고려한다.
ㅂ. 보청기 착용 효과가 충분히 예상되므로, 보청기 적합 절차를 거쳐 착용한다.

① ㄱ, ㄷ, ㅁ
② ㄱ, ㄷ, ㅂ
③ ㄱ, ㄹ, ㅁ
④ ㄴ, ㄷ, ㅁ
⑤ ㄴ, ㄹ, ㅂ

핵심테마 체크 ✔

- 귀의 구조
- 손상부위에 따른 청각장애

MY MEMO

03

정답 및 예시답안

②

알찬 지문풀이

- ㉠ 감음신경성 청각장애는 외이나 중이에는 손상이 없으니까 헤드폰을 통해 순음을 들려주어 검사하는 ~~기도검사 결과가 정상~~이겠군요. ➡ 외이나 중이의 손상이 없더라도 검사음을 감지할 수 없기 때문에 기도검사의 결과도 손상
- ㉣ ~~유모세포의 손상으로 음파가 전기에너지로 제대로 전환되지 않아~~ 대뇌피질까지 소리가 전달되지 않는 중추성 청각장애 ➡ 중추성 청각장애는 중추신경계통에 문제가 있는 것
- ㉤ 고막과 이소골 두 곳에 손상이 있다고 하니 ~~혼합성~~ 청각장애 ➡ 고막과 이소골은 중이이므로 전음성

03

2013. 중

다음은 청각장애학교에 교육실습을 나온 교생 A와 B가 나눈 대화이다. ㉠~㉥ 중에서 옳은 내용만을 있는 대로 고른 것은? [2.5점]

> 교생 A: 우리 반 준희는 내이에 손상을 입은 감음신경성 청각장애예요.
> 교생 B: 아, ㉠ 감음신경성 청각장애는 외이나 중이에는 손상이 없으니까 헤드폰을 통해 순음을 들려주어 검사하는 기도검사 결과가 정상이겠군요.
> 교생 A: 준희는 ㉡ 내이에 손상이 있으니까 골도검사에서 청력손실이 나타나지요.
> 교생 B: 참, ㉢ 기저막에 손상을 입으면 전음성 청각장애이지요. 그 외 청각기관의 손상 부위에 따른 청각장애의 종류는 무엇이 있나요?
> 교생 A: ㉣ 유모세포의 손상으로 음파가 전기에너지로 제대로 전환되지 않아 대뇌피질까지 소리가 전달되지 않는 중추성 청각장애가 있어요.
> 교생 B: 그런데, 정미는 ㉤ 고막과 이소골 두 곳에 손상이 있다고 하니 혼합성 청각장애이겠군요. 이런 학생들의 순음청력검사 결과는 어떤가요?
> 교생 A: ㉥ 혼합성 청각장애는 기도와 골도검사 모두에서 청력손실이 나타나는데, 기도검사의 청력손실이 골도검사의 청력손실보다 더 크게 나타나지요.

① ㉠, ㉡ ② ㉡, ㉥
③ ㉠, ㉢, ㉥ ④ ㉡, ㉣, ㉤
⑤ ㉢, ㉣, ㉤, ㉥

핵심테마 체크 ✔

- 손상부위별 청각장애
- 인공와우
- Ling의 6개음 검사

MY MEMO

04

정답 및 예시답안

①

알찬 지문풀이

- ㉢ 와우에 문제가 있는 ~~전음성 청각장애~~라서 인공와우 수술을 했어요. ➡ 와우는 내이에 속하며, 와우손상은 감음성 청각장애의 원인
- ㉣ 달팽이관 속에 이식한 ~~어음처리기~~ ➡ 체내부인 달팽이관(와우관)에는 자극을 이식하는 것이며, 어음처리기는 인공와우의 체외부 구성요소에 해당함
- ㉤ Ling이라는 학자가 제시한 '5개음 검사'를 하는데, 이 검사에서 일반적으로 사용하는 5개음은 [i], ~~[ɔ]~~, [a], ~~[k]~~, [s]이에요. ➡ [u], [ʃ]

관련이론

✦ 인공와우 구조

외부	• 송화기(microphone) • 안테나(antenna)	• 언어처리기(speech processor)
내부	• 수용·자극기(receiver/stimulator)	• 전극(electrode)

✦ 인공와우 수술

- 귀에 증폭된 소리를 전달하는 보청기와는 다르게 인공와우는 손상된 유모세포를 대체하며 직접적으로 청신경을 자극한다.
- 인공와우의 기본구성: 마이크로폰, 음처리기, 송신기와 수신기, 전극
- 인공와우 이식수술: 외부의 음원으로부터 전달되어 온 소리에너지를 내이를 대신하여 전기에너지로 변환시키고 달팽이관에 삽입된 전극을 통하여 청신경을 직접 자극하여 소리를 들을 수 있도록 하는 수술로서, 수술은 2~3시간 정도 소요되고, 아동은 수술한 날 밤을 병원에서 보낸다. 약 4주 후에 아동은 장치의 자극을 시작하기 위해 병원을 방문하게 되고 2~3일 동안 조정을 한다.
- 수술 이후에 언어치료가 강도 높게 시행된다면 인공와우는 유아의 말, 언어, 발달적 기술, 사회적 기술을 획득하도록 도울 수 있다.
- 보청기를 써도 도움을 받지 못하는 고도의 감각신경성 난청아동에게 유용한 청력을 제공함으로써 효과적인 재활의 방법으로 인정되고 있다.
- 보청기와의 차이점: 단순히 소리를 증폭시키는 보청기와는 달리 삽입된 전극이 와우에 주파수별로 다른 정보를 전달하여 자음의 분별에 필요한 정보를 얻을 수 있게 해 주며 환경음과 언어를 구별할 수 있게 해 준다.

04

2011. 유

다음은 청각장애 자녀를 둔 어머니들이 나눈 대화이다. 밑줄 친 내용 중 옳은 것을 모두 고르면?

> 영미 엄마: 어제 민수네랑 이비인후과에 가서 청력검사를 했어요. 우리 영미는 ㉠ <u>혼합성 청각장애로 기도와 골도 검사 모두에서 청력 손실이 나타났는데, 기도 검사의 청력 손실이 골도 검사의 청력 손실보다 더 크게 나타났어요</u>. 그리고 민수는 ㉡ <u>감음신경성 청각장애로 기도와 골도 검사에서 청력 손실이 비슷하게 나타났어요</u>.
>
> 정아 엄마: 우리도 보청기를 다시 해야 되는데 인공와우 수술을 해야 할지 고민이에요. 정아네 반에 있는 예지도 작년에 ㉢ <u>와우에 문제가 있는 전음성 청각장애라서 인공와우 수술을 했어요</u>.
>
> 영미 엄마: 정말 인공와우 수술을 한 학생들이 점점 많아져요. 그런데 어제 인공와우를 착용한 병호가 ㉣ <u>달팽이관 속에 이식한 어음처리기</u>에 문제가 생겨 병원에 갔다고 하더군요. 인공와우가 작동하지 않으면 수업을 하기 어렵죠. 그래서 영미 담임선생님은 아침마다 보청기와 인공와우를 한 아이들의 청취력을 검사하세요.
>
> 정아 엄마: 아, 그래야겠군요. 근데 무슨 검사를 하신대요?
>
> 영미 엄마: 대부분의 말소리가 위치하는 말소리 바나나(speech banana) 영역의 소리를 들을 수 있는지 보려고 ㉤ <u>Ling이라는 학자가 제시한 '5개음 검사'를 하는데, 이 검사에서 일반적으로 사용하는 5개음은 [i], [ɔ], [a], [k], [s]이에요</u>.

① ㉠, ㉡ ② ㉠, ㉣
③ ㉡, ㉤ ④ ㉠, ㉢, ㉤
⑤ ㉡, ㉢, ㉣

핵심테마 체크

- 임피던스 청력검사
- 어음청력검사
- 뇌간유발반응검사

MY MEMO

05

정답 및 예시답안

①

문제 속 자료분석

- (가) 피검자의 고막을 향해 소리를 들려준 후 반사되어 나오는 소리의 양을 미세마이크로 잡아 전기적 반응을 측정한다. ➡ **임피던스**
- (나) 피검자 헤드폰을 통해 청취한 검사음을 듣고 즉시 반복해서 따라 말하거나 받아쓰게 한다. ➡ **어음청력**
- (다) 피검자의 머리에 전극을 부착시켜 청신경계의 미세한 전기적 반응을 측정한다. ➡ **뇌간유발**

관련이론

✦ 객관적 청력검사

고막운동도검사	• **임피던스 검사**: 외이도를 통하여 전달된 음향에너지가 내이로 전달되는 과정에서 중이 내의 음향에너지를 받아들이는 정도와 반사되는 정도를 측정하는 검사 • 외이도 입구에서 음향 자극을 준 후 고막에서 반사되어 돌아오는 에너지를 분석함 • 중이강의 상태와 이소골의 기능 상태 등을 파악할 수 있음 • 음향자극에 대한 고막의 탄성 변화 정도는 고막과 중이강의 상태를 보여 준다는 점에서 고막운동성검사는 중이질환 유무에 매우 유용한 진단기준
등골근반사검사	• **등골근반사**: 강한 음자극이 외부에서 입력되면 등골근이 수축되고 이로 인해 이소골 연쇄가 경직되어 저항이 증가되는 현상 • 등골근의 움직임으로 내이기능이나 청신경의 상태를 파악 • 내이나 청신경 상태를 알 수 있기 때문에 미로성(내이성) 청각장애와 후미로성(신경성) 청각장애의 유형을 판별하는 데 사용
청각피로검사	• **청각피로**: 순음을 계속해서 들려주면 어느 순간 음량이 감소되거나 음이 사라지는 현상으로서, 그 자체는 정상 • 감음성이나 후미로성 난청의 경우 청각피로현상이 일반적인 현상과 다르게 나타날 수 있음
이음향방사검사	• **이음향방사**: 와우의 외유모세포에서 발생하여 중이를 거쳐 외이도로 전달되는데, 이것을 측정하는 것 • 이음향방사는 듣는 과정에서 필수적인 요소는 아니지만 정상적인 청각수용과정이 이루어지고 있다는 것을 의미 • 만약 이음향방사가 관찰되지 않는다면 와우의 이상을 예측 • 자발이음향방사 / 유발이음향방사
청성뇌간 유발반응검사 (ABR)	• 소리자극을 들려주고 이에 대한 청각계로부터의 전기 반응을 두피에 위치한 전극을 통하여 기록하는 검사 • 청성유발반응은 소리자극을 준 후 전기적 신호가 발생할 때까지 소요된 시간에 따라 초기반응, 중기반응, 후기반응으로 분류되며, 초기 반응검사의 하나가 청성뇌간유발반응검사 • 뇌간유발반응검사는 청신경에서 뇌간의 일부에 이르는 청각 전달로에서 발생하는 전기적 신호를 기록한 것 • 기도 및 골도 청성뇌간반응을 함께 측정함으로써 전음성 및 감각신경성 청력손실의 유형 감별에 도움
전기와우도검사	• 고막을 통하여 전극을 갑각(promontory)에 부착시켜(침습적) 음자극에 따른 전기적 반응을 기록하는 검사 • 신뢰도가 높고 역치의 측정이 용이하지만, 침습적인 방법이라는 단점이 있어 청력역치평가에는 사용하지 않음
청성지속 반응검사	• 주파수별 청력역치를 알 수 있고, 수면에 영향을 받지 않으며 자동화 역치 측정방식으로 비숙련자도 검사하기가 용이 • 청성지속반응역치는 순음청력역치와 상관관계가 높음

05

2011. 중

다음은 청각장애의 진단에서 사용하는 검사들이다. (가)~(다)에 해당하는 검사 명칭을 바르게 제시한 것은? [1.5점]

(가) 피검자의 고막을 향해 소리를 들려준 후 반사되어 나오는 소리의 양을 미세마이크로 잡아 전기적 반응을 측정한다.
(나) 피검자가 헤드폰을 통해 청취한 검사음을 듣고 즉시 반복해서 따라 말하거나 받아쓰게 한다.
(다) 피검자의 머리에 전극을 부착시켜 청신경계의 미세한 전기적 반응을 측정한다.

	(가)	(나)	(다)
①	임피던스청력검사	어음청력검사	뇌간유발반응검사
②	임피던스청력검사	어음청력검사	골도청력검사
③	골도청력검사	임피던스청력검사	뇌간유발반응검사
④	골도청력검사	임피던스청력검사	어음청력검사
⑤	뇌간유발반응검사	어음청력검사	임피던스청력검사

핵심테마 체크 

- 뇌간반응유발검사(ABR)
- Ling의 6개음 검사
- 순음청력검사
- 어음청취역치검사
- 어음명료도검사

MY MEMO

06

정답 및 예시답안

③

알찬 지문풀이

- ㄹ. 어음청취역치검사는 검사음의 50%를 정확히 대답하는 ~~최대 어음 강도~~인 어음청취역치를 알아보는 검사로, 어음청취역치는 일반적으로 순음평균청력치와 ~~20dB 정도~~ 차이가 난다. ➡ 보통 10 차이. 15 이상 차이나면 신뢰도가 없다고 봄. 어음청력검사를 단독으로 실시하면 임상적 진단에 어려움이 있으므로 순음청력검사와 함께 해석해야 함

- ㅁ. 어음명료도검사는 검사 어음을 얼마나 정확히 이해하는지를 측정하는 검사로 최대명료도값(PBmax)과 명료도 곡선을 구할 수 있는데, 약 60dB에서 100%의 어음명료도를 보이면 ~~감각신경성 청각장애로 추정~~한다. ➡ 60dB에서 100%의 어음명료도를 보이는 것은 전음성 청각장애

관련이론

✦ 뇌간반응유발검사(ABR)

- 뇌간유발반응검사는 청성유발반응검사의 하나
- 청성유발반응검사란 소리자극에 의해 와우, 청신경 그리고 중추청각 전달로로 전파되는 일련의 전기적 신호를 기록하는 검사
- 청성유발반응은 잠복기, 즉 소리자극을 준 후 전기적 신호가 발생할 때까지 소요된 시간에 따라 초기반응, 중기반응, 후기반응으로 분류
- 초기반응검사의 하나인 ABR은 마취나 수면 등의 영향을 받지 않아서 중간반응이나 후기반응에 비하여 유용하게 사용
- 뇌간유발반응검사는 청신경에서 뇌간의 일부에 이르는 청각 전달로에서 발생하는 전기적 신호를 기록한 것
- 출생 직후부터 6개월 이내에 할 수 있는 검사법들 중 가장 진보된 검사
- 기도 및 골도 청성뇌간반응을 함께 측정함으로써 전음성 및 감각신경성 청력손실의 유형 감별에 도움이 될 수 있음

✦ Ling의 6개음 검사

6개음	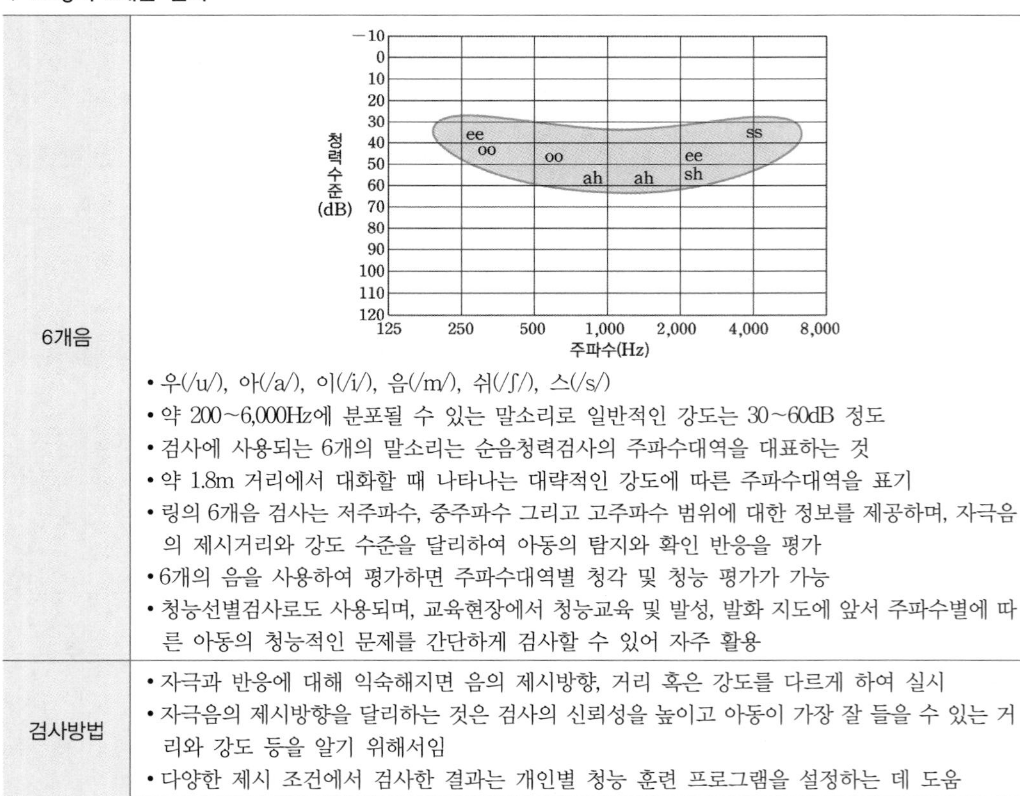 • 우(/u/), 아(/a/), 이(/i/), 음(/m/), 쉬(/ʃ/), 스(/s/) • 약 200~6,000Hz에 분포될 수 있는 말소리로 일반적인 강도는 30~60dB 정도 • 검사에 사용되는 6개의 말소리는 순음청력검사의 주파수대역을 대표하는 것 • 약 1.8m 거리에서 대화할 때 나타나는 대략적인 강도에 따른 주파수대역을 표기 • 링의 6개음 검사는 저주파수, 중주파수 그리고 고주파수 범위에 대한 정보를 제공하며, 자극음의 제시거리와 강도 수준을 달리하여 아동의 탐지와 확인 반응을 평가 • 6개의 음을 사용하여 평가하면 주파수대역별 청각 및 청능 평가가 가능 • 청능선별검사로도 사용되며, 교육현장에서 청능교육 및 발성, 발화 지도에 앞서 주파수별에 따른 아동의 청능적인 문제를 간단하게 검사할 수 있어 자주 활용
검사방법	• 자극과 반응에 대해 익숙해지면 음의 제시방향, 거리 혹은 강도를 다르게 하여 실시 • 자극음의 제시방향을 달리하는 것은 검사의 신뢰성을 높이고 아동이 가장 잘 들을 수 있는 거리와 강도 등을 알기 위해서임 • 다양한 제시 조건에서 검사한 결과는 개인별 청능 훈련 프로그램을 설정하는 데 도움

06

2012. 중

청각장애를 진단하기 위한 청력검사에 대한 설명으로 옳은 것만을 <보기>에서 있는 대로 고른 것은?

보기

ㄱ. 뇌간유발반응검사(ABR)는 청성 초기 반응을 측정하는 객관적 검사이다.

ㄴ. 링(D. Ling)이 제시한 5개음 검사는 청취력을 간단하게 진단하는 데 유용한 검사로, 검사음은 [i], [u], [a], [ʃ], [s]이며, [m]을 더하여 6개음 검사를 하기도 한다.

ㄷ. 순음청력검사는 주파수별로 순음을 들려주어 청력 수준을 측정하는 주관적 검사로, 기도와 골도 검사 결과를 통해 청력손실 정도와 청각장애의 유형을 알 수 있다.

ㄹ. 어음청취역치검사는 검사음의 50%를 정확히 대답하는 최대 어음 강도인 어음청취역치를 알아보는 검사로, 어음청취역치는 일반적으로 순음평균청력치와 20dB 정도 차이가 난다.

ㅁ. 어음명료도 검사는 검사 어음을 얼마나 정확히 이해하는지를 측정하는 검사로 최대명료도값(PBmax)과 명료도 곡선을 구할 수 있는데, 약 60dB에서 100%의 어음명료도를 보이면 감각신경성 청각장애로 추정한다.

① ㄱ, ㄹ　　② ㄷ, ㅁ

③ ㄱ, ㄴ, ㄷ　　④ ㄱ, ㄴ, ㄷ, ㄹ

⑤ ㄴ, ㄷ, ㄹ, ㅁ

핵심테마 체크 ✓

• 순음청력검사의 차폐

MY MEMO

07

정답 및 예시답안

○ ㉠ 양이감쇄(양이감쇠, 이간감약)
○ ㉡ 골도검사에서는 양이감쇄가 0이어서 항상 반대청취가 일어날 수 있기 때문이다.

관련이론

✦ 순음청력검사의 차폐

- 차폐란 두 귀의 청력에 차이가 있고, 청력손실이 큰 쪽의 귀를 검사할 때 자극음이 두개골의 진동을 통해 검사하지 않는 좋은 쪽 귀로 누설되어 생기는 음영청취(shadow hearing or cross-over)를 막아 나쁜 쪽 귀의 정확한 최소 가청역치를 구하기 위하여 좋은 쪽 귀에 잡음을 들려주는 것
- 좌우의 청력 차이가 있는 경우, 검사하는 귀에 주어진 자극음이 검사를 하지 않는 귀에서 들리는 것을 억제하기 위해서 검사하지 않는 귀에 잡음을 들려주는 것
- **골도검사의 경우**: 검사하는 쪽에 주어진 골도음의 강도가 약간 감소한(0~5dB) 후 반대쪽 내이에 전달되므로 골도검사에서는 항상 차폐를 시행해야 함
- **이간감약**: 기도청력검사에서 검사하는 쪽에 주어진 음의 강도는 반대쪽으로 넘어가는 경우 약해지는 현상
- 기도검사의 경우 이간감약을 고려하여 차폐를 결정하여야 함
- 차폐는 기도검사에서 주어진 자극음이 골도음으로 바뀌어 검사하고 있지 않은 귀에서 들리는 경우가 있기 때문에 필요
- 차폐는 검사하는 귀의 청력과 검사하지 않는 귀의 골도청력에 의해 결정
- 일반적으로 차폐를 시행하지 않고 구한 청력역치가 검사하지 않는 귀의 골도청력역치와 40~50dB 이상 차이가 있는 경우 차폐를 시행
- 이간감약보다 작은 음으로 검사하는 경우 검사하지 않는 쪽의 차폐는 필요 없으며, 이보다 큰 음으로 검사하는 경우 반드시 차폐를 하여야 함

07 2015. 중 ★답안작성

다음은 순음청력검사에 대한 설명이다. 괄호 안의 ㉠에 들어갈 현상을 쓰고, 밑줄 친 ㉡의 이유를 쓰시오. [2점]

> 기도청력검사의 경우는 양 귀의 기도청력역치가 40dB 이상 차이가 있거나 검사 귀의 기도청력역치와 비검사 귀의 골도청력역치가 40dB 이상 차이가 있을 때 차폐(masking)를 해야 한다. 이는 주파수에 따라 차이가 있으나, 검사 귀에 제시한 음이 두개골을 지나면서 최소한 40dB 이상의 (㉠) 이/가 일어나기 때문이다. 그리고 ㉡ 골도청력검사의 경우는 항상 차폐를 해야 한다.

핵심테마 체크 ✔

- 순음청력검사의 주파수대역
- 평균청력역치 산출법

MY MEMO

08

정답 및 예시답안

○ ㉠ 말소리
○ ㉡ 2000

관련이론

구분			내용
의미			• 가청 주파수대역에서 말소리와 연계된 주파수대역의 청력을 단순한 음파(순음)로 측정하는 검사 (*순음: 하나의 주파수로 이루어진 음) • 말소리와 같은 모든 자연음은 여러 주파수 성분이 모여 있는 복합음이기 때문에 주파수별 가청역치 값을 구할 수 없음 • 각 주파수별로 음의 강도를 조절하여 역치를 구하는 가장 기본적인 청력검사 • 측정하는 주파수대역: 250Hz에서 8,000Hz
검사목적			• 청력손실의 유무 • 편측성과 양측성 • 청력손실의 정도 • 청력형 • 청력손실의 손상부위와 이에 따른 청각장애 유형 • 청능 재활 정도
청력역치			• 청력역치: 피검자가 들을 수 있는 가장 작은 강도의 소리 • '들을 수 있는' 수준이란 3번 검사음을 주었을 때 2번 반응하는 것, 즉, 50% 이상 반응할 수 있는 소리가 역치가 됨 • 0dB HL이란 소리가 없다는 것이 아니라 건청인의 기준에서 들을 수 있는 가장 작은 소리 강도 • 쾌적역치: 가장 편안하게 잘 들을 수 있는 강도 • 불쾌역치: 음을 점점 더 크게 들려주었을 때 불쾌감을 느끼게 되는 소리의 크기 • 역동범위: 최소가청역치에서 불쾌역치 사이의 범위 • 음의 보충 현상: 청력역치가 높지만 작은 소리의 변화에 민감하게 반응하는 것
기도검사	검사귀 선정		• 일반적으로 순음청각검사는 좋은 쪽 귀부터 실시 • 양쪽 귀의 역치 차이가 없으면 오른쪽부터 실시
	자극음 제시		• 자극음은 1~2초 정도가 가장 적당: 자극음이 너무 짧을 경우에는 우리 뇌가 소리 정보를 충분히 받아들일 수 없으며, 너무 길 경우에는 역치가 실제보다 좋게 나타날 수 있기 때문 • 자극음 간의 간격은 자극음보다는 최소한 길게 주어야 하며, 불규칙적으로 제시(오반응 방지)
	주파수 조절		• 역치는 모든 주파수에서 동일한 절차를 거쳐 찾아야 함 • 1,000Hz에서부터 시작하여 고주파수대역 8,000Hz까지 측정하였다가 다시 1,000Hz에서 저주파수대역 250Hz로 내려감 • 1,000Hz를 두 번 검사하는 이유 – 검사의 신뢰도를 점검: 10dB 이상 차이나면 재검사, 10dB 이내로 차이가 날 경우 더 좋은 쪽 역치로 결정 – 1000Hz는 말소리를 지각하는 데 가장 중심이 되는 주파수이기 때문 • 주파수대역들 간 간격을 두고 청력 정도를 측정하는 이유는 주의집중력과 검사 시간을 고려하였기 때문 • 두 주파수 간 청력 정도 차가 일반적으로 20dB 이상일 경우에 중간 주파수대의 청력 정도를 측정
	강도 조절	상승법	• 아주 작은 소리에서 일정한 간격으로 올리면서 최초로 소리가 들리는 지점을 역치로 결정하는 방법
		하강법	• 피검자가 들을 수 있는 큰소리에서 시작하여 최초로 들리지 않는 지점을 역치로 결정하는 방법
		수정 상승법	• 근접역치측정: 20dB 간격으로 조절하여 결정 • 역치탐색과정: 5dB, 10dB씩 조절하며 역치를 결정
골도검사	방법		• 두개골의 진동을 유발시켜 내이로 전달되어 소리를 듣는 과정에서의 이상 유무를 확인하고 역치를 측정하는 검사 • 유양돌기에 진동자를 착용한 후 각 주파수별 역치를 확인함
	주파수 조절		• 기도검사와 달리 일반적으로 250Hz(500Hz)에서 4,000Hz까지만 검사 • 1,000Hz에서 시작하며, 2,000Hz, 4,000Hz, 1,000Hz, 500Hz로 하며, 그 외의 검사 절차는 기도검사와 동일 • 낮은 주파수인 125Hz의 경우 소리 에너지가 지나치게 강해서 골도로 전달되는 소리를 피부로 지각하는 경우가 있기 때문에 보통 검사하지 않음
	강도 조절		• 강도 조절방식은 기도검사와 동일하나, 최대 70dB까지만 자극음을 제시 • 기도역치가 1,000Hz에서 40dB HL이었다면 골도역치는 1,000Hz에서 최소한 40dB HL을 초과하지 않는다는 것을 전제함

PART 11

08

2014. 중

다음은 기도순음청력검사를 통해 산출된 청각장애학생 A의 오른쪽 귀 평균청력손실치에 대한 설명이다. 괄호 안의 ㉠과 ㉡에 해당하는 말을 각각 쓰시오. [2점]

> 학생 A의 오른쪽 귀 평균청력손실치 75dB은 대부분의 (㉠)이/가 분포되어 있는 주파수인 1,000Hz, 500Hz, (㉡)Hz의 각각의 청력손실치로 계산하여 구한 값이다. 즉, 1,000Hz의 청력손실치 75dB의 2배 값에 500Hz의 청력손실치 70dB과 (㉡)Hz의 청력손실치 80dB을 더한 값을 4로 나눈 값이다.

핵심테마 체크 ✔

- 손상부위별 청각장애
- 순음청력검사 실시방법
- 지숫자

MY MEMO

09

정답 및 예시답안

1) 혼합성 청각장애
2) 1000Hz의 주파수를 2번 반복해서 청력검사를 실시하는 이유는 말소리를 지각하는 데 가장 중심이 되는 주파수이기 때문이다.
3) 1, 6, 8
4) • 수화하기: 의욕과 태도, 표현의 정확성과 효과, 내용의 적절성을 평가한다.
   • 수화 읽기 · 말 읽기: 수화 읽기 · 말 읽기를 한 내용의 기억, 종합, 요약에 대하여 평가한다.

문제 속 자료분석

- 어렸을 때 고열로 인하여 달팽이관이 손상되었으며, 만성 중이염으로 중이에도 손상을 입었음 ➡ 중이와 내이 모두 손상되어 혼합성 청각장애일 가능성이 있음
- 현재 기도 청력 손실 정도는 양쪽 귀 모두 85dB이며, 기도 청력 손실 정도가 골도 청력 손실 정도보다 높게 나타남 ➡ 기도와 골도 모두 손상되었고, 기도청력손실도가 골도보다 높으므로 혼합성 청각장애

관련이론

✦ 순음청력검사 실시방법

- 순음청력검사 방법은 말소리와 연계된 주파수대역을 중심으로 실시하는데, 순음인 250Hz, 500Hz, 1,000Hz, 2,000Hz, 4,000Hz, 8,000Hz와 같은 여러 주파수대역에서 청력반응 정도를 검사한다.
- 자극음을 1,000Hz에서부터 시작하여 고주파수대역 8,000Hz까지 측정하였다가 다시 1,000Hz에서 저주파수대역 250Hz로 내려간다.
- 이와 같이 1,000Hz의 주파수를 2번 반복해서 청력검사를 실시하는 이유는 말소리를 지각하는 데 가장 중심이 되는 주파수이기 때문이다.
  (*1,000Hz를 두 번 검사하는 이유는 검사의 신뢰도를 점검하기 위해서이며, 이때 역치가 ±5dB 이내일 때 신뢰할 수 있다고 본다. 오차 범위 내에 있을 경우에는 좋은 역치를 역치값으로 한다.)
- 주파수대역들 간 간격을 두고 청력 정도를 측정하는 이유는 주의집중력과 검사시간을 고려하였기 때문이다.
- 모든 주파수대역을 검사하지 않아도 연결되어 있는 검사들 간의 청력 정도가 큰 차이가 없을 경우 그 중간에 위치한 주파수대역 역시 비슷한 청력 정도를 가진 것으로 해석해도 무관하다.
- 그러나 이웃하는 두 주파수대 간 청력차가 지나치게 클 경우 주파수대역 간의 중간주파수대의 청력 정도를 다시 측정해야 한다.
- 예를 들면, 청력검사를 할 때 1,000Hz, 2,000Hz, 4,000Hz로 이어지는 청력을 검사한 결과 2,000Hz에서 정상범주의 소리를 들었는데, 이어지는 4,000Hz에서 중등도 정도의 소리를 지각하게 된다면 2,000Hz와 4,000Hz 사이에 존재하는 3,000Hz의 청력 정도를 파악해야 한다는 것이다.
- 이렇듯 두 주파수 간 청력 정도 차가 일반적으로 20dB 이상일 경우에 중간 주파수대의 청력 정도를 측정한다.

PART 11

09

2014. 초

(가)는 청각장애 학생 영희의 특성이고, (나)는 국어(언어)과 '여러 가지 방법으로 말해요' 단원의 지도 내용이다. 물음에 답하시오. [5점]

(가) 영희의 특성

- 어렸을 때 고열로 인하여 달팽이관이 손상되었으며, 만성 중이염으로 중이에도 손상을 입었음
- 현재 기도 청력 손실 정도는 양쪽 귀 모두 85dB이며, 기도 청력 손실 정도가 골도 청력 손실 정도보다 높게 나타남

(나) 지도 내용

차시	지도 내용
1	• 모음 지문자 따라 하며 익히기(ㅏ, ㅑ, ㅓ, ……)
2	• 자음 지문자 따라 하며 익히기(ㄱ, ㄴ, ㄷ, ……)
3	• 사물의 이름을 말하고, 지문자로 쓰기(학교, 연필, ㉠ 기차 등)
4	• 지숫자 따라 하며 익히기(1, 2, 3, ……)
지도 시 유의점	• 개별 학생의 수준을 고려하여 말하기(말·수화하기), 듣기(수화 읽기·말 읽기), 읽기, 쓰기를 유기적으로 지도하고 평가한다.

1) (가) 영희의 특성을 고려할 때, 청력 손실 부위에 따른 청각 장애 유형을 쓰시오. [1점]

2) 영희에게 청력 검사를 실시할 때, 검사 주파수를 1,000Hz – 2,000Hz – 4,000Hz – 8,000Hz – 1,000Hz – 500Hz – 250Hz – 125Hz 순으로 하였다. 실시 과정에서 1,000Hz를 두 번 검사하는 이유를 쓰시오. [1점]

3) ㉠ '기차'를 한국수화 지문자로 표현할 때, 이 지문자에 사용된 수형으로 표현할 수 있는 숫자(1~9)를 3가지 쓰시오. [1점]

4) 영희의 수화하기와 수화 읽기·말 읽기를 평가할 때, 무엇에 중점을 두어 평가해야 하는지를 쓰시오(2012 개정 특수교육 공통 교육과정 국어과 '6. 평가'에 제시된 유의사항에 근거할 것). [2점]

- 수화하기 :
- 수화 읽기·말 읽기 :

핵심테마 체크

- 손상부위별 청각장애
- 평균청력역치 산출
- 소리의 강도를 나타내는 단위(dB)
- FM 시스템
- 청각장애 학생을 위한 통합학급에서의 지원
- 독화 시 고려사항

MY MEMO

10

정답 및 예시답안

1) 수미, 지우
2) 4분법은 말소리가 가장 많이 분포되어 있는 1000Hz를 두 번 반영하는 방식이므로, 말소리에 대한 청력 수준을 더 정확히 알 수 있다.
3) SPL이나 IL은 단위 면적에 가해지는 물리적인 음압을 나타내는 단위이며, HL은 정상 성인의 가청역치 평균을 기준으로 나타내는 단위이기 때문이다.
4) 0dB HL은 정상적인 성인의 평균청력역치를 의미하므로 −5dB HL은 이보다 더 나은 수준의 청력 수준임을 의미한다.
5) • ② / 한두 단어로 말해주면 완전한 문장에 비해 맥락 속에서 이해하기가 어렵기 때문에 적절하지 않다. 맥락과 함께 이해할 수 있도록 완전한 문장으로 말해 주어야 한다.
   • ④ / 교사가 임의로 정하는 것은 독화자인 학생의 입장을 고려하지 않은 것이다. 독화할 자리는 독화자인 학생의 입장에서 입모양을 잘 확인할 수 있는 자리를 정하는 것이 바람직하므로 교사가 임의로 자리를 지정하는 것은 적절하지 않다.

문제 속 자료분석

- 병철
  - 좌측 ➡ 기도, 골도 모두 같은 수준으로 손상되었으므로 감음성 청각장애
  - 우측 ➡ 기도, 골도 모두 같은 수준으로 손상되었으므로 감음성 청각장애
- 수미
  - 좌측 ➡ 기도손상이므로 전음성 청각장애
  - 우측 ➡ 정상
- 지우
  - 좌측 ➡ 모두 손상되었으며, 기도손상이 더 심하기 때문에 혼합성 청각장애
  - 우측 ➡ 모두 손상되었으며, 기도손상이 더 심하기 때문에 혼합성 청각장애

관련이론

✦ 소리의 물리적 특성과 지각적 특성

물리적 특성	지각적 특성	관계
주파수(Hz)	음고(pitch)	주파수가 높으면 높은 음으로 들리고, 주파수가 낮으면 낮은 음으로 들린다.
음압(dB)	음량(loudness)	음압이 크면 큰 소리로 들리고, 음압이 작으면 작은 소리로 들린다.
복합성(complexity)	음색(tinbre)	파형의 규칙성과 스펙트럼에 따라 소리가 다르게 느껴진다.

✦ 소리의 강도를 나타내는 단위

dB SPL	• 소리가 발생하지 않은 평형 상태로부터 소리의 발생으로 인하여 변화된 압력의 변동을 말한다. • 즉, SPL은 소리를 만들어 내는 물리적인 공기압력을 측정한 값이다.
dB HL	• 인간이 들을 수 있는 청력의 크기를 표시하는 단위이다. • 0dB HL은 소리가 존재하지 않는 것이 아니라, 성인이 들을 수 있는 최소가청역치의 평균치를 말한다. 즉, 일반적으로 보았을 때 사람이 들을 수 있는 가장 작은 소리이다.
dB SL	• 개인의 절대역치를 초과한 만큼의 감각 레벨이다.

10

2013추. 중

(가)는 청각장애 학생들의 청력 특성이고, (나)는 통합학급 박 교사의 수업 방법이다. 물음에 답하시오. [6점]

(가) 청각장애 학생들의 청력 특성

이름	㉠ 평균 청력역치(㉡ dB HL)	
병철	기도 좌측 50 골도 좌측 50	우측 50 우측 50
수미	기도 좌측 35 골도 좌측 5	우측 0 ㉢ 우측 −5
지우	기도 좌측 70 골도 좌측 35	우측 65 우측 35

(나) 박 교사의 수업 방법

① 청각을 주된 의사소통 채널로 사용하는 병철이는 FM 시스템(보청기)의 수신기를 착용하고 수업에 참여한다. 교사는 FM 시스템의 마이크를 착용한 채, 교실 안을 자유롭게 움직이며 설명한다.
② 수미에게는 완전한 문장보다는 한두 단어로 말해 준다.
③ 독화(말읽기)와 잔존청력을 활용하는 지우를 위해 집단 토론 상황에서는 서로 둘러앉게 하고, 말하는 학생 앞에 컵이나 작은 공(스피치 볼)을 놓고 말하도록 한다.
④ 지우가 독화(말읽기)하기 가장 좋은 자리를 교사가 임의로 지정해 준다.

1) (가)의 청각장애 학생들 중 외이나 중이에 손상이 있는 학생의 이름을 모두 쓰시오. [1점]

2) ㉠을 3분법이 아니라 4분법으로 구할 때의 장점을 1가지 쓰시오. [1점]

3) ㉡과 같이 청력역치를 표시할 때, dB IL이나 dB SPL이 아니라 dB HL 단위를 사용하는 이유를 1가지 쓰시오. [1점]

4) ㉢의 의미를 0dB HL의 의미에 비추어 쓰시오. [1점]

5) (나)의 ①~④ 중 적절하지 않은 수업 방법 2가지를 찾아 기호를 쓰고, 그 이유를 각각 쓰시오. [2점]

- 기호와 이유 :

- 기호와 이유 :

핵심테마 체크 ✔

- 청력도
- 손상부위에 따른 청각장애

MY MEMO

정답 및 예시답안

①

알찬 지문풀이

- ㄷ. 읽기 지도에서 ~~동시는 완성된 문장보다 쉽게 받아들이므로 동시를 활용하여 문장에 대한 이해를 높인다.~~ ➡ 은유나 상징이 많이 사용되는 동시는 청각장애 학생이 이해하기 어려움
- ㄹ. 혜주는 ~~중이 손상에 의해 초래된 전음성 난청이므로 교과활동 시 교사는 음의 강도를 높여 지도해야 한다.~~ ➡ 고주파수에서 손상이 더 심하므로 감음성 난청으로 봐야 함
- ㅁ. 교사는 혜주에게 정확한 입모양을 보여주기 위해 문장을 읽어줄 때, ~~음절마다 분리하여 천천히 말을 한다.~~ ➡ 명확하게 말해주는 것은 좋지만 문장을 음절마다 분리하는 것은 적절하지 않음. 자연스럽게 읽어주어야 함

PART 11

11

2010. 유

다음은 청각장애 아동 혜주의 특성에 대한 기록이다. 이 기록을 기초로 하여 혜주에게 언어를 지도하려고 할 때, <보기>에서 적절한 방법을 모두 고른 것은?

- 성명: 김혜주(여)
- 특성: 선천성 청각장애
  - 동작성 지능지수(IQ): 94(K-WISC-III 검사)
  - 사회성숙지수(SQ): 85(사회성숙도 검사)
  - 가정환경: 건청인 부모 밑에서 외동으로 성장하고 있으며 아파트에 거주함. 부모 모두 직장생활을 하고 있음
  - 또래관계: 또래들과 어울리려고 노력하나 주로 혼자 보내는 시간이 많음

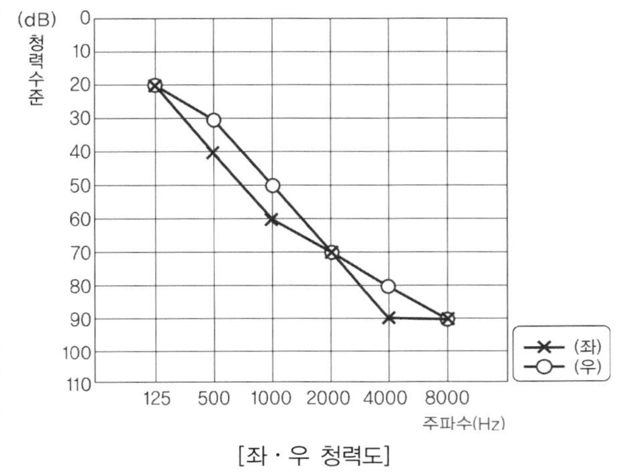

[좌 · 우 청력도]

보기

ㄱ. 말의 정보를 반복적으로 제공하여 혜주가 의사소통 단서를 파악하도록 유도한다.
ㄴ. 관용적으로 사용되는 표현은 혜주가 이해하기 어려울 수 있으므로 별도로 지도한다.
ㄷ. 읽기 지도에서 동시는 완성된 문장보다 쉽게 받아들이므로 동시를 활용하여 문장에 대한 이해를 높인다.
ㄹ. 혜주는 중이 손상에 의해 초래된 전음성 난청이므로 교과활동 시 교사는 음의 강도를 높여 지도해야 한다.
ㅁ. 교사는 혜주에게 정확한 입모양을 보여주기 위해 문장을 읽어줄 때, 음절마다 분리하여 천천히 말을 한다.

① ㄱ, ㄴ　② ㄴ, ㄷ
③ ㄱ, ㄴ, ㄹ　④ ㄷ, ㄹ, ㅁ
⑤ ㄱ, ㄷ, ㄹ, ㅁ

핵심테마 체크 ✔

- 청력도
- 손상부위에 따른 청각장애
- Ling의 6개음 검사

MY MEMO

12

정답 및 예시답안

②

알찬 지문풀이

- ㄴ. ~~인공와우 이식을 하게 되면~~ 듣기 능력이 향상된다. ➡ 전음성은 보청기
- ㄹ. 조용한 장소에서 1.8m 떨어져 대화할 때 마찰음 말소리를 들을 수 있다. ➡ 5개음 검사에 따라 마찰음에 해당하는 ss음을 듣기 어려움
- ㅁ. 조용한 장소에서 1.8m 떨어져 대화할 때 대부분의 모음을 들을 수 없다. ➡ 5개음 검사에 따라 대부분의 모음은 청취 가능

문제 속 자료분석

- 오른쪽 귀 ➡ 기도손상(기도차폐 결과)

- ㄷ. 남자 목소리를 여자 목소리보다 더 잘 들을 수 있다. ➡ 남자 목소리보다 여자 목소리가 고주파수의 소리이며 고주파수로 갈수록 청력손실이 커지므로 더 못 들음
- ㅂ. 조용한 장소에서 두 사람이 속삭이는 소리를 1.2m 거리에서 듣는 데 어려움을 겪는다.
➡ 41.67dB 정도의 청력 수준이므로 속삭이는 소리를 듣기 어려움

관련이론

✦ Ling의 6개음 검사

① 약 1.8m의 거리에서 대화할 때 나타나는 말소리 중에서 대표적인 음을 선정
② 그 음의 주파수에 따른 개략적인 강도를 청력도에 표시한 것
③ ee[i], oo[u], ah[a], sh[ʃ], ss[s], m[m]
④ 주파수 분포는 약 200Hz부터 6000Hz까지, 강도 분포는 30dB부터 60dB까지 이 영역을 'CLEAR', '말소리 바나나'라고 함
⑤ 250Hz : 80dB, 500Hz : 100dB, 1000Hz : 110dB, 2000Hz : 115dB, 4000Hz : 85dB을 넘지 않을 때, 이 범위 내에서 청력손실을 입은 아동이 적절한 보청기를 착용한다면, 의미 있는 말소리의 구성요소를 쉽게 탐지하고 변별할 수 있음
⑥ 청각에 의한 언어수용이 가능한 아동에게 임상적으로 적용
⑦ 자극음을 들었을 때 박수를 치게 하거나 들은 소리를 모방
⑧ 제시방향, 제시거리, 강도 수준을 달리하여 아동에게 제시반응을 평가

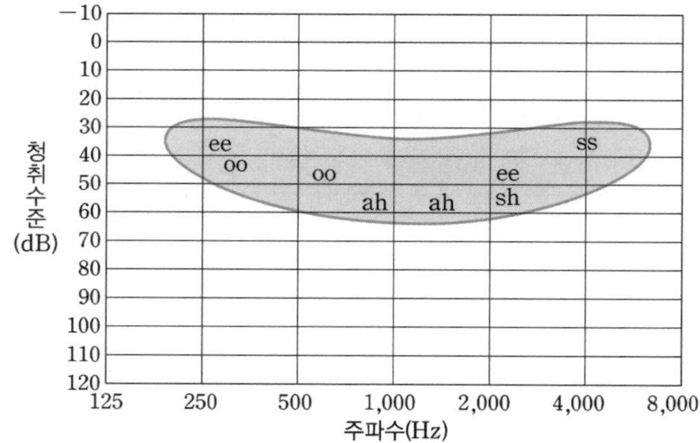

12

2010. 중

다음의 청력도는 학생의 순음청력검사 결과이다. 이 학생의 오른쪽 귀의 청각 특성에 대해 옳은 것을 <보기>에서 모두 고른 것은? [2.5점]

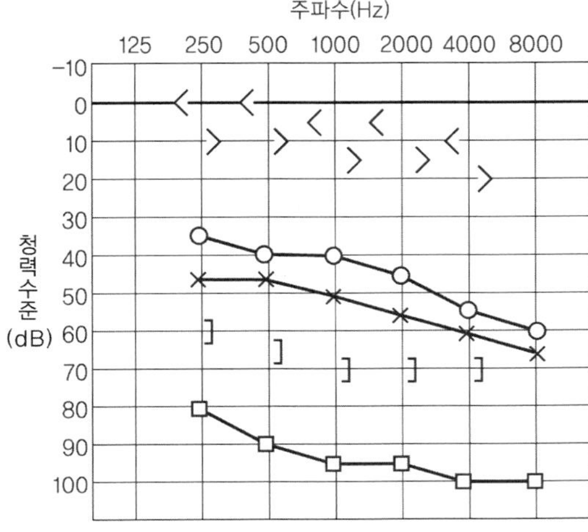

보기

ㄱ. 전음성 난청이다.
ㄴ. 인공와우 이식을 하게 되면 듣기 능력이 향상된다.
ㄷ. 남자 목소리를 여자 목소리보다 더 잘 들을 수 있다.
ㄹ. 조용한 장소에서 1.8m 떨어져 대화할 때 마찰음 말소리를 들을 수 있다.
ㅁ. 조용한 장소에서 1.8m 떨어져 대화할 때 대부분의 모음을 들을 수 없다.
ㅂ. 조용한 장소에서 두 사람이 속삭이는 소리를 1.2m 거리에서 듣는 데 어려움을 겪는다.

① ㄱ, ㄴ, ㄹ
② ㄱ, ㄷ, ㅂ
③ ㄱ, ㄷ, ㅁ, ㅂ
④ ㄴ, ㄷ, ㄹ, ㅁ
⑤ ㄴ, ㄷ, ㄹ, ㅁ, ㅂ

핵심테마 체크 ✔

- 손상부위별 청각장애
- 청력도
- Ling의 6개음 검사
- 평균청력역치_3분법
- 청력형_청력손실 패턴에 따른 분류

MY MEMO

13

정답 및 예시답안

②

알찬 지문풀이

- ㄱ. 5개음 검사 결과, '아'음을 들을 수 있다. ➡ '아'음은 1000Hz, 55dB 주변에 분포되어 있는 소리이므로 들을 수 있음
- ㄴ. 청각장애의 원인은 ~~중이~~에 의한 청력손실이다. ➡ 감음성은 내이 손상
- ㄷ. 발성 시 자음 산출에 어려움이 있고, 과대비성이 나타난다. ➡ 감음성 청각장애의 특성
- ㄹ. 3분법으로 계산한 왼쪽 귀의 평균 청력수준은 ~~35dB(HL)~~이다. ➡ (10 + 25 + 55) / 3 = 30dB
- ㅁ. 청력형은 고음장애형이며, 역동범위는 건청학생에 비하여 ~~넓다~~. ➡ 청력손실이 있으면(심할수록) 역동범위는 좁아짐
- ㅂ. 청능훈련을 할 때 큰북과 캐스터네츠 소리를 각각 들려준 후, 어떤 소리에 반응하는지를 살펴본다. ➡ 큰북과 캐스터네츠는 주파수의 차이를 보이는 소리이므로 고음장애형에 속하는 학생에게 청능 훈련의 내용으로 적합함

문제 속 자료분석

- 기도, 골도의 청력 수준이 비슷하게 나타나며 모두 손상되었으므로 감음성 청각장애
- 고주파수로 갈수록 청력손실이 심한 고음장애형 ➡ 감음성의 특성

관련이론

✦ 손상부위별 청각장애

전음성	• 외이나 중이에 병변이 있을 때 초래되는 장애 • 골도청력은 거의 정상이고 기도청력에만 장애 • 대부분 60dB 이하로 의료적 처치가 가능하며, 심한 경우 수술이나 기타 의학적인 방법으로 교정이 가능 • 모든 주파수에서 영향을 받기 때문에 음운 사용이나 초분절적 자질 사용에 문제를 보일 수 있음 • 보청기의 효과적인 활용을 기대할 수 있음
감음 신경성	• 내이와 청신경계에 이상이 있어 청각장애를 일으키는 경우 • 골도청력과 기도청력의 차이가 거의 없음 • 일반적으로 저주파수대보다 고주파수대의 청력손실이 큼 • 의료적 처치나 수술은 효과적이지 못함 • 대부분 정도가 심하여 청각을 통한 의사소통에 어려움을 겪으며 특수교육적 지원이 요구됨 • 보청기의 도움을 받기 어려운 경우가 많음
혼합성	• 전음성 청력손실과 감각신경성 청력손실이 함께 나타난 경우 • 골도청력보다 기도청력의 손실이 더 크게 나타남 • 일반적으로 청력손실 정도는 심하지 않음
중추성	• 청신경이 연수에 들어가서부터 대뇌피질 사이의 중추신경계통에 장애가 있어 초래되는 경우 • 청력은 정상이나, 청각신호에 담긴 정보를 지속적으로 전송, 분석, 조직, 변형, 정교화, 회상, 사용하는 데 결함 • 후미로성 청각 문제로서 소리 중에서 특히 말소리에 비정상적인 반응 • 소음이 많은 환경에서는 청각장애처럼 행동

✦ 청력형

- 주파수에 따른 청력손실 패턴에 따라 수평형, 경사형, 역경사형, 고음급추형, 산형, 곡형 등으로 구분
- 수평형은 모든 주파수대역에서 청력손실이 비슷하게 나타나는 경우
- 경사형은 고주파수대역으로 갈수록 청력손실이 커지는 경우
- 역경사형은 반대로 저주파수대역에서 청력손실이 커지는 경우
- 고음급추형은 2000Hz 정도에서 급격하게 청력손실이 커지는 경우
- 산형은 마치 산 모양처럼 중주파수대역에서만 청력이 좋고 저주파수와 고주파수대역에서 청력손실이 큰 경우
- 곡형은 반대로 중주파수대역에서의 청력손실이 상대적으로 크고 저주파수와 고주파수대역에서는 청력손실이 적은 경우에 해당

13

2011. 중

다음은 선천성 청각장애학생의 순음청력검사 결과이다. 이 학생의 청력도에 근거하여 알 수 있는 내용으로 옳은 것만을 〈보기〉에서 모두 고른 것은? [2.5점]

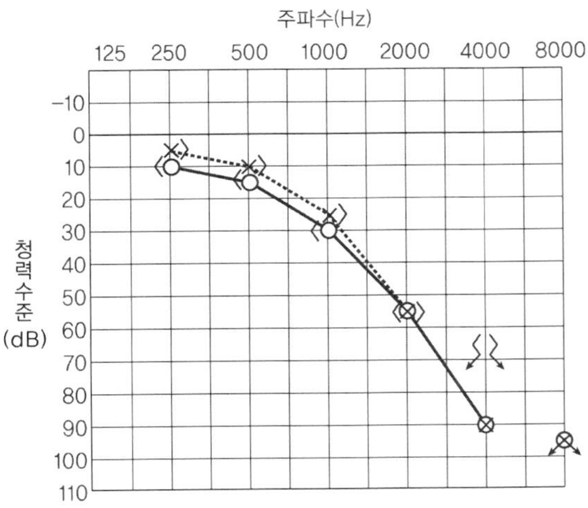

보기

ㄱ. 5개음 검사 결과, '아'음을 들을 수 있다.
ㄴ. 청각장애의 원인은 중이에 의한 청력손실이다.
ㄷ. 발성 시 자음 산출에 어려움이 있고, 과대비성이 나타난다.
ㄹ. 3분법으로 계산한 왼쪽 귀의 평균 청력수준은 35dB(HL)이다.
ㅁ. 청력형은 고음장애형이며, 역동범위는 건청학생에 비하여 넓다.
ㅂ. 청능훈련을 할 때 큰북과 캐스터네츠 소리를 각각 들려준 후, 어떤 소리에 반응하는지를 살펴본다.

① ㄱ, ㄴ, ㄹ
② ㄱ, ㄷ, ㅂ
③ ㄱ, ㄷ, ㅁ, ㅂ
④ ㄴ, ㄷ, ㄹ, ㅁ
⑤ ㄴ, ㄷ, ㄹ, ㅁ, ㅂ

핵심테마 체크 ✓

- 청력도
- Ling의 6개음 검사
- 청능 훈련의 4단계
- 차폐의 기준

MY MEMO

14

정답 및 예시답안

1) /i/ /u/ /a/ /ʃ/ /s/
2) 음의 확인
3) /ㅅ/는 마찰음이며 4000Hz와 35dB 주변에 분포되어 있는 소리인데, 6개음 검사의 분석에 따라 지수는 마찰음을 듣기 어렵기 때문에 /ㅈ/소리로 반응한 것이다.
4) 기도청력과 골도청력 모두 손상되었으며 같은 수준으로 손상되었기 때문이다.
5) 청력도에 따르면 양이의 청력차가 40dB 이하이므로 반대청취가 나타나지 않을 것이다. 따라서 차폐가 요구되지 않는다.

관련이론

✦ 청능 훈련의 4단계

단계	내용
청각적 감지	소리의 유무를 알고 소리의 ON/OFF에 바르게 반응하는 것을 학습하는 단계
청각적 변별	특정한 소리가 같은지 다른지를 알고, 서로 다르게 반응하는 것을 학습하는 단계
청각적 확인	새로운 청각 정보를 이미 알고 있는 범주에 비추어 인식하고 알아맞히는 반응을 학습하는 단계
청각적 이해	변별이나 확인을 바탕으로 청각적 정보가 지닌 의미 및 내용을 이해하여 바르게 반응하는 것을 학습하는 단계

✦ 차폐의 기준

- 주파수의 여하에도 불구하고 양이의 청력차가 40dB 이상일 때는 좋은 쪽 귀에 차폐를 실시한다.
- 비검사 귀의 골도청력 상태에 의하여 차폐의 필요 여부가 결정되는 것이므로, 양쪽 귀의 기도청력 수준만으로 판단해서는 안 된다.
- 청력이 좋은 쪽 귀에 전도성 장애가 있으면 기도청력 수준의 차이가 적어도 음영곡선이 생길 가능성이 있다.

고득점 답안 비법 ✰ 3)의 답안작성 시, 말소리의 음향음성학적 특성과 청력도의 내용을 연결 지어 근거로 제시할 것

14

2013추. 유

다음의 (가)는 지수의 청능 훈련 활동이고, (나)는 지수의 청력도이다. 물음에 답하시오. [5점]

(가) 지수의 청능 훈련 활동

> 지수는 인지적 문제를 동반하지 않은 만 4세 청각장애 유아이다. 현재 지수는 양쪽 귀에 보청기를 착용하고 있다. 교사는 ㉠ <u>링(D. Ling)의 6개음 검사</u>를 실시한 후 다음과 같이 청능 훈련을 하였다.
>
> 교사: 지수야, 선생님이 하는 말을 잘 들어보세요.
> (입을 가리고) '엄마 어디 있어?'
> 지수: ㉡ <u>(엄마를 가리키며) '엄마'</u>
> 교사: (입을 가리고) '우산'
> 지수: ㉢ <u>'우…잔'…… '우잔'</u>

(나) 지수의 청력도

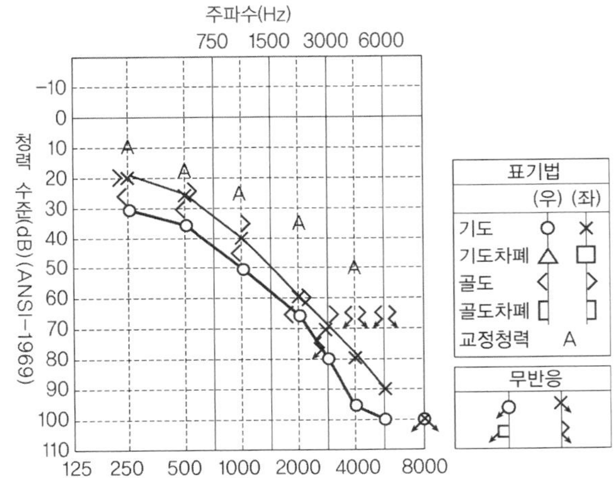

1) ㉠에서 /m/를 제외한 나머지 5개음의 음소를 쓰시오. [1점]

2) ㉡은 청능 훈련 계획 시 고려할 청능 기술(auditory skill)의 4단계 중 어디에 해당하는지 쓰시오. [1점]

3) ㉢과 같이 지수가 /ㅅ/를 /ㅈ/으로 듣고 반응하는 이유를 /ㅅ/의 음향음성학적 특징과 지수의 청력도를 근거로 쓰시오. [1점]

4) (나)의 청력도를 근거로 지수가 감음신경성 청각장애인 것으로 판단할 수 있는 이유를 1가지 쓰시오. [1점]

5) (나)의 청력도를 보면 500Hz, 1000Hz, 2000Hz의 기도검사에서 차폐(masking)가 요구되지 않는다. 그 이유를 1가지 쓰시오. [1점]

핵심테마 체크

- 평균순음역치(PTA)
- 차폐음의 종류
- 자연수화와 문법수화

MY MEMO

15

정답 및 예시답안

1) ① 6분법은 1,000Hz와 2,000Hz의 청력역치를 두 배씩 반영하는 방법으로 어음의 중심이 되는 주파수에 비중을 두어 이에 대한 청력을 보다 잘 나타내는 산출법이다.
   ② 6개음 검사는 약 250~8,000Hz의 주파수 범위에서 약 30~60dB에 분포되어 있는 말소리에 대한 검사인데, 영수는 해당 주파수에서의 청력역치가 모두 60dB보다 높아 6개의 말소리에 대한 관련정보를 얻기 어렵기 때문이다.
2) 협대역잡음
3) ① 자연수화는 청각장애인들 사이에서 자연스럽게 발생한 것이고, 문법수화는 한국어 체계에 기반을 두고 발생한 것이다.
   ② 자연수화는 자체의 문법과 규칙을 가지고 있으나, 문법수화는 한국어의 문법체계를 그대로 따른다.

관련이론

✦ 평균청력역치

- 순음청력손실 평균은 모든 주파수의 가청역치를 반영하거나 어음역 또는 특정 음역에 비중을 두어 구하는 방법이 있으며, 소음 등에 의한 난청 정도를 표현하는 경우를 제외하고는 어음역 주파수의 가청역치 평균을 이용한다.

— 허승덕, 『청각학』, 박학사, 2016.

- 회화음역 청력역치의 산술평균법은 회화음역에 속하는 주파수인 500, 1,000, 2,000Hz에서의 청력역치를 평균한 것을 널리 사용한다. 평균 40dB 이상의 청력손실이 있는 경우에는 본인이 장애를 쉽게 인식할 수 있다. 그래서 40dB을 정상적인 사회생활을 위해 필요한 최저청력요구치의 경계로 삼고, 이보다 좋은 청력을 사회적응청력이라 한다.

— 유은정 외, 『청각장애아동교육』, 학지사, 2013.

- 특정 주파수에 비중을 두는 평균법에는 4분법과 6분법이 있다. 4분법은 500, 2,000Hz의 청력역치와 1,000Hz의 청력역치의 2배를 합하여 4로 나눈 값으로 구할 수 있다. 6분법은 500, 4,000Hz의 청력역치와 1,000Hz 및 2,000Hz의 청력역치의 두 배를 합하여 6으로 나눈 값으로 구한다. 미국 이비인후과학회에서는 3,000Hz의 중요성을 인식하고 이를 반영하여 500, 1,000, 2,000, 3,000Hz의 합을 4로 나눈 값을 사용한다. 또한 청각 검사 관련법규에 따라서 평균값을 구하는 것이 달라지는데, 소음성 난청의 측정 및 장애 등급 판정을 위한 경우에는 6분법으로 계산한 결과를 이용한다.

— 유은정 외, 『청각장애아동교육』, 학지사, 2013.

- ASHA에서 제시한 4분법에서는 4,000Hz를 포함하여 평균청력역치를 산출하도록 한다. 이는 의사소통에서 말소리의 이해와 청력손실의 관계를 정확하게 반영해 주기 때문이다.

✦ 차폐음의 종류

- **협대역잡음**: 협대역잡음은 순음청력검사 시 사용되는데, 검사음의 주파수를 중심으로 위아래의 좁은 범위의 주파수만을 밴드 형태로 포함하는 잡음이다. 즉, 특정주파수에서만 에너지가 높은 것이 특징이다. 검사 상황에서 다양한 주파수별로 소리를 제공할 수 있다는 장점이 있다. 차폐하는 소리와 검사음이 서로 비슷한 주파수일 때 쉽게 차폐가 발생된다는 점에서, 순음청력검사에는 순음의 주파수와 영역대가 일치하는 협대역잡음이 효과적이다.
- **백색잡음**: 백색잡음이란 TV방송 시작 전 또는 종료 시 영상과 음성이 사라지고 '치~'하는 잡음과 함께 만들어지는 잡음을 말한다. 10~10,000Hz의 전 주파수에 걸쳐 거의 동일한 강도의 에너지를 가진 신호음이다. 따라서 어음청력검사에서는 차폐음으로 넓은 주파수대역을 갖는 백색잡음이 많이 사용된다.

✦ 자연수화와 국어대응식 수화

한국수화(자연수화)	국어대응식 수화(문법수화)
• 축약하여 표현함 • 구조와 어순 등이 음성언어와 매우 다름 • 지화를 거의 활용하지 않음 • 국어에 대한 이해가 필요 없음 • 문법형태소를 생략함	• 말이나 문장을 그대로 표현함 • 구조와 어순이 음성언어와 유사함 • 지화를 적극 활용함 • 국어 문법지식을 필요로 함 • 문법형태소를 지문자나 수화어휘로 표현함

15

2019. 유

(가)는 5세 청각장애 유아 영수의 특성이고, (나)는 영수의 청력도의 일부이다. 물음에 답하시오. [5점]

(가) 영수 특성

- 혼합성 청력손실
- ㉠ 평균순음역치(PTA): 오른쪽 귀 72dB HL, 왼쪽 귀 76dB HL
- 보청기 착용
- 농인 부모 가정에서 ㉡ 한국수어(자연 수화)를 제1 언어로 습득하고, 한국수어와 한국어를 공용어로 사용함

(나)

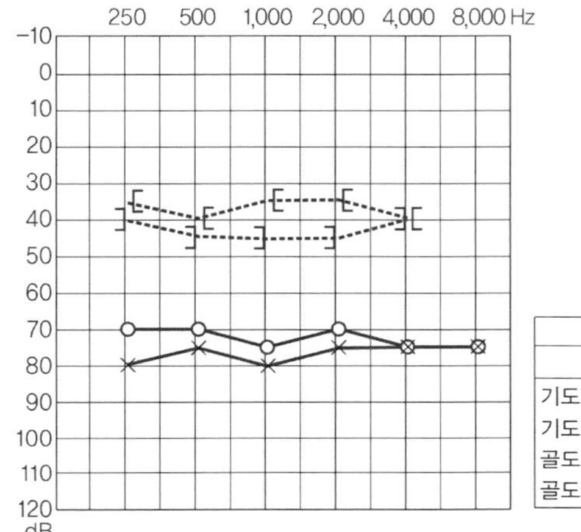

1) ① (가)의 ㉠을 6분법으로 구할 때의 장점을 1가지 쓰고, ② (가)의 ㉠과 (나)의 기도 청력검사 결과로 영수의 링 6개음 검사 결과를 예측하기 어려운 이유를 1가지 쓰시오. [2점]

①:

②:

2) (나)에서 골도 청력역치를 검사할 때 들려주는 차폐음을 1가지 쓰시오. [1점]

3) (가)의 ㉡과 문법 수화(국어대응식 수화)와의 차이점을 ① 발생의 기원과 ② 문법 측면에서 각각 1가지 쓰시오. [2점]

①:

②:

핵심테마 체크 ✔

- 청력도
- Ling의 6개음 검사
- 의사소통 회복 전략
- 지문자

MY MEMO

16

정답 및 예시답안

○ 청력도를 통해 평균청력역치, 청력형 등을 해석하여 개별 학생의 청력특성을 파악할 수 있기 때문이다.

○ 마찰음 /s/

○ 회복전략의 다양한 예시 중 2가지: 반복, 바꾸어 말하기, 간략화 등 요구

○ 솜사탕

관련이론

✦ **청각장애 학생의 의사소통전략**

전략	전략 내용
예기 전략	• 의사소통의 내용 및 상호작용을 사전에 준비 • 사용 가능한 어휘, 질문, 의사소통에서 예측되는 어려움을 미리 검토
수정 전략	• 학생이 의사소통하는 데 화자의 부적당한 행동이나 환경에 어려움이 있는 경우 수정하도록 요구 • 화자의 말이 지나치게 빠르거나 입을 가리는 행동을 할 때 혹은 주변의 소음이 너무 크거나 조명이 너무 어두워 화자의 얼굴을 제대로 볼 수 없는 경우 등 곤란을 주는 문제를 확인하여 수정하도록 요구
회복 전략	• 메시지의 내용과 구조 혹은 화자의 의사소통 행동 모두를 수정(예 더 천천히, 더 분명하게 해 달라고 요구하기) • 부분적으로 반복하기, 바꾸어 말하기, 핵심단어 말하기, 철자 말하기, 허공 혹은 손바닥에 쓰기, 쓰기 등 부가 설명 요구

16

2018. 중

(가)는 일반학급에 통합된 학생 K의 청력도이고, (나)는 특수교사와 일반학급 교사가 나눈 대화이며, (다)는 특수교사와 학생 K의 대화이다. <작성 방법>에 따라 서술하시오. [5점]

(가) 학생 K의 청력도

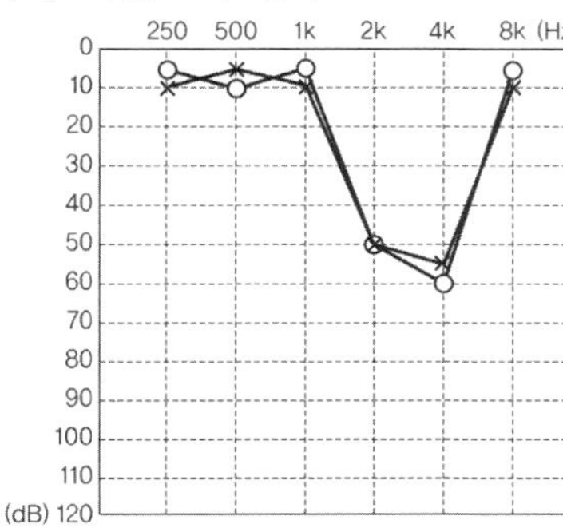

〈6분법 기준 평균 청력〉
- 우측 귀 기도: 30dBHL
- 좌측 귀 기도: 30dBHL

(나) 특수교사와 일반학급 교사의 대화

> 일반교사: 선생님, 학생 K가 청력은 괜찮다고 하는데 수업 시간에 가끔 제가 하는 말을 잘 듣지 못하는 것 같아요. 왜 그런가요?
>
> 특수교사: 예, 학생 K의 ㉠ <u>청력도를 해석</u>하면 그 이유를 알 수 있습니다.
>
> … (중략) …
>
> 일반교사: 학생 K가 의사소통을 잘 할 수 있는 방법이 있을까요?
>
> 특수교사: 예, 여러 방법이 있지만 그중 ㉡ <u>회복전략</u>을 참조하면 좋겠네요.

(다) 특수교사와 학생 K의 대화

> 학 생 K: 선생님, 저 손모양 그림은 지문자이지요?
>
> 특수교사: 그래, 잘 알고 있구나. 그럼, 우리 차례대로 손모양과 함께 소리 내어 읽어볼까?
>
> ┌ ㉢ └ 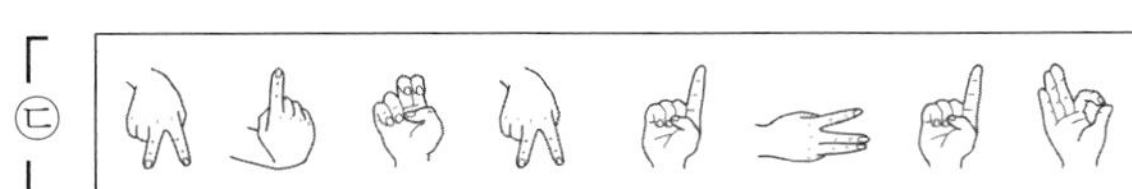

작성방법

- 밑줄 친 ㉠을 하는 이유를 1가지 서술할 것
- (가)에 근거하여 학생 K가 듣기 곤란한 한국어 음소를 1가지 쓸 것
- 밑줄 친 ㉡ 중에서 학생 K가 사용할 수 있는 방법을 2가지 서술할 것
- ㉢의 지문자를 한글 자모로 쓸 것

핵심테마 체크 ✔

- 청각장애 하위유형
- 청취역치
- 어음청취역치
- 디지털보청기
- 5개음 검사
- 지숫자

MY MEMO

17

정답 및 예시답안

1) ① 감음신경성 청각장애, 혼합성 청각장애
   ② 어음청력검사는 주파수대역별로 검사음을 제시하는 것이 아니라 복합음인 어음을 검사음으로 사용하므로 주파수대역별 역치를 통해 평균청력역치를 산출하는 3분법으로 청력역치를 산출할 수 없다.
2) ① 주파수별로 음성신호를 증폭시킨다. (주파수대역에 따라 이득과 압축 비율 등을 조절할 수 있다.)
   ② /ee/, /ah/, /oo/는 두 주파수 영역대를 갖는 말소리이기 때문에 두 곳에 표시된 것이다. (제1형성음/제2형성음)
3) 9

관련이론

✦ 어음청력검사의 의미와 특징

순음 / 어음	• 순음: 한 가지 주파수를 가진 음 • 어음: 여러 가지 주파수들이 결합된 복합음 ➡ 어음청력검사는 순음청력검사와 달리 특정 검사 주파수대가 형성되지 않음
어음 청력 검사	• 언어음을 사용하여 청력의 민감도와 인지도를 측정하는 검사 • 실제적인 듣기능력을 측정하는 데 유용 • 보장구의 적응과 조절, 청능 재활에 필요한 실질적인 정보를 제공 • 일상생활의 의사소통능력을 평가 • 순음청력검사 역치와의 일치 여부를 확인하여 검사신뢰도를 확인
장점	• 자극의 통제와 반응의 기록이 정확 • 피검자의 반응을 정상 반응 형태와 비교할 때 매우 유용 • 청력손실과 관련되는 정상 음량의 부족이 적절한 수준으로 보상될 때 피검자가 말을 명백하게 인지하는 능력을 전반적으로 평가 • 어음인지와 관련하여 다양한 보청기의 효과를 평가
단점	• 방음장치가 된 청력검사실에서 얻은 검사 결과를 피검자의 일상대화 상황에 일반화하는 것은 문제가 될 수 있음 • 어음변별검사는 피검자가 보청기의 증폭으로 받을 수 있는 도움을 과소평가할 수 있음(처방된 보청기 시스템 등으로 전달하기 때문)

✦ 증폭기의 방식에 따른 보청기의 유형

신호 방식	• 아날로그 증폭기 • 디지털 증폭기 – 주파수반응 특성과 압축비율 조정이 가능 – 신호대잡음비 개선이 가능 – 음향되울림 발생을 억제 – 소비전류가 감소되고 건전지 크기가 축소 – 고음역에서 이루어지는 말소리를 저음역으로 이동시켜 어음 이해도 향상 – 보청기와 전화기를 자동으로 연결 가능 – 청취환경에 따라 증폭이득을 자동 적용 – 음향 액세서리, 블루투스, 와이파이 등 무선 통신 가능
압축 방식	• 선형 증폭기: 모든 강도의 입력음압에 대해 출력 음압의 증가 비율이 동일[*이득(gain)을 모두 일정하게 함] • 비선형 증폭기 – 입력음압과 출력음압의 증가 비율을 서로 다르게 적용한 방식 – 역동 범위가 좁은 감음신경성 난청의 경우 적절 – 장점은 음의 왜곡현상을 방지할 수 있다는 것 – 누가현상(보충현상)은 청력역치는 높지만 불쾌 수준은 정상 청각과 비슷하거나 오히려 약간 감소된 상태를 의미하며, 이러한 현상이 있을 경우에 비선형 증폭기가 적합
채널 방식	• 채널: 각각의 압축기로 제어되는 모든 주파수 영역 • 채널의 숫자가 많을수록 주파수 영역을 더 세분화하여 기능을 조절할 수 있으며, 개인의 청력 수준에 따른 이득 조절이 가능 • 단채널 / 다채널

고득점 답안 비법 ✰ '채널 방식'에 따른 분류의 의미를 반영하는 것이 답안의 핵심임. 채널 방식은 단채널(저/고 주파수로만 구분)과 다채널(여러 개의 채널이 모여서 주파수대역에 따라 구분)로 나뉘며, 디지털보청기는 다채널 방식, 즉 여러 주파수대역으로 나뉘는 채널 방식이라는 것이 이 답안의 핵심

17

2021. 초
★답안작성

(가)는 청각장애 학생 성호의 특성이고, (나)는 신임 교사와 선배 교사의 대화이며, (다)는 링의 5개음에 대한 바나나 스피치(banana speech) 영역 그래프이다. 물음에 답하시오. [5점]

(가) 성호의 특성

- 순음청력검사의 기도검사: 3분법으로 두 귀가 동일하게 평균 80 dB HL
- 청력도: 고음점경형(경사형)
- 중추청각처리 장애는 없음

(나) 신임 교사와 선배 교사의 대화

선배 교사: 성호의 어음청력검사의 청취역치는 어떤가요?
신임 교사: ㉠ <u>어음청력검사의 청취역치를 기도검사와 동일한 3분법으로 산출했는데</u> 85 dB HL입니다.

… (중략) …

선배 교사: 성호가 최근 보청기를 교체했던데, 보셨어요?
신임 교사: 네, 디지털 보청기로 바꾸었는데, 디지털 보청기와 아날로그 보청기는 어떤 차이가 있나요?
선배 교사: ㉡ <u>디지털 보청기의 채널 방식</u>, 신호처리 방식, 압축 방식은 아날로그 보청기와 다릅니다.
신임 교사: 바나나 스피치 영역 그래프를 보니 자음과는 달리 모음에 해당하는 /ee/, /ah/, /oo/는 ㉢ <u>두 곳에 표시</u>되어 있더라고요. 왜 그런가요?

(다) 링의 5개음에 대한 바나나 스피치 영역 그래프

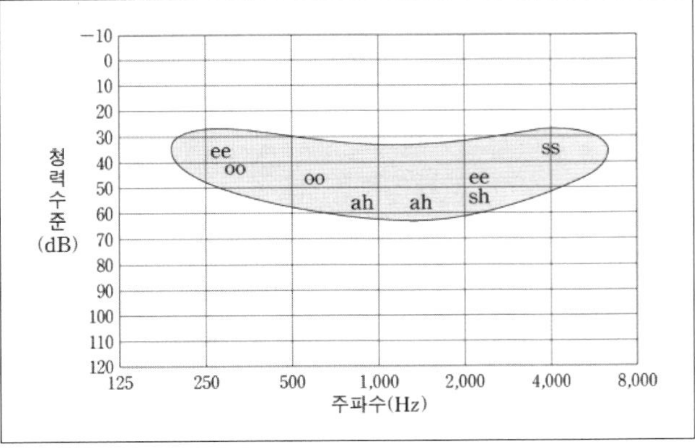

1) ① (가)를 참고하여 성호의 골도검사 결과가 제시되면 예상할 수 있는 '청각기관의 청력손실 부위에 따른 분류'의 명칭을 2가지 쓰고, ② ㉠이 <u>잘못된</u> 이유를 쓰시오. [2점]

①:

②:

2) ① ㉡의 특성을 쓰고, ② (다)를 참고하여 ㉢의 이유를 쓰시오. [2점]

①:

②:

3) 다음 지숫자가 나타내는 의미를 아라비아 숫자로 쓰시오. [1점]

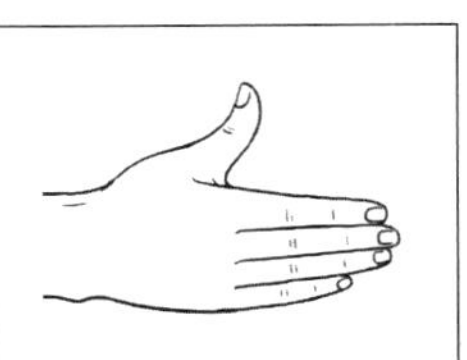

핵심테마 체크

- 지문자
- 손실부위에 따른 청각장애
- 순음청력검사와 어음청력 검사의 결과 비교
- 어음명료도검사

MY MEMO

18

정답 및 예시답안

1) ㅂ
2) 대본을 제공한다. / 수화통역서비스를 제공한다. (택 1)
3) 청력도에 따르면 골도는 왼쪽과 오른쪽 모두 정상인데, 오른쪽 기도역치는 40dB, 왼쪽 기도역치는 45dB로 손상되었으므로 전음성 청각장애라고 할 수 있다.
4) ① 오른쪽 귀의 경우 기도청력검사 역치와 어음청취역치검사 역치가 40dB이 차이가 나며, 보통 15dB 이상 차이가 나면 신뢰도가 없다고 보기 때문이다.
   ② 어음명료도검사는 대화하기에 적절한 강도에서 얼마나 많은 단어를 이해하는지 그 능력에 대해 평가하는 검사이다.

관련이론

✦ 어음청취역치(SRT)와 순음청력검사(PTA)

- 일반적으로 PTA에 10dB을 더한 값이 어음청취역치값이 된다. 그 차이가 15dB 이상일 경우는 검사 자체가 신뢰도가 없거나 위난청을 의심할 수 있다.
- PTA와 SRT의 차이가 ±6dB 이내일 경우는 신뢰도가 우수, ±12dB 이내일 경우에는 보통으로 해석한다.

✦ 어음명료도검사

의미	• 어음명료도 – 단어를 듣고 정확하게 따라 말하는 단어의 백분율 – 듣기 편안한 강도, 즉 쾌적역치(MCL)에서 제시된 단어나 문장에 대해 인지할 수 있는 비율 – 가장 편하게 느끼는 어음의 강도에서 검사어음을 얼마나 정확하게 이해하는가 • 어음명료도 값: 피검사자가 아무 단어도 구분할 수 없는 것을 0%, 모든 검사 어음을 구분하는 것을 100%로 봄
검사음 종류	• 주로 단음절의 음소적 균형 단어목록을 사용 • 일상 회화에서 사용되는 친숙한 어음을 사용 • 일상에서 흔히 사용되는 단음절어
검사음 강도	• 쾌적역치 • 어음청취역치보다 20~40dB 정도 큰 소리
방법	• 피검자에게 검사방법을 설명 ➡ 단어가 들릴 때마다 소리 내어 따라 말하거나 소리 나는 대로 종이에 쓰도록 함 ➡ 검사방법 숙지 후 본 검사 ➡ 청력이 좋은 쪽 귀를 먼저 검사 ➡ SRT보다 30~40dB 더 큰 강도 또는 쾌적역치(MCL)로 어음제시 ➡ 제시되는 단어간격은 약 4초로 함
해석	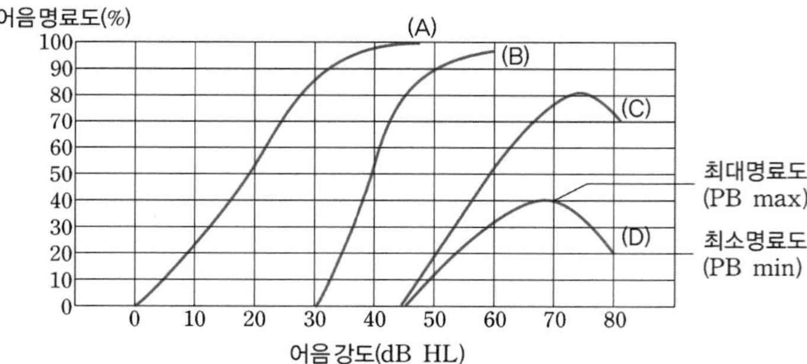 ➡ (A): 정상 청력, (B): 전음성 난청, (C): 미로성 난청, (D): 후미로성 난청 • 말림 현상: 최대명료도에서 소리 강도를 높이면 오히려 명료도가 낮아지는 현상 • 말림지수(RI) = (PB max − PB min)/PB max (*RI가 0.45이면 후미로성 난청을 의심할 수 있다.) • 가장 큰 임상적 의의는 순음청력검사와 달리 미로성 난청과 후미로성 난청을 구별해 준다는 것 • 후미로성에 대한 보다 정확한 진단을 위해서는 ABR 검사를 추가 실시할 수 있음

18

2016. 초
★답안작성

(가)는 ○○청각장애학교 초등학교 3학년 영어과 교수·학습 과정안의 일부이고, (나)는 특수교육지원센터의 순회교사인 김 교사가 △△초등학교 박 교사를 자문한 사례이다. 물음에 답하시오. [5점]

(가) 교수·학습 과정안

단원	Hello, I'm Sora.	
차시 목표	만날 때 하는 인사말과 자신을 소개하는 말을 듣고 말할 수 있다.	
단계	교수·학습 활동	유의 사항
전개	〈활동 1〉 Listen and Say • 교사가 들려주는 대화문을 듣고 따라 말하기 〈대화문〉 Sora: Hello, I'm Sora. Boram: Hello, I'm Boram. 〈알파벳 지문자〉 Sora Boram ㉠	• 대화문을 들려줄 때 이름을 말하면서 알파벳 지문자도 함께 사용한다. • 듣기 평가를 할 때 청각장애 학생의 특성을 고려하여 ㉡ 대안적인 영어 듣기 평가를 실시한다.

(나) 자문 사례

자문 대화 내용

박 교사: 김 선생님, 우리 반에 현우가 전학을 왔는데 난청이 있다고 해요. 이것이 현우의 순음청력검사 결과라고 하는데 한번 봐 주시겠어요?

김 교사: (청력도를 보고) 네. 현우의 청력도를 보면 ㉢ 전음성 청각장애 유형에 해당하고, 보청기를 착용하는 것이 좋을 것 같네요.

박 교사: 그렇군요. 제가 다른 검사 결과표도 받았는데 이것도 이해가 잘 되지 않아요.

김 교사: (결과표를 보고) 여기 있는 어음청력검사들은 일상생활에서 실제 사용하는 말소리를 듣고 이해하는 능력을 평가한 것이에요. 그런데 선생님이 주신 ㉣ 순음청력검사 결과와 어음청력검사 결과가 조금 이상하네요.

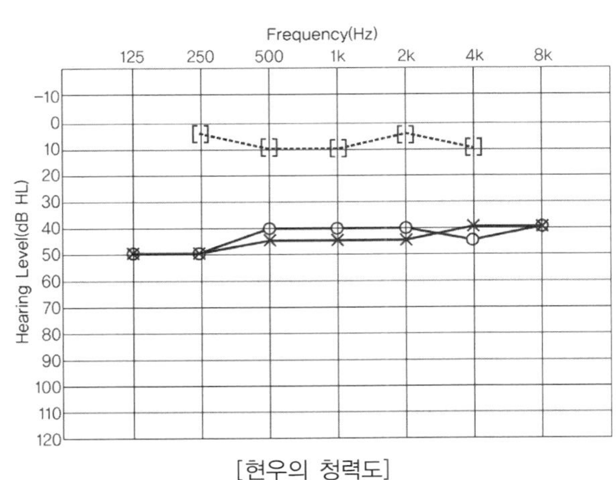

[현우의 청력도]

현우의 청력검사 결과표

구분 \ 검사	기도청력검사 (dB)	어음청취 역치검사 (dB)	㉤ 어음 명료도검사 (%)
오른쪽	40	80	93
왼쪽	45	50	93

※ 기도청력 산출 방법: 4분법

1) (가)의 ㉠에서 'B' 지문자와 수형(handshape)이 동일한 한국 수화언어의 지문자를 한글 자모로 쓰시오. [1점]

2) (가)의 ㉡의 방법을 '2011 개정 특수교육 교육과정' 중 공통 교육과정 영어과 '듣기 평가상의 유의점'에 근거하여 1가지 쓰시오. [1점]

3) 김 교사가 현우의 청각장애 유형이 ㉢이라고 판단한 이유를 (나)에 제시된 현우의 청력도에 근거하여 쓰시오. [1점]

4) (나)에서 김 교사가 ① ㉣과 같이 말한 이유를 현우의 청력검사 결과표를 근거로 하여 쓰고, ② ㉤을 실시하는 목적을 1가지 쓰시오. [2점]

①:

②:

핵심테마 체크

- 순음청력검사의 주파수대역
- 순음청력검사의 실시목적
- 어음명료도 곡선

MY MEMO

19

정답 및 예시답안

○ 이유: 순음청력검사는 말소리와 연계된 주파수대역을 중심으로 실시하기 때문이다.
○ ㉡ 평균청력역치(청력손실 정도), 손상부위별 청각장애 유형, 청력형 등
○ ㉢에서의 차이: 전음성 청각장애는 음의 강도를 높여 주면 어음명료도가 100%까지 이르지만, 감음신경성 청각장애는 음의 강도를 높여주어도 어음명료도가 100%까지 이르지 않고, 일정 강도에서 감소하는 경향을 보이기도 한다.

관련이론

✦ 순음청력검사의 의미와 실시목적

의미	• 가청 주파수대역에서 말소리와 연계된 주파수대역의 청력을 단순한 음파(순음)로 측정하는 검사(*순음: 하나의 주파수로 이루어진 음) • 말소리와 같은 모든 자연음은 여러 주파수 성분이 모여 있는 복합음이기 때문에 주파수별 가청역치 값을 구할 수 없음 • 각 주파수별로 음의 강도를 조절하여 역치를 구하는 가장 기본적인 청력검사 • 측정하는 주파수대역: 250Hz에서 8,000Hz
검사목적	• 청력손실의 유무 • 편측성과 양측성 • 청력손실의 정도 • 청력형 • 청력손실의 손상부위와 이에 따른 청각장애 유형 • 청능 재활 정도
청력역치	• 청력역치: 피검자가 들을 수 있는 가장 작은 강도의 소리 • '들을 수 있는' 수준이란 3번 검사음을 주었을 때 2번 반응하는 것, 즉, 50% 이상 반응할 수 있는 소리가 역치가 됨 • 0dB HL이란 소리가 없다는 것이 아니라 건청인의 기준에서 들을 수 있는 가장 작은 소리 강도 • 쾌적역치: 가장 편안하게 잘 들을 수 있는 강도 • 불쾌역치: 음을 점점 더 크게 들려주었을 때 불쾌감을 느끼게 되는 소리의 크기 • 역동범위: 최소가청역치에서 불쾌역치 사이의 범위 • 음의 보충 현상: 청력역치가 높지만 작은 소리의 변화에 민감하게 반응하는 것

✦ 어음명료도검사

- 피검자가 정확히 들은 검사어음의 수를 백분율로 환산한다. 예를 들어, 50개의 검사어음 가운데 40개를 맞았을 경우 [(40/50) × 100]을 한다.
- 어음명료도 곡선은 피검자의 어음 이해능력을 보다 정확하게 보여 준다: (A)는 정상청력을 가진 경우에 해당한다. (B)는 40dB를 들려주었을 때 50%의 정반응을 보이다가 60dB로 어음강도를 높여 주면 거의 100%의 명료도를 보이고 있다. (C)와 (D)는 감각신경성 난청에서 나타난다. (C)는 와우에 이상이 있는 밀성 난청의 전형적인 곡선으로 소리 강도를 높이더라도 최대명료도(PB max)가 약 80%를 넘지 못한다. (D)는 후미로성 난청의 전형적인 명료도 곡선으로 말림현상이 매우 뚜렷하게 관찰된다.

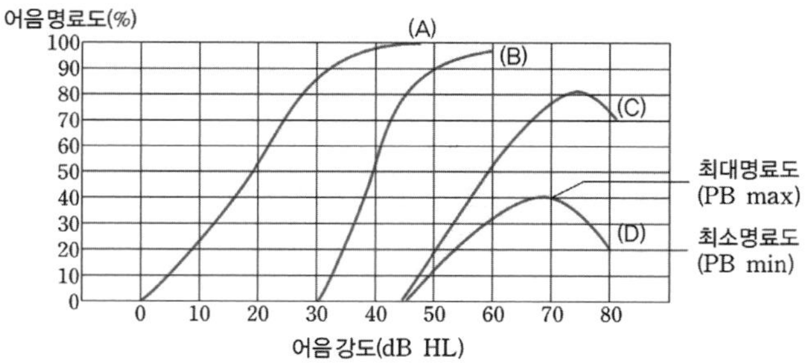

- 어음명료도검사의 가장 큰 임상적 의의는 순음청력검사와 달리 미로성 난청과 후미로성 난청을 구별해 준다는 것이다. 후미로성에 대한 보다 정확한 진단을 위해서는 ABR 검사를 추가 실시할 수 있다.

19

2017. 중
★답안작성

다음은 특수교사와 학생 E의 어머니가 나눈 대화 내용이다. ㉠과 같은 방법으로 순음을 측정하는 이유를 제시하고, ㉡에 들어갈 내용을 1가지 쓰시오. 그리고 전음성 청각장애와 감음신경성 청각장애는 ㉢에서 어떠한 차이를 보이는지 설명하시오. [4점]

> 어 머 니: E가 순음청력검사와 어음청력검사를 받아야 한다고 하네요. 이 검사들은 어떤 검사인가요?
>
> 특수교사: 순음청력검사는 소리 자극을 들려주고, 들을 수 있는 가장 작은 소리의 강도를 다양한 주파수에서 알아보는 검사입니다. 구체적으로는 ㉠ <u>125~8,000Hz 정도의 주파수 대역에서 순음을 측정</u>하고, 기도청력검사와 골도청력검사로 구성됩니다.
>
> … (중략) …
>
> 어 머 니: 순음청력검사를 통해 알 수 있는 것들은 무엇인가요?
>
> 특수교사: 순음청력검사를 실시한 이후 그 결과를 바탕으로 (㉡)을/를 알 수 있어요.
>
> 어 머 니: 그럼, 어음청력검사는 어떤 검사인가요?
>
> 특수교사: 어음청력검사는 순음청력검사 결과를 기초로 말소리 청취와 이해 수준을 알아보는 검사로, 대표적인 것으로는 어음명료도 검사가 있습니다.
>
> 어 머 니: 어음명료도 검사를 설명해 주시겠어요?
>
> 특수교사: 어음명료도 검사는 최적의 듣기 강도에서 말소리 이해 정도를 나타내는 ㉢ <u>어음명료도(speech discrimination score)</u>를 알아보고, 이후 청능훈련을 하거나 보청기를 착용하고자 할 때 활용될 수 있는 검사입니다.

20

핵심테마 체크

- 어음명료도검사
- 6개음 검사

MY MEMO

정답 및 예시답안

○ ㉠ (일상에서 흔히 사용되는) 단음절어
○ ㉡ 30~60

관련이론

✦ 어음명료도검사

- 어음명료도검사는 가장 듣기 편안한 소리 강도를 주었을 때 검사어음을 얼마나 정확히 이해하는가를 측정한다.
- 난청은 어음을 듣는 민감도뿐만 아니라 회화어음에 대한 정확한 이해능력도 떨어지기 때문에 의사소통 정도를 파악하는 데 유용하게 활용된다.
- 어음명료도검사의 가장 큰 임상적 의의는 순음청력검사와 달리 미로성 난청과 후미로성 난청을 구별해 준다는 것이다. 후미로성에 대한 보다 정확한 진단을 위해서는 ABR 검사를 추가 실시할 수 있다.

✦ 6개음 검사

① Ling의 6음 검사(Ling's 6 Sound Test)는 청각장애 임상 및 교육 현장에서 흔히 사용되는 청각 및 청능 평가다.
② 검사에 사용되는 6개의 말소리는 순음청력검사의 주파수대역을 대표하는 것이다.
③ 우(/u/), 아(/a/), 이(/i/), 음(/m/), 쉬(/ʃ/), 스(/s/)는 약 200~6,000Hz에 분포될 수 있는 말소리로 일반적인 강도는 30~60dB 정도다.
④ 1,000Hz까지의 청력에 문제가 없으면 /우/, /아/, /이/는 들을 수 있다.
⑤ 2,000Hz 정도까지 들을 수 있다면 /쉬/를 들을 수 있다.
⑥ 만약 4,000Hz까지 들을 수 있는 청력이라면 /스/도 들을 수 있다.
⑦ 이와 같이 /우/, /아/, /이/와 같은 모음은 제1, 제2 포먼트(formant)가 1,000Hz 이하의 저 및 중 주파수대역에 분포한다.
⑧ 반면에 /쉬/와 /스/는 주파수 성분이 고주파수 음역에 있다는 특징을 갖는다.
⑨ 따라서 6개의 음을 사용하여 평가하면 주파수대역별 청각 및 청능 평가가 가능하다. 이를 이용해 청능 훈련을 실시하기도 하고, 보청기나 인공와우의 적합이나 평가를 실시하기도 한다.

20 2023. 중

다음은 청각장애 학생 A의 청능평가 결과를 바탕으로 두 교사가 나눈 대화의 일부이다. 밑줄 친 ㉠의 종류와 괄호 안의 ㉡에 해당하는 음의 강도(dB) 범위를 순서대로 쓰시오(단, 음의 강도는 약 1.8m의 거리에서 대화할 경우를 기준으로 할 것). [2점]

> 통합학급 교사: 학생 A의 어머니가 청력검사 결과지를 보여 주시면서, 학생 A가 일상생활에서 들을 수 있는 듣기 수준을 알 수 있다고 하셨어요. 어떤 검사인가요?
>
> 특 수 교 사: 어음명료도 검사입니다. 가장 듣기 편안한 소리 강도로 제시된 말소리를 얼마나 정확히 이해하는지 측정하는 검사로, ㉠ <u>검사음</u>이 들릴 때마다 소리 내어 따라 말하거나 소리 나는 대로 종이에 쓰는 검사입니다.
>
> …(중략)…
>
> 통합학급 교사: 그럼, 말소리를 사용해서 듣기 수준을 알 수 있는 다른 검사도 있나요?
>
> 특 수 교 사: 네. 말소리를 사용하는 검사 중에는 모든 말소리를 검사하는 대신에 6개의 말소리만을 가지고 주파수 대역의 청취능력을 알 수 있는 링(D. Ling)의 6개음 검사를 많이 사용합니다.
>
> 통합학급 교사: 6개의 음이 무엇인가요?
>
> 특 수 교 사: 6개의 말소리는 /i/, /u/, /a/, /ʃ/, /s/, /m/으로, 일반적으로 '약 250~8,000 Hz 사이의 주파수 대역'과 '약 (㉡)dB 사이의 강도'에 분포하는 대표적인 말소리입니다.

핵심테마 체크

- 손상부위별 청각장애
- 순음청력검사_골도검사의 차폐
- 어음명료도검사
- 청능 훈련의 단계

MY MEMO

21

정답 및 예시답안

1) 윤서는 감음성 청각장애이다. 그 이유는 기도와 골도가 모두 손상되었으며 역치수준이 비슷하기 때문이다.
2) 골도전도는 양측의 이간감쇠가 거의 일어나지 않아 항상 반대청취가 가능하기 때문이다.
3) 윤서와 같은 감음성 청각장애는 ⓒ 곡선에 해당하며, 어음강도를 높이더라도 최대명료도가 80%에 이르지 못하는 양상을 보인다.
4) ① 변별
   ② 해당 소리에 해당하는 글자 카드 고르기

관련이론

✦ 손상부위별 청각장애

전음성	• 외이나 중이에 병변이 있을 때 초래되는 장애 • 골도청력은 거의 정상이고 기도청력에만 장애 • 대부분 60dB 이하로 의료적 처치가 가능하며, 심한 경우 수술이나 기타 의학적인 방법으로 교정이 가능 • 모든 주파수에서 영향을 받기 때문에 음운 사용이나 초분절적 자질 사용에 문제를 보일 수 있음 • 보청기의 효과적인 활용을 기대할 수 있음
감음신경성	• 내이와 청신경계에 이상이 있어 청각장애를 일으키는 경우 • 골도청력과 기도청력의 차이가 거의 없음 • 일반적으로 저주파수대보다 고주파수대의 청력손실이 큼 • 의료적 처치나 수술은 효과적이지 못함 • 대부분 정도가 심하여 청각을 통한 의사소통에 어려움을 겪으며 특수교육적 지원이 요구됨 • 보청기의 도움을 받기 어려운 경우가 많음
혼합성	• 전음성 청력손실과 감각신경성 청력손실이 함께 나타난 경우 • 골도청력보다 기도청력의 손실이 더 크게 나타남 • 일반적으로 청력손실 정도는 심하지 않음
중추성	• 청신경이 연수에 들어가서부터 대뇌피질 사이의 중추신경계통에 장애가 있어 초래되는 경우 • 청력은 정상이나, 청각신호에 담긴 정보를 지속적으로 전송, 분석, 조직, 변형, 정교화, 회상, 사용하는 데 결함 • 후미로성 청각 문제로서 소리 중에서 특히 말소리에 비정상적인 반응 • 소음이 많은 환경에서는 청각장애처럼 행동

✦ 순음청력검사의 차폐

의미	• 비검사 귀(NTE)에 잡음을 들려주어 검사 귀(TE)의 소리자극에 반응하지 못하도록 하는 것: 반대청취가 나타나지 않도록 하는 것 • 차폐음을 의도적으로 줌으로써 반대측 귀에 입력되는 자극음을 못 듣게 하는 것 • 검사귀보다 비검사귀의 청력이 더 좋아 검사음을 비검사귀가 듣고 반응하는 것을 막기 위해, 검사귀에 검사음을, 비검사귀에 차폐음을 들려주는 것 • 차폐는 순음청력검사와 어음청력검사 모두에서 사용
반대청취	• 청력검사를 할 때 헤드폰으로 큰 소리가 들어올 경우 두개골을 통해 검사 귀의 반대측 귀로 소리가 전달되는 것 • 일반적으로 반대청취가 가능한 소리 크기는 40dB 정도(IA를 고려한 것)
이간감약	• 양이감쇠, IA: 한쪽에서 준 자극음이 반대쪽 귀로 전달될 때 발생하는 소리에너지의 소실현상 • 기도전도의 경우 약 40dB, 골도전도의 경우 0dB • 청력검사 시 양측 귀의 청력 차이가 이간감쇠량을 초과할 경우에만 차폐
요인	• 이간감약(IA) • 폐쇄효과
차폐기준	• 검사귀의 기도와 비검사귀의 기도: 40dB 이상 차이 • 검사귀의 기도와 비검사귀의 골도: 40dB 이상 차이 • 골도검사: 항상 차폐
차폐음	• 종류: 협대역 잡음(순음청력검사) / 백색잡음(어음청력검사) • 강도조절: 수평법을 이용하여 조절, 과소차폐 및 과잉차폐 주의

21

2020. 초
★답안작성

(가)는 청각장애 학생 윤서가 보청기를 착용하지 않은 상태에서 받은 순음청력검사 결과이고, (나)는 윤서의 특성이며, (다)는 윤서를 위해 작성한 2015 개정 특수교육 교육과정 중 기본 교육과정 국어과 5~6학년군 '듣기·말하기' 영역 교수·학습 활동 개요의 일부이다. 물음에 답하시오. [5점]

(가) 순음청력검사 결과

구분		주파수(Hz)						
		125	250	500	1000	2000	4000	8000
좌	㉠ 골도역치 (dB HL)		50	65	65	75	75	
	기도역치 (dB HL)	50	55	65	65	75	80	85
우	골도역치 (dB HL)		40	50	60	70	75	
	기도역치 (dB HL)	40	45	50	65	70	75	85

(나) 윤서의 특성

- 선천적으로 코르티 기관에 손상이 있음
- 청신경에 이상이 없음
- 중추청각처리에 이상이 없음
- 보청기를 착용한 상태에서 자음 중 마찰음과 파찰음을 정확히 듣는 데 어려움이 있음

(다) 교수·학습 활동 개요

단계	활동 내용	자료 및 유의점
(㉡)	• /사/, /자/, /차/ 중에서 2개(예: /사/-/사/, /사/-/자/)를 듣고, 서로 같은 소리로 들리면 'O' 카드, 다른 소리로 들리면 '×' 카드 들기	• O× 카드: O, × • 글자 카드: 사, 자, 차
확인	• /사/, /자/, /차/ 중 1개를 듣고, (㉢) • /사/, /자/, /차/ 중 1개를 듣고, 들리는 소리를 글자로 쓰기 • /기사/, /기자/, /기차/ 중 1개를 듣고, 들리는 대로 따라 말하기	• 양쪽 귀에 보청기를 착용하도록 함 • 소리 자극은 청각적 자극으로만 제시함

1) (가)에 근거하여 청각기관의 손실 부위에 따른 분류상 윤서가 보이는 청각장애의 유형을 쓰고, 그 이유를 역치 측면에서 쓰시오. [1점]

2) (가)의 ㉠을 측정할 때 항상 차폐를 하는 이유를 이간감쇠(이간감약, interaural attenuation)의 특성과 관련지어 쓰시오. [1점]

3) 다음은 어음명료도 곡선이다. (가)와 (나)에 근거하여 윤서와 같은 청각장애 유형이 나타내는 곡선의 기호와 어음명료도의 변화 양상을 쓰시오. [1점]

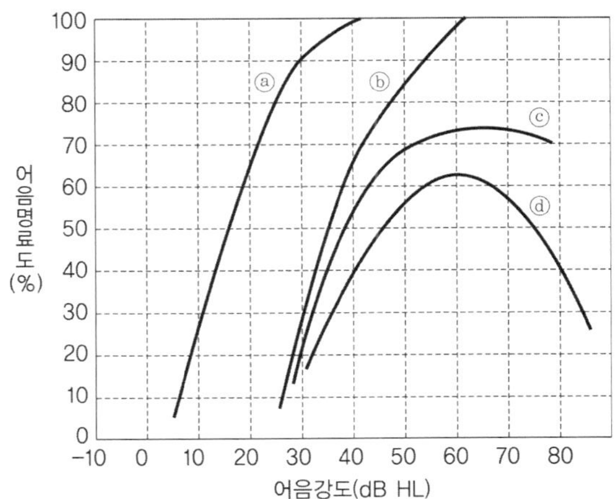

4) 듣기기술(청각기능) 단계에 근거하여 ① (다)의 ㉡이 어느 단계에 해당하는지 쓰고, ② (다)의 ㉢에 들어갈 내용을 '자료 및 유의점'에 제시된 '글자 카드'를 활용하여 1가지 쓰시오. [2점]

①:

②:

핵심테마 체크 ✔

- 평균청력역치
- 순음청력검사와 어음청력검사의 실시목적
- 어음명료도검사

MY MEMO

22

정답 및 예시답안

- ○ 학생 P의 좌측 귀 기도청력평균역치는 73dB이다.
- ○ ㉠은 말소리와 연계된 주파수대역을 순음으로 측정하여 가청역치 값을 찾는 것이 목적이고, ㉡은 순음이 아닌 어음을 사용하여 가청역치를 찾는 것을 목적으로 하여 ㉠에 비해 어음에 대한 청취와 이해능력을 보다 정확하게 측정할 수 있다.
- ○ ㉢에 해당하는 용어는 쾌적역치이다.

관련이론

✦ 청력도 해석

평균청력역치	•3분법 / 4분법 / 6분법으로 평균청력 정도 분석
청각장애 유형	•전음성: 기도손상, 골도 정상 (기골도차 10~15dB 이상) •감음신경성: 기도손상 + 골도손상 (기골도차 없음) •혼합성: 기도손상 + 골도손상 (기도손상 > 골도손상)
청력형	•수평형, 저음장애형, 고음장애형, 산형, 곡형, 딥형 등
Ling의 6개음 검사	•청력도에 6개음의 분포를 적용하여 주파수대역별 대표적인 말소리의 청취 능력을 확인

✦ 순음청력검사와 어음청력검사의 실시목적

순음청력검사	•가청 주파수대역에서 말소리와 연계된 주파수대역의 청력을 단순한 음파(순음)로 측정하는 검사(*순음: 하나의 주파수로 이루어진 음) •말소리와 같은 모든 자연음은 여러 주파수 성분이 모여 있는 복합음이기 때문에 주파수별 가청역치 값을 구할 수 없음 •각 주파수별로 음의 강도를 조절하여 역치를 구하는 가장 기본적인 청력검사
어음청력검사	•어음: 여러 가지 주파수들이 결합된 복합음 •언어음을 사용하여 청력의 민감도와 인지도를 측정하는 검사 •실제적인 듣기능력을 측정하는 데 유용 •보장구의 적응과 조절, 청능 재활에 필요한 실질적인 정보를 제공 •일상생활의 의사소통능력을 평가 •순음청력검사 역치와의 일치 여부를 확인하여 검사신뢰도를 확인

✦ 어음청취역치검사

- 어음수용역치, 어음인지역치 등
- 이해될 수 있는 말의 제일 낮은 청력 수준을 측정
- 제시된 2음절 단어를 정확히 50% 확인할 수 있는 가장 작은 강도(dB HL)를 측정하는 검사
- 이해라는 의미는 피검아가 정확하게 따라 말하기가 가능한 것
- 어음청력검사의 역치 수준은 순음청력검사의 역치 수준과 비교하여 해석
- 대개 SRT는 SDT에 비해 역치가 8~10dB 높음

✦ 어음명료도검사

- 어음명료도
  - 단어를 듣고 정확하게 따라 말하는 단어의 백분율
  - 듣기 편안한 강도, 즉 쾌적역치(MCL)에서 제시된 단어나 문장에 대해 인지할 수 있는 비율
  - 가장 편하게 느끼는 어음의 강도에서 검사어음을 얼마나 정확하게 이해하는가
- 어음명료도 값: 피검사자가 아무 단어도 구분할 수 없는 것을 0%, 모든 검사 어음을 구분하는 것을 100%로 봄

고득점 답안 비법 ✰ ㉠과 ㉡의 실시목적을 비교하여 서술해야 하며, 둘은 모두 청력역치를 구하는 것이 목적이나, 자극음이 다른 것이 차이점이므로 이를 비교하여 서술하는 것이 핵심

22

2020. 중
★답안작성

(가)는 청각장애 학생 P의 순음청력검사 결과이고, (나)는 어음청취역치검사 결과이다. (다)는 어음명료도검사 결과와 그 실시 방법이다. 〈작성 방법〉에 따라 서술하시오. [4점]

(가) ㉠ <u>순음청력검사</u> 청력도

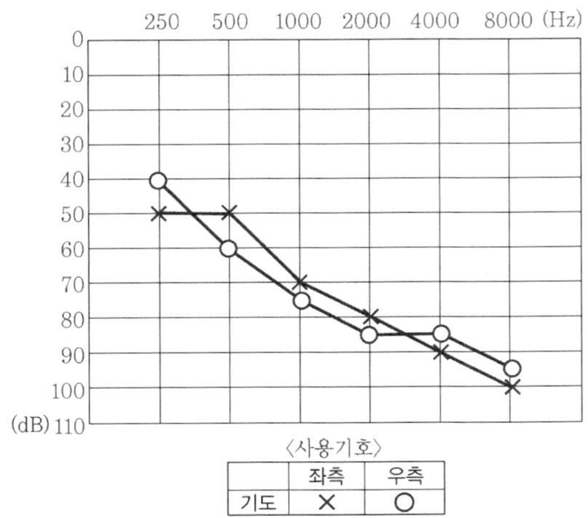

(나) ㉡ <u>어음청취역치검사</u> 결과

좌측 귀 검사	양양격 단어 맞춤(○), 틀림(×)					정반응률 (%)
80dB	농촌 ○	필요 ○	의견 ○	싸움 ○	육군 ○	100
75dB	행복 ○	물건 ○	글씨 ×	지금 ○	약국 ○	80
70dB	둘째 ○	건설 ×	느낌 ×	동생 ○	자연 ○	60
65dB	사람 ×	산문 ×	종류 ×	오빠 ○	송곳 ○	40
60dB	약속 ×	안녕 ×	물건 ○	통일 ×	뚜껑 ×	20

(다) 어음명료도검사 결과

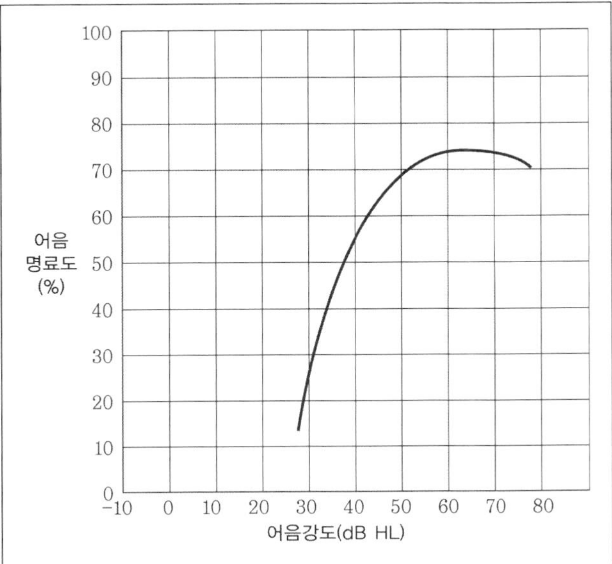

〈어음명료도검사의 실시 방법〉

① 피검자에게 어음을 들려주면서 이를 소리 내어 말하거나 받아쓰게 한다.
② 피검자가 검사 방법을 이해했는지 확인한다.
③ 청력이 좋은 쪽 귀부터 시작한다.
④ 어음청취역치보다 30~40dB 더 큰 강도 또는 (㉢)(으)로 자극음을 제시한다.
⑤ 정확히 들은 검사 어음의 수를 백분율로 산출한다.

작성방법

- (가)의 청력도를 보고 학생 P의 좌측 귀 기도청력평균역치를 쓸 것(단, 6분법으로 계산하고, 소수점 이하가 나올 때는 버릴 것)
- (가)의 ㉠과 (나)의 ㉡의 실시 목적을 비교하여 서술할 것
- (다)의 괄호 안의 ㉢에 해당하는 용어를 쓸 것

핵심테마 체크 ✔

- 순음청력검사의 차폐 방법
- 어음명료도검사_말림현상
- 편측성 난청

MY MEMO

23

정답 및 예시답안

1) ⓐ / 우측 귀는 미로성 난청에 해당한다.
   ⓔ / 이 경우에는 좌측 귀에 차폐음을 들려주고 우측 귀를 재검사한 것이다.
2) 영희의 좌측 귀는 정상이고 우측 귀는 고도 난청인 편측성 난청이며, (우측 귀에만 보청기를 착용하고 있어) 소리 방향에 대한 지각에 어려움이 있기 때문이다.
3) 초과정
4) 초과정

관련이론

✦ 말림현상

- 말림현상이란 최대명료도에서 소리 강도를 높이면 오히려 명료도가 낮아지는 현상을 말한다.
- 최대명료도(PB max)는 강도가 계속해서 상승해도 점수가 더 이상 향상되지 않는 지점을 말한다.
- 최소명료도(PB min)는 PB max를 얻은 강도보다 더 높은 강도의 지점에서 나타난 가장 낮은 어음명료도점수를 말한다.
- 말림지수(Rollover Index : RI)가 0.45이면 후미로성 난청을 의심할 수 있다.
- RI = (PB max − PB min) / PB max

✦ dB nHL(normal Hearing Level)

- 지속시간이 긴 순음(pure tone)의 경우에는 자극음의 강도를 dB HL 또는 dB SPL 단위로 표기한다. 가청역치 평균은 dB HL로, 음압에 대한 비는 dB SPL로 나타낸다. 1000Hz 자극음을 기준으로 하였을 때 정상청력을 가진 성인의 가청역치인 0dB HL은 7.5dB SPL에 해당한다. 반면에 클릭음이나 톤 버스트 음과 같이 짧은 지속시간을 가진 자극음의 단위는 dB nHL을 사용한다. 0dB nHL은 정상청력을 가진 성인에게 초당 10~20회의 물리적 클릭음을 주고 구한 가청역치를 말한다.

✦ 편측성 난청

어음이해력이 떨어지고 방향 분별이 어렵다.

- **편측성 손실의 보청기 착용방법** : 양이의 청력차가 심한 경우이며 두영효과의 발생으로 소리 분별능력이 떨어진다. 보청기를 착용하지 않을 경우 소리 균형의 이상으로 좋은 청력의 귀까지 나빠질 가능성이 크다.
- 양이로 들을 경우 한쪽 귀로 들을 때와 비교하여 소리의 방향과 소음이 많은 환경에서 말소리를 더 잘 이해할 수 있으며 가청 범위가 더 넓어진다.

✦ 보청기 양측 착용 시 기대되는 장점(양이효과)

- 소리의 방향을 감지하기 쉽다.
- 소리의 크기가 건청인인 경우 약 3dB 증가하는 양이합산 현상이 나타난다.
- 양이진압 현상으로 잡음에 대한 감소 현상이 커진다. 신호대잡음비가 향상된다.
- 같은 소리를 두 번 반복해서 청취하는 것과 같은 양이중복이 발생한다.
- 어음명료도를 향상시킨다.

고득점 답안 비법 ☆ 우측 귀가 미로성 난청이지만, 순음청력검사를 비롯한 청력검사들은 '청력'에 대한 검사에 따른 결과. 순음청력검사 결과 감음신경성 청각장애일 때, 손상부위는 내이의 와우, 유모세포 등을 의미하는 것이지, 전정기관의 손상을 증명해 주는 검사가 아님. 문제의 맥락상 편측성 난청에 근거를 두어야 함

23

2019. 초
★답안작성

(가)는 청각장애 학생 영희의 청력검사 결과와 특성이고, (나)는 통합학급 교사가 작성한 2015 개정 체육과 교육과정 5~6학년 건강 영역 교수·학습 과정안의 일부이다. 물음에 답하시오. [6점]

(가) 청력검사 결과와 특성

청력검사 결과			
검사명		좌	우
순음청력 역치검사	기도검사	19dB HL	73dB HL
	골도검사	19dB HL	73dB HL
어음청취역치검사(SRT)		25dB HL	80dB HL
어음명료도검사		40dB에서 100%	70dB에서 60%
			말림현상은 관찰되지 않음
(청성)뇌간유발반응검사 (ABR)		25 nHL	70 nHL

특성

- 인지 능력과 정서 및 사회성 발달에 특이사항 없음
- 신체 발달상으로 이상 없으나 ㉠ <u>평형성이 떨어짐</u>
- 발음이 부정확하나 의사소통을 하는 데는 큰 어려움이 없음
- 현재 우측 귀에 보청기를 착용하고 있음

(나) 교수·학습 과정안

단계	교수·학습 활동	유의 사항
도입	• 평형성이 요구되는 다양한 스포츠 장면을 보여 준다. • 평형성이 향상되었을 때 나타나는 장점을 알려 준다. • ㉡ <u>준비운동</u>을 한다.	
전개	〈활동 1〉 평형성 향상 운동하기 • 다양한 방법으로 신체 균형 잡기 　－한 발로 균형 잡기 　－발끝으로 서기 • 짐 볼 위에서 균형 잡기 　－짐 볼에 앉아 보기 　－짐 볼에 엎드리기 • 평균대 위에서 균형 잡기 　－평균대 위로 오르기 　－평균대 위에서 걷기 　－평균대 위에서 균형 잡기 　－평균대에서 내리기	• 교구 설치 시 유의점 　－평균대 높이를 다양하게 해 준다. 　－안전을 위하여 평균대 아래에 (㉢) • 지도 시 유의점 　－평균대 위에서 균형을 잘 잡기 위해 양팔을 넓게 벌리도록 지도한다. 　－평균대 위에서 균형을 잘 잡을 수 있도록 시선은 (㉣)을/를 향하게 한다.

1) (가)의 청력검사 결과에 대한 해석으로 적절하지 <u>않은</u> 것 2가지를 찾아 ①과 ②에 각각 기호를 쓰고 바르게 고쳐 쓰시오. [2점]

> ⓐ 우측 귀는 후미로성 난청에 해당한다.
> ⓑ 청력검사 간의 결과는 모두 일반적인 오차 범위 내에 있다.
> ⓒ 좌측 귀의 어음 청취 능력은 정상 청력 수준에 해당한다.
> ⓓ 편측성 난청으로 소리의 음원을 찾는 데에 어려움이 예측된다.
> ⓔ 기도검사에서는 양쪽 귀의 청력 차이가 40dB 이상이면 차폐검사를 실시하며, 이 경우에는 우측 귀에 차폐음을 들려주고 좌측 귀를 재검사한 것이다.

①:

②:

2) (가)의 청력검사 결과를 근거로 ㉠의 이유를 1가지 쓰시오. [1점]

3) 다음 그림은 (나)의 ㉡에 해당하는 동작의 일부이다. 그림에서 나타내고 있는 주된 건강 체력의 종류를 쓰시오. [1점]

4) (나)의 ㉢과 ㉣에 들어갈 내용을 각각 쓰시오. [2점]

㉢:

㉣:

핵심테마 체크 ✔

- 6개음 검사
- FM 보청기
- 어음명료도검사

MY MEMO

24

정답 및 예시답안

1) 입모양을 통해 말소리의 단서를 제공할 수 있기 때문에 입을 가리고 검사를 실시하는 것이다.
2) ① FM 보청기는 마이크로 입력되는 말소리만 증폭되고 그 밖의 소음은 억제되며, 이는 거리와 상관없이 작동되어 음을 전달하는 데 효과적이기 때문이다.
   ② 말을 하지 않을 때는 반드시 송화기의 스위치를 꺼 놓아야 한다.
3) ① 어음명료도검사
   ② 어음명료도는 전체 검사 어음 수 중 바르게 인지하여 정확하게 따라 말하는 어음에 대한 백분율을 의미하는 것이므로 산출 공식에 오류가 있다.

관련이론

✦ FM 보청기

- FM 마이크와 FM 수신기로 구성
- 신호음대잡음비(SNR)를 현저히 개선하여 청각손실 정도, 교실 환경, 나이, 교육방식 등에 상관없이 효과적
- 청취의 방해요인인 소음, 거리, 반향효과의 영향을 받지 않고(덜 받고) 소리를 들을 수 있는 장점
- 주파수의 혼선, 즉 다른 전파의 방해로 인해 소음이 생길 수도 있다는 것이 가장 큰 단점

고득점 답안 비법 ✧ 거리가 멀어지면 말소리의 이해력이 떨어진다는 대화 맥락을 반영하여 답안을 작성해야 함

✧ 다음의 FM 보청기 관련 유의점 중 문제의 맥락에 맞는 답안을 작성해야 함

— 주변에 같은 주파수대역의 FM 보청기를 착용한 사람은 송신기에서 나오는 말소리를 들을 수 있으므로, 말을 하지 않을 때는 반드시 송화기의 스위치를 꺼놓아야 함

— 주변 전기 및 전자기기로 인한 잡음을 완전히 차단할 수 없다는 단점이 있음

— 학교 현장에서 성공적으로 사용되기 위해서는 주파수 조정, 외부기기와의 연결, 소모품 교체 등에 대한 지식과 상태를 점검하는 등의 교사의 협조가 필요

→ 이 중 "교사 입장에서 FM 보청기를 사용할 때" 유의할 점은 사용하는 과정에서의 유의점에 해당하는 내용으로 볼 수 있음

24

2021. 유
★답안작성

(가)는 통합학급 김 교사와 유아특수교사 윤 교사가 4세 청각 장애 유아 민기를 지도하기 위해 나눈 대화의 일부이고, (나)는 민기의 청력검사 결과의 일부이다. 물음에 답하시오. [5점]

(가)

김 교사: 새로 전학 온 민기가 청각장애가 있는데 민기를 위해 어떤 지원을 해야 할지 고민이에요. 저의 가장 큰 고민은 민기가 보청기를 끼고는 있는데 보청기가 잘 작동되고 있는지 확인하는 것과 청력검사 결과를 해석하는 것이에요.

윤 교사: 민기는 아직 어리기 때문에 보청기를 낀 상태에서 소리가 어떻게 들리는지 스스로 표현하는 것을 어려워해요. 그래서 교사가 수시로 보청기 상태를 확인하고 링(D. Ling)의 6개음 검사를 정확하게 하는 것이 좋아요. ㉠ <u>링(D. Ling)의 6개음 검사를 할 때는 교사의 입을 가리고 해야 해요.</u>

김 교사: 그런데 민기는 주변 소음이 많거나 거리가 멀어지면 말소리를 훨씬 이해하지 못하더라고요.

윤 교사: ㉡ <u>그런 경우에는 FM 보청기를 사용하면 도움이 됩니다</u>. 그리고 ㉢ <u>FM 보청기를 사용할 때는 유의해야 할 것</u>이 있어요.

김 교사: 그리고 여기에 민기 청력검사 결과가 있는데 한 번 봐 주시겠어요?

윤 교사: 오른쪽 귀 순음청력검사와 어음청력검사 결과네요. 그런데 ㉣ <u>검사 결과에 오류가 있네요</u>.

… (하략) …

(나)

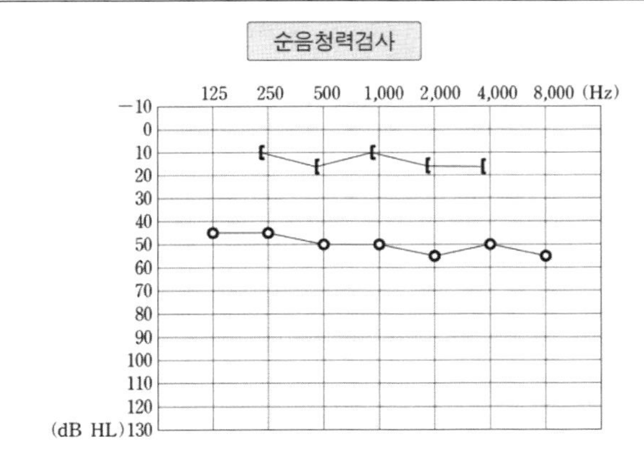

어음청취역치검사

자극강도 (dB HL)	이음절어				정반응률
	맞힘(+)		틀림(−)		
70	당근	가위	사과	나무	100%
	+	+	+	+	
60	신발	모자	연필	기차	50%
	−	+	−	+	
50	거울	안경	전화	풍선	25%
	−	+	−	−	

어음명료도검사

산출공식: $\frac{\text{틀린 검사 어음 수}}{\text{전체 검사 어음 수}} \times 100$

산 출 식: $\frac{5}{25} \times 100 = 20$

〈검사 결과 해석〉

PTA (기도순음역치)*	SRT (어음청취역치)	Speech Discrimination (어음명료도)
51dB HL	60dB HL	20%

* 기도순음역치는 4분법으로 산출하였음.

1) ㉠의 이유를 쓰시오. [1점]

2) ① ㉡의 이유를 FM 보청기 작동 특성에 기초하여 쓰고, ② 교사 입장에서 ㉢을 1가지 쓰시오. [2점]

①:

②:

3) 윤 교사가 말한 ㉣의 근거를 (나)에서 찾아 ① 오류가 있는 청력검사 유형을 쓰고, ② 그것이 오류인 이유를 쓰시오. [2점]

①:

②:

핵심테마 체크

- 어음명료도검사
- 청각장애 학생을 위한 교육지원
- 신호음대잡음비(SNR)

MY MEMO

25

정답 및 예시답안

- ㉠은 후미로성 난청이고, ㉡은 최대명료도에서 소리 강도를 높이면 오히려 명료도가 낮아지는 현상을 의미한다.
- ㉣에서 소리 자극의 차이가 적은 것이 아니라 큰 두 개의 소리로 시작한다. ㉦에서 −10에서 −15를 10~15 정도로 고쳐야 한다.

관련이론

✦ 말림현상

- 말림현상이란 최대명료도에서 소리 강도를 높이면 오히려 명료도가 낮아지는 현상을 말한다.
- 최대명료도(PB max)는 강도가 계속해서 상승해도 점수가 더 이상 향상되지 않는 지점을 말한다.
- 최소명료도(PB min)는 PB max를 얻은 강도보다 더 높은 강도의 지점에서 나타난 가장 낮은 어음명료도점수를 말한다.
- 말림지수(Rollover Index : RI)가 0.45이면 후미로성 난청을 의심할 수 있다.
- RI = (PB max − PB min) / PB max

✦ 청각장애 학생의 청취를 위한 지원

- 신호 대 소음 비율(SNR : signal to noise retio) : 적어도 15dB 이상일 때 보청기와 잔존청력의 이득을 최대화할 수 있음
- 반향 : 소리가 교실 안의 단단한 벽에 반사되어 길게 늘어나는 것
- FM보청기 활용 : 주변 소음의 방해를 최대한 줄여서 청취하기 위함
- 교사와 동료의 말에 청각적, 시각적으로 접근하도록 보장

25

2022. 중
★답안작성

(가)는 청각장애 학생 H와 I가 보이는 특성의 일부이고, (나)는 교육 실습생이 작성한 지도 계획이다. <작성 방법>에 따라 서술 하시오. [4점]

(가) 특성

학생	유형	특성
H	감각신경성 난청 : (㉠)	… (상략) … • 어음명료도검사: 양측 귀 70dB HL에서 PB max 40% ┐[A] • ㉡ 말림현상이 관찰됨 ┘ • 청각보조기기를 착용하고 있지 않음 • 현재 수어로 의사소통 하는 것을 배우고 있음
I	혼합성 난청	… (상략) … • 유발이음향방사: Fail(관찰되지 않음) • 4세부터 양쪽 귀에 귀걸이형 보청기를 착용하고 있음 • 독화와 지문자로 의사소통을 함

(나) 지도 계획

학생	지도 계획
H	• 학생이 잘 볼 수 있도록 정면에서 수어를 한다. • ㉢ 적절한 수어 표현이 없을 때에는 지문자를 사용한다. • ㉣ 청능 훈련 시 변별 단계에서는 소리 자극의 차이가 적은 두 개의 소리부터 시작한다.
I	• FM 보청기를 보조기기로 지원한다. • ㉤ 학생을 부를 때는 멀리서 큰 소리로 부르기보다는 가까이 가서 부른다. • ㉥ 수업에 잘 참여할 수 있도록 음성 자막 변환 애플리케이션(application)을 지원한다. • ㉦ 교실의 신호 대 잡음비(SNR)를 최소 −10에서 −15 정도로 유지하여 말소리 이해력을 높인다.

작성방법

- (가)의 괄호 안 ㉠에 해당하는 난청의 유형을 [A]를 참고하여 쓰고, 밑줄 친 ㉡을 최대명료도(PB max)와 관련지어 설명할 것
- (나)의 밑줄 친 ㉢~㉦ 중 틀린 것 2가지를 찾아 기호와 함께 바르게 고쳐 각각 서술할 것

핵심테마 체크 ✔

- 유아청각검사_유희청력검사
- 이음향방사검사
- 어음청력검사

MY MEMO

26

정답 및 예시답안

⑤

관련이론

✦ 유아청각검사

행동관찰 청력검사	생후 6개월에서 2세까지 실시할 수 있는 검사로 친숙한 어머니의 목소리나 장난감 소리를 들려주고 영유아가 머리를 돌려서 소리를 찾는 행동을 관찰하는 검사이다.
시각강화 청력검사	청각자극에 대한 반응을 유발하기 위해 소리가 나는 쪽으로 고개나 시선을 돌릴 때 빛을 깜박이거나 재미있는 그림 화면, 장난감 등을 이용하여 반응을 유도하고 조건 형성을 이룬 다음 관찰하는 검사이다.
놀이청력 검사	2세 이상의 유아를 대상으로 하며 이어폰을 통해 자극음이 들려올 때마다 놀이를 하도록 하는 검사이다.

✦ 이음향방사검사

- 이음향방사검사는 자발적 또는 음향자극에 대한 반응으로 와우에서 방사되는 낮은 강도의 음향에너지를 외이도에서 마이크로폰으로 측정하는 검사이다.
- 즉, 이음향방사검사는 내이에서 발생한 소리가 다시 외이도로 방사되는 소리를 측정하는 검사이다. 그러나 그 진동의 진폭은 일반 청력검사로는 측정할 수 없을 만큼 경미하기 때문에, 이음향방사검사는 주위 소음이 없는 방음된 장소에서 특수 이음향방사 분석기를 통해 실시해야만 한다. 만약 이음향방사가 관찰되지 않는다면 와우의 이상을 예측할 수 있다.
- 측정이 빠르고 객관적이기 때문에 그 유용성이 크지만 ABR과 달리 청력손실을 정량적으로 평가해 줄 수 없다는 단점을 안고 있다.

✦ 어음청력검사

구분	어음청취역치	어음감지역치	어음명료도검사
역치 수준	피검사자가 제시된 어휘를 50% 이해할 수 있는 음의 강도 수준	피검사자가 어음을 50% 탐지할 수 있는 가장 낮은 강도 수준	대화하기에 적절한 강도에서 얼마나 많은 단어를 이해하는지 그 능력을 %로 계산
자극음	강강격/양양격 단어	간단한 문장 제시	단음절 단어/음소적 균형 단어 리스트
시작음	순음검사의 3분법 평균청력역치 ±10dB		최적 쾌적역치

26

2010. 중

다음에서 설명하는 청력검사 방법으로 옳은 것은?

- 검사 결과를 dB로 기록한다.
- 강강격 이음절어가 검사음이다.
- 검사할 때 하강법과 상승법을 사용한다.
- 6개의 검사음 중 3개를 정확히 들을 수 있는 최저 수준을 기록한다.
- 피검사자는 헤드폰을 통해 청취한 검사음을 듣고 곧바로 반복해서 따라 말하거나 받아쓴다.

① 유희청력검사
② 이음향방사검사
③ 어음탐지역치검사
④ 어음변별검사(어음명료도검사)
⑤ 어음청취역치검사(어음수용역치검사)

핵심테마 체크 ✔

- 보청기
- 인공와우

MY MEMO

27

정답 및 예시답안

④

알찬 지문풀이

- ㄴ. 보청기의 기본 구조는 마이크로폰, 증폭기, 이어폰으로 이루어져 있다. ➡ **이어폰 = 리시버 = 수신기**
- ㄹ. 인공와우 이식은 ~~양쪽 귀 모두 중등도(moderate)~~ 감각 신경성 청각장애인을 대상으로 한다. ➡ **양쪽 귀 모두 고도**
- ㅁ. 인공와우의 체내부 기기는 전극과 ~~마이크로폰~~이며, 인공와우 수술 후 기계의 점검, 맵핑, 청능 훈련 등의 재활 프로그램이 필요하다. ➡ **마이크로폰은 체외부에 속함. 답안 보기에 없음**

관련이론

✦ 보청기 관리

보청기 적응	• 보청기 착용시간을 조금씩 늘려가는 것이 좋다. • 보청기는 적응기가 필요하다.
건전지 교체	• 장애아동의 경우에는 스스로 건전지 교체 필요성을 지각하기 어렵기 때문에 보호자가 잘 관찰할 필요가 있다. • 건전지 수명을 오래 유지하기 위해서는 건전지에 붙어 있는 스티커는 미리 뜯지 않고, 습기가 차지 않도록 잠잘 때는 건전지 입구를 열어 습기 제거 통에 넣어 두는 것이 좋다.
보청기 관리	• 착용하지 않을 때는 보관함에 넣어 둔다. • 착용하지 않을 때는 건전지를 빼 놓는 것이 좋다. • 착용하지 않을 때는 건전지를 넣는 입구를 열어 두어 습기가 차지 않도록 한다. • 물에 닿지 않도록 한다. • 부드러운 헝겊으로 닦아 준다. • 샤워, 목욕, 수영할 때는 착용하지 않는다. • 물에 닿았을 때는 자연 상태로 건조시키거나 헤어 드라이기를 사용한다. • 착용하지 않을 경우에는 직사광선이 닿지 않는 곳에 둔다. • 정전기가 발생하지 않도록 주의한다.

✦ 인공와우 착용 학생을 위한 교사의 지원

- 아동의 자리배치를 고려한다. 인공와우를 착용한 아동은 소음으로부터 먼 곳이 좋으며, 뒷자리보다는 교사의 입모양을 잘 볼 수 있는 앞자리에 앉히는 것이 좋다.
- 소음을 통제한다. 외부의 소음이 클 경우에는 창문을 닫거나, 교실 내에서도 지나친 소음은 통제해 준다.
- 교실에서는 FM 시스템을 함께 사용하여 교사의 말을 더 잘 들을 수 있도록 할 수 있다.
- 아동이 쉽게 이해할 수 있도록 문장을 간단히 재구성해 주거나 반복해서 말해 준다.
- 독화를 돕기 위해 입모양을 보여 주거나 시각적 단서 및 자료를 제시해 준다.
- 일상적인 활동에는 지장이 없으나 과격한 체육활동에 참여할 시에는 헬멧을 착용하거나 수술 부위에 충격을 받지 않도록 한다.
- 건전지가 없거나 헤드셋이 떨어지는 경우가 있을 수 있으니 아동이 평소와 다른 태도를 보일 경우 반드시 확인해 본다.
- 정전기에 노출될 경우 어음처리기의 맵이 변조될 수 있으니 플라스틱으로 된 기구들은 피하는 것이 좋다. 플라스틱 제품보다는 목재 장난감을 제공해 주며, 정전기가 불가피할 경우에는 외부기기를 빼놓도록 한다.
- 바닥에서의 활동이 많은 유아의 경우에는 정전기가 많이 발생하는 카펫은 피하는 것이 좋으며, 경우에 따라서는 정전기용 스프레이 등을 뿌리는 것이 좋다.

27

2011. 중

보청기와 인공와우에 관한 설명으로 옳은 것만을 <보기>에서 모두 고른 것은?

보기

ㄱ. 보청기는 서늘하고 습기가 없는 곳에 보관한다.
ㄴ. 보청기의 기본 구조는 마이크로폰, 증폭기, 이어폰으로 이루어져 있다.
ㄷ. 인공와우는 소리를 전기에너지로 변환하여 청신경을 직접 자극하는 전자 보조장치이다.
ㄹ. 인공와우 이식은 양쪽 귀 모두 중등도(moderate) 감각신경성 청각장애인을 대상으로 한다.
ㅁ. 인공와우의 체내부 기기는 전극과 마이크로폰이며, 인공와우 수술 후 기계의 점검, 맵핑, 청능훈련 등의 재활 프로그램이 필요하다.

① ㄱ, ㄴ
② ㄱ, ㄷ
③ ㄷ, ㄹ
④ ㄱ, ㄴ, ㄷ
⑤ ㄴ, ㄷ, ㄹ

28

핵심테마 체크

- 손상부위에 따른 청각장애
- 청력도
- Ling의 6개음 검사
- 인공와우

MY MEMO

정답 및 예시답안

②

문제 속 자료분석

- ㄴ. ➡ 손실 정도에 따라 구분한 것이 아니라, 손실 위치에 따라 구분한 유형
- ㄷ. ➡ 청력도를 통하여 손실 시기를 알기는 어려움

29

핵심테마 체크 

- 인공와우
- 청각장애 학생을 위한 교육환경

MY MEMO

정답 및 예시답안

④

알찬 지문풀이

- ㉠ 귓속에 ~~송신기~~와 전극을 삽입했기 때문에 머리를 심하게 부딪히지 않도록 조심해야 해요.
➡ 송신기는 체외부
- ㉢ 인공와우 수술을 했기 때문에 매일 기기를 착용만 한다면 ~~정상적인 청력을 가진 사람과 똑같이 말을 알아들을 수~~ 있어요. ➡ 학생의 특성과 수술 후 관리 및 훈련에 따라 다양

28

2012. 유 · 초

다음은 특수학급 초임교사가 일반학급 교사를 대상으로 장애유아이해 교육을 실시하기 위해 준비한 교육자료 초안의 일부이다. 청각장애 유아 이해 관련 내용으로 옳지 않은 것을 고르면?

〈장애이해 교육 자료〉

[청각장애 유아 이해]

ㄱ. 청각장애의 가족력이 있는 경우, 청력 손실이 점진적으로 진행될 수 있으니 소리에 대한 반응을 유심히 관찰해야 합니다.
ㄴ. 청력 손실의 정도에 따라 전음성, 감음신경성, 혼합성, 중추성 청각장애로 나눌 수 있습니다.
ㄷ. 유아의 청력도를 통해 청력 손실의 정도, 유형, 시기를 알 수 있습니다.
ㄹ. 보청기 및 인공와우를 착용하는 유아의 상태를 점검하기 위해, 교사는 5개음 검사를 실시할 수 있습니다.
ㅁ. 인공와우시술을 받은 유아의 경우에도 유아의 효율적인 청취를 위해 적절한 학급 환경을 조성해야 합니다.
ㅂ. 인공와우는 체내에 수신기가 있기 때문에 유아가 머리에 충격을 받지 않도록 유의하고, 부딪쳤을 때는 유양돌기 주변이 부어 있는지 확인하고 조치해야 합니다.

① ㄱ, ㄴ ② ㄴ, ㄷ
③ ㄷ, ㄹ ④ ㄹ, ㅁ
⑤ ㅁ, ㅂ

29

2012. 중

다음은 청각장애학생 A를 담당하고 있는 일반교사와 특수교사의 대화이다. ㉠~㉤ 중에서 옳은 내용만을 있는 대로 고른 것은? [2.5점]

일반교사: 우리 반의 청각장애학생 A는 최근에 인공와우 수술을 받았다고 해요. 제가 어떻게 도와야 할까요?
특수교사: 그 학생은 ㉠ <u>귓속에 송신기와 전극을 삽입했기 때문에 머리를 심하게 부딪히지 않도록 조심해야 해요</u>. 그리고 머리에 착용한 기기는 습기에 약해요. 특히 ㉡ <u>정전기는 어음처리기(speech processor)에 있는 프로그램을 손상시킬 수 있으므로 조심해야 해요</u>.
일반교사: 특별히 제가 신경 써야 할 게 있나요?
특수교사: 매일 인공와우를 꼭 착용하도록 하고 제대로 작동하는지 확인해 주세요. ㉢ <u>인공와우 수술을 했기 때문에 매일 기기를 착용만 한다면 정상적인 청력을 가진 사람과 똑같이 말을 알아들을 수 있어요</u>. 다만 교실의 소음과 반향에는 신경 써 주셔야 해요.
일반교사: 수업시간에는 어떻게 하는 것이 좋을까요?
특수교사: ㉣ <u>학생 A에게는 단어로 말하기보다는 완전한 문장으로 말해 주세요</u>. 수업시간에는 시각적 자료를 많이 제시하는 게 좋은데, ㉤ <u>시각적 자료를 활용할 때는 시각적 자료를 보여준 후에 그 자료에 대해서 설명해 주세요</u>.

① ㉠, ㉢ ② ㉡, ㉢
③ ㉠, ㉣, ㉤ ④ ㉡, ㉣, ㉤
⑤ ㉠, ㉡, ㉣, ㉤

핵심테마 체크 ✔

- 인공와우의 프로그래밍
- 신호음대소음
- FM 보청기

MY MEMO

30

정답 및 예시답안

1) ㉢ / 인공와우 수술 후 (보청기와 마찬가지로) 지속적인 청능 훈련이 필요하다.
2) 윤수가 FM 보청기를 착용하여 (활동에 참여하며) 교사의 지시를 들을 수 있도록 지원한다.
3) ① 주변시야손상
   ② 확대경을 사용하면 시야가 더 좁아지기 때문이다.
4) 스탠드형 확대경

문제 속 자료분석

- ㉤ 소음으로 인해 지시를 잘 이해하지 못하던데 ➡ **신호음대소음비를 향상시켜야 함**

관련이론

✦ FM 보청기

- 화자가 착용한 마이크, 즉 송신기를 통해 입력된 신호음을 청각장애 아동이 착용한 수신기에 FM 신호를 사용해서 직접 전달하는 보청기 혹은 장치를 FM(frequency modulation) 보청기라고 한다.
- 일반적으로 청각장애 아동의 듣기를 방해하는 요소, 즉 신호대잡음비를 방해하는 요인으로는 배경소음, 반향(reverberation) 등이 있다.
- FM 보청기는 이러한 방해요인에 상관없이 신호음을 직접 들을 수 있어 특히 교실 등과 같이 소음이 많은 장소에서 매우 효과적으로 사용되고 있다.
- <u>FM 수신기는 보청기나 인공와우 모두 직접 혹은 간접으로 연결하여 사용</u>한다.

✦ 확대경의 배율과 시야

- 확대경 사용 시 시야에 영향을 주는 요인: **렌즈 지름, 렌즈 배율, 눈과 렌즈의 거리**
- 확대경의 사용방법을 지도할 때는 목표물, 확대경, 눈 간의 거리 관계, 즉 배율-시야-초점거리 간의 관계를 지도하는 것이 필요하다.
- 작업거리 = (자료와 확대경의 거리) + (확대경과 눈의 거리)
- 초점거리 = 자료와 확대경의 거리
- 확대경과 눈의 거리는 시야에 영향을 미치기 때문에, 눈이 확대경에 가깝게 위치할수록 더 넓은 시야를 얻을 수 있다.
- 시야가 좁은 저시각인일수록 눈을 보다 확대경에 가깝게 유지하는 것이 필요하다.

✦ 스탠드형 확대경

- 읽기 자료에 대고 사용하므로 초점거리를 맞출 필요가 없다.
- 어린 학생이나 수지운동기능에 문제가 있는 학생에게 유용하다.
- 밝은 조명을 선호하는 학생에게 조명이 부착된 스탠드형 확대경을 지원한다.
- 고배율의 확대경도 있다.

30

2019. 유

다음은 통합학급 박 교사와 김 교사가 특수학급 윤 교사와 협의회에서 나눈 대화의 일부이다. 물음에 답하시오.

[5점]

윤 교사: 유아들 지도하느라 많이 힘드시죠?
박 교사: 윤수가 최근에 인공와우 수술을 받은 거 아시죠?
윤 교사: 알죠. ㉠ 인공와우는 인간의 말소리를 잘 들을 수 있게 하는 데 초점이 맞춰져 있어요. 그리고 무엇보다도 매핑(mapping)이 중요하죠.
박 교사: 매핑이 뭔가요?
윤 교사: ㉡ 매핑은 어음처리기를 프로그래밍(programming)하는 것을 말하죠.
김 교사: 저의 조카도 인공와우 수술을 받았어요. 보청기와는 달리 ㉢ 별다른 청능훈련이 필요하지 않다고 하던데요.
박 교사: 수술을 해도 ㉣ 모두 정상적인 청력을 갖게 되지는 않는다고 알고 있어요. 그리고 윤수는 ㉤ 유아들 간 상호작용이 활발한 활동을 할 때면 소음으로 인해 지시를 잘 이해하지 못하던데, 제가 어떻게 해야 할지 모르겠어요. 다른 유아들도 있는데 윤수만 고려해서 조용한 활동만 할 수도 없잖아요.

… (중략) …

윤 교사: 김 선생님은 어떠세요?
김 교사: 저는 그림책을 보거나 사물을 관찰하는 활동을 할 때, 경호에게 확대경을 제공하고 있어요. 그런데 확대경이 모든 저시력 유아에게 도움이 되는 것은 아니라고 하던데 맞나요?
윤 교사: 맞아요. 확대경 사용이 대부분의 저시력 유아들에게는 도움이 되지만, ㉥ 어떤 유아들은 사용하면 안 되는 경우가 있어요.
김 교사: 그래요? 저는 모두 도움이 되는 것으로 알고 있는데 아니었군요. 그런데 경호가 손잡이형 확대경을 사용할 때 손이 흔들려서 많이 힘들어 해요.
윤 교사: 그렇군요. 그러면 (㉦)을/를 사용하게 해 보세요.

1) ㉠~㉣ 중 적절하지 않은 내용을 찾아 바르게 고쳐 쓰시오. [1점]

2) ㉤의 상황에서 박 교사가 윤수를 위해 제공할 수 있는 대안적 지원을 쓰시오. [1점]

3) ① ㉥에 해당하는 시각장애의 발생 원인을 1가지 쓰고, ② 이 유아들이 확대경을 사용하면 안 되는 이유를 쓰시오. [2점]

①:

②:

4) ㉦에 들어갈 확대경의 종류를 쓰시오. [1점]

핵심테마 체크 

• FM 보청기

MY MEMO

31

정답 및 예시답안

1) ㉣ / 구어를 주로 사용하므로 소리 내어 표현하도록 한다.
   ㉤ / 정확하게 독화할 수 있도록 입모양을 과장하지 않고 자연스럽게 제시하여야 한다.
2) 유치원 C
3) ① **청각보조장치**: FM 보청기
   ② **고려점**: FM 보청기는 배경소음, 반향, 거리 등의 방해요인이 있으므로 음률 영역의 환경 구성 시 이러한 방해요인을 고려해야 한다.

관련이론

✦ FM 보청기

- 화자가 착용한 마이크, 즉 송신기를 통해 입력된 신호음을 청각장애 아동이 착용한 수신기에 FM 신호를 사용해서 직접 전달하는 보청기 혹은 장치를 FM(frequency modulation) 보청기라고 한다.
- 일반적으로 청각장애 아동의 듣기를 방해하는 요소, 즉 신호대잡음비를 방해하는 요인으로는 배경소음, 반향(reverberation) 등이 있다.
- FM 보청기는 이러한 방해요인에 상관없이 신호음을 직접 들을 수 있어 특히 교실 등과 같이 소음이 많은 장소에서 매우 효과적으로 사용되고 있다.
- FM 수신기는 보청기나 인공와우 모두 직접 혹은 간접으로 연결하여 사용한다.

31

2015. 유

준서는 통합유치원에 다니는 5세 청각장애 유아이며, 박 교사는 유아특수교사이다. (가)는 준서의 특성이며, (나)는 활동계획안의 일부이다. 물음에 답하시오. [5점]

(가) 준서의 특성

- 1년 전 인공와우 수술을 하였으며, 현재 청력은 45~50dB 정도임
- 구어를 주로 사용하나 상대방의 입모양이나 시각적 단서도 활용함
- 노래 부르는 것을 좋아하지만 음정이나 박자가 정확하지 않음

(나) 활동계획안

활동명	내 친구	활동 형태	대・소집단 활동	영역	음률
활동 목표	• 친구에 대해 소중한 마음을 갖는다. • 리듬에 맞춰 노래를 적절히 부른다. • 멜로디에 맞게 친구 이름을 넣어 부른다.				
누리과정 관련 요소	(생략)				
활동 자료	반 친구들의 사진(삼각대로 제작), 노랫말판, '내 친구' 음원, 사진기 등				
활동 방법	• 자유롭게 친구를 소개하면서 친구에 대한 다양한 생각을 이야기한다. • 친구와 함께 손을 마주잡고 '내 친구' 노래를 감상한다.  내 친구 작사/작곡 방은영 내 친 구 참~ 멋진친구 야. 내 친 구 참~ 좋은친구 야! 내 ㉮ 윤 준 서 ○ ○○ ○ 친 구 사랑 스런친구 야. 만 나 서 반~가 워 ○ ○ • 친구 이름을 넣어 가사를 읽는다. • '내 친구' 가사에 친구 이름을 넣어 노래를 부른다. • 노래를 부른 후 생각과 느낌을 이야기한다.				
확장 활동	• 정리정돈을 알리는 신호로 '내 친구' 음악을 활용한다. • 이야기나누기 시간에 '내 친구' 노래로 인사한다.				

1) 박 교사는 준서에게 '내 친구' 노래를 익힐 수 있도록 다음과 같이 지도하였다. 적절하지 <u>않은</u> 지도 방법 2가지를 찾아 기호와 이유를 각각 쓰시오. [2점]

> ㉠ 유아가 부른 노래를 녹음하여 들려준다.
> ㉡ 그림악보를 사용하여 멜로디를 지도한다.
> ㉢ 리듬을 익히도록 코다이 손기호를 사용한다.
> ㉣ 신체를 이용한 동작으로 노랫말을 표현하게 한다.
> ㉤ 가사를 익히도록 교사는 입모양을 최대한 크게 한다.

① 기호와 이유 :

② 기호와 이유 :

2) (나)의 확장 활동을 한 후 준서는 친구의 이름을 부를 때 '내 친구' 멜로디에 맞추어 흥얼거렸다. 고든(E. Gordon)에 의하면, 이러한 음악적 현상을 무엇이라고 하는지 쓰시오. [1점]

3) 준서가 집단 음률활동에 참여하기 위해 필요한 청각보조장치 1가지를 쓰고, 음률 영역의 환경 구성 시 고려해야 할 점 1가지를 쓰시오. [2점]

① 청각보조장치 :

② 고려점 :

핵심테마 체크

- 수어의 언어학적 특성
- 수화소
- 편측성 난청
- 크로스 보청기
- 이중언어 · 이중문화 접근

MY MEMO

32

정답 및 예시답안

1) 사과의 'ㅅ'을 'ㄷ'으로 바꾸면 무슨 단어가 될까요(사과의 첫소리를 'ㄷ'으로 바꾸면 무슨 단어가 될까요)?
2) 수화소 중 수향, 수동, 수위는 동일하고 수형만 다른 것에 따라(대조되어) 의미가 달라지기 때문이다.
3) ㉢ 말 · 수어하기
   ㉣ 말 · 수어읽기
4) ① 편측성 / 비대칭성
   ② 청력이 나쁜 쪽 귀로 소리가 입력이 되면, 그 소리를 좋은 쪽 귀로 보내주어 좋은 쪽 귀에서 청취할 수 있는 원리로 작동된다.
5) ⓑ / 1차 언어로는 수화를 채택하여 가르치고, 국어를 읽기와 쓰기를 위한 2차 언어로 지도하여 2개 이상의 언어를 사용하도록 한다.

관련이론

✦ 수화의 최소대립쌍

- 수화에서 최소대립쌍이란 수형, 수위, 수동, 수향에 해당하는 수화소 가운데 하나에서만 대조를 보임으로써 의미가 달라지는 것을 말한다.

✦ 수화소

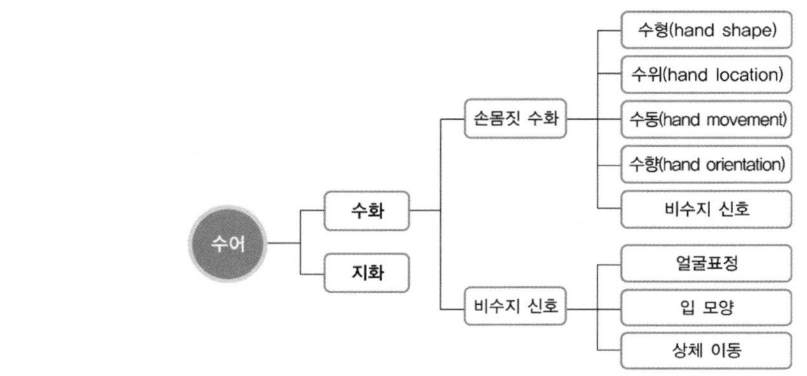

✦ 크로스 보청기

- 크로스(contralateral routing of signal; CROS) 보청기는 주로 편측 난청 혹은 비대칭형의 청력손실이 있는 경우에 사용하며, 청력이 나쁜 쪽 귀로 들어오는 신호를 청력이 좋은 쪽 귀에서 청취할 수 있도록 해주는 보청기이다.
- 소리가 발생한 방향에 관계없이 좋은 귀로 소리를 들을 수 있으며, 나쁜 쪽에서 입력되는 소리에 대해 두영 효과(head shadow effect)의 영향을 크게 받지 않는다는 장점을 갖는다.
- 그러나 귀걸이형의 크로스 보청기는 양쪽 귀에 수화기와 보청기를 동시에 착용해야 하므로 미용 효과가 떨어지고 번거로울 수 있는 단점도 있다.

✦ 보청기의 양측 착용 시 기대되는 장점(양이효과)

보청기는 양측 착용을 하는 것이 좋다. 이는 양이효과를 얻기 위한 목적으로서, 양이효과란 두 귀로 소리를 들음으로써 얻는 효과를 말한다.

- 소리의 방향을 감지하기 쉽다.
- 소리의 크기가 건청인의 경우 약 3dB 증가하는 양이합산 현상이 나타난다.
- 양이진압 현상으로 잡음에 대한 감소현상이 커진다. 신호대잡음비가 향상된다(*양이진압은 입력된 음압이 한쪽 귀보다는 양쪽 귀에 도달하였을 때, 소음과 반향음을 더 효과적으로 감소시키는 청각시스템이다. 소음 상황에서 양이착용자의 말소리 인지에 직접적인 도움을 줄 수 있다).
- 같은 소리를 두 번 청취하는 것과 같은 양이중복이 발생한다.
- 어음명료도를 향상시킨다.

32 2018. 초 ★답안작성

(가)는 2015 개정 국어과 교육과정에 따라 청각장애 학생 연지가 포함된 통합학급 수업을 위해 일반교사가 작성한 교수 · 학습 과정안의 일부이고, (나)는 일반교사와 특수교사가 협의한 내용의 일부이다. 물음에 답하시오. [6점]

(가)

단원	재미있게 ㄱㄴㄷ	학년반	1-3
학습 목표	• 자음자 소리를 말하고 읽을 수 있다. • 자음 음소를 대치하여 말하고 읽을 수 있다. • 자음 변화에 따라 의미가 변하는 낱말을 구별할 수 있다. • 수어의 최소대립쌍을 이용하여 수어소를 대치할 수 있다(연지의 추가 학습 목표).		
단계	교수 · 학습 활동		
	모든 학생	연지	
전개	〈활동 1〉 • 자음자 소리의 차이 알아보기 • 자음자를 소리 내어 읽기		
	〈활동 2〉 • ㉠ 자음 음소 대치에 따라 낱말의 의미 구별하기 – 낱말 카드의 예 사과	〈추가 활동〉 • 수어소 변화에 따른 수어의 의미 구별하기 – ㉡ 수어 그림 자료의 예	
정리	• 연지를 위해 듣기, 말하기, 말읽기를 활용하여 평가하기	• 연지를 위해 (㉢)와/과 (㉣)을/를 활용하여 평가하기	

(나)

일반교사: 선생님, 요즘 우리 학급에서는 자음 음소 대치 수업을 하고 있는데 연지는 음소 대치를 어려워 해요.
특수교사: 연지는 (㉤) 난청이 있어서 ㉥ 크로스 보청기를 착용하고 있지만 부모님이 농인이어서 수어에 익숙하고, 음성 언어를 접한 지 오래되지 않아서 소리 구조를 이해하는 것이 쉽지는 않을 거예요.
일반교사: 그래도 지난번에 선생님이 주신 ㉦ 최소대립쌍을 이루는 수어 단어가 많은 도움이 되었어요.
특수교사: 그러셨어요? 수어도 음성 언어처럼 수어소 대치가 가능하니 수어소에 따른 의미 변화를 연습하도록 수어 최소대립쌍을 활용할 수 있어요.
일반교사: 아, 궁금한 게 하나 더 있어요. 연지가 창피하다고 자꾸 보청기를 빼려고 해요. 자신이 농·난청인인지 청인인지에 대한 정체성 갈등을 겪고 있는 것 같아요.
특수교사: 그럴 수 있어요. ㉧ 연지가 바람직한 이중 문화 정체성을 갖도록 도움을 줄 필요가 있어요.
… (하략) …

1) (가)의 밑줄 친 ㉠에서 '사과'를 최소대립쌍으로 지도하고자 하는 교사 발문의 예 1가지를 쓰시오. [1점]

2) (가)의 밑줄 친 ㉡은 '괜찮다'와 '웃다'의 의미를 가진 수어이다. 밑줄 친 ㉡이 (나)의 밑줄 친 ㉦에 해당하는 이유를 쓰시오. [1점]

3) (가)의 〈추가 활동〉을 평가하고자 할 때 사용할 수 있는 ㉢과 ㉣을 2015 개정 특수교육 교육과정 중 공통 교육과정 국어과 '내용 체계'에 제시된 기능에 근거하여 쓰시오. [1점]

4) ① (나)의 ㉤에 들어갈 내용을 쓰고, ② 밑줄 친 ㉥의 작동 원리를 쓰시오. [2점]

①:

②:

5) 다음은 (나)의 밑줄 친 ㉧에 해당하는 지원 방안이다. 적절하지 않은 방안을 찾아 기호로 쓰고, 바르게 고쳐 쓰시오. [1점]

ⓐ 정기적으로 수어 단어를 학급 친구들에게 가르쳐 줄 기회를 준다.
ⓑ 하나의 언어를 집중적으로 교육하여 단일 언어 사용자가 되도록 지도한다.
ⓒ 본받고 싶은 청인과 농인 사례를 골고루 접할 수 있는 기회를 갖게 해 준다.
ⓓ 학교 친구들뿐만 아니라 다른 학교에 있는 농인 친구와도 만날 수 있는 기회를 갖게 해 준다.

핵심테마 체크

- 보청기 유형
- 양이청취의 장점
- 의사소통전략_예기전략, 회복전략

MY MEMO

33

정답 및 예시답안

- ㉠은 바이크로스 보청기이고, ㉠을 착용하면 어음 인지도가 향상될 수 있다, 음원의 위치 파악을 할 수 있다 등 (*TIP: 1가지만 쓰면 됨)
- ㉡의 예: 학예사의 활동을 나타내는 어휘나 내용, 질문 등을 미리 검토하고 연습한다 등
- ㉢의 예: 학예사의 역할 체험에 대해 다시 말해 줄 것을 요구하도록 한다, 같은 내용의 메시지를 다른 단어로 바꾸어 말해 줄 것을 요청한다 등

관련이론

✦ 크로스 보청기

- 주로 편측 난청 혹은 비대칭형의 청력손실이 있는 경우에 사용
- 청력이 나쁜 쪽 귀로 들어오는 신호를 청력이 좋은 쪽 귀에서 청취할 수 있도록 해 주는 보청기
- 소리가 발생한 방향에 관계없이 청력이 좋은 귀로 소리를 들을 수 있으며, 나쁜 쪽에서 입력되는 소리에 대해 두영 효과(head shadow effect)의 영향을 크게 받지 않는다는 장점
- 좌우 청력차가 커서 한쪽만 보청기를 착용할 경우 한쪽이 양호하더라도 잡음이 있을 경우 어음이해력이 크게 떨어지고 방향분별이 어렵기 때문에 크로스 보청기 착용이 필요

크로스 보청기 유형	원리 및 장점	단점
단일-크로스 보청기	• 좋은 귀가 경도 또는 정상 귀/나쁜 귀는 고도난청 또는 농	
	• 나쁜 쪽 귀에서 입력되는 소리신호를 좋은 귀로 전달하여 듣는다. • 송화기와 수화기가 따로 있어서 음향 되울림이 감소한다.	• 양 귀에 수화기와 송화기를 따로 착용해야 한다. • 소음이 나쁜 귀로 들어오면 말소리의 이해력이 감소된다.
바이-크로스 보청기	• 좋은 귀가 중도 또는 고도/나쁜 귀는 고도난청 또는 농	
	• 좋은 귀에 일반보청기를 착용하여 양측으로 소리신호가 입력된다.	• 음향되울림현상이 발생할 수 있다.

✦ 양이효과

- 소리의 방향 감지
- 어음명료도(이해도) 향상
- 신호대잡음비 향상
- 양이합산, 양이진압, 양이중복 효과

✦ 의사소통전략

전략	전략 내용
예기 전략	• 청각장애 아동이 다가올 의사소통 상황을 미리 준비하는 전략이다. • 어휘, 질문, 의사소통 상황 등을 미리 검토하고 연습함으로써 의사소통 환경을 쉽게 느끼게 될 것이다. • 의사소통의 내용 및 상호작용을 사전에 준비한다. • 사용 가능한 어휘, 질문, 의사소통에서 예측되는 어려움을 미리 검토한다.
수정 전략	• 의사소통을 방해할 수 있는 다양한 사건이나 상황, 발화의 내용이나 형태를 수정하여 의사소통을 원활히 유지하기 위하여 청각장애 아동들이 수정하려는 노력을 의미한다. • 아동이 의사소통하는 데 화자의 부적당한 행동이나 환경에 어려움이 있는 경우 수정하도록 요구한다. • 화자의 말이 지나치게 빠르거나 입을 가리는 행동을 할 때 혹은 주변의 소음이 너무 크거나 조명이 너무 어두워 화자의 얼굴을 제대로 볼 수 없는 경우 등 곤란을 주는 문제를 확인하여 수정하도록 요구한다.
회복 전략	• 청각장애 아동이 화자의 구어가 불분명하거나 발화를 잘못 이해하였을 때 의사소통을 계속 이어가기 위해 사용하는 전략이다. • 이러한 전략에는 화자의 메시지를 전혀 이해하지 못했을 경우에 사용하는 메시지를 다시 말해 줄 것을 요구하기, 같은 내용의 메시지를 다른 단어로 바꾸어 말하기, "대화의 주제가 무엇인지 말씀해 주시겠어요?"와 같이 핵심단어를 말해 줄 것을 요청하기 등의 방법이 있다. • 메시지의 내용과 구조 혹은 화자의 의사소통 행동 모두를 수정(예 더 천천히, 더 분명하게 해 달라고 요구하기)할 것을 요구할 수 있다. • 부분적으로 반복하기, 바꾸어 말하기, 핵심단어 말하기, 철자 말하기, 허공 혹은 손바닥에 쓰기, 쓰기 등 부가 설명을 요구할 수 있다.

33 2024. 중 ★답안작성

(가)는 ○○중학교에 재학 중인 청각장애 학생 A의 특성이고, (나)는 일반 교사와 특수 교사의 대화 중 일부이다. <작성 방법>에 따라 서술하시오. [4점]

(가) 학생 A의 특성

- 순음청력검사 결과가 왼쪽 귀 60 dB HL, 오른쪽 귀 90 dB HL으로 나타남
- 오른쪽 귀만 보청기를 착용하고 있음
- 보청기 착용으로 말읽기를 통하여 수업에 참여하고 있음

(나) 일반 교사와 특수 교사의 대화

일반 교사: 선생님, 학생 A는 오른쪽 귀에 보청기를 착용하고 있는데도 수업 시간에 말소리를 듣고 이해하는 것을 어려워하고, 음원의 위치 파악이 가끔씩 잘 안 될 때도 있더라고요.

특수 교사: 학생 A는 특성상 양쪽 귀에 보청기를 착용하면 좋을 것 같더군요. 이런 경우에는 (㉠)의 착용이 효과적일 수 있어요.

일반 교사: 학생 A는 친구들과 대화하는 데 어려움을 느끼는 것 같아요. 학생 A가 어떻게 하면 대화에 더 적극적으로 참여할 수 있을까요?

특수 교사: 듣는 정보가 부족하고 알고 있는 어휘 수도 적은 편이어서 의사소통이 잘 되지 않을 수 있어요. 학생 A가 ㉡ <u>예상하는 전략</u>과 ㉢ <u>회복하는 전략</u>을 사용할 수 있도록 지도하면 됩니다.

일반 교사: 그렇군요. 그럼 다음 주에 '박물관 학예사 체험하기 활동'을 하면서 ㉣ <u>학예사의 활동 알아보기</u>와 ㉤ <u>학예사 역할 체험</u>을 계획하였는데, 학생 A에게 적용해 보면 좋겠습니다.

작성방법

- (가)를 참고하여 (나)의 괄호 안의 ㉠에 해당하는 보청기의 유형을 쓰고, 학생 A가 ㉠을 착용했을 때의 효과를 1가지 서술할 것
- (나)의 밑줄 친 ㉡을 ㉣ 활동에 적용하는 예와 ㉢을 ㉤ 활동에 적용하는 예를 1가지씩 각각 서술할 것 (단, ㉢은 '언어 정보 전체를 이해하지 못한 경우'에 한하여 작성할 것)

핵심테마 체크 ✓

- 편측성 난청
- 불쾌역치
- FM 보청기
- 인공와우

MY MEMO

34

정답 및 예시답안

1) 양쪽 청력 수준이 다른 편측성 난청 증상이 나타날 수 있으며, 이로 인하여 소리의 위치나 방향을 정확히 파악하기 어렵다.
2) 불쾌역치
3) 인공와우의 안테나는 FM 라디오파로된 정보를 내부의 수신기로 전달하며, 어음처리기와 FM 시스템을 연결하여 어음처리기의 프로그래밍을 할 수 있기 때문이다(이를 통해 신호음대소음비를 향상시킬 수 있다.).
4) • 체내에 수신기와 전극을 삽입했기 때문에 머리에 심한 충격이 가지 않도록 조심해야 한다.
   • 마이크로폰, 어음처리기 등은 습기에 약하므로 체육시간에 땀이 너무 많이 나지 않도록 주의한다.

관련이론

✦ FM 보청기

- 화자가 착용한 마이크, 즉 송신기를 통해 입력된 신호음을 청각장애 아동이 착용한 수신기에 FM 신호를 사용해서 직접 전달하는 보청기 혹은 장치를 FM(frequency modulation) 보청기라고 한다.
- 일반적으로 청각장애 아동의 듣기를 방해하는 요소, 즉 신호대잡음비를 방해하는 요인으로는 배경소음, 반향(reverberation) 등이 있다.
- FM 보청기는 이러한 방해요인에 상관없이 신호음을 직접 들을 수 있어 특히 교실 등과 같이 소음이 많은 장소에서 매우 효과적으로 사용되고 있다.
- FM 수신기는 보청기나 인공와우 모두 직접 혹은 간접으로 연결하여 사용한다.

✦ 인공와우의 어음처리기 프로그래밍

- 인공와우 이식자가 외부 장치를 착용한 상태에서 컴퓨터와 연결된 진단적 프로그래밍 시스템을 사용하여 전극에 전달된 신호를 결정하는 전기적 자극 레벨을 결정하게 되는데, 이와 같이 어음처리기에 프로그래밍하는 과정을 매핑이라고 한다.
- 전기자극에 대하여 작지만 일관성 있게 감지할 수 있는 전기적인 자극을 T-level(Threshold level, 최소가청역치)이라고 한다. 모든 전극에서 T-level이 측정된 후에는 C-level(Comfortable level, 쾌적역치)을 측정한다.
- C-level은 크고 잘 들리지만 반복해서 들어도 불편하지 않을 정도의 자극수준이다.
- T-level과 C-level은 인공와우의 역동범위를 제공하기 때문에 중요하다. 역동범위는 작은 소리에서 큰 소리까지 소리가 변화할 수 있는 정도의 범위를 말한다.
- 각각의 전극이 T-level과 C-level을 모두 정하게 되면 컴퓨터는 맵을 만들어 낸다.
- 맵은 각각의 전극에 자세한 전류의 정보를 기록하는 것을 말하며, 아동들마다 모두 다르다. 완성된 맵은 어음처리기에 있는 컴퓨터 칩에 저장되고, 각각의 파일은 프로그램이라고 불리게 된다.
- 맵이 만들어지고 마이크로폰이 작동하게 되면 이식자는 소리를 들을 수 있다.
- 말소리에 대한 반응은 각 개인마다 다르게 인식하는데, 대부분 기계적인 소리로 들린다고 한다.
- 맵은 정기적으로 교체해 줄 필요가 있다. 맵이 적절한지 확인하기 위해서는 인공와우 착용 상태에서 순음청력검사와 정기적인 말언어평가를 실시하고 매핑에 언어재활사와 부모의 의견을 참고한다.
- 아동이 말소리에 대한 반응이 줄어들 때, 어음명료도가 이전보다 나빠질 때, 말소리 모방이 부정확할 때는 어음처리기를 재매핑해야 한다.
- 수술 첫해는 특히 자주 조절해 주어야 한다. 아동의 경우 인공와우 이식수술 후 한 달 동안은 일주일에 한 번씩 병원에서 맵을 조절하고, 그 후 3개월, 6개월 뒤에 조절한다.
- 교실에서 FM 시스템을 사용할 경우 어음처리기와 FM 시스템이 바르게 연결되었는지, 말소리 전달에는 문제가 없는지 부모와 교사는 수시로 관찰하여야 한다.

34

2013. 유 · 초
★답안작성

다음의 (가)는 영호의 특성이고, (나)는 영호를 지도하기 위해 통합학급 최 교사와 특수학급 문 교사가 나눈 대화 내용이다. 물음에 답하시오. [5점]

(가) 영호의 특성

- 생활연령: 6세
- 선천성 청각장애를 가지고 있음
- 수술 전 평균 청력역치가 우측 90dB, 좌측 90B임
- 2세 때 우측 귀에 인공와우 이식 수술을 받았음
- 현재 좌측 귀에는 보청기를 착용하고 있지 않음. 현재 교정 순음청력손실 평균(교정 청력)은 35dB임 ㉠
- K-WISC-Ⅲ 검사 결과: 동작성 지능지수 90
- 사회성숙도 검사 결과: 사회성지수 85

(나) 대화 내용

최 교사: 영호가 말소리를 잘 알아듣지 못하는 것 같습니다. 영호를 위해 스피커 볼륨을 높여 주면 듣는 데 도움이 될까요?

문 교사: 반드시 그렇지는 않습니다. 영호처럼 인공와우나 보청기를 착용한 아이들은 소리가 너무 크면 오히려 귀가 아프다고 할 수 있어요. 왜냐하면 청각장애 아이들도 (㉡)이(가) 일반 아이들과 비슷하기 때문이에요.

최 교사: 그러면 제가 교실에서 영호를 위해 어떤 지원을 할 수 있을까요?

문 교사: 교실에서는 인공와우와 연결할 수 있는 ㉢ FM 보청기를 사용하는 것도 좋은 방법이 될 수 있습니다.

최 교사: 네. 그러면 다음 주에는 ㉣ 운동장에서 체육활동을 하려고 하는데 인공와우를 착용한 영호를 위해 특별히 주의해야 할 점이 있을까요?

1) (가)의 ㉠으로 인하여 생겨날 수 있는 문제점 1가지를 쓰시오. [1점]

2) (나)의 ㉡에 들어갈 말을 쓰시오. [1점]

3) (나)의 ㉢이 효과적인 이유 1가지를 쓰시오. [1점]

4) (나)의 ㉣에서 문 교사가 최 교사에게 제안할 수 있는 주의사항 2가지를 인공와우 세부 명칭과 연결 지어 쓰시오. [2점]

핵심테마 체크 ✔

- 지문자
- Ling의 6개음 검사
- 통합학급의 청각장애 학생을 위한 지원
- 청각장애 학생을 위한 청취환경 개선

MY MEMO

35

정답 및 예시답안

1) 여러 단어 중 해당 알파벳 소리(발음) 식별하기
2) head
3) 회화음의 전 주파수 영역을 검사할 수 있기 때문(말소리의 주파수대역을 대표하는 음이기 때문)
4) ㉡ / 반향시간을 줄일 수 있도록 자리배치를 해야 한다.
   ㉢ / 신호대잡음비를 높이기 위해 FM 시스템을 사용하는 것이다.

관련이론

✦ 인공와우 수술 후 평가와 청각재활

- 인공와우를 착용했다 할지라도 정상 귀와 똑같이 소리를 들을 수는 없다.
- 인공와우는 정상 귀와 최대한 비슷한 소리를 들을 수 있도록 고안된 것이며 특히 말소리를 잘 들을 수 있도록 하는 데 중점을 두고 있다.
- 수술 후 청각재활은 전기신호를 말소리와 연관 지어 해독하는 능력을 기르는 데 주안점을 두고 있다.
- 일반적으로 첫 매핑 후 1개월 후부터 청력검사를 시행한다. 청력검사를 하는 이유는 각 주파수별로 소리를 적정하게 잘 듣고 있는지를 확인하기 위한 것이다.
- 일반적인 말소리 강도는 40~60dB인데, 인공와우 이식 후에는 보통 40dB 정도의 말소리를 들을 수 있어야 한다.
- 듣기 능력을 평가하는 검사로는 Ling의 6개음 검사를 통하여 회화음의 전 주파수 영역을 들을 수 있는지 알아볼 수 있다.
- 청각언어능력을 객관적으로 평가하기 위하여 수술 전과 수술 후 3개월, 6개월, 그리고 1년마다 말언어평가를 받게 되고, 이를 통해 이식수술 전후의 향상 정도를 파악할 수 있다.

35 2017. 초 ★답안작성

(가)는 2009 개정 영어과 교육과정 3~4학년 '듣기' 영역에 해당하는 수업 장면의 일부이다. (나)는 일반 초등학교 3학년에 재학 중인 청각장애 학생 동호의 특성이고, (다)는 일반교사와 특수교사가 동호의 특성에 적합한 교육을 하기 위해 협의한 내용의 일부이다. 물음에 답하시오. [5점]

(가)

교사 : Listen carefully. The letter 'f' makes the /f/ sound.
학생 : (교사에게 집중한다.)
교사 : Raise your hand when you hear the word starting with the /f/ sound. Park, fish, star.
학생 : (해당하는 낱말에 손을 든다.)
교사 : Listen carefully. The letter 'g' makes the /g/ sound.
학생 : (교사에게 집중한다.)
교사 : Raise your hand when you hear the word starting with the /g/ sound. Tape, rain, goat.
학생 : (해당하는 낱말에 손을 든다.)
교사 : Listen carefully. The letter 'h' makes the /h/ sound.
학생 : (교사에게 집중한다.)
교사 : Raise your hand when you hear the word starting with the /h/ sound. Head, bike, lake.
학생 : (해당하는 낱말에 손을 든다.)

(나)

- 동호
  - 7세 때 양쪽 귀에 인공와우 수술을 받았고, 인공와우 착용 시 좌우 청력은 각각 30dB임
  - 청인과는 구어로, 농인과는 수어로 의사소통하는 이중언어 사용자임

(다)

일반교사 : 선생님, 수업시간에 동호가 제 말소리를 잘 들을 수 있는지 궁금합니다. 지난 협의회 때 수업시간에 동호가 어느 정도 들을 수 있는지 확인하는 방법이 있다고 하셨지요?
특수교사 : 네, '링(D. Ling)의 6개음 검사'를 해보면 동호가 말소리를 듣는 정도를 간편하게 확인할 수 있습니다. 이 검사에서 사용하는 6개음은 ㉠ /a/, /u/, /i/, /s/, /ʃ/, /m/이에요.

… (중략) …

특수교사 : 동호의 청취 환경은 어떻게 개선하셨나요?
일반교사 : 네, 선생님 말씀대로 ㉡ 반향 시간을 늘리려고 동호를 제 가까이에 앉혔습니다. 그리고 ㉢ 신호대잡음비(SNR)를 낮추기 위해서 FM 시스템을 사용하고 있어요. 자리 배치도 중요할 것 같아서 ㉣ 소그룹 토론식 수업을 할 때는 책상을 'U'자 모양으로 배열하고, 동호를 제일 오른쪽이나 왼쪽에 앉혀 전체 학생을 볼 수 있도록 했습니다. 그런데 동호가 조용한 환경에서도 말소리를 잘 이해하지 못할 때가 있는 것 같아요. ㉤ 인공와우 수술을 늦게 받은 것이 그 이유 중 하나인 것 같습니다.

1) 2009 개정 영어과 교육과정 3~4학년 듣기 영역 '소리를 식별한다' 성취기준에 따라 (가)에서 교사가 지도하고 있는 학습활동의 내용을 쓰시오. [1점]

2) 다음은 (가)에서 동호가 교사의 말소리를 잘 듣지 못하여 교사가 동호에게 보여준 알파벳 지문자이다. 알파벳 지문자에 해당하는 영어 알파벳을 순서대로 쓰시오. [1점]

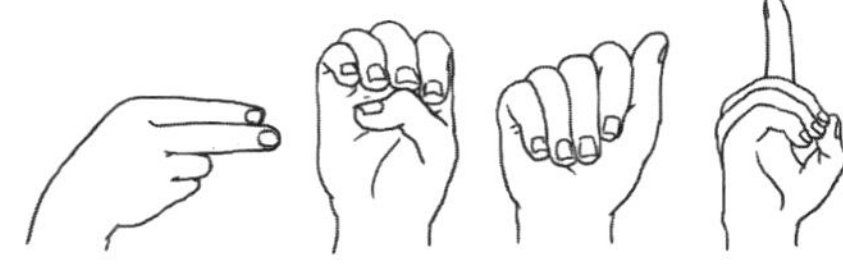

3) 링(D. Ling)의 6개음 검사를 할 때 (다)의 ㉠을 사용하는 이유를 쓰시오. [1점]

4) (나)를 고려할 때 (다)의 ㉡~㉤에서 틀린 것 2가지를 찾아 기호를 쓰고, 각각 바르게 고쳐 쓰시오. [2점]

①:

②:

핵심테마 체크

- 음향 되울림 현상
- 신호대잡음비
- FM 보청기
- 통합학급의 청각장애 학생을 위한 지원

MY MEMO

36

정답 및 예시답안

1) 이어몰드의 상태에 문제가 생기거나, 건전지 교체시기가 지나 (청취에 방해가 되는) 음향 피드백(음향 되울림) 현상이 나타났을 수 있기 때문이다.
2) ① 신호대잡음비(SNR)는 들어야 하는 신호음과 듣는 데에 방해가 되는 잡음의 소리강도의 비(Ratio)를 의미한다. / 청취해야 하는 신호음의 강도에 비해 잡음의 강도가 어느 정도 되는지를 나타내는 값이다.
   ② 수업시간에 찬우가 FM 보청기를 착용하도록 한다.
3) ㉢ 언어적 상호작용을 할 때, 찬우가 유아들의 입모양이나 표정 등을 잘 볼 수 있는 자리배치이기 때문이다
   ㉣ 눈부심을 방지하기 위해 찬우는 창문을 등지는 것이 좋으며, 화자들이 밝게 잘 보이는 위치이기 때문이다.

관련이론

✦ 청각장애 학생을 위한 교실 환경 개선

통합교실은 몇 가지 물리적 조건을 충족해야 한다. 거기에는 학교행정 및 조직상의 문제, 자리배치와 학급 분위기 조성 등이 포함된다.

- **학급 규모**: 학급 규모가 크다는 것은 청각장애 학생에게는 그만큼 불리한 요건이다. 따라서 학교장은 통합학급에 대해서는 학생 수를 줄여 주고, 업무 분할을 도입하여 교사의 부담을 덜어 주어야 한다.
- **교실 배치**: 청각장애 학생에게 좋은 자리배치란 잘 볼 수 있는 조건을 말한다. 첫째는 조명이다. 교실은 전체적으로 밝고 동일한 조명 밝기를 가져야 한다. 칠판 앞쪽은 어둡지 않도록 필요 시 조명을 비춰 주는 것이 좋다. 프로젝터(빔)나 TV를 사용한 후에는 반드시 바로 꺼야 하며, 눈부심을 방지하기 위하여 조명은 학생의 등 뒤에 있는 것이 좋다. 창문은 가급적 학생을 등지고 있는 것이 좋으며, 학생의 자리와 교탁과의 거리는 3m를 넘지 않아야 한다. 또한 모둠수업을 하게 될 경우 쉽게 책장 위치를 변형할 수 있는 구조가 좋으며 교실에서 사용되는 의자는 쉽게 방향을 바꾸어 앉을 수 있는 회전의자가 좋다. 책상배치는 반원 형태나 L자형이 적절하다.
- **음향학적 조건**: 교실에서의 소음은 청각장애 학생의 어음청취력과 집중력을 현저하게 떨어뜨린다. 따라서 교실 내 소음을 줄이는 것은 무엇보다도 중요하다. 학교 건물이 노후화되었거나 교실이 도로변에 있을 경우에는 청각장애 학생에게 불리하다. 학교 건물을 신축하거나 혹은 청각장애 학생이 있는 통합교실의 경우에는 소음 제거에 효율적인 자재를 사용하는 것이 좋다. 교실의 잔향은 0.45초를 초과해서는 안 되며, 의자나 책상 다리에는 소음용 덮개를 씌워 주는 것이 소음을 줄이는 데 효과적이다. TV나 프로젝터 등과 같은 전자제품은 사용 후 즉시 꺼야 하며, 일상적인 활동을 하면서 발생하는 소음을 줄일 수 있는 행동지침 등을 학생들에게 알려주는 것이 필요하다.
- **교실 분위기**: 설령 대부분의 학생이 청각장애 학생을 수용한다 하더라도, 연령이 어린 학생들은 지속적으로 충분히 배려하는 자세를 갖기 어렵다. 청각장애 학생의 입장에서도 '함께 하기'에 대한 심리적 압박감은 크다. 특히 청각장애의 경우에는 의사소통에서 문제가 뚜렷하게 나타난다. 청각장애로 인하여 다른 사람의 말을 이해하지 못하고, 상대방은 불분명한 발음으로 인해서 청각장애 학생의 말을 이해하기 어렵다. 이는 교우관계를 형성하는 데 부정적인 영향을 미친다. 어떤 경우에는 청각 보조기기 착용을 꺼려서 일부러 보청기를 빼 놓는 경우도 있을 수 있으며, 교사가 인지하지 못하는 사이에 '왕따'를 경험하는 경우도 있다. 따라서 교사는 그 모든 가능성을 열어 두고 학급 분위기를 주의 깊게 관찰할 필요가 있다. 여기에는 장애인식에 대한 개선도 필요하다. 문제가 있을 경우에는 그에 대해 말할 수 있어야 하며, 수업시간에 '청각장애'에 대한 주제를 가지고 토론을 하거나 '소리'에 대해 각자 경험해 보는 시간을 가질 수도 있다. 예를 들면, 주변 소음에 집중해 보거나, 특정 소리를 듣지 못함으로써 갖는 불편함을 경험해 보는 것도 좋다. 물론 여기에는 대상 아동이 불편해 하지 않는다는 것을 전제로 한다.
- **독화조건**: 교사가 얼굴 방향을 일정하게 유지하기 위해서는 칠판보다는 프로젝터를 사용하는 것이 보다 효율적이다. 교사의 동선은 짧은 것이 좋으며 다른 학생들과도 눈맞춤이 잘 이루어질 수 있어야 한다. 특히 청각장애 학생은 교사뿐만 아니라 발표자의 얼굴도 쉽게 볼 수 있어야 한다. 그런 맥락에서 모둠 형태의 자리배치는 적절하다고 볼 수 없다. 모든 학급 구성원은 말소리의 크기와 억양, 속도 그리고 발음 등에 주의할 뿐만 아니라 소음이나 여러 사람이 동시에 말하는 상황을 피할 수 있는 규칙을 만드는 것이 좋다.

✦ 교사의 발화 태도

- 분명하고 과장되지 않은 정도에서 천천히 이야기한다.
- 불필요한 감탄사는 가급적 사용하지 않는다.
- 완전한 문장을 사용하되, 짧은 문장으로 말한다.
- 질문을 할 때는 명확하게 하며, '무엇', '누가', '언제', '왜' 등의 의문사를 사용한다.
- 학생의 언어발달 수준에 맞는 어휘를 사용한다.
- 학생의 발화가 잘못 되었을 경우에는 수정해 준다.
- 학생의 이해를 돕기 위하여 비구어적 요소를 충분히 활용한다.
- 학생을 부를 때는 이름과 함께 손짓을 함께 사용한다.
- 학생이 정확히 이해했는지를 확인한다. 그러나 이때 "선생님이 한 말 이해했어?"라고 묻지 않고 "선생님이 뭐라고 했지?"라고 묻는다.
- 학생이 다른 학생들과 이루어진 대화 전체를 이해할 수 있도록 다른 사람의 말을 교사가 그대로 옮겨 준다.
- 학생에게 한 번 더 들을 수 있는 기회를 주기 위하여 도움을 줄 수 있다.
- 말 도중에 쉼을 적절히 주어 생각하고 답을 준비할 수 있도록 한다.
- 학생이 무엇을 쓰고 있을 때에는 기다려 주고 가급적 말하지 않는다.
- 표현을 바꾸어 말해 주거나 짧게 말해 준다.

36

2020. 유
★답안작성

다음은 4세 청각장애 유아 찬우를 지도하기 위하여 통합학급 김 교사와 특수학급 박 교사가 나눈 대화이다. 물음에 답하시오. [5점]

김 교사: 새로 전학 온 찬우는 청각장애가 있어요. 찬우가 보청기를 착용하는데 수업 시간에 보청기에서 가끔 '삐~~' 소리가 나요.
박 교사: 음향 피드백(음향 되울림)이 발생하면 ㉠ 찬우의 보청기 이어몰드나 건전지 상태를 확인해야 해요. 그리고 찬우가 소리를 최대한 잘 듣도록 ㉡ 신호대 잡음비(Signal to Noise Ratio; SNR)를 개선할 필요가 있어요.
김 교사: 찬우의 자리는 어디로 할까요?
박 교사: 수업 형태에 따라 자리 배치를 하는 것이 좋아요. ㉢ 유아들이 언어적 상호작용을 많이 하는 수업 시간에는 자리 배치를 반드시 고려해야 해요.
김 교사: ㉣ 조명이나 채광도 고려해야 하지요? 그럼 찬우 자리는 어디가 좋을까요?
박 교사: 아래 [그림]과 같은 위치가 가장 좋아요.

[그림]

… (하략) …

1) ㉠과 같이 말한 이유를 1가지 쓰시오. [1점]

2) ① ㉡의 의미를 쓰고, ② 교실 수업 상황에서 ㉡을 향상시키는 방법을 1가지 쓰시오. [2점]

①:

②:

3) 찬우가 [그림]의 위치에 앉으면 좋은 이유를 ㉢과 ㉣을 고려하여 각각 쓰시오. [2점]

㉢:

㉣:

PART 11

핵심테마 체크 ✔

- 보청기
- 수화통역사

MY MEMO

37

정답 및 예시답안

③

알찬 지문풀이

- (나) 청각장애 학생에게 말할 때는 ~~입모양을 크게 하여 한 음절씩 또박또박~~ 말한다. ➡ 명료하게 말할 필요는 있으나 입모양이나 발음을 과장하지 않고 자연스럽게 말해야 함
- (라) 수업시간에 수화통역사가 ~~청각장애 학생의 옆 자리~~에 앉아서 통역을 하게 한다. ➡ 청각장애 학생이 볼 수 있도록 교사의 약간 옆, 뒤에 위치
- (바) 청각장애 학생에게 질문을 할 때는 ~~수화통역사를 보고~~ 말하여 그 질문을 전달하도록 한다. ➡ 학생을 보고

37

2013. 중

일반학급에 통합된 청각장애 학생들의 효과적인 수업을 위해 교사가 고려해야 할 사항으로 (가)~(바) 중에서 옳은 것만을 있는 대로 고른 것은?

구분	고려해야 할 사항
보청기를 착용한 경우	(가) 수업시간에 친구가 필기한 노트를 청각장애 학생이 빌릴 수 있도록 한다. (나) 청각장애 학생에게 말할 때는 입모양을 크게 하여 한 음절씩 또박또박 말한다. (다) 교사의 말을 잘 청취하도록 하기 위해서 FM 시스템(FM 보청기)을 활용할 수 있다.
교실에 수화통역사가 배치된 경우	(라) 수업시간에 수화통역사가 청각장애 학생의 옆 자리에 앉아서 통역을 하게 한다. (마) 수업 전에 수화통역사가 통역을 준비할 수 있도록 수업 내용이나 교재를 제공한다. (바) 청각장애 학생에게 질문을 할 때는 수화통역사를 보고 말하여 그 질문을 전달하도록 한다.

① (나), (라)
② (가), (나), (마)
③ (가), (다), (마)
④ (가), (다), (마), (바)
⑤ (나), (다), (라), (바)

핵심테마 체크 ✔

- 청각장애 학생(농)의 읽기·쓰기 특성

MY MEMO

38

정답 및 예시답안

③

알찬 지문풀이

- ③ 통사구조 이해력이 단일 문장에서보다 문단에서 낮다. ➡ 문단의 맥락 속에서 더 잘 이해할 수 있음

관련이론

✦ 청각장애 학생의 읽기와 쓰기 특성

1) 음운인식 및 초기 문해 기술
   - 청각장애 학생은 음운인식을 발달시키는 데 어려움을 갖게 되며 이것은 읽기의 곤란으로 이어질 가능성이 크다.
   - 형식적인 읽기와 쓰기학습에 들어간 후에도 청각장애 학생들은 읽기과정에서 읽기 수준은 같으나 나이가 어린 건청학생들보다 음운부호화를 덜 사용하며, 생활연령이 같거나 읽기 연령이 같은 건청학생들보다 시각적 단어 형태에 더 많이 의지한다.
   - 청각장애 학생은 음운 지식을 획득하지만 건청 또래들에 비해 일반적으로 읽기과정에서 음운에 기초한 부호화를 효과적으로 사용하지 못한다는 것을 의미한다.
2) 작동기억에서의 부호화와 단기기억
   - 청각장애 대학생은 기능어보다는 내용어를 더 많이 부호화하고 음운(말)과 수화 두 가지 부호를 다 사용하였는데, 의사소통 시 거의 말을 사용하지 않는 학생도 음운부호화를 사용하는가 하면 초등학교 시절 수화를 배운 학생은 음운부호화와 함께 수화부호도 사용하였다.
   - 청각장애 학생이 작동기억에서의 단어를 처리할 때 사용하는 해독(decoding)은 청각－언어적인 음운 부호뿐만 아니라 수화에 근거한 부호도 사용한다. 또한 그러한 부호의 효율적인 사용은 단기기억용량과 관계가 있으며, 단기기억에서의 회상능력과 읽기 성취 수준 사이에는 강한 관련이 있음을 알 수 있다.
3) 어휘 지식
   - 청각장애 학생은 단어를 연합하고 분류하는 과제를 통해 알아보았을 때 건청 또래보다 단어를 의미적 범주로 조직화하는 능력이 부족하고 어휘 지식의 폭이 좁으며 연합적으로 조직하지 못하였다. 이는 양적 측면뿐만 아니라 질적인 측면에서도 어휘력이 부족하다는 것이다. 특히 언어적 경험이 부족한 청각장애 학생의 경우, 다양한 맥락을 통해 습득해야 하는 다의어의 이해에도 어려움을 겪을 수밖에 없다.
   - 은유는 언어 표현의 의미를 풍부하게 하고, 의미 영역을 확장하는 창조적 역할을 한다. 그러나 언어 경험이 부족한 청각장애 학생은 은유적 표현에 어려움을 보인다.
   - 청각장애 학생의 쓰기에서 나타난 어휘의 특성을 살펴보면, 활용 빈도는 체언, 관계언, 용언, 수식언 순으로, 오류 빈도는 관계언, 용언, 수식언, 체언순으로 나타났으며, 또래 건청학생에 비해 적은 어휘 수, 부적절하고 제한된 어휘의 사용, 수화의 영향에 의해 나타나는 어휘의 오류가 발견된다.
4) 통사 지식
   - 청각장애 학생은 문법 형태소에 의해 의미를 파악하기보다는 의미적으로 해석하므로 의미적인 제약성이 강한 문장을 의미적 제약성인 약한 문장보다 더 잘 이해하였으며, 타동사 구문을 가장 잘 이해하며, 다음으로 수여동사 구문을 잘 이해하고, 사동사 구문을 가장 잘 이해하지 못한다.
   - 통사 지식을 습득하기 어려운 청각장애 학생은 문장을 이해할 때 가장 먼저 매칭하는 전략과 의미 전략을 사용하고 다음으로 어순 전략을 사용하다가 가장 마지막으로 조사 전략을 발달시키는데, 학년이 올라가도 문장이해능력은 정체되어 있으며 여전히 어순과 의미적 전략을 사용한다.
   - 청각장애 아동들은 건청아동에 비해 통사적 구조에 대한 이해가 느리기는 하지만 정상 발달 순서를 따라 발달한다.
   - 청각장애 학생의 쓰기에서 나타나는 통사적 특징을 살펴보면 건청학생에 비해 단순 구문을 사용하고 정형적인 구문 표현을 산출하며, 문법형태소의 발달이 지체되어 있다. 특히 청각장애 학생은 학년이 올라감에 따라 단순문 구조보다는 복합문 구조를 더 많이 쓰는데, 이러한 복합문에서 문법적 오류가 많이 나타나며 대부분의 복합문이 나열 구조의 접속문으로 이루어져 있다.

38

2009. 중

농학생의 전형적인 읽기 · 쓰기 특성에 관한 설명으로 적절하지 <u>않은</u> 것은?

① 내적 언어 결손으로 읽기 발달이 지체된다.
② 읽기 · 쓰기에서 비유적 표현의 어려움을 보인다.
③ 통사구조 이해력이 단일 문장에서보다 문단에서 낮다.
④ 음성언어의 통사구조가 아닌 그들만의 독특한 구조를 표현하기도 한다.
⑤ 학업성취도 평가의 하위 검사에서 철자법보다는 단어 의미 이해력이 낮다.

핵심테마 체크 ✔

- 로체스터법
- 동시적 의사소통법(총체적 의사소통법, 토털 커뮤니케이션)

MY MEMO

39

정답 및 예시답안

③

문제 속 자료분석

- A 학교: 농문화를 존중하며 자연수화를 사용하여 수업을 한다. ➡ 수화
- B 학교: 말과 함께 수화와 지문자 등을 사용하여 수업을 한다. ➡ 총체적 언어교육법
- C 학교: 청능훈련을 통해 잔존 청력을 최대한 활용하여 음성언어 발달을 강조하며, 음성언어를 사용하여 수업을 한다. ➡ 독화

관련이론

✦ 로체스터법

- 구화법에 지문자를 병용하는 청각장애아 언어 교육방법의 하나이다.
- 독화의 불완전성과 발어의 불명료성을 지문자로 보완함과 동시에, 수화는 구화법의 저해요인이 된다고 보아 수화를 배제한 것이 특징이다.

✦ 토탈 커뮤니케이션(TC)

- TC는 의사소통에 사용할 수 있는 모든 수단을 상황에 따라 적절하게 병행하여 사용하는 방법을 말한다.
- 여기에는 말소리, 지문자, 수화, 몸짓, 상징, 읽기, 쓰기 등 모든 소통 수단이 의사소통 수단이 되며, 이는 극단적인 구화주의를 부정하며 농인 중심의 의사소통 방법을 우선시한다는 측면이 강하다.
- 수요자 중심의 언어 교육방법이라는 철학적 접근에서 출발하였으나, 실질적으로는 교사 중심의 선택이라는 비판과 함께 우리나라에는 문법수화를 보급시키는 계기로 작용하였다.
- 청각장애 유치부와 초등 저학년에서는 집중적으로 청각-구화교육을 실시하고, 고등부에서는 수화교육을 실시한다는 학교 중심의 선택적 언어 교육방법이 주를 이루게 된 것이다. 또한 교사 중심의 문법수화에 치중하는 문제점도 함께 나타났다.

— 국립특수교육원, 2016a, 2016b

39

2013. 중

다음은 청각장애학교가 채택한 의사소통 방법에 따른 교육적 접근법에 대한 기술이다. 각각의 교육적 접근법에 대한 설명으로 옳은 것은?

- A 학교 : 농문화를 존중하며 자연수화를 사용하여 수업을 한다.
- B 학교 : 말과 함께 수화와 지문자 등을 사용하여 수업을 한다.
- C 학교 : 청능훈련을 통해 잔존 청력을 최대한 활용하여 음성언어 발달을 강조하며, 음성언어를 사용하여 수업을 한다.

① A 학교 교육적 접근법의 구체적인 실천 방법은 로체스터법이다.

② A 학교의 교육적 접근법에서는 이차언어로 자연수화를 가르치므로 국어 교육과정에 수화 관련 내용을 추가한다.

③ B 학교 교육적 접근법의 구체적인 실천 방법은 동시적 의사소통법이다.

④ B 학교의 교육적 접근법에서는 음성언어보다 문자언어의 사용을 더 강조한다.

⑤ C 학교의 교육적 접근법에서는 말소리의 이해를 돕기 위해 수화를 함께 사용한다.

핵심테마 체크 ✔

- 독화지도
- 청능 훈련

MY MEMO

40

정답 및 예시답안

ㅇ 틀린 곳은 ㉢과 ㉤이다. ㉢은 판서를 할 때 교사가 말하면서 판서를 하지 않아야 하며, ㉤은 말 읽기를 위해 시각적 보조자료를 사용하도록 한다.
ㅇ ㉥은 확인이고, ㉦에 해당하는 예는 '마'를 듣고 '마' 글자 카드를 가리키기이다.

관련이론

✦ 독화 시 유의사항

- 화자는 목소리의 사용 유무, 목소리의 양과 말의 요소, 교사의 말 특성 등을 고려할 것
- 모든 수업이나 생활 장면에서는 청각을 최대한으로 이용할 수 있는 상태가 유지되도록 해야 함
- 교사는 입모양을 좀 더 분명하게 하고, 정상적인 형태를 유지하면서 명확한 발음을 하는 방법을 익혀 말할 것
- 입을 과장하여 크게도 하지 말고 작게도 하지 않아야 함
- 속도를 너무 느리거나 빠르게도 하지 말고, 처음에는 천천히 말하다가 점차 속도를 높여 일반적인 말 속도에 이르도록 반복 지도
- 학생의 독화 수준에 따라 난이도를 조절
- 독화에는 가시도, 친숙도, 연상이 중요한 요소임. 즉, 훈련 초기 단계에서는 가시도 높은 단어, 친숙한 어구 그리고 연관되는 내용을 사용하여 쉽게 연상시켜 주는 것이 중요
- 말하면서 판서를 하지 않으며, 교사 및 학생의 위치를 고려하여 좌석 배치
- U형이나 O형은 집단 토의를 할 때 독화를 좀 더 용이하게 함
- 필기시간은 별도로 배정하여 수업 중에 이해하지 못하고 넘어가는 일이 없도록 함
- 교과서를 읽을 때 입을 가리지 않고, 말을 할 때 교사의 위치를 고정시켜 독화를 하는 학생들이 독화를 하는 데 방해요인을 최소화
- 아동이 교사의 구형을 잘 볼 수 있도록 아동 쪽을 향하여 말을 하고 교사의 정면에 빛이 와닿도록 해야 함
- 가까운 곳에서 점차 멀리 거리를 두어 구형을 익히도록 함(훈련 시)
- 처음에는 아동의 눈높이에서 구형을 볼 수 있도록 하지만 연습이 진행되면 높이도 점차 변화시켜 다양한 각도에서 연습
- 소음이 통제된 곳에서 독화하도록 함
- 훈련 시 항상 동일한 위치와 방향에서 독화하지 않도록 함

✦ 청능 훈련의 단계

단계	내용
청각적 감지	소리의 유무를 알고 소리의 ON/OFF에 바르게 반응하는 것을 학습하는 단계
청각적 변별	특정한 소리가 같은지 다른지를 알고, 서로 다르게 반응하는 것을 학습하는 단계
청각적 확인	새로운 청각 정보를 이미 알고 있는 범주에 비추어 인식하고 알아맞히는 반응을 학습하는 단계
청각적 이해	변별이나 확인을 바탕으로 청각적 정보가 지닌 의미 및 내용을 이해하여 바르게 반응하는 것을 학습하는 단계

고득점 답안 비법 ✰ /ㅁ/이나 /ㅂ/을 포함한 자극음을 듣고, 따라하기, 지적하기, 쓰기 등의 활동을 하는 예시 모두 답안으로 가능함

✰ 학생 H가 구어 의사소통에 어려움이 있다는 특성이 있으나, 이는 음을 듣고 '따라하기'가 어렵다는 것을 의미하는 것은 아니므로, 따라하기 활동도 예시로 가능함

40 2021. 중 ★답안작성

(가)는 청각장애 학생 G, H의 특성이고, (나)는 학생 G의 통합학급 수업 지원을 위한 대화이다. (다)는 학생 H의 특수학급 수업 계획과 관련한 대화의 일부이다. <작성방법>에 따라 서술하시오. [4점]

(가) 학생 특성

학생	특성
G	• 중추청각처리장애 없음 • 5세경 오른쪽 귀 인공와우 수술, 왼쪽 귀 보청기 착용(착용 후 좌: 40 dB HL, 우: 45 dB HL) • 기본적인 구어 의사소통은 가능하나 성취 수준이 낮음 • 수업 시간에 독화와 잔존청력에 의존함
H	• 중추청각처리장애 없음 • 6세부터 보청기 착용(착용 후 좌: 50 dB HL, 우: 65 dB HL) • 지적장애가 있음 • 기본적인 구어 의사소통에 어려움이 있음

(나) 학생 G의 수업 지원 관련 대화

특 수 교 사: 말읽기에 좋은 환경을 어떻게 구성해야 할지 선생님의 생각을 말씀해 보세요.

교육 실습생: ㉠ 학생을 선생님의 얼굴이 잘 보이는 자리에 앉게 합니다. 학생이 말읽기를 잘 할 수 있도록 ㉡ 교사는 칠판 앞에서 학생의 눈을 마주치고 움직임을 최소화하여 수업하는 것이 좋다고 생각합니다.

특 수 교 사: 그 외에 어떤 점을 고려해야 할까요?

교육 실습생: ㉢ 판서를 할 때 교사가 말하면서 그 내용을 칠판에 적어 주는 것이 좋습니다. 그리고 ㉣ 교실에 커튼이나 카펫 등을 활용하여 반향음을 줄여주는 것이 좋습니다.

특 수 교 사: 자료 활용 측면에서 어떤 것을 고려해야 할까요?

교육 실습생: ㉤ 말읽기에 집중하도록 시각적 보조 자료의 사용을 제한하는 것이 도움이 될 것 같아요.

(다) 학생 H의 수업 계획 관련 대화

이 교 사: 학생 H에게 /마/-/바/가 같은지 다른지를 구별하는 활동을 했는데 아주 잘 하더라구요.

최 교 사: 그렇다면 다음 단계의 활동으로 들어가는 게 좋겠습니다.

이 교 사: 다음 단계의 활동을 계획할 때 어떤 점을 고려하면 좋을까요?

최 교 사: 우선 아동의 듣기 능력이 파악되면 자극수준과 과제난이도를 고려하여 활동을 계획해야 합니다.

단계	내용	활동의 예
(㉥)	• 청취한 자극음이 무엇인지 알기	• (㉦)
이해	• 음성언어 자극을 의미 있게 이해	• "마주 보아요."를 듣고 마주 본다.

작성방법

- (가)의 학생 G의 특성을 참고하여 (나)의 밑줄 친 ㉠~㉤ 중 틀린 곳 2가지를 찾아 바르게 고쳐 쓸 것
- (가)의 학생 H의 특성을 참고하여 (다)의 괄호 안의 ㉥에 들어갈 단계의 명칭을 쓰고, 괄호 안의 ㉦에 해당하는 활동의 예를 학생이 이미 구별할 수 있는 음소를 포함하여 1가지 서술할 것

핵심테마 체크 ✓

- 청능 훈련의 단계
- 의사소통 회복 전략
- 청지각 훈련
- 독화 시 유의점

MY MEMO

41

정답 및 예시답안

1) 음의 이해
2) 다시 한번 말해줘.
3) 제시된 음소로 바꾸어 글자를 구성한다.
4) 교사의 설명을 독화하면서 필기를 하는 것은 어렵기 때문에 소망이가 이 둘을 동시에 하지 않도록 한다.
5) 일상생활 활동

관련이론

✦ 청지각의 하위개념

청각적 수용력	소리를 듣고 의미를 알며, 말을 듣고 이해하는 능력
청각적 식별력	같은 소리인지, 같은 음절인지, 같은 자음인지 등을 구별하는 능력
청각적 기억력	들은 말을 그대로 재현하거나, 청각적 정보를 순서대로 기억하는 능력
청각적 종결력	청각적인 자극에서 소리가 빠졌을 때 그것을 찾아내고 구별해 내는 능력
청각적 혼성력	하나하나의 소리를 단어로 연결하고 종합하는 능력

✦ 회복 전략

- 청각장애 아동이 화자의 구어가 불분명하거나 발화를 잘못 이해하였을 때 의사소통을 계속 이어가기 위해 사용하는 전략이다.
- 이러한 전략에는 화자의 메시지를 전혀 이해하지 못했을 경우에 사용하는 메시지를 다시 말해 줄 것을 요구하기, 같은 내용의 메시지를 다른 단어로 바꾸어 말하기, "대화의 주제가 무엇인지 말씀해 주시겠어요?"와 같이 핵심단어를 말해 줄 것을 요청하기 등의 방법이 있다.
- 메시지의 내용과 구조 혹은 화자의 의사소통 행동 모두를 수정(예 더 천천히, 더 분명하게 해 달라고 요구하기)할 것을 요구할 수 있다.
- 부분적으로 반복하기, 바꾸어 말하기, 핵심단어 말하기, 철자 말하기, 허공 혹은 손바닥에 쓰기, 쓰기 등 부가 설명을 요구할 수 있다.

✦ 독화 시 유의점

- 말하면서 판서를 하지 않으며, 교사 및 학생의 위치를 고려하여 좌석 배치
- U형이나 O형은 집단 토의를 할 때 독화를 좀 더 용이하게 함
- 필기시간은 별도로 배정하여 수업 중에 이해하지 못하고 넘어가는 일이 없도록 함
- 교과서를 읽을 때 입을 가리지 않고, 말을 할 때 교사의 위치를 고정시켜 독화를 하는 학생들이 독화를 하는 데 방해요인을 최소화
- 아동이 교사의 구형을 잘 볼 수 있도록 아동 쪽을 향하여 말을 하고 교사의 정면에 빛이 와닿도록 해야 함

41

2015. 초

(가)는 통합학급 박 교사가 2학년 청각장애학생 소망이의 국어 수업 계획을 위해 특수학급 김 교사에게 자문을 구하는 대화이다. (나)는 '2009 개정 교육과정' 국어과(듣기 · 말하기) 교수 · 학습 과정안의 일부이다. 물음에 답하시오. [5점]

(가) 대화 내용

박 교사:	다음 주에 있을 국어과 수업 중에 '낱말 알아맞히기' 활동이 있어요. 소망이는 ㉠ 자신이 궁금한 점을 질문하거나 질문에 대답도 잘 하고, 지시 따르기를 잘 할 수도 있으니까 활동에 참여하는 데 별 어려움은 없겠지요?
김 교사:	소망이는 의사소통 수단으로 구어를 주로 사용하지만, 독화에 의존하는 경향이 있으니 ㉡ '말 추적법(speech tracking)'이라는 의사소통 보충 전략을 미리 가르쳐 주시면, 소망이가 수업에 참여하는 데 도움이 될 것 같아요. 저도 소망이가 알아듣기 어려워하는 말소리를 중심으로 ㉢ 청지각 훈련을 해 주도록 할게요.
박 교사:	네, 알겠어요. 그런데 국어 수업에 대한 형성평가를 할 때 소망이는 어떻게 해야 할까요?
김 교사:	소망이가 청각중복장애학생이 아니라서 특별히 유의할 사항은 없어요. 소망이가 의사소통 전략을 활용하는 정도에 따라서 형성평가 방법을 계획하시면 될 것 같아요.

(나) 교수 · 학습 과정안

단원	알고 싶어요	제재	낱말 알아맞히기
학습 목표	설명하는 말을 듣고 낱말을 알아맞힐 수 있다.		
학습 단계	교수 · 학습 활동		유의 사항
도입	(생략)		
전개	〈활동 1〉 설명하는 말을 들을 때 주의할 점 알아보기 … (중략) … 〈활동 2〉 '사람 찾기 놀이' • 짝을 지어 '사람 찾기 놀이' 하기 – 그림에서 설명하고 싶은 사람의 특징을 친구에게 설명하기 – 친구가 설명하는 사람이 누구인지 말하기 – 설명하는 사람과 듣는 사람의 역할을 바꾸기 〈활동 3〉 '낱말 알아맞히기'		• 소망이를 고려하여 ㉣ 판서 시 유의해야 함 • 소망이가 짝 활동을 할 때 의사소통 전략을 활용할 수 있도록 함

1) (가)의 ㉠을 고려할 때, 소망이는 청능기술(청각기술, auditory skill)의 4단계 중 어디에 해당하는지 쓰시오. [1점]

2) (가)의 ㉡을 (나)의 <활동 2>에서 활용했을 때, 다음 밑줄 친 곳에 들어갈 수 있는 소망이의 말을 쓰시오. [1점]

친 구:	이 사람은 채소 가게에서 상추를 삽니다.
소망이:	(친구의 말을 듣고 머뭇거리다가) 이 사람은... 채... 가게?
선생님:	소망아, 친구의 말을 잘 못 들었을 때 어떻게 해야 한다고 했지?
소망이:	______________________

3) 다음은 소망이가 듣기 어려워하는 말소리를 중심으로 (가)의 ㉢을 적용한 활동의 일부이다. 아래의 빈 칸에 들어갈 내용을 쓰시오. [1점]

청지각 훈련	소망이를 위한 활동의 예
자음과 모음 카드를 가지고 글자를 구성한다.	/ㅅ/과 /ㅏ/가 만나면 무슨 소리가 될까요?
같은 음절로 시작되는 단어를 찾는다.	'사자', '사과', '아빠' 중에서 시작하는 말이 같은 것은 무엇일까요?
첫 소리가 같은 단어를 찾는다.	'상자,' '송편', '책상' 중에서 시작하는 말소리가 같은 것은 무엇일까요?
	'살'에서 /ㅅ/ 대신에 /ㅆ/을 넣으면 무슨 소리가 될까요?

4) 독화에 의존하는 소망이를 고려할 때, (나)의 ㉣에서 유의해야 할 사항을 1가지 쓰시오. [1점]

5) 다음은 '2011 개정 특수교육 교육과정(교육과학기술부 고시 제2012-32호)' 중 공통 교육과정에 따른 국어과의 평가 운용 시 청각중복장애학생을 위해 유의해야 할 사항이다. 괄호에 들어갈 말을 쓰시오. [1점]

- 청각중복장애학생의 평가는 학습 특성과 수준을 고려하여 (   ) 중심의 언어 활용 능력에 대한 서술식 평가를 할 수 있다.
- 청각중복장애학생의 평가는 동영상 자료, 그림, 사진 등의 보조 자료 등을 활용할 수 있다.

핵심테마 체크 ✔

- 말읽기의 구성요소
- 청능 훈련의 단계
- 지문자

MY MEMO

42

정답 및 예시답안

○ ㉠은 시지각이다.
○ ㉡은 변별이다. 탐지는 소리의 유무를 인식하는 것이고, ㉡의 변별은 두 소리의 유사점과 차이점을 알고 다르게 반응하는 것이다.
○ ㉢은 사막이다.

관련이론

✦ 말읽기의 구성요소

일차 요인	• **지각능력**: 지각능력 중 가장 영향력이 큰 요인은 시지각능력인데, 시지각능력도 시력, 시각적 주의집중 등과 같은 말소리의 인식능력이다. 또한 말요소의 지각 속도 및 주의집중 속도 등과 입에 초점을 두면서 얼굴이나 환경으로부터 정보를 얻는 주변시력 등도 여기에 해당한다. • **종합능력**: 단어나 문장의 일부분으로 전체적인 형태를 인식하는 능력이다. 종합능력은 요소와 조직의 분류, 추측에 의한 지각, 사고를 통해 누락된 요소를 보충하는 지각종결능력에 해당된다. • **융통성**: 시각기억, 추상적·귀납적 추리, 리듬 등을 통한 지각종결의 수정과 언어적·귀납적 추리, 사회적 인식을 통한 개념종결을 수정한다.
이차 요인	• 말읽기 수업의 양과 아동의 연령, 학년, 교육기간 등에 따른 훈련적 요인과 청각장애 아동의 지능, 청력손실도, 청력형, 청각변별력, 교육시작 시기, 청력, 손실 발생 시기 등이 대상자 개인의 요인이 해당된다. • 대상자의 형태론, 의미론, 어휘, 관용적인 표현에 대한 언어이해력과 자아 개념, 개인적인 적응, 좌절과 실패에 대한 반작용, 동기 등의 정서적 특성이 말읽기에 영향을 줄 수 있다. • 말읽기를 하는 사람의 하위요소에는 기능, 행동양식, 시각기능 및 기타 요소가 있다. • 환경의 하위요소에는 거리, 제시 속도, 조명, 물리적 환경 및 산만도가 포함되며, 말읽기 자료의 3가지 하위 영역에는 문단 내에서 문장의 위치, 여러 문단 가운데 문단의 위치, 문장의 길이 등이 포함된다.

✦ 청능 훈련의 단계

단계	내용
청각적 감지	소리의 유무를 알고 소리의 ON/OFF에 바르게 반응하는 것을 학습하는 단계
청각적 변별	특정한 소리가 같은지 다른지를 알고, 서로 다르게 반응하는 것을 학습하는 단계
청각적 확인	새로운 청각 정보를 이미 알고 있는 범주에 비추어 인식하고 알아맞히는 반응을 학습하는 단계
청각적 이해	변별이나 확인을 바탕으로 청각적 정보가 지닌 의미 및 내용을 이해하여 바르게 반응하는 것을 학습하는 단계

42

2023. 중
★답안작성

(가)는 청각장애 학생 A의 특성이고, (나)는 교수 · 학습 지원에 대해 두 교사가 나눈 대화의 일부이다. <작성 방법>에 따라 서술하시오. [4점]

(가) 학생 A의 특성

- ○ 음성언어를 사용하여 의사소통함
- ○ 보청기를 착용하고 있으며, 청능훈련을 지속적으로 하고 있음
- ○ 어음명료도가 70% 정도임
- ○ 말읽기(독화)를 함
- ○ 지문자를 사용함

(나) 교수 · 학습 지원에 대한 대화

통합학급 교사: 학생 A는 수업 중 제 얼굴만 계속 쳐다보는 것 같습니다.
특 수 교 사: 그것은 선생님의 입술 모양을 통해 듣지 못하는 정보를 얻으려고 하는 것입니다. 이를 말읽기 또는 독화라고 합니다.
통합학급 교사: 수업 중에 학생 A에게 도움이 될 수 있도록 말읽기에 대해 설명해 주세요.
특 수 교 사: 말읽기는 (㉠) 능력을 사용합니다. 학생 A는 선생님의 입술 모양을 보며 낱낱의 부분들을 의미 있게 연결하여 전체적으로 의미를 구성하게 됩니다.
통합학급 교사: 그렇군요. 그럼 (㉠) 능력만으로 모든 음성언어를 이해할 수 있나요?
특 수 교 사: 그렇지 않습니다. 시각적으로 유사한 음소들이 많아 이를 정확하게 구분하기 어렵기 때문에 학생 A는 자신이 받아들인 잘못된 정보를 상황에 따라 수정해 나가게 됩니다.

…(중략)…

통합학급 교사: 학생 A는 /ㅅ/를 듣지 못합니다. 혹시 개선시킬 수 있는 방법은 없을까요?
특 수 교 사: 청능훈련을 통해 개선시키고 있습니다.
통합학급 교사: 그럼, 청능훈련은 어떻게 합니까?
특 수 교 사: 청능훈련은 청각 발달에 맞춰 단계적으로 실시합니다.
통합학급 교사: 어떤 단계가 있나요?
특 수 교 사: 일반적으로 탐지, (㉡), 확인, 이해가 있습니다.
통합학급 교사: 그렇군요. 시간이 되면 자세히 소개해 주세요. 그 밖에 학생 A를 위해 필요한 것은 또 없을까요?
특 수 교 사: 지문자를 배우면 좋습니다. 학생 A가 듣지 못하는 음소가 들어 있는 단어들을 지문자로 제시하면 그것들을 보다 정확하게 이해할 것입니다. 예를 들면 다음과 같습니다.

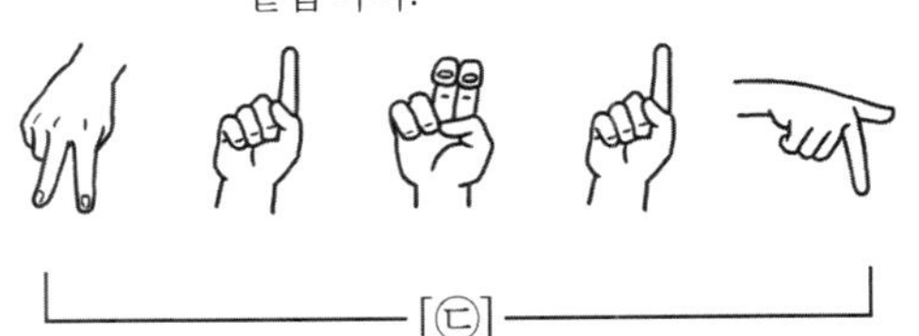

[㉢]

작성방법

- (나)의 괄호 안의 ㉠에 공통으로 해당하는 용어를 쓸 것
- (나)의 괄호 안의 ㉡에 해당하는 용어를 쓰고, '탐지'와 괄호 안의 ㉡과의 차이점을 1가지 서술할 것
- (나)의 ㉢에 해당하는 지문자를 한글 단어로 쓸 것

핵심테마 체크 ✔

• 독화의 한계점

MY MEMO

43

정답 및 예시답안

○ ㉠의 말이 지닌 시각적 단서의 한계는 첫째, 입의 안쪽에서 말이 산출되므로 시각적으로 보이지 않거나 파악하기 어려운 말소리가 있기 때문에 나타난다. 둘째, 입모양이 같거나 매우 유사한 말소리는 시각적으로 보기에 파악하기 어렵기 때문이다.
○ 이러한 한계를 보완하기 위하여 큐드스피치를 사용하여 볼 근처에서 수신호의 형태로 단서를 추가할 수 있다. 이를 통하여 독화로 구별하기 어려운 음소들을 인식할 수 있도록 돕는다.

관련이론

✦ 독화의 한계점

- **말소리의 낮은 가시도**: 독화자는 자・모음의 조음적 특징을 익히는 것이지만 치조음(ㄷ・ㄸ・ㅌ 등), 경구개음(ㅈ・ㅉ・ㅊ 등), 연구개음(ㄱ・ㄲ・ㅋ 등) 등의 조음 운동은 시각적으로 확인이 어렵다.
- **동형 이음어**: /바, 파, 마/와 같이 소리와 철자는 다르지만 입모양이 비슷하게 보이므로, 독화만으로 의미 파악이 어렵다.
- **빠른 구어 속도**: 정상적인 회화어의 속도는 빠르므로 독화자가 자기에게 필요한 정보를 빠짐없이 눈으로 받아들이는 것은 어려운 일이다. 더욱이 보통사람보다 말이 빠르고 조음 운동을 작게 하는 화자의 말은 전혀 알아듣지 못할 수 있다. 그러므로 독화자와 대화할 때는 정상적인 구형으로 보통 말하기 속도보다 약간 느린 속도로 말하는 것이 좋다.
- **음운환경에 따른 전이효과**: 한국어는 선・후행하는 음소에 따라 자음과 모음이 다르게 발음된다. 표준발음법에서도 '굳이'로 쓰고 /구지/로 발음하는 것과 같은 발음의 편의성을 위해 음운변동을 허용하고 있다. 이러한 현상은 독화자가 문맥적 의미를 도출하는 데 복잡한 과정일 수 있다.
- **조음 운동의 개인차**: 동일한 음소를 말하더라도 사람마다 입을 더 크게 벌리기도 하고 더 적게 벌리기도 하며 혀의 위치도 차이가 있을 수 있다.
- **환경적 제약**: 독화자가 화자의 얼굴이나 입을 계속 주시하는 것도 어렵고, 화자나 독화자가 등을 돌리거나 조명상태가 좋지 않거나 물체 등에 의해 시야가 방해받으면 독화자는 정보를 부분적으로 놓치게 된다.

✦ 큐드스피치

- 구어 의사소통을 보충하기 위한 방법이다.
- 발음암시법은 구어의 패턴들을 분명하게 하기 때문에 어린 농 아동들에게 정확하고 집중적인 언어자극을 줄 수 있으며, 또한 말의 자연스러운 리듬을 방해하지 않는다.
- 말소리를 나타내는 수신호 단서와 함께 쓰이는 구어로 독화를 보충하여 향상시키는 절차이다.
- 볼 근처에서 수신호 형태로 단서를 추가하는 것으로, 독화로 구별하기 어려운 음소들을 인식할 수 있게 함으로써 구어의 시각적 표현을 제공한다.
- 수신호는 말과 함께 사용되어야 한다.
- 이것들은 수화도 아니고 지문자도 아니며 혼자서는 쓰임새가 없다.
- 자음들을 인지할 수 있게 8개의 손으로 만든 형태가 사용되고, 모음들을 인지할 수 있도록 네 곳의 위치가 사용된다.
- 위치와 손 형태를 동시에 표시하는 것은 음절을 시각적으로 나타낸 것이다.
- 단서 말을 사용하는 사람은 청각장애인이 아니라 청각장애인에게 말하는 건청인이다.

43

2014. 중

다음은 청력손실도가 높은 청각장애학생 A에 대해 일반학급 김 교사와 특수학급 최 교사가 나눈 대화 내용이다. 밑줄 친 ㉠이 무엇인지 <조건>에 맞게 2가지만 쓰고, ㉠을 보완하기 위해 사용할 수 있는 방법인 큐드 스피치(cued speech)에 대해 설명하시오. [3점]

김 교사: 선생님께서 알려 주신 대로 학생 A가 제 입 모양을 잘 볼 수 있도록 가까이 앉히고, 다른 물리적 환경도 수정했어요. 그리고 수업을 할 때 말을 천천히 했는데도 학생 A가 여전히 제 말을 잘 이해하지 못할 때가 있는 것 같아요. 왜 그럴까요?

최 교사: 학생 A가 말읽기(독화)를 통해 선생님의 말을 좀 더 많이 이해할 수 있겠지만, ㉠ 말이 지닌 시각적 단서의 한계 때문에 때에 따라서는 선생님의 말을 제대로 이해하기가 어려울 거예요.

조건

음소를 구체적으로 제시하지 말 것

핵심테마 체크 ✔

• 독화의 시각적 한계
• 모음의 중성화

MY MEMO

44

정답 및 예시답안

○ ㉠은 동형이음어(동구형이음어)를 의미하며, 이는 독화의 시각적 한계점으로서 소리와 철자는 다르지만 입모양이 비슷하게 보여 독화만으로 의미파악이 어려운 것을 의미한다.
○ ㉡은 모음의 중성화 현상을 의미한다.
○ ㉢에 해당하는 내용은 이전 발화 내용을 고쳐서(바꾸어) 말한다는 것이다.

관련이론

✦ 모음의 중성화

• 모음의 중성화 현상은 일종의 모음 변형으로, 예를 들면 전설모음 [i]를 발음할 때 중성음인 [a]를 섞어서 발음하는 것을 말한다.

✦ 청각장애 학생의 말하기 특성

• 말 명료도
  – 모음 발성은 대부분 명료하나 자음의 발성과 음성 자질 및 초분절 특성에서는 적은 강도, 높은 주파수, 짧은 지속시간의 특성을 보임
  – 개별 말소리들의 산출에서의 오류는 자음과 모음 모두 보임
• 자음 특성
  – 초성과 종성 자음의 생략, 비음 오류 및 생략이 많고 특히 초성보다 종성에 오류가 많으며, 유성음과 무성음을 혼동
  – 조음위치별 산출 특성을 보면 치조음과 양순음이 경구개음이나 연구개음보다 더 정확하게 산출되고, 조음방법에서는 폐쇄음과 비음이 정확하게 산출되었지만, 마찰음, 파찰음, 유음 등은 오조음하는 경우가 많은 편
• 모음 특성
  – 모음 대치, 모음의 비음화, 이중모음의 오류 등을 보임
  – 혀를 입안 중앙에 위치하여 각 모음에 따라 조금씩만 움직이기 때문에 모음의 중성화가 나타나고, 모음을 보다 길게 말함
  – 중모음이나 저모음을 고모음보다 더 정확하게 산출한 반면, 이중모음에서는 두 개의 음소를 연장하여 발음하기도 하고, 하나를 없애거나 중성화하여 산출
• 초분절적 특성
  – 음성의 지속시간이 짧고, 호흡의 양과 세기를 조절하여 소리의 크기, 장단, 고저 등을 적당하게 발성하지 못하며, 비정상적으로 발성하기 쉬우므로 자연스러운 운율을 산출하지 못함
• 음성 특성
  – 음도: 억양의 높낮이 변화가 거의 없거나 한 음절에서도 높낮이가 변화하는 등의 비정상적인 변화
  – 강도: 약한 강도, 큰 강도. 변화가 나타나지 않는 강도 등이 모두 나타날 수 있음
  – 공명: 강한 기식성 음성과 과대비성, 자음에 과도한 비음이 섞이거나 비강으로 공기가 유출되어 소리가 왜곡되는 현상 등을 보임

고득점 답안 비법 ☆ 〈작성방법〉의 조건에 따라 (가)의 ⓐ를 고려하여, ㉠의 용어를 써야 함(*동형이음어 : 입모양은 같지만 다른 의미를 가지고 있는 음)

44

2020. 중

(가)는 청각장애 학생 G의 특성이고, (나)는 학생 G의 의사소통 증진을 위해 일반교사와 특수교사가 나눈 대화의 일부이다. (다)는 학생 G의 발화 수정 전략이다. 〈작성방법〉에 따라 서술하시오. [4점]

(가) 학생 G의 특성

- 초등학교 1학년 때부터 보청기를 착용함
- 음성언어(구어)로 주로 의사소통함
- ⓐ 독화로 음성언어를 수용하나, 독화의 시각적 한계로 인한 어려움을 보임
  - ㉠/ㅁ, ㅂ, ㅍ/를 구분하지 못함
- 말 명료도가 낮음
  - '결석'을 [겨서]로 발음함
  - ㉡ [i] 발음 시 [a]에 가깝게 발음함

(나) 대화

일반교사: 학생 G가 발음은 정확하지 않지만, 적극적으로 말을 하려고 해요. 그런데 가끔씩 학생 G의 발음이 분명하지 않아서 무슨 말을 하는지 제가 알아듣지 못해요. 그래서 대화가 끊어질 때가 있어요. 그럴 땐 어떻게 하면 좋을까요?

특수교사: 네, 학생 G가 스스로 수정해서 말하도록 대화에 적절한 반응을 보여주세요. 그러면 학생 G가 계속해서 말하려고 시도할 겁니다.

(다) 발화 수정 전략

유형	내용	예시	목표발화
반복	이전 발화 내용을 똑같이 반복함	학생: 다당면 먹어서요. 교사: 뭐라고? 학생: 다당면 먹어서요.	짜장면 먹었어요.
수정	(㉢)	학생: 비수가 겨서해서요. 교사: 뭐라고? 학생: 비수가 아와서요.	지수가 결석했어요.
부연설명	이전 발화를 자세히 설명함	학생: 저바 저워서요. 교사: 뭐라고? 학생: 제가 아가 저바 저워서요.	칠판 지웠어요.

작성방법

- (가)의 밑줄 친 ⓐ와 같은 특징을 고려하여, 독화에서 ㉠에 해당하는 용어를 쓰고, 그 의미를 서술할 것
- (가)의 밑줄 친 ㉡과 같은 발음의 현상을 의미하는 용어를 쓸 것
- (나)의 대화를 참고하여 (다)의 ㉢에 해당하는 수정 내용을 서술할 것

핵심테마 체크 ✔

- 청능 훈련의 단계
- 초분절적 요소

MY MEMO

45

정답 및 예시답안

○ 음의 인식, 음의 변별, 음의 확인, 음의 이해 중 ㉠은 음의 이해이다.
○ 초분절적 요소는 말소리의 운율적 특성인 음색, 크기, 리듬, 강세, 억양 등을 의미한다.

관련이론

✦ 청능 훈련의 단계

단계	내용
청각적 감지	소리의 유무를 알고 소리의 ON/OFF에 바르게 반응하는 것을 학습하는 단계
청각적 변별	특정한 소리가 같은지 다른지를 알고, 서로 다르게 반응하는 것을 학습하는 단계
청각적 확인	새로운 청각 정보를 이미 알고 있는 범주에 비추어 인식하고 알아맞히는 반응을 학습하는 단계
청각적 이해	변별이나 확인을 바탕으로 청각적 정보가 지닌 의미 및 내용을 이해하여 바르게 반응하는 것을 학습하는 단계

✦ 초분절적 요소

- 청각장애 아동은 분절적 요소뿐만 아니라 초분절적 요소에서도 오류를 보인다. 여기서 분절적 요소란 자음·모음과 같은 음소를 말한다.
- 초분절적 요소는 말의 억양, 장단, 속도, 쉼, 강세 등을 말한다.
- 예를 들면, 청각장애 아동의 말은 비(非)운율적이거나 단조롭고(monoton) 음도가 높거나 음성의 높낮이가 불규칙적이다. 음도 이탈이 잦다.

45

2016. 중

(가)는 청각장애 학생 A의 특성이고, (나)는 특수학급 교사의 국어과 지도 계획이다. 청능 훈련 4단계를 순서대로 제시하고, ㉠이 그중에서 어느 단계에 해당하는지 쓰시오. 그리고 밑줄 친 ㉡의 의미를 설명하시오. [2점]

(가) 학생 A의 특성

- 오른쪽 귀에는 보청기를 착용하고, 왼쪽 귀에는 초등학교 5학년 때부터 인공와우를 착용하고 있음
- ○○중학교 일반학급에 통합되어 있으며, 구어로 의사소통하고 있음
- 학급에서 교사와 또래 친구의 말을 알아듣는 데 약간 어려움이 있고, 말의 명료도가 낮은 편임

(나) 듣기 · 말하기 지도 계획

내용 영역		지도 내용
듣기	청능 훈련	㉠ 학급의 소음 속에서 교사의 질문을 듣고 대답할 수 있는 훈련을 한다.
	말읽기 지도	가시도가 낮은 자음을 반복하여 학습하게 하고, 문맥을 통하여 다양한 소재에 대해 친숙해지도록 한다.
말하기	말 · 언어 지도	말의 명료도에 영향을 주는 ㉡ 초분절적(suprasegmental) 요소를 지도한다.

핵심테마 체크 ✔

- 의사소통전략
- 청능 훈련의 단계

MY MEMO

46

정답 및 예시답안

1) ① 수정 전략
   ② 음의 이해
2) ㅅ ㅗ ㄱ ㅗ
3) ① 관찰
   ② 북소리는 북을 세게 칠수록 큰 소리가 난다.

관련이론

✦ 대표적인 의사소통전략

전략	전략 내용
예기 전략	• 청각장애 아동이 다가올 의사소통 상황을 미리 준비하는 전략이다. • 어휘, 질문, 의사소통 상황 등을 미리 검토하고 연습함으로써 의사소통 환경을 쉽게 느끼게 될 것이다. • 의사소통의 내용 및 상호작용을 사전에 준비한다. • 사용 가능한 어휘, 질문, 의사소통에서 예측되는 어려움을 미리 검토한다.
수정 전략	• 의사소통을 방해할 수 있는 다양한 사건이나 상황, 발화의 내용이나 형태를 수정하여 의사소통을 원활히 유지하기 위하여 청각장애 아동들이 수정하려는 노력을 의미한다. • 아동이 의사소통하는 데 화자의 부적당한 행동이나 환경에 어려움이 있는 경우 수정하도록 요구한다. • 화자의 말이 지나치게 빠르거나 입을 가리는 행동을 할 때 혹은 주변의 소음이 너무 크거나 조명이 너무 어두워 화자의 얼굴을 제대로 볼 수 없는 경우 등 곤란을 주는 문제를 확인하여 수정하도록 요구한다.
회복 전략	• 청각장애 아동이 화자의 구어가 불분명하거나 발화를 잘못 이해하였을 때 의사소통을 계속 이어가기 위해 사용하는 전략이다. • 이러한 전략에는 화자의 메시지를 전혀 이해하지 못했을 경우에 사용하는 메시지를 다시 말해 줄 것을 요구하기, 같은 내용의 메시지를 다른 단어로 바꾸어 말하기, "대화의 주제가 무엇인지 말씀해 주시겠어요?"와 같이 핵심단어를 말해 줄 것을 요청하기 등의 방법이 있다. • 메시지의 내용과 구조 혹은 화자의 의사소통 행동 모두를 수정(예 더 천천히, 더 분명하게 해 달라고 요구하기)할 것을 요구할 수 있다. • 부분적으로 반복하기, 바꾸어 말하기, 핵심단어 말하기, 철자 말하기, 허공 혹은 손바닥에 쓰기, 쓰기 등 부가 설명을 요구할 수 있다.

PART 11

46

2022. 초

(가)는 청각장애 학생 미라의 특성이고, (나)는 2015 개정 특수교육 교육과정 중 기본 교육과정 과학과 5~6학년군에 따른 교수·학습 과정안의 일부이다. 물음에 답하시오. [5점]

(가) 미라의 특성

특성	미라가 사용할 의사소통 전략	
• 보청기를 사용함 • 구어 위주의 의사소통 방법을 선호함 • /ㅅ/ 음을 잘 듣지 못함 • 지적장애가 있음	예기 전략	• 수업 장면에서 나올 /ㅅ/가 들어가는 말을 미리 생각해 본다.
	(㉠)	• 수업 중 교실 밖 소음으로 인해 듣기에 방해가 되어 창문을 닫는다. • 교사의 말이 잘 들리지 않아서 보청기의 볼륨이 적절한지 점검하여 조정한다. • 교사의 말이 잘 들리지 않아서 교사와 가까운 자리로 옮겨 앉는다.
	회복 전략	• 교사의 말을 이해하지 못하면 중요한 단어를 다시 말해 달라고 요청한다.

(나) 교수·학습 과정안

<table>
<tr><td>성취기준</td><td colspan="3">[6과학 02-04] 생활 주변의 소리를 듣고 큰 소리와 작은 기준 소리, 높은 소리와 낮은 소리로 구분한다.</td></tr>
<tr><td>학습목표</td><td>북을 치며 큰 소리와 작은 소리를 비교할 수 있다.</td><td>차시</td><td>5/12</td></tr>
<tr><td>단계</td><td>활동</td><td colspan="2">자료(㉶) 및 유의점(㉷)</td></tr>
<tr><td>전개</td><td>○ 활동 1
• 여러 가지 소리 내어 보기
- ㉡<u>수업에 사용할 물건이나 악기의 설명을 듣고, 해당되는 물건이나 악기를 가져와 책상 위에 올려 놓기</u>
- 책상 위의 악기로 소리 내어 보기
- 북과 북채를 가지고 소리 내어 보기</td><td colspan="2">㉶ 북, 탬버린 등 ㉢<u>소리가 나는 물건이 나 악기</u>

㉷ 미라가 잘 듣지 못하는 음소를 지분 자로 전달</td></tr>
<tr><td></td><td>○ 활동 2
• 북 소리를 크게 또는 작게 내는 방법 알아보기
- 북 소리를 크게 또는 작게 내는 방법 말해 보기
- 북 소리를 크게 또는 작게 소리 내어 보기
• 소리의 크기에 따른 콩의 떨림 살펴 보기 ┐
- 북 위에 콩 뿌리기 [A]
- 북을 세게 또는 여리게 두드리며 콩의 떨림 살펴보기 ┘</td><td colspan="2">㉷ ㉣<u>'북소리는 북을 세게 칠수록 높은 소리가 난다.'</u>는 오개념 형성에 유의 하여 지도하기</td></tr>
</table>

1) ① (가)의 ㉠에 들어갈 청각장애 학생의 구어 지도를 위해 사용하는 의사소통 전략을 쓰고, ② (나)의 ㉡에 해당하는 청능학습(청능훈련)의 단계를 쓰시오. [2점]

①:

②:

2) 다음은 (나)의 ㉢ 중 하나를 지문자로 나타낸 것이다. 지문자가 의미하는 바를 순서대로 쓰시오(단, 지문자는 교사가 보는 방향임). [1점]

3) ① (나)의 [A]에 적용된 과학과의 기초 탐구 과정 중 가장 적합한 것 1가지를 쓰고, ② (나)의 ㉣의 오개념을 바르게 고쳐 쓰시오. [2점]

①:

②:

핵심테마 체크 

- 순음청력검사
- 청성뇌간반응검사
- 수화통역사
- 통합학급에서의 청각장애 학생 지원

MY MEMO

47

정답 및 예시답안

○ (가) ㉠ / 순음청력검사는 주관적 청력검사이기 때문에 신생아에게 적용하기 적합하지 않다. 신생아 청력선별검사에는 객관적 검사 중 청성뇌간반응검사가 주로 활용된다.
㉢ / 청각장애 등급을 판정할 때는 4분법이 아니라 6분법으로 역치를 산출한다.

○ (나) ㉦ / 학생의 이해 정도에 대한 교수적 책임은 교사에게 있으므로, 통역사에게 이해 정도를 묻는 것은 적절하지 않다.
㉧ / 교사와 급우들에게 해당 사실과 관련 주의사항을 알려주어 청각장애 학생의 보청기나 인공와우 사용을 지원하고 배려할 수 있도록 해야 하므로 적절하지 않다.

관련이론

✦ 수화통역사의 활용

수업 전	• 청각장애 학생이 교사, 수화통역자, 다른 시각적 교수자료를 번갈아 가며 보기가 쉽도록 자리배치에 유의한다. • 칠판, 지도, OHP 등의 시각적 자료를 다양하게 활용하여 수화통역자의 설명을 이해하기 쉽도록 한다. 불을 꺼야 할 때도 부분 조명을 이용하여 수화통역자를 볼 수 있도록 한다. • 수화통역자는 수업내용에 대해 익숙하지 않으므로 사전에 교안이나 주요 단어와 교재 등을 보도록 하여, 주요 학습내용 중 어려운 수화나 개념 등을 미리 준비할 수 있도록 하고 토론을 하거나 기자재를 이용하게 될 때에는 자리배치에 대해 미리 생각하도록 한다. • 수화통역자의 역할을 확실히 한다.
수업 중	• 가능한 한 고정된 위치에서 청각장애 학생을 마주보고 수업한다. 수화통역자가 있어도 교사의 말을 독화하거나 제스처 등을 보아야 하기 때문이다. • 학생들의 행동지도 및 학급관리는 교사가 관할하고, 수화통역자에게 맡기지 않는다. • 학생이 이해하는지에 대한 책임은 수화통역자가 아니라 교사 자신에게 있음을 인식한다. • 수화통역자가 용어나 개념을 설명할 때는 충분한 시간을 준다(특히 난이도가 높은 문장으로 된 교재나 시험문제 등). • 질문을 할 때는 학생에게 직접 하고, 통역자에게 하지 않는다.

47

2016. 중
★답안작성

다음은 특수교사 교육연구회에서 제공한 청각장애 연수 자료 중 일부이다. (가)에서 잘못된 것의 기호를 2가지 쓰고, 내용을 바르게 고치시오. 그리고 (나)에서 적절하지 못한 것의 기호를 2가지 쓰고, 그 이유를 쓰시오. [4점]

(가) 청력검사에 대한 이해

> ㉠ 최근에는 신생아 청력선별검사를 통해 청각장애가 조기에 발견되는 경우가 많으며, 검사 방법은 주로 순음 청력검사이다.
> ㉡ 청력검사의 청력도를 통해 청각장애의 유형과 청력 손실 정도를 알 수 있다.
> ㉢ 청각장애 등급을 판정할 때는 4분법으로 평균청력역치를 산출한다.
> ㉣ 청각장애와 정신지체 또는 자폐성장애가 중복되어 주관적 청력검사가 어려울 경우, 객관적 검사인 청성뇌간반응검사(ABR)를 실시할 수 있다.
> … (하략) …

(나) 청각장애 학생의 통합학급 지원 사항

> ㉤ 청각장애 학생의 자리 배치는 독화하기 좋은 자리로 하되, 학생과 상의하여 결정한다.
> ㉥ 수화통역사를 활용하는 경우, 학생이 교사와 통역사를 동시에 볼 수 있는 자리에 배치한다.
> ㉦ 수화통역사를 활용하는 경우, 학생이 수업 내용을 이해했는지 교사가 통역사에게 물어보고 확인한다.
> ㉧ 일반학급 교사와 급우들에게 보청기 혹은 인공와우 착용 사실을 알리지 않는다.
> … (하략) …

핵심테마 체크 ✔

- 독화 시 유의사항
- 지숫자

MY MEMO

48

정답 및 예시답안

③

알찬 지문풀이

- ① ㉠은 뺄셈에서 '비교하기' 방법을 적용하고 있다. ➡ 변화형
- ② ㉡과 같은 방법으로 빼는 것을 '감감법'이라고 한다. ➡ 가감법
- ④ 교사가 설명을 할 때, 학생이 독화를 하면서 동시에 필기를 하게 한다. ➡ 동시에 필기를 하게 하면, 학생이 독화를 하기 어려움
- ⑤ 수화를 사용하는 청각장애 학생에게 14에서 6을 빼라는 지시를 할 때, 6을 지숫자로 하면 이다. ➡ 이 지숫자는 6이 아니라 7임. 6을 지숫자로 하면

관련이론

✦ 독화 관련 유의사항

- 화자는 목소리의 사용 유무, 목소리의 양과 말의 요소, 교사의 말 특성 등을 고려할 것
- 모든 수업이나 생활 장면에서는 청각을 최대한으로 이용할 수 있는 상태가 유지되도록 해야 함
- 교사는 입모양을 좀 더 분명하게 하고, 정상적인 형태를 유지하면서 명확한 발음을 하는 방법을 익혀 말할 것
- 입을 과장하여 크게도 하지 말고 작게도 하지 않아야 함
- 속도를 너무 느리거나 빠르게도 하지 말고, 처음에는 천천히 말하다가 점차 속도를 높여 일반적인 말 속도에 이르도록 반복 지도
- 학생의 독화 수준에 따라 난이도를 조절
- 독화에는 가시도, 친숙도, 연상이 중요한 요소임. 즉, 훈련 초기 단계에서는 가시도 높은 단어, 친숙한 어구 그리고 연관되는 내용을 사용하여 쉽게 연상시켜 주는 것이 중요
- 말하면서 판서를 하지 않으며, 교사 및 학생의 위치를 고려하여 좌석 배치
- U형이나 O형은 집단 토의를 할 때 독화를 좀 더 용이하게 함
- 필기시간은 별도로 배정하여 수업 중에 이해하지 못하고 넘어가는 일이 없도록 함
- 교과서를 읽을 때 입을 가리지 않고, 말을 할 때 교사의 위치를 고정시켜 독화를 하는 학생들이 독화를 하는 데 방해요인을 최소화
- 아동이 교사의 구형을 잘 볼 수 있도록 아동 쪽을 향하여 말을 하고 교사의 정면에 빛이 와닿도록 해야 함
- 가까운 곳에서 점차 멀리 거리를 두어 구형을 익히도록 함(훈련 시)
- 처음에는 아동의 눈높이에서 구형을 볼 수 있도록 하지만 연습이 진행되면 높이도 점차 변화시켜 다양한 각도에서 연습
- 소음이 통제된 곳에서 독화하도록 함
- 훈련 시 항상 동일한 위치와 방향에서 독화하지 않도록 함

48

2011. 초

다음은 청각장애 특수학교(초등) 김 교사가 2008년 개정 특수학교 국민공통기본교육과정 수학 1학년 교과서 '6. 덧셈과 뺄셈 (2)'를 지도하기 위해 작성한 교수 · 학습과정안이다. 이 과정안의 내용에 대한 설명으로 옳은 것은?

목표	여러 가지 방법으로 (십 몇) − (몇) = (몇) 알아보기
단계	교수 · 학습 활동
도입	• 주어진 그림을 보고 달걀이 몇 개가 있으며, 요리를 하는데 몇 개를 사용할 것인지 수화(말)로 설명한다. • 준비물: 10개들이 달걀판 1개, 달걀 14개
전개	〈활동 1〉 • 14개의 달걀 중, 6개를 쓰면 달걀이 몇 개 남는지 알아보는 방법에 대해 수화(말)로 이야기한다. • 문제 상황에 대한 연산과 식을 수화(말)로 설명하게 한다.
	〈활동 2〉 • 14개의 달걀 중 6개를 덜어낸다. −㉠ 먼저 낱개로 있는 달걀 4개를 덜어내고, 나머지 2개는 달걀판에 있는 것을 덜어내기 −㉡ 달걀판에서 6개를 덜어내고, 나머지 4개와 낱개 4개를 더하기
	〈활동 3〉 • 활동 2를 수 모형(십 모형 1개와 낱개 모형 4개)을 가지고 한다. • 앞의 활동을 그림으로 나타내 본다.
	〈활동 4〉 • 앞의 활동과 대응한 수 모형 그림을 보면서 자연스럽게 식을 써 본다. • 앞에서 달걀과 수 모형 그림으로 알아본 활동을 가로 셈과 세로 셈 식을 세워 풀어본다.
정리 및 평가	• 내용을 정리하고 평가한다. • 차시를 예고한다.

① ㉠은 뺄셈에서 '비교하기' 방법을 적용하고 있다.
② ㉡과 같은 방법으로 빼는 것을 '감감법'이라고 한다.
③ 수학적 개념을 구체물 − 반구체물 − 추상의 3단계를 통해 지도하고 있다.
④ 교사가 설명을 할 때, 학생이 독화를 하면서 동시에 필기를 하게 한다.
⑤ 수화를 사용하는 청각장애 학생에게 14에서 6을 빼라는 지시를 할 때, 6을 지숫자로 하면 이다.

핵심테마 체크

• 수화의 개념 및 특성

MY MEMO

49

정답 및 예시답안

③

알찬 지문풀이

• ㄱ. 수화를 구성하는 요소인 수화소는 음성언어의 ~~형태소~~에 해당한다. ➡ 음소

• ㄹ. 공간성과 동시성이라는 특성은 단어 구성 시에 나타나는 것으로 ~~문장 수준에서는 나타나지 않는다~~. ➡ 단어, 문장 수준 등의 단위와 상관없이 나타나는 특성

관련이론

✦ 수화

- 수화는 음운론·형태론·구문론·의미론·화용론적으로 언어학적 특징이 있는 완전한 언어로, 수화로 언어와 사고, 그리고 의사소통 활동이 가능하며 자연 발생적인 비구어적이고 규칙 지배적인 시각-운동언어 체계이다.
- 이러한 관점에서 청각장애인 사이에 통용되고 있는 전통적인 한국수화는 국어의 의미구조와 통사구조를 따르지 않고 독자적인 언어구조를 갖고 있으므로, 수화를 지도할 때에는 그 자체를 하나의 언어로 인정하여야 한다.
- 수화에서 사용하는 사인은 하나하나가 낱말을 나타내는 것이 아니라 개념을 상징하는 것이므로 지도 시 이에 대한 주의가 필요하다.
- 또한 말의 억양과 같은 효과를 얻기 위해서는 표정이나 신체언어도 함께 사용하도록 지도한다.
- 한편, 문법수화는 국어의 음성언어 문법체계와 거의 흡사하며, 음성언어와 함께 사용되기도 하는 자연수화와 건청인의 구화를 결합하여 만든 인위적 언어이다.

✦ 수화의 특성

- **공간적 배열**: 단어구성과 문장구성을 위해 공간적으로 수화소를 배열한다.
- **사상성과 규약성**: 수화는 수화 의미와 기호 표현에 있어 구체적 사물일수록 사상성이 높고, 추상적 어휘일수록 규약성이 높다.
- **동시성**: 수화는 수형, 수위, 수동이 동시적으로 짝을 맞추어서 수화단어를 형성한다.
- **가역성**: 가역성은 음성언어에서는 존재하지 않는 수화만의 특성으로, 주로 반의어에서 나타난다.
- 반복성
- **발신의 운동량과 수화의 변화**: 수화는 발신의 운동량이 음성언어의 조음에 필요한 운동량보다 크다.
- **비수지운동적 기능**: 표정, 머리의 방향, 시선, 몸의 방향 등이 어휘의 뜻을 보충하거나 수식어구의 일부로서 역할을 하며 대명사적 역할, 직접화법의 인용에서 사용된다.

PART 11

49 2013. 중

수화(자연수화)에 대한 설명으로 옳은 것만을 <보기>에서 있는 대로 고른 것은?

보기

ㄱ. 수화를 구성하는 요소인 수화소는 음성언어의 형태소에 해당한다.
ㄴ. 음운론, 형태론, 통사론 등 규칙과 문법 체계를 가지고 있는 언어이다.
ㄷ. 수화 단어의 형태와 의미 사이에는 도상성(사상성)이 강하지만, 자의성(규약성)이 있는 단어도 많다.
ㄹ. 공간성과 동시성이라는 특성은 단어 구성 시에 나타나는 것으로 문장 수준에서는 나타나지 않는다.
ㅁ. 건청아동이 말을 습득하는 것과 마찬가지로 농아동도 수화 환경에 노출되면 자연스럽게 수화를 습득한다.

① ㄴ, ㄹ
② ㄱ, ㄷ, ㄹ
③ ㄴ, ㄷ, ㅁ
④ ㄱ, ㄴ, ㄷ, ㅁ
⑤ ㄱ, ㄴ, ㄹ, ㅁ

핵심테마 체크 ✔

• 자연수화

MY MEMO

50

정답 및 예시답안

○ ㉠은 "아니요. 밥을 먹지 않아 배가 고픕니다."라는 의미이다. 도상성은 의미를 형상화하여 나타내는 것으로 대화 내용 중 '먹다'라는 표현이 이에 해당한다.
○ 자의성은 의미와 수화가 자의적으로 구성된 것으로 대화 내용 중 '아니요'라는 표현이 이에 해당한다.

관련이론

✦ 도상성과 자의성

- 음성언어는 소리와 의미의 관계가 자의적으로 구성되는 반면, 수화언어는 단어와 단어의 의미가 도상성이 강하다. 즉, [소]는 뿔의 모습을 형상화하였고, [나비]는 나는 모습을 형상화하였다. 이러한 수화언어의 도상성에 대해 일부는 수화언어의 단점 또는 저급함이라고 주장하지만, 수화언어는 도상성만으로 조동되는 것이 아니라 자의성(규약성)도 포함하고 있다. 예를 들면, [훌륭하다], [땅콩], [충고하다] 등이 있다. 실제로 대부분의 수화언어 어휘는 도상성이 없다. 이렇게 수화언어는 도상성과 자의성에 의해 구성되지만 어휘에 따라서 이 두 가지의 비중은 다르다. 즉, 구체적 사물의 표현은 비교적 도상성이 높고, 추상적인 표현은 자의성이 높다.
- 또한 시간이 흐름에 따라 수화언어가 변화되면서 도상성은 점차 감소하고 자의성이 증가한다. 그 이유는 경제성의 원리(도상적 표현은 조동의 노력이 많이 소요됨)와 고급 언어일수록 추상적인 표현이 증가하기 때문이라 할 수 있다. 한편, 나라마다 수화언어의 어휘 수가 다른데, 이는 자의적인 어휘의 많고 적음과 관련된다고 할 수 있다.

✦ 수어의 구성 특성

도상성	• 실제로 지시하는 대상이 언어에 투영되어 있는 것(사상성)
자의성	• 낱말과 대상 간의 직접적인 관계가 없는 것(규약성)
동시성	• 음성언어의 분절성과 반대되는 개념 • 공간에서 표현되기 때문에 여러 가지 요소가 동시에 산출
가역성	• 음성언어와 달리 가역성을 가지고 있는 언어 • 가역성은 수화만의 독특한 특성으로 음성언어에서는 존재하지 않으며, 대개 반의어에서 관찰
반복성	• 의성어, 의태어 그리고 강조를 나타낼 때 나타내는 것으로 '항상', '자주' 등은 반복으로 의미를 나타냄
축약성	• 통사론적 측면에서 매우 두드러진 축약성을 가짐 • 자연수어는 긴 말을 짧게 줄여서 표현하는 축약성이 문법수어에 비해 훨씬 큼
공간성	• 메시지가 공간에서 이루어질 뿐만 아니라 어떤 특정 공간에서 수화가 만들어지느냐에 따라 의미와 문법이 달라지는 중요한 특성 • 수어는 공간적으로 배열하며, 음소를 순차적으로 배열하는 음성언어와의 차이점
발신의 운동량	• 음성언어의 조음에 필요한 운동량보다도 더 큰 편 • 운동량이 커지면서 발신시간도 길어짐
비수지 운동	• 표정, 머리의 방향, 몸의 방향 등이 포함

50 2015. 중

다음은 청각장애 학생과 교사가 대화한 내용이다. ㉠을 한국어로 해석하고, 수화(수어, Korean sign language)의 도상성과 자의성을 전체 대화에서 사용된 단어 1가지씩을 선택하여 각각 설명하시오. [5점]

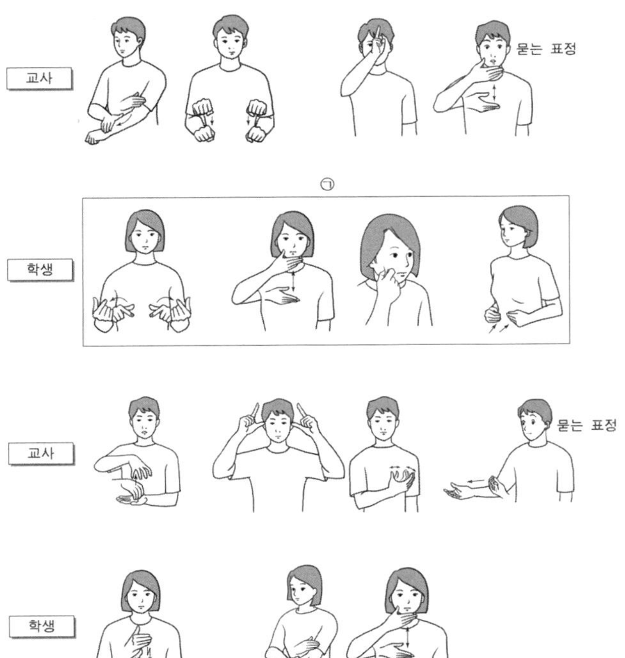

핵심테마 체크 ✔

- 이중언어 · 이중문화
- 수화의 특성
- 자연수화

MY MEMO

51

정답 및 예시답안

○ ㉠에는 농정체성 향상이 해당한다.
○ ㉡에는 비수지신호가 해당한다. 비수지신호는 수어의 사용에 있어 문장을 이해하는 데 중요한 역할을 하는 문법적 기능을 가진다.
○ ㉢에 해당하는 의미는 선생(님)이다.

관련이론

✦ 이중언어 · 이중문화

- 이중언어 접근에서는 시각이 청각장애 아동 언어를 배울 수 있는 최선의 통로이고 자연수화가 시각적이고 완전한 언어이므로, 자연수화를 1차 언어로 습득하게 하고 그를 통해 2차 언어인 문어를 획득하게 할 것을 주장하고 있다.
- 이 접근법의 목적은 청각장애인의 사고에 필요한 도구를 발달시키고 다른 청각장애인과의 관계를 통해 건강한 자아의식을 발달시키기 위해 강력한 시각적 1차 언어를 갖도록 하는 것이다.
- 농인 문화 속에서의 교수를 지지하고, 청각장애인 교육에 농인사회의 역사와 기여 · 가치 · 전통을 포함시키며, 가청인 부모가 다양한 프로그램을 통해 농인과 수화를 포함한 농인 문화를 만날 수 있는 기회를 제공한다.
- 이 접근법은 청각장애인의 문화를 가청인의 문화와 동등하게 인정해 준다.
- 청각장애인을 위한 이중언어 교육이라는 말 속에는 두 언어를 사용하여 공부한다는 의미의 이중언어(bilingual)와 두 언어 모두에 능통함을 목적으로 한다는 의미가 함축되어 있다.
- 이중언어 · 이중문화 접근법은 청각장애인 중심의 사회, 교육, 문화를 인정하는 교육의 본질에 초점을 둔 철학이다.
- 이 접근법이 지지받는 이유는 이것이 무엇보다도 청각장애 학생의 자아실현과 학업성취도 및 언어 발달을 촉진시킬 수 있다고 믿기 때문이다.

✦ 비수지신호

- 비수지신호란 수지신호와 반대 개념으로, 얼굴표정이나 입모양, 머리와 상체의 움직임 등과 같이 손동작 외의 몸짓이 주는 신호를 말한다.
- 비수지신호는 음성언어에서 초분절음과 같은 역할을 한다. 초분절음은 강세, 고저 또는 장단에 의해 만들어지는 소리로서 뜻이 구별되는 기능을 하는데, 수화에서 비수지신호는 문장을 이해하는 데 중요한 역할을 하며, 문법적 기능을 담당한다.

51 2019. 중

(가)는 ○○중학교에 재학 중인 청각장애 학생 G의 정보이고, (나)는 일반교사와 특수교사의 대화 내용 일부이다. 〈작성 방법〉에 따라 서술하시오. [4점]

(가) 학생 G의 정보

- 부모 모두 농인이며, 수어를 1차 언어로 사용함
- 수어통역사를 배치하여 수업을 진행함

(나) 대화 내용

일반교사: 학생 G는 수어통역 지원으로 수업을 잘 받고 있어요. 선생님께서 지난번에 읽기와 쓰기 지도도 중요하다고 하셨지요?

특수교사: 네. 수어를 1차 언어로 하고, 읽기나 쓰기를 위한 한국어를 2차 언어로 가르치는 이중언어접근법으로 지도하고 있어요. 학교에서 이중언어 접근법을 강조하는 이유는 학생 G의 (㉠) 을/를 목표로 하기 때문이지요.

… (중략) …

일반교사: 수어에서도 음성언어의 고저나 장단 같은 초분절음의 역할을 하는 특성이 있나요?

특수교사: (㉡)이/가 음성언어의 초분절음과 같은 역할을 합니다.

일반교사: 수업 시간에 활용할 수 있는 수어 하나 알려주시겠어요?

특수교사: 이 수어를 알고 있으면 좋을 것 같아요.

(㉢)

※ 수형 설명: 오른 주먹의 1·2지를 펴서 2지 옆면으로 모로 세운 왼 주먹의 손목을 두 번 두드린다.

작성방법

- 괄호 안의 ㉠에 해당하는 내용을 1가지 서술할 것
- 괄호 안의 ㉡에 해당하는 용어를 쓰고, ㉡이 가지는 수어에서의 기능을 1가지 서술할 것(단, (나)에서 제시한 내용은 제외할 것)
- 괄호 안의 ㉢에 해당하는 수어의 의미를 쓸 것

핵심테마 체크

- 지문자
- 큐드스피치
- 수어의 언어학적 분석
- 수어의 구성요소

MY MEMO

52

정답 및 예시답안

○ ㉠은 폭우이다.
○ ㉡의 이유는 독화는 낮은 가시도와 변별의 어려움 등의 제한점이 있는데, 큐드스피치를 사용하면 보다 메시지를 정확하게 전달할 수 있기 때문이다.
○ ㉢과 ㉣은 수향, 수동, 수위는 동일하고 수형만 대조를 이루면서 의미가 다르기 때문이고, ㉤은 비수지신호이다.

관련이론

✦ 큐드스피치(발음암시법, 단서 말)

- 구어 의사소통을 보충하기 위한 방법이다.
- 발음암시법은 구어의 패턴들을 분명하게 하기 때문에 어린 농 아동들에게 정확하고 집중적인 언어자극을 줄 수 있으며, 또한 말의 자연스러운 리듬을 방해하지 않는다.
- 말소리를 나타내는 수신호 단서와 함께 쓰이는 구어로 독화를 보충하여 향상시키는 절차이다.
- 볼 근처에서 수신호 형태로 단서를 추가하는 것으로, 독화로 구별하기 어려운 음소들을 인식할 수 있게 함으로써 구어의 시각적 표현을 제공한다.
- 수신호는 말과 함께 사용되어야 한다.
- 이것들은 수화도 아니고 지문자도 아니며 혼자서는 쓰임새가 없다.
- 큐드스피치는 구어언어의 보조수단으로 개발되었으며, 교육에서는 수화나 독화와 함께 선택적으로 사용되기도 한다.
- 낮은 가시도와 변별의 어려움이 독화의 제한점이라면, 큐드스피치는 보다 정확하게 청각적 메시지를 시각적으로 전달해 준다.
- 수신호와 입모양을 동시에 사용함으로써 화자의 메시지를 읽을 수 있는데, 큐드스피치의 가장 큰 특성은 구어 언어를 음소 단위로 변환하여 전달하는 것이다.
- 자음들을 인지할 수 있게 8개의 손으로 만든 형태가 사용되고, 모음들을 인지할 수 있도록 네 곳의 위치가 사용된다.
- 위치와 손 형태를 동시에 표시하는 것은 음절을 시각적으로 나타낸 것이다.
- 단서 말을 사용하는 사람은 청각장애인이 아니라 청각장애인에게 말하는 건청인이다.

✦ 수어의 언어학적 분석

1) 기본어순과 종결어미
   - 자연수화와 달리 국어대응식 수화에서는 종결어미의 경우 손바닥이 위로 향하게 편 왼손바닥에 오른손바닥을 댔다가 떼어 내린다.
   - 자연수화는 과거시제 '끝'이라는 수화기호를 사용하여 종결어미까지 국어의 모든 문법정도를 전달한다.

2) 높임법
   '몸을 숙이는 자세'와 같은 비수지신호를 사용하여 높임을 표현한다.

3) 최소대립쌍
   수화에서 최소대립쌍이란 수형, 수위, 수동, 수향에 해당하는 수화소 가운데 하나에서만 대조를 보임으로써 의미가 달라지는 것을 말한다.

4) 관용적 표현
   관용적 표현은 매우 빈번하게 나타나는 특성이다. 예를 들면, 귓불을 잡아당기는 것은 '귀가 얇다'라는 의미의 관용적 표현이다.

5) 단어형성 방법
   - 수화는 구어와 달리 하나의 동작이 품사의 구별 없이 동일하게 사용된다. 예를 들면, 명사인 '건강'과 동사로서의 '건강하다', 그리고 형용사 '건강한'을 표현할 때도 구분이 없다.
   - 동작의 반복은 강조의 기능을 갖는다. 예를 들면, '또'는 오른손 2, 3지를 오른쪽에서 왼쪽으로 이동하면서 한 번만 펴는 반면에, '자주'는 이 동작을 두세 번 반복한다.
   - 지화를 쓸 경우에는 오른손을 사용하여 천천히 한 음절씩 또박또박 써야 하며, 손의 위치와 모양 그리고 방향을 정확히 해야 한다.
   - 수화를 할 때는 하나의 음(音)뿐만 아니라 표정과 제스처를 풍부하게 표현해야 한다.
   - 윗사람과 대화를 할 경우에는 몸의 자세나 표정을 공손하게 하여 존대의 의미를 나타낸다.
   - 수화에는 '~은' '~가', '~에게' 등의 조사가 대부분 생략된다.
   - 생략과 축약이 많다.
   - 과거형인 '했다', '먹었다' 등의 동사는 '끝'의 수화를 함께 사용함으로써 과거형이 된다.
   - 수화는 음성언어와 비교하여 어휘가 다양하지 않다. 한 가지 수화가 여러 가지 뜻으로 사용되는 경우가 많은데, 예를 들면 사계절의 경우 '봄'은 '따뜻하다'의 동사로 함께 쓰이며, '여름'은 '덥다', '가을'은 '바람'과 '불다', '겨울'은 '춥다'로 함께 사용된다.
   - 수화 표현이 없는 경우나 고유명사의 경우는 지화를 사용하기도 한다.

52

2022. 중
★답안작성

다음은 청각장애학교에 근무하는 초임 교사가 경력 교사에게 학생 J의 언어지도에 관해 자문하는 내용의 일부이다. 〈작성 방법〉에 따라 쓰시오. [4점]

초임 교사: 선생님, 며칠 전에 일반학교에서 전학 온 학생 J에게 어떻게 언어지도를 해야 할지 잘 모르겠어요.

경력 교사: 학생 J는 지금 어떤 방법으로 의사소통을 하나요?

초임 교사: 독화를 사용해서 어느 정도 말을 이해하는 것 같기는 해요. 하지만 쉽지는 않아요. 얼마 전에는 잘못 읽어서 ㉠과 함께 입모양을 크게 하여 보여 주었어요.

㉠ 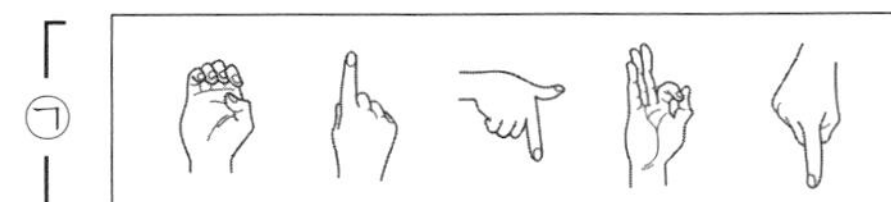

경력 교사: ㉡ <u>큐드 스피치(cued speech)가 독화를 하는 데에 보조 단서로 유용</u>하다고 들었어요.

초임 교사: 아, 그렇군요. 게다가 학생 J는 수어를 배워 본 적이 없어서 친구들과 의사소통이 안 되어 걱정입니다.

경력 교사: 노래를 부르면서 수어로 표현해 보는 것도 방법이 될 수 있어요.

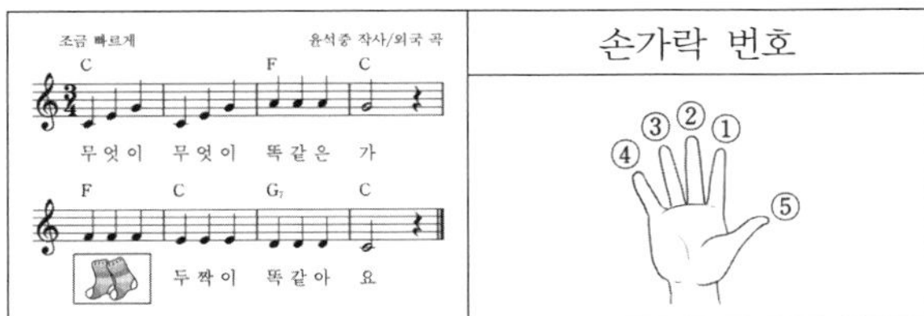

㉢ 	㉣ 
양말: 왼손 ①②③④지를 펴서 손등이 위로 향하게 하고, 오른손 바닥을 손등에 올렸다가 뒤집어 손등에 댄다.	선물: 왼손 ①②지를 펴서 손등이 위로 향하게 하고, 오른손 ①②지를 그 위에 올렸다가 뒤집어 손가락 위에 댄다.

초임 교사: '양말'과 '선물' 단어를 함께 가르치면 최소대립쌍 개념을 알게 되고, ㉤ <u>얼굴 표정에 따라 수어의 뜻이 달라지는 것</u>도 자연스럽게 배울 수 있겠네요.

작성방법

- ㉠의 지문자를 한글 단어로 옮겨 적을 것
- 밑줄 친 ㉡의 이유를 1가지 서술할 것
- 그림 ㉢과 ㉣이 최소대립쌍인 이유를 서술하고, 밑줄 친 ㉤에 해당하는 수어의 구성요소를 쓸 것

핵심테마 체크

- 수어_비수지기호
- 자연수화/문법수화

MY MEMO

53

정답 및 예시답안

○ 해당 비수지기호는 표정과 동작이다.
○ 수어통역사가 사용하는 자연수어는 축약하여 표현하고, 음성언어와 구조와 어순이 다르지만, 특수교사가 사용하는 문법수화는 축약하지 않고 문장을 표현하며, 구조와 어순이 음성언어와 유사하다.

관련이론

✦ 수어의 구성요소

수형	• 수형은 어떤 위치에서 어떤 방향으로 어떤 동작을 하는 '두 손의 형태'를 의미한다. • 수형은 선택된 손가락의 수와 손가락들을 굽히거나 펼치는 방법에 따라 다양하다. • 수형은 고정되어 있는 것이 아니고 처음 위치에서 다음 위치로 옮겨지는 과정에서 변화한다. • 하나의 수화를 완성하기 위해 하나의 수형을 필요로 하는 경우도 있고 두 수형 이상을 필요로 하는 경우도 있다.
수동	• 수동은 수형의 운동을 의미하는 것으로, 신호가 표현되는 방법이다. • 수동은 수화를 형성하는 핵심 역할을 하며 운동의 방향과 양손의 관계로 분류된다. • 수동은 음성언어에서는 '모음'에 해당하는데 이는 다른 수화소보다 두드러짐(sonority)이 높기 때문이라고 한다.
수위	• 수위는 수화를 하는 동안 손의 신체상 위치에 관한 것으로 머리, 몸통, 팔, 중립적 공간, 비우세 손과 같은 몸의 특정 영역뿐 아니라 3차원 평면을 포함한다. • 수위는 주로 수화자의 앞이나 옆 공간인 중립적 공간에서 가장 많이 이루어진다.
수향	• 수향은 수화자가 신체에 대한 손의 공간 관련으로 손바닥의 방향, 손가락의 끝 방향 등으로 결정되는 것이다.
비수지 신호	• 비수지신호란 수지신호의 반대개념으로, 얼굴표정이나 입 모양, 머리와 상체의 움직임 등과 같이 손동작 외의 몸짓이 주는 신호를 말한다. • 비수지신호는 음성언어에서 초분절음과 같은 역할을 한다. 초분절음은 강세, 고저 또는 장단에 의해 만들어지는 소리로서 뜻이 구별되는 기능을 하는데, 수화에서 비수지신호는 문장을 이해하는 데 중요한 역할을 하며, 문법적 기능을 담당한다.

고득점 답안 비법 ✰ <작성 방법>에서 "위 대화에서" 사용한 수어와 수화에 근거하여 서술하도록 하였으므로, 자연수어와 문법수화의 차이점 중 주어진 상황에 나타난 것, 즉 수화통역사가 사용한 자연수어에 나타난 것과 특수교사가 사용한 문법수화에 나타난 것에 근거하여 차이점을 2가지 써야 함

53

2021. 중
★답안작성

다음은 문법 수화를 배운 특수 교사가 수어통역사와 함께 있는 농학생을 만나 수어로 나눈 대화 내용의 일부이다. 〈작성 방법〉에 따라 서술하시오. [4점]

(특수 교사는 구어와 수어를 동시에 하며, 수어통역사는 수어로만 대화한다.)

특수 교사: 여기는 왜 왔습니까?

농학생: … (수어통역사를 바라본다.)

수어통역사:

농학생:

작성방법

- 수어에서 의문문을 표현하기 위해 사용하는 비수지 기호를 2가지 쓸 것
- 위 대화에서 수어 통역사가 사용하는 자연 수어와 특수 교사가 사용하는 문법 수화의 차이점을 2가지 서술할 것

54

핵심테마 체크

• 독화소

MY MEMO

정답 및 예시답안

⑤

알찬 지문풀이

• ⑤ 국어 독화소의 수는 한국 수화소의 수보다 많다. ➡ 적다.

관련이론

✦ 독화소(시각소)

• 독화소란 독화의 시각적 최소 단위로서 말소리의 청각적 특성은 다르지만 시각적으로 유사한 음소들을 하나로 묶은 것을 말한다.
• 독화소의 분류는 연구자마다 약간의 차이가 있다.
• 독화에서는 입모양은 같지만 다른 의미를 가지고 있는 음을 동형이음어(동구형 이음어)라고 한다.

55

핵심테마 체크

• 수화소

MY MEMO

정답 및 예시답안

③

관련이론

✦ 수어소

수형	• 어떤 위치에서 어떤 방향으로 어떤 동작을 하는 '두 손의 형태'
수동	• 수형의 운동을 의미하는 것으로, 신호가 표현되는 방법 • 수화를 형성하는 핵심 역할을 하며 운동의 방향과 양손의 관계로 분류 • 음성언어에서는 '모음'에 해당하는데 이는 다른 수화소보다 두드러짐이 높기 때문이라고 함
수위	• 수화를 하는 동안 손의 신체상 위치에 관한 것 • 주로 수화자의 앞이나 옆 공간인 중립적 공간에서 가장 많이 이루어짐
수향	• 손바닥의 방향, 손가락의 끝 방향 등으로 결정되는 것
비수지 신호	• 얼굴표정이나 입 모양, 머리와 상체의 움직임 등과 같이 손동작 외의 몸짓이 주는 신호 • 음성언어에서 초분절음과 같은 역할 • 문장을 이해하는 데 중요한 역할을 하며, 문법적 기능을 담당

56

핵심테마 체크

• 지문자와 지숫자

MY MEMO

정답 및 예시답안

⑤

54

2009. 중

청각장애학생을 위한 의사소통 지도 요소에 관한 설명으로 옳지 않은 것은?

① 국어 음운론상의 최소 단위를 음소라 한다.
② 수화의 시각적 최소 단위를 수화소라 한다,
③ 말읽기의 시각적 최소 단위를 독화소라 한다.
④ 한국 수화소의 수는 국어 음소의 수보다 많다.
⑤ 국어 독화소의 수는 한국 수화소의 수보다 많다.

55

2009. 유

한글 지문자의 수형(手形)과 수향(手向)에 대한 바른 설명은?

① 'ㄱ'과 'ㅋ'은 수형이 같으나 수향은 다르다.
② 'ㅂ'과 'ㅈ'은 수향이 같으나 수형은 다르다.
③ 'ㅏ'와 'ㅡ'는 수형이 같으나 수향은 다르다.
④ 'ㅣ'와 'ㅢ'는 수형이 같으나 수향은 다르다.
⑤ 'ㅐ'와 'ㅟ'는 수향이 같으나 수형은 다르다.

56

2012. 중

다음은 청각장애학생이 지문자와 지숫자를 사용하여 수화로 자기소개를 한 것이다. ㉠과 ㉡의 수형과 수향에 대한 설명을 보고, ㉠에 들어갈 한글 자음과 ㉡에 들어갈 숫자를 바르게 묶은 것은?

"내 이름은 김 [㉠]ㅐ현입니다." "내 생일은 [㉡]월 6일입니다."
• ㉠의 수형은 지숫자 7과 같으며, 수향은 지문자 ㄱ과 같다. • ㉡의 수형은 지문자 ㅊ과 같으며, 수향은 지숫자 9와 같다.

	㉠	㉡
①	ㄷ	2
②	ㄷ	4
③	ㅌ	8
④	ㅈ	4
⑤	ㅈ	8

57

핵심테마 체크

- 조음 오류
- 6개음 검사
- 지문자

MY MEMO

정답 및 예시답안

1) 첫음절 소리에서 고모음화 하는 경향이 있다. (첫음절의 모음을 혀의 위치가 더 높은 지점에서 발음하는 특성을 보인다 등)
2) ① 4000Hz 이상의 말소리를 정확하게 인지하는 데 어려움이 있다.
   ② 상자
3) 기본 교육과정

57 2024. 초

(가)는 김 교사가 메모한 청각장애 학생 영수의 특성이고, (나)는 2015 개정 특수교육 기본 교육과정 수학과 3~4학년군 '도형 영역' 교수 · 학습 과정안의 일부이다. 물음에 답하시오. [5점]

(가)

- ○ K-WISC-V 결과: 지능지수 76
- ○ 1년 전부터 양측 귀에 인공와우를 착용함
- ○ 교정 청력: 양측 40dB HL
- ○ 말소리 명료도가 낮음
  - '거리'를 /그리/로 발음함 ┐
  - '네모'를 /니모/로 발음함 [A]
  - '개미'를 /그미/로 발음함 ┘

… (중략) …

- ○ /f/, /th/, /s/ 음을 정확하게 인지하지 못함 ┐
  - ↳ • 모음 식별 가능 [B]
  - • /f/, /th/, /s/를 제외한 대부분의 자음 식별 가능 ┘
- ○ 개념 지도 시 지문자를 활용하면 효과적임
  - ↳ • 부모와 학생도 지문자 사용을 선호함

(나)

단원	2. 여러 가지 입체도형의 모양(2)		
단계	교수 · 학습 활동		자료(㉶) 및 유의점(㉷)
	교사	학생	
전개	<활동 1> 나무 블록 놀이		
	"블록을 같은 모양끼리 분류하여 모양 바구니에 담아 볼까요?"	(똑바로 세워져 있는 크기와 모양이 같은 빨간 둥근기둥 블록과 노란 둥근기둥 블록을 집어서) "이 바구니에 2개 모두 넣을게요." [C] (큰 공과 작은 공을 집어서) "모두 공 모양 바구니에 넣을게요."	㉶ 나무블록 세트, 공 세트
	<활동 2> 교실에서 모양 찾기		
	"우리 교실에서 다양한 모양의 물건을 찾아볼까요?"	"저는 구슬을 찾았어요."	㉶ 딱풀, 두루마리 휴지, 구슬 등 다양한 모양의 구체물
	(딱풀과 음료수 캔을 보여주며) ㉠"이렇게 생긴 모양은 둥근기둥 모양이에요."	"선생님, 두루마리 휴지도 둥근기둥 모양이에요."	
	"영수가 찾은 물건은 무슨 모양인가요?"	"제가 찾은 물건은 (㉡) 모양이에요."	㉶ 지문자 단어 카드

1) (가)의 [A]에서 공통적으로 나타난 조음 오류 특성을 혀의 높낮이 측면에서 1가지 쓰시오. [1점]

2) ① (가)의 [B]에서 확인할 수 있는 영수의 청력 특성을 주파수 측면에서 1가지 쓰고, ② (나)의 ㉡에 해당하는 다음의 지문자를 2음절의 한글 단어로 쓰시오. [2점]

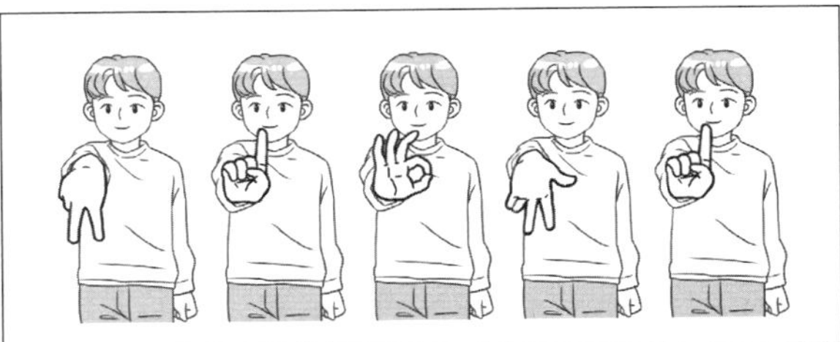

①:

②:

3) ① (나)의 [C]를 통해 알 수 있는 학생의 도형 이해 수준을 반 힐레(van Hieles)의 기하 학습 수준 이론에 근거하여 쓰고(단, 숫자로 표기하지 않음), ② (나)의 ㉠에서 김 교사가 사용하고 있는 수학적 정의의 유형을 쓰시오. [2점]

①:

②:

핵심테마 체크 ✔

- 손상부위별 청각장애
- 이중언어 · 이중문화 접근
- 독화의 한계
- 독화 시 유의점
- 수화통역사
- 의사소통 회복 전략

MY MEMO

58

정답 및 예시답안

1) 승규(전음성 청각장애이므로), 민지(중추청각처리장애이므로)
2) 농문화
3) 제시된 예시와 같이 양순음, 치조음 등 같은 위치에서 소리가 나는 말소리는 입모양이 같아 시각적으로 파악하는 데 한계가 있기 때문이다.
4) ㉡ / 말읽기를 지도할 때 다양한 위치와 방향에서 화자를 보고 훈련하도록 해야 한다.
   ㉣ / 수화통역사는 화자의 약간 옆, 약간 뒤에 위치해야 한다.

관련이론

✦ 이중언어 · 이중문화 접근

- 자연수화를 1차 언어로 습득하게 하고 그를 통해 2차 언어인 문어를 획득하게 할 것을 주장
- 청각장애인의 사고에 필요한 도구를 발달시키고 다른 청각장애인과의 관계를 통해 건강한 자아의식을 발달시키기 위해 강력한 시각적 1차 언어를 갖도록 하는 것
- 청각장애인의 문화를 가청인의 문화와 동등하게 인정
- 청각장애인 중심의 사회, 교육, 문화를 인정하는 교육의 본질에 초점을 둔 철학
- 농문화와 그들의 정체성을 이해하려는 노력이 함께 이루어져야 한다고 주장

✦ 독화 시 유의점

- 가능한 독화 단서를 모두 활용하도록 함
- 말은 과장하지 않고 자연스럽게 함
- 차폐물이 없는 밝은 곳에서 함
- 소음이 통제된 곳에서 함
- 약 2~3m 이내의 거리를 유지하되 거리를 너무 좁히지 않음
- <u>항상 동일한 위치와 방향에서 독화하지 않도록 함</u>
- 독화하려는 태도를 갖게 함
- 화자는 말할 때 가만히 서서 하되 가능하면 아동과 비슷한 높이를 유지

✦ 수화통역사

- 수업 전
  - 주요 단어와 교재, 주요 내용, 개념 등을 미리 준비할 수 있도록 함
  - 토론을 하거나 기자재를 이용하게 될 때에는 자리배치에 대해 미리 생각하도록 함
  - 수어통역자의 역할을 확실히 함
- 역할: 통역자로서의 역할만 하도록 함(학생 지도, 관리, 학생의 이해에 대한 책임 등은 교사의 역할)
- 위치: 화자의 약간 옆, 약간 뒤

✦ 청각장애 학생의 의사소통전략

전략	전략 내용
예기 전략	• 의사소통의 내용 및 상호작용을 사전에 준비 • 사용 가능한 어휘, 질문, 의사소통에서 예측되는 어려움을 미리 검토
수정 전략	• 학생이 의사소통하는 데 화자의 부적당한 행동이나 환경에 어려움이 있는 경우 수정하도록 요구 • 화자의 말이 지나치게 빠르거나 입을 가리는 행동을 할 때 혹은 주변의 소음이 너무 크거나 조명이 너무 어두워 화자의 얼굴을 제대로 볼 수 없는 경우 등 곤란을 주는 문제를 확인하여 수정하도록 요구
회복 전략	• 메시지의 내용과 구조 혹은 화자의 의사소통 행동 모두를 수정(예 더 천천히, 더 분명하게 해 달라고 요구하기) • 부분적으로 반복하기, 바꾸어 말하기, 핵심단어 말하기, 철자 말하기, 허공 혹은 손바닥에 쓰기, 쓰기 등 부가 설명 요구

58

2016. 유
★답안작성

다음은 청각장애 유아의 특성과 담임교사의 수업 행동을 관찰한 결과이다. 물음에 답하시오. [5점]

유아	특성	교사의 수업 행동
영희	• 혼합성 청각장애 • 부모 모두 건청인 • '사자-가자'를 말읽기 하여 변별하지만, ㉠ '발-팔', '날아-달아'를 말읽기만으로는 변별하지 못함 • 말읽기(독화)를 통해 들은 내용을 보충함	• ㉡ 말읽기를 지도할 때, 자연스러운 입 모양으로 말하고, 영희가 항상 동일한 위치와 방향에서 화자를 보게 함
승규	• 전음성 청각장애 • 부모 모두 건청인	• ㉢ 승규가 지시를 이해했다고 추측하지 않고, 이해했는지 여부를 구체적으로 질문하거나 지시 내용을 승규에게 말해 보게 함
진수	• 감음신경성 청각장애 • 부모 모두 농인 • 한국 수어와 한국어를 모국어로 습득함	• ㉣ 수화통역사를 진수 옆자리에 배치함
민지	• 중추청각처리장애 • 부모 모두 건청인 • 소음 속에서 대화할 때 어려움을 경험함	• ㉤ 민지가 알아듣지 못했을 때, 반복하거나 말을 바꾸어서 다시 말해줌

1) 골도 청력검사 결과가 정상 범주에 속하는 유아의 이름을 모두 쓰시오. [1점]

2) 교사는 진수의 특성을 고려하여 진수의 교육에는 이중언어 · 이중문화의 접근이 적절하다고 판단했다. 다음 (　　) 안에 공통으로 들어갈 말을 쓰시오. [1점]

> (　　)은/는 농인들이 농사회의 구성원으로서 습득한 지식, 가치관, 도덕, 삶의 방식, 신념 등의 총체를 말한다. 이중언어 · 이중문화 접근은 농아동이 (　　)을/를 받아 들여 자아정체감을 형성하게 할 수 있다.

3) ㉠과 같은 현상이 나타나는 이유를 쓰시오. [1점]

4) ㉡~㉤ 중 적절하지 않은 행동 2가지를 찾아 기호를 쓰고, 각각 바르게 수정하여 쓰시오. [2점]

① 기호와 수정 내용 :

② 기호와 수정 내용 :

59

핵심테마 체크

- 청각장애 학생을 위한 읽기 지도

MY MEMO

정답 및 예시답안

④

알찬 지문풀이

- ㄱ. 읽기 교육과정 내용이 ~~구조화되고 위계적~~이다. ➡ 학생의 이야기를 바탕으로 하는 것으로 위계적으로 내용을 제시하는 방식과 관련 없음
- ㅁ. 읽기 지도 방법 중 ~~부호(해독) 강조법~~으로서 읽기 능력 향상에 효과가 있다. ➡ 의미를 중심으로 지도하는 것

60

핵심테마 체크

- 청각장애 학생을 위한 쓰기 지도

MY MEMO

정답 및 예시답안

④

알찬 지문풀이

- ④ ㉣ 민호의 특성과 쓰기 수준을 고려하여 ~~내용 전달보다는 철자와 문법의 정확성~~을 평가한다.
  ➡ 민호의 언어 특성을 고려하여 수준에 맞게 내용을 잘 구성하고 전달하였는지를 평가

관련이론

✦ 청각장애 학생의 읽기 · 쓰기 특성

- 음운인식을 발달시키는 데 어려움을 갖게 되며 이것은 읽기의 곤란으로 이어질 가능성이 큼
- 작동기억에서의 단어를 처리하는 능력은 청각장애 아동의 독해능력을 구별하는 지표가 될 수 있음
- 언어적 경험이 부족한 청각장애 아동의 경우, 다양한 맥락을 통해 습득해야 하는 다의어의 이해에도 어려움을 겪게 됨
- 쓰기에서 나타난 어휘의 특성을 살펴보면, 활용빈도는 체언, 관계언, 용언, 수식언 순으로, 오류빈도는 관계언, 용언, 수식언, 체언의 순으로 나타났으며, 또래 건청아동에 비해 적은 어휘 수, 부적절하고 제한된 어휘의 사용, 수화의 영향에 의해 나타나는 어휘의 오류 발견
- 쓰기에서 나타나는 통사적 특징을 살펴보면 건청아동에 비해 단순구문을 사용하고 정형적인 구문표현을 산출하며, 문법형태소의 발달이 지체

59

2010. 중

다음의 대화 내용을 읽고 최 교사가 제안한 청각장애학생을 위한 읽기 지도 방법의 특징을 <보기>에서 고른 것은?

김 교사: 다음 주에 지도할 국어 수업 주제는 '방송국을 다녀와서'인데, 교과서 지문의 내용이 너무 어려워서 청각장애학생들에게는 적합하지 않는 것 같아요. 수업을 어떻게 해야 할지 고민입니다.

최 교사: 그러면 이렇게 하는 게 어때요? 학생들과 방송국을 직접 다녀온 후 국어 수업 시간에 학생들에게 발표하도록 하세요. 선생님이 그 내용을 칠판에 받아 적고, 적은 글을 읽어 준 후 학생에게 적은 글을 읽게 합니다. 그리고 적은 글을 활용하여 학생들과 함께 다양한 읽기 활동을 하면 됩니다.

보기

ㄱ. 읽기 교육과정 내용이 구조화되고 위계적이다.
ㄴ. 학생의 경험을 바탕으로 읽기를 지도하는 방법이다.
ㄷ. 구어(혹은 수어)와 문어 간의 관계를 이해하게 한다.
ㄹ. 학생의 경험을 개별 읽기 지도의 소재로 종종 활용한다.
ㅁ. 읽기 지도 방법 중 부호(해독) 강조법으로서 읽기 능력 향상에 효과가 있다.

① ㄱ, ㄴ, ㄷ
② ㄱ, ㄴ, ㄹ
③ ㄱ, ㄹ, ㅁ
④ ㄴ, ㄷ, ㄹ
⑤ ㄷ, ㄹ, ㅁ

60

2012. 초

다음은 보청기 착용 시, 좌 · 우 45dB 청력을 가진 민호가 통합되어 있는 일반학급 5학년 국어과 교수 · 학습과정안이다. 민호를 위한 교수적 지원으로 적절하지 않은 것은?

제재	중요한 사건을 골라 육하원칙에 따라 기사문 쓰기
학습 목표	㉠ 학교에서 일어난 중요한 사건에 대해 기사문을 쓴다.
도입	㉡ 동기유발: 학교 신문 중 기억에 남는 중요한 사건 말해보기
전개	㉢ <1단계>계획하기: 작성할 기사의 주제를 정하고, 육하원칙에 따라 내용 조직하기 <2단계>초안쓰기: 기사문 작성하기 <3단계>수정하기: 쓰기 도중이나 쓰기를 마치고 빠진 내용 다시 쓰기 <4단계>편집하기: 구두점, 단어 등을 고치고 독자를 고려하여 내용 다듬기 <5단계>완성하기: 완성된 기사문을 발표하고 잘된 점 살펴보기
평가	㉣ 육하원칙에 따라 체계적으로 기사문의 내용을 구성하였는가?

① ㉠ 2008년 개정 특수학교 국민공통기본교육과정 국어과 5학년 청각장애 학생 성취기준과 민호의 장애특성을 고려하여 학습목표를 수정한다.
② ㉡ 친구들이 발표할 때, 민호에게 발표자의 이름을 알려주어 얼굴을 보게 한다.
③ ㉢ 민호가 자신의 글감에 대한 생각을 명료화할 수 있도록, 교사는 질문하고 민호에게 시각적 도구를 활용하여 구조화하게 한다.
④ ㉣ 민호의 특성과 쓰기 수준을 고려하여 내용 전달보다는 철자와 문법의 정확성을 평가한다.
⑤ 이 수업에 적용된 과정중심접근법 쓰기지도의 단계는 선형적이 아니며, 청각장애 학생을 위해 단계를 유연하게 적용할 수 있다.

脈 테마별 기출분포도

테마			연도별 기출분포	셀프체크
정의와 개념	의사소통의 요소		⑯초 ⑯중 ⑳유 ⑳초 ⑳중 ㉒유 ㉒중 ㉓유	□□□□□
	언어의 하위영역(요소)		㉑중 ㉔중	□□□□□
	의사소통 발달단계		㉓초	
말산출 기관	말소리 산출 과정		⑩유 ⑭유 ⑭초	□□□□□
의사소통장애의 영역	말장애	유창성장애	⑬중 ⑭중 ⑮유 ⑰유 ⑲중 ⑳유 ㉒중 ㉓초 ㉔유	□□□□□
		음성장애	⑪중 ⑳유	□□□□□
		조음장애	⑪초 ⑮유 ⑮중 ㉒중 ㉓초 ㉔초 ㉔중	□□□□□
	언어장애		⑨유 ⑨초 ⑪유 ⑪초 ⑪중 ⑫중 ⑬중 ⑮유 ⑳유 ⑳초 ㉑중 ㉒중 ㉔유	□□□□□
	신경 말장애		⑬중	□□□□□
진단	자발화 분석		⑨유 ⑩중 ⑪중 ⑫중 ⑬유 ⑬중 ⑮초 ⑯유 ⑯초 ⑯중 ⑰중 ⑲중 ⑳유 ⑳중 ㉑유 ㉒유 ㉒초	□□□□□
	조음장애의 진단 및 분석		⑪초 ⑬초 ⓭유 ⓭초 ⓭중 ⑮초 ⑰유 ⑰초 ⑰중 ⑱초 ⑳유 ㉒중 ㉓중 ㉔유	□□□□□
교육	유창성장애의 중재		⑩중 ⑬중 ⑲유 ㉓초 ㉔유	□□□□□
	조음장애의 중재		⑪초 ⓭유 ⓭초 ⓭중 ⑮초 ⑮중 ⑰중 ⑱유 ⑱초 ㉓초 ㉓중 ㉔유 ㉔초 ㉔중	□□□□□
	음성장애의 중재		⑪중 ⑯초	□□□□□
	언어중재 접근법 / 지도전략		⑨유 ⑨초 ⑩유 ⑩초 ⑪유 ⑪초 ⑫중 ⑰유 ⑳초 ㉑중 ㉒중	□□□□□
	환경중심 언어중재(MT/EMT)		⑨유 ⑨중 ⑩유 ⑩초 ⑪유 ⑫유 ⑫중 ⑬유 ⓭중 ⑭유 ⑮초 ⑯중 ⑰유 ⑱유 ㉑초 ㉒유 ㉒초 ㉔유	□□□□□
	스크립트 문맥을 활용한 언어중재		⑫중 ⑭중 ⑱중	□□□□□
	발화 기법		⑪유 ⑬유 ⑬중 ⑭유 ⑯초 ⑰유 ⑱유 ⑳초 ⑳중 ㉒유 ㉓중 ㉔초 ㉔중	□□□□□
	낱말찾기 훈련_언어적 단서		⑪중 ⑰중 ㉔중	□□□□□
	의사소통 회복 전략		⑰중	□□□□□
보완대체 의사소통체계	AAC의 기본 개념		⑭유 ⑭초 ⑳초 ㉓중	□□□□□
	AAC에게 요구되는 4가지 능력		⑰초	□□□□□
	AAC의 구성요소		⑭유 ⑯중 ⑰유 ⑲유 ㉒유 ㉒중 ㉓중 ㉔중	□□□□□
	AAC 교수학습 모형(적용절차)		⑩초	□□□□□
	상징의 유형 및 특성		⑩중 ⑪유 ⑪초 ⑯초 ⑰유 ⑰초	□□□□□
	선택기법		⑨중 ⑭초 ⑭중 ⑯초 ⑯중 ⑱초 ⑲초 ⑲중 ⑳초 ⑳중 ㉑초 ㉒유 ㉒초 ㉒중 ㉔초 ㉔중	□□□□□
	전략		⑫중 ⓭중 ⑮초 ⑯유 ⑯초 ⑰초	□□□□□
	어휘관련전략		⓭중 ⑮초 ⑳중	□□□□□
	참여모델		⑪중 ⑫중 ⑮초 ⑱중 ㉓유	□□□□□
	AAC 사용자에게 요구되는 능력		㉒유	□□□□□

PART

12

의사소통장애

핵심테마 체크

- 의사소통의 요소
- 명료화 전략

MY MEMO

01

정답 및 예시답안

○ ㉠ 억양, 강세, 속도, 일시적 침묵 등(이 중 1가지)
○ 뭐라고? 다시 말해줄래? 등

관련이론

✦ 의사소통의 요소

<table>
<tr><td>언어적 요소</td><td colspan="2">말, 언어 등 음성이나 문자 통해 생각과 감정 등을 전달하는 것</td></tr>
<tr><td>준언어적 요소
(반언어적)</td><td colspan="2">억양, 강세, 속도, 일시적인 침묵 등과 같이 말에 첨가하여 메시지를 전달하는 것</td></tr>
<tr><td>비언어적 요소</td><td colspan="2">몸짓, 자세, 표정 등과 같이 말이나 언어에 의존하지 않고 메시지를 전달하는 것</td></tr>
<tr><td rowspan="5">초언어적 요소</td><td colspan="2">언어 자체를 사고의 대상으로 하여 언어의 구조나 특질을 인식하는 능력</td></tr>
<tr><td>메타 음운론적 능력</td><td>만드는 소리에 대한 이해력으로 음소를 인식하고 의도적으로 정확하게 사용하는 것</td></tr>
<tr><td>메타 의미론적 능력</td><td>구조와 단어 의미에 대한 능력으로서 주어진 문맥에 적합한 어휘를 선택하는 것</td></tr>
<tr><td>메타 통사론적 능력</td><td>구조를 의식적으로 추론하고 문법 사용 등을 의도적으로 통제하는 것</td></tr>
<tr><td>메타 화용론적 능력</td><td>맥락에서 언어를 적절히 사용하는 것</td></tr>
</table>

✦ 명료화 요구 전략

명료화 요구 유형	정의
일반적 요구	• 원래 발화의 의미를 다시 묻은 경우 끝을 올리는 억양으로 이전 발화의 어떤 부분에 대해 반복해 줄 것을 요구함 • 주로 "응?", "뭐라고?", "못 알아듣겠다"
확인을 위한 요구	• 화자의 발화 일부 혹은 전체를 반복함으로써 원래 발화의 의미를 확인하는 것 • 주로 끝을 올리는 억양이므로 '예/아니요' 질문과 비슷함
발화의 특별한 부분 반복 요구	• 원래 발화의 구성요소의 일부를 의문사로 바꾸어 질문하여 특별한 부분을 반복해 줄 것을 요구하는 경우

01

2022. 중

다음은 장애인의 날에 ○○중학교에서 사용한 장애 이해 교육 자료이다. 밑줄 친 ㉠에 해당하는 것을 1가지 쓰고, ( ) 안에 들어갈 명료화 전략을 사용한 대화의 예를 1가지 쓰시오. [2점]

> 장애가 있는 친구와 의사소통을 잘 하려면?
>
> □ 대답과 자기 생각을 말로 표현하지 못하는 친구는 어떤 방법으로 표현할까요?
> - 표정, 몸짓으로 대답하고 표현합니다.
> - 상징과 그림카드를 눈으로 응시하거나 손으로 가리켜서 대답하고 표현할 수 있습니다.
> - 음성 출력 도구를 사용하여 대답하고 표현하기도 합니다.
>
> □ 어떻게 하면 장애가 있는 친구와 의사소통을 잘 할 수 있을까요?
> - 친구의 표정과 몸짓을 자세히 살펴보세요. 표정과 몸짓에 대답과 생각이 담겨 있습니다.
> - 친구에게 이야기할 때 표정과 몸짓을 많이 사용하여 말해 주세요.
> - 쉬운 낱말을 사용하여 짧은 문장으로 천천히 말해 주세요.
> - ㉠ <u>준언어(paralanguage)적 요소</u>를 사용하여 말해 주세요.
> - 친구가 바로 대답하거나 표현하지 못하더라도 조금만 기다려 주세요.
> - 친구의 말을 알아듣기 힘들 땐 ( )(이)라고 말해 주세요.

핵심테마 체크 ✔

- 의사소통의 구성요소_반언어적 요소
- 교수적 수정

MY MEMO

02

정답 및 예시답안

1) 실제
2) ① 직접교수
   ② '역할놀이 대본'을 이용하여 대화 연습을 하는 것에 대하여 교사가 시범을 보이고 교사의 감독하에 민기가 수행하도록 한다[안내된 연습 단계에서 교사가 행동을 시범을 보이면(예 해당 수업의 행동 목표) 학생은 직접적인 감독하에 수업목표를 학습할 기회를 가지게 된다].
3) ① 반언어적 요소와 비언어적 요소는 말의 의미를 보다 정확하게 전달하는 데 필요한 요소이기 때문이다.
   ② ⓑ, ⓓ
4) 민기와 같이 학습된 무기력이 심하고, 심리적으로 위축되어 있을 경우, 태도와 노력에 대한 점수를 부여하여 동기를 향상시킬 수 있기 때문이다.

관련이론

✦ 의사소통의 개념

- 두 사람 혹은 그 이상의 사람들 사이의 정보 교환으로서 사회적 행동의 한 형태
- 화자가 전달하고자 하는 '의도'와 화자가 전달하고자 하는 '파트너(수용자)' 그리고 전달하는 '메시지의 형태'가 포함
- 의사소통에 어려움을 보이는 사람은 있지만, 의사소통이 불가능한 사람은 없음
- 몸짓, 표정과 같은 비형식적(비구어적) 방법을 포함
- 성공적인 의사소통이 이루어지기 위해서는 말, 언어와 같은 언어적 요소와 준언어적 · 비언어적 · 초언어적 요소를 이해하고 사용하는 능력을 갖추어야 함

✦ 의사소통의 요소

<table>
<tr><td>언어적 요소</td><td colspan="2">말, 언어 등 음성이나 문자 통해 생각과 감정 등을 전달하는 것</td></tr>
<tr><td>준언어적 요소
(반언어적)</td><td colspan="2">억양, 강세, 속도, 일시적인 침묵 등과 같이 말에 첨가하여 메시지를 전달하는 것</td></tr>
<tr><td>비언어적 요소</td><td colspan="2">몸짓, 자세, 표정 등과 같이 말이나 언어에 의존하지 않고 메시지를 전달하는 것</td></tr>
<tr><td rowspan="5">초언어적 요소</td><td colspan="2">언어 자체를 사고의 대상으로 하여 언어의 구조나 특질을 인식하는 능력</td></tr>
<tr><td>메타 음운론적 능력</td><td>만드는 소리에 대한 이해력으로 음소를 인식하고 의도적으로 정확하게 사용하는 것</td></tr>
<tr><td>메타 의미론적 능력</td><td>구조와 단어 의미에 대한 능력으로서 주어진 문맥에 적합한 어휘를 선택하는 것</td></tr>
<tr><td>메타 통사론적 능력</td><td>구조를 의식적으로 추론하고 문법 사용 등을 의도적으로 통제하는 것</td></tr>
<tr><td>메타 화용론적 능력</td><td>맥락에서 언어를 적절히 사용하는 것</td></tr>
</table>

02

2016. 초

(가)는 정신지체 학생 민기의 특성이고, (나)는 통합학급 교사와 특수학급 교사가 함께 작성한 '2009 개정 국어과 교육과정' 1～2학년군 '즐겁게 대화해요' 단원에 따른 교수·학습 계획서의 일부이다. 물음에 답하시오. [6점]

(가) 민기의 특성

- 수용 및 표현 언어, 사회적 의사소통에 어려움이 있음
- 학습된 무기력이 심하고, 저조한 성취 경험 및 타인의 낮은 기대로 심리가 위축되어 있음

(나) 교수·학습 계획서

단원	즐겁게 대화해요.	차시	3~4차시
단원 성취 기준	상대에 적절하게 반응하며 대화를 나눈다.		
차시 목표	상대의 말에 맞장구치거나 질문하며 대화하는 방법을 안다.		

㉠ 교수·학습 활동	민기를 위한 고려사항
• 설명하기: 상대의 말에 적절히 반응하며 대화하는 방법의 중요성을 설명하고, 적절한 대화 방법 안내하기 • 시범 보이기 – 교사가 직접 적절한 대화와 부적절한 대화 시범 보이기 – 다양한 대화 사례가 담긴 동영상 시청을 통해 간접 시범 보이기 • 확인 및 연습하기: 적절하게 대화하는 방법을 이해하고 있는지 질문하고, '역할놀이 대본'을 이용하여 다양한 활동으로 적절한 대화를 연습하기 – ㉡ 안내된 연습하기 – 독립된 연습하기	• 민기가 좋아하는 캐릭터가 나오는 동영상이나 그림을 활용한다. • ㉢ 맞장구치거나 질문하며 대화하기를 지도할 때, 반언어적(준언어적) 표현과 비언어적 표현을 함께 가르친다. • 교수·학습 활동에서 민기를 도와줄 또래도우미를 선정해준다. • ㉣ 활동 참여에 대한 태도와 노력을 점검표에 기록(점수화)하고 칭찬한다.

1) (나)의 단원은 듣기·말하기 영역에 해당된다. 이 영역의 내용체계 범주 중, 다음에서 설명하고 있는 범주가 무엇인지 ( ) 안에 들어갈 말을 쓰시오. [1점]

> (　　) 범주는 '정보 전달, 설득, 친교 및 정서 표현'이라는 국어 활동의 목적을 가진다. 또 듣기·말하기 영역의 매체는 국어 활동이 이루어지는 상황을 고려하여 설정한다.

2) (나)의 ㉠에서 적용하고 있는 교수·학습 모형의 ① 명칭을 쓰고, ② ㉡에서 이루어질 수 있는 활동의 예를 1가지 쓰시오. [2점]

①:

②:

3) 다음은 통합학급 교사가 수업에서 (나)의 ㉢과 같이 지도할 때 민기를 고려하여 구성한 역할놀이 대본이다. 교사가 언어적 표현을 지도하는 것 외에 ① 반언어적, 비언어적 요소를 함께 지도하고자 하는 이유를 쓰고, ② 대본의 ⓐ~ⓔ 중 반언어적 요소에 해당되는 것을 모두 찾아 기호를 쓰시오. [2점]

> 민기: (ⓐ 눈으로 웃으며) 현아야, 자전거 타고 놀지 않을래?
> 현아: (ⓑ 힘없는 음성으로 손을 저으며) 미안해. 내가 지금 배가 아파서 자전거를 못 타겠어.
> 민기: (ⓒ 눈을 크게 뜨며) 갑자기 왜 배가 아픈 거야?
> 현아: (ⓓ 낮은 어조로 배를 만지며) 점심을 너무 급하게 먹었나 봐.
> 민기: (ⓔ 걱정스럽게 어깨를 토닥이며) 그렇구나, 어서 집에 가서 쉬어야겠네!

①:

②:

4) 민기의 수업 참여 촉진을 위해 교사가 (나)의 ㉣에서 교수적 수정(교수 적합화)을 한 이유를 (가)와 관련지어 쓰시오. [1점]

PART 12

핵심테마 체크 ✔

• 말 · 언어기관

MY MEMO

03

정답 및 예시답안

②

문제 속 자료분석

성대의 진동을 지난 공기가 인두강의 윗부분에 도달하면 구강으로 나가는 길과 비강으로 들어가는 두 갈래 길이 있다. 연구개 근육이 위로 올라가 인두벽에 닿으면 비강문이 닫히고 공기는 입으로 나가게 된다. 반면, 공기가 입으로 나가는 길을 막고 연구개를 아래로 내려 비강문을 열면 공기는 비강으로 나가게 된다. ➡ 구강음과 비강음이 형성되는 과정과 공명과정에 대한 설명

관련이론

✦ 말 · 언어기관

1) 호흡기관
   - 우리가 말하려고 할 때 폐에서 나온 공기는 양쪽 성대에 의해 닫힌 성문 아래에 기압을 형성함으로써 성대를 진동시킬 힘을 제공한다.
   - 호흡과정은 들숨단계와 날숨단계로 나뉜다. 각 단계에서 흉곽은 흉부근육의 운동과 폐의 탄성 회복력에 의해서 확대되기도 하고 축소되기도 한다.
   - 일반적으로 말하는 동안에는 일단 들이마신 공기를 폐에 저장하여 조금씩 사용하기 때문에 날숨단계가 들숨단계보다 길게 된다.
   - 폐의 일차적 기능이 생명 유지를 위한 호흡이라면, 이차적 기능은 발성을 위한 호흡이다.
   - 발성을 하기 위해서는 공기라는 에너지가 필요하고 폐는 바로 그러한 공기를 제공한다.
   - 호흡은 무의식적이고 자동적인 작용이므로 우리는 특별히 발성을 하기 위하여 호흡을 의도적으로 조절하지 않는다. 그러나 뇌성마비, 심한 말더듬 또는 기도압력을 충분히 생성시키지 못한 사람의 경우에는 그러한 메커니즘이 깨지고, 비로소 우리는 정상적인 호흡이 발성과 말의 유창성에 얼마나 중요한 영향을 미치는지를 알게 된다.
2) 발성기관
   - 소리내기를 하기 위해서는 호흡과정을 통하여 숨을 짧게 들이쉬고 길게 내쉴 수 있어야 하며, 날숨을 이용하여 후두의 성대를 진동시킬 수 있어야 한다. 발성기관을 공부하기 위해서는 성대를 진동시킴으로써 소리를 산출하는 후두의 구조와 생리를 잘 파악하는 것이 중요하다.
   - 후두는 호흡로의 입구로서 사람이 숨을 쉴 때 공기가 호흡로로 들어가고 나오게 하는 역할을 하며, 성대를 진동시켜 말소리를 만드는 발성의 기능을 한다.
   - 성문하 압력을 형성해 줌으로써 무거운 물건을 들어 올릴 때 힘을 쓸 수 있게 도와준다.
   - **발성**: 폐에서 생성된 공기를 기도압력을 이용하여 목소리로 전환하는 것이다.
   - **후두의 기능**: 일차적인 기능은 기도 보호(생명 유지의 기능), 이차적인 기능은 호흡(폐에서 만들어진 공기는 폐포에서 기관지를 통해 기도를 타고 올라와 후두를 지남. 후두를 지나는 공기는 성대에 부딪히게 되는데, 이때 성대가 진동하게 되고 이 진동이 바로 목소리가 됨)이다.
   - **후두개**: 후두에 있는 나뭇잎 모양의 기관, 음식물 입자가 기도를 통해 폐로 들어가는 것을 막아준다.
3) 공명기관
   - 공명은 후두에서 발성된 소리가 증폭 · 변형되는 과정을 의미한다.
   - 공명기관은 성문을 통과한 소리가 증폭 · 변형되면서 지나가는 빈 공간을 의미한다.
   - 공명기관에는 인두강, 구강, 그리고 비강이 있다.
   - 사람의 목소리는 인두벽의 크기, 모양 및 상태에 따라 달라진다.
   - 인두의 모양과 크기의 변화는 주로 연인두의 상태에 의해 좌우된다.
   - 발성된 후인두를 통하여 올라온 소리는 연인두가 닫혀 있는 경우에는 구강으로 나가면서 공명되는 반면, 연인두가 열려 있는 경우에는 구강과 비강 양쪽으로 나가면서 공명한다.
   - 우리 말소리에는 구강공명만을 사용하여 이루어지는 입소리뿐만 아니라 /ㅁ/, /ㄴ/, /ㅇ/과 같이 비강공명을 사용하여야 하는 콧소리도 있다.
   - 연인두가 폐쇄되기 위해서는 여린입천장이 올라가고 인두의 옆벽과 뒷벽이 안쪽으로 수축되어야 한다.
   - **공명**: 주기적 에너지원이 진동횟수가 같거나 비슷해지면 커다란 강도의 자연적인 증가현상이 나타나는 것이다.
4) 조음기관

   조음과정은 발성된 소리가 공명과정을 거쳐 증폭 · 보완된 후 말소리의 단위인 음소를 형성해 가는 과정을 말한다. 조음기관으로 혀를 가장 중요하게 생각하지만, 실제로 음소를 만드는 데는 혀뿐만 아니라 안면의 여러 가지 구조가 관여한다.
   - 혀
   - 입술
   - 턱과 치아
   - 잇몸과 굳은입천장
   - 여린입천장
   - 인두
5) 심리언어기관
   - 중추신경계
   - 말초신경계

03

2010. 유

다음은 그림의 각 기관들이 말소리 산출에 작용하는 일부 과정을 기술한 것이다. 글을 읽고, 이 과정에 관한 <보기>의 내용 중 바른 것을 고른 것은?

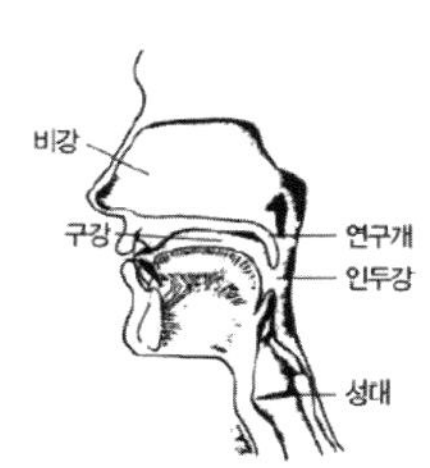

<u>성대</u>의 진동을 지난 공기가 <u>인두강</u>의 윗부분에 도달하면 <u>구강</u>으로 나가는 길과 <u>비강</u>으로 들어가는 두 갈래 길이 있다. <u>연구개</u> 근육이 위로 올라가 인두벽에 닿으면 비강문이 닫히고 공기는 입으로 나가게 된다. 반면, 공기가 입으로 나가는 길을 막고 연구개를 아래로 내려 비강문을 열면 공기는 비강으로 나가게 된다.

보기

ㄱ. 구강음과 비강음의 형성과정
ㄴ. 성문 아래 공기 압력의 형성과정
ㄷ. 성대를 지나면서 조절된 소리의 공명과정
ㄹ. 횡격막의 하강으로 인한 에너지원의 공급과정

① ㄱ, ㄴ　　② ㄱ, ㄷ
③ ㄴ, ㄷ　　④ ㄴ, ㄹ
⑤ ㄷ, ㄹ

핵심테마 체크

- 말소리 산출과정
- 언어 특성에 따른 지도방안
- 언어의 구성요소

MY MEMO

04

정답 및 예시답안

1) 성대에서는 정상적인 소리를 만들어 내지만 구강음을 산출할 때 비강으로 가는 연구개를 열어 두어서 기류가 코로 빠져 나가게 되어 과대비음이 나타난 것이다.
2) ③ / 입술, 혀, 턱 등의 조음기관의 움직임 조절이 되지 않는 특성이 있으므로, 발음의 정확성을 높이기 위한 훈련은 부적절하다(조음기관에 대한 감각적 또는 운동적 훈련을 우선 실시하는 것이 바람직하다).
3) • 요소: 형식
   • 언어학적 영역: 음운론
4) 자세와 착석 평가, 운동능력 평가, 인지능력 평가

알찬 지문풀이

- ① 호흡과 발성의 지속시간을 점진적으로 늘릴 수 있도록 지도하기로 함 ➡ 주희는 호흡이 빠르고 얕으며, 들숨 후에 길게 충분히 내쉬는 것이 어려움. 따라서 호흡과 발성의 지속시간을 늘리도록 지도하는 것은 적절함
- ② 비눗방울 불기, 바람개비 불기 등의 놀이 활동을 통해 지도하기로 함 ➡ 불기 놀이 활동은 길게 충분히 내쉬는 것이 어려운 주희에게 도움이 될 수 있음
- ④ 자연스럽고 편안한 발성을 위하여 바른 자세 지도를 함께 하기로 함 ➡ 성대의 과도한 긴장이 있으므로, 자연스럽고 편안하게 발성하도록 자세를 지도하는 것은 적절함

관련이론

✦ 음성장애

- 자신의 나이나 성별에 부적절한 음성의 질, 높이, 크기, 공명, 지속시간에 있어서의 비정상적인 산출이나 결여를 의미한다.

✦ 음질장애의 유형

유형	음성 증상
거친 소리	과도한 근육긴장과 근육 사용으로 인하여 성대가 너무 단단하게 서로 누르면서 나오는 소리이다.
숨 새는 소리	성대가 서로 접촉할 때 완전히 가까이 접촉하지 못한 상태에서 나오는 소리이다. 마치 바람 빠진 소리처럼 깨끗하지 않다.
목 쉰 소리	성대가 진동할 때 규칙적이지 못해서 생겨나는 소리이다. 거칠고 기식성 소리가 함께 섞여 있다.
이중 음성	성대의 좌우 크기가 다르거나 비대칭적으로 움직이게 되면 상이한 주파수로 진동하게 되고, 따라서 두 개의 음도를 가진 음성이 산출된다.
과대 비음	성대에서는 정상적인 소리를 만들어 내지만 구강음을 산출할 때 비강으로 가는 연구개를 열어 두어서 기류가 코로 빠져 나가게 될 때 산출되는 코맹맹이 소리이다.

04

2014. 유 · 초

(가)는 경직형 뇌성마비 학생 주희의 언어 관련 특성이고, (나)는 특수교사와 언어재활사가 협의한 내용이다. 물음에 답하시오. [5점]

(가) 주희의 언어 관련 특성

- 호흡이 빠르고 얕으며, 들숨 후에 길게 충분히 내쉬는 것이 어려움
- 입술, 혀, 턱의 움직임이 조절되지 않고 성대의 과도한 긴장으로 쥐어짜는 듯 말함
- ㉠ 말소리에 비음이 비정상적으로 많이 섞여 있음
- 전반적으로 조음이 어려우며, 특히 /ㅅ/, /ㅈ/, /ㄹ/ 음의 산출에 어려움을 보임

(나) 협의록

- 날짜: 2013년 3월 13일
- 장소: 특수학급 교실
- 협의 주제: 주희의 언어 능력 향상을 위한 지도 방안
- 협의 내용
  ① 호흡과 발성의 지속 시간을 점진적으로 늘릴 수 있도록 지도하기로 함
  ② 비눗방울 불기, 바람개비 불기 등의 놀이 활동을 통해 지도하기로 함
  ③ /ㅅ/, /ㅈ/, /ㄹ/ 발음의 정확성을 높이기 위하여 반복 연습할 기회를 제공하기로 함
  ④ 자연스럽고 편안한 발성을 위하여 바른 자세 지도를 함께 하기로 함
  ⑤ 추후에 주희의 의사소통 문제는 ㉡ 언어의 3가지 주요 요소(미국언어 · 청각협회: ASHA)로 나누어 종합적으로 재평가하여, 필요하다면 주희에게 적합한 ㉢ 보완체의사소통(ACC) 체계 적용을 검토하기로 함

1) 주희의 말소리 산출 과정에서 ㉠과 같은 현상이 나타나는 이유를 쓰시오. [1점]

2) 주희의 언어 관련 특성에 근거하여 (나)의 협의 내용 ①~④ 중 틀린 내용을 찾아 번호를 쓰고, 그 이유를 쓰시오. [1점]

3) ㉡ 언어의 3가지 주요 요소 중 ①~④와 관련된 요소를 쓰고, ①~④와 관련 있는 언어학적 영역을 쓰시오. [2점]

- 요소:
- 언어학적 영역:

4) 주희에게 ㉢을 적용하고자 할 때, '언어 영역'을 제외한 사용자 평가 영역 중 3가지만 쓰시오. [1점]

핵심테마 체크

- 언어발달과정의 특징
- 균형적 접근법
- 유창성장애 학생의 교육

MY MEMO

05

정답 및 예시답안

1) ㉠ 과잉확대
   ㉡ 전보식 문장
2) 균형적 접근법
3) ① 종호에게는 갑작스럽게 질문을 하지 말고, 질문 상황을 예상할 수 있도록 한다.
   ② 이야기 나누기 시간에는 다른 학생들에게 먼저 질문한 후, 종호에게 질문을 한다, 이야기 나누기 시간에는 다른 학생들에게 먼저 질문을 하는 동안 종호가 질문에 대해 준비할 수 있도록 한다.

관련이론

✦ 균형적 접근법

- 균형적 접근법은 발음 중심과 총체적 접근법의 적절한 균형을 강조한다. 때로는 글자의 기본 원리를 쉽게 배울 수 있는 한글의 장점을 살려서 자모체계의 이해와 자소와 음소의 대응관계 등에 초점을 맞춘 발음 중심 지도를 하고, 때로는 아동의 경험과 흥미를 고려한 익숙한 단어들을 중심으로 의미 이해에 관한 지도에 초점을 맞춘 의미 중심 전략을 사용하는 지도 방법이다.

✦ 유창성장애 학생을 위한 교사의 중재

- 잘 알지 못하는 답을 할 때는 말더듬의 빈도가 높아지므로 예상치 못한 질문은 피하는 것이 좋고, 다른 아동에게 먼저 질문함으로써 아동이 준비할 수 있는 시간을 준다.
- 말한 내용에 대해 충분히 준비할 수 있는 시간을 준다.

— 고은, 『의사소통장애아교육』, 학지사, 2014.

✦ 어휘발달의 특징

구분	내용
과잉확대 현상	• 아직 알고 있는 어휘의 양이 부족하고 정확한 지식이 형성되지 않아서 생기는 현상 • 성인 남자 모두 '아빠'라고 한다거나, 네 발 달린 동물을 모두 '개'라고 말하는 것 • 잠깐 동안 나타났다가 어휘력과 지식이 증가하면 점차 사라짐
과잉축소 현상	• 단어가 가지고 있는 본래의 뜻보다도 더 좁은 의미로 사용하는 현상 • 자신이 가지고 있는 경험 속에서만 단어의 의미를 제한하는 것 • '의자'가 앉는 데 사용되는 개념이라는 것을 아직 알지 못하기 때문에 자기가 아는 특정한 대상만 '의자'라고 생각하는 것
과잉 일반화 현상	• 언어를 배우는 과정에서 사용규칙을 일반화시키는 것 • 특히 문법습득과정에서 많이 나타나는데, 가장 대표적인 것은 주격 조사의 과잉 일반화 예 '선생님이가..'
주축문법 (pivot grammar)	• 주축이 되는 단어를 중심으로 새로운 단어를 조합하여 문장을 표현하는 것 • 주축어: 두 단어 조합에서 축이 되는 단어 • 개방어: 주축어에 합쳐지는 단어 예 엄마 + 쉬, 엄마 + 어부바, 안 + 가, 안 + 밥이라고 했을 때, '엄마'와 '안'은 주축어
의미적 수평적 발달과 수직적 발달	• 수평적 발달: 사용하는 어휘의 의미에 많은 것들을 경험하면서 새로운 속성을 덧붙여 나가는 것 예 '학교'라는 단어를 배움으로써 학생, 선생님, 숙제, 시험, 공부 등과 같은 어휘들을 학습하는 것 • 수직적 발달: 어떤 어휘 개념의 속성을 알고 그와 관련된 단어들을 습득해 나가면서 어휘를 확장해 나가는 것 예 '학교는 공부하는 곳'이라는 속성을 안 다음 초등학교, 중학교, 고등학교, 학원, 그리고 대학교 등의 단어들을 습득해 나가는 것
전보식 문장	• 2세에 접어들면서 어휘의 수가 급격하게 증가하고, 단어들을 함께 결합하여 초보적인 문장을 만들어 가기 시작 • 전보식 문장: 조사나 문법적 의미를 가진 단어들은 모두 생략하고 대부분 핵심적인 단어로만 이루어진 문장을 말함 예 "나는 바나나가 더 좋아요."라고 말하기보다는 "나 바나나 좋아"라고 줄여서 말하는 것

05

2019. 유

다음은 4세 반 통합학급 김 교사가 작성한 반성적 저널의 일부이다. 물음에 답하시오. [5점]

일자: 2018년 ○○월 ○○일

우리 반에는 발달지체 유아 영희와 인규가 있다. 영희는 인규보다 언어 발달이 더 지연되어 있다.

오늘 자유선택활동 시간에 영희가 ㉠ <u>교실 어항의 공기 펌프에서 나오는 공기 방울을 가리키며 "콜라"라고 말했다. 영희 어머니와 통화를 하다가 그 이유를 알게 되었다. 며칠 전 집에서 컵에 따라놓은 콜라의 기포를 본 후로 공기 방울만 보면 "콜라"라고 한다는 것이었다.</u>

인규는 말이 많이 늘었다. 요즘은 좋아하는 것, 싫어하는 것도 표현한다. 완벽한 문장은 아니지만 필요한 건 요구도 한다. ㉡ <u>놀이터에 가고 싶을 때는 "선생님 놀이터 가", 과자를 좋아한다는 표현에 대해 "나 과자 좋아"라고 말한다.</u>

인규의 언어 습득에 도움을 주고자 ㉢ <u>이야기나 동화 등과 같이 의미 있는 맥락에서 문자를 경험하게 하면서 직접적으로 읽기 하위 기술에 대한 지도를 병행하는 방법을</u> 적용해 보기로 했다.

…(중략)…

종호가 몇 달 전부터 가끔씩 말을 더듬기 시작했다. ㉣ <u>오늘 종호 짝꿍 수빈이가 종호에게 갑자기 양말을 어디서 샀냐고 물으니 종호가 말을 더듬으며 "마마마마트"라고 대답했다. 그런데 다른 친구들과 함께 놀이를 하면서 이야기할 때는 더듬지 않았다. 그리고 이야기 나누기 시간에 내가 종호에게 먼저 질문하면 말을 더듬으며 대답했는데, 다른 친구들에게 질문한 후 종호에게 질문하면 더듬지 않고 대답했다.</u>

…(하략)…

1) ㉠과 ㉡은 언어 발달 과정에서 나타나는 특징 중 무엇에 해당하는지 각각 쓰시오. [2점]

㉠:

㉡:

2) ㉢이 의미하는 언어교육방법이 무엇인지 쓰시오. [1점]

3) ㉣의 내용을 고려할 때, 교사가 종호에게 질문 시 유의해야 할 점을 2가지 쓰시오. [2점]

06

핵심테마 체크

• 장애특성별 언어 특성

MY MEMO

정답 및 예시답안

④

07

핵심테마 체크

• 개별 학생의 언어적 특성 분석

MY MEMO

정답 및 예시답안

③

알찬 지문풀이

• ㄴ. 지우의 장애는 ~~언어발달에만 문제~~를 보이는 유형이다. ➡ 언어발달 자체뿐만 아니라, 화용론적 면에서도 문제가 있으므로, 사회적 능력에 문제가 있을 가능성이 있음

• ㄷ. 지우에게는 ~~발음을 중점적으로~~ 지도해야 한다. ➡ 발음의 문제에 대해서는 언급이 없음

06

2009. 중

장애학생의 언어특성을 설명한 내용 중에서 적절하지 않은 것은?

① 뇌성마비학생은 마비성 말장애(dysarthria)를 보인다.
② 정신지체학생이 흔히 보이는 조음오류는 종성자음 생략이다.
③ 자폐학생의 조음능력은 다른 언어영역에 비해 우수한 편이다.
④ 청각장애학생의 문법적 기능어와 내용어 표현능력은 유사하게 발달한다.
⑤ 중도(重度) 정신지체학생은 표현 언어발달이 지체되거나 무발화 단계에 머물기도 한다.

07

2011. 유

다음은 만 6세 된 의사소통장애 아동 지우의 언어적 특성이다. 〈보기〉에서 지우에 대한 판단 또는 지도 방법으로 적절한 내용을 고르면?

- 어휘 발달이 느리다.
- 적절하거나 다양한 낱말을 이해 또는 표현하는 데 제한이 있다.
- 반향어 형태의 구어를 사용하기도 한다.
- 첫 낱말 출현시기가 일반아동들에 비해 늦었다.
- 일반아동보다 정교함이 떨어지는 문장을 사용한다.
- 대화에서 주제나 맥락과 관련이 적은 문장을 사용한다.

보기

ㄱ. 지우가 보이는 의사소통 문제는 자폐성장애 아동에게서 나타날 수 있다.
ㄴ. 지우의 장애는 언어발달에만 문제를 보이는 유형이다.
ㄷ. 지우에게는 발음을 중점적으로 지도해야 한다.
ㄹ. 지우에게 위치나 동작을 나타내는 낱말의 의미를 가르칠 때에는 직접 시범을 보이며 지도해야 한다.
ㅁ. 지우에 대한 평가는 음운론, 구문론, 의미론, 화용론 영역에서 측정 가능한 객관적 검사와 임상적 관찰 등이 병행되어야 한다.

① ㄱ, ㄴ, ㄷ　② ㄱ, ㄷ, ㄹ
③ ㄱ, ㄹ, ㅁ　④ ㄴ, ㄷ, ㅁ
⑤ ㄷ, ㄹ, ㅁ

08

핵심테마 체크 ✔
• 자발화 표본분석

MY MEMO

정답 및 예시답안

③

관련이론

✦ 자발화 표본검사

- 비표준화검사
- 아동의 평상시 언어수준을 알 수 있으며, 아직 의미 있는 언어를 사용하기 이전의 아동의 언어발달 수준을 알 수 있음
- 교사는 자발화 검사를 통해 조음평가를 할 수 있고, 각 언어 영역별로 발달 수준을 알 수 있으며, 자발적 의사소통의 정도를 알 수 있음
- 장점: 표준화된 검사도구를 실질적으로 사용할 수 없는 장애아동의 언어수준을 평가하는 데 있어서 자발화의 분석이 매우 유용. 자발화 검사는 구체적인 교수목표 특히 학생의 일간 혹은 주간 진도를 점검할 때에도 사용될 수 있다는 장점이 있음(표준화된 검사는 대개 목표를 수립하는 데 필요한 정보를 충분하게 제공해 주지 못한다는 단점이 있음)
- 문제점: 말 표본을 얻는 것이 항상 쉽지만은 않을 뿐만 아니라 시간과 노력이 많이 소요됨. 특히 아동이 의도적인 특정 단어 혹은 발화 자체를 회피할 수 있음
- 검사자와 아동 간의 친밀감 형성이 무엇보다 중요하며, 여러 사람과의 대화와 다양한 장소에서 수집하는 것이 필요

1) 표본 수집 절차
- 친숙하게 상호작용할 수 있도록 부분적으로 구조화된 놀이 상황을 만듦
- 자발화 표본을 얻기 어려운 경우에는 사전에 친숙한 장난감이나 사진 등을 사용하여 대상 아동의 다양한 반응을 이끌 수 있도록 함
- 비디오테이프에 발화를 녹화함. 만약 비디오 장비가 구비되지 않은 경우에는 녹음기에 언어표본을 기록하고 관찰자가 발화의 맥락을 기록함

2) 대화 발화 시 주의 사항
- 과도하게 말을 많이 하거나 질문을 하여 아동의 발화를 구조화하는 것은 피해야 함
- 아동의 표현에 대해 질문을 하거나 모방을 강요하는 것을 피해야 함
- 그림을 보고 이야기하는 방식으로 발화를 수집할 때 아동의 발화가 시작되지 않았을 경우에는, 교사의 독백으로 시작하는 것이 좋음
- 검사자는 가능한 한 질문을 자제함
- 검사자의 발화는 아동의 발화를 촉진하기 위한 정도로 맞추어져야 하며 아동의 발화수준에 적합하여야 한다.
- 아동이 말을 멈추거나 계속해서 휴지가 이어질 때 검사자는 너무 민감하게 반응하지 않되, 아동의 발화를 유도해야 함

3) 자발화 표본의 전사
- 언어표본을 기록하는 방법: 즉석에서 받아쓰는 방법, 오디오 녹음 후 전사하는 방법, 비디오 촬영 후 전사하는 방법 등
- 일반적으로 수집된 발화는 대화를 시작하기 위하여 다소 어색했던 앞부분은 분석에서 제외

4) 발화의 구분 원칙
- 발화는 문장이나 그보다 작은 언어적 단위로 이루어짐. 아동이 한 숨에 말한 것을 모두 하나의 발화로 분석하지 않음
- 2회 이상 동일한 발화가 단순 반복되었을 때는 최초 발화만 분석함
- 자기수정을 하였을 때는 최종 수정된 발화만 분석함
- 시간의 경과(3~5초 이상)나 두드러진 운율의 변화, 주제의 변화가 있을 때는 발화의 수를 나눔
- 같은 말이라도 다른 상황이나 문맥에서 표현되거나 새로운 의미로 표현되었을 때는 발화 수를 나눔
- 습관적으로 사용하는 간투사는 분석에서 제외. 간투사를 많이 쓴 아동에 대해서는, 표본자료는 100%에 해당하는 발화까지만 간투사를 포함해서 분석하고 나머지는 괄호처리하여 분석에서 제외함
- '아', '오' 등의 감탄하는 소리나 문장을 이어가기 위한 무의미 소리들은 분석에서 제외함
- 노래하기, 숫자세기 등과 같이 자동구어는 발화로 구분하지 않고 분석에서 제외함
- 불명료한 발화나 의미파악이 어려운 중얼거림 또는 '음', '예', '아니요'와 같은 단순반응은 제외함

09

핵심테마 체크 ✔
• 자발화 표본분석

MY MEMO

정답 및 예시답안

⑤

08

2009. 유

김 교사는 발달지체 유아인 영지의 표현언어 수준을 평가하려고 자발화 표본을 수집하였다. 김 교사가 자발화 표본 수집에 사용한 방법으로 적절한 것을 <보기>에서 고른 것은?

보기

ㄱ. 총 발화수를 총 낱말수로 나누어 평균 발화 길이를 구하였다.
ㄴ. 발화 자료를 사용하여 영지의 의미 발달과 구문 발달, 화용론에서의 발달을 분석하였다.
ㄷ. 어머니와의 대화, 친구나 형제와의 대화와 같은 다양한 대화 상대자들과의 발화 자료를 수집하였다.
ㄹ. 영지의 발화와 대화 상대자의 말이나 행동, 의사소통 시의 상황 등을 기입한 후, 영지와 상대자의 문장에 순서대로 문장 번호를 붙였다.

① ㄱ, ㄴ
② ㄱ, ㄷ
③ ㄴ, ㄷ
④ ㄴ, ㄹ
⑤ ㄷ, ㄹ

09

2010. 중

다음은 특수교사가 일반교사에게 학생의 표현언어능력 평가 결과를 설명한 것이다. ㉠~㉣에서 옳은 것을 고른 것은?

특수교사: 학생 A의 자발화를 분석한 결과입니다. ㉠ 어휘 다양도 수준을 고려하면 형태론 발달은 문제가 없다고 봅니다.
일반교사: 그럼 화용론 발달 수준은 어떤가요?
특수교사: ㉡ 평균 발화 길이를 평가한 결과, 화용론 발달에는 별 문제가 없습니다.
일반교사: 다른 언어 능력의 특성은 어떤가요?
특수교사: ㉢ 조사나 연결어미의 발달을 확인한 결과 구문론 발달에는 문제가 없는 것 같은데, ㉣ 다른 낱말의 수(number of different words ; NDW)를 살펴보니 의미론 발달에 문제가 좀 있는 것 같습니다. 그래도 A의 말은 알아듣기 쉽죠?
일반교사: 맞아요. 아주 정확하게 말해요.

① ㉠, ㉡
② ㉠, ㉣
③ ㉡, ㉢
④ ㉡, ㉣
⑤ ㉢, ㉣

핵심테마 체크 ✔

• 자발화 표본분석

MY MEMO

10

정답 및 예시답안

③

문제 속 자료분석

〈대화 기능 분석〉

- 학생 A: 나는 책이 이렇게 많아.
- 학생 B: ㉠ 엄마가 빨리 온대. ➡ 행위자-용언수식-행위
- 학생 A: 나랑 같이 볼래?
- 학생 B: ㉡ (책을 쳐다본다.) ➡ 비구어적 의사소통으로 화용론적 능력에 포함됨
- 학생 A: 나하고 책 같이 보자.
- 학생 B: (고개를 가로저으며) 나하고 책 같이 보자.
- 학생 A: 여기서 무슨 책 볼 거야?
- 학생 B: ㉢ 응. ➡ 대화 순서에 맞게 반응
- 학생 A: 네가 그러면 너랑 안 본다!
- 학생 B: 응. 같이 본다.

〈형태소 분석〉

- 최장 형태소 길이: 분석한 발화 중 가장 긴 발화의 형태소 수
  1) 나는 책이 이렇게 많아
     ➡ 나-는-책-이-이러하-게-많-아 (8)
  2) 나랑 같이 볼래?
     ➡ 나-랑-같이-보-ㄹ-래 (6)
  3) 나하고 책 같이 보자
     ➡ 나-하고-책-같이-보-자 (6)
  4) 여기서 무슨 책 볼 거야?
     ➡ 여기-서-무슨-책-보-ㄹ-거-야 (8)
  5) 네가 그러면 너랑 안 본다
     ➡ 네-가-그러-면-너-랑-안-보-ㄴ-다 (10)
- 어휘다양도: 15/26 = 0.5769

관련이론

✦ 자발화 표본의 화용론적 분석

문장의 자율성	• 자발적 문장	• 모방
대화 기능	• 요구 – 정보요구 – 사물요구 • 반응 – 질문에 대한 반응(예/수용, 아니요/저항 또는 부정, 의문사 대답) – 요구반응(명료화, 순응, 거부/저항) – 반복 – 의례적 반응 • 객관적 언급: 사물 주의집중, 이름 대기, 사건·상태, 고유의 특성, 기능, 위치, 시간 • 주관적 진술: 규칙, 평가, 내적 보고, 속성, 주장, 설명 • 대화 내용 수신 표현: 수용, 승인/동의, 부인/반대 • 대화 내용 구성요소: 의례적 인사, 부르기, 화자선택, 동반, 감탄 • 발전된 표현: 농담, 경고, 놀림	 – 행위요구 – 허락

10

2011. 중

다음은 특수학교에 재학 중인 중학생 A와 B가 나눈 대화이다. 대화 내용을 분석한 것으로 옳은 것을 <보기>에서 고른 것은? [2.5점]

학생 A: 나는 책이 이렇게 많아.
학생 B: ㉠ <u>엄마가 빨리 온대.</u>
학생 A: 나랑 같이 볼래?
학생 B: ㉡ <u>(책을 쳐다본다.)</u>
학생 A: 나하고 책 같이 보자.
학생 B: (고개를 가로저으며) 나하고 책 같이 보자.
학생 A: 여기서 무슨 책 볼 거야?
학생 B: ㉢ <u>응.</u>
학생 A: 네가 그러면 너랑 안 본다!
학생 B: 응. 같이 본다.

보기

ㄱ. ㉠의 의미관계는 '행위자－용언수식－행위'이다.
ㄴ. ㉡은 행동에 해당하므로 화용론적 능력을 분석하는 데 포함하지 않는다.
ㄷ. ㉢은 화용론적 분석의 대화 기능에서 '반응하기'에 해당한다.
ㄹ. 학생 A의 발화 중 최장형태소 길이는 10.0이다.
ㅁ. 학생 A의 모든 발화에서 어휘다양도(TTR)는 .50이다.

① ㄱ, ㄴ, ㄷ　　② ㄱ, ㄴ, ㅁ
③ ㄱ, ㄷ, ㄹ　　④ ㄴ, ㄹ, ㅁ
⑤ ㄷ, ㄹ, ㅁ

핵심테마 체크 ✔

• 자발화 표본분석

MY MEMO

정답 및 예시답안

④

알찬 지문풀이

• 가. ㉠을 통해 언어 영역별 능력을 알아보기 위해서는 ~~구조화된 상황~~에서의 자발화 수집이 요구된다. ➡ 자연스러운 상황

• 나. ㉡을 알아보기 위해서 복문은 ~~문장 간 의미관계를 분석한 후, 각 단문의 문장 내 의미관계~~를 분석한다. ➡ 의미관계는 의미론적 관점에서의 분석

• 마. ㉢을 알아보기 위해서 ~~어휘다양도~~를 통해 다양한 낱말의 사용 정도에 대하여 살펴본다. ➡ 어휘다양도는 의미론적 관점에서의 분석

관련이론

✦ 자발화 표본분석

의미론적	의미 유형	• 체언부 – 행위자: 행동의 수행자 – 경험자: 어떤 경험이나 상태/상황을 겪는 사람이나 의인화된 사물 – 소유자: 대상을 소유하거나 대상이 소속되어 있는 사람이나 사물 – 공존자: 행위자와 함께 행위를 수행하는 사람이나 상태를 경험하는 사람 – 수혜자: 행위의 대상이 되는 사람이나 사물 – 대상: 행위의 대상이 되는 사람 또는 사물 – 실체: 행위 없이 명명된 사물이나 소유물, 또는 일부 서술의 대상 – 인용/창조물: 어떠한 행동이나 현상에 의해서 만들어진 것 • 용언부 – 행위: 행위자에 의한 관찰될 수 있는 움직임이나 활동 – 서술: 상태 서술(마음이나 느낌, 상태를 나타내는 동사나 형용사의 역할), 실체 서술(보어의 역할을 하여 '–이다'를 붙일 수 있는 의미), 부정 서술(서술어의 역할을 하면서 부정이나 부재 등의 뜻을 내포하고 있는 의미) • 수식언 – 체언수식: 사물이나 사람을 지시하거나 그 크기, 모양, 질 등을 내포하는 의미 – 용언수식: 행위나 서술, 수식(부사)을 수식하는 의미 – 배경: 부정, 때, 장소, 도구, 이유, 조건, 비교, 재현, 양보 • 기능적 구성요소: 주의끌기, 되묻기, 감탄, '예/아니요' 대답, 강조, 동반, 소리, 인사, 접속, 자동구, 기타
	의미 관계	• 구나 절 간의 의미관계 분석 • 문장 간 의미관계: 나열, 연결, 내포
	어휘 다양도	• 아동이 사용한 총 낱말 중에서 다른 낱말의 비율이 얼마나 되는가를 산출해 내는 것 $\text{어휘다양도} = \frac{\text{아동이 사용한 다른 낱말의 수}}{\text{아동이 사용한 총 낱말의 수}}$
구문론적	평균 발화 길이	• 평균 발화길이 • 평균 낱말길이 • 평균 형태소 길이 • 평균 구문길이 • 어절에 의한 평균 발화 길이
	기타 분석	• 문법 형태소: 격조사, 시제, 보조사, 존대, 문장어미 등 • 구문 형태: 명사구, 동사구, 절, 문장종류 등
화용론적	문장의 자율성	• 자발적 문장 • 모방
	대화 기능	• 요구 – 정보요구 – 행위요구 – 사물요구 – 허락 • 반응 – 질문에 대한 반응(예/수용, 아니요/저항 또는 부정, 의문사 대답) – 요구반응(명료화, 순응, 거부/저항) – 반복 – 의례적 반응 • 객관적 언급: 사물 주의집중, 이름 대기, 사건·상태, 고유의 특성, 기능, 위치, 시간 • 주관적 진술: 규칙, 평가, 내적 보고, 속성, 주장, 설명 • 대화 내용 수신 표현: 수용, 승인/동의, 부인/반대 • 대화 내용 구성요소: 의례적 인사, 부르기, 화자선택, 동반, 감탄 • 발전된 표현: 농담, 경고, 놀림

11

2013. 중

다음은 자발화 평가에 대한 내용이다. ㉠~㉣에 대한 설명으로 옳은 것을 〈보기〉에서 고른 것은?

> ㉠ 자발화 평가는 각 언어 영역별 능력, 즉 의미론적 능력, ㉡ 구문론적 능력, ㉢ 화용론적 능력 등을 측정할 수 있다. 자발화 분석은 많은 시간과 노력이 요구된다는 단점이 있지만, ㉣ 교육적 장점도 포함하고 있다.

보기

가. ㉠을 통해 언어 영역별 능력을 알아보기 위해서는 구조화된 상황에서의 자발화 수집이 요구된다.
나. ㉡을 알아보기 위해서 복문은 문장 간 의미관계를 분석한 후, 각 단문의 문장 내 의미관계를 분석한다.
다. ㉡을 알아보기 위해서 학령기 아동의 문장능력과 문장성숙도는 T-unit(terminable unit)를 활용하여 분석한다.
라. ㉢을 알아보기 위해서 의사소통의 의도와 대화능력을 분석한다.
마. ㉢을 알아보기 위해서 어휘다양도를 통해 다양한 낱말의 사용 정도에 대하여 살펴본다.
바. ㉣에는 성취 수준 및 교수 목표를 파악하는 데 유용하다는 점이 포함된다.

① 가, 나, 라
② 가, 다, 마
③ 나, 라, 바
④ 다, 라, 바
⑤ 다, 마, 바

PART 12

12

핵심테마 체크

- 자발화 표본분석
- 학생 특성에 적절한 지도 방안

MY MEMO

정답 및 예시답안

1) ㉠ 자발화 분석
   ㉡ 형태소
2) 2
3) ②, ③ / 미나가 보인 오류의 개선과 관련이 없으며 미나의 연령에 적합한 지도내용이 아니다.

문제 속 자료분석

- 평균 낱말길이(MLU-w) = 각 발화 낱말 수의 합 ÷ 총 발화의 수

〈각 발화 낱말 수〉
- 미나: 이거 (이거) 보고 이떠. (3)
- 미나: 나비 와떠. (2)
- 미나: (어) 노난 나비. (2)
- 미나: 애뻐. (1)
- 미나: 나비 (음) 조아. (2)

➡ 10 ÷ 5 = 2

고득점 답안 비법 (가)의 자발화 표본을 분석해 보면, 문장을 짧게 나누어 발화하고 있고, 매우 제한된 어휘 표현을 하고 있으므로 ①과 ④는 적절한 지도방안

12

2013. 유

유아특수교사인 김 교사는 만 4세 발달지체 유아 미나의 말하기 지도 방향을 구상하고 있다. 이를 위해 '취학 전 아동의 수용언어 및 표현언어 척도(PRES)'를 사용하여 검사를 실시한 후, 미나가 한 말을 수집하여 분석하였다. 물음에 답하시오. [5점]

(가) 김 교사가 분석한 자료의 일부

김 교사: 미나 거기서 뭐하니?
미　　나: 이거 이거 보고 이떠.
김 교사: 어머, 나비구나.
미　　나: 나비 와떠.
미　　나: 어 노난 나비.
김 교사: 나비가 진짜 예쁜데?
미　　나: 애뻐.
미　　나: 나비 음 조아.

(나) 미나의 말하기 지도 방향

① 문장 길이를 늘일 수 있도록 지도한다.
② /ㄹ/을 정확히 발음할 수 있도록 지도한다.
③ 다양한 연결어미를 사용할 수 있도록 지도한다.
④ 어휘 습득을 위해 새로운 낱말에 관심을 갖게 한다.

1) 다음 ㉠과 ㉡에 들어갈 말을 쓰시오. [2점]

미나가 한 말을 수집하여 분석하는 언어 평가 방법을 (㉠)이라 하며, 이를 통해 평균발화길이를 측정할 수 있다. 평균발화길이는 어절, 낱말, (㉡) 단위로 측정한다.

㉠:

㉡:

2) (가)에서 미나의 평균발화길이를 낱말 단위(MLU-w)로 산출하시오. [1점]

3) (가)를 근거로 (나)에서 적절하지 <u>않은</u> 내용 2가지를 찾아 기호를 <u>쓰고</u>, 적절하지 <u>않은</u> 공통된 이유 1가지를 쓰시오. [2점]

• 기호 :

• 이유 :

핵심테마 체크 ✔

• 자발화 표본분석

MY MEMO

13

정답 및 예시답안

1) ① 언어습득장치
   ② 보편문법, 변형문법
2) 결정적 시기
3) ① 외적 언어
   ② 내적 언어 단계에서는 언어를 내면화하여 마음속으로 말하는 내적 언어를 사용하며 자신의 행동을 조절한다.
4) 2.5

관련이론

✦ 자발화 표본분석

의미론적	의미 유형	• 체언부 – 행위자: 행동의 수행자 – 경험자: 어떤 경험이나 상태/상황을 겪는 사람이나 의인화된 사물 – 소유자: 대상을 소유하거나 대상이 소속되어 있는 사람이나 사물 – 공존자: 행위자와 함께 행위를 수행하는 사람이나 상태를 경험하는 사람 – 수혜자: 행위의 대상이 되는 사람이나 사물 – 대상: 행위의 대상이 되는 사람 또는 사물 – 실체: 행위 없이 명명된 사물이나 소유물, 또는 일부 서술의 대상 – 인용/창조물: 어떠한 행동이나 현상에 의해서 만들어진 것 • 용언부 – 행위: 행위자에 의한 관찰될 수 있는 움직임이나 활동 – 서술: 상태 서술(마음이나 느낌, 상태를 나타내는 동사나 형용사의 역할), 실체 서술(보어의 역할을 하여 '–이다'를 붙일 수 있는 의미), 부정 서술(서술어의 역할을 하면서 부정이나 부재 등의 뜻을 내포하고 있는 의미) • 수식언 – 체언수식: 사물이나 사람을 지시하거나 그 크기, 모양, 질 등을 내포하는 의미 – 용언수식: 행위나 서술, 수식(부사)을 수식하는 의미 – 배경: 부정, 때, 장소, 도구, 이유, 조건, 비교, 재현, 양보 • 기능적 구성요소: 주의끌기, 되묻기, 감탄, '예/아니요' 대답, 강조, 동반, 소리, 인사, 접속, 자동구, 기타
	의미 관계	• 구나 절 간의 의미관계 분석 • 문장 간 의미관계: 나열, 연결, 내포
	어휘 다양도	• 아동이 사용한 총 낱말 중에서 다른 낱말의 비율이 얼마나 되는가를 산출해 내는 것 $\text{어휘다양도} = \frac{\text{아동이 사용한 다른 낱말의 수}}{\text{아동이 사용한 총 낱말의 수}}$
구문론적	평균 발화 길이	• 평균 발화길이 • 평균 낱말길이 • 평균 형태소 길이 • 평균 구문길이 • 어절에 의한 평균 발화 길이
	기타 분석	• 문법 형태소: 격조사, 시제, 보조사, 존대, 문장어미 등 • 구문 형태: 명사구, 동사구, 절, 문장종류 등
화용론적	문장의 자율성	• 자발적 문장 • 모방
	대화 기능	• 요구 – 정보요구 – 행위요구 – 사물요구 – 허락 • 반응 – 질문에 대한 반응(예/수용, 아니요/저항 또는 부정, 의문사 대답) – 요구반응(명료화, 순응, 거부/저항) – 반복 – 의례적 반응 • 객관적 언급: 사물 주의집중, 이름 대기, 사건·상태, 고유의 특성, 기능, 위치, 시간 • 주관적 진술: 규칙, 평가, 내적 보고, 속성, 주장, 설명 • 대화 내용 수신 표현: 수용, 승인/동의, 부인/반대 • 대화 내용 구성요소: 의례적 인사, 부르기, 화자선택, 동반, 감탄 • 발전된 표현: 농담, 경고, 놀림

13

2017. 유

(가)는 영유아의 언어 발달과 관련한 내용의 일부이고, (나)는 유아의 발화 수준을 평가하기 위하여 수집한 교사와 영미의 대화 내용이다. 물음에 답하시오. [6점]

(가)

- ㉠ 영유아의 언어는 환경적 요인뿐만 아니라 생물학적 능력에 의해서도 발달한다.
- 영유아기 언어 발달은 주로 또래나 성인과의 대화를 통해서 이루어진다.
- ㉡ 영유아기는 언어 습득에 중요한 시기이므로 풍부한 언어적 자극이 필요하다.
- 영유아의 언어 발달은 인지, 운동, 사회성 발달과 밀접하게 관련되어 있다.
- ㉢ 사회문화적 배경, 상호작용 등과 같은 환경적 요인은 언어 발달에 중요한 영향을 미친다.

(나)

교사: 영미야, 뭐 하니?
영미: 돌 쌓아.
교사: 어머! 영미가 돌탑을 쌓고 있구나!
영미: 큰 돌 많이 쌓아.
교사: 돌을 몇 개나 쌓았니?
영미: 많이.
교사: 선생님이랑 함께 세어 볼까?
영미: 이거 같이 세.
교사: 그래, 같이 세어 보자.

… (하략) …

1) (가)의 ㉠과 관련하여 촘스키(N. Chomsky)는 인간에게 언어를 학습할 수 있도록 준비된 장치가 있다고 하였다. ① 이 장치의 명칭을 쓰고, ② 이 장치가 존재하는 근거 중 2가지를 쓰시오. [2점]

①:

②:

2) (가)의 ㉡과 관련하여 언어습득을 위한 특정 시기를 지칭하는 용어를 쓰시오. [1점]

3) (가)의 ㉢과 관련하여 비고츠키(L. Vygotsky)의 언어와 사고발달 4단계에서 ① 언어와 사고가 점차 결합하기 시작하는 두 번째 단계의 명칭을 쓰고, ② 네 번째 내적 언어 단계의 특징을 쓰시오. [2점]

①:

②:

4) (나)에 제시된 영미의 평균발화길이를 낱말 수준(MLU-w)에서 산출하여 쓰시오. [1점]

핵심테마 체크 ✔

- 자발화 표본분석
- 어휘다양도
- 의뢰 전 중재

MY MEMO

14

정답 및 예시답안

1) ㉠ 한곳에서만 자발화 수집을 하면 은미의 평상시 언어 수준에 대한 정보를 얻기 어려우므로 한곳 이상의 여러 환경에서 수집하는 것이 바람직하다.
   ㉡ 외워진 자동구어는 은미의 평상시 언어 수준을 나타내주는 것이 아니므로 자발화 표본에 포함하는 것은 부적절하다.
2) 어휘다양도
3) ① 의뢰 전 중재(의뢰 전 사정)
   ② 불필요한 의뢰(과잉 의뢰)를 방지하기 위함이다.

관련이론

✦ 자발화 표본분석의 수집

- 아동이 상호작용하는 상대방과 주고받는 의사소통의 형태를 수집
- 우선 친밀감을 형성하는 것이 중요
- 스스로 말을 하도록 호기심을 자극
- 시간을 충분히 주어야 함
- 과도하게 말을 많이 하거나 질문을 하여 아동의 발화를 구조화하는 것은 피해야 함
- 검사자는 가능한 한 질문을 자제
- 검사자의 발화는 아동의 발화를 촉진하기 위한 정도로 맞추어져야 하며 아동의 발화수준에 적합하여야 함
- 아동이 말을 멈추거나 계속해서 휴지가 이어질 때, 검사자는 너무 민감하게 반응하지 않되, 아동의 발화를 유도

✦ 자발화 표본의 전사 및 발화 구분

전사	• 아동의 발화 자체만을 기록하기보다는 그 말을 할 때의 상황과 아동의 말을 유도한 대화 상대자의 말도 같이 기록하는 것이 좋음 • 오직 아동의 문장에만 문장번호를 매김 • 아동과 상대자의 모든 발화는 한글의 철자법에 맞춰 기록하되, 불분명한 발음이나 아동 특유의 발음은 국제음성기호를 써서 기록하여 그 옆에 추측되는 단어를 써넣음
발화구분	• 말차례가 바뀌지 않았으나 종결어미, 종결억양, 휴지의 출현 그리고 내용의 완결성이 있을 경우 발화로 구분함 • 2회 이상 동일한 발화가 단순 반복되었을 때는 최초 발화만 분석함 • 자기수정을 하였을 때는 최종 수정된 발화만 분석함 • 시간의 경과(3~5초 이상)나 두드러진 운율의 변화, 주제의 변화가 있을 때는 발화 수를 나눔 • 같은 말이라도 다른 상황이나 문맥에서 표현되거나 새로운 의미로 표현되었을 때는 발화 수를 나눔 • 습관적으로 사용하는 간투사는 분석에서 제외. 간투사를 많이 쓴 경우, 표본 자료의 10%에 해당하는 발화까지만 간투사를 포함해서 분석하고 나머지는 괄호 처리하여 분석에서 제외함 • '아', '오' 등의 감탄하는 소리나 문장을 이어 가기 위한 무의미한 소리들은 제외함 • 노래하기, 숫자세기 등과 같은 자동 구어는 분석에서 제외함 • 불명료한 발화나 의미 파악이 어려운 중얼거림 또는 의미가 없는 단순반응 등의 말은 제외함

✦ 의뢰 전 사정(의뢰 전 중재)

- 일반교육환경 안에서 전문가들이 특수교육 서비스를 위한 의뢰를 하기 이전에 사정과 교수의 모든 일반적 방법들을 철저히 규명하게 하는 과정
- 의뢰 전 과정은 의뢰 요구 및 교수적 중재와 팀 조직 검토 등을 포함하는 다단계 과정으로 설명될 수 있음

14

2016. 유
★답안작성

다음은 통합학급 유아교사인 김 교사와 유아특수교사인 최 교사의 대화이다. 물음에 답하시오. [5점]

김 교사: 최 선생님, 오늘 은미가 교실에서 말을 많이 했어요.
최 교사: 와! 우리 은미 멋지네요.
김 교사: 실은 오늘뿐 아니라 요즘 계속 말을 많이 해서 얼마나 달라졌는지 알아보고 싶어요. 어떤 방법이 있을까요?
최 교사: 언어 발달 평가에는 여러 가지가 있지만, 자발화 평가를 해도 좋을 것 같아요.
김 교사: 그러면 ㉠ 은미가 가장 말을 많이 하는 영역인 도서 영역 한 곳에서 자발화 수집을 하면 되겠네요. ㉡ 은미는 좋아하는 동화책을 외워 그 내용을 혼자 계속 중얼거리는데, 그것도 자발화 수집에 포함 시켜야겠어요. 그런데 은미가 하는 말이 계속 같은 낱말을 반복하는 것인지 아니면 여러 가지 어휘를 사용하는 것인지도 알아보고 싶어요. 그것은 어떻게 알 수 있을까요?
최 교사: 아, 그건 은미가 ㉢ 사용한 총 낱말 중에서 서로 다른 낱말의 비율을 산출해보면 알 수 있어요.
김 교사: 네, 잘 알겠습니다. 그리고 저번에 말씀드렸던 지호에 대해서도 의논드릴 일이 있어요. 내일 지호 어머님과 상담하기로 했는데, 어머님께서 지호에 대해 걱정이 많으세요. 저도 지호가 다른 친구들과 달리 가르치기 힘들다는 생각이 들어서요. 내일 어머님께 지호가 특수교육대상자인지 진단·평가를 받으라고 말씀드리는 것이 좋겠지요?
최 교사: ㉣ 그 전에 일반 학급에서 교수 방법 등을 수정하여 지도해 보면서, 지호의 발달에 변화가 있는지 살펴보는 것이 우선인 것 같아요. 저도 도와드릴게요. 그렇게 해도 지속적으로 어려움이 있을 경우 특수교육대상자 선정을 의뢰해야겠지요.

1) 자발화 수집 시 고려할 사항에 근거하여 ㉠과 ㉡이 적절하지 않은 이유를 각각 쓰시오. [2점]

㉠:

㉡:

2) ㉢에서 측정하고자 하는 것은 무엇인지 쓰시오. [1점]

3) ㉣에서 ① 최 교사가 제안한 절차의 명칭을 쓰고, ② ㉣의 목적 1가지를 쓰시오. [2점]

①:

②:

핵심테마 체크 ✓

- 반향어
- 화용적 능력
- 자발화 표본분석

MY MEMO

15

정답 및 예시답안

- ㉠과 ㉣의 공통점: 반향어(㉠은 지연반향어, ㉣은 즉각 반향어)
  ㉠의 의사소통 기능: 자기지시적 기능
- 화용적 능력이란 말하는 사람에게 있어서는 듣는 사람의 의도를 인식하고 이해하는 능력을 의미하며, 듣는 사람에게 있어서는 말하는 사람의 의도를 인식하고 이해하는 능력을 의미한다.
  ㉡과 ㉢에서 나타난 화용적 기술의 문제점: 대화 주제 유지
- ③ / 노래하기, 숫자세기 등과 같이 외워진 자동구어는 발화로 구분하지 않고 분석에서 제외
  ⑨ / 새로운 의미의 첨가 없이 낱말이나 구를 반복할 때는 한 문장 안에 넣되 괄호로 구분하고 분석에서 제외

관련이론

✦ 반향어

- 반향어: 자신의 뜻이 전혀 담겨져 있지 않은 상대방의 말만 반복하는 것으로 의사소통의 의미를 가지고 있지 않음
- 자폐아동의 대표적인 언어 특성
- 즉각 반향어: 금방 들은 말을 따라하는 것
- 지연 반향어: 과거에 들었던 말을 반복해서 말하는 것

✦ 화용론

- 실제 상황적 맥락에서 화자와 청자에 의해서 쓰이는 말의 기능을 다루는 분야
- '어떻게 말이 사용되는가'에 대한 문제를 다루며, 화용론의 주 성분은 담화
- 담화의 구성요소에는 '화자, 청자, 언어표현, 맥락' 등이 있음

✦ 자발화 표본의 전사 및 발화 구분

구분	내용
전사	• 아동의 발화 자체만을 기록하기보다는 그 말을 할 때의 상황과 아동의 말을 유도한 대화 상대자의 말도 같이 기록하는 것이 좋음 • 오직 아동의 문장에만 문장번호를 매김 • 아동과 상대자의 모든 발화는 한글의 철자법에 맞춰 기록하되, 불분명한 발음이나 아동 특유의 발음은 국제음성기호를 써서 기록하여 그 옆에 추측되는 단어를 써넣음
발화구분	• 말차례가 바뀌지 않았으나 종결어미, 종결억양, 휴지의 출현 그리고 내용의 완결성이 있을 경우 발화로 구분함 • 2회 이상 동일한 발화가 단순 반복되었을 때는 최초 발화만 분석함 • 자기수정을 하였을 때는 최종 수정된 발화만 분석함 • 시간의 경과(3~5초 이상)나 두드러진 운율의 변화, 주제의 변화가 있을 때는 발화 수를 나눔 • 같은 말이라도 다른 상황이나 문맥에서 표현되거나 새로운 의미로 표현되었을 때는 발화 수를 나눔 • 습관적으로 사용하는 간투사는 분석에서 제외. 간투사를 많이 쓴 경우, 표본 자료의 10%에 해당하는 발화까지만 간투사를 포함해서 분석하고 나머지는 괄호 처리하여 분석에서 제외함 • '아', '오' 등의 감탄하는 소리나 문장을 이어 가기 위한 무의미한 소리들은 제외함 • 노래하기, 숫자세기 등과 같은 자동 구어는 분석에서 제외함 • 불명료한 발화나 의미 파악이 어려운 중얼거림 또는 의미가 없는 단순반응 등의 말은 제외함

15 2016. 중 ★답안작성

초임 특수교사 A는 자폐성장애 학생 성우의 자발화를 분석하기로 하였다. (가)는 성우와 어머니의 대화를 전사한 것이고, (나)는 발화를 구분하여 기록한 표이다. 〈작성방법〉에 따라 순서대로 서술하시오. [5점]

(가) 전사 기록

(주차장에서 차 문을 열면서)
성　우 : ㉠ <u>성우 주차장에서 뛰면 안 돼</u>.
어머니 : 그렇지. 엄마가 주차장에서 뛰면 안 된다고 말했지?

(엘리베이터를 타고 나서)
성　우 : 일 이 삼 사 오 육 칠 (5초 경과) 칠 육 오 사 삼 이 일.
어머니 : 성우야, 육층 눌러야지.
성　우 : 육층 눌러야지.

(마트 안에서)
성　우 : 성우 아이스크림 먹고 싶어요.
어머니 : 알았어. 사줄게.
성　우 : 네.
어머니 : 성우야, 무슨 아이스크림 살까?
성　우 : ㉡ <u>오늘 비 왔어요</u>.

(식당에서)
어머니 : 성우야, 뭐 먹을래?
성　우 : ㉢ <u>물 냄새나요 물 냄새나요</u>.
어머니 : 성우야, 김밥 먹을래?
성　우 : ㉣ <u>김밥 먹을래?</u>

(나) 발화 기록표

① 성우 주차장에서 뛰면 안 돼
② 일 이 삼 사 오 육 칠
③ 칠 육 오 사 삼 이 일
④ 육층 눌러야지
⑤ 성우 아이스크림 먹고 싶어요
⑥ 네
⑦ 오늘 비 왔어요
⑧ 물 냄새나요
⑨ 물 냄새나요
⑩ 김밥 먹을래

작성방법

- 자폐성장애 학생의 언어적 특성에 근거하여 (가)의 밑줄 친 ㉠과 ㉣의 공통점 1가지를 쓰고, ㉠의 의사소통 기능을 쓸 것
- '화용적 능력'의 의미가 무엇인지 쓰고, 밑줄 친 ㉡과 ㉢에서 나타난 화용적 기술의 문제점을 설명할 것
- (나)의 발화 구분에서 <u>잘못된</u> 점을 2가지 찾고 그 이유를 각각 설명할 것

PART 12

핵심테마 체크 ✓

- 자발화 표본분석
- 조음 · 음운변동 현상

MY MEMO

16

정답 및 예시답안

1) ㉠ 평균 형태소길이
   ㉡ 평균 낱말길이
2) 유아의 수용언어능력이 아니라 표현언어능력을 평가하는 것이다.
3) ① 대치
   ② 치조음화

관련이론

✦ 자발화 표본의 구문론적 분석

평균 발화 길이	• **평균 발화길이**: 아동의 자발적인 발화의 길이를 측정하는 척도로 아동의 각 문장 속에 포함된 낱말이나 형태소의 수를 평균 내는 것 • **평균 낱말길이**: 각 발화의 낱말 수를 총 발화 수로 나누어 평균을 구한 것 • **평균 형태소길이**: 각 발화의 형태소의 수를 총 발화의 수로 나누어 평균을 구한 것 • **평균 구문길이**: 한 개의 형태소로 이루어진 발화는 제외시키고 2개 이상의 형태소로 된 발화만을 분석하여, 총 형태소의 수를 총 발화의 수로 나누어 평균을 구한 것 • 어절에 의한 평균 발화 길이
기타 분석	• **문법 형태소**: 격조사, 시제, 보조사, 존대, 문장어미 등 • **구문 형태**: 명사구, 동사구, 절, 문장종류 등

✦ 조음 · 음운 오류

- **개별 음소 조음 오류 형태**: 생략, 대치, 첨가, 왜곡
- **오류 음운 과정의 형태**
  - **생략 및 첨가 음운변동**: 음절구조, 조음위치, 조음방법에 따른 변동
  - **대치 음운변동**: 조음위치 / 조음방법 / 동화 / 긴장도 · 기식도에 따른 변동

16

2020. 유

다음은 통합학급 최 교사와 특수학급 윤 교사가 협의회에서 나눈 대화이다. 물음에 답하시오. [5점]

윤 교사: 선생님, 은지의 언어평가를 위해서 자발화 분석을 했어요. 여기 평균발화길이 분석 결과를 한번 보세요.

최 교사: 어떻게 나온 결과예요?

윤 교사: 100개의 발화를 수집하여 평균발화길이를 분석했어요.

평균 발화 길이	유아 발화	계산식
㉠	① 아빠-가 | 주-었-어 (5) ② 돔-인형 | 좋-아 (4) ③ 아빠 | 돔 (2) ④ 이 | 돔-인형 | 은지 | 돔 (5) ⋮	5+4+2+5+⋯ / 100 = 4.00
㉡	① 아빠-가 | 주었어 (3) ② 돔인형 | 좋아 (2) ③ 아빠 | 돔 (2) ④ 이 | 돔인형 | 은지 | 돔 (4) ⋮	3+2+2+4+⋯ / 100 = 2.75
평균 어절 길이	① 아빠가 | 주었어 (2) ② 돔인형 | 좋아 (2) ③ 아빠 | 돔 (2) ④ 이 | 돔인형 | 은지 | 돔 (4) ⋮	2+2+2+4+⋯ / 100 = 2.50

최 교사: 평균발화길이 분석은 ㉢ <u>유아의 수용언어 능력을 평가하고, 교육진단에 목적을 두며, 구문론적 특성을 알아보기 위해서 하는 것</u>이군요.

⋯ (중략) ⋯

윤 교사: 자발화 분석을 하면 조음오류도 분석할 수 있어요. 예를 들면, ㉣ <u>/곰인형/을 /돔인형/이라고 조음</u>하는 것 등이 되겠지요.

1) ㉠과 ㉡에 들어갈 평균발화길이(MLU)의 유형을 각각 쓰시오. [2점]

㉠:

㉡:

2) ㉢에서 <u>틀린</u> 내용을 찾아 바르게 고쳐 쓰시오. [1점]

3) ① ㉣에 나타난 조음오류 현상은 무엇인지 쓰고, ② ㉣의 음운변동을 조음위치 측면에서 쓰시오. [2점]

①:

②:

17

핵심테마 체크 ✔

• 자발화 표본분석

MY MEMO

정답 및 예시답안

1) 유치원 C
2) 뚜껑이 닫힌 채로 찰흙통을 주며
3) ① 2어절의 문장으로 말하기
   ② 대상-행위

관련이론

✦ 자발화 표본의 의미론적 분석

의미 유형	• 체언부 – 행위자: 행동의 수행자 – 경험자: 어떤 경험이나 상태/상황을 겪는 사람이나 의인화된 사물 – 소유자: 대상을 소유하거나 대상이 소속되어 있는 사람이나 사물 – 공존자: 행위자와 함께 행위를 수행하는 사람이나 상태를 경험하는 사람 – 수혜자: 행위의 대상이 되는 사람이나 사물 – 대상: 행위의 대상이 되는 사람 또는 사물 – 실체: 행위 없이 명명된 사물이나 소유물, 또는 일부 서술의 대상 – 인용/창조물: 어떠한 행동이나 현상에 의해서 만들어진 것 • 용언부 – 행위: 행위자에 의한 관찰될 수 있는 움직임이나 활동 – 서술: 상태 서술(마음이나 느낌, 상태를 나타내는 동사나 형용사의 역할), 실체 서술(보어의 역할을 하여 '–이다'를 붙일 수 있는 의미), 부정 서술(서술어의 역할을 하면서 부정이나 부재 등의 뜻을 내포하고 있는 의미) • 수식언 – 체언수식: 사물이나 사람을 지시하거나 그 크기, 모양, 질 등을 내포하는 의미 – 용언수식: 행위나 서술, 수식(부사)을 수식하는 의미 – 배경: 부정, 때, 장소, 도구, 이유, 조건, 비교, 재현, 양보 • 기능적 구성요소: 주의끌기, 되묻기, 감탄, '예/아니요' 대답, 강조, 동반, 소리, 인사, 접속, 자동구, 기타
의미 관계	• 구나 절 간의 의미관계 분석 • 문장 간 의미관계: 나열, 연결, 내포
어휘다양도	• 아동이 사용한 총 낱말 중에서 다른 낱말의 비율이 얼마나 되는가를 산출해 내는 것 $\text{어휘다양도} = \frac{\text{아동이 사용한 다른 낱말의 수}}{\text{아동이 사용한 총 낱말의 수}}$

17

2021. 유

(가)는 발달지체 유아 다영이와 엄마의 대화를 전사한 자료이고, (나)는 김 교사가 (가)를 보고 작성한 알림장이다. (다)와 (라)는 김 교사가 언어를 지도하는 장면이다. 물음에 답하시오. [5점]

(가)

엄　마:	다영아, 찰흙 놀이 그만하고, 소꿉놀이 할까?
다　영:	(고개를 끄덕이며) 응.
엄　마:	찌개 끓이자.
다　영:	좋아.
엄　마:	(호박을 가리키며) 이거 호박이야?
다　영:	응.
엄　마:	다영아, 근데 (도마를 들고) 이건 뭐야?
다　영:	도마.
엄　마:	그렇지. (칼을 보여 주며) 그럼 이건 뭐야?
다　영:	칼.
엄　마:	그렇지.

(나)

알림장 다영이와 재미있게 소꿉놀이를 하셨네요. 그런데 대부분 어머니의 주도로 상호작용이 이루어지고 있는 것 같아요. 다영이의 관심과 흥미에 따라 상호작용을 하시는 게 좋습니다. 예를 들어, 어머니가 먼저 질문하기보다 아이가 이끄는 대로 따라가세요. 충분히 기다려 주시면서 다영이가 의사소통을 (㉠)할 때마다 어머니는 적절하게 반응해 주세요. 그렇게 되면, 다영이가 엄마랑 의사소통 하고 싶어지게 되고, 자신이 필요한 말을 배우게 될 거예요.

(다)

김 교사:	다영아, 우리 무슨 놀이할까? (찰흙통과 비눗방울통을 보여 주며) 찰흙? 비눗방울?
다　영:	찰흙.
김 교사:	(찰흙이 아니라 비눗방울통을 주며) 여기 있어.
다　영:	싫어.
김 교사:	(찰흙을 아주 조금만 주며) 여기 있어.
다　영:	(손을 내밀며) 더.
김 교사:	(㉡) 여기 있어.
다　영:	(찰흙통을 내밀며) ㉢ 열어.
김 교사:	(뚜껑을 열어 주며) 여기 있어.

(라)

다　영:	(도장 찍기 놀이통을 갖고 오면서) 도장.
김 교사:	(고개를 끄덕이며) 도장 찍어.
다　영:	(꽃을 찍으면서) 꽃.
김 교사:	꽃 찍어.
다　영:	(자동차 도장을 찍으면서) 빠방.
김 교사:	빠방 찍어.
다　영:	(강아지 도장을 찍으면서) 멍멍이.
김 교사:	멍멍이 찍어.
다　영:	(소 도장을 찍으면서) ㉣ 음매 찍어.
김 교사:	그렇지. 잘했어.

1) ① (가)에서 다영이가 가장 많이 산출한 의사소통 기능을 도어(J. Dore)에 근거하여 쓰고, ② (나)의 ㉠에 들어갈 용어를 쓰시오.[2점]

①:

②:

2) (다)에서 다영이가 ㉢ 발화를 산출할 수 있도록 김 교사가 ㉡에서 계획해야 하는 교수적 상황을 쓰시오. [1점]

3) (라)에서 김 교사가 중재하고자 한 언어의 ① 구문론적 목표와 ② ㉣에 해당하는 의미관계 유형을 쓰시오. [2점]

①:

②:

PART 12

핵심테마 체크 

- 의사소통장애의 하위유형
- 반향어
- 언어의 구성요소

MY MEMO

18

정답 및 예시답안

1) ㉠ 유창성장애
   ㉡ 음성장애
2) 반향어
3) ① 화용론
   ② 상동행동

관련이론

✦ 유창성장애((fluency disorder))

- 비전형적인 속도, 리듬 또는 음절, 어절, 단어, 구절의 반복으로 특징지어지는 말하기 흐름의 방해를 의미한다. 유창성장애는 과도한 긴장, 힘들여 애쓰는 행동, 2차적인 매너리즘과 함께 나타날 수도 있다.

✦ 음성장애(voice disorder)

- 자신의 나이나 성별에 부적절한 음성의 질, 높이, 크기, 공명, 지속시간에 있어서의 비정상적인 산출이나 결여를 의미한다.

✦ 반향어

- 전에 들은 낱말이나 문장을 의도나 의미 없이 반복하는 현상
- 즉각적인 / 지연된 반향어

✦ 언어의 구성요소

구성요소	하위 영역	내용
내용	의미론	• 개념에 대한 명명, 개념 간의 관계 • 사람의 의미를 전달하기 위해 언어를 어떻게 사용하는가를 설명
형식	음운론	• 소리의 최소 단위인 음소를 조합하고 배치하는 규칙 • 언어의 음 체계를 지배하는 언어학적 규칙을 연구하는 것으로, 음운론적 규칙은 음이 어떻게 결합되고 연결되는가를 설명
	형태론	• 의미를 지닌 최소 단위인 형태소 간의 규칙(독립형태소/의존형태소) • 의미의 기본 단위가 단어로 어떻게 결합하는가를 설명하는 규칙
	구문론	• 단어의 결합과 배합에 대한 문법적인 규칙 • 문장으로 의미에 맞게 단어를 배열하는 규칙체계
활용	화용론	의사소통의 목적과 사회적 기능수행을 위해 언어를 사용하는 것 • 언어를 어떻게 활용하는가에 관한 규칙 • 대화의 상황에서 정보를 사용하는 것 • 효과적인 대화의 기술을 사용하는 것

18

2020. 유

다음은 통합학급 5세반 황 교사와 유아특수교사 정 교사의 대화이다. 물음에 답하시오. [5점]

> 황 교사: 선생님, 영주는 ㉠ 말의 흐름이 자연스럽지 않고, 말 리듬이 특이해서 무슨 말을 하는지 이해하기가 힘들어요. 특정 음절을 반복, 연장하고, 말이 막히기도 해요. 반면, 선미는 말을 할 때 ㉡ 부자연스러운 고음과 쥐어짜는 듯한 거칠고 거센소리를 내요.
>
> … (중략) …
>
> 황 교사: 지수의 경우는 점심시간에 제가 지수에게 "계란 줄까?"라고 물어봤는데, ㉢ 지수가 로봇처럼 단조로운 음으로 바로 "계란줄까, 계란줄까, 계란줄까."라고 했어요. 또 "연필 줄래?"라고 했더니 연필은 주지 않고 "줄래, 줄래, 줄래."라고 말했어요. 또 ㉣ 자신의 말하기 순서를 기다리지 못해서 불쑥 얘기하기도 해요.
>
> 정 교사: 그렇군요. 그건 지수와 같은 아이들에게서 자주 나타나는 현상이죠.
>
> 황 교사: 그리고 지수는 ㉤ 몸을 앞으로 숙였다 펴고, 손을 들어 손가락을 접었다 펴는 행동을 반복해요. 그러면서 "꺄악꺄악"이라는 의미 없는 소리를 내기도 해요.
>
> … (하략) …

1) ㉠과 ㉡에 해당하는 말장애(구어장애) 유형을 쓰시오. [2점]

㉠ :

㉡ :

2) ㉢과 같이 지수가 보이는 의사소통의 특성을 무엇이라고 하는지 쓰시오. [1점]

3) ① ㉣에 해당하는 언어학의 하위 범주를 쓰고, ② ㉤의 행동 특성을 무엇이라고 하는지 쓰시오. [2점]

① :

② :

핵심테마 체크 ✔

- 조음 오류 형태
- 유창성장애
- 청각기술의 단계
- 인공와우_어음처리기 관리

MY MEMO

19

정답 및 예시답안

1) 대치
2) 말빠름증(속화)
3) 민규의 행동은 탈출행동으로서 말을 더듬는 상황에서 빠져나오기 위해서 보인 행동이다.
4) ① 음의 이해
   ② 어음처리기는 개인의 특성에 맞도록 프로그래밍(매핑)이 되어 있으므로, 자신의 어음처리기가 아닐 경우 소리가 잘 들리지 않을 수 있기 때문이다.

관련이론

✦ 말빠름증(속화)

- 말의 속도가 너무 빨라서 생기는 유창성장애

✦ 말더듬의 하위 행동

구분	내용
핵심행동	• **반복**: 말소리나 음절 또는 낱말을 1회 이상 되풀이하는 것 – **반복횟수**: 말소리, 음절, 낱말 등을 전체적으로 반복한 수 – **단위 반복 수**: 각각의 반복횟수에서 반복의 단위를 되풀이한 수 • **연장**: 소리나 공기의 흐름은 계속되나 한 소리에 머물러 있는 상태 • **막힘**: 말의 흐름이 부적절하게 중단되고 조음기관의 움직임이 고착, 강직성 고정이라고도 함 • **기타**: 주저, 반복, 삽입, 연장, 수정, 막힘, 미완성
부수행동	• **탈출행동**: 말더듬이 고착화되면서 말더듬에서 빠져 나오려는 보상행동으로 나타나는 신체적인 행동 • **회피행동**: 말을 더듬는 것을 피하기 위한 노력 – **회피행동의 유형**: 동의어로 바꾸어 말하기, 돌려 말하기(에둘러 말하기), 순서 바꾸어 말하기, 대용어 사용하기, 간투사 사용하기, 상황회피, 사람회피

✦ 청능 훈련의 4단계

단계	내용
인식	• 소리의 유무에 반응하는 능력 • 소리의 유무를 알고 소리의 ON/OFF에 바르게 반응하는 것을 학습하는 단계
변별	• 둘 이상의 말소리 간의 유사성과 차이점을 인식하는 능력 • 특정한 소리가 같은지 다른지를 알고, 서로 다르게 반응하는 것을 학습하는 단계
확인	• 들은 말소리 자극에 대해 반복, 지적, 쓰기를 함으로써 이름을 붙이는 능력 • 새로운 청각 정보를 이미 알고 있는 범주에 비추어 인식하고 알아맞히는 반응을 학습하는 단계
이해	• 대답하기, 지시 따르기, 대화 참여 및 의미 해석(이해) 등을 통한 말소리의 의미를 이해할 수 있는 능력 • 변별이나 확인을 바탕으로 청각적 정보가 지닌 의미 및 내용을 이해하여 바르게 반응하는 것을 학습하는 단계

✦ 인공와우의 구성요소

구분	구성요소	내용
외부	마이크, 송화기, 마이크로폰	• 주변의 소리를 감지하여 어음처리기로 보내는 역할 • 어음처리기의 외형상 종류(귀걸이형 또는 박스형)에 관계없이 귀걸이형 구조
	어음처리기, 어음합성기	• 마이크에서 감지된 소리를 입력 프로그램에 따라 전극을 자극시킬 수 있게 알맞은 전기적인 신호로 변환시키는 역할 • 어음처리에 대한 정보를 저장하는 맵(map)을 형성
	발신기, 헤드셋	• 측두골에 위치하여 자석과의 접촉을 통해 내부기기와 연결
내부	수신기	• 체내에 삽입하게 되는 내부 수신기는 다양한 재료(실리콘, 세라믹 등)로 제작
	전극	• 와우의 각 신경 끝부분에 신호를 전달해 주는 역할 • 전극의 수에 따라 단전극과 다전극으로 나누어지며, 정보를 전달하는 한쌍의 활성전극과 기준전극을 채널이라고 함. 이 채널의 수에 따라 단채널, 다채널로 구분됨

고득점 답안 비법 ☆ 4)의 답안은 ⓜ에 제시된 상황을 구체적으로 관련지어 서술해야 함

19

2017. 유
★답안작성

다음은 5세 발달지체 유아의 부모들이 부모 참여 수업 후 나눈 대화 내용의 일부이다. 물음에 답하시오. [5점]

우리 세호는 발음이 정확하지 않아요. ㉠ 사탕을 [타탕], 참새를 [참때], 풍선을 [풍턴]이라고 발음한다니까요.

우리 민지는 ㉡ 말이 너무 빨라서 발음이 뒤섞이고 심지어 말소리의 위치를 바꾸는 실수를 자주 해서 무슨 말을하는지못 알아듣겠어요.

민규는 발음은 괜찮은데 작년부터 말을 더듬기 시작하더니 요즘에는 ㉢ 말을 할 때 얼굴을 찌푸리기도 하고 아랫입술을 심하게 움직이기도 해서 걱정이에요. 말을 더듬고 있을 때 천천히 부드럽게 말하도록 하는 방법이 있다고 하던데 선생님께 여쭈어 봐야겠어요.

우리 딸 둘은 모두 인공와우 이식 수술을 하고 꾸준히 청능 훈련을 받았어요. 그랬더니 선희는 ㉣ 요즘 심부름도 곧잘 하고 대답도 잘 해요. 며칠 전에는 선희가 언니의 어음처리기가 궁금한지 언니 것을 달아 보더라고요. 그러더니 ㉤ 너무 시끄럽고 무슨 말인지 안 들린다고 했어요. 머리도 어지럽다고 하면서 어음처리기를 떼어 버렸어요.

1) ㉠의 조음 오류 형태를 쓰시오. [1점]

2) ㉡에 해당하는 유창성 장애의 유형을 쓰시오. [1점]

3) 민규가 ㉢의 행동을 하는 이유를 쓰시오. [1점]

4) ① ㉣에 해당하는 청각 기술(auditory skill)의 단계와, ② 어음처리기 사용 시 주의해야 할 사항을 고려하여 ㉤과 같은 행동이 나타나는 이유를 쓰시오. [2점]

①:

②:

PART 12

핵심테마 체크 ✔

• 유창성장애
• 유창성장애의 요인

MY MEMO

20

정답 및 예시답안

○ ㉠은 회피행동, ㉡은 탈출행동이다. ㉠ 회피행동은 말을 더듬는 것을 피하기 위한 노력으로 나타나는 행동이고, ㉡ 탈출행동은 말더듬에서 빠져 나오려는 보상행동으로 나타나는 것이다.
○ 학생 H의 말더듬 특성(다음 중 택 2)
 – 초성에서 발생한다.
 – 모음보다 자음에서 발생한다.
 – 폐쇄음이나 파찰음에서 더듬는다.

관련이론

✦ 유창성장애의 말더듬 행동 유형

1) 핵심행동

반복	• 반복 횟수: 말소리, 음절, 낱말 등을 전체적으로 반복한 수 • 단위 반복 수: 각각의 반복횟수에서 반복의 단위를 되풀이한 수
연장	• 마찰음과 단모음에서 대부분 발생하게 되는데, 일반적으로 화자의 말소리가 0.5초 이상 연장되면 들었을 때 유창성이 깨어졌다고 인식하게 됨 • 일반적으로 지속음(/p/, /t/, /k/ 와 같은 폐쇄음은 비지속음이라 하며, 모음과 자음은 지속음에 해당)이 계속 연장되어 발음하는 현상을 연장이라고 함
막힘	• 기류가 완전히 차단되었다가 나오는 폐쇄음과 차단되었다가 천천히 산출되는 파찰음에서 많이 발생 • 조음기관의 운동은 멈춘 듯하고 후두의 긴장된 막힘은 화자나 청자 모두에게 고통스럽게 느껴짐 • 조음의 포즈는 취하고 있지만 소리가 나오지 않을 때 '막힘'이라고 함

2) 부수행동

탈출행동 (투쟁행동)	• 말더듬이 고착화되면서 말더듬에서 빠져 나오려는 보상행동으로 나타나는 신체적인 행동 • 탈출행동의 양상은 개인마다 차이가 있음
회피행동 (도피행동)	• 말을 더듬는 것을 피하기 위한 노력 • 회피행동의 유형 – 동의어로 바꾸어 말하기 – 돌려 말하기 – 순서 바꾸어 말하기 – 대용어 사용하기 – 간투사 사용하기 – 상황 회피 – 사람 회피

✦ 유창성장애의 요인

1) 심리사회적 요인: 심리역학적 이론, 진단기인론, 상호작용 가설, 예기투쟁 가설, 학습이론
2) 심리언어학적 요인

음운론적 측면	• 첫 단어, 단어의 첫 음절, 초성에서 발생 • 모음인 경우보다 자음에서 더 자주 더듬음 • 특정음에서 특히 말을 자주 더듬음 • 폐쇄음이나 파찰음에서 더 더듬음 • 마찰음에서는 연장이 자주 나타남
형태론적 측면	• 기능어(조사나 접속사)보다 내용어(명사, 동사, 형용사, 부사)에서 더 자주 더듬음 • 비교적 긴 단어에서 더 많이 나타남 • 사용빈도가 높은 단어보다 잘 사용하지 않는 단어에서 더 더듬음
구문론적 측면	• 문장의 길이가 길수록 출현빈도가 높아짐 • 문장구성이 복잡할수록 출현빈도가 높아짐
화용론적 측면	• 대화상대자가 친숙하고 허용적일수록 말을 더듬는 빈도가 낮아짐 • 의사소통 스트레스 정도가 높을수록 빈도가 높아짐

3) 생리학적 요인: 유전적 요인, 근육의 불협응, 뇌기능의 장애

20

2019. 중

(가)는 ○○고등학교 특수학급에 재학 중인 학생 H의 말더듬 행동에 관한 관찰 내용이고, (나)는 국어과와 과학과 수업 장면의 일부이다. 〈작성 방법〉에 따라 서술하시오. [4점]

(가) 학생 H의 말더듬 행동 관찰 내용

- 수업 시간 중 어려운 단어가 나오면 연장(prolongation)과 막힘(block)이 나타남
- ㉠ 더듬는 단어를 말할 때 동의어로 자주 바꾸어 말함
- 바리스타 직업교육 첫날, ㉡ 커피 종류를 말할 때 눈을 깜빡이거나 아래턱을 떠는 행동이 나타남

(나) 수업 장면

[국어과]
김 교사: 오늘 주제는 '육하원칙에 따른 대화하기'입니다. (그림을 제시하며) 언제 일어난 일인가요?
학생 H: 일요일 오후입니다.
김 교사: 어디에서 일어난 일인가요?
학생 H: ㉢ ㅂㅂㅂ바닷가입니다.

… (중략) …

김 교사: 육하원칙을 이용하여 말을 하면 어떤 점이 좋습니까?
학생 H: ㅈㅈ제 생각을 잘 전달할 수 있습니다.

[과학과]
김 교사: 다 같이 포유류의 특징을 핵심 단어로 말해봅시다. 척추, 폐호흡.
학생 H: ㉣ ㅊㅊ척추.
김 교사: 포유류는 폐로 호흡합니다.
학생 H: ㉤ (입모양만 보이고 소리가 나오지 않다가) 프프프포유류는 폐로 호흡합니다.

작성방법

- 밑줄 친 ㉠과 ㉡의 말더듬 행동 유형을 쓰고, 특성을 순서대로 서술할 것
- 밑줄 친 ㉢~㉤에서 나타난 말더듬 행동 특성을 심리언어학적 요인 중 음운론적 측면에서 2가지 서술할 것

21

정답 및 예시답안

○ ㉠ 연장
○ ㉡ 탈출행동

핵심테마 체크 ✔

• 유창성장애

MY MEMO

22

정답 및 예시답안

④

핵심테마 체크 ✔

• 유창성장애
• 말더듬 수정법
• 유창성 완성법

MY MEMO

알찬 지문풀이

• ㄴ. ~~말을 더듬을 때의 이차행동을 다루기보다는~~ 편하게 말하기에 초점을 둔다. ➡ 갑자기 머리를 뒤로 젖히고 발을 구르는 이차행동을 보이므로, 이에 대한 중재를 해야 함

• ㄹ. 초반에는 짧은 발화 내용을 말하도록 하고 점차 긴 발화 내용을 유창하게 말하도록 유도하는 방법이다. ➡ 말더듬 수정법의 기본목표는 말을 유창하게 하는 것이 아니라, 말을 편안하게 더듬도록 하는 것

관련이론

✦ **유창성 완성법: 새로운 언어 패턴을 중재하여 말을 유창하게 하고 궁극적으로는 말더듬 증상을 없애는 것**

호흡 훈련	• 올바른 호흡 훈련은 새로운 언어 패턴을 학습하기 전에 필수적으로 선행되어야 하지만, 호흡법만을 가지고 훈련하는 것은 말의 유창성을 증진시키는 데 큰 도움이 되지 않음 • 호흡이 중요한 이유: 말더듬이 고착된 경우에는 흡기과정에서 비정상적인 발성이 나타나기 때문
말을 천천히 하기 (DAF 기기 활용하기)	• 메트로놈이나 DAF(delayed auditory feedback: 지연청각 피드백)를 사용 • DAF는 말을 하고 나서 몇 초 후에 다시 이어폰을 통해서 스스로 자기 말을 듣는 기기. 지연되는 시간은 1/5~1/4초 정도 스스로 조절할 수 있음 • 지연시간은 개인의 말더듬 정도와 선호도에 따라 달리해야 함
휴지와 분절화 기법	• 말더듬 현상을 관찰해 보면 문장 내에 휴지가 불필요한 음절이나 소리로 대치되어 있는 것을 발견할 수 있음 • 말더듬의 경우에는 증상의 경중에 상관없이 모두 단어와 단어 사이 혹은 발화 첫 음절 앞에 비의도적인 음이 삽입되어 있음. 이러한 비의도적인 음을 제거하는 것을 기본목적으로 하는 것이 바로 휴지와 분절화 기법 • 결국 말더듬에서 가장 중요한 것은 말을 분절시켜 주는 것 • 이 기법은 말 막힘 상태에서 말을 산출하려고 하면 할수록 더욱 탈출행동이 가중되고 말더듬 증상을 악화시키므로 완전히 말에서 빠져 나오는 것을 기초로 함. 문장 내에 휴지가 소음으로 채워지고 호흡이 들숨 상태로 머무르게 되며, 후두의 압박감을 가중시키면서 다음에 오는 단어에서 다시 막힘 증상이 오기 때문에 발성기관의 근긴장도 완화가 이루어져야 함

21

2014. 중

다음은 말소리 산출에 어려움을 보이는 학생 A에 대해 특수학급 최 교사와 일반학급 김 교사가 나눈 대화 내용이다. 밑줄 친 ㉠의 말더듬 핵심행동과 ㉡의 말더듬 부수행동의 명칭을 각각 쓰시오. [2점]

> 김 교사: 선생님, 우리 반 학생 A는 말을 더듬는 것 같아요.
> 최 교사: 학생 A가 어떻게 말을 더듬던가요?
> 김 교사: 예를 들면, 학생 A는 말을 할 때 "ㅂㅂㅂㅂ보여요."라고 하기도 하고, ㉠ "보-------여요."라고하기도 하고, "-------보여요."라고 하기도 해요.
> 최 교사: 또 다른 행동은 보이지 않나요?
> 김 교사: 학생 A가 말을 더듬다가 ㉡ 갑자기 고개를 뒤로 젖히기도 해요.

22

2013. 중

다음은 학생 A가 보이는 말더듬 사례이다. 교사는 A를 위해 말 더듬는 순간을 수정하는 '말더듬 수정법'을 적용하고자 한다. 이 중재법에 대한 설명으로 옳은 것만을 <보기>에서 있는 대로 고른 것은?

> "서서서서언언-생님, 수수수수(갑자기 머리를 뒤로 젖히고 발을 구르며) 수요일에 국어 교과서만 가져오면 되나요? 그리고 사사사사사회 수수수우숙제는 어떻게 해요?"

보기

ㄱ. 자신의 말과 관련된 두려움을 줄이도록 지도한다.
ㄴ. 말을 더듬을 때의 이차행동을 다루기보다는 편하게 말하기에 초점을 둔다.
ㄷ. 말할 때 자신의 말더듬 행동과 말에 대한 심리 및 태도를 스스로 확인하는 단계를 거치도록 한다.
ㄹ. 초반에는 짧은 발화 내용을 말하도록 하고 점차 긴 발화 내용을 유창하게 말하도록 유도하는 방법이다.
ㅁ. 말을 더듬을 것으로 예상되는 단어를 천천히 쉽게 시작하고 조절하는 준비하기(preparation set) 기법으로 지도한다.

① ㄱ, ㄷ
② ㄴ, ㄹ
③ ㄷ, ㄹ
④ ㄱ, ㄷ, ㅁ
⑤ ㄴ, ㄹ, ㅁ

핵심테마 체크 ✔

- 말더듬 수정법
- 말더듬 수정법_수정(변형) 기법

MY MEMO

23

정답 및 예시답안

⑤

관련이론

✦ 말더듬 수정법

단계	교수·학습활동
동기	• 교사에 대해 신뢰를 갖도록 한다. • 자신의 말더듬을 직시하고 수용한다.
확인	• 자신의 말더듬 증상을 스스로 확인한다. • 1차적 증상, 2차적 증상, 느낌, 태도를 스스로 확인한다. • 거울이나 비디오 또는 치료사가 보여주는 모방을 통해 자신이 어떻게 말하는지를 보고 듣는다. • 말을 더듬을 때 자신에게 나타나는 탈출행동과 회피행동을 확인한다. • 이제까지 주변사람들이 자기 말에 어떻게 반응했었는지, 스트레스를 유발했던 의사소통 상황은 무엇이었는지, 힘든 단어는 무엇인지 등에 대해 솔직하게 이야기한다.
둔감	• 두려움과 부정적인 감정을 감소시킨다. • 자신이 말을 더듬는다는 사실을 인정하고 청자의 반응에 무감각해지도록 한다. • 말을 더듬는 증상을 보이면 치료사의 신호에 따라 말을 멈춘다. • 두 번째 신호를 주면 음이나 음절을 연장하거나 반복하면서 편하게 말을 더듬는다. • 말을 더듬으면서 갖게 되었던 긴장을 점차 해체시킨다. • 치료사－전화통화－낯선 사람 등으로 대화상황을 바꾸어 가면서 주변 반응에 둔감해지는 훈련을 한다.
변형	• 고착된 말더듬의 형태를 변형시킨다. • **낱말 공포**: 예상되는 단어를 빼고 읽는다. • 긴장된 연장 대신에 모든 단어를 반복한다.
접근	• 말더듬의 취소, 이끌어 내기, 준비하기 기법을 사용하여 쉽게 더듬는 말더듬 형태로 접근해 나간다. • **취소기법**: 말을 더듬기 시작하더라도 일단 그 말을 더듬어서 끝낸 후, 잠시 말을 쉬었다가 다시 그 말을 편안하게 시도한다. • **이끌어 내기**: 말더듬이 나타나면 말을 멈추고 천천히 부드럽게 이끌어 낸다. • **준비하기**: 말을 더듬을 것으로 예상되는 단어에서 의식적으로 조절하면서 말한다.
안정	• 교실 밖에서의 효과를 검증해 본다. • 두려운 상황에 들어가서 일부러 말을 해 본다. • 거짓 말더듬을 일부러 연출해 본다. • 스스로 치료사의 역할을 한다.

23

2010. 중

다음은 특수교사가 일반교사에게 학생 A를 지도할 때 사용할 수 있는 지도 방법을 제시한 것이다. 밑줄 친 부분에 해당하는 지도 방법으로 옳은 것은?

> 일반교사: 선생님, 우리 반의 학생 A는 말을 빨리 하려고 하다 보니, "서, 서, 서, 서---선생님 지, 지, 지-- 집에 가도 되지요?"라며 낱말 일부를 반복해요. 말이 빨리 나오지 않으니까 말하려고 안간힘을 쓰다가 갑자기 고개가 뒤로 젖혀지기도 해요. 그래서 보고 있자니 답답하고 애가 타요. 어떻게 지도해야 할까요?
>
> 특수교사: 먼저 A에게 말을 잘 하는 사람도 때때로 말을 더듬을 수 있다고 말해 주고, A가 자신의 비유창성을 수용하고 부정적인 감정과 태도를 갖지 않도록 격려해 주세요.
>
> 일반교사: 그 외에 도움을 줄 수 있는 방법이 있나요?
>
> 특수교사: 네, 선생님께서 지도할 수 있는 방법이 있어요. A에게 말을 더듬을 것으로 예상하는 낱말을 천천히 쉽게 시작하고 조절하도록 지도해 보세요. 특히 쉽게 천천히 말을 시작하면 갑자기 고개가 뒤로 젖혀지는 행동도 줄어들 거라고 말해 주세요. 그러면 선생님도 좀 더 편안한 마음으로 A와 대화할 수 있을 거예요.

① 둔감화
② 이완치료 접근법
③ 이끌어내기(pull-out)
④ 취소기법(cancellations)
⑤ 준비하기(preparation set)

핵심테마 체크 

- 표준화검사의 실시 절차_시작점/기저점/최고한계점
- 백분위
- 최소대립쌍(최소낱말짝)
- 조음 · 음운 오류

MY MEMO

24

정답 및 예시답안

1) ⓐ 최고 한계점
   ⓑ 기저점 이전
2) 하위 9%
3) 종－총
4) 치조음화

관련이론

✦ 표준화검사

- 표준화검사는 누가 사용하더라도 검사의 실시, 채점, 결과 해석이 동일하도록 절차와 방법을 일정하게 만들어 놓은 검사를 말함
- 표준화검사의 제작과정에서 무엇보다 신뢰도와 타당도를 확보하는 것이 매우 중요
- 실시방법 : 생활연령산출 / 시작점 / 기저점 / 최고한계점 / 원점수 계산

✦ 백분위

- 규준집단에서 특정 점수 이하의 점수를 얻은 사람들이 전체의 몇 %를 차지하는가를 나타내는 것
- 상대적 위치를 명확하게 지시해 준다는 이점으로 인해 널리 활용

✦ 최소대립쌍

- 최소대립쌍이란 말소리 하나를 교체함으로써 의미의 변별이 생기는 음절이나 단어의 쌍을 말함

24

2015. 초

(가)는 단순언어장애학생 정우에 대한 검사 결과이고, (나)는 통합학급 최 교사와 특수학급 오 교사가 나눈 대화이다. 물음에 답하시오. [5점]

(가) 검사 결과

- 생활연령: 7세 2개월
- K-WISC-III 결과: 동작성 지능지수 88,
  언어성 지능지수 78
- ㉠ <u>취학 전 아동의 수용언어 및 표현언어 발달 척도(PRES)</u>
  결과: 수용언어 발달연령 64개월, 표현언어 발달연령 58개월, 통합언어 발달연령 61개월
- 언어 문제 해결력 검사 결과: 원점수 17점, ㉡ <u>백분위 9</u>
- 순음 청력 검사 결과: 양쪽 귀 모두 10dB
- 사회성숙도 검사 결과: 사회성 지수 90
- 구강조음기제에서 특이사항 관찰되지 않음
- 사회・정서적 문제를 보이지 않음

(나) 대화 내용

최 교사: 선생님, 정우는 틀린 발음을 하고도 본인이 틀렸다는 것을 잘 모르는 것 같아요.

오 교사: 정우가 ㉢ <u>말소리를 듣고 오조음과 목표음 자체를 다르다고 인식하지 못하는 것</u>일 수도 있습니다.

최 교사: 그렇군요. 그런데 정우는 청력도 정상이고 조음기관에도 이상이 없다고 하는데, 왜 발음에 문제를 보이나요?

오 교사: 정우의 경우는 조음장애보다 ㉣ <u>음운장애</u>에 더 가깝다고 볼 수 있습니다.

1) 다음은 (가)의 ㉠을 실시하는 절차이다. 괄호 안의 ⓐ와 ⓑ에 들어갈 말을 쓰시오. [2점]

생활연령을 산출한다.
일・월・년의 순으로 검사일에서 출생일을 뺀다.

시작점을 찾는다.
검사 설명서에 나온 연령층에 적합한 시작점에서 검사를 시작한다.

기초선(기저선)을 설정한다.
아동이 그 이전의 낮은 단계 문항들을 모두 맞힐 수 있다고 확신할 수 있는 지점을 정한다.

〈중략〉

(ⓐ)을/를 설정한다.
아동이 그 이상의 높은 문항들은 모두 못 맞힐 것이라고 확신할 수 있는 지점을 정한다.

획득점수(원점수)를 산출한다.
(ⓑ) 문항에서부터 (ⓐ)까지 아동이 맞힌 문항에 부여된 배점을 합산한다.

ⓐ:

ⓑ:

2) 다음은 (가)의 ㉡에 대한 설명이다. 괄호에 들어갈 말을 쓰시오. [1점]

정우의 원점수가 아동이 속한 연령 집단과 비교하여 (   )에 해당한다는 것을 의미한다.

3) (나)의 ㉢을 확인하기 위한 활동을 다음 〈조건〉에 맞게 1가지 쓰시오. [1점]

조건
- 첫음절이 모두 파찰음인 단어 활용
- 최소대립쌍(최소낱말짝) 활용

4) 다음 밑줄 친 단어들은 (나)의 ㉣에 해당하는 사례들이다. 공통적인 대치 오류 유형 1가지를 쓰시오. [1점]

〈오류 현상〉

- "<u>주전자</u>는 어디에 있어요?"를 "<u>두던자</u>는 어디에 있어요?"라고 말한다.
- "나는 <u>공부</u> 그만 하고 싶어요."를 "나는 <u>동부</u> 그만 하고 싶어요."라고 말한다.

핵심테마 체크 ✓

- 조음장애와 음운장애
- 조음점 지시법
- 음운인식 훈련
- 발화전략

MY MEMO

25

정답 및 예시답안

1) [A]의 조음장애는 특정 음에서 일관적인 오류를 보이나, [C]의 음운장애는 오류가 일관적이지 않다. (*TIP : 조음장애와 음운장애로 명명한 것은 답안서술 시 생략 가능)
2) ① 조음점 지시법
   ② '가'와 '방'을 합쳐서 말해보세요.
3) ① 확대
   ② 평행적 발화기법

관련이론

✦ 조음장애와 음운장애

<table>
<tr><td>정의</td><td>• 조음장애 : 말소리를 산출할 때 어려움을 지니는 장애로, 일반적으로 첨가, 생략, 왜곡, 대치 등의 단어 산출상의 실수를 의미함
• 음운장애 : 조음장애와는 달리 특정 말소리를 산출할 수는 있지만 상황에 따라 정확하게 발음하지 못하는 경우, 연령에 적합한 음운지식이나 능력이 부족하여 정상적인 음운 규칙을 단순화하거나 나름대로의 대치 규칙, 즉 오류 음운 패턴을 사용하는 것
<table>
<tr><th>조음장애</th><th>음운장애</th></tr>
<tr><td>• 몇 개의 특정음에서만 오류
• 특정음에서 일관적인 오류
• 조음기관의 이상으로 나타남
• 의사소통장애가 공존할 수도 있지만, 음운장애와 같이 나타나지는 않음</td><td>• 복합적인 조음 오류
• 특정음에서의 오류가 일관적이지 않음
• 문맥이나 단어의 위치에 따라 오류가 나타남
• 운동근육적으로는 소리를 낼 수 있지만, 적절한 위치에서 소리를 내지 못함
• 음운 과정에서 일관적 오류를 나타냄
• 언어의 다른 부분도 지체되어 있음(음운은 언어의 구성요소이기 때문)</td></tr>
</table></td></tr>
<tr><td>원인</td><td>• 기질적 요인 : 신경운동결함, 구개 이상(구개파열), 부정교합, 혀의 이상, 청력손실
• 기능적 요인 : 낮은 지능, 어음지각 및 음운인식능력의 결함, 개인・환경적 요인</td></tr>
<tr><td>오류 형태</td><td>• 개별 음소의 오류 형태 : 생략, 대치, 왜곡, 첨가
• 오류 음운 과정의 형태 : 생략 및 첨가 음운변동, 대치 음운변동</td></tr>
</table>

✦ 조음점 지시법

- 목표음소에 대한 입술, 혀, 턱 등 조음기관의 바른 위치와 공기 흐름의 바른 사용을 가르치는 것으로서, 조음점 지시법은 개별 음소를 정확하게 조음하는 데 주력하므로 대화까지 그 기술을 전이시키기는 어려움
- 수동적 방법의 하나로서 치료사가 지시해 주는 대로 조음위치와 방법을 지각하는 훈련
- 치료사는 설압자나 면봉 등을 이용하여 조음점을 지적해 줌
- 구강모형이나 그림 등을 사용하여 입술과 혀의 위치를 지도할 수 있음
- 손이나 그림을 통한 조음점 지시법은 구체적 조작기에 있는 초등학교 연령 학생들에게 효과적

✦ 발화전략

혼잣말기법	아동에게 요구하지 않으면서 교사가 자기 행위에 대해 혼자 대화를 하듯이 말을 하는 것
평행적 발화기법	아동의 행위에 대해 아동의 입장에서 말하는 것
확장	문법적으로 오류가 있는 아동의 표현을 문법적으로 완전한 형태로 바꾸어 말해 주는 것
확대	아동의 발화를 의미적으로 보완해 주는 것

25

2024. 초
★답안작성

(가)는 의사소통장애 학생들의 특성과 지원 내용이고, (나)는 영호 어머니와 특수교사가 나눈 대화의 일부이다. 물음에 답하시오. [5점]

(가)

준우	특성	• 조음기관의 협응이 잘 이루어지지 않음 • 특정 음소에서 발음이 부정확함 [A] • 구강 운동 기능에 결함을 가지고 있음 • 말의 속도, 강세, 억양 등이 부자연스러움 • 거칠고 쥐어짜는 소리가 나며 기식성 음성이 나타남
	지원 내용	• 개별 음소 중재에 주안점을 둠 – 발음할 때 설압자나 면봉 등을 이용하여 입술, 혀, 턱 등의 바른 위치를 지적하여 알려줌 [B] – 발음의 정확도를 높이기 위해 거울이나 구강 모형을 활용함
영호	특성	• 조음기관의 결함은 보이지 않음 • 문장으로 말할 때 음운상의 오류를 더 많이 보임 [C] • 말소리를 듣고 말소리의 구조를 인지하거나 변별하는 능력에 결함을 보임 • 모음보다는 자음의 발음에서 오류가 더 많음 • 또래에 비해 제한된 어휘를 사용함
	지원 내용	• ㉠ 음운 인식 훈련 제공

(나)

어 머 니: 선생님, 얼마 전에 참석한 부모 교육이 저에게 많은 도움이 되었어요. 그런데 막상 제가 해 보려니 쉽지가 않은 것 같아요.

특수교사: 그렇군요. 우선 영호에게는 발화 주제는 그대로 유지한 상태에서 어휘만 더 첨가해서 들려주시는 (㉡)이/가 효과적일 수 있을 것 같습니다. 예를 들면 영호가 "우유"라고 말하면 "초코 우유", "딸기 우유", "바나나 우유"라고 말해 주시면 됩니다.

어 머 니: 아, 그렇군요. 그러니까 선생님 말씀은 영호가 자동차 놀이를 할 때, "자동차"라고 말하면, "빨간 자동차"라고 말해 주라는 거죠? 혹시 영호에게 적용할 수 있는 또 다른 방법이 있나요?

특수교사: 영호가 어떤 행동을 할 때 어머니께서 영호의 입장에서 말로 표현해 주시는 방법도 있습니다. 예를 들면 식사 시간에 영호가 반찬을 집을 때마다 "시금치 먹어요.", "고등어 먹어요."와 같이 영호의 입장에서 말씀해 주시는 거예요. 이런 방법을 (㉢)(이)라고 해요.

1) ① (가)의 [A]와 [C]에서 나타난 의사소통장애의 특성을 비교하였을 때, 오조음의 일관성 측면에서 차이점 1가지를 쓰시오. [1점]

2) ① (가)의 [B]에서 사용된 중재 방법의 명칭을 쓰고, ② '가방'이라는 단어를 활용하여 (가)의 ㉠에 해당하는 음절 수준의 합성과제 1가지를 쓰시오(단, 교사의 발문 형태로 쓸 것). [2점]

①:

②:

3) ① (나)의 ㉡에 들어갈 언어 중재 전략의 명칭을 쓰고, ② (나)의 ㉢에 들어갈 언어 중재 전략의 명칭을 쓰시오. [2점]

①:

②:

26

핵심테마 체크 ✔

- 의사소통장애 학생을 위한 언어중재

MY MEMO

정답 및 예시답안

알찬 지문풀이

- ㄴ. 경호의 언어적 어려움을 고려해서 '인사', '음식' 등 ~~/ㅅ/이 들어간 낱말을 이용~~하여 짧은 글짓기 수업을 해 보라고 권한다. ➡ **/ㅅ/ 발음이 어려우므로 지도 요망**
- ㄷ. 현재 언어치료 지원 서비스가 진행되고 있는지 알아보게 하고 발음 오류에 대한 진단 및 처치에 ~~직접 개입~~하라고 권한다. ➡ **언어치료중재를 위한 발음 오류의 진단 및 처치를 일반교사가 직접 개입하여 실시하는 것은 부적절함**

26 2011. 초

초등학교 2학년 통합학급을 담당하는 김 교사가 (가)와 같은 국어과 수업을 한 후, 경호의 어려움에 대해 특수교사에게 (나)와 같이 조언을 요청하였다. 특수교사가 조언한 내용으로 적절한 것을 〈보기〉에서 모두 고른 것은?

(가) 김 교사의 국어 수업

단원	마음을 담아서
학습 목표	칭찬하는 말을 주고받으면 어떤 점이 좋은지 안다.
학습 활동	그림을 보고 칭찬하는 말을 들은 경험을 이야기하기
수업 자료 (그림 카드)	음식을 가리지 않고 잘 먹는구나. 석현이는 청소를 참 잘 하는구나. 우리 기정이는 심부름도 참 잘해요. 인사를 참 잘하는구나.

(나) 김 교사가 조언을 요청한 내용

우리 반 경호라는 학생 때문에 고민이 되어서 선생님께 여쭤보려고 해요. 어제 국어 시간에 '칭찬하는 말 주고받기' 수업을 하는데, 경호가 '음식'은 /음식/으로, '석현이'는 /억현이/로, 또 '심부름'이나 '인사'는 /임부음/과 /인다/라고 발음하더군요.

경호가 말하는 것을 듣고 깔깔대고 웃는 아이들도 있어서 경호는 울려고 했어요. 그래서 아이들에게 놀리지 말라고 했는데요, 요즘에는 친구들과 거의 말하려고 하지 않아요. 평소에 경호가 저한테도 너무 작고 짧게 응답만 하는 것 같아서 수업시간에 일부러 발표도 많이 시키려고 하거든요.

경호 어머니께서 지난 겨울방학 때 경호가 설소대 수술을 했다고 하셨어요. 경호를 위해서 제가 어떻게 해야 할까요?

보기

ㄱ. 경호의 좌석은 수업에 적극적이고 상호작용이 활발한 급우들 사이에 배치하라고 권한다.

ㄴ. 경호의 언어적 어려움을 고려해서 '인사', '음식' 등 /ㅅ/이 들어간 낱말을 이용하여 짧은 글짓기 수업을 해 보라고 권한다.

ㄷ. 현재 언어치료 지원 서비스가 진행되고 있는지 알아보게 하고 발음 오류에 대한 진단 및 처치에 직접 개입하라고 권한다.

ㄹ. 언어치료가 진행되고 있다면 훈련된 낱말 중심으로 다양한 상황에서 일반화가 일어날 수 있도록 국어시간에 적극 활용하라고 권한다.

ㅁ. 경호의 어휘력이 풍부해지고, 발음 능력이 향상되도록 첫 낱말이 /시/로 시작되는 '끝말잇기' 같은 말놀이를 말하기 수업시간에 적용해 보라고 권한다.

① ㄱ, ㄷ ② ㄴ, ㄹ ③ ㄹ, ㅁ
④ ㄱ, ㄹ, ㅁ ⑤ ㄴ, ㄷ, ㅁ

핵심테마 체크

- 조음 오류 형태
- 어휘발달과정에서의 특징

MY MEMO

27

정답 및 예시답안

1) • 교수 · 학습방법: 언어경험 접근법
   • 특징: 언어의 기능을 통합적으로 지도할 수 있다, 개별화교육에 도움이 되며 학습동기 향상에 효과적이다.
2) 입모양에 따라 소리가 다름을 이해하기
3) 대치
4) 과잉확대

관련이론

✦ 어휘발달의 특징

과잉확대 현상	• 아직 알고 있는 어휘의 양이 부족하고 정확한 지식이 형성되지 않아서 생기는 현상 • 성인 남자 모두 '아빠'라고 한다거나, 네 발 달린 동물을 모두 '개'라고 말하는 것 • 잠깐 동안 나타났다가 어휘력과 지식이 증가하면 점차 사라짐
과잉축소 현상	• 단어가 가지고 있는 본래의 뜻보다도 더 좁은 의미로 사용하는 현상 • 자신이 가지고 있는 경험 속에서만 단어의 의미를 제한하는 것 • '의자'가 앉는 데 사용되는 개념이라는 것을 아직 알지 못하기 때문에, 자기가 아는 특정한 대상만 '의자'라고 생각하는 것
과잉 일반화 현상	• 언어를 배우는 과정에서 사용규칙을 일반화시키는 것 • 특히 문법습득과정에서 많이 나타나는데, 가장 대표적인 것은 주격 조사의 과잉 일반화 예 '선생님이가'
주축문법 (pivot grammar)	• 주축이 되는 단어를 중심으로 새로운 단어를 조합하여 문장을 표현하는 것 • 주축어: 두 단어 조합에서 축이 되는 단어 • 개방어: 주축어에 합쳐지는 단어 예 엄마 + 쉬, 엄마 + 어부바, 안 + 가, 안 + 밥이라고 했을 때, '엄마'와 '안'은 주축어
의미적 수평적 발달과 수직적 발달	• 수평적 발달: 사용하는 어휘의 의미에 많은 것들을 경험하면서 새로운 속성을 덧붙여 나가는 것 예 '학교'라는 단어를 배움으로써 학생, 선생님, 숙제, 시험, 공부 등과 같은 어휘들을 학습하는 것 • 수직적 발달: 어떤 어휘 개념의 속성을 알고 그와 관련된 단어들을 습득해 나가면서 어휘를 확장해 나가는 것 예 '학교는 공부하는 곳'이라는 속성을 안 다음 초등학교, 중학교, 고등학교, 학원, 그리고 대학교 등의 단어들을 습득해 나가는 것

27

2013. 초

다음의 (가)는 최 교사가 실시한 2학년 국어과 교수 · 학습 활동이고, (나)는 의사소통장애 학생 영희를 관찰한 내용이다. 물음에 답하시오. [6점]

영희의 특성	• K-WISC-Ⅲ 검사 결과: 지능지수 59 • PRES 검사 결과: 수용언어 발달연령 5세 표현언어 발달연령 4세 6개월 • 우리말 조음 · 음운검사 결과: 1%ile 미만 • 청력 및 신경학적 손상 없음 • 심각한 상호작용 문제 없음

학습 목표	• 그림을 보고 동물의 움직임을 나타내는 낱말을 말한다. • 동물의 움직임을 나타내는 낱말을 따라 읽는다. • 동물의 움직임을 나타내는 낱말을 따라 쓴다.

(가) 교수 · 학습 활동	(나) 관찰 내용
• 동물원에서 찍은 동영상 함께 보기 • 학생들이 동물원에서 경험한 것을 이야기하도록 동기 부여하기 −동물의 움직임을 나타내는 낱말을 말하도록 격려한다. −동물의 움직임을 나타내는 낱말을 동작으로 표현하도록 한다. • 학생들이 이야기한 내용을 받아 적기 −교사는 움직임을 나타내는 낱말을 추가한다. • 받아 적은 글로 읽기 활동하기 −받아 적은 글에서 움직임을 나타내는 낱말을 따라 읽도록 한다. • 받아 적은 글로 쓰기 활동하기 −받아 적은 글에서 움직임을 나타내는 낱말을 따라 쓰도록 한다.	• ㉠ <u>모음은 정확하게 발음하는 편이나, 자음은 발음 오류를 자주 보임(㉡ 예 : '호랑이'를 /호앙이/, '원숭이'를 /원충이/, '꼬리'를 /꼬디/, '동물원'을 /동물런/으로 발음)</u> • 움직임을 나타내는 낱말의 의미는 이해하지만 자발적 표현은 어려움 • ㉢ <u>'표범', '치타', '호랑이'를 모두 '호랑이'라고 함</u> • 소리와 표기가 다른 낱말을 읽는 데 어려움이 있음(예 : 같이, 걸어가) • 낱말을 따라 쓸 수 있으나 낱자의 획순대로 쓰지 못함 • 평소 국어 시간에 비해 흥미를 보이고 주의집중을 잘 함

1) (가)에 적용된 국어과 교수 · 학습방법과 특징 2가지를 쓰시오. [3점]

• 교수 · 학습방법 :

• 특징 1 :

• 특징 2 :

2) (나)의 ㉠에 나타난 발음 문제를 지도할 때, 교사가 '다른 사람의 말을 듣고 따라 말하기' 전에 가르쳐야 할 내용을 '2011 개정 특수교육 교육과정' 중 기본 교육과정 국어과 '문법' 영역에 근거하여 쓰시오. [1점]

3) (나)의 ㉡에서 가장 많이 나타난 자음의 발음 오류 형태를 쓰시오. [1점]

4) 일반적인 어휘 발달 과정에서 흔히 나타나는 (나)의 ㉢과 같은 현상이 무엇인지 쓰시오. [1점]

핵심테마 체크 ✔

- 언어의 구성요소
- 조음 · 음운변동 현상
- 음운변동 분석
- 언어장애 특성에 따른 지도방안

MY MEMO

28

정답 및 예시답안

1) ㉡ / 질문을 듣고 아빠를 바라본 것은 내용(의미) 측면에서의 발달을 보인 것이고, "아빠"를 듣고 "아바바"라고 한 것은 표현이 정확하진 않지만 형식(기호) 측면에서 발달을 보이고 있다는 것을 의미한다.
2) ① 탈긴장음화, 탈기식음화
   ② 생략, 기식음화
3) 자음 정확도는 개별 음소의 오류를 확인하기 위함이고, 음운변동 분석은 음운 오류 패턴을 파악하기 위함이다.
4) ⓓ / 새로운 단어는 (잘 이해할 수 있도록) 완전한 문장으로 말해 주고, 의사소통 기회를 충분히 주기 위해서는 개방형 질문을 주로 해 준다.

관련이론

✦ 조음 · 음운 오류

- **개별 음소 조음 오류 형태**: 생략, 대치, 첨가, 왜곡
- **오류 음운 과정의 형태**
  - **생략 및 첨가 음운변동**: 음절구조, 조음위치, 조음방법에 따른 변동
  - **대치 음운변동**: 조음위치 / 조음방법 / 동화 / 긴장도 · 기식도에 따른 변동

✦ 음운변동 접근법

- **음운변동**: 음운발달이 진행되는 과정에서 발음을 편리하게 하기 위해 음운체계를 수정하거나 단순화시키는 것
- 음소가 조음되는 방식의 변이
- 음운발달이 정상적으로 이루어지지 않은 경우에 여전히 단어를 단순화하여 발음하는 현상을 보이는 것
- 특정 음소정확도만으로 찾아내기 어려운 아동의 조음 패턴을 찾으며, 치료의 초점을 개개의 다른 음을 가르치기보다 아동에게 나타나는 비정상적인 전설음화 변동을 제거함으로써 여러 개의 오류음을 동시에 수정하는 데 둠

28

2018. 초

다음은 특수학교에서 교육 실습 중인 예비 교사가 작성한 의사소통 관찰 결과와 그에 대해 지도 교사가 제공한 피드백의 일부이다. 물음에 답하시오. [5점]

학생	예비 교사 관찰 결과	지도 교사 피드백
철수	언어 이해만 가능함. 표현 언어는 관찰되지 않음. 예를 들면, ㉠"하지 마!"라는 금지어를 듣고 하던 행동을 멈춤 ㉡"아빠 어딨어?"라는 말을 듣고 아빠를 바라보며 "아바바"라고 함 ㉢"손뼉을 쳐요.", "눈을 감아요."라는 말을 듣고 동작을 수행함 ㉣몇 개의 물건들 중에서 지시하는 한 가지의 물건을 고를 수 있음	지적장애가 있고 언어 발달 지체가 심하긴 하지만 ㉤표현 언어 발달도 함께 이루어지고 있음. 영유아 언어 발달 검사(SELSI)나 언어 발달 점검표로 평가해 볼 필요가 있음
순이	부정확한 발음으로 인해 의사 전달이 어려움. 오류의 예: ㉥'땅콩' → [강공], '장구' → [앙쿠], '똑똑' → [도톡], '나무' → [나푸] 등. 자발화 표본을 수집하여 자음 정확도 측정 예정임	㉦자음 정확도 분석뿐만 아니라 ㉧음운 변동 분석도 해 볼 필요가 있음. 이때 검사자 간 신뢰도 확보에 주의해야 함
지우	주로 2~3개의 단어를 연결하여 말함. 기본적인 단어를 배열하는 수준임. 대부분 조사가 생략된 문장 형태를 보임	생활 연령에 비해 특히 표현 언어 발달이 더 지체되어 있음. ㉨지우의 언어 발달 수준을 고려한 언어 자극을 주는 것이 중요함

1) 밑줄 친 ㉤의 근거를 밑줄 친 ㉠~㉣에서 찾아 기호로 쓰고, 그렇게 판단할 수 있는 이유를 언어의 형식(기호)과 내용(의미)의 관계를 활용하여 쓰시오. [1점]

2) 다음은 밑줄 친 ㉥의 음운 변동 분석 결과의 일부이다. ① '땅콩'과 ② '장구'의 첫 음절과 둘째 음절에서 나타난 오류 각각 1가지씩을 [A]에서 찾아 순서대로 쓰시오. [2점]

목표 단어	발음 전사	[A]						
		생략	첨가	긴장 음화	탈긴장 음화*	기식 음화	탈기식 음화	
땅콩	강공	( )	( )	( )	( )	( )	( )	
장구	앙쿠	( )	( )	( )	( )	( )	( )	

* 이완음화와 동일한 용어임

①:

②:

3) 밑줄 친 ㉦과 밑줄 친 ㉧의 실시 목적의 차이점을 쓰시오. [1점]

4) 다음은 밑줄 친 ㉨을 위한 방법이다. 적절하지 않은 방법을 찾아 기호로 쓰고, 바르게 고쳐 쓰시오. [1점]

> ⓐ 말을 약간 천천히 하고, 중요한 단어에는 강세를 준다.
> ⓑ 발음을 분명하게 하고, 질문이나 지시문의 경우에는 짧은 문장으로 말한다.
> ⓒ 구체적이고 일상적인 단어를 사용하며, 복잡하고 어려운 단어는 이미 알고 있는 말로 바꾸어 들려준다.
> ⓓ 새로운 단어는 전보식 문장으로 반복하여 말해 주고, 의사소통의 기회를 충분히 주기 위하여 폐쇄형 질문을 주로 해 준다.

핵심테마 체크 ✔

- 조음 · 음운장애의 원인
- 조음 · 음운장애의 지도 방법
- 전통적 접근법/언어인지 접근법

MY MEMO

29

정답 및 예시답안

- ○ **기질적 원인**: 신경운동 결함, 구개이상, 부정교합, 혀의 이상, 청력손실 등
- ○ **전통적 접근법**: 짝자극기법, 조음점 지시법
- ○ **언어인지 접근법**: 변별자질 접근법, 음운운동 접근법
- ○ 전통적인 접근법은 목표음소를 선정하고 목표음소를 유도하기 위한 프로그램을 활용하여 모델링과 훈련을 통해 음소의 정확도를 높이는 것을 목표로 한다. 그러나 최근에는 기존의 치료법들이 독립된 특정 음소에만 치중함으로써 조음장애에만 적합한 치료기법이라는 지적을 받고 있다. 기존의 전통적인 치료방법들이 단일 음소에서 나타난 오류에 독립적으로 접근하였다면, 언어인지 접근법에서는 언어의 공통적 요인에 주목한다. 나타나는 오류음의 음소를 음성적 측면에서 교정하는 것이 아니라 언어적 · 인지적 요소에 관심을 갖고 오류 패턴을 찾아서 교정을 하는 것이다.

관련이론

✦ 조음 · 음운장애의 기질적 원인과 기능적 원인

기질적 요인	신경운동 결함
	구개이상(구개파열)
	부정교합
	혀의 이상
	청력손실
기능적 요인	낮은 지능
	어음지각 및 음운인식능력의 결함
	개인 · 환경적 요인

✦ 조음장애의 대표적인 중재

전통적 치료기법	• 반 리퍼의 전통적 치료기법 • 조음조절 프로그램	• 짝자극기법 • 조음점 지시법
언어인지적 접근법	• 변별자질 접근법	• 음운변동 접근법

29 2015. 중

다음은 장애학생 A의 조음 · 음운 문제에 대해 두 교사가 나눈 대화 내용이다. 밑줄 친 ㉠을 3가지 제시하고, 박 교사가 제시한 ㉡의 4가지 지도 방법을 전통적(말 운동) 접근법과 언어인지 접근법으로 구분하여 쓰고, 두 접근법의 차이점을 비교하여 설명하시오. [5점]

> 김 교사: 학생 A는 발음에 문제가 많은데, 왜 그런지 모르겠어요.
> 박 교사: 이런 경우를 조음 · 음운장애라고 해요. 조음 · 음운장애는 ㉠ 기질적 원인과 기능적 원인이 있습니다. 우선 기질적 원인이 있는지 알아보아야 할 것 같아요.
>
> … (중략) …
>
> 김 교사: 그럼 학생 A의 조음 · 음운 문제를 지도하는 방법에는 어떤 것들이 있나요?
> 박 교사: 현재 많이 활용되는 지도 방법은 ㉡ 짝자극 기법, 변별 자질 접근법, 음운변동 접근법, 조음점 자극법(지시법)이 있습니다.

핵심테마 체크

- 조음 오류 현상
- 변별자질 접근법

MY MEMO

30

정답 및 예시답안

1) ① 생략
   ② 첨가
   ③ 왜곡
   ④ 대치
2) 마찰음 /ㅅ/ → 파열음 /ㄷ/,
   연구개음 /ㄱ/ → 치조음 /ㄷ/
3) ② / 지속성(−)에서 지속성(+)로 수정해 주어야 한다.
   ④ / 최소대립쌍이란 말소리 하나를 교체함으로써 의미의 변별이 생기는 음절이나 단어의 쌍을 의미하는 것으로, 초분절적 요소가 아닌 분절적 요소에서 시작하는 것이다.

관련이론

✦ 변별자질 접근법

<table>
<tr><td>의미 및 목적</td><td colspan="2">• 흔히 한 가지 변별자질만 다른 음소의 짝을 이용하여 아동이 습득하지 못한 새로운 변별자질을 훈련
예 마찰음을 습득하지 못한 아동에게는 /ㄷ/−/ㅅ/을, 후설음에 오류를 보이는 아동에게는 /ㄷ/−/ㄱ/을 대비시켜서 훈련
• 아동이 보이는 오류 패턴에 어떤 자질적인 특성이 있는가를 분석하는 방법
• 두 음소 간에는 공통된 자질과 구별 짓는 자질이 있음
예 /p/와 /b/는 모두 양순폐쇄음에 해당하지만, 전자는 무성음이고 후자는 유성음
• 변별자질 접근법에서는 /ㅅ/음이 치료의 목표음이 되는 것이 아니라, /ㅅ/음이 가지고 있는 변별자질에 초점을 두고, 오류에 깔려 있는 음운론적 양식을 발견할 수 있도록 도움</td></tr>
<tr><td>특징</td><td colspan="2">• 변별자질 접근법은 언어인지적 접근법에 기초한 방법으로서 치료의 초점을 개별 음성의 교정에 두지 않고 여러 음성에 포함된 체계적인 오류 양식을 찾아 그것을 하나하나 줄여 나가는 데 두고 있다. 아동이 보이는 오류 패턴에 어떤 특징적 자질이 있는지 없는지를 먼저 분석하여야 한다. 이때 기본 가정은 일단 하나의 표본 음성이 정확히 조음되면 그와 동일한 자질을 가지고 있는 다른 음성에 일반화될 것이라는 것이다(김종현, 2001).</td></tr>
<tr><td rowspan="6">변별자질</td><td colspan="2">• 변별자질: 음소대립을 초래하는 음성적 자질
• 대표적인 자질: 자질의 유무에 따라 (+), (−)로 표기</td></tr>
<tr><td>자음성</td><td>• 자음과 모음을 구별하기 위하여 사용
• 모든 자음은 [+자음성]을 가짐</td></tr>
<tr><td>공명성</td><td>• 모음, 반모음, 비음, 설측음, [r]음을 가리킴</td></tr>
<tr><td>성절성</td><td>• 음절을 이루는 데에 중심이 되는 분절음
• 모음은 [+성절성]</td></tr>
<tr><td>지속성</td><td>• 조음을 할 때 계속해서 소리를 낼 수 있는 것
• 마찰음은 [+지속성]</td></tr>
<tr><td>소음성</td><td>• [s] 등은 [+소음성]
• [θ]는 [−소음성]</td></tr>
<tr><td rowspan="4">4단계</td><td>확인 단계</td><td>• 아동이 치료에 사용될 어휘의 개념을 아는지를 봄</td></tr>
<tr><td>변별 단계</td><td>• 아동이 변별자질을 지각할 수 있는지를 알아봄
• 예를 들면, /팔/과 /발/ 또는 /붓/과 같은 최소단어짝을 제시하고 아동이 해당 그림 또는 단어를 선택함
예 '공'과 '곰'은 연구개음−양순음의 최소대립쌍
• 최소대립쌍이란 말소리 하나를 교체함으로써 의미의 변별이 생기는 음절이나 단어의 쌍을 말함</td></tr>
<tr><td>훈련 단계</td><td>• 최소대조를 인식하고 단어를 발음함
• 아동에게 그 단어를 말하도록 하고 치료사는 아동이 발음한 단어와 일치하는 그림을 가르침</td></tr>
<tr><td>전이−훈련 단계</td><td>• 아동이 표적단어를 발음할 수 있게 되면 길고 복잡한 문장에서 훈련함</td></tr>
</table>

30

2013추. 유 · 초 · 중

다음은 말소리 산출에 어려움을 겪고 있는 철수에 대한 두 교사의 대화이다. 물음에 답하시오. [5점]

> 김 교사: 철수는 '사자'를 '다자'라고, '기린'을 '디린'이라고 말해요.
> 이 교사: 말소리 이외의 문제는 없나요?
> 김 교사: 네, 인지 능력과 신체 발달은 또래 아동과 차이가 없어요. 그런데 왜 이런 문제가 생길까요?
> 이 교사: 아, 그것은 ㉠ <u>한국어 음소 체계</u>의 특징을 분석해보면 알 수 있답니다.
> 김 교사: 네, 그렇군요. 철수에게 도움이 되는 지도 방법을 소개해 주시겠어요?
> 이 교사: 예를 든다면 ㉡ <u>최소대립쌍 훈련</u>이 있습니다.

1) 철수에게 나타난 말소리 산출 오류와 관련하여 ( )에 알맞은 용어를 순서대로 쓰시오. [1점]

> 조음장애는 말소리 산출의 결과에 따라 그 유형을 4가지로 나눌 수 있다. 그 유형으로는 /가위/를 /아위/라고 하는 음의 (①), /아기/를 /가기/라고 하는 음의 (②), 정상 산출된 음과 일치하지 않는 부정확한 소리를 내는 음의 (③), /사과/를 /다과/라고 말하는 음의 (④)이(가) 있다.

①:

②:

③:

④:

2) ㉠에 따라 <예시>를 참고하여 철수에게 나타나는 조음 오류 현상을 ①과 ②에 쓰시오. [2점]

바른 조음 → 틀린 조음	
<예시> /바람/ → /마람/	파열음 /ㅂ/ → 비음 /ㅁ/
/사자/ → /다자/	(①)
/기린/ → /디린/	(②)

①: →

②: →

3) ㉡에 대한 설명으로 적절하지 <u>않은</u> 것 2가지를 찾아 번호를 쓰고, 바르게 수정하시오. [2점]

> ① 훈련 목적은 철수의 말소리 오류 패턴을 찾아 음운론적 규칙을 확립시키는 것이다.
> ② 철수의 조음 오류 /다자/는 현재 지속성(+)를 보이는 조음을 지속성(−)로 수정해 주어야 한다.
> ③ 철수의 조음 오류 /디린/은 현재 전방성(+)를 보이는 조음을 전방성(−)로 수정해 주어야 한다.
> ④ 철수에게 적용하는 최소대립쌍은 초분절적 요소부터 시작하는 것이 효과적이다.

- 번호와 수정 내용:

- 번호와 수정 내용:

핵심테마 체크 ✔

- 자극반응도
- 변별자질 접근법

MY MEMO

31

정답 및 예시답안

○ ㉠ 자극반응도
○ ㉡ 변별자질 접근법

관련이론

✦ 자극반응도

- 특정 음소에 대하여 청각적 · 시각적, 또는 촉각적인 단서나 자극을 주었을 때 어느 정도로 목표음소와 유사하게 조음할 수 있는가를 의미함

✦ 변별자질 접근법

<table>
<tr><td>의미 및 목적</td><td colspan="2">• 흔히 한 가지 변별자질만 다른 음소의 짝을 이용하여 아동이 습득하지 못한 새로운 변별자질을 훈련
예 마찰음을 습득하지 못한 아동에게는 /ㄷ/−/ㅅ/을, 후설음에 오류를 보이는 아동에게는 /ㄷ/−/ㄱ/을 대비시켜서 훈련
• 아동이 보이는 오류 패턴에 어떤 자질적인 특성이 있는가를 분석하는 방법
• 두 음소 간에는 공통된 자질과 구별 짓는 자질이 있음
예 /p/와 /b/는 모두 양순폐쇄음에 해당하지만, 전자는 무성음이고 후자는 유성음
• 변별자질 접근법에서는 /ㅅ/음이 치료의 목표음이 되는 것이 아니라, /ㅅ/음이 가지고 있는 변별자질에 초점을 두고, 오류에 깔려 있는 음운론적 양식을 발견할 수 있도록 도움</td></tr>
<tr><td>특징</td><td colspan="2">• 변별자질 접근법은 언어인지적 접근법에 기초한 방법으로서 치료의 초점을 개별 음성의 교정에 두지 않고 여러 음성에 포함된 체계적인 오류 양식을 찾아 그것을 하나하나 줄여 나가는 데 두고 있다. 아동이 보이는 오류 패턴에 어떤 특징적 자질이 있는지 없는지를 먼저 분석하여야 한다. 이때 기본 가정은 일단 하나의 표본 음성이 정확히 조음되면 그와 동일한 자질을 가지고 있는 다른 음성에 일반화될 것이라는 것이다(김종현, 2001).</td></tr>
<tr><td rowspan="6">변별자질</td><td colspan="2">• 변별자질: 음소대립을 초래하는 음성적 자질
• 대표적인 자질: 자질의 유무에 따라 (+), (−)로 표기</td></tr>
<tr><td>자음성</td><td>• 자음과 모음을 구별하기 위하여 사용
• 모든 자음은 [+자음성]을 가짐</td></tr>
<tr><td>공명성</td><td>• 모음, 반모음, 비음, 설측음, [r]음을 가리킴</td></tr>
<tr><td>성절성</td><td>• 음절을 이루는 데에 중심이 되는 분절음
• 모음은 [+성절성]</td></tr>
<tr><td>지속성</td><td>• 조음을 할 때 계속해서 소리를 낼 수 있는 것
• 마찰음은 [+지속성]</td></tr>
<tr><td>소음성</td><td>• [s] 등은 [+소음성]
• [θ]는 [−소음성]</td></tr>
<tr><td rowspan="4">4단계</td><td>확인 단계</td><td>• 아동이 치료에 사용될 어휘의 개념을 아는지를 봄</td></tr>
<tr><td>변별 단계</td><td>• 아동이 변별자질을 지각할 수 있는지를 알아봄
• 예를 들면, /팔/과 /발/ 또는 /붓/과 같은 최소단어짝을 제시하고 아동이 해당 그림 또는 단어를 선택함
예 '공'과 '곰'은 연구개음−양순음의 최소대립쌍
• 최소대립쌍이란 말소리 하나를 교체함으로써 의미의 변별이 생기는 음절이나 단어의 쌍을 말함</td></tr>
<tr><td>훈련 단계</td><td>• 최소대조를 인식하고 단어를 발음함
• 아동에게 그 단어를 말하도록 하고 치료사는 아동이 발음한 단어와 일치하는 그림을 가르침</td></tr>
<tr><td>전이−훈련 단계</td><td>• 아동이 표적단어를 발음할 수 있게 되면 길고 복잡한 문장에서 훈련함</td></tr>
</table>

31

2017. 중

(가)는 중학생 H의 의사소통 특성이고, (나)는 특수교사와 일반교사가 나눈 대화 내용의 일부이다. ㉠이 설명하는 것의 명칭을 쓰고, ㉡에 해당하는 조음음운지도 방법을 쓰시오. [2점]

(가) 학생 H의 의사소통 특성

- 수용 및 표현 언어 능력이 낮음
- 발음이 불명료함

(나) 특수교사와 일반교사의 대화 내용

일반교사: H의 발음을 어떻게 도와줄 수 있나요?
특수교사: 학교에서 자주 사용하는 음소부터 살펴볼게요. 그리고 ㉠ 오류를 보이는 음소에 대하여 청각적, 시각적, 촉각적인 단서나 자극을 주었을 때 목표하는 음소와 유사하게 반응하는 능력이 어떤지 알아보겠습니다.
일반교사: 네. H는 /ㅅ/가 들어가는 단어들을 /ㄷ/로 발음하는 경향을 보입니다.
특수교사: H는 조음음운지도가 필요한 듯합니다. 다양한 접근법 중에서 H에게는 오류를 보이는 음소가 가지고 있는 음운론적 규칙이나 양식을 알게 하는 방법을 적용해 보겠습니다. 이 접근법은 /ㅅ/가 포함된 어휘를 선정하여 낱말짝을 구성하고, 낱말짝을 이루는 두 어휘의 뜻을 H가 이해하는지 확인하는 단계부터 시작합니다. ㉡

… (하략) …

핵심테마 체크

- 음운변동 오류 유형
- 변별자질 접근법

MY MEMO

32

정답 및 예시답안

○ 탈기식음화이다.
○ ㉠은 최소낱말짝(최소단어짝, 최소대립쌍 등)이고, 말소리 하나를 교체함으로써 의미의 변별이 생기는 음절이나 단어의 쌍을 말한다.
○ ㉡은 확인이다.

관련이론

✦ 변별자질 접근법의 4단계

단계	내용
확인 단계	• 아동이 치료에 사용될 어휘의 개념을 아는지를 봄
변별 단계	• 아동이 변별자질을 지각할 수 있는지를 알아봄 • 예를 들면, /팔/과 /발/ 또는 /붓/과 같은 최소단어짝을 제시하고 아동이 해당 그림 또는 단어를 선택함 예 '공'과 '곰'은 연구개음-양순음의 최소대립쌍 • 최소대립쌍이란 말소리 하나를 교체함으로써 의미의 변별이 생기는 음절이나 단어의 쌍을 말함
훈련 단계	• 최소대조를 인식하고 단어를 발음함 • 아동에게 그 단어를 말하도록 하고 치료사는 아동이 발음한 단어와 일치하는 그림을 가르침
전이-훈련 단계	• 아동이 표적단어를 발음할 수 있게 되면 길고 복잡한 문장에서 훈련함

✦ 최소낱말짝

• 말소리 하나를 교체함으로써 의미의 변별이 생기는 음절이나 단어의 쌍

32

2023. 중

(가)는 학생 A의 오조음 목록이고, (나)는 학생 A를 위한 조음음운중재 계획이다. 〈작성 방법〉에 따라 서술하시오. [4점]

(가) 학생 A의 오조음 목록

- ○/풀/을 /불/로 발음
- ○/통/을 /동/으로 발음
- ○/콩/을 /공/으로 발음

(나) 학생 A를 위한 조음음운중재 계획

중재 방법	변별자질접근법	
중재 초점	○오류의 패턴을 찾아서 교정하면 동일한 자질을 가진 다른 음소들의 오류가 동시에 개선됨	
중재 단어	○(㉠): '불' – '풀'	
중재 단계	구분	내용
	(㉡)	학생에게 '불', '풀' 사진을 보여주면서 학생이 단어를 아는지 알아봄
	변별	교사가 '불' – '풀'을 발음하면 학생이 해당 사진을 가리킴
	훈련	학생이 '불' – '풀'을 발음하면 교사가 해당 사진을 가리킴
	전이–훈련	학생이 '풀'을 정조음할 수 있게 되면, 구와 문장에서 연습하도록 지도함

작성방법

- (가)에 공통적으로 나타난 대치음운변동의 오류 형태를 쓸 것
- (나)의 괄호 안의 ㉠에 해당하는 용어를 쓰고, 그 의미를 서술할 것
- (나)의 괄호 안의 ㉡의 명칭을 쓸 것

핵심테마 체크 ✔

• 음운변동 접근법
• 조음 · 음운변동 현상

MY MEMO

33

정답 및 예시답안

○ ㉠ 음운변동
○ (나) 파열음화(폐쇄음화)

관련이론

✦ 조음 · 음운 오류

- 개별 음소 조음 오류 형태: 생략, 대치, 첨가, 왜곡
- 오류 음운 과정의 형태
  - 생략 및 첨가 음운변동: 음절구조, 조음위치, 조음방법에 따른 변동
  - 대치 음운변동: 조음위치 / 조음방법 / 동화 / 긴장도 · 기식도에 따른 변동

✦ 음운변동 현상과 음운변동 접근법

- 음운변동은 음운발달이 진행되는 과정에서 발음을 편리하게 하기 위해 음운체계를 수정하거나 단순화시키는 것을 의미한다.
- 음운변동이란 단어 내부에서 말소리가 바뀌는 현상이다.
- 발달기에 유아들은 음운변동 규칙에서 벗어나 편하게 발음하기 위해 음운체계를 수정하거나 단순화시키는 경향이 있다. 그리고 조음 · 음운장애를 가지고 있는 아동은 국어에 존재하지 않는 방식으로 연령이 지났음에도 불구하고 사라지지 않고 여전히 비정상적인 음운변동 현상을 보인다.
- 음운변동 접근법은 아동이 단순히 특정 음소를 습득하지 못하였기 때문이 아니라, 아동 나름대로 성인의 음운 규칙을 단순화하거나 대치 규칙을 사용하기 때문에 조음 오류가 생긴다는 시각에서 아동의 잘못된 음운변동 패턴을 소거하는 데 초점을 맞춘다.

33

2020. 중

(가)의 대화에서 ㉠에 해당하는 용어를 쓰고, (나)에서 공통적으로 나타난 오조음 유형을 조음 방법에 근거하여 쓰시오. [2점]

(가) 대화

교육실습생 : 선생님, 학생 B는 발음이 정확하지 않아요.
특수 교사 : 그런가요?
교육실습생 : '자가용', '장난감'처럼 /ㅈ/ 음소가 포함되는 단어를 잘 발음하지 못하더라고요. 이를 지도하는 방법이 있나요?
특수 교사 : 네, 이를 지도하는 다양한 접근법이 있는데, 언어 인지적 접근법 중 하나인 (㉠) 접근법이 있어요. 이 방법은 말소리 발달 과정에서 남아 있는, 발음을 단순화하는 비정상적인 (㉠) 현상을 제거해 주는 방법이에요.
교육실습생 : 이 접근법은 어떤 장점이 있나요?
특수 교사 : 자음이나 모음의 정확도만으로 찾아내기 어려운 학생의 조음 오류 양상을 찾을 수 있고, 그 오류 양상을 제거하면 여러 개의 오류음을 동시에 수정할 수 있어요.

… (하략) …

(나) 학생 B의 발음 예시

정조음		오조음
풍선	→	풍턴
책상	→	책강
반바지	→	밥바디
자전거	→	다던더

핵심테마 체크 ✔

• 조음 · 음운장애

MY MEMO

34

정답 및 예시답안

○ ㉠ 말 명료도
○ ㉡ 음운변동 접근법

관련이론

✦ 말 명료도

• 듣는 사람의 입장에서 느끼는 주관적인 기준

말 명료도(%) = 청자가 바르게 받아 적은 낱말 수 / 화자가 의도한 발화 낱말 수 × 100

✦ 음운변동 접근법

• **음운변동**: 음운발달이 과정에서 발음을 편리하게 하기 위해 음운체계를 수정하거나 단순화시키는 것을 의미, 단어 내부에서 말소리가 바뀌는 현상
• 아동이 단순히 특정 음소를 습득하지 못하였기 때문이 아니라, 아동 나름대로 성인의 음운 규칙을 단순화하거나 대치 규칙을 사용하기 때문에 조음 오류가 생긴다는 시각에서 아동의 잘못된 음운변동 패턴을 소거하는 데 초점
• 특정 음소정확도만으로 찾아내기 어려운 아동의 조음 패턴을 찾아, 치료의 초점을 개개의 다른 음을 가르치기보다 아동에게 나타나는 비정상적인 음운변동을 제거함으로서 여러 개의 오류음을 동시에 수정하는 것에 둠
• 효과적인 이유는 개별 조음 오류현상에 접근하는 것보다 일반화 가능성이 높아지기 때문
• 변별자질 접근법과 음운변동 접근법은 모두 개별 음소를 목표로 하지 않으며, 반응 일반화가 용이하다는 장점을 가짐

34

2024. 중

(가)는 ○○중학교에 재학 중인 학생 A를 지도하는 일반 교사와 특수 교사의 대화이고, (나)는 학생 A에 대한 조음·음운 지도 계획의 일부이다. (가)의 괄호 안의 ㉠에 해당하는 용어를 쓰고, (나)를 참고하여 학생 A에게 적용할 조음·음운 중재 기법의 유형을 쓰시오. [2점]

(가) 일반 교사와 특수 교사의 대화

일반 교사: 선생님, 우리 반 학생 A는 말할 때 입을 크게 벌리지 않고 우물거리며 말을 하는 습관이 있어서 수업 시간에 말을 알아듣기 힘들 때가 많습니다.
특수 교사: 네, (㉠)이/가 낮아서 문제이군요.
일반 교사: 그게 무슨 뜻인가요?
특수 교사: 이것은 학생 A가 발음하는 것을 선생님이 알아듣는 정도를 의미해요.

(나) 학생 A의 조음·음운 지도 계획

1. 우리말 조음·음운 평가(Urimal Test of Articulation and Phonology: U-TAP) 결과
   1) 개별 음소 분석표
   * 음소 정확도

	자음 정확도	모음 정확도
낱말 수준	38/43	9/10
	88.3%	90.0%
문장 수준	34/43	9/10
	79.0%	90.0%

   2) 음운 오류 분석 결과

… (중략) …

2. 중재 진행 방향
   1) 음운 오류인 탈기식음화 감소를 중재 목표로 설정함
   2) 목표음을 지도할 때 문맥적 훈련에 중점을 두어 진행함
   3) 한 번에 여러 개 음소를 동시에 수정하고자 함

PART 12

핵심테마 체크 ✔

- 조음 · 음운변동 현상
- 음운변동 접근법
- 준거참조검사/규준참조 검사
- K-WISC-Ⅳ
- 교육과정중심측정

MY MEMO

35

정답 및 예시답안

1) ① 치조음화
   ② 잘못된 음운변동 패턴을 소거하여 여러 개의 오류음을 동시에 수정할 수 있다.
2) ㉠ / 준거참조검사는 학생의 수준에 대한 정보를 주는 검사이므로 틀린 설명이다.
   ㉡ / 전체지능지수는 지표 합산점수의 평균이 아니라, 소검사의 각 점수의 합계를 합산점수로 변환하는 방식으로 구하는 것이므로 잘못된 내용이다.
3) ① 66
   ② 진전도 확인

관련이론

✦ 조음 · 음운 오류

- 개별 음소 조음 오류 형태: 생략, 대치, 첨가, 왜곡
- 오류 음운 과정의 형태
  - 생략 및 첨가 음운변동: 음절구조, 조음위치, 조음방법에 따른 변동
  - 대치 음운변동: 조음위치 / 조음방법 / 동화 / 긴장도 · 기식도에 따른 변동

✦ 음운변동 접근법

- 음운변동: 음운발달이 과정에서 발음을 편리하게 하기 위해 음운체계를 수정하거나 단순화시키는 것을 의미, 단어 내부에서 말소리가 바뀌는 현상
- 아동이 단순히 특정 음소를 습득하지 못하였기 때문이 아니라, 아동 나름대로 성인의 음운 규칙을 단순화하거나 대치 규칙을 사용하기 때문에 조음 오류가 생긴다는 시각에서 아동의 잘못된 음운변동 패턴을 소거하는 데 초점
- 특정 음소정확도만으로 찾아내기 어려운 아동의 조음 패턴을 찾아, 치료의 초점을 개개의 다른 음을 가르치기보다 아동에게 나타나는 비정상적인 음운변동을 제거함으로서 여러 개의 오류음을 동시에 수정하는 것에 둠
- 효과적인 이유는 개별 조음 오류현상에 접근하는 것보다 일반화 가능성이 높아지기 때문
- 변별자질 접근법과 음운변동 접근법은 모두 개별 음소를 목표로 하지 않으며, 반응 일반화가 용이하다는 장점을 가짐

✦ 규준참조검사와 준거참조검사

규준참조검사	• 검사를 받은 또래 아동들의 점수의 분포인 규준(norm)에 아동의 점수를 비교함으로써 또래집단 내 아동의 상대적 위치에 대한 정보를 제공하는 검사 • 규준(norm)이란 규준집단의 점수분포 • 규준의 3가지 요인: 대표성, 크기, 적절성
준거참조검사	• 사전에 설정된 숙달수준인 준거(criterion)에 아동의 점수를 비교함으로써 특정 지식이나 기술에 있어서의 아동 수준에 대한 정보를 제공하는 검사 • 어떤 기술을 가르쳐야 할지 결정하는 데 있어서 매우 유용

✦ 교육과정중심측정(CBM)

- 아동의 요구에 맞도록 교수 프로그램을 변경하거나 수정하기 위해 교사가 활용할 수 있는 자료를 제공하도록 설계되며, 교수 프로그램 수정 후 아동의 진전을 사정하는 데에 강조점
- 시간 경과에 따른 아동 수행의 반복 측정과 그러한 자료 그래프의 시각적 검토에 기초한 수업 결정으로 이루어짐
- 단계
  ① 측정할 기술 확인
  ② 검사지 제작
  ③ 검사의 실시횟수 결정
  ④ 기초선 점수 결정
  ⑤ 목적 설정
  ⑥ 표적선 설정
  ⑦ 자료 수집
  ⑧ 자료 해석

35

2017. 초

(가)는 일반교사와 특수교사가 단순언어장애 학생 민규의 검사 결과에 대해 나눈 대화의 일부이고, (나)는 교육실습생과 지도교사가 학습장애 학생 은미의 검사 결과에 대해 나눈 대화 내용의 일부이다. 물음에 답하시오. [6점]

(가)

일반교사 : 민규의 발음이 분명하지 않아 말을 알아듣기 힘들어요.
특수교사 : 민규의 '우리말 조음 · 음운평가' 결과를 보면, 자음과 모음의 정확도가 낮은 것을 알 수 있어요.

〈민규의 '우리말 조음 · 음운평가' 결과 요약〉

구분	자음정확도	모음정확도
낱말 수준	28/43 (65%)	7/10 (70%)
문장 수준	22/43 (51%)	6/10 (60%)

(나)

교육실습생 : ㉠ K-WISC-IV는 같은 연령의 또래와 비교하여 은미 지능의 상대적 위치를 알 수 있는 준거참조검사로 알고 있어요. 이 검사 결과를 보면, ㉡ 은미의 전체 지능지수는 4개 지표 합산점수의 평균인 91이에요. ㉢ 4개 지표 합산점수들은 71에서 102 사이에 분포하고 있어 전체 지능지수가 은미의 전반적인 지적 능력을 반영한다고 단정짓기는 어려운 것 같습니다. 또한 ㉣ '처리속도 지표' 합산점수는 71로 -1 표준편차에서 -2 표준편차 사이에 위치하는 것을 알 수 있어요.

〈은미의 'K-WISC-IV' 결과 요약〉

지표	합산점수
언어이해	98
지각추론	102
작업기억	93
처리속도	71

… (중략) …

교육실습생 : BASA 읽기 검사 결과를 바탕으로 은미의 읽기지도 계획을 수립하려고 하는데 어떻게 해야 하는지 궁금해요.
지 도 교 사 : 이 검사는 교육과정중심측정(CBM)을 활용한 검사예요. 이 검사에서는 3회에 걸쳐 실시한 읽기 검사 원점수의 중앙치로 기초선을 설정하는데 은미의 경우 (㉤)이 되겠지요. 기초선 설정 후 목표수준을 정하고 ㉥ 읽기 중재를 하면서 매주 2회 정도 읽기 검사를 해요.

〈은미의 '기초학습기능 수행평가체제(BASA) : 읽기 검사' 결과 요약〉

읽기 검사 1회	원점수: 63
읽기 검사 2회	원점수: 68
읽기 검사 3회	원점수: 66

1) (가)의 우리말 조음 · 음운평가에서 민규는 다음과 같은 자음 오류를 보이는 것으로 나타났다. ① 민규가 공통적으로 보이는 자음 오류 형태를 조음위치 측면에서 쓰고, ② 이러한 오류가 자주 발생할 때 음운변동 접근법이 효과적인 이유 1가지를 쓰시오. [2점]

> 민규의 자음 오류
> '가방'을 /다방/, '토끼'를 /토띠/, '꼬리'를 /토리/라고 발음함

①:

②:

2) (나)의 ㉠~㉣에서 틀린 것을 2가지 찾아 기호와 이유를 각각 쓰시오. [2점]

①:

②:

3) (나)의 ① ㉤에 들어갈 점수를 쓰고, ② ㉥의 이유 1가지를 쓰시오. [2점]

①:

②:

핵심테마 체크 ✔

- 어휘발달의 특징
- 조음장애 진단 평가 기준
- 우리말 조음·음운 평가

MY MEMO

36

정답 및 예시답안

○ ㉠은 전보식 문장, ㉡은 자극반응도이다.
○ ㉢ 정반응을 하면 "정답이야." 등의 말을 하지 않고 기록한다. ㉧ 오조음을 보이면 '－'가 아니라 발음한 음소로 표기한다.

관련이론

✦ 조음장애 진단 시 사용되는 평가 기준

평가 기준	의미
오조음 발생빈도	• 잘못 발음하는 음소의 수
음소정확도	• 음소의 위치를 고려한 전체 음소의 수를 바르게 조음된 음소의 수로 나누어 100을 곱한 것
발달연령	• 정상 아동들의 발달연령과 비교하는 방법 • **습득연령**: 특정 음소를 75~90% 이상의 아동들이 바르게 발음하는 발달시기 • **습관적 연령**: 특정 음소를 50% 정도의 아동들이 바르게 발음하는 발달시기
출현율	• 오조음의 출현율
자극반응도	• 특정 음소에 대하여 청각적·시각적, 또는 촉각적인 단서나 자극을 주었을 때 어느 정도로 목표 음소와 유사하게 조음할 수 있는가를 의미
오류자질의 패턴분석	• 오류를 보이는 음소들을 조음위치, 방법, 발성 등에 따라 구별하여 오류의 자질적인 패턴을 분석하는 방법
말 명료도	• 듣는 사람의 입장에서 느끼는 주관적인 기준 말 명료도(%) = 청자가 바르게 받아 적은 낱말 수 / 화자가 의도한 발화 낱말 수 × 100

✦ 우리말 조음·음운 평가(U-TAP)

- 단어와 문장 수준에서 자음과 모음 오류 여부를 검사
- 정상발달 아동과 비교하여 조음치료에 대한 필요 여부를 결정하고, 음소목록과 분석 자료를 이용하여 조음치료 계획을 수립할 수 있도록 해줌
- 검사 구성: 그림 낱말 검사 / 그림 문장 검사
- 실시 및 채점 방법
  - 검사자는 기록지와 그림을 준비해 두고 검사 실시 내용을 녹음기로 녹음하거나 비디오로 녹화할 수 있도록 사전에 준비
  - 검사자가 그림을 보여 주면서 목표 문장을 들려주면 아동이 이를 모방하거나 재구성해서 말하게 하여 조음능력을 평가
  - 발음전사

정조음	+
오조음	발음대로 음소로 표기
모방산출	(　)를 쳐서 구분
반응하지 않는 경우	NR

  - 오류분석을 기록

목표음소 대치	대치한 음소대로 기록
왜곡한 경우	D
생략한 경우	∅
음운변동	검사지의 해당 빈칸에 × 표시: 해당 음운변동이 나타난 빈도(× 표시 개수)를 세어 음운변동 출현 기회 수로 나눈 후 100을 곱하여 해당 음운변동의 출현율을 계산

- 결과 해석
  - 문장발음전사와 낱말발음전사를 통해 어두초성, 어중초성, 종성에서의 오류분석을 실시하며 낱말수준과 문장수준에서의 오류횟수를 계산하여 자음정확도와 모음정확도를 산출
  - 피검사자의 자음 정확도가 −1 표준편차 이하인 경우 조음치료의 고려가 필요하며, −2 표준편차 이하인 경우 조음치료가 반드시 요구됨
  - 음운변동 분석을 통해 생략 및 첨가 음운변동, 대치 음운변동에 대한 오류를 분석

36

2022. 중
★답안작성

(가)는 의사소통장애 학생 I의 기본 정보 및 현행 언어 수준의 일부이고, (나)는 우리말 조음·음운평가(U-TAP)의 실시 방법이다. 〈작성 방법〉에 따라 서술하시오. [4점]

(가) 기본 정보 및 현행 언어 수준

1. 기본 정보
- 현재 13세 여학생으로 통합교육을 받고 있음
- 주 양육자인 어머니의 보고에 의하면 첫 돌 무렵에 첫 낱말을 산출하였으나, 두 낱말 표현은 36개월경에 나타났음
- 오랫동안 조사나 연결어 등을 생략하고 명사와 동사 중심으로 짧게 말하는 (㉠)(으)로 말을 하는 경향이 있었음

… (중략) …

2. 언어 수준
- 우리말 조음·음운평가(U-TAP) 결과, 낱말 수준에서 자음 정확도는 65.1%이며 모음정확도는 90%임
- 음절 수준의 음세기 과제에서는 총 20문항 중 19개에서 정반응을 보임
- 모방이나 청각적 혹은 시각적 단서를 주었을 때, 정조음하는지를 알아보는 (㉡) 검사에서 /ㄱ/ 음소는 10회 중 6회 정반응을 보임

(나) 실시 방법

㉢ 정반응을 하면, "정답이야."라고 말해 준다.
㉣ 적절한 유대관계를 형성한 후 검사를 실시한다.
㉤ 단어의 이름을 모를 때에는 유도 문장을 말해 준다.
㉥ 반응을 보이지 않으면 단어를 따라 말해 보도록 한다.
㉦ 정반응을 보인 단어는 '+'로, 오조음을 보인 단어는 '−'로 표기한다.

작성방법
- (가)의 괄호 안 ㉠, ㉡에 해당하는 용어를 기호와 함께 각각 쓸 것
- (나)의 ㉢~㉦ 중 <u>틀린</u> 것 2가지를 찾아 기호와 함께 바르게 고쳐 각각 서술할 것

핵심테마 체크 ✔

• 음성장애

MY MEMO

37

정답 및 예시답안

⑤

알찬 지문풀이

• ① 책상을 손바닥으로 ~~강하게 밀면서 음을 시작~~하게 한다. ➡ 과도하게 큰 소리로 소리를 내는 습관이 있으므로 부적절

• ② 숨을 들이마시면서 ~~목에 긴장을 주며~~ 음을 시작하게 한다. ➡ 목에 긴장을 주면 힘이 들어감

• ③ 목청을 가다듬으며 내는 ~~소리를 길게 늘여 음을 시작~~하게 한다. ➡ 소리를 길게 늘이는 것은 목에 긴장이 생기고 힘이 들어가게 함

• ④ ~~말을 적게 하게~~ 하고, ~~빠르게 숨을 쉬며 힘주어 음~~을 시작하게 한다. ➡ 말을 적게 하게 하거나 힘주어 음을 시작하는 것은 부적절

관련이론

✦ 음성장애

- **강도장애**: 음성을 전혀 낼 수 없다든지, 지나치게 음성이 크거나 너무 작아서 상대방에게 유쾌하지 않은 느낌을 준다든지, 이야기의 내용이 충분히 전달되지 않는 경우이다. 대부분의 강도장애는 신체적인 문제를 가지고 있지 않는 한 심리적인 문제가 대부분이다.
- **음도장애**: 연령과 성에 따라 기대되는 음도보다 지나치게 높거나 낮은 경우를 말한다.
  - 단조로운 음성: 말을 할 때 음도의 변화가 거의 없다.
  - 음도이탈: 말하는 동안 음도가 갑자기 위아래로 변한다.
- **음질장애**: 거친 소리, 숨 새는 소리, 목 쉰 소리, 이중음성, 과대비음

✦ 음성장애 학생을 위한 교실에서의 중재

- 학급 안의 소음을 줄인다.
- 학급 밖의 소음이 클 경우에는 음성 사용을 자제하도록 한다.
- 교사 스스로 좋은 음성을 모델링 해 준다.
- 생수를 자주 마실 수 있도록 교실에 비치해 둔다.
- 체육 시간에 응원을 할 때는 음성 대신 손뼉이나 도구(깃발 등)를 사용하도록 한다.
- 음악 시간에는 과도하게 음도를 높이거나 힘을 주지 않도록 한다.
- 친구를 부를 때에는 다가가서 말하거나 손을 흔들어서 신호하도록 한다.
- 운동하는 동안 음성 남용이 쉽게 발생할 수 있다는 것을 염두에 두고, 음성보다는 손 신호를 사용하도록 한다.
- 교실 내에서 음성 오용·남용을 줄일 수 있는 방법을 개발한다.

37 2011. 중

다음은 김 교사가 학생 A의 음성 산출 행동을 관찰하여 정리한 것이다. 김 교사가 학생 A를 위하여 교실 내에서 적용할 수 있는 음성 관리 방법에 대한 설명으로 가장 적절한 것은?

- 쉬는 시간에 자주 큰 소리로 노래를 부른다.
- 수업 시간에 습관적으로 과도한 기침이나 헛기침을 한다.
- 운동 경기를 보며 지나치게 큰 소리로 응원하는 경우가 많다.
- 수업 시간에 다른 학생들에 비해 지나치게 큰 소리로 말하여 자주 목쉰 소리가 난다.

① 책상을 손바닥으로 강하게 밀면서 음을 시작하게 한다.
② 숨을 들이마시면서 목에 긴장을 주며 음을 시작하게 한다.
③ 목청을 가다듬으며 내는 소리를 길게 늘여 음을 시작하게 한다.
④ 말을 적게 하게 하고, 빠르게 숨을 쉬며 힘주어 음을 시작하게 한다.
⑤ 하품이나 한숨을 쉬는 것처럼 부드럽게 속삭이듯이 음을 시작하게 한다.

핵심테마 체크

• 의사소통장애의 하위유형
• 언어의 구성요소

MY MEMO

38

정답 및 예시답안

1) 낱말과 문장으로 말하기, 상황에 맞게 바른 태도로 말하기
2) ㉡ 유창성장애
   ㉢ 조음(음운)장애
3) 화용론

관련이론

✦ 말장애의 하위유형

<table>
<tr><td rowspan="3">조음 장애</td><td>정의</td><td colspan="2">• 조음장애: 말소리를 산출할 때 어려움을 지니는 장애로, 일반적으로 첨가, 생략, 왜곡, 대치 등의 단어 산출상의 실수를 의미함
• 음운장애: 조음장애와는 달리 특정 말소리를 산출할 수는 있지만 상황에 따라 정확하게 발음하지 못하는 경우, 연령에 적합한 음운지식이나 능력이 부족하여 정상적인 음운 규칙을 단순화하거나 나름대로의 대치 규칙, 즉 오류 음운 패턴을 사용하는 것</td></tr>
<tr><td>원인</td><td colspan="2">• 기질적 요인: 신경운동결함, 구개 이상(구개파열), 부정교합, 혀의 이상, 청력손실
• 기능적 요인: 낮은 지능, 어음지각 및 음운인식능력의 결함, 개인·환경적 요인</td></tr>
<tr><td>오류 형태</td><td colspan="2">• 개별 음소의 오류 형태: 생략, 대치, 왜곡, 첨가
• 오류 음운 과정의 형태: 생략 및 첨가 음운변동, 대치 음운변동</td></tr>
<tr><td rowspan="6">유창성 장애</td><td rowspan="2">하위 유형</td><td>말더듬</td><td>• 말더듬은 말소리나 음절의 반복, 소리의 연장, 소리의 막힘 등으로 인하여 말의 흐름이 순조롭지 않은 현상</td></tr>
<tr><td>속화</td><td>• 말의 속도가 너무 빨라서 생기는 유창성장애</td></tr>
<tr><td>요인</td><td colspan="2">• 심리사회적 요인: 심리역학적 이론, 진단기인론, 상호작용 가설, 예기투쟁가설, 학습이론
• 심리언어학적 요인: 음운론적 측면, 형태론적 측면, 구문론적 측면, 화용론적 측면
• 생리학적 요인: 유전적 요인, 근육의 불협응, 뇌기능의 장애</td></tr>
<tr><td rowspan="2">핵심/ 부수 행동</td><td>핵심 행동</td><td>• 반복: 말소리나 음절 또는 낱말을 1회 이상 되풀이하는 것
• 연장: 소리나 공기의 흐름은 계속되나 한 소리에 머물러 있는 상태
• 막힘: 말의 흐름이 부적절하게 중단되고 조음기관의 움직임이 고착</td></tr>
<tr><td>부수 행동</td><td>• 탈출행동: 말더듬이 고착화되면서 말더듬에서 빠져 나오려는 보상행동으로 나타나는 신체적인 행동
• 회피행동: 말을 더듬는 것을 피하기 위한 노력</td></tr>
<tr><td>말더듬 공통 현상</td><td colspan="2">• 예측성: 어떤 낱말에서 더듬을지를 미리 예측할 수 있다는 것
• 일관성: 같은 낱말에서 더듬는 경향
• 적응성: 여러 번 되풀이하여 읽을수록 더듬는 횟수가 줄어드는 적응력</td></tr>
<tr><td rowspan="2">음성 장애</td><td>정의</td><td colspan="2">• 성대, 호흡기관, 그리고 말소리 길의 구조적·기능적 이상으로 인하여 소리의 높낮이, 크기 또는 음성의 질 변화를 초래하는 말장애의 한 유형</td></tr>
<tr><td>유형</td><td colspan="2">• 강도장애 • 음도장애 • 음질장애</td></tr>
</table>

✦ 언어의 하위 요소

구성 요소	하위 영역	내용
내용	의미론	• 개념에 대한 명명, 개념 간의 관계 • 사람의 의미를 전달하기 위해 언어를 어떻게 사용하는가를 설명
형식	음운론	• 소리의 최소 단위인 음소를 조합하고 배치하는 규칙 • 언어의 음 체계를 지배하는 언어학적 규칙을 연구하는 것으로, 음운론적 규칙은 음이 어떻게 결합되고 연결되는가를 설명
	형태론	• 의미를 지닌 최소 단위인 형태소 간의 규칙(독립형태소/의존형태소) • 의미의 기본 단위가 단어로 어떻게 결합하는가를 설명하는 규칙
	구문론	• 단어의 결합과 배합에 대한 문법적인 규칙 • 문장으로 의미에 맞게 단어를 배열하는 규칙체계
활용	화용론	의사소통의 목적과 사회적 기능수행을 위해 언어를 사용하는 것 • 언어를 어떻게 활용하는가에 관한 규칙 • 대화의 상황에서 정보를 사용하는 것 • 효과적인 대화의 기술을 사용하는 것

38

2015. 유

(가)는 활동계획안의 일부이고, (나)는 통합학급 최 교사와 특수학급 박 교사의 대화 내용 중 일부이다. 물음에 답하시오. [5점]

(가) 활동계획안

활동명	나의 꿈	누리과정 관련 요소	• 사회관계: 사회에 관심 갖기 – 지역사회에 관심 갖고 이해하기 • 의사소통: 말하기 – ㉠ <u>느낌, 생각, 경험 말하기</u>
활동 목표	나의 꿈을 말할 수 있다.		
활동 자료	다양한 직업에 대한 그림 자료, ppt 자료		

(나) 두 교사의 대화

박 교사: 선생님, 요즘 지수가 슬기반에서 잘 지내고 있나요?
최 교사: 네. 대부분의 수업 활동에는 잘 참여하고 있어요. 그러나 자기의 느낌이나 생각을 말하는 시간에는 어려움이 있어요. 작년에는 ㉡ <u>말이 막히거나 말을 더듬는 현상</u>이 종종 있었는데, 올해는 많이 좋아졌어요. 그런데 아직까지도 지수의 발음이 정확하지 않아서 친구들이 잘 알아듣지 못하는 것 같아요. 친구들하고 이야기 할 때 ㉢ <u>지속적으로 '풍선'을 '푸선'이라고 하고 '사탕'을 '아탕'이라고 하거든요.</u>
박 교사: 그렇군요. 저는 ㉣ <u>지수가 이야기할 때 상황에 적절치 않게 말을 하는 경우를 많이 보았어요.</u> 얼핏 보면 말을 잘 하는 것 같지만, 실제로는 친구들과 대화를 할 때 어려움이 있어요.

1) ㉠은 '3~5세 누리과정' 의사소통 영역 '말하기' 내용 범주에 해당하는 내용이다. ㉠ 외에 '말하기' 내용 범주에 해당하는 내용 2가지를 쓰시오. [2점]

2) ㉡과 ㉢에 나타난 언어 장애 유형을 쓰시오. [2점]

㉡:

㉢:

3) 언어의 하위 체계에는 5가지(음운론 등)가 있다. ㉣에서 언급된 지수의 언어 행동은 언어의 하위 체계 중 무엇과 관련된 문제인지 쓰시오. [1점]

핵심테마 체크 ✔

- 언어학의 하위영역
- 관찰기록법
- 면담

MY MEMO

39

정답 및 예시답안

1) 화용론
2) ① 서술기록
   ② 질문 내용이 정해진 구조화된 면담과 달리 ㉢은 융통성 있게 질문을 하며 다양하고 심층적인 정보를 얻을 수 있는 장점이 있다.
3) 유치원 C

관련이론

✦ 언어의 하위 요소

<table>
<tr><td>음운론</td><td colspan="2">• 음소: 음운론의 기본 단위는 음운
• 소리의 차이를 일으키게 하는 자음과 모음으로 구성된 최소의 음성단위
• 모음은 자음보다 먼저 발달
• 자음은 양순음을 가장 먼저 습득하고 마찰음과 파찰음을 가장 늦게 습득
• 유성음을 무성음보다 먼저 습득
• 분절음보다 초분절음(억양과 강세 등)을 먼저 습득
• 반복현상, 축약현상, 대치현상, 경음화현상</td></tr>
<tr><td>형태론</td><td colspan="2">• 한 언어에서 형태소들이 결합하여 낱말을 형성하는 체계 또는 규칙
• 형태소: 형태론의 기본 단위, 의미를 가진 더 이상 쪼갤 수 없는 최소 단위
• 문법형태소는 실질형태소보다 늦게 습득
• 공존적 조사(같이, 랑, 하고)를 먼저 습득
• 동사의 어미는 서술형, 과거형, 미래형 순으로 습득</td></tr>
<tr><td>구문론</td><td colspan="2">• 낱말의 배열에 의하여 구, 절, 문장을 형성하는 체계 또는 규칙
• 구문론의 주성분은 문장
• 연령이 증가할수록 구문의 길이가 길어짐
• 연령이 증가할수록 복문 가운데 접속문보다 내포문의 사용이 증가
• 의문문은 서술문보다 늦게 출현
• 부정문의 경우에는 '안'이 '못'보다 먼저 나타남</td></tr>
<tr><td rowspan="4">의미론</td><td>의미</td><td>• 의미론의 주성분은 단어</td></tr>
<tr><td>의미 유형</td><td>• 중심적 의미 • 외연적 의미 • 단의어, 다의어, 동음어
• 유의어와 반의어 • 단일어와 복합어</td></tr>
<tr><td>발달 특성</td><td>• 보통명사를 고유명사보다 먼저 습득
• 일반명사와 일상생활 용어를 가장 먼저 습득
• 이름보다는 의성어를 먼저 습득
• 동사보다 명사를 먼저 습득</td></tr>
<tr><td>어휘발달 특징</td><td>• 과잉확대 현상 • 과잉축소 현상
• 과잉 일반화 현상 • 주축문법
• 의미적 수평적 발달과 수직적 발달 • 전보식 문장</td></tr>
<tr><td rowspan="6">화용론</td><td>의미</td><td>• 실제 상황적 맥락에서 화자와 청자에 의해서 쓰이는 말의 기능을 다루는 분야
• '어떻게 말이 사용되는가'에 대한 문제를 다루며, 화용론의 주 성분은 담화
• 담화의 구성요소에는 '화자, 청자, 언어표현, 맥락' 등이 있음</td></tr>
<tr><td>연구 주제</td><td>• 직시 • 전제와 함의 • 함축
• 협력원리 • 직접 화행 • 간접 화행</td></tr>
<tr><td>대표적 능력</td><td>• 추론능력 • 마음읽기능력
• 실행능력 • 기억력 및 저장 용량</td></tr>
<tr><td>대화 참여 기술</td><td>• 말차례 주고받기 능력 • 대화주제 관리능력 • 의사소통 실패 해결능력</td></tr>
<tr><td>참조적 의사소통</td><td>• 말하는 사람(화자)이나 듣는 사람(청자)이 상대방의 입장을 고려하여 표현하거나 이해할 수 있어야 함
• 참조적 의사소통을 성공적으로 수행하기 위해서는 화자와 청자 모두 정보와 그 정보가 언급하는 참조물의 관계를 이해할 수 있어야 함</td></tr>
<tr><td>명료화 요구 유형</td><td>• 일반적 요구 • 확인을 위한 요구 • 발화의 특별한 부분 반복 요구</td></tr>
</table>

고득점 답안 비법 ✰ 2) ② 답안작성 시, 구조화된 면담과 비교하는 것, 정보 수집 측면의 내용을 쓰는 것이 포인트

39 2024. 유 ★답안작성

(가)와 (나)는 유아특수교사 김 교사가 쓴 반성적 저널의 일부 이다. 물음에 답하시오. [5점]

(가)

[4월 ○○일]

한 달 동안 연우의 대화를 관찰한 결과, 어휘와 문법에서는 연령에 적합한 발달을 보였다. 그러나 연우는 ㉠ 상황과 목적에 맞게 말을 하는 데 어려움을 보였다. 또한 친구들과 대화할 때 대화 순서를 지키거나 적절한 몸짓과 얼굴 표정을 나타내는 것에도 어려움을 보였다.

연우의 의사소통 능력의 향상을 위하여 유치원과 가정에서 보다 체계적인 지원이 필요하다고 생각했다. 이를 위해 ㉡ 연우의 의사소통 장면을 주의 깊게 관찰하여 그 내용을 간결하고 객관적인 글로 기록하려 한다. 이 자료는 연우의 의사소통 발달 정도를 파악하고 중재를 계획하는 데 도움이 될 것이다. 그리고 연우가 가정에서 보이는 의사소통의 특징을 파악하기 위해 보호자와 ㉢ 비구조화된 면담을 실시하려고 한다.

(나)

[4월 □□일]

오늘 아이들과 함께 화단 가꾸기를 했다. 나는 식물을 심고 난 후 교실에서 팻말에 식물 이름을 적는 활동을 통해 아이들에게 ㉣ 자연스럽게 쓰기 활동의 기회를 주었다. 우리 교실은 ㉤ 책과 포스터 등 풍부한 언어적 환경을 갖추고 있어 쓰기 활동에도 좋은 자원이 될 것이다.

꽃 팻말 쓰기 활동 중 연우가 ㉥ 창안적 글자 쓰기(invented spelling)를 하는 모습을 보여 격려해 주었다. 앞으로 보다 발전적인 쓰기 활동을 할 수 있도록 ㉦ 교사 중심의 체계적인 지도가 필요할 것 같다.

〈'나팔꽃'을 쓴 연우의 팻말〉

1) (가)의 ㉠을 참고하여 언어학의 5가지 하위 영역 중 연우가 어려움을 나타내는 영역을 쓰시오. [1점]

2) (가)에서 ① ㉡에 해당하는 관찰 기록법을 쓰고, ② ㉢의 장점을 정보 수집 측면에서 구조화된 면담과 비교하여 1가지 쓰시오. [2점]

①:

②:

3) ① (나)의 ㉣~㉦ 중 유아의 발현적 문해력(emergent literacy)에 기반한 지도 방법으로 적절하지 않은 것을 1가지 찾아 기호와 함께 그 이유를 쓰고, ② 연우의 팻말 쓰기에 나타난 창안적 글자 쓰기의 원인을 언어 지식의 측면에서 쓰시오. [2점]

①:

②:

핵심테마 체크 ✓

- 결속표지
- 전제
- 명료화 요구하기

MY MEMO

40

정답 및 예시답안

○ ㉠은 중복되는 부분을 생략해서 불필요한 부분까지 듣지 않아도 되게 해 준다. ㉡에서 '코끼리'를 생략하여 말한 부분이 ㉠에 해당하는 표현이다.
○ ㉡에서 볼 수 있는 언어의 화용적 능력은 전제이다.
○ ㉢과 ㉣에 나타난 의사소통전략은 명료화 요구 전략(명료화 요구하기)이다.

관련이론

✦ 상대방에게 말하는 내용을 정확히 전달하기 위해 필요한 능력

전제	• 듣는 사람에게 어떠한 정보가 필요한가를 결정하는 전제기술이 필요 • 문맥이나 상대방의 사전지식에 대해 말하는 사람이 어떻게 가정하고 있는지를 말하며, 이러한 가정에 의해서 말하는 방식이나 내용이 수정되는 것
결속표지	• 문장을 서로 연결하기 위해 사용되는 언어적 장치로, 어휘적 결속, 생략, 접속사, 연결어미, 대명사 등이 포함됨 • 결속표지와 같은 특정한 방식으로 그 정보를 전달하는 능력이 필요 • 가리킴말(deixis)을 써서 문장 속에 포함된 낱말을 이해하기 쉽게 만들기도 하고, 접속사나 연결어미를 써서 문장과 문장 사이의 관계를 명확하게 해 주기도 하며, 때로는 중복되는 부분을 생략(ellipsis)해서 불필요한 부분까지 다 듣지 않아도 되게 해 줌
적절한 피드백	• 참조적 기술에서는 상대방의 반응에 대해 적절한 피드백을 제공하는 것도 중요. 상대방의 지식에 대한 전제를 바탕으로 말을 했는데 상대방의 대답이나 반응이 적절치 못하다면 말하는 사람은 자신의 전제를 바꾸어 다시 표현할 수 있어야 함

✦ 명료화 요구 전략

명료화 요구 유형	정의
일반적 요구	• 원래 발화의 의미를 다시 묻은 경우 끝을 올리는 억양으로 이전 발화의 어떤 부분에 대해 반복해 줄 것을 요구함 • 주로 "응?", "뭐라고?", "못 알아듣겠다."
확인을 위한 요구	• 화자의 발화 일부 혹은 전체를 반복함으로써 원래 발화의 의미를 확인하는 것 • 주로 끝을 올리는 억양이므로 '예/아니요' 질문과 비슷함
발화의 특별한 부분 반복 요구	• 원래 발화의 구성요소의 일부를 의문사로 바꾸어 질문하여 특별한 부분을 반복해 줄 것을 요구하는 경우

고득점 답안 비법 ☆ 결속표지의 기능을 모두 쓰는 것이 아니라, 여러 기능 중 ㉡에 나타난 기능을 쓰고, ㉡에서 예시를 연결 지어 서술해야 함

40

2021. 중

(가)는 ○○중학교 특수학급에 재학 중인 학생 C의 특성이고, (나)는 학생 C와 특수 교사가 나눈 대화의 일부이다. <작성 방법>에 따라 서술하시오. [4점]

(가) 학생 C의 특성

○ 일반 특성
- 경도 지적장애
- 친구나 교사의 말 중 어려운 단어가 나오면 대답을 회피하려고 함

○ 언어 및 의사소통 특성
- 어휘력은 부족하나 이야기하기를 좋아함
- 문장 안에서 형태소를 생략하는 경우가 많음
- 상대방과 함께 알고 있는 지식을 바탕으로 대화할 수 있음
- 이야기를 구성할 때 ㉠ 결속 표지를 사용할 수 있음
- 상대방이 특정 대상을 파악할 수 있도록 특정한 정보를 언어적으로 표현할 수 있음

(나) 학생 C와 특수 교사의 대화

… (상략) …

특수 교사: 그럼, 지난 주말에는 어디 갔었는지 이야기해 주겠니?
학 생 C: [㉡ 어저께는요, 엄마랑 아빠랑요, 동물원에 갔어요. 거기서 코끼리 봤는데요. 저번에 선생님이랑 봤던 코끼리요. 코끼리가 자고 일어났어요. 귀가 정말 커요. 코가 되게 길어요. 코끼리는 코가 손이에요. 코끼리 '가자' 줬어요.]
특수 교사: 그래. ㉢ 코끼리에게 '과자'를 주었다는 거지?
학 생 C: 네. 과자 줬어요.
특수 교사: 그랬구나. 코끼리는 '우리' 안에 다른 동물들과 함께 있었니?
학 생 C: ……
특수 교사: 코끼리 '우리'에 다른 동물도 있었니?
학 생 C: ……
특수 교사: 코끼리 '우리'에 누가 있었니?
학 생 C: ㉣ '우리'요?
특수 교사: 그래. 코끼리 집 말이야.

… (하략) …

작성방법
- (가)의 밑줄 친 ㉠의 기능을 서술하고, ㉠에 해당하는 표현을 (나)의 ㉡에서 찾아 1가지를 쓸 것
- (가)에 제시된 학생 C의 언어 및 의사소통 특성에 근거할 때, ㉡에서 볼 수 있는 '언어의 화용적 능력'에 해당하는 용어를 1가지 쓸 것
- (나)의 밑줄 친 ㉢, ㉣에 공통적으로 나타난 대화 참여자들의 의사소통 전략을 1가지 쓸 것

핵심테마 체크 ✔

- 자발화 분석_화용론적 분석
- 화용론적 능력

MY MEMO

41

정답 및 예시답안

①

문제 속 자료분석

- 교사: 뭐라고? 무슨 햄버거?
- 학생: 햄버거 먹고 싶어요(➡ 명료화 요구에 대해 적절히 대답하지 못함).
  햄버거 맛있어요(➡ 주관적 진술).
- 교사: 주스 먹을래?
- 학생: 네, 주스 좋아요(➡ 주관적 진술).
  집에 엄마 있어요. 엄마 집에서 살아요.
- 교사: 나도 알아.
- 학생: 가방 주세요(➡ 행위 요구). 집에 갈래요.
- 교사: 갑자기 어딜 간다고 그래?
  햄버거 먹고 학교에 가야지.

관련이론

✦ 화용적 능력

의사소통 의도	• 물건이나 행동 요구 • 태도나 감정의 표현	• 정보 전달이나 정보 요구 • 사회적 상호작용의 통제
대화 능력	• 차례 지키기 • 전제	• 주제 유지하기 • 화법

✦ 상대방에게 말하는 내용을 정확히 전달하기 위해 필요한 능력

전제	• 듣는 사람에게 어떠한 정보가 필요한가를 결정하는 전제기술이 필요 • 문맥이나 상대방의 사전지식에 대해 말하는 사람이 어떻게 가정하고 있는지를 말하며, 이러한 가정에 의해서 말하는 방식이나 내용이 수정되는 것
결속표지	• 문장을 서로 연결하기 위해 사용되는 언어적 장치로, 어휘적 결속, 생략, 접속사, 연결어미, 대명사 등이 포함됨 • 결속표지와 같은 특정한 방식으로 그 정보를 전달하는 능력이 필요 • 가리킴말(deixis)을 써서 문장 속에 포함된 낱말을 이해하기 쉽게 만들기도 하고, 접속사나 연결어미를 써서 문장과 문장 사이의 관계를 명확하게 해 주기도 하며, 때로는 중복되는 부분을 생략(ellipsis)해서 불필요한 부분까지 다 듣지 않아도 되게 해 줌
적절한 피드백	• 참조적 기술에서는 상대방의 반응에 대해 적절한 피드백을 제공하는 것도 중요. 상대방의 지식에 대한 전제를 바탕으로 말을 했는데 상대방의 대답이나 반응이 적절치 못하다면 말하는 사람은 자신의 전제를 바꾸어 다시 표현할 수 있어야 함

41

2012. 중

다음은 패스트푸드점 주문대 앞에서 교사와 정신지체학생이 나눈 대화이다. 화용론적 관점에서 학생의 대화 내용을 분석한 결과가 적절한 것을 <보기>에서 고른 것은? [2.5점]

교사: 뭐 먹을래?
학생: 햄버거요.
교사: 무슨 햄버거 먹을래?
학생: 햄버거 먹고 싶어요.
교사: 뭐라고? 무슨 햄버거?
학생: 햄버거 먹고 싶어요.
　　　햄버거 맛있어요.
교사: 주스 먹을래?
학생: 네, 주스 좋아요.
　　　집에 엄마 있어요. 엄마 집에서 살아요.
교사: 나도 알아.
학생: 가방 주세요. 집에 갈래요.
교사: 갑자기 어딜 간다고 그래?
　　　햄버거 먹고 학교에 가야지.

보기

ㄱ. '행위 요구'는 가능하지만, 자기중심적이어서 대화 상황에 부적절하다.
ㄴ. '질문에 대한 반응'은 나타나지만, 상황에 부적절한 대답을 하는 경우가 있다.
ㄷ. 상대방에게 '명료화 요구하기'는 가능하나, '주관적 진술'은 나타나지 않는다.
ㄹ. 단순한 '요구에 대한 반응'은 하지만, 상대방의 '명료화 요구'에는 적절하게 응답하지 못한다.
ㅁ. 상황에 적절한 '주제 유지'가 가능하나, '전제 기술(presuppositional skills)'은 나타나지 않는다.

① ㄱ, ㄴ, ㄹ　② ㄱ, ㄴ, ㅁ
③ ㄱ, ㄷ, ㄹ　④ ㄴ, ㄷ, ㅁ
⑤ ㄷ, ㄹ, ㅁ

핵심테마 체크 ✔

- 브로카 실어증
- 베르니케 실어증
- 마비말장애
- 말실행증

MY MEMO

42

정답 및 예시답안

⑤

알찬 지문풀이

- ㄱ. (가)는 ~~유창하지만 청각적 이해력에서 어려움~~을 보이고, 느린 발화 속도와 단조로운 운율 특성 등을 보인다. ➡ 비유창 실어증이며, 청각적 이해력이 유지되는 편임
- ㄴ. (나)는 ~~청각적 이해력~~, 유창성, 따라 말하기는 좋은 편이나 이름대기 수행력이 낮고, 착어(paraphasis)가 자주 관찰된다. ➡ 청각적 이해력이 두드러지게 떨어짐
- ㅁ. (라)는 ~~노래 형식으로~~ 발화 길이를 늘려가는 방식을 통해 표현력을 향상시킬 수 있다. ➡ 자발화가 불가능하다면 노래 부르기, 기침하기 등을 활용할 수 있지만, 자극의 단위는 음절, 단어, 구, 문장의 순으로 점차적으로 늘려 나갈 수 있음

관련이론

✦ 브로카 실어증

- 비유창 실어증, 운동 실어증, 표현 실어증, 전뇌반구 실어증 등에 속한다.
- 전뇌반구상, 주로 하부전두엽의 후반 1/3을 차지하는 영역, 즉 브로카 영역을 포함하여 인근 전두엽 영역의 손상에서 기인된 것이다.
- 대화나 그림 설명 등에서 표현능력이 상당히 저하되며, 특히 유창성이 떨어진다.
- 심한 경우에는 의미전달이 전혀 안 될 정도로 '아, 이, 저저… 우… 저…'와 같은 식으로 무의미한 음절이나 모음만 반복하기도 한다.
- 말할 때 운율이 비정상적으로 단조로우며, 속도가 느리고 단어 사이의 쉼이 길다.
- 조사 등의 기능어가 많이 생략된 발화 길이가 짧은 전보문 형식과 어순이 문법에 맞지 않게 형성되고 동시에 문법 형태소의 쓰임이 정확하지 않은 탈문법성을 들 수 있다.
- 음소착어도 자주 관찰된다.
- 청각적 이해력은 상당히 유지되는 편이지만 기능어가 많이 포함되거나 문법적으로 복잡한 문장에서는 이해력이 많이 떨어지는 편이다.
- 쓰기능력 역시 상당히 저하되는 것으로 관찰되나 대부분의 환자에게서 읽기능력은 말하기나 쓰기능력에 비하여 좋은 편이다.

✦ 베르니케 실어증

- 유창 실어증, 감각 실어증, 수용 실어증, 뇌후반구 실어증 등에 속한다.
- 상부측두엽의 후반 1/3을 차지하는 뇌 영역, 즉 베르니케 영역을 중심으로 한 뇌손상이 있을 때 흔히 관찰된다.
- 그 손상부위가 두정엽까지 포함되기도 한다.
- 가장 대표적인 특색은 청각적 이해력이 두드러지게 떨어진다는 것이다.
- 제시되는 자극어가 문법적으로 복잡하거나 그 길이가 길어질수록 오류가 증가한다.
- 언어상동증: 청각적 이해력이 떨어질수록 여러 가지 질문에서 거의 비슷한 문구만을 되풀이하여 반응하는 현상이다.
- 대화를 할 때 혹은 그림을 설명할 때 비교적 유창하며, 때에 따라서는 지나치게 많은 말을 늘어놓는 과유창성을 보이기도 한다.
- 대개 정상적인 운율이나 발음을 유지하고 비교적 문법에 맞게 말을 하나, 어떤 이는 기능어를 과도하게 사용하는 과도 문법성의 경향을 보이기도 한다.
- 단어유출상의 어려움으로 인하여 의미착어가 많이 등장한다.
- 의미착어란 목표단어 대신 그 단어와 의미적으로 연관된 단어로 대치된 반응이다.
- 목표단어의 일부 음소를 다른 음소로 대치하여 반응하는 음소착어를 보이기도 한다.
- 목표단어와 그 의미나 발음이 전혀 유사하지 않고 그 나라말의 어휘에도 속하지 않는 반응을 신조어라고 한다.
- 명료하지 않은 태도로 웅얼거리는 듯한, 이른바 '자곤(jagon)'이 관찰되기도 한다.
- 구, 절, 문장 등을 따라 말하게 하였을 때는 실어증의 심한 정도에 따라 자극어를 전혀 따라하지 못하거나 착어를 보이기도 한다.
- 자가 수정도 거의 관찰되지 않는다.

✦ 마비말장애

- 마비말장애란 중추 및 말초신경계의 손상으로 인하여 말기제의 근육조정장애로 나타나는 말장애를 뜻한다.

✦ 말실행증

- 말실행증은 후천적인 뇌손상으로 인한 근육의 마비나 약화 현상 없이, 조음기관의 위치를 프로그래밍하거나 일련의 조음 운동을 체계적으로 수행하는 데 어려움을 보이는 말장애이다.

42

2013. 중

다음 (가)~(라)의 유형에 따른 내용 중 옳은 것을 <보기>에서 고른 것은? [2.5점]

(가) 브로카 실어증(Broca's aphasia)
(나) 베르니케 실어증(Wernicke's aphasia)
(다) 마비말장애(dysarthria)
(라) 말실행증(apraxia of speech)

보기

ㄱ. (가)는 유창하지만 청각적 이해력에서 어려움을 보이고, 느린 발화 속도와 단조로운 운율 특성 등을 보인다.
ㄴ. (나)는 청각적 이해력, 유창성, 따라 말하기는 좋은 편이나 이름대기 수행력이 낮고, 착어(paraphasia)가 자주 관찰된다.
ㄷ. (다)는 체계적인 호흡 훈련, 조음 지도 및 운율 지도 등을 통해 말 명료도를 향상시킬 수 있다.
ㄹ. (다)는 말 산출과 관련된 근육의 약화, 불협응 등에 의한 말장애로 정확한 말소리 산출에 어려움을 보인다.
ㅁ. (라)는 노래 형식으로 발화 길이를 늘려가는 방식을 통해 표현력을 향상시킬 수 있다.
ㅂ. (라)는 근육 약화나 협응 곤란은 없지만 말 산출 근육의 프로그래밍 문제로 조음 및 운율 오류를 보이고, 정확한 조음 위치를 찾으려는 모색행동(groping)이 관찰된다.

① ㄱ, ㄴ, ㅁ ② ㄱ, ㄷ, ㅂ
③ ㄴ, ㄷ, ㅁ ④ ㄴ, ㄹ, ㅂ
⑤ ㄷ, ㄹ, ㅂ

핵심테마 체크 ✔

- 실어증
- 말더듬의 핵심행동

MY MEMO

43

정답 및 예시답안

○ 의미착어
○ 막힘

관련이론

✦ 실어증

<table>
<tr><td>정의</td><td>• 신경계 손상으로 인하여 후천적으로 생기는 언어장애
• 언어의 능력이 완전히 없어져 버린 상태를 의미하는 것이 아니라 언어를 사용하는, 즉 수행하는 데 효율성이 떨어지는 상태</td></tr>
<tr><td>관련용어</td><td>• 실문법증: 전보식 문장으로 문법형태소가 생략된 문장
• 신조어: 환자가 순전히 새롭게 단어를 만들어 내는 말
• 착어증: 목표단어 대신 비슷하게 들리는 단어를 말하거나(음소착어증), 의미적으로 유사한 단어를 산출하는 말(의미착어증)
• 자곤: 명료하지 못한 태도로 무의미한 말을 웅얼거리는 현상
• 언어상동증: 비슷한 문구만을 되풀이하여 말함
• 이름대기장애: 말하고자 하는 단어가 떠오르지 않아 둘러말하기를 사용함
• 실서증: 신경쓰기장애로서 쓰기능력이 상실되는 경우를 말함
• 실독증: 신경읽기장애로서 읽기능력이 상실되는 경우를 말함
• 보속증: 바로 앞에서 발음된 말소리나 단어를 반복하여 말함</td></tr>
<tr><td>분류 및 특성</td><td>
<table>
<tr><th>유형 / 과제 수행력</th><th>베르니케 실어증</th><th>초피질 감각 실어증</th><th>전도 실어증</th><th>이름 실어증</th><th>브로카 실어증</th><th>초피질 운동 실어증</th><th>혼합 초피질 실어증</th><th>전반 실어증</th></tr>
<tr><td>유창성</td><td>+</td><td>+</td><td>+</td><td>+</td><td>−</td><td>−</td><td>−</td><td>−</td></tr>
<tr><td>청각적 이해력</td><td>−</td><td>−</td><td>+</td><td>+</td><td>+</td><td>+</td><td>−</td><td>−</td></tr>
<tr><td>따라 말하기</td><td>−</td><td>+</td><td>−</td><td>+</td><td>−</td><td>+</td><td>+</td><td>−</td></tr>
<tr><td>이름대기</td><td>−</td><td>−</td><td>+</td><td>−</td><td>−</td><td>−</td><td>−</td><td>−</td></tr>
</table>
• 베르니케 실어증
– 유창 실어증, 감각 실어증, 수용 실어증, 뇌후반구 실어증이 포함
– 가장 대표적인 특색은 청각적 이해력이 두드러지게 떨어진다는 것
– 언어상동증: 청각적 이해력이 떨어질수록 여러 가지 질문에서 거의 비슷한 문구만을 되풀이하여 반응하는 현상
– 과유창성을 보이기도 함
– 과도 문법성의 경향을 보이기도 함
– 의미착어가 많이 등장함
– 음소착어를 보이기도 함
• 브로카 실어증
– 비유창 실어증, 운동 실어증, 표현 실어증, 전뇌반구 실어증 등에 속함
– 표현능력이 상당히 저하
– 무의미한 음절이나 모음만 반복하기도 함
– 말할 때 운율이 비정상적으로 단조로우며, 속도가 느리고 단어 사이의 쉼이 길
– 문법형태소의 쓰임이 정확하지 않은 탈문법성
– 음소착어도 자주 관찰
– 청각적 이해력은 상당히 유지되는 편
– 복잡한 문장에서는 이해력이 많이 떨어지는 편
</td></tr>
</table>

43

2022. 중

(가)는 의사소통장애 학생 B가 속한 학급의 수업 장면이고, (나)는 일반 교사와 특수 교사가 나눈 대화의 일부이다. 〈작성 방법〉에 따라 쓰시오. [2점]

(가) 수업 장면

(나) 대화

… (상략) …

특수 교사: 수업을 보니까 학생 B가 부쩍 말을 더 더듬는 것 같아요.
일반 교사: 맞아요. 실어증 진단을 받고 나서 말을 더 더듬는 것 같아요.
특수 교사: 뇌손상 이후에 그런 경우들이 종종 있어요.
일반 교사: 얼마 전에는 학생 B가 말을 하는데 ㉤ 몸에서 말소리는 안 나오고 후두가 긴장되어 있는 것처럼 보였어요.

작성방법

- (가)의 밑줄 친 ㉠과 ㉡, 그리고 ㉢과 ㉣에서 실어증으로 인해 공통으로 나타난 언어적 특징의 명칭을 쓸 것
- (나)의 밑줄 친 ㉤에 나타난 말더듬 핵심 행동의 유형을 쓸 것

핵심테마 체크 ✔

• 단순언어장애

MY MEMO

44

정답 및 예시답안

④

관련이론

✦ 단순언어장애의 조건

- 언어능력이 정상보다 지체되어야 한다(표준화된 언어검사를 실시하였을 때 그 결과가 최소한 표준편차 −1.25 이하에 속하여야 한다).
- 지능이 정상범주에 속하여야 한다(비언어성 지능검사로 측정한 지능지수가 85 이상이어야 한다).
- 청력에 이상이 없어야 하며, 진단 시 중이염을 앓고 있지 않아야 한다.
- 간질이나 뇌성마비, 뇌손상과 같은 신경학적 이상을 보이지 않아야 한다.
- 말 산출과 관련된 구강구조나 기능에 이상이 없어야 한다.
- 사회적 상호작용 능력에 심각한 이상이나 장애가 없어야 한다.

44

2009. 유

다음은 소라의 의사소통장애와 관련된 진단평가 결과이다. 소라가 가진 문제와 가장 관련이 깊은 것은?

〈진단평가 결과〉

유소라(7세)

- 이비인후과적 검사
  - 평균청력손실 15dB
  - 중이염 없음
  - 구강구조 정상
- 신경학적 검사
  - MRI 검사(뇌손상): 정상
  - 뇌파 검사(간질): 정상
- 언어심리학적 검사
  - K-WISC-Ⅲ: 언어성 지능(IQ) 75, 동작성 지능(IQ) 102
  - 언어학습능력진단검사(ITPA): 5세
- 기타
  - 정서, 사회성 발달에 심각한 문제 없음
  - 감각에 심각한 문제 없음

① 구개파열
② 운동말장애
③ 마비말장애
④ 단순언어장애
⑤ 신경언어장애

핵심테마 체크 ✔

- 단순언어장애의 영역별 특성
- 단순언어장애의 중재

MY MEMO

45

정답 및 예시답안

○ 학생 J는 단순언어장애이다.
○ '활동 1'을 통해 음운자각 영역을 향상시킬 수 있고, ㉠에 해당하는 활동은 음소를 듣고 단어로 합성하기이다.
○ ㉡에서 지도하고자 하는 언어 영역은 의미론이다.

관련이론

✦ 단순언어장애의 중재

영역	하위	세부	내용
청지각과 음운인식	청지각		• 청지각: 귀로 듣고, 정확히 인식하고, 변별하고, 이해하는 과정 • 청지각의 하위 개념
		청각적 수용력	소리를 듣고 의미를 알고, 말을 듣고 이해하는 능력
		청각적 식별력	같은 소리인지, 같은 음절인지, 같은 자음인지 등을 구별하는 능력
		청각적 기억력	들은 말을 그대로 재현하거나, 청각적 정보를 순서대로 기억하는 능력
		청각적 종결력	청각적인 자극에서 소리가 빠졌을 때 그것을 찾아내고 구별해 내는 능력
		청각적 혼성력	하나하나의 소리를 단어로 연결하고 종합하는 능력
	음운 인식		• 단순언어장애 아동의 경우에는 정상적인 청력을 가지고 있음에도 불구하고 낮은 청지각과 음운인식의 결함을 보이는 경우가 많음 • 음운인식과제 유형으로는 수세기, 합성, 탈락, 변별, 대치 등이 있음
청각적 주의집중			• 청각적 주의집중은 말소리 변별, 청각적 이해력, 억력 등을 향상시키는 기본적인 전제조건 • 듣기 과정: 들리기, 듣기, 청해
상위언어 인식훈련	의미		• 언어 자체를 사고의 대상으로 하여, 언어의 구조적 특성을 인식하고 조작하는 능력
	하위 영역	음운자각	• 구어에서 사용되는 단어들 속에 들어 있는 여러 가지 단위들을 분리하거나, 이런 단위들을 다시 결합하여 재합성할 수 있다는 것을 아는 것 • 음절을 음소로 분절하는 것 • 단어를 음소로 나누고, 음소를 다시 단어로 합성해 내는 능력
		단어자각	• 단어가 가지고 있는 물리적 속성과 추상적 속성을 이해하는 능력 • 개념 형성과 추상적 사고에 대한 인지적 유동성 • 사물의 이름이 바뀌어도 속성이 바뀌지 않는다는 것을 아는 능력 • 의미인식에 결함이 있는 경우에는 문장에 잘못된 단어가 사용되었을 때 틀렸다는 것을 잘 알아차리지 못함
		구문자각	• 문법에 맞는 문장을 사용하는지에 대한 자각 • 문법적으로는 맞지만 의미가 맞지 않는 문장, 예를 들면 "동생이 아빠를 낳았다.", "밥을 마셔요."와 같은 문장의 오류를 판단하는 것은 의미자각에 해당하며 구문자각과 함께 분석할 수 있음
		화용자각	• 자신의 발화가 상황에 적절한지 혹은 목적 달성에 적합한지 등을 스스로 점검하고 조절하는 것 • 화용인식에 결함이 있는 경우에는 대화의 상황적 맥락과 대화 규칙 등에 대한 정/오답에 대한 판단능력이 낮음
음운처리			• 음운처리란 구어(음성언어)와 문어(시각언어)를 포함한 언어적 정보처리를 위하여 음운에 기초한 정보를 활용하는 것
구문 및 어휘지도	수용 언어		• 목표단어는 독립된 명사 혹은 동사 중심이 아닌 문맥상에서 가르침 • 단어를 미리 말해 줌
	표현 언어	반복재생 하기	• 아동이 반복된 단어를 말하도록 하는 것이 목적이며, 아동이 목표단어를 산출하지 않을 경우에는 교사가 단어를 말해 줌
		FA 질문법	• 두 개의 단어 가운데 하나를 선택할 수 있는 질문 • 일어문과 이어문 단계에서 주로 사용
		Wh-질문법	• 더 많은 시간이 걸린다는 것을 감안해야 하는데, 일반적으로 3~5초 이상 쉼이 예상됨 • '왜'에 해당하는 질문은 답변이 매우 어려울 수 있으며, '어떻게'라는 질문은 아동이 답변을 구성하는 데 있어서 혼란스러울 수 있으므로, 폐쇄형 질문과 단답형 질문에서 단계적으로 접근하는 것이 좋음

45

2021. 중

(가)는 ○○중학교에 재학 중인 학생 J의 진단 · 평가 결과이고, 나)는 순회 교사가 작성한 지도 계획의 일부이다. 〈작성 방법〉에 따라 서술하시오. [4점]

(가) 학생 J의 진단 · 평가 결과

- 언어 능력에 영향을 미칠 수 있는 지능이나 청력, 신경학적인 손상 등이 없음
- 사회 · 정서적 영역의 발달에 이상이 없음
- 표준화된 언어검사 결과 −1.5 SD임

(나) 지도 계획

○ 활동 1
- (㉠)
  - /ㅁ/, /ㅏ/, /ㅊ/, /ㅏ/를 듣고 '마차'라고 답하기
  - /ㅅ/, /ㅏ/, /ㅈ/, /ㅣ/, /ㄴ/을 듣고 '사진'이라고 답하기

○ 활동 2
- 틀린 문장에서 틀린 이유를 말하기 ┐
  - "오빠가 아빠를 낳았다."에서 틀린 이유를 말하기 ㉡
  - "짜장면을 마셔요."에서 틀린 이유를 말하기 ┘

작성방법
- (가)에 근거하여 학생 J의 언어장애 유형을 쓸 것
- (나)의 '활동 1'을 통해 향상시킬 수 있는 상위언어 기술의 영역 1가지를 쓰고, ㉠에 들어갈 활동 내용을 1가지 제시할 것
- (나)의 ㉡에서 순회 교사가 지도하고자 하는 언어 영역은 언어학의 하위 영역 중 어느 것에 해당하는지 쓸 것

46

정답 및 예시답안

⑤

핵심테마 체크
- 의미중심 접근법
- 해독중심 접근법

MY MEMO

관련이론

✦ 해독중심 접근법과 의미중심 접근법

발음중심 언어교육법(해독중심)	총체적 언어교육법(의미중심)
단어중심으로 지도한다.	문장중심으로 지도한다.
발음과 음가를 중시한다.	의미 파악을 중시한다.
인위적인 방법으로 지도한다.	자연주의적 원칙을 따른다.
단어카드, 철자카드를 사용한다.	그림 이야기책을 사용한다.
그림, 삽화는 발음지도에 장애가 된다.	의미 파악을 위해 그림과 삽화 활용을 적극 권장한다.
내용 파악을 위한 질문을 가능한 한 하지 않는다.	내용 파악을 위한 예측을 적극 권장한다.

47

정답 및 예시답안

③

핵심테마 체크
- 총체적 언어교수법
- 의미중심 접근법
- 해독중심 접근법

MY MEMO

알찬 지문풀이

- ㄴ. 낱말카드를 주고 '다'로 시작하는 단어를 찾도록 하였다. ➡ 해독중심
- ㄹ. 녹음 동화를 듣고 생각나는 단어의 음운을 결합하도록 하였다. ➡ 해독중심

관련이론

✦ 총체적 언어접근법

언어의 의미를 중심으로 하여 듣기, 말하기, 읽기, 쓰기의 자연스러운 결합으로 언어를 지도하고자 하는 방법이다. 총체적 언어접근법은 다음과 같은 원리에 기본을 두고 있다.
- 언어는 목적을 달성하기 위해 의미를 만들어 내는 것이다.
- 문어도 언어이다. 따라서 언어에 대한 기본적인 가정은 문어에도 적용된다.
- 언어의 형태와 표현은 언어를 사용할 때 언제나 함께 나타난다.
- 언어의 사용은 언제나 상황 속에서 이루어진다.
- 상황은 언어의 의미에 중요한 영향을 미친다.

총체적 교수법을 사용하는 교실에서는 교과서가 아닌 문학작품, 과학, 연구, 예술관련 소재를 다루는 서적들을 통해 쓰기와 읽기 경험을 제공하는 데 주안점을 둔다. 그러나 총체적 언어접근법은 초기 언어환경이 열악한 아동에게는 불리하다는 지적에 따라 음소나 낱말중심의 직접적인 언어지도법도 병행되어야 한다는 균형적 언어접근법이 제시되고 있다.

– 국립특수교육원, 『특수교육학 용어사전』, 하우, 2009.

46

2009. 초

다음은 장 교사가 2008년 개정 특수학교 기본교육과정 국어과에 기초하여 낱말읽기를 지도하는 과정의 일부분이다. 장 교사가 사용한 교수법과 관련이 없는 것은?

> 장 교사: 오늘은 지난 시간에 배운 자음과 모음을 결합시켜 글자를 만들어 보아요.
> (노란색 'ㄴ' 카드와 빨간색 'ㅏ' 카드를 들고)
> 'ㄴ'과 'ㅏ'를 합치면 어떻게 읽을까요?
> 학　생: '나'요.
> 장 교사: 잘했어요.
> (노란색 'ㅁ' 카드와 빨간색 'ㅜ' 카드를 들고)
> 자, 이번에는 'ㅁ'과 'ㅜ'를 합치면 어떻게 읽을까요?
> 학　생: '무'요.

① 구조화된 교수자료를 사용한다.
② 음소의 분석 및 결합 기능을 가르친다.
③ 문자해독과 관련된 개별 기능을 가르친다.
④ 상향식 접근을 적용하여 문자를 습득시킨다.
⑤ 의미중심 접근을 통해 문자해독 기능을 습득시킨다.

47

2010. 유

<보기>는 발달지체 유아 숙희의 의사소통 능력을 향상시키기 위해 김 교사가 활용한 다양한 언어활동이다. <보기>에서 '총체적 언어교수법'에 근거한 활동을 모두 고른 것은?

> 보기
> ㄱ. 좋아하는 노래를 반복해서 들려주고 부르도록 하였다.
> ㄴ. 낱말카드를 주고 '다'로 시작하는 단어를 찾도록 하였다.
> ㄷ. 팸플릿, 광고지 등을 이용하여 간단한 단어를 읽도록 하였다.
> ㄹ. 녹음 동화를 듣고 생각나는 단어의 음운을 결합하도록 하였다.
> ㅁ. 또래가 읽어 주는 간단한 이야기를 듣고 지시에 따라 그림 문장을 완성하도록 하였다.

① ㄱ, ㄴ　② ㄴ, ㄷ
③ ㄱ, ㄷ, ㅁ　④ ㄴ, ㄹ, ㅁ
⑤ ㄷ, ㄹ, ㅁ

48

핵심테마 체크

- 자연적 언어중재(환경중심 언어중재)

MY MEMO

정답 및 예시답안

③

알찬 지문풀이

- ㄹ. 학생의 언어행동을 구체적으로 조절하는 ~~중재자 중심의 조작적~~ 모델이다. ➡ **학습자 중심**
- ㅂ. 최근에는 컴퓨터 프로그램을 사용하여 ~~특정한 언어기술을 집중적으로 지도하고 스스로 배우도록~~ 한다. ➡ **특정 언어기술을 집중적으로 지도하는 것은 자연적 언어중재와 거리가 멂. 환경중심 언어중재는 아동의 자발적인 발화에 초점을 둠**

49

핵심테마 체크

- 환경중심 언어중재

MY MEMO

정답 및 예시답안

③

관련이론

✦ 환경중심 언어중재

- 환경중심 언어중재(환경중심 교수전략)는 일상생활의 의사소통 상황에서 의사소통기술을 가르치는 자연스러운 접근방법으로서 의사소통을 촉진할 수 있도록 환경을 구성하고, 아동의 관심을 고려하며, 인위적이 아닌 자연적인 촉진을 사용하고, 아동의 의사소통의 빈도와 확장을 위해 기능적 후속결과를 사용함

구분	내용	
특징	• 중재는 간략하고 긍정적이어야 함 • 중재는 기능적 의사소통을 할 수 있는 기회를 위해 자연스러운 환경에서 실행되어야 함 • 중재는 주제에 대한 아동의 흥미에 근거해야 함	
환경조성 전략	• 흥미 있는 상황 • 부적절한 상황 • 예기치 못한 상황	• 손에 닿지 않는 상황 • 선택해야 하는 상황 • 도움이 필요한 상황
주요 기법	• 모델링 • 시간지연	• 반응요구 후 모델링 • 우발교수

48

2009. 중

'자연적 언어중재'에 대하여 설명하고 있는 내용을 <보기>에서 모두 고른 것은?

보기

ㄱ. 학생이 좋아하는 주제나 활동을 사용한다.
ㄴ. 학생이 자주 만나는 사람들을 중재자로 포함한다.
ㄷ. 사회적 상호작용이 일어나기 쉬운 중재환경을 조성한다.
ㄹ. 학생의 언어행동을 구체적으로 조절하는 중재자 중심의 조작적 모델이다.
ㅁ. 자연적 언어중재의 목적은 일상생활 속에서 사회적 의사소통을 향상시키는 것이다.
ㅂ. 최근에는 컴퓨터 프로그램을 사용하여 특정한 언어기술을 집중적으로 지도하고 스스로 배우도록 한다.

① ㄷ, ㅁ
② ㄱ, ㄴ, ㅁ
③ ㄱ, ㄴ, ㄷ, ㅁ
④ ㄷ, ㄹ, ㅁ, ㅂ
⑤ ㄱ, ㄴ, ㄷ, ㄹ, ㅂ

49

2009. 유

<보기>는 환경중심 언어중재(환경 교수법)의 하나인 아동중심 시범 절차를 사용하여 윤희에게 '상황에 적절한 말로 요구하기'를 지도한 과정의 예시이다. 지도과정에서 바르지 않은 것은?

보기

ㄱ. 윤희가 좋아하는 비눗방울 놀이 활동에서 용기에 비눗물을 조금만 채워 주었다.
ㄴ. 비눗물을 다 쓴 윤희는 교사가 들고 있는 비눗물 용기를 쳐다보았다. 교사는 즉시 윤희 앞에 앉으며 눈높이를 맞추었다.
ㄷ. 윤희가 "더, 더!" 하자, 교사는 "윤희야, '더, 더' 하지 말고 '더 주세요.' 해 봐."라고 하였다.
ㄹ. 윤희가 모방하지 않자, 교사는 구어적 시범을 제공하였다.
ㅁ. 윤희가 "더 주세요." 하자 교사는 활짝 웃으며 "비눗물 더 주세요."라고 하면서 비눗물을 주었다.

① ㄱ
② ㄴ
③ ㄷ
④ ㄹ
⑤ ㅁ

PART 12

핵심테마 체크 ✔

- 공동관심
- 환경중심 언어중재

MY MEMO

50

정답 및 예시답안

1) 공동관심
2) 아동의 발화를 그대로 모방하여 언어적으로 자극을 제시하였다, 확대 전략을 사용하여 아동의 발화에 의미를 더하여 언어자극을 제시하였다.
3) 시간지연
4) 환경의 구조화(환경 구성)

관련이론

✦ 공동관심

- 어떤 사물이나 사건에 대한 주의를 타인과 공유하는 상호작용
- 공동관심에는 사물이나 사건에 대해 다른 사람의 주의를 탐지하고 따라하려는 시도, 즉 시선주시, 가리키기, 주기, 보이기 등이 포함됨
- 타인의 눈길을 따를 수 있는 공동관심 능력은 사회적 의사소통기술의 발달에 중요한 역할을 하며, 타인의 마음 상태를 추측하는 데 있어서 결정적인 역할을 함
- 사회적 상호작용 대상자와 상호작용을 하는 과정에서 특정한 사물이나 대화 주제에 대해 서로 같은 관심을 보이는 것 또한 중심행동의 하나임

✦ 환경중심 언어중재

<table>
<tr><td>의미 및 특징</td><td colspan="3">• 기능적인 의사소통을 자연스럽게 유도할 수 있도록 아동의 환경 속에서 아동의 관심과 흥미에 따라서 언어중재를 한다는 다소 포괄적인 중재접근법
• 일상생활의 의사소통 상황에서 의사소통기술을 가르치는 자연스러운 접근방법
• 의사소통을 촉진할 수 있도록 환경을 구성하고, 아동의 관심을 고려하며, 인위적이 아닌 자연적인 촉진을 사용하고, 아동의 의사소통의 빈도와 확장을 위해 기능적 후속결과를 사용
• 행동주의 원칙과 절차를 적용한 것으로 자연적인 맥락에서 이루어지는 언어중재</td></tr>
<tr><td rowspan="5">전략</td><td>환경조성전략</td><td colspan="2">• 흥미 있는 상황 • 손에 닿지 않는 상황
• 부적절한 상황 • 선택해야 할 상황
• 도움이 필요한 상황 • 예기치 못한 상황</td></tr>
<tr><td rowspan="4">4가지 전략</td><td>모델링</td><td>• 우선 아동의 관심이 어디에 가 있는지를 살피다가 그 물건이나 행동에 같이 참여하면서, 그에 적절한 언어를 시범 보이는 것
• 아동이 바르게 반응하지 못하였을 때는 다시 시범을 보이고 그에 따른 강화를 제공</td></tr>
<tr><td>반응요구 후 모델</td><td>• 아동과 언어치료사가 함께 활동을 하다가, 아동에게 언어적인 반응을 구두로 요구해 본 후에 시범을 보이는 것
• 시범방법과 다른 점은 우선 아동에게 반응할 기회를 주고 나서 언어적인 시범을 보이는 것
• 반응요구 후 모델기법이 아동중심의 모델기법과 다른 점은 비모방적인 언어 촉진을 사용한다는 것</td></tr>
<tr><td>시간지연</td><td>• 아동과 함께 쳐다보거나 활동하다가 아동의 언어적 반응을 가만히 기다려 주는 것
• 2~5초간의 시간을 지연시킴으로써 아동의 의사소통을 유도하는 것
• 만약 아동이 지연에 반응하지 않으면, 교사는 다시 시간지연기법을 사용하거나 모델기법 또는 반응요구 후 모델기법을 사용</td></tr>
<tr><td>우발학습</td><td>• 아동의 생활환경에서 우연히 일어나는 의사소통의 기회 또는 언어학습의 기회를 이용하여 언어 훈련을 하는 것
• 우발학습기법이 다른 기법들과 다른 것은 아동이 먼저 요청을 한다는 것
• 아동이 요청을 하면 교사는 아동의 관심이 대상에 주의를 기울여 아동중심의 모델기법, 반응요구 후 모델기법 및 시간지연기법을 사용하여 아동의 의사소통기술을 향상시킴</td></tr>
</table>

50

2013. 유

영지는 만 3세 발달지체 유아이다. 유아특수교사인 최 교사는 부모 지원을 위해 영지와 어머니가 상호작용하는 동영상 자료를 보고 영지 어머니의 의사소통 행동을 분석하였다. 물음에 답하시오. [5점]

(가) 동영상 자료의 일부

> 영 지: (장난감 자동차를 가지고 놀고 있다.)
> 어머니: ㉠(그림책을 가지고 와서) 영지야, 엄마랑 책 보자.
> 영 지: (어머니를 보지 않고 계속 장난감 자동차를 가지고 논다.)
> 어머니: (그림책을 펴며) 동물원이네. 사자랑 호랑이랑 있네.
> 영 지: (장난감 자동차를 굴리며) 빠~.
> 어머니: ㉡빠~, 그래 그건 큰 빵빵이야.
> 어머니: ㉢영지야, 빵빵 해볼까? 빵빵.

1) ㉠에서 어머니는 의사소통 참여자로서 상호작용에 필요한 (　　)을(를) 이루지 못하고 있다. 괄호 안에 알맞은 말을 쓰시오. [1점]

2) 최 교사는 ㉡의 행동을 긍정적으로 판단하여 어머니를 격려하였다. 최 교사의 판단 근거 2가지를 쓰시오. [2점]

3) 최 교사는 ㉢과 관련하여 어머니에게 "영지가 반응을 보일 수 있도록 기다려 주세요."라고 조언하였다. 이는 환경중심 언어중재의 전략 중 무엇인지 쓰시오. [1점]

4) 다음은 최 교사가 영지 어머니에게 제안한 내용이다. 괄호 안에 알맞은 말을 쓰시오. [1점]

> 환경중심 언어중재를 실행하기 위해서는 (　　　　)이(가) 중요합니다. 이는 영지의 의사소통 욕구를 촉진하기 위한 전략입니다. 예를 들어, 영지가 원하는 것을 약간 부족하게 주거나 원하는 물건을 눈에 보이지만 손이 닿지 않는 곳에 두는 것입니다.

핵심테마 체크 ✔

- 보완대체 의사소통의 요소
- 강화된 환경중심 언어중재 (EMT)

MY MEMO

51

정답 및 예시답안

○ 상징, 도구(장치), 기법, 전략
○ 다음 중 택 2
 – 반응적 대화양식의 체계적인 원리 추가
 – 대상 학생과 대화상대자의 상호작용 기술 증진(대화상대자의 역할 확장)
 – 환경조성 강화
○ ㉢ 해당 학년군별 교육과정을 적용하기 어려운 중도·중복장애 학생에게는 학생의 언어능력에 따라 타 학년군의 교육과정 내용을 참고하여 운용할 수 있다.
○ ㉣ 음성으로 의사소통하기 어려운 중도·중복장애 학생의 경우에는 의사소통 의도나 기능으로 대체하여 평가한다.

관련이론

✦ 강화된 환경중심 언어중재(EMT)

- 환경중심 언어중재의 수정된 형태로서, 기존의 우발교수, 시간지연, 요구-모델 등의 전략에 물리적 환경 조절전략과 반응적 상호작용전략이 결합된 중재
- 일반화와 충분한 의사소통의 기회를 증진시키는 데에 보다 많은 초점

구분		내용
물리적 환경조성 전략		• 물리적 환경 조절전략의 핵심은 아동의 언어를 촉진하기 위한 물리적인 전략으로서 아동이 선호하는 자료를 중심으로 물리적 환경을 설정 • 대상 아동의 인지와 언어 수준 등을 잘 고려하되, 도움을 요청할 수 있도록 일부러 혼자 할 수 없는 상황을 설정하는 것이 중요 • **전략**: 흥미 있는 자료, 닿지 않는 위치, 도움이 필요한 상황, 불충분한 자료 제공, 중요 요소 빼기, 선택기회 제공, 예상치 못한 상황
반응적 상호작용 전략		• 아동의 행동에 성인 대상자가 어떻게 반응해야 하는지에 대한 것으로서, 아동의 언어적 또는 비언어적 행동에 반응하는 방법 • 아동의 눈높이에서 공동관심, 공동활동, 그리고 주고받기 등을 통해 아동이 더 많은 의사소통 기회를 가질 수 있도록 하는 데에 주목적이 있음 • 이때에는 지시나 질문은 가급적 피하고 성인이 아동의 행동을 모방하거나 상호작용을 하여 반응을 기다려 주는 것이 중요
	아동 주도 따르기	• 아동의 말이나 행동과 유사한 언어적·비언어적 행동을 하며 아동 주도에 따름. 아동이 말하도록 기다려주고, 아동이 하는 말이나 행동을 모방함. 아동의 관심에 기초하여 활동을 시작하고 다른 활동으로 전이할 때에도 아동의 흥미를 관찰함
	공동관심 형성하기	• 아동이 하는 활동에 교사가 관심을 보이며 참여함. 아동이 활동을 바꾸면 성인도 아동이 선택한 활동으로 바꿈
	정서 일치시키기	• 아동의 정서에 맞추어 반응함. 그러나 아동의 정서가 부적절하면 맞추지 않음
	상호적 주고받기	• 상호작용을 할 때에는 아동과 성인이 교대로 대화나 사물을 주고받음
	시범 보이기	• 먼저 모델링이 되어 줌. 혼잣말기법이나 평행적 발화기법을 사용함
	확장하기	• 아동의 발화에 적절한 정보를 추가하여 보다 완성된 형태로 다시 들려줌
	아동을 모방하기	• 아동의 행동 또는 말을 모방하여 아동과 공동관심을 형성하거나 아동에게 자신의 말이 전달되었음을 알려줌
	아동발화에 반응하기	• 아동이 한 말에 대해 고개를 끄덕이거나 '응', '옳지', '그래' 등과 같은 말을 해 주면서 아동의 말을 이해했다는 것을 알려 주고 인정해 줌
	아동반응 기다리기	• 아동이 언어적 자극에 반응할 수 있도록 적어도 5초 정도의 반응시간을 기다려 줌

51

2016. 중

(가)는 학생 A에 대한 정보이고, (나)는 국어과 교수・학습 방법 및 평가 계획이다. <작성 방법>에 따라 순서대로 쓰시오. [4점]

(가) 학생 A의 정보

- 중도 정신지체와 경도 난청을 가진 중도・중복장애 중학생임
- 기본 교육과정 초등학교 1~2학년군의 학업 수행 수준임.
- 음성언어로 의사소통을 하기가 어렵고, 자발적인 발화가 거의 나타나지 않음

(나) 국어과 교수・학습 방법 및 평가 계획

관련 영역		적용
교수・학습 방법	교수・학습 계획	음성언어를 사용하는 데 어려움이 있는 중도・중복장애 학생이므로 ㉠ 보완・대체의사소통체계를 활용함
	교수・학습 운용	일반적인 교과학습과 동시에 언어경험접근법과 ㉡ 환경중심 언어중재 등을 상황에 맞게 활용하여 지도함
		㉢
평가 계획		㉣

작성방법

- 밑줄 친 ㉠의 구성 요소 4가지를 쓸 것
- 밑줄 친 ㉡과 비교하여 '강화된 환경중심 언어중재'가 가지는 차이점을 2가지 쓸 것
- (가)를 참조하여, 빈칸 ㉢과 ㉣에 해당하는 내용을 「2009 개정 교육과정에 따른 특수교육 교육과정(교육과학기술부 고시 제2011-501호)」 중 기본 교육과정 국어과 '교수・학습 방법'과 '평가'에서의 중도・중복장애 학생을 명시한 사항에 근거하여 서술할 것

핵심테마 체크

- 환경중심 언어중재
- 발화기법

MY MEMO

52

정답 및 예시답안

①

알찬 지문풀이

- ㄱ. 미술 활동 중에 민희가 요구행동을 할 상황을 만들고 기대하는 표정으로 바라보며 일정시간 기다린다. 민희가 "풀" 하고 요구하면 풀을 준다. 오반응이나 무반응을 보이면 시범을 보인다. ➡ **시간지연**
- ㄴ. 자유놀이 시간에 소꿉놀이 영역에서 민희가 모자를 가리키며 "모자"라고 말하면 교사는 "모자?"라고 말하여 민희의 의사를 확인한 후 민희의 말을 "모자 주세요."로 반복하여 말해준다. ➡ **확장**
- ㄷ. 간식시간에 마실 것을 선택해야 하는 민희에게 "뭘 마시고 싶니?"라고 한 후 "주스"라고 말하면 "주스가 마시고 싶구나, 여기 주스 줄게."라고 말하고 주스를 준다. 민희가 오반응이나 무반응을 보이면 시범을 보인다. ➡ **요구-모델**
- ㄹ. 이야기 나누기 시간에 융천으로 만든 물고기를 들고 바라보는 민희에게 교사는 "물고기"라고 시범을 보인 후 민희가 모방하면 "그래 이건 물고기야, 물고기 여기에 붙이렴."이라고 말한다. 오반응이나 무반응을 보이면 다시 "물고기"라고 말한다. ➡ **시범**

관련이론

✦ 발화기법

혼잣말기법	• 아동과 평행놀이에 참여하면서 우리 자신의 행동을 기술하는 것이다. • 임상가가 자신이 하는 행동을 말하거나, 아동이 하는 행동을 임상가가 말한다. • 전혀 말을 하지 않는 아동에게 유용하다.
평행적 발화기법	• 임상가가 아동의 행동을 기술해 주는 것이다.
모방	• 아동으로 하여금 임상가의 말을 모방하게 하는 임상가 중심법의 훈련과 달리 임상가가 아동의 말을 그대로 모방하는 것이다. • 임상가의 모방은 아동이 다시 모방하는 기회가 되기도 하며, 이러한 상호작용 속에서 아동은 대화의 차례 바꾸기 구조를 발달시킬 수 있다.
확장	• 아동이 산출한 발화에 문법적인 표지나 의미적 세부사항을 덧붙이는 것이다. 예 먹어 ➡ 밥을 먹어. 빨리 먹어.
확대	• 아동이 산출한 발화에 의미적 정보를 추가하는 것이다. 예 고래가 먹었어. ➡ 고래가 밥을 먹었니?
합성과 분리	• 아동이 산출한 말을 더 작은 형태로 쪼개거나 다시 붙인다. 예 고래가 먹었어. ➡ 고래가 먹었지, 고래.
문장 고쳐 만들기	• 문법의 틀을 바꾼다. 예 고래가 먹었어. ➡ 고래가 먹었니?
총체적 언어접근법	• 자연스러운 습득과정을 통해 읽기, 쓰기, 말하기, 듣기를 전체적으로 가르친다.

52 2010. 유

민희는 수줍음이 많고 언어발달이 늦어 자신의 요구를 잘 표현하지 못한다. 박 교사는 다양한 중재전략을 통해 민희의 요구행동을 촉진하려고 한다. <보기>에 제시한 사례별 중재전략이 바르게 연결된 것은?

보기

ㄱ. 미술 활동 중에 민희가 요구행동을 할 상황을 만들고 기대하는 표정으로 바라보며 일정시간 기다린다. 민희가 "풀" 하고 요구하면 풀을 준다. 오반응이나 무반응을 보이면 시범을 보인다.

ㄴ. 자유놀이 시간에 소꿉놀이 영역에서 민희가 모자를 가리키며 "모자"라고 말하면 교사는 "모자?"라고 말하여 민희의 의사를 확인한 후 민희의 말을 "모자 주세요."로 반복하여 말해준다.

ㄷ. 간식시간에 마실 것을 선택해야 하는 민희에게 "뭘 마시고 싶니?"라고 한 후 "주스"라고 말하면 "주스가 마시고 싶구나, 여기 주스 줄게."라고 말하고 주스를 준다. 민희가 오반응이나 무반응을 보이면 시범을 보인다.

ㄹ. 이야기 나누기 시간에 융천으로 만든 물고기를 들고 바라보는 민희에게 교사는 "물고기"라고 시범을 보인 후 민희가 모방하면 "그래 이건 물고기야, 물고기 여기에 붙이렴."이라고 말한다. 오반응이나 무반응을 보이면 다시 "물고기"라고 말한다.

	ㄱ	ㄴ	ㄷ	ㄹ
①	시간지연	확장하기	요구-모델	시범
②	시간지연	시범	확장하기	요구-모델
③	시범	확장하기	요구-모델	시간지연
④	요구-모델	시간지연	확장하기	시범
⑤	확장하기	시간지연	시범	요구-모델

핵심테마 체크 ✔

- 환경중심 언어중재

MY MEMO

53

정답 및 예시답안

①

문제 속 자료분석

(가)

- 황 교사: (연필을 보여주며) 어제 은희가 배웠는데 이것을 영어로 뭐라고 하지? ➡ 반응요구
- 은　　희: (모른다는 표정을 지으며 대답을 하지 않는다.)
- 황 교사: pencil이지? pencil이라고 말해봐. ➡ 모델링
- 은　　희: pencil.
- 황 교사: 잘 했어요.

(나)

- 은　　희: (연필 옆에 교사가 교수환경을 구조화하기 위해 놓아둔 지우개에 관심을 보이며 지우개를 쳐다본 후 교사의 눈을 응시한다.) 지우개. ➡ 환경조성
- 황 교사: (지우개를 영어로 뭐라고 하는지 알고 싶다는 은희의 요구를 이해하고 웃으며) 지우개는 영어로 eraser라고 해.

관련이론

✦ **환경중심 언어중재의 4가지 전략**

모델링	• 우선 아동의 관심이 어디에 가 있는지를 살피다가 그 물건이나 행동에 같이 참여하면서, 그에 적절한 언어를 시범 보이는 것 • 아동이 바르게 반응하지 못하였을 때는 다시 시범을 보이고 그에 따른 강화를 제공
반응요구 후 모델	• 아동과 언어치료사가 함께 활동을 하다가, 아동에게 언어적인 반응을 구두로 요구해 본 후에 시범을 보이는 것 • 시범방법과 다른 점은 아동에게 반응할 기회를 우선 주고 나서 언어적인 시범을 보이는 것 • 반응요구 후 모델기법이 아동중심의 모델기법과 다른 점은 비모방적인 언어 촉진을 사용한다는 것
시간지연	• 아동과 함께 쳐다보거나 활동하다가 아동의 언어적 반응을 가만히 기다려 주는 것 • 2~5초간의 시간을 지연시킴으로써 아동의 의사소통을 유도하는 것 • 만약 아동이 지연에 반응하지 않으면, 교사는 다시 시간지연기법을 사용하거나 모델기법 또는 반응요구 후 모델기법을 사용
우발학습	• 아동의 생활환경에서 우연히 일어나는 의사소통의 기회 또는 언어학습의 기회를 이용하여 언어 훈련을 하는 것 • 우발학습기법이 다른 기법들과 다른 것은 아동이 먼저 요청을 한다는 것 • 아동이 요청을 하면 교사는 아동의 관심이 대상에 주의를 기울여 아동중심의 모델기법, 반응요구 후 모델기법 및 시간지연기법을 사용하여 아동의 의사소통기술을 향상시킴

53

2010. 초

다음은 황 교사가 지체장애 학생 은희에게 2008년 개정 특수학교 국민공통기본교육과정 영어과를 지도하는 과정을 기술한 것이다. (가)와 (나)에서 황 교사가 적용한 환경교수(환경중심 언어 중재) 방법으로 가장 적절한 것은?

(가)

황 교사:	(연필을 보여주며) 어제 은희가 배웠는데 이것을 영어로 뭐라고 하지?
은 희:	(모른다는 표정을 지으며 대답을 하지 않는다.)
황 교사:	pencil이지? pencil이라고 말해봐.
은 희:	pencil.
황 교사:	잘 했어요.

(나)

은 희:	(연필 옆에 교사가 교수환경을 구조화하기 위해 놓아둔 지우개에 관심을 보이며 지우개를 쳐다본 후 교사의 눈을 응시한다.) 지우개.
황 교사:	(지우개를 영어로 뭐라고 하는지 알고 싶다는 은희의 요구를 이해하고 웃으며) 지우개는 영어로 eraser라고 해.

	(가)	(나)
①	반응요구후 모델링	우발(우연)교수
②	우발(우연)교수	시간지연
③	반응요구후 모델링	시간지연
④	시간지연	반응요구후 모델링
⑤	시간지연	우발(우연)교수

핵심테마 체크 ✔

- 촉진체계
- 환경조성전략
- 화용론적 기능
- 의사소통 사전

MY MEMO

54

정답 및 예시답안

1) 최대-최소 촉진체계
2) 민호의 선호도를 반영하기 위해 강아지와 고양이 중 민호가 원하는 것을 선택하도록 한 후 스위치를 연결해 준다.
3) 민호의 눈에 보이지만 손에 닿지 않는 책상에 장난감을 두었다.
4) ⓐ 관심 얻기
   ⓑ 정보 요구

문제 속 자료분석

- 교사가 민호의 손을 잡고 민호와 함께 스위치를 누르며 장난감 자동차가 움직이도록 한다. ➡ **신체적 촉진**
- 교사가 두 손가락을 민호의 손등에 올려놓고 1초간 기다린다. ➡ **신체적 촉진의 약화**
- 교사가 스위치를 누르는 모습을 보여 주고, "선생님처럼 해 봐."라고 말한 후 잠시 기다린다. ➡ **시범 촉진**
- 교사가 "민호가 눌러 볼까?"라고 말한 뒤 잠시 기다린다. ➡ **시간지연**
- 교사의 촉구 없이 민호 스스로 스위치를 누르도록 기다린다. ➡ **용암**

➡ **최대-최소 촉진체계**

관련이론

✦ 촉구와 용암

촉구의 정의	• 바람직한 반응을 보일 수 있도록 도와주는 부가적인 자극 • 정확한 반응을 할 가능성을 증가시키는 데 사용되는 것		
촉구의 유형	반응촉구	• 언어적 • 자세(몸짓) • 신체적	• 시각적 • 모델링(시범) • 혼합된 촉구
	자극촉구	• 자극 내 촉구	• 자극 외 촉구
촉구의 용암	반응촉구 용암	• 도움감소법 • 촉구지연법(시간지연)	• 도움증가법 • 점진적 안내
	자극촉구 용암	• 자극촉구의 점진적 변화는 변별자극을 점차 분명하게 또는 점차 불분명하게 변화시키거나, 변별자극에 추가적 단서를 주는 것	

✦ 환경조성전략

- 물리적 환경 조절전략의 핵심은 아동의 언어를 촉진하기 위한 물리적인 전략으로서 아동이 선호하는 자료를 중심으로 물리적 환경을 설정
- 대상 아동의 인지와 언어 수준 등을 잘 고려하되, 도움을 요청할 수 있도록 일부러 혼자 할 수 없는 상황을 설정하는 것이 중요
- **전략**: 흥미 있는 자료, 닿지 않는 위치, 도움이 필요한 상황, 불충분한 자료 제공, 중요 요소 빼기, 선택기회 제공, 예상치 못한 상황

✦ 제스처 사전(의사소통 사전)

- 촉진자가 주의집중, 수용 및 거부의 신호를 가르치기 위한 중재를 성공적으로 시행할 때쯤이면, 대상자의 의사소통을 위한 발성과 제스처의 레퍼토리가 상당히 풍부해져 있을 것이다. 이러한 신호 중 많은 것이 특이할 수 있기 때문에 단지 소수의 친숙한 촉진자(부모, 지원자)만이 이를 이해하고 일관된 반응을 할 수 있다.
- 반면에 낯선 사람들은 그러한 메시지를 이해하고 해석하는 데 어려움을 지닐 것인데, 이러한 상황은 불필요한 문제의 의사소통 단절을 가져올 수 있다. 이러한 의사소통 단절은 이른바 '제스처 사전'을 사용함으로써 극복될 수 있다.
- 제스처 사전에는 개인이 사용하는 제스처에 대한 묘사와 그 의미, 그리고 그에 대한 적절한 반응이 수록되어 있다. 이 사전은 교실이나 가정에서 사용되는 벽 포스터 형태를 취할 수도 있고, 알파벳 순으로 된 상호참조용 목록을 지닌 노트북 형태를 취할 수도 있다.

54 2015. 초

민호는 뇌성마비와 최중도 정신지체의 중복장애학생으로 그림이나 사진을 이해하지 못하며, 구어로 의사소통이 어렵다. (가)는 교사와 민호의 상호작용 기록의 일부이다. 물음에 답하시오. [5점]

(가) 교사와 민호의 상호작용

(교사는 민호가 볼 수 있으나 손이 닿지 않는 책상 위에 장난감 자동차가 움직이도록 태엽을 감아 놓아 두고 다음 시간 수업을 준비하고 있다. 장난감 자동차가 소리 내며 움직이다 멈춘다.)

민호 : (교사를 바라보며 크게 발성한다.) 으으~으으~
교사 : 민호야, 왜 그러니? 화장실 가고 싶어?
민호 : (고개를 푹 떨구고 가만히 있다.)
교사 : 화장실 가고 싶은 게 아니구나.
민호 : (고개를 들고 장난감 자동차와 교사를 번갈아 바라보며 발성한다.) 으으응~응~
교사 : (장난감 자동차를 바라보며) 아! 자동차가 멈추었구나.
민호 : (몸을 뒤로 뻗치며) 으으응~으으응~
교사 : 자동차를 다시 움직여 줄게. (장난감 자동차가 움직이도록 해 주고 잠시 민호를 보고 있다.)
㉠ <u>이번에는 민호가 한번 해 볼까? (교사는 장난감 자동차에 스위치를 연결하여 휠체어 트레이 위에 놓은 뒤 민호의 손을 잡고 함께 스위치를 누른다.)</u>
민호 : (오른손으로 천천히 스위치를 눌러 자동차가 움직이자 교사를 바라보며 웃는다.)
교사 : 민호 잘하네. ㉡ <u>(강아지와 고양이 장난감이 놓인 책상에서 강아지 장난감을 집어 들고) 민호야, 이것도 한번 움직여봐. (강아지 장난감을 스위치에 연결해 준다.)</u>
민호 : (㉢ <u>고양이 장난감 쪽을 바라본다</u>.)

1) (가)의 ㉠에서 교사는 다음과 같은 순서로 지도하였다. 교사가 사용한 촉구(촉진) 체계를 쓰시오. [1점]

〈스위치 사용 지도 순서〉

- 교사가 민호의 손을 잡고 민호와 함께 스위치를 누르며 장난감 자동차가 움직이도록 한다.
- 교사가 두 손가락을 민호의 손등에 올려놓고 1초간 기다린다.
- 교사가 스위치를 누르는 모습을 보여주고, "선생님처럼 해 봐."라고 말한 후 잠시 기다린다.
- 교사가 "민호가 눌러 볼까?"라고 말한 뒤 잠시 기다린다.
- 교사의 촉구 없이 민호 스스로 스위치를 누르도록 기다린다.

2) 민호의 행동 ㉢을 고려한다면, (가)의 교사 행동 ㉡이 어떻게 바뀌어야 하는지 1가지 쓰시오. [1점]

3) 교사가 환경중심교수(Milieu Teaching)의 환경 조성 전략을 적용한 사례를 (가)에서 찾아 1가지 쓰시오. [1점]

4) 다음은 교사가 (가)와 같은 상호작용을 분석한 후, 다른 교사와 또래들이 민호의 행동을 해석하고 민호에게 적절하게 반응하는 방법을 알려주기 위해 만든 의사소통 사전(communication dictionary)의 일부이다. ⓐ와 ⓑ를 각각 쓰시오. [2점]

〈민호의 의사소통 사전〉

학생 이름 : 민호 환경 : 교실

민호의 행동	화용론적 기능	반응해 주는 방법
크게 발성하기	부르기, 자기에게 관심 끌기	민호에게 간다.
고개를 숙이고 가만히 있기	ⓐ	하던 행동을 멈추고 민호가 원하는 것이 무엇인지 관찰한다.
물건과 사람을 번갈아가며 보기	ⓑ	민호가 바라보는 물건을 함께 보며, "와! 멋있구나. 이것 ○○이구나."와 같이 반응해주고, 그 물건의 상태나 정보에 대해 얘기해 준다.
몸을 뒤로 뻗치기	요구하기	"민호는 ○○ 해주기를 원하는구나"와 같이 반응해주고, 민호가 원하는 행동을 해준다.

ⓐ :

ⓑ :

핵심테마 체크 ✔

- 의사소통의 기능
- 환경중심 언어중재(MT)

MY MEMO

55

정답 및 예시답안

1) 비언어적 수단
2) ㉠ 요구하기
   ㉡ 거부하기(거절하기)
3) ① 요구-모델
   ② 최 교사는 동호에게 퍼즐 조각을 준다.

관련이론

✦ **환경중심 언어중재의 4가지 전략**

모델링	• 우선 아동의 관심이 어디에 가 있는지를 살피다가 그 물건이나 행동에 같이 참여하면서, 그에 적절한 언어를 시범 보이는 것 • 아동이 바르게 반응하지 못하였을 때는 다시 시범을 보이고 그에 따른 강화를 제공
반응요구 후 모델	• 아동과 언어치료사가 함께 활동을 하다가, 아동에게 언어적인 반응을 구두로 요구해 본 후에 시범을 보이는 것 • 시범방법과 다른 점은 아동에게 반응할 기회를 우선 주고 나서 언어적인 시범을 보이는 것 • 반응요구 후 모델기법이 아동중심의 모델기법과 다른 점은 비모방적인 언어 촉진을 사용한다는 것
시간지연	• 아동과 함께 쳐다보거나 활동하다가 아동의 언어적 반응을 가만히 기다려 주는 것 • 2~5초간의 시간을 지연시킴으로써 아동의 의사소통을 유도하는 것 • 만약 아동이 지연에 반응하지 않으면, 교사는 다시 시간지연기법을 사용하거나 모델기법 또는 반응요구 후 모델기법을 사용
우발학습	• 아동의 생활환경에서 우연히 일어나는 의사소통의 기회 또는 언어 학습의 기회를 이용하여 언어 훈련을 하는 것 • 우발학습기법이 다른 기법들과 다른 것은 아동이 먼저 요청을 한다는 것 • 아동이 요청을 하면 교사는 아동의 관심이 대상에 주의를 기울여 아동중심의 모델기법, 반응요구 후 모델기법 및 시간지연기법을 사용하여 아동의 의사소통기술을 향상시킴

55

2022. 유

(가)는 발달지체 유아 동호의 통합학급 놀이 상황이고, (나)는 유아특수교사 최 교사의 반성적 저널의 일부이다. 물음에 답하시오. [5점]

(가)

신혜: (옆에 지나가는 민수를 바라보며)
민수야, 같이 모래놀이 하자.
민수: 그래, 같이 하자.
동호: (신혜와 민수를 바라본다.)
신혜: 동호야, 너도 같이 할래?
동호: (고개를 끄덕인다.)
민수: 그래. 동호야, 우리 같이 모래 구덩이 만들자.
신혜: (동호에게 모래를 파는 행동을 보이며)
이렇게. 이렇게 파면 구덩이가 생겨.
민수: 우리처럼 이렇게 모래를 파는 거야.
동호: ㉠ (신혜가 가진 꽃삽을 향해 손을 내민다.) [A]
민수: 응? 뭐가 필요해?
신혜: (옆의 나뭇가지를 동호에게 주며) 자, 이거!
동호: (㉡ 나뭇가지를 밀어내며, 다시 한 번 꽃삽을 향해 손을 내민다.)
민수: (신혜를 바라보며) 동호가 꽃삽이 필요한가봐.
신혜: 아, 꽃삽! 자. 동호야, 너도 해봐.
동호: (꽃삽을 받아들고 모래를 파기 시작한다.)

… (하략) …

(나)

학기 초, 동호가 친구들과 의사소통을 하고 싶어 하는 모습을 보여, 자연스러운 놀이 상황에서 동호에게 반응이나 행동을 먼저 요구한 후 그에 대해 적절한 반응을 보이는 방법을 적용했다.

나와 통합학급 선생님은 기회가 주어질 때마다 이 방법을 동호에게 적용하려고 노력했다. 특히 동호가 좋아하는 퍼즐놀이 시간에 자주 활용했다.

동호가 퍼즐놀이를 할 때 동호와 공동 관심을 형성하고 동호에게 뭐가 필요한지, 무엇을 찾고 있는지 물어 보면서 동호의 반응을 유도했다. 처음에는 동호가 아무런 반응을 하지 않아서 손을 뻗거나 내미는 모습을 보여주었다.

요즘 동호가 퍼즐놀이 할 때 뭐가 필요한지 질문을 하면 ㉢ 퍼즐 조각을 향해 손을 뻗거나 내미는 행동을 한다. 자주는 아니지만, 친구들에게 의사소통을 시도하는 동호의 모습을 보니 대견스럽고 뿌듯하다.

1) 언어 발달 과정에 근거하여, (가)의 [A]에 공통적으로 나타난 동호의 의사소통 수단은 무엇인지 쓰시오. [1점]

2) (가)의 ㉠과 ㉡에서 동호의 행동에 나타난 의사소통의 기능을 각각 쓰시오. [2점]

㉠ :

㉡ :

3) (나)에서 ① 최 교사가 적용한 환경언어중재(Milieu Language Teaching : MLT) 방법이 무엇인지 쓰고, ② ㉢에 대해 최 교사가 해 주어야 할 반응을 쓰시오. [2점]

① :

② :

핵심테마 체크 ✓

- 강화된 환경중심 언어중재(EMT)
- 반응적 상호작용

MY MEMO

56

정답 및 예시답안

⑤

문제 속 자료분석

- ① 현아가 ~~말없이 손으로 우유를 가리키면 반응을 하지 않고~~, '우유'라고 말하는 경우에만 반응을 한다.
- ② 현아가 창가에 앉아 있는 새를 가리키면서 '새'라고 말하면 ~~"책에 새가 몇 마리 있나 보자."라고 말하며 새에 대한 그림책을 가리킨다~~.
- ③ 현아가 인형을 만지며 '아기'라고 말하면, ~~"아기? 아기가 뭐하니? 아기가 잔다고 해 봐, 아기가 자니? 아기가 잔다."라고 연속적으로 말한다~~.
- ④ 퍼즐 맞추기에 집중하고 있는 현아 옆에 앉아서 퍼즐 조각을 가리키며 "무슨 색이니?"라고 묻고, ~~현아가 반응이 없더라도 반복하여 묻는다~~.

➡ ①~④의 내용 모두 현아가 한 반응에 대해 교사가 반응적으로 상호작용을 하지 않음

관련이론

✦ 반응적 상호작용(반응적 대화양식)

- 학생의 의사소통을 지원하고 환경교수의 자연적인 질을 크게 향상시키는 전반적인 상호작용의 접근이다.
- 환경구성이 물리적인 상황을 조성하는 것과 같이, 언어사용을 위한 사회적 상황을 조성한다.
- 대화 중심의 교수를 할 수 있는 지원적이고 상호작용적인 상황을 만들 수 있다.
- 지속적인 의사소통이 이루어지고, 실제적이면서도, 매우 자연스러운 교수기회가 많아진다.
- 반응적 대화양식의 4가지 요소

공동관심 및 상호관심 형성	• 공동관심: 교사와 학생이 같은 사물이나 활동에 집중하고 있을 때 일어남 • 상호관심: 학생과 교사가 서로를 바라보면서 대화할 때 형성
차례 주고받기	• 대화에서 학생과 교사가 의사소통하는 차례를 교환하는 것을 말함
상대방의 행동에 따른 반응	• 교사가 학생의 의사소통 시도에 빠르고 의미 있게 반응하는 것을 말함
긍정적인 감정 표현	• 미소, 가벼운 두드림, 학생의 이름 부르기, 따뜻한 목소리 톤, 긍정적인 상호작용 스타일 등이 포함

56 2012. 유

제스처와 한 낱말로 말하기를 주로 사용하는 만 4세 현아에게 카이저(A. Kaiser)의 강화된 환경교수(enhanced milieu teaching)에 포함되는 반응적 상호작용(responsive interaction) 전략을 적용하여 '두 낱말로 말하기'를 지도하고자 한다. 이 전략을 가장 옳게 적용한 것은?

① 현아가 말없이 손으로 우유를 가리키면 반응을 하지 않고, '우유'라고 말하는 경우에만 반응을 한다.
② 현아가 창가에 앉아 있는 새를 가리키면서 '새'라고 말하면, "책에 새가 몇 마리 있나 보자."라고 말하며 새에 대한 그림책을 가리킨다.
③ 현아가 인형을 만지며 '아기'라고 말하면, "아기? 아기가 뭐하니? 아기가 잔다고 해 봐, 아기가 자니? 아기가 잔다."라고 연속적으로 말한다.
④ 퍼즐 맞추기에 집중하고 있는 현아 옆에 앉아서 퍼즐 조각을 가리키며 "무슨 색이니?"라고 묻고, 현아가 반응이 없더라도 반복하여 묻는다.
⑤ 현아가 빗으로 머리 빗는 시늉을 하며 '머리'라고 말하면, 현아의 행동을 따라하며 "머리 빗어."라고 말한 후 현아가 반응할 수 있게 잠시 기다린다.

핵심테마 체크 ✓

- 환경중심 언어중재

MY MEMO

57

정답 및 예시답안

1) 유치원 C
2) 유치원 C
3) ① 우발교수
   ② '풍선'이라고 말해보세요, 또는 선생님을 따라 말하세요, '풍선' 등 (*'풍선'을 모델링하는 내용이면 됨)

관련이론

✦ 환경중심 언어중재

구분			내용
의미 및 특징			• 기능적인 의사소통을 자연스럽게 유도할 수 있도록 아동의 환경 속에서 아동의 관심과 흥미에 따라서 언어중재를 한다는 다소 포괄적인 중재접근법 • 일상생활의 의사소통 상황에서 의사소통기술을 가르치는 자연스러운 접근방법 • 의사소통을 촉진할 수 있도록 환경을 구성하고, 아동의 관심을 고려하며, 인위적이 아닌 자연적인 촉진을 사용하고, 아동의 의사소통의 빈도와 확장을 위해 기능적 후속결과를 사용 • 행동주의 원칙과 절차를 적용한 것으로 자연적인 맥락에서 이루어지는 언어중재
전략	환경조성전략		• 흥미 있는 상황 • 부적절한 상황 • 도움이 필요한 상황 • 손에 닿지 않는 상황 • 선택해야 할 상황 • 예기치 못한 상황
	4가지 전략	모델링	• 우선 아동의 관심이 어디에 가 있는지를 살피다가 그 물건이나 행동에 같이 참여하면서, 그에 적절한 언어를 시범 보이는 것 • 아동이 바르게 반응하지 못하였을 때는 다시 시범을 보이고 그에 따른 강화를 제공
		반응요구 후 모델	• 아동과 언어치료사가 함께 활동을 하다가, 아동에게 언어적인 반응을 구두로 요구해 본 후에 시범을 보이는 것 • 시범방법과 다른 점은 아동에게 반응할 기회를 우선 주고 나서 언어적인 시범을 보이는 것 • 반응요구 후 모델기법이 아동중심의 모델기법과 다른 점은 비모방적인 언어 촉진을 사용한다는 것
		시간지연	• 아동과 함께 쳐다보거나 활동하다가 아동의 언어적 반응을 가만히 기다려 주는 것 • 2~5초간의 시간을 지연시킴으로써 아동의 의사소통을 유도하는 것 • 만약 아동이 지연에 반응하지 않으면, 교사는 다시 시간지연기법을 사용하거나 모델기법 또는 반응요구 후 모델기법을 사용
		우발학습	• 아동의 생활환경에서 우연히 일어나는 의사소통의 기회 또는 언어 학습의 기회를 이용하여 언어 훈련을 하는 것 • 우발학습기법이 다른 기법들과 다른 것은 아동이 먼저 요청을 한다는 것 • 아동이 요청을 하면 교사는 아동의 관심이 대상에 주의를 기울여 아동중심의 모델기법, 반응요구 후 모델기법 및 시간지연기법을 사용하여 아동의 의사소통기술을 향상시킴

57 2024. 유

(가)는 유아특수교사 안 교사와 유아교사 김 교사의 대화이고, (나)는 5세 발달지체 유아 단비를 위한 교육목표의 일부이며, (다)는 풍선놀이 장면의 일부이다. 물음에 답하시오. [5점]

(가)

안 교사: 선생님, 생일 잔치를 위해 풍선으로 교실을 꾸며 놨더니 아이들이 정말 좋아했어요.
김 교사: 아이들이 풍선놀이를 하고 싶어 하더라고요. 내일은 아이들이 좋아하는 풍선으로 놀이할까요?
안 교사: 좋아요. 단비도 풍선을 좋아하니 재미있어하겠어요.
김 교사: 그러면 아이들이 스스로 생각과 느낌을 표현하고 자유롭게 상상하면서 놀 수 있도록 해요.
안 교사: 좋네요. 자유롭게 놀 수 있으니 아이들이 활동에 더욱 적극적으로 참여할 수 있겠어요.
김 교사: 우리는 아이들의 자유로운 상상과 표현을 위해 시범을 보이거나 모방을 격려하기보다 아이들이 표현한 모든 반응을 수용하고 격려하여 풍선 놀이를 즐기고 지속할 수 있도록 해요.
안 교사: 모든 반응이 수용되는 환경이니 우리 단비도 즐겁게 참여하겠어요.

(나)

오늘의 놀이: 풍선놀이	
교육목표	**수정된 교육목표**
두 발을 모아 뛰는 신체활동에 참여할 수 있다.	공중에 떠 있는 풍선을 잡을 때, 3회 이상 위로 깡충 뛸 수 있다.
한 단어로 자신의 요구를 말할 수 있다.	풍선이 필요할 때, "풍선" 또는 "주세요"라고 말할 수 있다.
또래의 시작 행동에 반응할 수 있다.	㉠

(다)

(안 교사는 유희실 천장에 줄이 달린 헬륨 풍선을 띄워 놓았다.)
단 비: (천장에 붙어 있는 풍선을 바라본다.)
안 교사: (풍선을 같이 바라본다.)
단 비: (안 교사를 바라본다.)
안 교사: 단비야, 뭐 줄까?
단 비: (손가락으로 풍선을 가리킨다.)
안 교사: ______㉡______
단 비: 풍. 선.
안 교사: 자, 풍선 줄게. (풍선을 건넨다.)
[A]

… (중략) …

건 호: (단비에게 손을 내밀며) 단비야, 같이 놀자.
단 비: (건호의 손을 잡는다.)
건 호: 우리 저기 위에 노란 풍선 잡으러 갈까?
단 비: 응.
건 호: (위로 깡충 뛰며) 이렇게 뛰면 잡을 수 있어. 나랑 같이 풍선 잡아 보자. 하나, 둘, 셋 하면 깡충 하는 거야. 알았지? 하나, 둘, 셋!
단 비: (건호의 동작을 따라한다.)

1) ① (가)에 제시된 교수・학습 방법이 유아동작교육의 간접적 교수방법 중 무엇에 해당하는지 명칭을 쓰고, ② 풍선을 놀잇감으로 사용할 때의 장점을 놀잇감의 구조성 측면에서 1가지 쓰시오. [2점]

①:

②:

2) (다)를 참고하여 (나)의 ㉠에 들어갈 내용을 쓰시오. [1점]

3) 환경중심언어중재(Milieu Language Teaching : MLT)에 근거하여 (다)의 ① [A]에서 적용한 교수기법을 쓰고, ② ㉡에 들어갈 내용을 쓰시오. [2점]

①:

②:

핵심테마 체크 ✔

• 발화기법

MY MEMO

58

정답 및 예시답안

①

알찬 지문풀이

• ② (나)에서 최 교사는 B가 말한 틀린 단어를 지적하고 바른 단어로 고쳐서 제시하고 있는데, 이는 ~~'재구성' 기법을~~ 적용한 것이다. ➡ 확대(의미를 수정하였으므로)

• ③ (다)에서 김 교사는 C의 발화에 의미적 정보를 첨가하고 있는데, 이는 ~~'확장(expansion)' 기법을~~ 적용한 것이다. ➡ 수정(오류를 다른 형태로 바꾸어 말하였으므로)

• ④ (라)에서 박 교사는 D의 발화에 문법적 표지를 첨가하고 있는데, 이는 ~~'확대(extension)' 기법을~~ 적용한 것이다. ➡ 확장(조사를 첨가하여 완성된 문장을 제시하였으므로)

• ⑤ (마)에서 이 교사는 E의 발화에서 나타난 오류를 맥락 안에서 다른 형태로 바꾸어 말하고 있는데, 이는 ~~'수정'~~ 기법을 적용한 것이다. ➡ 확장[문법적 요소(조사)를 수정하였으므로]

관련이론

✦ 발화기법(발화유도전략)

1) 시범
- 기능적인 접근에서는 직접적인 모방을 요구하기보다는 집중적인 자극을 주는 방법을 선호한다.
- **집중적인 자극을 주는 방법**: 혼잣말기법과 평행적 발화기법
- **혼잣말기법**: 아동이 표현한 말을 직접 시범 보이기보다는 언어 치료사나 부모가 자신의 입장에서 말하는 것을 들려주는 것이다(예 물을 마시면서 "물 마셔요.").
- **평행적 발화기법**: 의사소통 상황에서 아동이 말할 만한 문장을 아동의 입장에서 말해주는 것이다(예 장난감 차를 아동에게 주면서 "차 주세요.").

2) 직접적인 구어적 단서
- **질문**: 단답형, 선택형, 개방 또는 과정형 질문, 훈련자가 시작한 문장에 목표 낱말이나 구를 삽입시켜서 문장을 완성하는 방법들
- **대치요청**: 아동의 말에서 목표가 되는 언어를 유도하는 방법으로, 목표 낱말이나 문장이 표현될 때까지 아동의 말을 고쳐나가도록 유도하는 것
- **선반응요구-후시범**: 목표언어를 시범 보이기 전에 아동이 자발적으로 반응할 기회를 요구한 후 시범을 보이는 방법으로, 취학 전 아동이나 특정언어장애 아동에게 일상활동을 통하여 중재할 때 많이 사용된다.

3) 간접적인 구어적 단서

구분	내용
아동의 반응을 요구하는 것	• **수정모델 후 재시도 요청하기**: 수정한 상태로 다시 말해주고, 다시 말하도록 요청 • **오류반복 후 재시도 요청하기**: 잘못 말한 부분이나 문장을 그대로 반복한 후 다시 말하도록 요청 • 자기교정 요청하기 • 이해하지 못했음을 표현하기 • **확장 요청하기**: 완성된 구나 문장을 말하도록 요청 • **반복 요청하기**: 바르게 말했을 경우에 다시 반복하도록 강화하는 방법 • **주제 확대하기**: 아동에게 좀 더 이야기를 하도록 요청하는 것
아동의 반응을 요구하지 않는 것	• 아동의 요구 들어주기 • 이해했음을 표현하기 • **모방**: 아동의 말을 그대로 모방함으로써 아동에게 자신의 말이 바르게 전달되었다는 것을 알려줌 • **확장**: 아동의 문장구조는 유지한 채, 문법적으로 바르게 고쳐서 바르게 들려주는 것 • **확대**: 아동의 발화 주제는 유지한 채, 정보를 더 첨가하여 들려주는 것 • **분리 및 합성**: 아동의 발화를 구문의 작은 단위들로 쪼개서 말했다가 다시 합쳐서 들려주는 것 • **문장의 재구성**: 아동 문장의 뜻은 유지한 채, 문장의 형태를 재구성해서 들려줌

58

2013. 중

다음은 교사가 학생의 효과적인 발화를 유도하기 위해 적용한 언어중재 기법의 예이다. (가)~(마)에서 적용한 기법에 대한 설명으로 옳은 것은?

(가)	학생 A: (색연필로 그림을 그리고 있다.) 정 교사: 색연필로 그림을 그려요.
(나)	학생 B: (소방차 그림을 보고) 경찰차다. 최 교사: 아니, 이건 소방차예요.
(다)	학생 C: 사과를 먹어요. 김 교사: 맛있는 사과를 먹어요.
(라)	학생 D: 어제 책 읽어요. 박 교사: 어제 책을 읽었어요.
(마)	학생 E: 당근 못 좋아요. 이 교사: 당근을 안 좋아해요.

① (가)에서 정 교사는 A의 행동을 A의 입장에서 말하고 있는데, 이는 '평행적 발화' 기법을 적용한 것이다.
② (나)에서 최 교사는 B가 말한 틀린 단어를 지적하고 바른 단어로 고쳐서 제시하고 있는데, 이는 '재구성' 기법을 적용한 것이다.
③ (다)에서 김 교사는 C의 발화에 의미적 정보를 첨가하고 있는데, 이는 '확장(expansion)' 기법을 적용한 것이다.
④ (라)에서 박 교사는 D의 발화에 문법적 표지를 첨가하고 있는데, 이는 '확대(extension)' 기법을 적용한 것이다.
⑤ (마)에서 이 교사는 E의 발화에서 나타난 오류를 맥락 안에서 다른 형태로 바꾸어 말하고 있는데, 이는 '수정' 기법을 적용한 것이다.

PART 12

핵심테마 체크 ✔

• 발화전략

MY MEMO

59

정답 및 예시답안

⑤

알찬 지문풀이

• ㉠ 김 교사는 준호 옆에서 블록을 만지면서 혼잣말로 "나는 블록을 만져, 나는 블록을 만져."라고 말하였다. ➡ 혼잣말하기

• ㉡ 준호가 장난감 자동차를 가리키며 "자동차."라고 말하면 김 교사는 준호의 의도를 알고 "자동차 줘."라고 말해 주었다. ➡ 확장

• ㉢ 준호가 장난감 자동차를 갖고 놀면 김 교사는 "자동차 운전하네. 자동차, 준호는 자동차 운전하네."라고 말해 주었다. ➡ 평행말하기

관련이론

✦ 교사의 발화전략(맥락의 활용)

발화유도 전략	혼잣말기법	• 아동에게 요구하지 않으면서 교사가 자기 행위에 대해 혼자 대화를 하듯이 말을 하는 것
	평행적 발화기법	• 아동의 행위에 대해 아동의 입장에서 말하는 것
	FA 질문법	• 아동에게 대답할 수 있는 2개의 모델을 제시
	대치요청	• 목표언어가 나올 때까지 아동의 말을 고쳐 나가도록 유도
발화 후 언어자극 전략	확장	• 문법적으로 오류가 있는 아동의 표현을 문법적으로 완전한 형태로 바꾸어 말해 주는 것
	확대	• 아동의 발화를 의미적으로 보완해 주는 것
	교정적 피드백	• 아동의 잘못된 혹은 완전하지 않은 표현을 긍정적인 방법으로 고쳐주는 것
	재구성	• 아동의 표현을 다른 문장구조로 바꾸어 말해 주는 것
	수정	• 아동의 잘못된 발화를 직접적으로 고쳐서 말해 주는 것
	수정 후 재시도 요청	• 아동의 잘못된 발화를 교정해 준 후 다시 한번 해 보도록 하는 것
	자기수정	• 아동이 잘못 말한 부분을 교사가 그대로 따라함으로써 발화가 적절하지 않음을 알려 주고 수정하도록 함 • 자기수정 요청, 자기수정 모델

59

2011. 유

다음은 김 교사가 만 3세 발달지체 유아 준호에게 2008년 개정 특수학교 기본교육과정 국어과 내용인 '간단한 낱말로 자기의 생각 말하기'를 지도하기 위해 사용한 교수 방법이다. 김 교사가 사용한 교수 방법을 바르게 설명한 것을 <보기>에서 모두 고른 것은?

㉠ 김 교사는 준호 옆에서 블록을 만지면서 혼잣말로 "나는 블록을 만져. 블록, 나는 블록을 만져."라고 말하였다.
㉡ 준호가 장난감 자동차를 가리키며 "자동차."라고 말하면 김 교사는 준호의 의도를 알고 "자동차 줘."라고 말해 주었다.
㉢ 준호가 장난감 자동차를 갖고 놀면 김 교사는 "자동차 운전하네. 자동차, 준호는 자동차 운전하네."라고 말해 주었다.

보기

ㄱ. ㉠은 '혼잣말하기'로, 김 교사는 자신이 무엇을 하고 있는지 말하여 주어 준호가 즉시 따라하게 하였다.
ㄴ. ㉡은 '확장하기'로, 김 교사는 준호가 의사소통하려는 내용을 이해하여 준호의 현재 수준보다 조금 더 복잡한 언어로 말해 주었다.
ㄷ. ㉢은 '상황설명하기(평행말)'로, 김 교사는 준호의 행동을 말로 표현해 줌으로써 준호가 자신의 행동을 나타낸 말을 들을 수 있게 하였다.
ㄹ. 김 교사가 사용한 ㉠~㉢의 교수 방법은 자연적 교수 방법의 하나인 '반응적 상호작용'으로 이 방법은 유아와 성인 간의 균형 있는 의사소통에 효과적이다.

① ㄱ, ㄷ ② ㄱ, ㄹ
③ ㄴ, ㄹ ④ ㄱ, ㄴ, ㄷ
⑤ ㄴ, ㄷ, ㄹ

핵심테마 체크 ✔

- 음성장애 학생을 위한 교실 내의 환경개선 방안
- 발화기법

MY MEMO

60

정답 및 예시답안

1) 물건을 고쳐서 사용하는
2) ㉢ / 사포의 숫자가 작은 것에서 큰 것 순으로 한다.
   ㉣ / 완성 치수보다 여유를 두고 마름질을 하여 여유를 두고 자른다.
3) 성대를 습관적으로 남용하므로 거칠고 쉰 목소리를 내지 않아도 되도록 자리배치를 다시 한다(활동 참여를 위한 거리를 조절하기 위하여), 교실의 소란스러운 소음을 줄일 수 있는 환경을 조성한다(커튼이나 카펫 등 소리를 흡수할 수 있는 환경).
4) 풀 주세요. (영미의 입장에서 해야 하는 말)

관련이론

✦ 혼잣말기법과 평행적 발화기법

혼잣말기법	아동에게 요구하지 않으면서 교사가 자기 행위에 대해 혼자 대화를 하듯이 말을 하는 것
평행적 발화기법	아동의 행위에 대해 아동의 입장에서 말하는 것

60

2016. 초
★답안작성

(가)는 '2011 개정 특수교육 교육과정' 중 기본 교육과정 실과 '생활용품 만들기' 단원 전개 계획의 일부이고, (나)는 2차 시 '도구의 쓰임새 알기' 수업 장면의 일부이다. 물음에 답하시오. [5점]

(가) '생활용품 만들기' 단원 전개 계획

차시	학습 주제	주요 학습 내용	유의 사항
1	물건을 만들 때 자주 사용하는 도구 알기	물건을 만들 때 자주 사용하는 도구의 종류와 이름 알기	
2	도구의 쓰임새 알기	여러 가지 도구의 쓰임새를 알고 상황에 필요한 도구 찾기	㉠ 나무 조각을 붙일 때는 목공용 본드를 사용한다.
3~6	도구 사용하기	가위와 풀, 테이프, 드라이버, 바늘 중 세 개를 선택하여 사용 방법 익히기	
7	도구를 사용하여 고치기	테이프와 드라이버를 사용하여 물건 고치기	㉡ 테이프 사용이 어려울 경우에는 풀로 붙여서 고칠 수 있는 물건을 제시한다.
8	생활용품 조립하여 만들기	순서에 맞게 부품을 조립하여 액자 만들기	
9~10	나무로 생활용품 만들기	연필꽂이, 수납함 중 한 개를 선택하여 만들기	㉢ 나무를 사포질할 때, 나무의 표면을 더 매끄럽게 하기 위해서는 사포의 숫자가 큰 것에서 작은 것 순으로 한다. ㉣ 톱으로 마름질할 때는 완성 치수로 그어진 마름선에서 가공 여유를 두지 않고 자른다.
11~12	손바느질로 생활용품 만들기	주머니, 헌 옷 재활용품 중 한 개를 선택하여 만들기	㉤ 천을 선택할 때 두꺼운 청바지 천은 피하는 것이 좋다.

(나) 수업 장면

> 박 교사: 여러분, 오늘은 여러 가지 도구가 어디에 사용되는지 공부해 볼 거예요. 풀은 어디에 사용되는 걸까요? 선우가 한번 말해 볼까요?
> 선 우: (㉥ <u>매우 거칠고 쉰 목소리</u>로) 붙여요! 붙여요!
> 박 교사: (소란스러운 아이들을 조용히 시키며) 선우야! 다시 한번 말해 볼까?
> 선 우: (더 큰 소리로) 붙여요!
> 박 교사: 그래요. 풀은 붙이는 데 사용해요.
> (박 교사가 책상 아래에서 풀, 가위, 투명 테이프 등이 들어 있는 도구 상자를 꺼내는 사이에 교실은 다시 소란해진다.)
> 박 교사: 자, 지금부터 풀로 색종이를 붙여 볼 거예요. (도구 상자를 영미에게 보여 주며) 영미야, 선생님에게 무엇을 달라고 해야 하지?
> 영 미: (대답은 하지 않고 도구 상자만 바라본다.)
> 박 교사: (영미에게 풀을 건네주며) (㉦)
> 영 미: (분명하지 않은 발음으로) ◎ <u>풀 주세요.</u>

1) 다음은 (가) 단원의 성취 기준이다. ( ) 안에 들어갈 말을 쓰시오. [1점]

> • 여러 가지 도구의 종류와 쓰임을 안다.
> • 생활용품을 만드는 데 필요한 도구를 바르게 사용하고 보관한다.
> • 생활에 필요한 물건을 만들어 사용한다.
> • ( ) 태도를 나타낸다.

2) (가)의 ㉠~㉤의 유의 사항 중 적절하지 <u>않은</u> 것 2가지를 찾아 기호를 쓰고, <u>틀린</u> 부분을 각각 맞게 고쳐 쓰시오. [2점]

①:

②:

3) 성대를 습관적으로 남용하는 선우는 (나)의 ㉥과 같은 음성적 특성을 보인다. 박 교사가 선우를 위해 할 수 있는 교실 내의 물리적 환경 개선 방안을 1가지 쓰시오. [1점]

4) (나)의 ㉦에 들어갈 교사의 말을 다음 〈조건〉에 맞추어 쓰시오. [1점]

> **조건**
> • 영미가 발화한 ◎과 관련지어야 함
> • 평행적 발화 기법(parallel talk)을 사용해야 함

핵심테마 체크 ✔

- 발화기법
- 부호중심 접근법
- 의미중심 접근법

MY MEMO

61

정답 및 예시답안

1) ① 평행적 발화기법
   ② 바구니에 공을 넣어요(공을 바구니에 넣어요 등).
2) ㉢ 부호중심(발음·해독중심) 접근법
   ㉣ 의미중심(경험중심) 접근법
3) ① 민호가 하고 싶은 말을 교사가 대신 해 준 것
   ② 틀린 발음을 반복적으로 지적하여 계속 연습하게 한 것

관련이론

✦ 다양한 언어중재 접근법

발음중심 접근법	• 조직적이고 명확하게 글자와 소리의 관계를 지도하는 방법 • 학습 방향을 자·모음 낱자 → 글자 → 단어 → 문장 → 문단 → 텍스트로 나아가는 계열식 과정으로 보기 때문에 상향식 접근이라고도 함 • 학습 전이가 좋고 문자해독 측면에서 효과적이라는 장점 • 지나치게 분석적이고 논리적이며 단지 읽기와 쓰기만을 강조하였다는 단점
의미중심 접근법	• 의미를 지닌 덩어리를 중심으로 가르치는 교수방법 • 음소나 글자를 중심으로 언어를 가르치는 것과 대조적 • 언어의 기본 단위는 의미이며 의미의 구성은 사고의 행위로 봄 • 언어활동이 의미 이해의 과정이 되도록 아동의 사고력을 신장시키는 데 중점을 둠 • 말하고, 듣고, 쓰고, 읽는 행위는 의미구성과정이므로 언어의 말하기, 듣기, 읽기, 쓰기를 총체적이고 통합적으로 지도함
균형적 접근법	• 발음중심 접근법과 총체적 언어접근법의 적절한 균형을 강조 • 소리를 해독하는 기술과 글의 의미를 파악하고 이해하는 능력을 모두 강조함으로써, 언어발달에 긍정적인 교수법으로 강조

61

2017. 유

(가)와 (나)는 5세 통합학급 최 교사의 반성적 저널 내용의 일부이다. 물음에 답하시오. [6점]

(가)

> 일자: 2016년 ○월 ○일
>
> 의사소통에 자발적으로 참여하지 않는 연지를 위해 유아 특수교사인 김 선생님에게 조언을 구했다. 김 선생님은 연지에게 자연스러운 상황에서 말할 수 있는 기회를 주는 것이 필요하다고 강조하며, ㉠ 교사가 유아의 입장에서 유아가 하고 있는 행동을 말로 묘사하는 방법을 알려 주었다. 다음 시간에는 연지가 ㉡ 바구니에 공을 넣고 있을 때 이 방법을 사용해서 말을 해 보아야겠다.
>
> … (하략) …

(나)

> 일자: 2016년 △월 △일
>
> 나는 ㉢ 아이들에게 자음 'ㅎ'은 [ㅎ]로, 모음 'ㅐ'는 [ㅐ]로 발음하고, 'ㅎ'과 'ㅐ'가 더해지면 [해]라고 발음한다고 가르쳐주고, '해'라는 낱말 그림 카드를 보여주며 그 의미를 알려주었다. 그리고 ㉣ 아이들의 경험이나 이야기, 그림 동화책으로 문장 전체 맥락에서 적절하게 '해'의 의미를 가르쳤다.
>
> [A] 의사소통 욕구가 부족한 민호를 위해서는 몇 가지 방법을 사용하였다. 자유놀이 시간에는 민호가 좋아할 만한 놀잇감을 제공하여, 그중에서 민호가 원하는 것을 선택할 수 있도록 해 주었다. 이야기 나누기 활동 시간에는 민호가 하고 싶어 하는 말을 내가 대신 해 주었다. 미술 활동 시간에는 활동 자료를 약간 부족하게 주어서 민호가 다른 친구들에게 자료를 빌려 달라고 요청할 수 있는 기회를 제공하였다. 그 외에도 민호가 발음을 잘못했을 경우에는 틀린 발음을 반복적으로 지적하여 계속 연습하게 하였다. 그리고 가끔 민호의 손이 닿지 않는 곳에 민호가 좋아하는 놀잇감을 볼 수 있게 두어서 나에게 도움을 요청할 수 있도록 하였다.
>
> … (하략) …

1) (가)의 ① ㉠에 해당하는 교사의 발화 유도 전략을 쓰고, ② 이 전략을 사용하여 ㉡의 상황에서 최 교사가 할 수 있는 적절한 발화의 예를 쓰시오. [2점]

①:

②:

2) (나)의 ㉢과 ㉣에 해당하는 언어교육 방법을 각각 쓰시오. [2점]

㉢:

㉣:

3) (나)의 [A]에서 민호의 특성을 고려할 때, 최 교사의 의사소통 지도 방법으로 적절하지 않은 내용 2가지를 찾아 쓰시오. [2점]

①:

②:

핵심테마 체크

- 우발교수
- 활동-중심 삽입교수
- 발화기법

MY MEMO

62

정답 및 예시답안

1) ① 우발교수
   ② 활동-중심 삽입교수
2) ① ㉠ 평행적 발화기법
      ㉡ 혼잣말기법
   ② 평행적 발화기법은 교사가 학생 입장의 발화를 하는 것이고, 혼잣말기법은 교사 입장의 발화를 하는 것이다.
   ③ 청각자극에 대한 과잉 반응(낮은 역치, 민감한 반응)

관련이론

✦ 우발교수

- 아동의 생활환경에서 우연히 일어나는 의사소통의 기회 또는 언어 학습의 기회를 이용하여 언어 훈련을 하는 것
- 우발학습기법이 다른 기법들과 다른 것은 아동이 먼저 요청을 한다는 것
- 아동이 요청을 하면 교사는 아동의 관심이 대상에 주의를 기울여 아동중심의 모델기법, 반응요구 후 모델기법 및 시간지연기법을 사용하여 아동의 의사소통기술을 향상시킴

✦ 삽입교수

구분	내용
의미	• 목표기술을 자연스러운 일과활동 내에서 수행할 수 있도록 활동 속에 삽입하는 것을 말하며, 학생의 수행 정도에 따라 연습시수를 정하여 일과 내에 분산하여 시도할 수 있도록 계획됨
장점	• 학생이 소속된 학급 운영과 활동 진행에 큰 변화를 요구하지 않음 • 학생을 별도로 분리해서 교육할 필요 없이 일반적인 학급 운영의 틀 내에서 교수할 수 있음 • 학급 내 자연적인 환경에서 교수가 일어나기 때문에 새로 습득한 기술의 즉각적이고 기능적인 사용능력을 증진시킬 수 있음 • 학생의 하루 일과 및 활동 전반에 걸쳐 삽입학습기회가 체계적으로 제공됨으로써 새롭게 학습한 기술의 사용능력이 다양한 상황으로 일반화될 수 있음

✦ 혼잣말기법과 평행적 발화기법

구분	내용
혼잣말기법	아동에게 요구하지 않으면서 교사가 자기 행위에 대해 혼자 대화를 하듯이 말을 하는 것
평행적 발화기법	아동의 행위에 대해 아동의 입장에서 말하는 것

62

2018. 유
★답안작성

다음은 예비 유아특수교사가 통합학급 4세반 준혁이의 의사소통 특성을 관찰한 일화 기록의 일부이다. 물음에 답하시오. [5점]

관찰 장소	특수학급
준혁이의 자발적 의사소통 지도를 위해 교사는 준혁이가 볼 수 있지만 손이 닿지 않는 선반에 준혁이가 좋아하는 모형 자동차를 올려놓는다. 준혁이가 선반 아래에 와서 교사와 자동차를 번갈아 쳐다보며 교사의 팔을 잡아 당긴다. 교사는 준혁이가 말하기를 기대에 찬 눈으로 바라본다. 잠시 후 준혁이는 모형 자동차를 가리키며 "자동차"라고 말한다. 교사가 준혁이에게 모형 자동차를 꺼내 주니 자동차를 바닥에 굴리며 논다. [A] 실외 놀이 후 준혁이는 교실에 들어오자마자 교구장에서 무엇인가를 찾는다. 교사는 준혁이에게 다가가서 모형 자동차를 보여 주며 "이게 뭐야?"라고 묻는다. 준혁이가 잠시 생각하더니 "자동차"라고 대답한다. 교사는 "우와! 그래, 이건 자동차야."라며 모형 자동차를 준혁이에게 건네준다. 준혁이가 '자동차'라고 말하지 않을 때는 자동차를 주지 않는다. 교사는 일과 활동 중에 시간 간격을 두고 이와 같은 교수 전략을 사용한다. [B]	
관찰 장소	통합학급
㉠ 통합학급 교실로 준혁이가 들어오며 말없이 고개만 끄덕이자 통합학급 담임 교사가 준혁이에게 "선생님, 안녕하세요?"라고 말한다. 미술 영역에서 유아특수교사는 준혁이와 '소방차 색칠하기' 활동을 하고 있다. 준혁이의 자발적 발화를 유도하기 위해서 ㉡ 교사는 소방차를 색칠하면서 "소방차는 빨간색이니까 빨간색으로 칠해야겠다."라고 말한다. 준혁이가 색칠하기에 집중하고 있을 때 지섭이가 소방차 사이렌 소리를 요란하게 내면서 교사와 준혁이 옆을 지나간다. ㉢ 준혁이는 갑자기 몸을 웅크리며 두 귀를 양손으로 막는다. 준혁이는 활동 중에 큰 소리가 나거나 여러 유아들이 함께 큰 소리를 내면 귀를 막으며 소리를 지르는 행동을 보인다.	

1) 교사가 준혁이의 자발적 발화를 증진하기 위하여 ① [A]에서 사용한 환경 중심 의사소통 전략과 ② [B]에서 사용한 교수 전략을 쓰시오. [2점]

①:

②:

2) ① 밑줄 친 ㉠과 ㉡에 사용된 발화 유도 전략을 기호와 함께 각각 쓰고, ② 두 전략의 차이점을 비교하여 쓰시오. 그리고 ③ 밑줄 친 ㉢에서 준혁이가 보이는 감각 체계 특성을 쓰시오. [3점]

①:

②:

③:

PART 12

핵심테마 체크 ✔

- 보완대체 의사소통(AAC)
- 발화기법
- 언어의 구성요소
- W-질문법

MY MEMO

63

정답 및 예시답안

1) 보완·대체 의사소통
2) ⓒ / 교사는 "신어요"라고 말한다, 또는 교사는 "신발을 신어요."라고 말한다.
3) ⓒ 구문론
   ⓡ 의미론
4) 누가 사과를 먹어요?

관련이론

✦ 표현언어 지도를 위한 전략

- 반복 재생하기
- FA(forced alternative) 질문법: 두 개의 단어 가운데 하나를 선택할 수 있는 질문을 던지는 방법으로서 초기 어휘학습 단계에서 단순 언어장애 아동들은 주로 실제 의사와 무관하게 "응"이라는 답변을 가장 많이 한다. 이 질문법은 일어문과 이어문 단계에서 주로 사용한다.
- W-질문법: 아동의 발화를 자극하는 가장 좋은 동기부여는 관심을 가지고 아동으로부터 답을 알고자 하는 것이다. 답변을 하는 데 일반 아동에 비해 더 많은 시간이 걸린다는 것을 감안해야 하며, 일반적으로 3~5초 이상 쉼이 예상된다.

고득점 답안 비법 ☆ 확장에는 구를 문장의 형태로 완성시켜서 다시 말해 주는 문장완성방법과 문장의 형태나 기능을 바꾸어서 말해주는 문장변형방법이 있음

☆ 이 문제에서 '신발을'이라는 내용이 포함되더라도, 이는 의미적으로 추가되는 것이 아니라, 문장을 완성해 준 것이기 때문에 확장에 해당할 수 있음

63 2020. 초

다음은 초임 특수교사가 관찰한 학생들의 특성과 이에 대한 수석 교사의 조언 일부이다. 물음에 답하시오. [5점]

학생	학생 특성	조언
은지	• 인지 및 언어발달 지체가 심함	
	• 자신의 요구를 나타내려는 듯이 "어-, 어-, 어-", "우와, 우와, 우와"와 같은 소리를 내고, 교사가 이해하기 어려운 몸짓을 사용하기도 함	• ㉠ 표정, 몸짓, 그림 가리키기, 컴퓨터 등을 포함한 비구어적 수단을 활용하는 지도 방법을 통해 언어 발달을 도와줄 수 있음
소희	• 상황에 맞지 않거나 문법적 오류가 많이 포함된 2~3어절 정도 길이의 말을 함	• ㉡ 언어지도 시 일상생활과 관련하여 잘 계획되고 통제된 맥락의 활용을 고려해 볼 수 있음
	• 대화 시 교사의 말에 대한 반응이 없거나 늦음	• 학생의 의사소통 기회를 증가시키기 위해 교사가 말을 하다가 '잠시 멈추기'를 해 주는 방법을 쓸 수 있음
인호	• ㉢ "김치 매운 먹어요."와 같은 문장을 사용하거나, ㉣ "생각이 자랐어."와 같은 말을 이해하지 못함	• 언어학의 하위 영역별로 지도하면 좋음
	• ㉤ 주어를 빼고 말하는 경우가 자주 있음	• ㉥ W-질문법을 활용하면 좋음

1) ㉠이 무엇인지 쓰시오. [1점]

2) ㉡의 예로 적절하지 않은 것을 다음 ⓐ~ⓓ에서 찾아 바르게 고쳐 쓰시오. [1점]

> ⓐ 혼잣말 기법: 교사가 물을 마시며 "물을 마셔요."라고 말한다.
> ⓑ 평행적 발화: 교사가 학생에게 빵을 주면서 "빵 주세요."라고 말한다.
> ⓒ 확장하기: 학생이 "신어."라고 말하면 교사는 "그것이 맞아요."라고 말한다.
> ⓓ 반복 요청하기: 학생이 "공을 던져요."라고 바르게 말했을 때 교사가 "공을 던져요.", "다시 말해 볼래요?"라고 말한다.

3) ㉢과 ㉣에서 나타난 오류는 언어학의 하위 영역 중 어느 영역에 해당되는지 각각 쓰시오. [2점]

㉢:

㉣:

4) ㉤의 개선을 위한 지도를 할 때 다음의 ⓐ에 들어갈 교사의 말을 ㉥을 활용하여 쓰시오. [1점]

> 인호: 먹어요 사과.
> 교사: (ⓐ)

핵심테마 체크 ✔

• 발화기법

MY MEMO

64

정답 및 예시답안

1) • 9월
   • 단어 수가 급격히 상승한 기간은 9월에 해당하며, 그 결과 10월의 누적된 총 어휘 수가 크게 증가한 것이다.
2) ㉠ 의사소통 기회 제공
3) ㉡ 확대
   ㉢ 확장

관련이론

✦ 확장과 확대

확장	문법적으로 오류가 있는 아동의 표현을 문법적으로 완전한 형태로 바꾸어 말해 주는 것
확대	아동의 발화를 의미적으로 보완해 주는 것

64 2014. 유

특수학교 유치부의 지후는 의사소통 기술이 부족한 4세의 발달지체 유아이다. (가)는 지후의 월평균 의사소통(몸짓, 단어, 문장) 횟수와 누적된 총 어휘 수이며, (나)는 의사소통 지도방법 및 내용이다. 물음에 답하시오. [5점]

(가) 지후의 월평균 의사소통 횟수와 누적된 총 어휘 수

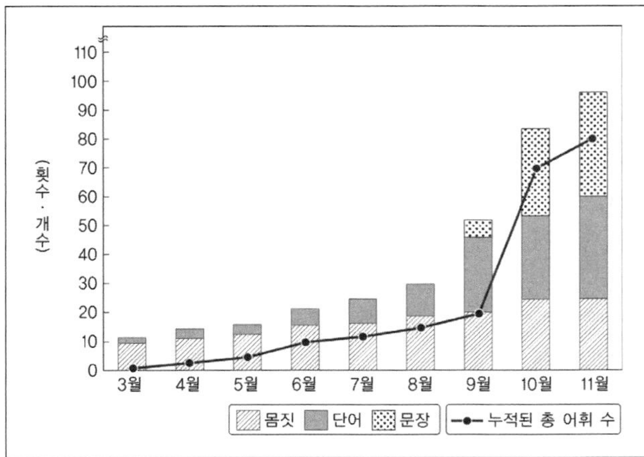

(나) 의사소통 지도방법 및 내용

지도방법	내용	사례
㉠	우발교수를 실시하기 전, 유아의 의사소통 동기를 유도하기 위해 의도적으로 상황을 만드는 것	교사: (지후가 좋아하는 파란색 블록을 눈에는 보이지만 손이 닿지 않는 교구장 위에 올려놓은 후) "지후가 블록놀이를 하는구나." 유아: (파란색 블록을 보고 교사의 팔을 잡아당기며) "아, 아, 줘, 줘."
유아 주도에 따르기	(생략)	(생략)
단어 사용과 설명하기	유아의 행동이나 발화를 경험과 연결하여 들려줌으로써 주요 단어와 개념을 학습하게 하는 것	(생략)
㉡	(생략)	유아: (새로 산 신발을 자랑하듯 교사에게 보여주며) "신발, 신발" 교사: "예쁜 신발이네."
㉢	유아의 발화를 문법적으로 바르게 고쳐서 다시 들려주는 것	유아: (교사가 간식을 나눠 주자) "간식, 먹어." 교사: (유아를 보며) "간식을 먹어요."

1) (가)의 그래프에서 지후가 어휘 폭발(vocabulary burst)을 보인 달(월)을 찾고, 그 판단 근거를 쓰시오. [2점]

- 어휘 폭발을 보인 달: 월

- 판단 근거:

2) (나)의 지도방법 ㉠을 쓰시오. [1점]

- 지도방법 ㉠:

3) (나)의 지도방법 ㉡과 ㉢을 각각 쓰시오. [2점]

- 지도방법 ㉡:

- 지도방법 ㉢:

핵심테마 체크 ✔

• 발화전략

MY MEMO

65

정답 및 예시답안

1) ① 석우는 요리해요. (석우는 요리하고 있어요.)
   ② 네모난 김?
2) 김밥을 자르고 있어요.
3) ① 대치
   ② 탈락

관련이론

✦ 혼잣말기법과 평행적 발화기법

혼잣말기법	아동에게 요구하지 않으면서 교사가 자기 행위에 대해 혼자 대화를 하듯이 말을 하는 것
평행적 발화기법	아동의 행위에 대해 아동의 입장에서 말하는 것

65

2022. 유

(가)는 유아특수교사 김 교사와 통합학급 박 교사가 발달지체 유아의 의사소통 지도에 대해 나눈 대화이고, (나)는 통합학급에서 음운인식 활동을 하는 과정의 일부이다. 물음에 답하시오. [5점]

(가)

박 교사: 선생님, 석우에게 자연스러운 놀이 상황에서 의사소통을 지도하는 방법에는 무엇이 있을까요?

김 교사: 제가 자주 사용하는 자연적인 의사소통 지도방법인 촉진적 언어 전략을 소개해 드릴게요. 이 활동기록을 한번 봐 주세요.

	교사의 말	석우의 말
[A]	석우야, 뭐하고 있어요?	
		㉠ 석우 요리해요.
	(㉡)	
		(생략)
	무슨 재료 줄까요?	
		김.
	('네모난'을 강조해서 말하며) 네모난 김?	
		네.
	… (중략) … (석우가 김밥을 자르고 있다.)	
	(석우의 모습을 보며) 김밥을 자르고 있어요.	
		김밥을 자르고 있어요.

박 교사: 놀이 상황에서 자연스럽게 의사소통을 지도할 수 있는 방법이 있군요. 저도 적용해 볼게요. 그리고 저희 반 은서는 제법 말도 잘하고 친구들과 대화할 때 큰 어려움이 없으니 이제 읽기 선행 기술을 가르쳐야 할 것 같아요.

김 교사: 그러면 은서에게는 말놀이 활동으로 음운인식 과제를 지도하면 좋겠어요.

(나)

[B]

교사: 우리가 매일 하는 인사노래에서 '짝'을 '콩'으로 바꿔서 노래를 해 봅시다.

인사하고 인사하고 짝짝짝 돌아돌아 돌아돌아 짝짝짝	➡	인사하고 인사하고 콩콩콩 돌아돌아 돌아돌아 콩콩콩

… (중략) …

[C]

교사: 선생님이 동물을 말하면 끝말을 빼고 말해 봅시다. 코알라에서 '라'를 빼면?
유아: 코알.
교사: 얼룩말에서 '말'을 빼면?
유아: 얼룩.
교사: 잘했어요. 그러면 이번에는 첫말을 빼고 말해 봅시다. 코알라에서 '코'를 빼면?
유아: 알라.
교사: 얼룩말에서 '얼'을 빼면?
유아: 룩말.

1) [A]에서 ① ㉠을 구문확장(expansion)하여 ㉡에 들어갈 말을 쓰고, ② 김 교사가 어휘확대(extension)를 시도한 말을 찾아 쓰시오. [2점]

①:

②:

2) [A]에서 평행적 발화기법에 해당하는 김 교사의 말을 찾아 쓰시오. [1점]

3) (나)의 ① [B]와 ② [C]에 해당하는 음절 수준의 음운인식 과제 유형을 각각 쓰시오. [2점]

①:

②:

핵심테마 체크 ✔

- 발화유도전략
- 조음위치에 따른 자음
- 조음 자세

MY MEMO

66

정답 및 예시답안

○ ㉠의 예는 "아, 사과를 먹었구나."이고, ㉡의 예는 "주말에 영화 봤어요."이다.
○ ㉢은 연구개음이다.
○ ㉣에 해당하는 자세는 등받이가 없고 바닥이 넓은 의자에 양손을 엉덩이 뒤편 의자 바닥을 짚되, 손가락이 후방으로 향하도록 하고 몸을 팔 쪽으로(뒤쪽으로) 기울이는 자세이다.

관련이론

✦ 발화유도전략(발화기법)

1) 시범
- 기능적인 접근에서는 직접적인 모방을 요구하기보다는 집중적인 자극을 주는 방법을 선호한다.
- **집중적인 자극을 주는 방법**: 혼잣말기법과 평행적 발화기법이다.
- **혼잣말기법**: 아동이 표현한 말을 직접 시범 보이기보다는 언어 치료사나 부모가 자신의 입장에서 말하는 것을 들려주는 것이다(예 물을 마시면서 "물 마셔요.").
- **평행적 발화기법**: 의사소통 상황에서 아동이 말할 만한 문장을 아동의 입장에서 말해주는 것이다(예 장난감 차를 아동에게 주면서 "차 주세요.").

2) 직접적인 구어적 단서
- **질문**: 단답형, 선택형, 개방 또는 과정형 질문, 훈련자가 시작한 문장에 목표 낱말이나 구를 삽입시켜서 문장을 완성하는 방법들이다.
- **대치요청**: 아동의 말에서 목표가 되는 언어를 유도하는 방법으로, 목표 낱말이나 문장이 표현될 때까지 아동의 말을 고쳐나가도록 유도하는 것이다.
- **선반응요구-후시범**: 목표언어를 시범 보이기 전에 아동이 자발적으로 반응할 기회를 요구한 후 시범을 보이는 방법으로, 취학 전 아동이나 특정 언어장애 아동에게 일상활동을 통하여 중재할 때 많이 사용된다.

3) 간접적인 구어적 단서

아동의 반응을 요구하는 것	• **수정모델 후 재시도 요청하기**: 수정한 상태로 다시 말해주고, 다시 말하도록 요청 • **오류반복 후 재시도 요청하기**: 잘못 말한 부분이나 문장을 그대로 반복한 후 다시 말하도록 요청 • 자기교정 요청하기 • 이해하지 못했음을 표현하기 • **확장 요청하기**: 완성된 구나 문장을 말하도록 요청 • **반복 요청하기**: 바르게 말했을 경우에 다시 반복하도록 강화하는 방법 • **주제 확대하기**: 아동에게 좀 더 이야기를 하도록 요청하는 것
아동의 반응을 요구하지 않는 것	• 아동의 요구 들어주기 • 이해했음을 표현하기 • **모방**: 아동의 말을 그대로 모방함으로써 아동에게 자신의 말이 바르게 전달되었다는 것을 알려줌 • **확장**: 아동의 문장구조는 유지한 채, 문법적으로 바르게 고쳐서 바르게 들려주는 것 • **확대**: 아동의 발화 주제는 유지한 채, 정보를 더 첨가하여 들려주는 것 • **분리 및 합성**: 아동의 발화를 구문의 작은 단위들로 쪼개서 말했다가 다시 합쳐서 들려주는 것 • **문장의 재구성**: 아동 문장의 뜻은 유지한 채, 문장의 형태를 재구성해서 들려줌

고득점 답안 비법 ☆ 조음 자세 관련: 뇌성마비의 경우, 바로 누운 자세를 취하게 하고 양다리를 가슴 위에서 굴곡시키거나 혹은 치료대 끝에서 양다리를 늘어뜨리고 치료사는 한 쪽 팔을 뇌성마비아의 흉추 밑에 놓고 척추를 펴면서 머리를 뒤로 젖히도록 하여, 혀의 뒷부분이 연구개에 접촉하도록 한다. 연구개음 자세의 경우 목을 뒤로 젖힘으로써 혀뿌리는 중력작용으로 인해 구강의 뒤쪽으로 위치하게 되면서 혀의 모양도 연구개음 조음에 적절하게 바뀌게 되어 보다 쉽게 조음하게 한다.

66

2023. 중
★답안작성

(가)는 특수학교에 재학 중인 학생의 의사소통 특성이고, (나)는 지도 교사가 교육실습생과 학생들의 대화 장면을 관찰하여 작성한 메모이다. 〈작성 방법〉에 따라 서술하시오. [4점]

(가) 학생의 의사소통 특성

학생	의사소통 특성
A	• 일관적이지 않은 조음 오류를 나타냄 • 언어 규칙의 습득이 지체됨
B	• 어휘력이 매우 낮음 • 형용사나 부사의 사용 빈도가 낮음
C	• 조음과 관련된 근육의 협응이 잘 이루어지지 않음 • 말 명료도가 낮고, 자음에서의 조음 오류가 두드러짐

(나) 지도 교사의 메모

상황	대화	관찰
• 학생 A가 간식 시간에 '사과'를 먹은 후 교육실습생과 대화함	• 교육실습생: 간식 시간에 어떤 과일을 먹었어요? • 학생 A: /따가/ 먹을래. • 교육실습생: (㉠)	• 교정적 피드백 유형 중 고쳐 말하기 전략을 사용하여 지도함
• 학생 B가 주말에 영화를 봤다는 정보를 사전에 듣고 대화를 유도함	• 교육실습생: 주말에 뭐했어요? • 학생 B: 영화 봤어요. • 교육실습생: (㉡)	• 확대 전략을 사용하여 지도함
• 학생 C가 잘 볼 수 있는 위치에서 그림카드를 가리키며 발음을 지도함	• 교육실습생: 선생님을 따라 이런 자세로 말해 보세요. ㉢ <u>/감/, /코/</u> • 학생 C: /더/, /으/	• ㉣ <u>조음기관을 최소한으로 움직여 정조음을 훈련할 수 있는 자세</u>를 활용하여 지도함

작성방법

- (나)의 괄호 안의 ㉠과 ㉡에 해당하는 발화의 예시를 각각 1가지 쓸 것 (단, 학생 A와 B의 특성을 참고할 것)
- (나)의 밑줄 친 ㉢의 초성에 공통으로 해당하는 '조음위치에 따른 음의 유형'을 쓸 것
- (나)의 밑줄 친 ㉣에 해당하는 자세 1가지를 서술할 것 (단, 밑줄 친 ㉢의 초성에 근거할 것)

핵심테마 체크

• 낱말찾기 훈련

MY MEMO

67

정답 및 예시답안

③

문제 속 자료분석

(나)	~~구문적 단서~~	학생 A 앞에서 '가위'의 음절 수만큼 손으로 책상 두드리기 ➡ **음향-음소적 단서**
(다)	~~형태적 단서~~	(손동작으로 '가위 바위 보'를 하며) "○○, 바위 보"라고 말하기 ➡ **의미적 단서**

관련이론

✦ 낱말찾기 훈련

의미적 단서	• 목표낱말의 동의어나 반의어, 연상어, 동음이의어 • 상위 범주어나 하위 범주어 • 목표낱말의 기능이나 물리적 특성 • 몸짓으로 그 낱말을 흉내내는 것
구문적 단서	• 목표낱말이 자주 사용되는 문맥이나 상용구를 활용하는 것
음향-음소적 단서	• 첫 음절을 말해 주거나 음절 수를 손으로 두드리거나 또는 손가락으로 알려 주는 방법 등
음소적 단서	• 첫 글자를 써 주는 것

67

2011. 중

다음은 언어장애학생 A가 미술 시간에 특수교사와 나눈 대화이다. 특수교사가 학생 A의 언어 문제를 해결하기 위하여 제시할 수 있는 언어적 단서와 그에 따른 교수 활동이 바르게 연결된 것을 (가)~(라)에서 고른 것은?

학 생 A: (그림 오려 붙이기 활동 중 색종이를 들고 교사에게 다가와) 선생님!
(손가락으로 가위 모양을 만들어 자르는 흉내를 내며) 이렇게 이렇게 하는 거 있잖아요. 그거 주세요. (머뭇거리다가) 어-어- 자르는 건데…….
특수교사: 무엇이 필요한데요?
학 생 A: 어-어- 동그란 손잡이가 있고 쇠로 만들었고, (손가락으로 가위 모양을 만들어 자르는 흉내를 내며) 자르는 거요. 그거, 음- 그거요.

	단서	교수 활동
(가)	의미적 단서	"이건 문구의 종류인데요."라고 학생 A에게 말하기
(나)	구문적 단서	학생 A 앞에서 '가위'의 음절 수만큼 손으로 책상 두드리기
(다)	형태적 단서	(손동작으로 '가위 바위 보'를 하며) "○○, 바위, 보"라고 말하기
(라)	음소적 단서	학생 A의 손바닥에 'ㄱ'을 적어 주며 "선생님이 쓴 글자로 시작합니다."라고 말하기

① (가), (나)
② (가), (다)
③ (가), (라)
④ (나), (라)
⑤ (다), (라)

핵심테마 체크 ✔

- 언어의 구성요소
- 자발화 표본분석_어휘 다양도
- 낱말찾기 훈련_의미 단서

MY MEMO

68

정답 및 예시답안

○ 화용론
○ 품사별 낱말을 분석하여 다른 낱말 수를 총 낱말 수로 나누어 어휘다양도를 구한다.
○ 의미 단서에 해당하는 범주어, 동의어, 반의어 등을 활용한 예시를 제시할 것

관련이론

✦ 화용론

의미	• 실제 상황적 맥락에서 화자와 청자에 의해서 쓰이는 말의 기능을 다루는 분야 • '어떻게 말이 사용되는가'에 대한 문제를 다루며, 화용론의 주 성분은 담화 • 담화의 구성요소에는 '화자, 청자, 언어표현, 맥락' 등이 있음	
연구 주제	• 직시 • 함축 • 직접 화행	• 전제와 함의 • 협력원리 • 간접 화행
대표적 능력	• 추론능력 • 실행능력	• 마음읽기능력 • 기억력 및 저장 용량
대화 참여 기술	• 말차례 주고받기 능력 • 의사소통 실패 해결능력	• 대화주제 관리능력
참조적 의사소통	• 말하는 사람(화자)이나 듣는 사람(청자)이 상대방의 입장을 고려하여 표현하거나 이해할 수 있어야 함 • 참조적 의사소통을 성공적으로 수행하기 위해서는 화자와 청자 모두 정보와 그 정보가 언급하는 참조물의 관계를 이해할 수 있어야 함	
명료화 요구 유형	• 일반적 요구 • 발화의 특별한 부분 반복 요구	• 확인을 위한 요구

✦ 어휘다양도

• 아동이 사용한 총 낱말 중에서 다른 낱말의 비율이 얼마나 되는가를 산출해 내는 것

$$\text{어휘다양도} = \frac{\text{아동이 사용한 다른 낱말의 수}}{\text{아동이 사용한 총 낱말의 수}}$$

✦ 낱말찾기 훈련

의미적 단서	• 목표낱말의 동의어나 반의어, 연상어, 동음이의어 • 상위 범주어나 하위 범주어 • 목표낱말의 기능이나 물리적 특성 • 몸짓으로 그 낱말을 흉내내는 것
구문적 단서	• 목표낱말이 자주 사용되는 문맥이나 상용구를 활용하는 것
음향-음소적 단서	• 첫 음절을 말해 주거나 음절 수를 손으로 두드리거나 또는 손가락으로 알려 주는 방법 등
음소적 단서	• 첫 글자를 써 주는 것

68 | 2017. 중

다음은 학생 D와 K에 대해 특수교사와 일반교사가 나눈 대화이다. 학생 D는 언어학의 하위 영역(예 : 음운론 등) 중 무엇에 어려움을 보이는 것인지 쓰시오. 그리고 학생 K의 ㉠을 알아보는 방법을 제시하고, K에게 적용할 수 있는 ㉡의 유형 1가지와 그 예 1가지를 순서대로 제시하시오. [4점]

> 일반교사 : D는 친구들과 대화할 때 상대방의 말이 끝나기 전에 끼어들거나 대답을 듣지도 않고 질문만 합니다. 그래서 대화 내용을 잘 따라 가지 못해서 주제를 놓치는 경우가 많습니다. 그리고 반 친구들이 하는 간접적이고 완곡한 표현을 이해하지 못하기도 합니다.
> 특수교사 : 네. D가 대화할 때 '명료화 요구하기' 전략을 활용할 수 있겠어요.
> 일반교사 : 그리고 K는 많은 단어를 사용하지 못하고 같은 단어들만 반복하는 것 같아요.
> 특수교사 : 그래요? 그럼 K의 어휘력을 알아보는 것이 좋겠네요. K에게 TV 프로그램에 대하여 말하게 한 후 ㉠ 어휘 다양도를 살펴봐야겠습니다.
> 일반교사 : 요즘 K는 표현하려는 단어의 이름을 잘 말하지 못합니다. 예를 들면, "어... 그거 있잖아... 그거 ..."라고 말하곤 해요.
> 특수교사 : K가 단어를 떠올리는 데 어려움을 보일 때는 ㉡ 의미 단서나 구문 단서와 같은 다양한 단서를 사용하는 활동이 도움이 됩니다.

PART 12

핵심테마 체크

- 언어학적 영역
- 낱말찾기 훈련
- 발화유도전략_혼잣말기법

MY MEMO

69

정답 및 예시답안

- ㉠의 어려움에 해당하는 언어학적 영역은 의미론이다.
- '컵'에 대한 ㉡의 예로 첫 음소인 ㅋ를 제시한다.
- '컵'에 대한 ㉢의 예로 '식기의 한 종류'라는 단서를 제시한다(범주어), 또는 음료수를 마실 때 사용하는 것이라는 단서를 제시한다(기능). (1가지만 쓰면 됨)
- ㉣에 해당하는 혼잣말기법을 적용하면, 직접적으로 모방을 요구하지 않으면서 언어 자극을 제시하여 학생 B의 발화를 유도하는 효과를 기대할 수 있다.

관련이론

✦ 의미론

의미	• 의미론의 주성분은 단어	
의미 유형	• 중심적 의미 • 단의어, 다의어, 동음어 • 단일어와 복합어	• 외연적 의미 • 유의어와 반의어
발달 특성	• 보통명사를 고유명사보다 먼저 습득 • 일반명사와 일상생활 용어를 가장 먼저 습득 • 이름보다는 의성어를 먼저 습득 • 동사보다 명사를 먼저 습득	
어휘발달 특징	• 과잉확대 현상 • 과잉 일반화 현상 • 의미적 수평적 발달과 수직적 발달	• 과잉축소 현상 • 주축문법 • 전보식 문장

✦ 낱말찾기 훈련

의미적 단서	• 목표낱말의 동의어나 반의어, 연상어, 동음이의어 • 상위 범주어나 하위 범주어 • 목표낱말의 기능이나 물리적 특성 • 몸짓으로 그 낱말을 흉내내는 것
구문적 단서	• 목표낱말이 자주 사용되는 문맥이나 상용구를 활용하는 것
음향-음소적 단서	• 첫 음절을 말해 주거나 음절 수를 손으로 두드리거나 또는 손가락으로 알려 주는 방법 등
음소적 단서	• 첫 글자를 써 주는 것

✦ 발화유도전략 : 혼잣말기법과 평행적 발화기법

혼잣말기법	아동에게 요구하지 않으면서 교사가 자기 행위에 대해 혼자 대화를 하듯이 말을 하는 것
평행적 발화기법	아동의 행위에 대해 아동의 입장에서 말하는 것

69

2024. 중
★답안작성

다음은 ○○특수학교 중학교 과정에 재학 중인 학생 A와 B를 지도하는 교육 실습생과 특수 교사의 대화 중 일부이다. 〈작성 방법〉에 따라 서술하시오. [4점]

교육 실습생: 선생님, 우리 반 학생 A는 '컵'이라는 이름이 잘 생각나지 않을 때 "어, 어, 그거 있잖아요."라고 하거나, 손으로 마시는 흉내를 내면서 표현하는 경우가 있어요. 왜 낱말의 이름을 떠올리는 것을 어려워하나요?

특수 교사: 학생 A는 ㉠ 어휘 수도 부족하고 낱말을 확실하게기억하지 못해서, 낱말의 이름을 떠올려 산출하는 것을 어려워합니다.

교육 실습생: 그럼 학생 A를 위한 낱말 찾기 지도 방법은 무엇이 있을까요?

특수 교사: ㉡ 음운적 단서, ㉢ 범주어의 이름이나 기능을 설명하는 단서, 상용구를 활용하는 단서로 낱말을 떠올려서 산출할 수 있어요.

교육 실습생: 수업 시간에 보니까 학생 B는 말을 잘 하지 않으려고 해요. 어떻게 지도할까요?

특수 교사: 발화하기 전에 시범을 보이면서 자극을 주는 전략이 있어요.

교육 실습생: 학생 B에게 발화를 이끌어 낼 때 적용해 볼 수 있는 전략이 있으면 알려주시겠어요?

특수 교사: 네, 발화를 유도하는 전략 중에는 선생님이 ㉣ 자신이 하는 행동에 대하여 자신의 입장에서 혼잣말하는 것을 학생에게 들려 주는 방법이 있어요. 예를 들어 선생님이 책장에 책을 넣으면서 "책을 넣어요."라고 말해 주는 기법입니다.

작성방법

- 밑줄 친 ㉠과 같은 어려움을 보이는 언어학적 영역을 쓸 것
- 밑줄 친 ㉡, ㉢의 예를 1가지씩 각각 서술할 것(단, 명사를 활용하여 제시할 것)
- 밑줄 친 ㉣에 해당하는 기법을 적용했을 때, 기대 효과를 1가지 서술할 것

핵심테마 체크 

- 지적장애의 원인_안젤만 증후군
- 스크립트 중재
- 자발화 표본분석_의미관계 분석

MY MEMO

70

정답 및 예시답안

○ 학생 M의 특성이 설명하는 증후군은 안젤만증후군이다.
○ ㉠의 이유는 학생 M이 두 단어의 목표언어를 사용할 때, 상황 맥락을 이해하는 데에도 신경을 써야 하면, 많은 양의 정보를 처리하게 됨에 따라 인지적 과부하를 일으켜 효과적인 학습이 어렵기 때문이다.
○ ㉡의 의미관계는 '행위자－행위'이며, ㉢에 해당하는 목표언어는 "여기에 앉아요."이다.

관련이론

✦ 안젤만증후군

- 약 70%는 어머니로부터 전달받은 15번째 염색체의 장완 부분에 결손이 있다.
- 생후 6~12개월에 발달지연이 나타나기 시작한다. 발달지연과 언어장애로 인해 말을 잘 하지 못하지만, 수용언어기술과 비언어적 의사소통기술은 표현언어 기술보다는 상대적으로 좋은 편이다.
- 아동기와 청소년기에 종종 부적절한 웃음발작을 보인다.
- 모든 연령에서 일반적으로 행복해하는 기질을 보인다.
- 젊은 층에서 과잉행동 및 수면장애가 보인다.

✦ 스크립트 활용 언어중재

의미 및 특징	• 스크립트: 특정한 문맥 속에서 진행되는 단계적인 일련의 사건들을 설명하는 구조 • 구조화된 상황을 만들고, 그 안에서 실제로 상호작용하면서 필요한 어휘와 문장을 습득하는 접근법 • 장점: 가장 큰 장점은 상황에 맞는 언어를 가장 일반화된 형태로 지도할 수 있다는 것 • 단점: 단점은 최소한의 구어적 능력을 가지고 있어야 실시할 수 있다는 것. 최근에는 스크립트 활용이 보완대체 의사소통이나 다른 매체와 결합하여 사용되기도 함 • 5가지 구성요소: 접촉단서, 구어단서, 휴지, 구어피드백, 행동	
활용 절차	단기적인 목표언어의 구조를 계획	• 스크립트 문맥을 통해 계획할 수 있는 언어구조는 수용언어/표현언어, 의미론/구문론/화용론 등 다양
	아동에게 익숙하며 주제가 있는 일상적인 활동(스크립트)을 선정	• 익숙한 활동을 선택하는 것은 아동이 상황이나 문맥을 이해하는 데 신경을 쓰느라 막상 말에는 주의를 집중하지 않는 문제를 없애기 위한 것
	선택한 스크립트 속에 포함될 하위행동들을 나열	• 아동의 경험에 따라서 그 하위행동들은 조금씩 다를 수 있으며, 주제에 핵심적인 하위행동이 있는가 하면 부수적인 하위행동들도 있음 • 하위행동의 범위를 정하는 것은 해당 하위행동이 목표언어를 유도해 내는 데 필요한가 여부에 따라서 정하는 것이 바람직
	선택한 스크립트 속에 포함될 하위행동들을 나열	• 하위행동 옆에 목표언어를 기재 • 목표언어는 실제 아동이 배울 말로서, 지시에 따르게 하거나(수용언어 증진이 목표인 경우) 말하게(표현언어 증진이 목표인 경우) 할 내용
	불필요한 하위행동을 삭제	• 목표언어를 끼워 넣기에 적절하지 않은 하위행동들은 스크립트에서 제외시킴 • 이때 설정한 스크립트의 핵심행동이나 아동이 특히 좋아하는 하위행동은 가능한 한 유지하도록 하고, 그 외 목표언어를 유도할 수 없는 하위행동들은 시간을 절약하기 위하여 제외시키는 것이 좋음
	목표언어를 유도할 수 있는 상황이나 발화를 계획	• 유도 상황이나 말은 미리 계획을 하되, 치료회기 동안에는 아동의 반응에 따라 그 표현이나 상황을 융통성 있게 활용하는 것이 좋음
	계획한 활동들을 체계적으로 변화시키면서 여러 회기 동안 반복하여 실시	• 계획한 목표언어의 사용수준(종료준거)을 미리 정하여 아동이 그 준거에 도달할 때까지 매 회기 같은 활동을 반복함

고득점 답안 비법 ✩ 인지부하이론의 핵심은 인간의 작동기억에는 한계가 있기 때문에 학습자에게 너무 많은 양의 정보를 한꺼번에 제공하면 인지적 과부하를 일으켜 효과적인 학습을 방해하게 된다는 것

70 2019. 중 ★답안작성

(가)는 중도 지적장애 학생 M의 특성이고, (나)는 학생 M을 위한 스크립트 중재 적용 계획의 일부이다. <작성방법>에 따라 서술하시오. [4점]

(가) 학생 M의 특성

- 15번 염색체 쌍 가운데 어머니로부터 물려받은 염색체가 결손이 있음
- 발달지연이 있으며, 경미한 운동장애를 보임
- 부적절한 웃음, 행복해하는 행동, 손을 흔드는 것 같은 독특한 행동을 종종 보임
- 수용언어 능력이 표현언어 능력보다 비교적 좋음
- 표현언어는 두 단어 연결의 초기 단계임

(나) 스크립트 중재 적용 계획

〈중재 전 점검 사항〉

1. 상황 선정 시 점검 사항
   - ㉠ <u>학생이 상황 맥락을 이해하는 데 신경 쓰지 않도록, 화자 간에 공유하는 상황지식(shared event knowledge)을 제공하는 상황으로 선정</u>
   - 학생에게 익숙하고 자연스러운 상황으로 선정
2. 상황언어 선정 및 중재 적용 점검 사항
   - 일상적이고 익숙한 상황언어를 선택
   - 기능적 언어 사용을 향상시킬 수 있도록 지도
   - 수용 및 표현언어의 습득 효율성을 고려한 지도

… (하략) …

〈활용할 스크립트〉

상황	하교 시 학교버스 이용하기			
하위행동	유도 상황/발화	가능한 목표언어	목표언어 구조	
			의미관계	화용적 기능
교실에서 하교 준비하기	겉옷을 입도록 한다.	"옷 주세요."	대상-행위	행동 요구
교실에서 복도로 이동하기	"누가 교실 문을 열까요?"	"제가 열래요."	(㉡)	주장
… (중략) …				
자리에 앉기	"어디에 앉을 까요?"	"(㉢)"	<u>장소-행위</u>	<u>질문에 대한 반응</u>

└── ㉣ ──┘

작성방법

- (가) 학생 M의 특성에서 설명하고 있는 증후군의 명칭을 쓸 것
- 밑줄 친 ㉠의 이유를 인지부하(cognitive load) 측면에서 1가지 서술할 것 (단, 목표언어와 관련지어 서술할 것)
- 괄호 안의 ㉡에 해당하는 의미관계를 쓰고, 괄호 안의 ㉢에 해당하는 '가능한 목표언어'를 밑줄 친 ㉣에 근거하여 쓸 것

핵심테마 체크 ✔

- 자발화 분석
- 강화된 환경중심 언어중재 (EMT)
- 어휘발달 특징
- 스크립트 문맥 활용

MY MEMO

71

정답 및 예시답안

1) ① 어휘다양도
   ② 반응적 상호작용 전략
2) 과잉축소
3) ① 상우가 열어야 할 신발장 문이 열리지 않도록 해 둔다, 상우가 열어야 할 신발장 문을 잠궈둔다 등
   ② 여기에 두세요, 바닥에 놓아주세요 등

관련이론

✦ 반응적 상호작용 전략

- 아동의 행동에 성인 대상자가 어떻게 반응해야 하는지에 대한 것으로서, 아동의 언어적 또는 비언어적 행동에 반응하는 방법
- 아동의 눈높이에서 공동관심, 공동활동, 그리고 주고받기 등을 통해 아동이 더 많은 의사소통 기회를 가질 수 있도록 하는 데에 주목적이 있음
- 이때에는 지시나 질문은 가급적 피하고 성인이 아동의 행동을 모방하거나 상호작용을 하여 반응을 기다려 주는 것이 중요

✦ 어휘발달 특징

구분	내용
과잉확대 현상	• 아직 알고 있는 어휘의 양이 부족하고 정확한 지식이 형성되지 않아서 생기는 현상 • 성인 남자 모두 '아빠'라고 한다거나, 네 발 달린 동물을 모두 '개'라고 말하는 것 • 잠깐 동안 나타났다가 어휘력과 지식이 증가하면 점차 사라짐
과잉축소 현상	• 단어가 가지고 있는 본래의 뜻보다도 더 좁은 의미로 사용하는 현상 • 자신이 가지고 있는 경험 속에서만 단어의 의미를 제한하는 것 • '의자'가 앉는 데 사용되는 개념이라는 것을 아직 알지 못하기 때문에 자기가 아는 특정한 대상만 '의자'라고 생각하는 것
과잉 일반화 현상	• 언어를 배우는 과정에서 사용규칙을 일반화시키는 것 • 특히 문법습득과정에서 많이 나타나는데, 가장 대표적인 것은 주격 조사의 과잉 일반화 예 '선생님이가'

✦ 스크립트 활용 언어중재

- **스크립트**: 특정한 문맥 속에서 진행되는 단계적인 일련의 사건들을 설명하는 구조
- 구조화된 상황을 만들고, 그 안에서 실제로 상호작용하면서 필요한 어휘와 문장을 습득하는 접근법
- **장점**: 가장 큰 장점은 상황에 맞는 언어를 가장 일반화된 형태로 지도할 수 있다는 것
- **단점**: 단점은 최소한의 구어적 능력을 가지고 있어야 실시할 수 있다는 것. 최근에는 스크립트 활용이 보완대체 의사소통이나 다른 매체와 결합하여 사용되기도 함
- **5가지 구성요소**: 접촉단서, 구어단서, 휴지, 구어피드백, 행동

71

2022. 초

다음은 은지와 상우를 위한 언어지도 계획안의 일부이다. 물음에 답하시오. [5점]

(가) 학생의 언어적 특성과 지원 내용

학생	언어적 특성	지원 내용
은지	• 구어 산출은 하지만 주로 몸짓 언어로 의사소통함	• 언어습득 발달 단계에 따라 일어문, 이어문 순으로 지도
상우	• 구어 산출은 하지만 ㉠ 몇 개의 낱말만으로 의사소통함 • 자발화 산출이 부족함	• 스크립트 문맥 활용 지도 • ㉡ 강화된 환경중심 언어중재 적용

(나) 은지를 위한 언어지도

단계	목표	유의점
일어문	• 친숙한 사물이나 대상의 이름을 이용하여 한 단어 산출	• ㉢ 자기 집 강아지만 '강아지'라고 하고, 다른 강아지는 '강아지'라고 하지 않음
⇩		

(다) 상우를 위한 '신발 신기' 스크립트 문맥 활용

하위행동	유도 상황	목표 언어		
		언어 사용 기능	의미 관계	가능한 목표 발화
신발장 문 열기	(㉣)	㉤ 요구하기	㉥ 대상-행위	㉦ "신발장 열어 주세요." "이거 열어."
바닥에 신발 내려놓기	교사가 신발을 다시 신발장 안이나 위에 놓으려고 한다.	㉧ 요구하기	㉨ 장소-행위	(㉩)
신발 신기	교사가 신발 위에 발을 올려놓고 신지는 않는다.	요구하기	대상-행위	"신발 신어요." "이거 신어."

1) ① (가)의 ㉠에서 자발화 표본 수집 후, 총 낱말 중에서 여러 다른 낱말의 사용 정도를 분석하는 방법을 쓰고, ② (가)의 ㉡ 방법 중에서 다음에 해당되는 전략의 명칭을 쓰시오. [2점]

> • 혼자 블록 쌓기를 하고 있으면 교사가 "상우야, 무슨 모양을 쌓은 거야? 좋아하는 버스 모양으로 쌓았네." 하며 대화를 이끌어 가기
> • 색칠하기 책을 쳐다보고 있으면 "상우야, 선생님이랑 색칠하기 놀이를 해볼까? 무슨 색을 칠해 볼까?" 하며 놀이하기
> • 퍼즐을 하나씩 번갈아 맞추며 "상우야, 이번에는 네 차례야."라며 교대로 대화 주고받기
> • 손등을 긁으며 가렵다는 표현을 하면 교사도 자신의 손등을 긁으며 "상우야, 가려워?"라고 말하기

①:

②:

2) (나)의 ㉢과 같이 탈문맥 과정에서 나타나는 정상적인 어휘 발달 과정에서의 오류 형태를 쓰시오. [1점]

3) ① (다)의 ㉣에 들어갈 목표 언어 유도 상황을 ㉤, ㉥, ㉦을 고려하여 쓰고, ② (다)의 ㉧과 ㉨에 근거하여 ㉩에 들어갈 가능한 목표 발화를 쓰시오. [2점]

①:

②:

핵심테마 체크 ✔

• 스크립트 문맥 중심의 언어중재

MY MEMO

72

정답 및 예시답안

○ 일상적인 상황문맥은 그 즉각적인 상황에 대하여 화자 간에 공유하는 상황지식을 제공해 주며, 그 결과 아동에게 그 상황에서 늘 쓰이는 상황적인 언어를 배우는 학습의 기회를 제공해 준다, 익숙하고 일상화된 상황적인 문맥 속에서 아동은 쉽게 성인의 말을 예견할 수 있으며, 그러한 성인의 언어와 그 상황 간의 관계를 인지적으로 연결시킴으로써 상황적인 언어를 학습하게 된다.

○ 의도적으로 학생이 예상하지 못한 상황을 구성하여 학생이 자발적으로 발화를 할 기회를 제공하기 위하여 ㉠과 같이 행동한 것이다.

관련이론

✦ 스크립트 문맥을 이용한 언어치료

1) 이론적 근거

- **스크립트의 정의**: 어떤 특정한 문맥 속에서 진행되는 단계적인 일련의 사건들을 설명하는 구조
- **스크립트 문맥에서의 일상적인 상황문맥의 활용 의의**
  - 일상적인 상황문맥은 그 즉각적인 상황에 대하여 화자 간에 공유하는 상황지식을 제공해 주어, 아동에게 그 상황에서 늘 쓰이는 상황적인 언어를 배우는 학습의 기회를 제공해 준다.
  - 익숙하고 일상화된 상황적인 문맥 속에서 아동은 쉽게 성인의 말을 예견할 수 있으며, 그러한 성인의 언어와 그 상황 간의 관계를 인지적으로 연결시킴으로써 상황적인 언어를 학습하게 된다.
- **특징**
  - 아동에게 일상화된 상황
  - 특정적이고 통일된 주제
  - 논리적인 순서에 따른 구성행동들
  - 예견할 수 있는 활동의 결말
- **언어치료에의 적용**
  - 스크립트 안에 주고받는 대화의 기회를 많이 가질 것, 상황적 언어를 활동 속에서 많이 사용할 것
  - 아동이 일단 스크립트에 익숙해지면 의도적으로 스크립트를 위반하는 사건을 만들어 아동의 자발적인 언어를 유도할 것

2) 스크립트 문맥의 활용 절차

① 단기적인 목표언어의 구조를 계획한다.
② 아동에게 익숙하며 주제가 있는 일상적인 활동(스크립트)을 선정한다.
③ 선택한 스크립트 속에 포함될 하위행동들을 나열한다.
④ 선택한 하위행동마다 구체적인 목표언어를 계획한다.
⑤ 불필요한 하위행동을 삭제한다.
⑥ 목표언어를 유도할 수 있는 상황이나 발화를 계획한다.
⑦ 계획한 활동들을 체계적으로 변화시키면서 여러 회기 동안 반복하여 실시한다.

72

2014. 중
★답안작성

다음의 (가)는 특수교사가 의사소통장애학생 A에게 스크립트 문맥을 이용하여 언어 중재를 실시한 장면이고, (나)는 학생 A가 (가) 스크립트에 익숙해진 후에 다시 언어 중재를 실시한 장면이다. (가)에서 특수교사가 스크립트 문맥을 이용하여 언어 중재를 실시한 목적을 2가지만 쓰고, 특수교사가 (나)에서 ㉠과 같이 행동한 이유를 쓰시오. [3점]

(가) 스크립트 문맥을 이용한 언어 중재 장면

> 학생: (다양한 종류의 아이스크림을 훑어보고 카운터로 간다.)
> 교사: 뭐 드릴까요?
> 학생: 바닐라 아이스크림 주세요.
> 교사: 콘, 컵 중 어디에 드려요?
> 학생: 콘에 주세요.
> 교사: 콘 사이즈는 뭐로 하실래요? 싱글콘요, 더블콘요?
> 학생: 싱글콘요.
> 교사: 2,800원입니다. 카드로 계산할 거예요, 현금으로 계산할 거예요?
> 학생: 현금으로요. (돈을 건네며) 여기 있어요.
> 교사: (바닐라 아이스크림을 콘에 담아 학생에게 건넨다.)

(나) 학생 A가 (가) 스크립트에 익숙해진 후의 언어 중재 장면

> … (상략) …
> 교사: 2,800원입니다. 카드로 계산할 거예요, 현금으로 계산할 거예요?
> 학생: 현금으로요. (돈을 건네며) 여기 있어요.
> 교사: (㉠ 딸기 아이스크림을 콘에 담아 학생에게 건넨다.)
> 학생: (의아한 표정을 지으며) 어……. 바닐라 아이스크림 주세요.
> 교사: (바닐라 아이스크림을 콘에 담아 학생에게 건넨다.)

핵심테마 체크

• 보완대체 의사소통(AAC)의 적용단계

MY MEMO

73

정답 및 예시답안

①

관련이론

✦ AAC 교수모형

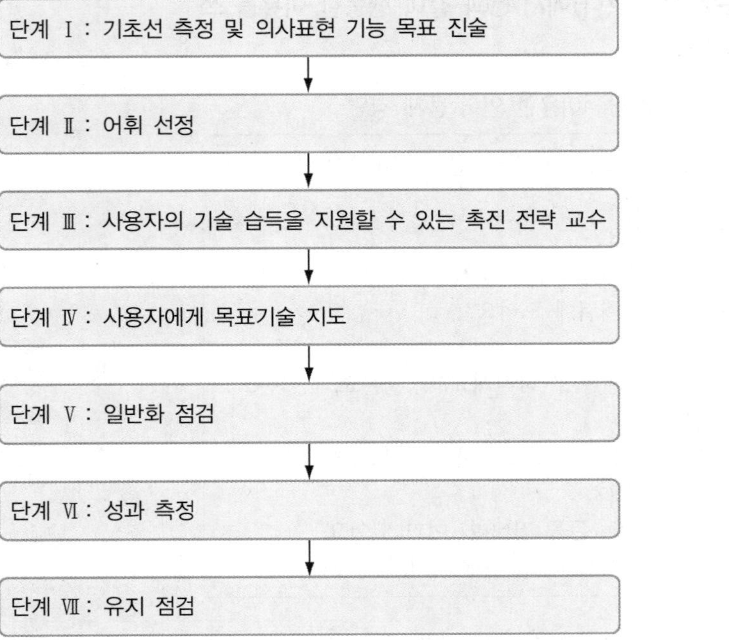

73 2010. 초

뇌성마비 학생 세희는 말 표현과 비언어적 의사소통에 어려움을 보이고 있다. 특수학교 최 교사는 2008년 개정 특수학교 기본 교육과정 국어과에 기초하여, 보완대체 의사소통(augmentative and alternative communication : AAC) 체계를 적용하고자 한다. 준비 단계에서 고려해야 할 사항으로 가장 적절한 것은?

① AAC 체계 유형의 선택과 어휘 선정은 학생의 선호도를 고려하여 계획한다.
② 기능적 어휘보다는 장기적으로 성취 가능한 목표 어휘를 선정하여 준비한다.
③ 신체 기능보다는 학생의 언어 발달 수준을 고려하여 AAC 체계 한 가지를 준비한다.
④ AAC 체계에 적용하는 상징은 학생의 정신연령을 최우선으로 고려하여 준비한다.
⑤ 타인과의 상호작용 가능성보다는 학생 개인의 의도 표현에 중점을 두어 계획한다.

핵심테마 체크 ✔

- AAC의 정의
- AAC_상징
- HAAT 모형

MY MEMO

74

정답 및 예시답안

○ ㉠은 보완대체 의사소통, ㉡은 픽토그램이다.
○ HAAT 모형에 따라 교실의 맥락 내에서 인간 요소인 학생 A의 손발을 사용하기 어려운 신체적 특성, 적극적인 정서적 특성, 인지적 어려움이 없는 특성을 반영하여, 헤드마우스를 사용하여 편지쓰기 활동을 수행하도록 한다.

관련이론

✦ AAC의 정의

- 보완 및 대체 의사소통은 보조공학과 의사소통이 연계된 용어이다. 보완 의사소통은 약간의 의사소통능력을 가진 사람을 위해 의사소통의 과정을 보충하거나 향상, 지원하기 위해 사용하는 기법이고, 대체 의사소통은 의사소통능력이 전혀 없는 사람을 위해 말 대신 다른 의사소통 보조도구를 사용하는 것이다(국립특수교육원, 2002).
- AAC는 구어와 문어적 의사소통을 포함하여 말과 언어의 표현 및 이해에 심각한 장애가 있는 사람들의 일시적 또는 영구적 손상, 활동 한계, 참여 제한 등을 연구하고, 필요한 경우 이를 보완하는 시도를 말한다. 그리고 개인의 의사소통에 사용되는 상징, 도구, 전략, 기법 등을 총체적으로 통합한 것을 말한다(미국 말언어청각협회, ASHA).

✦ AAC의 상징

- 상징: 다른 어떤 것을 나타내거나 뜻하는 것이며, '다른 어떤 것'은 지시 대상을 의미한다.
- 상징은 개념과 명확한 관련성이 필요하지 않기 때문에 임의적이다.
- 상징체계는 얼굴 표정이나 제스처, 음성, 몸짓, 수화 등 특별한 도구를 필요로 하지 않는 것과 실물, 모형, 그림, 선화, 사진 등 다양한 것들이 있다.
- 상징체계는 사실성, 도상성, 모호성, 복잡성, 전경과 배경 차이, 지각적 명확성, 수용가능성, 효율성 및 크기를 포함하여 다양한 특성으로 기술되지만 보통 독립적인 의미의 명쾌함 정도라고 할 수 있는 도상성에 따라 분류한다.

✦ HAAT 모형

- 인간활동보조공학 모델은 자신이 참여를 원하는 활동과 활동이 일어나는 환경을 탐색함으로써 개인이 원하는 것을 성취하는 데 초점을 맞춘다. 이를 통해 장애인이 보조공학기기를 사용하여 주어진 환경 안에서 활동하도록 촉진한다.
- HAAT 모델은 인간공학, 심리, 직업 등과 관련된 제품이나 디자인에 적용하기 위해 개발한 인간수행 모델(human performance model)을 발전시킨 것이다. 즉 기본적으로는 인간수행 모델을 기반으로 하되, 인간활동에 영향을 미치는 두 가지 측면을 변형시킴으로써 새로운 모델을 제시하였다. 그중 하나는 환경적 요인에 물리적 상황뿐 아니라 사회·문화적 측면을 포함시켰으며, 다른 하나는 다른 변수들과 보조공학이 구체적으로 관계한다는 것을 포함시켰다.
- 따라서 HAAT 모델은 인간(human), 활동(activity), 보조공학(assistive technology) 그리고 이 세 가지의 통합된 요소가 존재하는 맥락(context)의 네 가지 요소로 구성되어 있다. 각 구성요소는 전체 체제 내에서 고유한 요소로 역할을 한다.
- 모델을 구성하고 있는 인간, 활동, 보조공학, 맥락의 네 가지 요소는 다음과 같은 하부 요소를 포함하고 있다.

인간	신체적·인지적·정서적 숙련 정도 관련 요소
활동	자기보호, 노동, 학업, 여가 등과 같은 실천적 측면
보조공학	공학적 인터페이스, 수행 결과, 환경적 인터페이스 등의 외재적 가능성
맥락	물리적·사회적·문화적·제도적 요소

- 독립적인 체제를 형성하는 인간, 활동, 그리고 보조공학 등과 같은 개별 요소들 간에는 강한 역동적 상호작용이 일어난다. 그리고 물리적·사회적·문화적 및 환경적 맥락은 또 다른 체제를 형성하고 있으며, 체제의 바탕이 되고 있음을 보여 준다. 이는 다양한 맥락 안에서 개별 요소 또는 체제들 간에 역동적인 상호작용이 전개되고 있음을 의미하는 것으로, 보조공학기기의 효과적인 사용을 위해 개인의 능력과 공학적 요구 간의 적절한 대응은 필수적이다.
- 보조공학기기의 사정과 선택은 특정 기기를 다루게 될 사용자의 숙련 정도에 따라 상당히 달라질 수 있다. 그리고 인간이 활동을 수행하는 환경은 보조공학 시스템에 대한 개인의 성공적 사용 여부를 결정하는 한 요인으로 작용하기도 한다. 즉 경우에 따라서는 보조공학기기의 사용이 사회적 낙인이나 고립을 초래할 수도 있는 만큼 기기를 사용하게 될 개인의 사회적 환경에 대한 이해가 무엇보다 중요하다고 볼 수 있다.
- HAAT 모델은 개념적으로 임상적 관점이나 손상에 초점을 맞추는 시각을 지양하고 장애인의 참여 가능성에 초점을 둔다. 그리고 수행을 장애나 손상의 관점에서 생각하기보다는 사용자, 보조공학, 환경 간의 부조화로 이해할 것을 강조한다는 측면에서 ICF의 장애 개념과도 일치한다.
- HAAT 모델은 보조공학 전문가들이 이러한 각각의 변수들이 역동적이고 복잡한 상호작용을 하고 있음을 알고 이해함으로써 보조공학적 접근을 수행해야 한다는 것을 강조한다. 특히, 장애인과 노인 등 신체적 불편을 겪고 있는 대상자에게 적용할 경우 당연히 보다 세밀하고 정확하게 보조공학적 변수를 고려해야 한다.
- 이에 보조공학 전문가는 일상생활에서 사용자의 역할, 여가 활동, 자기관리 활동이 포함되어 있는 작업을 평가하게 된다. 또한, 보조공학의 디자인, 선택, 실행, 평가 그리고 보조공학기기의 개발 및 사용에 관한 다양한 특성의 연구를 위해 각 요소들에 대한 고려와 이들의 통합은 필수적이다.

74 2023. 중 ★답안작성

(가)는 지체장애 학생 A의 특성이고, (나)는 통합교육 활성화를 위한 보조공학기기 연수 자료의 일부이다. (다)는 통합학급 교사와 특수 교사가 나눈 대화의 일부이다. <작성 방법>에 따라 서술하시오. [4점]

(가) 학생 A의 특성

- 뇌병변 장애로 양손과 양발을 사용하지 못함
- 과제 수행에 적극적임
- 구어 사용이 어려움
- 수업 참여 시 인지적 어려움이 없음

(나) 통합교육 활성화를 위한 연수 자료

통합교육 활성화를 위한 보조공학기기 연수

1. 목적: 통합학급 교사의 보조공학기기 활용
2. 내용
   ○(㉠) 체계: 개인의 의사소통에 사용되는 상징, 보조 도구, 전략, 기법 등을 총체적으로 통합한 의사소통체계
   – 상징: (㉡)
     • 일상생활에서 볼 수 있음
     • 전경과 배경 구분의 어려움을 줄이기 위해 고안된 흑백 상징
     • 상징 사용의 예

   – 보조도구

…(하략)…

(다) 통합학급 교사와 특수 교사의 대화

통합학급 교사: 선생님, 보조공학기기 활용에 대한 연수를 듣고, 우리 반의 학생 A에게 보조공학기기가 필요하다는 걸 알게 되었어요. 하지만 어떻게 접근해야 할지 막막합니다.
특 수 교 사: 보조공학기기를 선택하고 활용하기 이전에 학생의 잔존 능력은 무엇인지, 어떠한 지원이 필요한지 먼저 확인하는 과정이 필요해요.
통합학급 교사: 그럼 어떻게 해야 할까요?
특 수 교 사: 인간활동보조공학(HAAT) 모형을 통해 사정해 볼 수 있어요. HAAT 모형은 공학적 지원을 통해 학생의 활동 참여 증진에 주안점을 두고 있습니다.
통합학급 교사: 그럼, 다음 주에 ㉢ '<u>편지 쓰기</u>'를 하는데, 학생 A에게 HAAT 모형을 적용할 수 있을까요?

…(중략)…

특 수 교 사: 이러한 과정을 통해서 학생 A의 기능을 평가하여 선택한 보조공학기기는 ㉣ <u>헤드마우스</u>입니다.

작성방법

- (나)의 괄호 안의 ㉠과 ㉡에 해당하는 용어를 순서대로 쓸 것
- (다)의 밑줄 친 ㉢과 ㉣을 포함하여 학생 A가 달성해야 할 목표를 서술할 것 (단, HAAT 모형의 4가지 요소를 모두 제시할 것)

핵심테마 체크

- 의사소통 발달단계
- 공동관심
- 보완대체 의사소통 체계
- 촉진체계

MY MEMO

75

정답 및 예시답안

1) ① 전의도적 단계(목표지향적인 의사소통 단계)
   ② 공동관심(함께 주목하기)
2) ㉢ 전략
   ㉣ 상징
3) 도움 늘리기(도움 증가하기, 최소－최대 촉진)

관련이론

✦ 언어 이전의 의사소통 발달단계

초보적 의사소통 행동 단계	• 울음, 미소, 눈맞춤 따위의 초보적인 의사소통 행동들을 보이는데, 이러한 행동들은 아직 반사적인 것
목표지향적인 의사소통 행동 단계	• 자신의 소리내기, 몸짓, 눈 맞추기 등의 행동이 성인의 행동이나 환경에 영향을 미칠 수 있다는 것을 깨닫게 됨
도구적인 전환기 행동 단계	• 미리 계획된 목적을 이루기 위해서 분명한 신호를 보내게 됨
언어 이전의 의도적 의사소통 행동 단계	• 의도적인 의사소통이라 함은 유아 자신이 신호를 보내기 이전에 그 신호가 상대방에게 어떤 영향을 미쳐서, 어떤 행동적인 결과를 초래하리라는 인과관계를 충분히 이해하는 것을 의미 • 그 목적이 달성되거나 그렇지 못하리란 확신이 설 때까지 계속해서 의사소통을 시도해 보는 것
언어적 의사소통 행동 단계	• 아동이 말을 사용함으로써 자신이 원하는 의사소통의 목적을 달성하게 되는 시기 • 초기 단계에서는 흔히 말과 몸동작이 함께 동반되기도 하는데 이때의 '말'은 발성을 통한 구화뿐 아니라, 수화나 언어보조기 등을 통한 언어도 포함됨

✦ 공동관심

- 어떤 사물이나 사건에 대한 주의를 타인과 공유하는 상호작용
- 공동관심에는 사물이나 사건에 대해 다른 사람의 주의를 탐지하고 따라하려는 시도, 즉 시선주시, 가리키기, 주기, 보이기 등이 포함된다.
- 타인의 눈길을 따를 수 있는 공동관심 능력은 사회적 의사소통기술의 발달에 중요한 역할을 하며, 타인의 마음 상태를 추측하는 데 있어서 결정적인 역할을 한다.
- 사회적 상호작용 대상자와 상호작용을 하는 과정에서 특정한 사물이나 대화 주제에 대해 서로 같은 관심을 보이는 것 또한 중심행동의 하나이다.

✦ 보완대체 의사소통 체계의 요소

AAC 상징	• 그림상징, 청각적 상징, 제스처사용, 질감 또는 촉감 활용상징 등이 해당 • 도구가 사용되지 않는 형태(수화, 제스처, 얼굴 표정 등)일 수도 있고 도구가 사용되는 형태(실물, 사진, 선화, 철자 등)일 수도 있음
AAC 도구	• 메시지를 주고받기 위해 사용하는 전자적 또는 비전자적 장치 • '장치'라는 용어로도 혼용됨
AAC 기법	• 메시지의 전달방법 • 상징의 선택방법, 훑기(scanning) 등
AAC 전략	• 메시지를 가장 효과적이고 효율적으로 전달할 수 있는 방식 • 목적: 메시지의 타이밍 향상, 메시지의 문법적 구성 돕기, 의사소통 속도의 강화

75

2019. 유

다음은 4세 발달지체 유아 승우의 어머니와 특수학급 민 교사 간 대화의 일부이다. 물음에 답하시오. [5점]

민 교 사: 승우 어머니, 요즘 승우는 어떻게 지내나요?
승우 어머니: 승우가 말로 의사 표현을 하지 못하니 집에서 어려움이 많아요. 간단하게라도 승우가 원하는 것을 알고 상호작용을 할 수 있으면 좋겠는데, 어떻게 해야 할지 모르겠어요. 유치원에서는 승우를 어떻게 지도하시는지요?
민 교 사: 유치원에서도 ㉠ 승우에게는 아직 의도적인 의사소통 행동이 명확하게 잘 나타나지 않아서, 승우의 행동이 뭔가를 의미한다고 생각하고 반응해 주고 있어요. 그리고 ㉡ 승우가 어떤 사물을 관심을 가지고 바라보고 있을 때, 그것을 함께 바라봐 주는 반응을 해주고 있어요.
승우 어머니: 그렇군요. 저는 항상 저 혼자만 일방적으로 말하고 있는 것 같아서 답답했어요.
민 교 사: 집에서도 승우와 대화할 때 어머니의 역할이 중요해요. 그럴 때는 ㉢ 어머니께서 승우가 의사를 표현할 수 있을 거라는 기대를 가지고 기회를 제공하여, 의사를 표현하는 동안 충분히 기다려 주는 것이 필요하지요. 승우에게 필요한 표현을 ㉣ 간단한 몸짓이나 표정, 그림 등으로 나타낼 수 있도록 만들어 가면 어떨까요? 예를 들면, ㉤ 간식 시간마다 승우가 먼저 간식을 달라는 의미로 손을 내미는 행동을 정해서 자신의 의도를 표현할 수 있도록 하는 것이지요.
승우 어머니: 아, 그렇군요. 원하는 것을 표현하면 얻을 수 있다는 것도 가르쳐야 하는군요.

1) ① ㉠에 나타난 승우의 언어 전 의사소통 발달단계를 쓰고, ② ㉡에서 민 교사가 의도한 초기 의사소통 기능을 쓰시오. [2점]

①:

②:

2) ㉢과 ㉣은 보완대체의사소통(AAC)의 4가지 구성요소 중 무엇에 해당하는지 각각 쓰시오. [2점]

㉢:

㉣:

3) 다음은 ㉤을 위해 계획한 촉구 전략 절차이다. 어떤 촉구 전략인지 용어를 쓰시오. [1점]

1. 승우에게 간식을 보여 주고 3초를 기다린다.
2. 정반응이 없으면, 승우에게 "주세요 해 봐"라고 말한다.
3. 또 정반응이 없으면, 승우에게 "주세요 해 봐"라고 말하면서 간식을 달라고 손을 내미는 시범을 보인다.
4. 또다시 정반응이 없으면, 승우에게 "주세요 해 봐"라고 말하면서 승우의 손을 잡아 내밀게 한다.

핵심테마 체크 ✔

- 보완대체 의사소통 체계(AAC)_상징

MY MEMO

76

정답 및 예시답안

②

알찬 지문풀이

- ① 선화, 리버스 상징과 같은 ~~비도구적~~ 상징체계를 활용한다. ➡ **도구적**
- ③ 선화는 사진보다 ~~사실적~~이므로 의사소통 초기 단계에서 활용한다. ➡ **추상적**
- ④ 블리스 상징은 선화보다 ~~구체적~~이므로 인지능력이 높은 학생에게 적절하다. ➡ **추상적**
- ⑤ 블리스 상징은 리버스 상징보다 도상성(iconicity)이 낮으므로 배우기가 더 ~~쉽다~~. ➡ **어렵다**

관련이론

✦ 보완대체 의사소통 체계의 상징

- 상징(symbol)이란 일반적인 구어(말)가 아닌 간단한 수화나 제스처, 그림이나 사진 등과 같은 아이콘을 말한다.
- 상징은 무언가를 나타내거나 대표하는 것이다.
- 상징은 개념과 명확한 관련성이 필요하지 않기 때문에 임의적이다.
- 상징체계는 얼굴표정이나 제스처, 음성, 몸짓, 수화 등 특별한 도구를 필요로 하지 않는 것과 실물, 모형, 그림, 선화, 사진 등 다양한 것들이 있다.
- 상징체계는 사실성, 도상성, 모호성, 복잡성, 전경과 배경 차이, 지각적 명확성, 수용 가능성, 효율성 및 크기를 포함하여 다양한 특성으로 기술되지만 보통 독립적인 의미의 명쾌함 정도라고 할 수 있는 도상성에 따라 분류한다.
- 도상성에 따라 분류하면 사진과 실물은 어떠한 추가 정보가 없더라도 그 의미가 명확하기 때문에 '투명'하고, 문자는 글을 읽을 수 있는 사람만 이해할 수 있기 때문에 '불투명'한 것으로 간주한다.
- 선화는 의미가 명확할 수도 있고 불명확할 수도 있기 때문에 '반투명'하다.

76 2010. 중

구어로 의사소통이 어려운 자폐성장애학생을 위해 교사가 의사소통판을 활용하고자 상징체계를 선택할 때 고려해야 할 점으로 가장 적절한 것은? [1.5점]

① 선화, 리버스 상징과 같은 비도구적 상징체계를 활용한다.
② 리버스 상징은 사진보다 추상적이므로 배우기가 더 어렵다.
③ 선화는 사진보다 사실적이므로 의사소통 초기 단계에서 활용한다.
④ 블리스 상징은 선화보다 구체적이므로 인지능력이 높은 학생에게 적절하다.
⑤ 블리스 상징은 리버스 상징보다 도상성(iconicity)이 낮으므로 배우기가 더 쉽다.

77

핵심테마 체크 

- 뇌성마비의 하위유형
- 지체장애 학생의 자세 지도
- 보완대체 의사소통 체계(AAC)의 구성요소
- 반응적 대화요소_공동관심

MY MEMO

정답 및 예시답안

1) ① 경직형 사지마비
   ② ⓓ / 어깨 관절은 앞쪽으로 약간 굴곡이 되도록 한다.
2) ① 상징 / 미니어처(실물모형) 사용
   ② 기법 / 직접선택, 만져서 표현
3) 미니어처(실물모형)는 도상성이 매우 높은 상징의 유형이므로 누구나 명확하게 이해할 수 있다.
4) 공동관심

관련이론

✦ 보완대체 의사소통 체계의 요소

AAC 상징	• 그림상징, 청각적 상징, 제스처사용, 질감 또는 촉감 활용상징 등이 해당 • 도구가 사용되지 않는 형태(수화, 제스처, 얼굴 표정 등)일 수도 있고 도구가 사용되는 형태(실물, 사진, 선화, 철자 등)일 수도 있음
AAC 도구	• 메시지를 주고받기 위해 사용하는 전자적 또는 비전자적 장치 • '장치'라는 용어로도 혼용됨
AAC 기법	• 메시지의 전달방법 • 상징의 선택방법, 훑기(scanning) 등
AAC 전략	• 메시지를 가장 효과적이고 효율적으로 전달할 수 있는 방식 • 목적: 메시지의 타이밍 향상, 메시지의 문법적 구성 돕기, 의사소통 속도의 강화

✦ 반응적 상호작용 전략

- 아동의 행동에 성인 대상자가 어떻게 반응해야 하는지에 대한 것으로서, 아동의 언어적 또는 비언어적 행동에 반응하는 방법
- 아동의 눈높이에서 공동관심, 공동활동, 그리고 주고받기 등을 통해 아동이 더 많은 의사소통 기회를 가질 수 있도록 하는 데에 주목적이 있음
- 이때에는 지시나 질문은 가급적 피하고 성인이 아동의 행동을 모방하거나 상호작용을 하여 반응을 기다려 주는 것이 중요

아동 주도 따르기	아동의 말이나 행동과 유사한 언어적·비언어적 행동을 하며 아동 주도에 따름. 아동이 말하도록 기다려주고, 아동이 하는 말이나 행동을 모방함. 아동의 관심에 기초하여 활동을 시작하고 다른 활동으로 전이할 때에도 아동의 흥미를 관찰함
공동관심 형성하기	아동이 하는 활동에 교사가 관심을 보이며 참여함. 아동이 활동을 바꾸면 성인도 아동이 선택한 활동으로 바꿈
정서 일치시키기	아동의 정서에 맞추어 반응함. 그러나 아동의 정서가 부적절하면 맞추지 않음
상호적 주고받기	상호작용을 할 때에는 아동과 성인이 교대로 대화나 사물을 주고받음
시범 보이기	먼저 모델링이 되어 줌. 혼잣말기법이나 평행적 발화기법을 사용함
확장하기	아동의 발화에 적절한 정보를 추가하여 보다 완성된 형태로 다시 들려줌
아동을 모방하기	아동의 행동 또는 말을 모방하여 아동과 공동관심을 형성하거나 아동에게 자신의 말이 전달되었음을 알려줌
아동발화에 반응하기	아동이 한 말에 대해 고개를 끄덕이거나 '응', '옳지', '그래' 등과 같은 말을 해주면서 아동의 말을 이해했다는 것을 알려 주고 인정해 줌
아동반응 기다리기	아동이 언어적 자극에 반응할 수 있도록 적어도 5초 정도의 반응시간을 기다려 줌

77

2017. 유
★답안작성

다음은 중복장애 유아 동우의 어머니가 유아특수교사인 김 교사와 나눈 상담 내용의 일부이다. 물음에 답하시오. [6점]

김 교사: 어머니, 가족들이 동우와 의사소통하는 데 어려움이 있다고 하셨지요?
어 머 니: 네. 동우는 ㉠근긴장도가 높아서 팔다리를 모두 움직이기가 어렵고, 몸을 움직이려고 하면 뻗치는 경우가 많잖아요. 그리고 선생님께서 아시는 것처럼 시각장애까지 있어서, 말하는 것은 물론 눈빛으로 표현하는 것도 어려워해요. 가족들은 동우가 뭘 원하는지 알 수가 없어요.
김 교사: 그래서 이번 개별화교육계획지원팀 회의에서 결정한 바와 같이 동우에게 보완대체의사소통을 사용하려고 해요. 이를테면, 동우에게 ㉡우선적으로 필요한 어휘를 미니어처(실물모형)로 제시하고 자신이 원하는 것을 만져서 표현하도록 하면 좋겠어요. ㉢미니어처를 사용하면 누구나 동우가 표현하고자 하는 바를 명확하게 알 수 있으니까요.
어 머 니: 그러면 집에서 동우를 위해 우리 가족이 해야 하는 일은 무엇인가요?
김 교사: 가족들이 반응적인 의사소통 환경을 만들어 주시면 동우의 의사소통 기술이 발달하는 데 도움이 될 수 있어요. 예를 들어, ㉣동우가 장난감 트럭을 앞뒤로 밀고 있다면 어머님도 동우가 밀고 있는 장난감 트럭을 보고 있다는 것을 동우에게 알려 주시고, 동우가 보이는 행동에 즉각적으로 의미 있게 반응해 주세요.

1) ① ㉠에 해당하는 동우의 운동장애 형태 및 마비 부위에 따른 지체장애 유형을 쓰고, ② 이러한 장애 유아에게 앉기 자세를 지도할 때 ⓐ~ⓓ 중 적절하지 않은 것을 찾아 기호를 쓰고, 그 내용을 바르게 고쳐 쓰시오. [2점]

ⓐ 골반이 등과 수직이 되게 하여 체중이 엉덩이 양쪽에 균형 있게 분산되도록 한다.
ⓑ 의자에 앉았을 때 무릎 안쪽과 의자 사이의 간격은 1인치 정도가 되도록 하고 허벅지가 좌석에 닿도록 한다.
ⓒ 발바닥은 바닥이나 휠체어 발판에 닿도록 하고, 무릎관절과 발목은 직각이 되도록 한다.
ⓓ 몸통은 좌우대칭이 되도록 지지하고 어깨 관절은 활짝 펴 뒤쪽으로 향하도록 한다.

① :

② :

2) ㉡은 보완대체의사소통 체계(구성 요소)에 해당하는 설명이다. ㉡에 나타난 구성 요소 2가지와 그에 해당하는 예시를 지문에서 찾아 각각 쓰시오. [2점]

① :

② :

3) ㉢에 나타난 보완대체의사소통 체계(구성 요소)와 관련된 특성 1가지를 쓰시오. [1점]

4) ㉣에서 김 교사가 동우 어머니에게 제시하고 있는 반응적 대화의 요소를 쓰시오. [1점]

핵심테마 체크

- 보완대체 의사소통(AAC)_훑기

MY MEMO

78

정답 및 예시답안

②

알찬 지문풀이

- ㄴ. 원형 훑기(circular scanning)는 원의 형태로 제작된 항목들을 기기 자체가 ~~좌우로 하나씩 훑어주~~며 제시하는 방식이다. ➡ **원형으로 훑어주는 것**
- ㅁ. 항목을 제시하는 속도와 타이밍은 ~~커가 제작 시 설정되어 있어~~ 조절이 어려우므로 사용자는 운동 반응 및 시각적 추적 능력을 충분히 갖추어야 한다. ➡ **사용자의 특성에 따라 조절 가능**

관련이론

✦ 훑기(스캐닝)

- 간접선택은 선택 과정에서 하나 이상의 단계가 요구되는 접근 방법으로, 보통 하나 또는 그 이상의 스위치가 함께 사용된다.
- 효율적으로 사용하기 위해 스위치는 스캐닝 기술과 함께 사용되므로 간접선택의 대표적 방법을 스캐닝이라 한다.
- 스캐닝은 선택하고자 하는 항목에 커서가 점멸하거나 하이라이트되면 사용자가 스위치를 눌러 입력하는 방식이다. 스캐닝은 직접선택보다 더 많은 단계가 요구되므로 속도가 느리고 스캐닝을 위해 우수한 시각 추적 능력과 고도의 집중력, 순서화 능력이 필요하다. 또한 원하는 항목에 커서가 도달했을 때 스위치를 누르거나 놓을 수 있어야 정확한 입력이 되므로 스위치 조작 타이밍이 적절해야 하고 인지능력이 요구된다. 그러나 눈 깜빡임 같이 미세한 근육의 힘으로도 작동이 가능하고 비교적 간단한 운동조절만으로도 사용할 수 있다.
- 스캐닝은 손으로 직접 선택하기를 하지 못할 경우 신체의 한 부위로 스위치를 눌러서 선택하게 하는 간접적인 방법이다. 이 경우 인지적인 이해력이 있는 아동에게 사용할 수 있다.
- 아동이 직접선택을 정확하게 하지 못하거나, 선택하는 데 걸리는 속도가 매우 느리거나, 피곤해하는 경우에 사용한다.

✦ 훑기의 기법

자동 스캐닝	• 스위치를 누르면 커서가 배열된 항목을 자동으로 스캐닝한다. • 커서가 원하는 항목에 도달하였을 때 다시 스위치를 누르면 선택된다. • 이러한 스캐닝 방법은 스위치를 정확하게 누를 수 있지만 계속해서 스위치를 누르고 있거나 스위치 활성화 상태를 유지할 수 없는 사람이 사용하면 좋다.
역 스캐닝	• 커서가 항목들을 가로질러 움직일 수 있도록 스위치를 계속 누르고 있다가 원하는 항목에 도달하였을 때 스위치를 놓는다. • 이러한 스캐닝 방법의 대표적 사례는 라디오 시계의 알람을 설정할 때 볼 수 있다. 화살표 버튼을 누르고 원하는 기상시간에 도달할 때까지 숫자가 지나는 것을 주시하다 원하는 기상시간에 도달했을 때 정확하게 버튼에서 손을 떼야 한다.
단계 스캐닝	• 커서가 원하는 항목에 도달할 때까지 스위치를 눌러 한 항목씩 진행한다. • 스위치를 누르는 표시가 사라지면 원하는 항목임을 암시한다. • 일반적인 사례는 자동차 오디오에서 좋아하는 두 대역의 방송 주파수 사이를 이동하는 것이다. 원하는 주파수의 프로그램이 나올 때까지 여러 번 스위치를 반복해서 눌러야 한다. 따라서 단계 스캐닝은 각각의 항목으로 움직이기 위해 스위치를 필요한 만큼 눌러야 하므로 피로할 수 있다. • 그러나 스위치를 정확한 시점에 눌러야 하는 부담감이 없고 비교적 단순하므로 인지능력이 떨어지거나 처음 스캐닝 조작을 배우는 사람에게 유용하다.
선형 스캐닝	• 항목이 선택될 때까지 첫째 줄의 각 항목, 둘째 줄의 각 항목, 그리고 그다음 줄의 각 항목으로 커서나 지시기가 이동하게 된다. • 청각적 선택세트에서도 선형 스캐닝 방식이 사용될 수 있는데, 예를 들면 AAC 사용자가 "예"라고 말할 때까지 "오늘 어떤 셔츠 입을래요?", "빨간 셔츠?", "파란 셔츠?", "줄무늬 셔츠?"와 같이 계속해서 질문을 하는 것이다. • 항목이 특정 순서로 한 번에 하나씩 제시되기 때문에 항목이 많을 경우에는 비효율적이다.
원형 스캐닝	• 항목이 원을 그리며 배열되어 있는 것으로 시계 초침처럼 원형 안에 있는 개별 항목을 자동으로 한 번에 한 항목씩 스캐닝한다. • 원형 스캐닝은 시간이 많이 소요되지만 배우기 쉽기 때문에 인지능력이 떨어지거나 처음 AAC를 통해 의사소통을 배우는 아동에게 도움이 된다.
행렬 스캐닝	• 그룹-항목 스캐닝 또는 가로-세로 스캐닝이라고도 하며, 한 번에 한 항목이 활성화되는 대신 한 번에 전체 열이 활성화된다. • 원하는 항목이 있는 열에 도착했을 때 사용자는 스위치를 눌러 열을 선택하고, 그 열에 있는 항목이 각각 한 번씩 스캐닝이 되고 원하는 행에 왔을 때 다시 스위치를 눌러 선택하는 방식이다. • 많은 항목을 포함하고 있는 선택세트는 효율성을 높이기 위해 보통 행렬 스캐닝 방식을 사용한다.

78 2009. 중

보완 · 대체의사소통기기의 전자 디스플레이에서 원하는 항목을 선택하는 '훑기(scanning)' 방법에 대한 적절한 설명을 <보기>에서 고른 것은?

보기

ㄱ. 손이나 도구를 이용하여 항목을 직접 선택하기 어렵거나 선택이 부정확할 때 또는 너무 느릴 때 훑기 방법을 고려한다.
ㄴ. 원형 훑기(circular scanning)는 원의 형태로 제작된 항목들을 기기 자체가 좌우로 하나씩 훑어주며 제시하는 방식이다.
ㄷ. 항목이 순차적으로 자동 제시되고 사용자는 원하는 항목에 커서(cursor)가 머물러 있을 때 스위치를 활성화 하여 선택한다.
ㄹ. 선형 훑기(linear scanning)를 하는 화면에는 항목들이 몇 개의 줄로 배열되어 있으며, 한 화면에 많은 항목을 담을 경우에는 비효율적일 수 있다.
ㅁ. 항목을 제시하는 속도와 타이밍은 기기 제작 시 설정되어 있어 조절이 어려우므로 사용자는 운동 반응 및 시각적 추적 능력을 충분히 갖추어야 한다.

① ㄱ, ㄴ, ㄷ
② ㄱ, ㄷ, ㄹ
③ ㄱ, ㄹ, ㅁ
④ ㄴ, ㄷ, ㅁ
⑤ ㄷ, ㄹ, ㅁ

핵심테마 체크 ✔

- 보완대체 의사소통(AAC)_훑기
- 촉진

MY MEMO

79

정답 및 예시답안

1) 초과정
2) 초과정
3) 자극 내 촉진
4) ① 경수는 주의집중 시간이 짧고 시각적 피로도가 높으며, 범주의 개념이 형성되어 있으므로, 항목이 모두 제시되는 선형 스캐닝에서 항목별로 제시하는 행렬 스캐닝으로 변경한 것이다.
   ② 선형 스캐닝보다 효율성이 높다.

관련이론

✦ 훑기의 기법

자동 스캐닝	• 스위치를 누르면 커서가 배열된 항목을 자동으로 스캐닝한다. • 커서가 원하는 항목에 도달하였을 때 다시 스위치를 누르면 선택된다. • 이러한 스캐닝 방법은 스위치를 정확하게 누를 수 있지만 계속해서 스위치를 누르고 있거나 스위치 활성화 상태를 유지할 수 없는 사람이 사용하면 좋다.
역 스캐닝	• 커서가 항목들을 가로질러 움직일 수 있도록 스위치를 계속 누르고 있다가 원하는 항목에 도달하였을 때 스위치를 놓는다. • 이러한 스캐닝 방법의 대표적 사례는 라디오 시계의 알람을 설정할 때 볼 수 있다. 화살표 버튼을 누르고 원하는 기상시간에 도달할 때까지 숫자가 지나는 것을 주시하다 원하는 기상시간에 도달했을 때 정확하게 버튼에서 손을 떼야 한다.
단계 스캐닝	• 커서가 원하는 항목에 도달할 때까지 스위치를 눌러 한 항목씩 진행한다. • 스위치를 누르는 표시가 사라지면 원하는 항목임을 암시한다. • 일반적인 사례는 자동차 오디오에서 좋아하는 두 대역의 방송 주파수 사이를 이동하는 것이다. 원하는 주파수의 프로그램이 나올 때까지 여러 번 스위치를 반복해서 눌러야 한다. 따라서 단계 스캐닝은 각각의 항목으로 움직이기 위해 스위치를 필요한 만큼 눌러야 하므로 피로할 수 있다. • 그러나 스위치를 정확한 시점에 눌러야 하는 부담감이 없고 비교적 단순하므로 인지능력이 떨어지거나 처음 스캐닝 조작을 배우는 사람에게 유용하다.

✦ 훑기의 기법별 요구되는 기능

운동요소	선택기법		
	자동 훑기	단계별 훑기	반전 훑기
대기	고	저	중
작동	고	중	저
누르기	저	저	고
해제	저	중	고
운동피로	저	고	저
감각적/인지적 주의력	고	저	고

고득점 답안 비법 ✰ 4)의 답안은 경수의 특성과 행렬 스캐닝의 핵심 특성을 연결 지어 작성해야 함

79

2019. 초
★답안작성

(가)는 중복장애 학생 경수의 특성이고, (나)는 특수교사가 작성한 2015 개정 기본 교육과정 수학과 5~6학년 수와 연산영역 교수·학습 과정안의 일부이다. 물음에 답하시오. [6점]

(가) 경수의 특성

- 경직형 사지 마비로 미세소근육 사용이 매우 어려움
- 의도하는 대로 정확하게 응시하거나 일관된 신체 동작으로 반응하기 어려움
- 발성 수준의 발화만 가능하고, 현재 인공와우를 착용하고 있음
- 받아올림이 없는 두 자리 수 + 한 자리 수의 덧셈을 할 수 있음
- 범주 개념이 형성되어 있음
- 주의 집중 시간이 짧고, 시각적 피로도가 높음

(나) 교수·학습 과정안

단계	교수·학습 활동	자료(㉶) 및 유의점(㉾)
도입	• 필요한 의자의 수를 구하는 상황 제시	
새로운 문제 상황 제시	• 교실에 22명의 학생이 있고, 학생 12명이 더 오면 의자는 모두 몇 개가 필요할까요? －필요한 의자의 개수 어림해 보기 －학생들의 인지적 갈등 유도하기	㉶ 그래픽 조직자
수학적 원리의 필요성 인식	• 22 + 12를 계산하는 방법 생각하기 －모든 의자의 수 세기, 22 다음부터 12를 이어 세기 등 • 좀 더 효율적인 방법의 필요성 인식하기	㉶ 구체물
수학적 원리가 내재된 조작 활동	• 수모형으로 22 + 12 나타내기 －십모형과 일모형으로 나타내기 22 + 12 = 34	㉶ 수모형 ㉾ 학생들이 ㉠<u>숫자를 쓸 때, 자리에 따라 숫자가 나타내는 값이 달라지므로 정확한 자리에 쓰게 한다.</u>
수학적 원리의 형식화	• 22 + 12의 계산 방법을 식으로 제시하기 • 22 + 12를 세로식으로 계산하기 $\begin{array}{r}22\\+12\\\hline\end{array} \Rightarrow \begin{array}{r}22\\+12\\\hline 4\end{array} \Rightarrow \begin{array}{r}22\\+12\\\hline 34\end{array}$	㉾ ㉡<u>순서에 따라 더하는 숫자를 진하게 다른 색으로 표시한다.</u>
익히기와 적용하기	• 덧셈 계산 원리를 다양한 문제에 적용하여 풀기 －같은 계산식 유형의 문제 풀기 －문장제 문제 풀기 －문제 조건을 바꾸어 새로운 문제 만들어 보기 －실생활 문제 상황에 적용해 보기 [A]	㉾ 경수의 보완·대체의사소통(AAC) 도구에 수 계열 어휘를 추가한다. ㉾ ㉢<u>경수의 AAC 디스플레이 형태를 선형 스캐닝에서 행렬 스캐닝으로 변경한다.</u>
정리 및 평가	• 학습 내용 정리 및 차시 예고하기	

1) ① (나)에 적용된 수업 모형을 쓰고, ② ㉠이 의미하는 용어를 쓰시오. [2점]

①:

②:

2) (나)의 [A]에서 중점이 되는 교과 역량을 2015 개정 수학과 교육과정에 근거하여 쓰시오. [1점]

3) (나)의 ㉡에서 사용한 자극 촉진 유형을 쓰시오. [1점]

4) ① (나)의 ㉢과 같이 변경한 이유를 (가)에서 찾아 쓰고, ② 선형 스캐닝에서 행렬 스캐닝으로 변경했을 때의 장점을 1가지 쓰시오. [2점]

①:

②:

핵심테마 체크

- 광학문자인식시스템(OCR)
- 점자정보단말기
- 스위치
- 직접선택과 간접선택

MY MEMO

80

정답 및 예시답안

○ ㉠은 문자의 영상을 이미지 스캐너로 받아들여 컴퓨터 편집기에서 편집이 가능한 텍스트의 형태로 변환해 주는 것이다.
○ ㉡에 들어갈 주요 기능은 파일과 폴더 관리(독서, 녹음과 재생 등)이다.
○ ㉢ 피드백
○ ㉣은 간접선택 기법을 의미하며, 일반 키보드나 마우스로 항목을 직접 선택하는 직접선택보다 더 많은 단계가 요구되어 속도가 느리지만, 비교적 간단한 운동조절만으로도 사용할 수 있다.

관련이론

✦ 광학문자인식시스템(OCR)

- 광학문자인식시스템(OCR)은 인쇄자료를 확대해도 읽을 수 없어 인쇄자료를 점자나 음성으로 다시 변환해야 읽을 수 있는 맹학생에게 유용하다.
- 광학문자인식시스템은 스캐너 또는 카메라로 인쇄물을 스캔하여 저장한 후 문자인식 프로그램을 통해 이미지를 제외한 문자만을 추출하여 텍스트 파일로 변환하게 된다. 맹학생은 이 텍스트 파일을 음성이나 점자로 출력하여 이용하게 된다.
- 광학문자인식시스템은 일체형 제품과 컴퓨터에 설치하는 소프트웨어형이 있다.
  - 일체형 기기: 광학문자판독기라고 부르는데 카메라, 문자인식 프로그램, TTS 기능이 기기 안에 모두 통합되어 있는 것이다.
  - 소프트웨어형: 문자인식 프로그램으로 불리는 소프트웨어형은 컴퓨터에 설치하고 별도의 스캐너를 연결해서 사용해야 한다.

✦ 점자정보단말기

- 점자정보단말기는 점자로 읽고 쓸 수 있는 전자기기이다. 노트북처럼 파일과 폴더 관리, 문서 작성, 독서, 녹음과 재생, 인터넷 등의 다양한 기능이 있으며 컴퓨터 및 스마트폰과 연결하여 사용할 수도 있다.
- 점자정보단말기는 문서의 내용을 점자나 음성으로 출력할 수 있는 휴대용 전자기기이다. 학습과 업무처리에 필요한 워드프로세서, 주소록/일정관리, 음성녹음, 계산기, 인터넷, 메신저, E-mail 기능도 사용할 수 있다. 또한 전자나침반과 GPS수신기를 내장하여 보행내비게이션으로 사용할 수 있다.

✦ 스위치의 특성 중 '피드백'

- 피드백은 스위치를 조작했을 때 사용자가 인식할 수 있도록 도와준다.
- 피드백이 없다면 스위치를 정확히 조작했는지 또는 스위치 사용을 위해 어떻게 자신의 동작을 조절해야 하는지 알 수 없다.
- 피드백은 청각, 시각, 촉각, 운동감각 등의 유형이 있다.

✦ 직접선택과 간접선택의 특징

- 직접선택은 사용자의 표현력이 향상되고 무엇보다도 빠르다는 장점이 있으나 사용자가 피로를 빨리 그리고 많이 느끼며 잘 되지 않을 때에는 스트레스를 받게 되어, 자신감을 상실할 수도 있다는 단점이 있다.
- 간접선택은 미세한 근육활동만으로도 조작이 가능하다는 장점이 있는 반면 근육활동 자체의 제약으로 인해 정보 입력이 제한되고, 많은 시간이 소요된다는 단점이 있다.

80 2019. 중

다음은 컴퓨터 정보화교육 프로그램에 참여한 학생들의 특성과 교육 내용이다. 〈작성 방법〉에 따라 서술하시오. [4점]

(가) 학생 D

- 특성: 시각장애(광각), 인지적 제한이 없음
- 교육 내용
  - 특성에 적합한 소프트웨어 및 시스템을 활용하여 지도함: 화면 낭독 프로그램, ㉠ 광학 문자인식 시스템(OCR)
  - 점자정보단말기를 활용하여 다음의 기능을 익힘

주요 기능	부가 기능
• 문서 작성 및 편집 • 점자 출력 • (㉡)	• 인터넷 • 날짜, 시간 • 스톱워치, 계산

(나) 학생 M

- 특성: 뇌성마비(경직형), 독립이동과 신체의 조절이 어려움(상지 사용과 손의 소근육 운동에 제한)
- 교육 내용
  - 대체입력장치인 스위치를 적용하기 전에 운동훈련을 실시함

〈스위치 적용 전 운동훈련 4단계〉

단계	목표	내용
1	시간 독립적 스위치 훈련	배터리로 작동하는 장난감 등을 이용하여 자극-반응 간의 (㉢)을/를 익힘
2	시간 종속적 스위치 훈련	스위치를 일정 시간 내에 활성화시키는 훈련

〈스위치 적용 훈련 후〉

- ㉣ 모니터에 훑기(scanning) 방식으로 제시된 항목을 선택하기 위하여 단일 스위치를 사용함

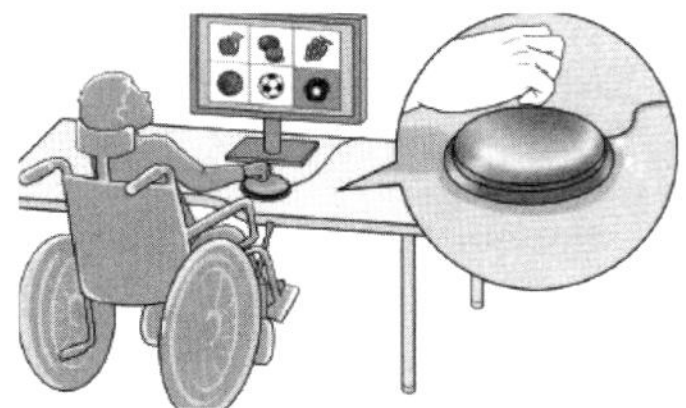

작성방법

- 밑줄 친 ㉠의 특징 1가지를 서술하고, 괄호 안의 ㉡에 들어갈 점자정보단말기의 주요 기능 1가지를 쓸 것
- 괄호 안의 ㉢에 들어갈 내용을 쓸 것
- 밑줄 친 ㉣의 스위치를 활용한 선택 방법의 특징을 서술할 것 (단, 학생 M의 특성을 연계한 설명은 제외하고, 일반 키보드나 마우스의 항목 선택 방법과 비교하여 서술할 것)

핵심테마 체크 ✔

- 긴장성 미로반사
- 단하지 보조기
- AAC_선택기법
- 촉구의 용암

MY MEMO

81

정답 및 예시답안

1) ① 머리가 중심에 위치하도록 한다, 머리를 중립에 두도록 한다 등
   ② 첨족으로 인한 발의 변형이 심화, 첨족 보행 등을 예방하기 위함이다.
2) 교사는 음성 출력 의사소통 기기의 상징을 보며 “큰 북”이라고 말하고 잠시 기다린다.
3) ① 최소－최대 촉진(도움 증가시키기, 도움 늘리기 등)
   ② 교사가 스위치를 누르는 시범을 보여주고 4초간 기다린다.

관련이론

✦ 긴장성 미로반사

- 내이의 미로가 자극되었을 때 몸 전체의 근긴장 변화를 일으키는 자세반사로, 바로 누운 자세에서는 신전근긴장이 증가하고, 엎드려 누운 자세에서는 굴곡근긴장이 증가하는 것
- 뇌성마비 아동을 휠체어에 앉혔을 때 앉기 균형이 부족하거나 몸통 조절이 안 되어 휠체어 등받이를 경사시키면 긴장성 미로반사의 영향으로 몸 전체의 신전근긴장이 증가하고 뻗침 자세가 나타나게 됨
- 중력에 대항하여 머리, 어깨, 팔, 다리를 치켜드는 반사
- 머리를 중립 자세로 위치시키면 이 반사의 영향을 감소시킬 수 있으며, 앉은 자세에서 등받이가 뒤로 기울어지면 몸 전체에서 강한 신전 패턴이 나타나면서 갑자기 휠체어에서 움직이게 되었을 때 앞으로 미끄러질 위험이 있으므로 주의 깊게 평가

✦ 단하지 보조기

- 단하지 보조기(AFO : Ankle Foot Orthoses)는 아킬레스건의 단축으로 흔히 까치발 서기나 보행을 하는 아동들의 발목관절구축을 예방하고 진행을 억제시킬 목적으로 가장 많이 사용한다.
- 무릎 이하에 사용하는 보조기이다. 슬하보조기라고도 하며 족관절 신경손상 및 족관절 불안정 시 발목의 관절운동, 특히 굴곡운동을 고정하는 경우 사용한다. 발목이나 발의 기형 교정 및 예방, 족관절에 받는 체중 부하를 감소하고자 할 때, 족관절의 불수의운동을 조절하고자 할 때 주로 이용한다.

✦ AAC의 훑기 기법

자동 스캐닝	• 스위치를 누르면 커서가 배열된 항목을 자동으로 스캐닝한다. • 커서가 원하는 항목에 도달하였을 때 다시 스위치를 누르면 선택된다. • 이러한 스캐닝 방법은 스위치를 정확하게 누를 수 있지만 계속해서 스위치를 누르고 있거나 스위치 활성화 상태를 유지할 수 없는 사람이 사용하면 좋다.
역 스캐닝	• 커서가 항목들을 가로질러 움직일 수 있도록 스위치를 계속 누르고 있다가 원하는 항목에 도달하였을 때 스위치를 놓는다. • 이러한 스캐닝 방법의 대표적 사례는 라디오 시계의 알람을 설정할 때 볼 수 있다. 화살표 버튼을 누르고 원하는 기상시간에 도달할 때까지 숫자가 지나는 것을 주시하다 원하는 기상시간에 도달했을 때 정확하게 버튼에서 손을 떼야 한다.
단계 스캐닝	• 커서가 원하는 항목에 도달할 때까지 스위치를 눌러 한 항목씩 진행한다. • 스위치를 누르는 표시가 사라지면 원하는 항목임을 암시한다. • 일반적인 사례는 자동차 오디오에서 좋아하는 두 대역의 방송 주파수 사이를 이동하는 것이다. 원하는 주파수의 프로그램이 나올 때까지 여러 번 스위치를 반복해서 눌러야 한다. 따라서 단계 스캐닝은 각각의 항목으로 움직이기 위해 스위치를 필요한 만큼 눌러야 하므로 피로할 수 있다. • 그러나 스위치를 정확한 시점에 눌러야 하는 부담감이 없고 비교적 단순하므로 인지 능력이 떨어지거나 처음 스캐닝 조작을 배우는 사람에게 유용하다.

고득점 답안 비법 ✰ 1) ① 옆으로 눕기 자세 : 머리가 중심에 위치하는지 확인한 다음 팔과 다리에 적절한 쿠션을 넣어 주어 전신이 이완되도록 한다, 장애가 심할 경우 등받이를 대 주고 가슴 벨트로 안정성을 높여 준다.
② 첨족과 관련지어 설명하는 것이 핵심

81

2022. 초
★답안작성

다음 (가)는 초등학교 2학년 혜지의 특성이고, (나)는 혜지의 발에 착용하는 보장구이며, (다)는 혜지의 보완대체 의사소통(AAC) 체계이다. 물음에 답하시오. [5점]

(가) 혜지의 특성

- 뇌성마비 학생이며, 시각적 정보 처리에 어려움이 있어 그림을 명확하게 변별하기 어려움
- 비정상적인 근긴장도로 인해 자세를 자주 바꿔 주어야 함
- ㉠ 바로 누운 자세에서 긴장성 미로반사가 나타남

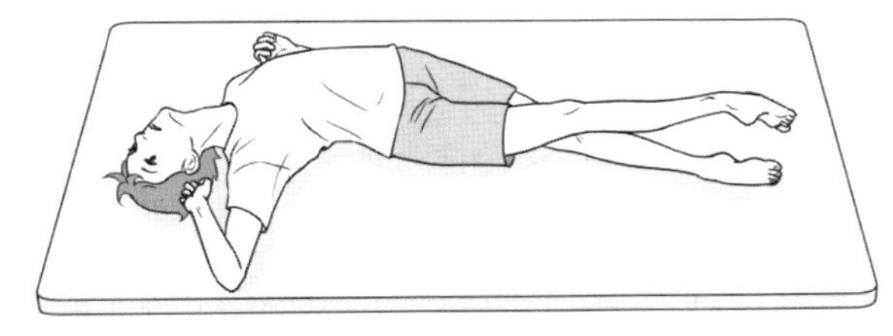

(나) 혜지의 보장구

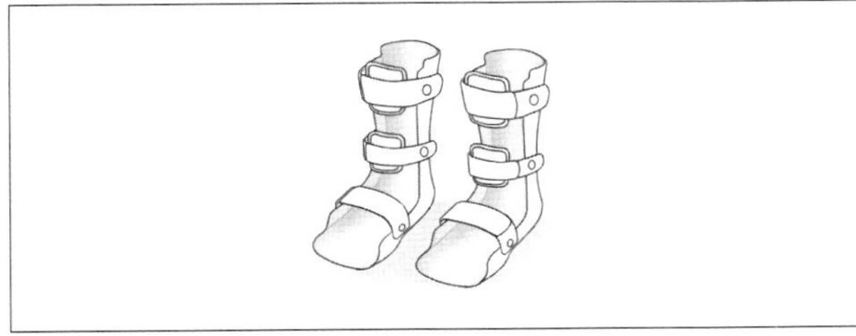

(다) 혜지의 AAC 체계

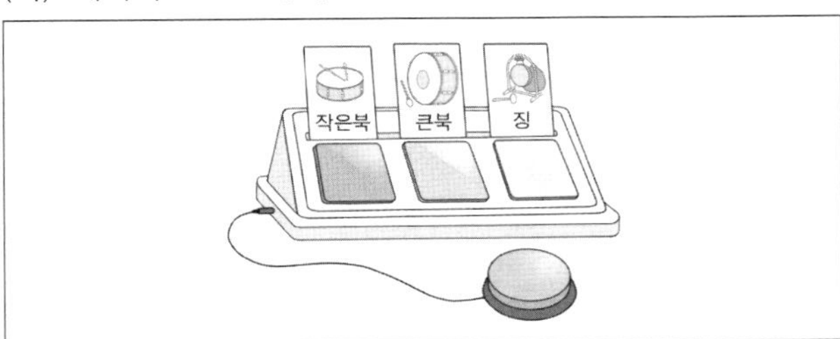

1) 교실에는 혜지의 자세유지용 보조기기가 없는 상황이다. 교사가 혜지의 뒤에서 등을 받치고 옆으로 눕혀 악기 연주 활동에 참여시키고자 할 때, ① ㉠의 특성을 고려하여 혜지가 옆으로 누운 자세를 유지할 수 있도록 교사가 가장 먼저 해 주어야 할 자세 조절 방법을 쓰고, ② 혜지가 (나)의 보장구를 착용하는 이유를 쓰시오. [2점]

①:

②:

2) (다)에서 교사는 혜지가 스위치를 눌러 원하는 악기를 선택할 수 있도록 다음의 스캐닝(훑기)을 지원하였다. 교사가 어떻게 해야 하는지 ⓐ에 쓰시오. [1점]

- 교사는 음성 출력 의사소통 기기의 상징을 보며 "작은 북"이라고 말하고 잠시 기다린다.
- 혜지가 반응이 없다.
- 교사는 (ⓐ).

3) 다음은 혜지가 스위치를 눌러 악기를 선택할 수 있도록 지도하는 절차이다. ① 교사가 사용한 체계적 교수의 명칭을 쓰고, ② ⓑ에서 교사가 시행하는 방법을 혜지의 특성을 고려하여 구체적으로 쓰시오. [2점]

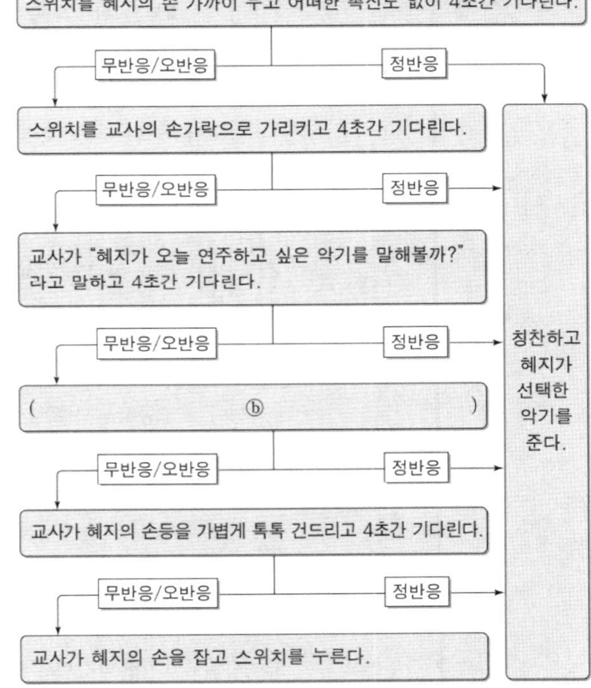

무반응 : 반응이 없다.
오반응 : 시도하였으나 스위치를 누르지 못한다.
정반응 : 스위치를 누른다.

①:

②:

핵심테마 체크 ✔

- 단어예측 프로그램
- 보행 보조기기
- GMFCS
- 단계적 훑기
- 보조공학 사정의 특성
- SETT 모델

MY MEMO

82

정답 및 예시답안

1) ① 입력한 첫 글자로 시작하는 단어 목록이 나타난다.
   ② 체간지지 워커
2) 스캐닝(훑기) 조작을 처음 배우는 것
3) ① 실천적 사정
   ② 과제

관련이론

✦ 단어예측 프로그램

- 단어예측 프로그램 같은 소프트웨어가 쓰기과정을 수월하게 보조하며, 키보드를 이용하면 다른 사람이나 자신이 훨씬 알아보기 쉬운 글쓰기를 할 수 있다.

✦ GMFCS 4수준

- 학생은 대부분의 환경에서 타인의 신체적 도움을 받거나 전동 휠체어를 사용하고, 몸통과 골반의 자세 조절을 위해 개조된 의자가 필요함
- 이동 시 대부분 신체적 도움이 필요하고, 가정에서는 바닥에서 구르거나 기어서 이동함
- 신체적 도움을 받아 짧은 거리를 걷거나 전동 휠체어를 사용하고, 자세를 잡아주면 학교나 가정에서 체간지지 워커를 사용할 수 있음
- 학교 · 야외 · 지역사회에서 타인이 학생의 수동 휠체어를 밀어 주거나 전동 휠체어를 사용하여 이동하고, 이동성의 제한으로 인해 체육 및 스포츠 활동에 참여하기 위해서는 신체적 도움이나 전동 휠체어와 같은 장치가 필요함
- 대부분 바퀴 달린 이동장비를 사용함
- 자세 조절을 위해 개조된 의자가 필요하며, 이동 시 한두 명의 신체적 보조가 필요함
- 서서 하는 이동동작을 돕기 위해 자신의 다리로 체중을 지지하기도 함
- 실내에서 짧은 거리는 신체적 보조나 바퀴 달린 이동장비로 이동이 가능하고, 자세를 잡아주면 체간지지 워커를 사용하기도 함. 전동 휠체어 조작능력이 있음

✦ SETT 모델

- 학생이 보조공학을 선택할 때 네 가지 주요 영역인 학생, 환경, 과제 그리고 도구를 강조하는 모델이다.
- 보조공학을 사용하는 일련의 과정은 교육자나 관련된 사람들과 가족 그리고 학생 모두의 참여를 통해 이루어지는 과정임을 전제로 한다.
- 참여자들은 보조공학 사용 여부를 결정하기 전에 체계화된 질문을 이용하여 다음과 같은 사항들에 대한 구체적인 정보를 먼저 수집해야 한다.

구분	내용
학생	• 학생이 해야 할 필요가 있는 것을 먼저 확인한 후, 학생의 능력, 선호도, 특별한 요구에 대한 정보를 수집한다.
환경	• 교수환경 조정, 필요한 교구, 시설, 지원교사, 접근성에 관한 문제점(예를 들어 물리적 환경, 교수적 환경, 또는 공학적 환경에의 접근성)에 대해 파악한다. • 이때, 학생을 지원해 주는 사람들에게 도움이 될 만한 지원 자료들도 수집해야 한다. • 지원 자료에는 해당 학생의 태도나 기대치도 포함된다.
과제	• 학생이 수행해야 할 모든 과제가 조사되어야 한다. • 학생에게 필요한 활동을 과제에 포함시켜서 그 학생이 전반적인 환경에서 더 많은 활동에 참여할 수 있게 하고, IEP 목표를 달성할 수 있게 해야 한다.
도구	• 도구는 참여자들의 초기결정 그리고 뒤따르는 사항들에 대한 지속적인 결정에 사용된다. • 첫 번째 도구는 가능성이 있는 보조공학 해결책을 함께 심사숙고하는 것이다. 다음은 가장 적절한 혹은 가장 가능성 있는 해결책을 찾고, 이어 참여자들은 선택된 공학에 필요한 교수전략을 결정하게 된다. 마지막으로, 사용기간 동안 효과성에 대해서 어떻게 점검할 것인지의 방법을 결정한다.

고득점 답안 비법 ✩ 1) ② GMFCS 4단계에 근거하여 보조기기를 제시해야 함 : 실내에서 짧은 거리는 신체적 보조나 바퀴 달린 이동장비로 이동이 가능하고 자세를 잡아주면 체간지지 워커를 사용하기도 함

✩ 2) 단계적 훑기의 '사용자 특성'을 써야 하며, 단계적 훑기를 적용하는 사용자의 특성은 운동 조절이나 인지능력의 제한이 심한 사람들, 혹은 훑기 조작을 처음 배우는 사람들임

82 2024. 초 ★답안작성

다음은 특수교육지원센터의 질의응답 게시판에 올라온 보조공학 기기와 관련된 글의 일부이다. 물음에 답하시오. [5점]

특수교육지원센터 〉 질의응답 게시판

Q & A

Q : 우리 반 학생은 쓰기 활동에 컴퓨터를 활용하고 있습니다. 그런데 키보드로 자료를 입력할 때 오타가 많아 힘들어 합니다. 도와줄 수 있는 방법이 없을까요?

ㄴ A : 이 학생의 경우 키가드나 ㉠ 단어 예측 프로그램을 사용하면 도움이 될 것 같습니다.

Q : 한 가지 더 질문이 있습니다. 이 학생은 ㉡ 불수의 운동형 뇌성마비를 가지고 있으며, 대근육 운동 기능 평가(Gross Motor Function Classification System : GMFCS) 결과 4단계라고 합니다. 다음 주에 실내 체험학습을 갈 때 어떤 보조기기를 활용하는 것이 좋을까요?

ㄴ A : 체험학습이라면 실내 활동이라도 이동 거리가 상당할 것으로 보입니다. 이런 경우에는 휠체어가 적절할 것 같습니다. 다만 실내 좁은 공간이라면 학생의 운동 기능을 고려할 때 (㉢)을/를 추천합니다.

Q : 안녕하세요? 우리 아이는 인지 기능은 정상이나 호흡이 거칠고 불규칙해서 다른 사람들이 아이의 말을 알아 듣기 어려워 일 년 전부터 보완·대체 의사소통체계(AAC)를 사용하고 있습니다. 그런데 운동장애가 심해져서 다른 방법이 필요할 것 같습니다. 학교와 집에서 사용하기 위해 담임 선생님께서는 ㉣ 단계적 훑기(step scanning) 기법을 추천하셨습니다. 어떤 방법인지 궁금합니다. [A]

ㄴ A : 단계적 훑기는 간접 선택 기법의 일종입니다. 담임 선생님께서는 인지 기능이나 운동 기능보다는 (㉤) 때문에 추천하신 것 같습니다. 그 방법이 쉽습니다. 자세한 내용을 설명하기 전에 학생의 신체적 특성과 운동 기능 등 여러 가지 사항을 고려하여 보조공학 사정을 해 보는 것이 좋을 것 같습니다. 보조공학 사정은 생태학적 사정, (㉥)와/과 계속적 사정의 특성이 있습니다.

1) 다음은 ㉠에 대한 설명이다. ① ⓐ에 들어갈 내용을 쓰고, ② ㉡을 고려하여 ㉢에 들어갈 보조기기를 쓰시오. [2점]

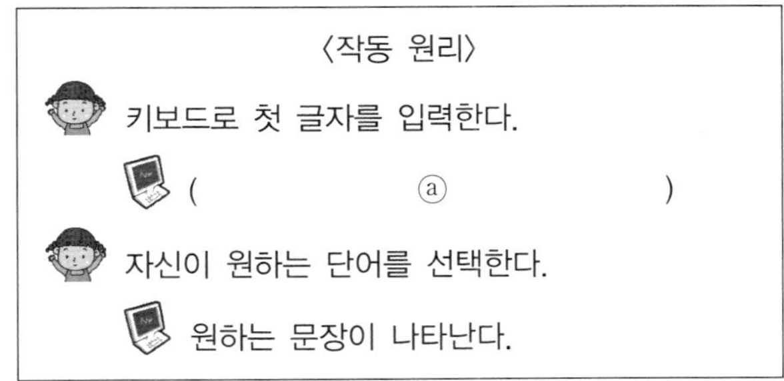

①:

②:

2) ㉤에 들어갈 ㉣의 사용자 특성을 1가지 쓰시오. [1점]

3) ① ㉥에 들어갈 보조공학 사정의 일반적 특성(D. Bryant & B. Bryant, 2003)을 쓰고, ② 자바라(J. Zabala)의 SETT 구조 모델에 근거하여 [A]에 추가로 고려해야 할 구성 요소를 쓰시오. [2점]

①:

②:

핵심테마 체크

- 컴퓨터 접근성을 높이기 위한 방법
- 훑기의 기법

MY MEMO

83

정답 및 예시답안

○ ㉠ 필터키
○ ㉡ 자동적

관련이론

✦ 훑기의 기법

자동 스캐닝	• 스위치를 누르면 커서가 배열된 항목을 자동으로 스캐닝한다. • 커서가 원하는 항목에 도달하였을 때 다시 스위치를 누르면 선택된다. • 이러한 스캐닝 방법은 스위치를 정확하게 누를 수 있지만 계속해서 스위치를 누르고 있거나 스위치 활성화 상태를 유지할 수 없는 사람이 사용하면 좋다.
역 스캐닝	• 커서가 항목들을 가로질러 움직일 수 있도록 스위치를 계속 누르고 있다가 원하는 항목에 도달하였을 때 스위치를 놓는다. • 이러한 스캐닝 방법의 대표적 사례는 라디오 시계의 알람을 설정할 때 볼 수 있다. 화살표 버튼을 누르고 원하는 기상시간에 도달할 때까지 숫자가 지나는 것을 주시하다 원하는 기상시간에 도달했을 때 정확하게 버튼에서 손을 떼야 한다.
단계 스캐닝	• 커서가 원하는 항목에 도달할 때까지 스위치를 눌러 한 항목씩 진행한다. • 스위치를 누르는 표시가 사라지면 원하는 항목임을 암시한다. • 일반적인 사례는 자동차 오디오에서 좋아하는 두 대역의 방송 주파수 사이를 이동하는 것이다. 원하는 주파수의 프로그램이 나올 때까지 여러 번 스위치를 반복해서 눌러야 한다. 따라서 단계 스캐닝은 각각의 항목으로 움직이기 위해 스위치를 필요한 만큼 눌러야 하므로 피로할 수 있다. • 그러나 스위치를 정확한 시점에 눌러야 하는 부담감이 없고 비교적 단순하므로 인지능력이 떨어지거나 처음 스캐닝 조작을 배우는 사람에게 유용하다.

83

2014. 중

다음은 지체장애 특수학교의 교사가 학생 A와 B의 컴퓨터 접근성을 높이기 위해 사용하고 있는 방법을 교육 실습생에게 설명하고 있는 장면이다. 괄호 안의 ㉠과 ㉡에 해당하는 말을 각각 쓰시오. [2점]

> 실 습 생: 선생님, 학생 A가 컴퓨터를 사용할 때 선생님께서 어떤 도움을 주고 계신지 알고 싶어요.
> 특수교사: 학생 A는 컴퓨터로 문서 작업을 할 때 어려움이 있어요. 예를 들어, '학습'이라는 단어를 칠 때 'ㅎ'을 한 번 누르고 나서 손을 떼야 하는데 바로 떼기가 어려워요. 그래서 'ㅎ'이 계속 입력되어 화면에 나타나, 지우고 다시 치느라 시간이 오래 걸려요. 이럴 때는 윈도 프로그램(Windows program)의 '내게 필요한 옵션' 중에서 반복된 키 입력을 자동으로 무시하는 (㉠) 기능을 활용하게 하고 있어요.
> 실 습 생: 그럼, 학생 B는 일반적인 키보드를 사용하지 못할 것 같은데 선생님께서는 어떻게 도와주고 계세요?
> 특수교사: 학생 B에게는 훑기(scanning)를 통해 화상 키보드를 사용하도록 하였어요. 간접 선택 기법인 훑기에는 여러 가지 선택 기법이 있는데, 그중에서 학생 B에게는 스위치를 누르지 않아도 일정 시간 간격으로 커서가 움직이도록 미리 설정해 주고, 커서가 원하는 키에 왔을 때 스위치를 눌러 그 키를 선택하게 하는 (㉡) 선택 기법을 사용하게 하고 있어요.
> 실 습 생: 네, 잘 알겠습니다.

핵심테마 체크 ✓

• 직접선택_활성화전략

MY MEMO

84

정답 및 예시답안

1) • 내용 영역: 도형
• 내용 요소: 입체도형의 모양
2) • 모형 명칭: 개념형성 학습모형
• ㉡ 구의 모양
• ㉢ 크기
3) 화면에 직접적인 접촉이 유지되는 동안은 선택이 이루어지지 않고 접촉을 중단하면 그 항목이 선택되는 전략이다.
4) 생활 수학 능력

관련이론

✦ AAC 직접선택의 활성화전략

시간 활성화	• 선택 항목을 인식하도록 미리 결정되어 있는 시간 동안 접촉(또는 그 위치에 머무르기)을 유지하도록 요구 • '머무는 시간'의 길이(설정된 시간)는 사용자의 능력과 상황에 따라 다를 수 있음 • 장점: 부주의에 의한 활성화와 사용자에게 요구되는 운동 조절의 부담을 줄여 줌 • 사용자가 어떠한 방법으로든 화면의 항목을 확인하는 것이 필요하고, 장치에 의한 선택이 인식되기 위해서는 일정한 시간 동안 접촉을 유지시키는 것이 필요한 방법
해제 활성화	• 사용자가 디스플레이에 손가락을 갖다 대고 원하는 항목에 도달할 때까지 접촉을 유지해야 함 • 사용자가 디스플레이와 직접적인 접촉을 유지하는 동안에는 선택이 이루어지지 않기 때문에 디스플레이 위에 어디에서든지 자신의 손가락을 움직일 수 있음 • 접촉시간은 개인의 능력과 요구에 따라 조정됨 • 장점: 사용자로 하여금 확고하게 디스플레이를 사용하도록 해 주며, 너무 느리거나 비효율적으로 움직여서 시간이 설정된 활성화전략으로는 이득을 얻을 수 없는 사용자의 오류를 최소화함 • 화면에 직접적인 접촉이 유지되는 동안은 선택이 이루어지지 않음
여과 활성화	• 특정 항목과 동떨어진 간단한 움직임을 '허용'(즉, 무시)하면서 포인터가 각 항목에 머문 시간의 양을 감지함 • 시간 활성화전략 혹은 해제 활성화전략 사용이 어려운 이들을 대상으로 하는 방법

84

2014. 초

(가)는 중증 뇌성마비 학생 진수의 특성이고, (나)는 수학과 '공 모양 알아보기' 단원을 지도하기 위한 교수 · 학습 과정안이다. 물음에 답하시오. [6점]

(가) 진수의 특성

- 손과 팔의 운동조절 능력은 있으나 필기는 하지 못함
- 전동휠체어를 사용하여 스스로 이동이 가능함
- 구어 표현은 어려우나 인지적 손상이 적어 상징을 통한 의사소통이 가능함
- 음성 출력 의사소통 기기로 의사소통함

(나) 교수 · 학습 과정안

단원명	㉠ 공 모양 알아보기	제재: 공 모양 찾아보기
학습 목표	우리 주변의 다양한 공 모양 물건을 찾을 수 있다.	
단계	교수 · 학습 활동	
	교사 활동	학생 활동
도입	• 지난 시간에 배운 둥근 기둥 모양에 대해 이야기하기 • 수박 사진을 보여주며 오늘 배울 내용에 대해 안내하기	• 지난 시간에 배운 둥근 기둥 모양에 대해 이야기한다.
전개	• 공 모양 물건과 둥근 기둥 모양 물건 보여주기	• 공 모양과 둥근 기둥 모양의 물건을 분류한다.
	• 여러 가지 공 모양의 공통된 성질을 명확하게 설명하기	• 설명을 듣고 공 모양의 성질을 말한다.
	• 공 모양의 공통된 성질을 활용하여 공 모양의 개념 정의하기	
	• 다양한 공 모양 제시하기	• 공 모양의 ㉡ 결정적 속성과 ㉢ 비결정적 속성을 조사한다.
	• ㉣ 교실에 있는 공 모양 물건을 찾아오게 하기	• 찾아온 물건이 왜 공 모양인지 그 이유를 설명한다.
정리	• 공 모양의 성질을 다시 설명하고, 형성 평가 실시하기	

1) ㉠은 2011 개정 특수교육 기본 교육과정 수학과 내용 체계 중 어느 내용 영역과 내용 요소에 속하는지 쓰시오. [1점]

- 내용 영역 :
- 내용 요소 :

2) 이 수업에 적용된 교수 · 학습 모형의 명칭을 쓰고, 공 모양의 ㉡과 ㉢을 1가지씩 쓰시오. [3점]

- 모형 명칭 :
- ㉡ 결정적 속성 :
- ㉢ 비결정적 속성 :

3) 진수는 수업에 참여하기 위하여 AAC 기기의 '직접 선택하기' 방법 중 해제 활성화 전략을 사용하고 있다. 이 전략을 설명하시오. [1점]

4) 다음은 2011 개정 특수교육 기본 교육과정 수학과 '교수 · 학습 방법'의 '교수 · 학습 계획'에 관한 내용이다. ㉣ 활동과 관련하여 A에 알맞은 말을 쓰시오. [1점]

> 수학과 교수 · 학습 계획은 유의미한 수학 학습 경험을 통하여 학생이 (A)와(과) 문제 해결 능력이 향상되도록 유의하여 지도한다.

핵심테마 체크 ✔

• 교수적 수정
• AAC_사용평가항목
• AAC_선택기법

MY MEMO

85

정답 및 예시답안

1) 딱딱하지 않은 고무(실리콘 등) 주사위를 제공한다.
2) ① 인지능력
   ② 직접선택
3) 유치원 C

관련이론

✦ AAC 평가

평가 모델들의 주요내용	• 사용자의 기능 수준에 대한 평가 • 의사소통의 환경적 맥락 강조 • 의사소통 초기 단계 대상자의 평가
평가의 원칙	• AAC 진단은 모든 사람이 의사소통할 수 있다는 전제를 기반으로 한다. • AAC 진단은 사용자의 강점과 약점을 파악하는 과정이다. • 현재와 미래의 필요와 요구를 파악해야 한다. • 일반 아동의 의사소통을 근거로 하는 참여모델이 바람직하다. • AAC 진단은 중재와 연계하여 지속적이고 빈번하게 실시되어야 한다. • 대상자의 다양한 일상생활환경과 상황 안에서의 정보를 포함해야 한다. • 언어치료사, 교사, 부모 등 관련된 사람들이 함께 모여서 진단하는 것이 좋다.
사용자 평가영역	• 자세 • 운동능력평가 • 감각능력 • 인지능력 • 언어능력

85

2022. 유

(가)는 통합학급 김 교사와 유아특수교사 박 교사의 놀이 지원 내용이고, (나)는 특수교육대상 유아 현우의 보완대체의사소통(AAC) 사용 평가서의 일부이며, (다)는 두 교사가 실행한 협력교수안의 일부이다. 물음에 답하시오. [5점]

(가)

놀이상황

유아들이 요즘 다양한 미로 그리기 놀이에 몰입함

유아의 요구

내가 만든 미로로 친구와 같이 주사위 던지는 보드게임을 하고 싶어요.

놀이 지원	두 교사의 고민
• 유아들이 색지에 그린 미로가 작아서 큰 화이트보드와 마커를 제공함	• 현우가 딱딱한 플라스틱 주사위를 세게 던져서 위험성이 있음 [B]
• 현우가 마커로 그린 미로가 잘 이어지지 않아서 현우의 모둠에는 네모자석을 제공함 [A]	• 현우는 미로에 흥미가 있으나 구어 표현이 안 되어 놀이 참여에 어려움이 있음
• 현우 모둠은 자석을 붙여서 길을 만듦	• 현우가 보드게임을 즐기는데 필요한 AAC를 결정해야 함

협력교수 지원

현우가 사용하는 AAC 상징 이해를 위해 모든 유아를 대상으로 '그림말·몸말 놀이' 실시

(나)

보완대체의사소통(AAC) 사용 평가 항목	평가 결과	
• 상징	그림 상징이 적합함	
• 보조도구	의사소통판보다는 5개 내외의 버튼이 있는 음성출력기기가 놀이 참여 지원에 적절함	
• 기법/기술	(㉡)	
• (㉠)	사물영속성 개념이 있으며, 보드게임에 필요한 4~5개의 그림 상징을 이해할 수 있음	
• 운동 능력	한 손가락으로도 버튼을 잘 누를 수 있음	[C]
• 기타	기다리지 않고 도움 없이 버튼 누르기를 좋아함	[C]

(다)

❑ **'그림말·몸말 놀이' 협력교수안**
- 역할 분담: 박 교사 - 놀이안내자, 김 교사 - 공동놀이자
- 주제: 현우의 '말소리 상자'에 있는 그림을 몸으로 표현해 봅시다.

놀이안내자의 질문하기	유아들의 반응	교사들의 성찰
• 이 그림에는 어떤 말이 담겨 있을까요? 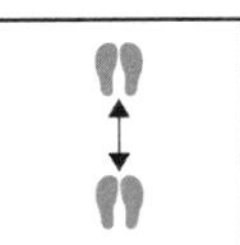	• "거리두기 하세요!", "여기, 여기, 발자국 위에 서요." 하면서 익숙하게 상징을 설명함	• '상징에는 정보가 담겨있다'는 것을 유아들이 이해하게 됨 • 현우의 AAC에는 '정보' 외 다른 의미의 상징이 있다는 것을 경험하도록 계획함

놀이안내자의 질문하기	유아들의 반응	교사들의 성찰
• 이 그림에는 어떤 말이 담겨 있을까요? 몸으로 표현해 봅시다.   	• 까르르 웃으며 구르고, 팔짝팔짝 뛰기도 함 • 우는 흉내를 내거나 시무룩한 표정을 지음	• '상징에는 사람들의 (㉢)이/가 담겨있다'는 것을 유아들이 이해하게 됨

[D]

1) (가)의 [A]에서 사용한 교수적 수정 유형을 [B]에 적용하여 그 예를 1가지 쓰시오. [1점]

2) (나)에서 ① ㉠에 해당하는 평가 항목을 쓰고, ② [C]를 고려하여 ㉡에 해당하는 것을 쓰시오. [2점]

①:

②:

3) ① (다)의 [D]에서 김 교사가 공동놀이자로 참여하는 예를 1가지 쓰고, ② ㉢에 들어갈 말을 쓰시오. [2점]

①:

②:

86

핵심테마 체크

- 스캐닝
- 스위치

MY MEMO

정답 및 예시답안

○ ㉠은 행렬 스캐닝(집단－항목)이다.
○ ㉡은 자동적 훑기이다.
○ 유연성이 좋은 연결 막대를 사용하여 신체의 가동범위가 제한적인 사용자가 보다 넓은 범위에서 사용하도록 할 수 있으며, 집게나 조임쇠를 사용하여 사용자의 머리나 무릎 근처 등에 스위치를 고정시킬 수 있다.

관련이론

✦ 훑기(스캐닝)

자동 스캐닝	• 스위치를 누르면 커서가 배열된 항목을 자동으로 스캐닝한다. • 커서가 원하는 항목에 도달하였을 때 다시 스위치를 누르면 선택된다. • 이러한 스캐닝 방법은 스위치를 정확하게 누를 수 있지만 계속해서 스위치를 누르고 있거나 스위치 활성화 상태를 유지할 수 없는 사람이 사용하면 좋다.
역 스캐닝	• 커서가 항목들을 가로질러 움직일 수 있도록 스위치를 계속 누르고 있다가 원하는 항목에 도달하였을 때 스위치를 놓는다. • 이러한 스캐닝 방법의 대표적 사례는 라디오 시계의 알람을 설정할 때 볼 수 있다. 화살표 버튼을 누르고 원하는 기상시간에 도달할 때까지 숫자가 지나는 것을 주시하다 원하는 기상시간에 도달했을 때 정확하게 버튼에서 손을 떼야 한다.
단계 스캐닝	• 커서가 원하는 항목에 도달할 때까지 스위치를 눌러 한 항목씩 진행한다. • 스위치를 누르는 표시가 사라지면 원하는 항목임을 암시한다. • 일반적인 사례는 자동차 오디오에서 좋아하는 두 대역의 방송 주파수 사이를 이동하는 것이다. 원하는 주파수의 프로그램이 나올 때까지 여러 번 스위치를 반복해서 눌러야 한다. 따라서 단계 스캐닝은 각각의 항목으로 움직이기 위해 스위치를 필요한 만큼 눌러야 하므로 피로할 수 있다. • 그러나 스위치를 정확한 시점에 눌러야 하는 부담감이 없고 비교적 단순하므로 인지능력이 떨어지거나 처음 스캐닝 조작을 배우는 사람에게 유용하다.
선형 스캐닝	• 항목이 선택될 때까지 첫째 줄의 각 항목, 둘째 줄의 각 항목, 그리고 그다음 줄의 각 항목으로 커서나 지시기가 이동하게 된다. • 청각적 선택세트에서도 선형 스캐닝 방식이 사용될 수 있는데, 예를 들면 AAC 사용자가 "예"라고 말할 때까지 "오늘 어떤 셔츠 입을래요?", "빨간 셔츠?", "파란 셔츠?", "줄무늬 셔츠?"와 같이 계속해서 질문을 하는 것이다. • 항목이 특정 순서로 한 번에 하나씩 제시되기 때문에 항목이 많을 경우에는 비효율적이다.
원형 스캐닝	• 항목이 원을 그리며 배열되어 있는 것으로 시계 초점처럼 원형 안에 있는 개별 항목을 자동으로 한 번에 한 항목씩 스캐닝한다. • 원형 스캐닝은 시간이 많이 소요되지만 배우기 쉽기 때문에 인지능력이 떨어지거나 처음 AAC를 통해 의사소통을 배우는 아동에게 도움이 된다.
행렬 스캐닝	• 그룹－항목 스캐닝 또는 가로－세로 스캐닝이라고도 하며, 한 번에 한 항목이 활성화되는 대신 한 번에 전체 열이 활성화된다. • 원하는 항목이 있는 열에 도착했을 때 사용자는 스위치를 눌러 열을 선택하고, 그 열에 있는 항목이 각각 한 번씩 스캐닝이 되고 원하는 행에 왔을 때 다시 스위치를 눌러 선택하는 방식이다. • 많은 항목을 포함하고 있는 선택세트는 효율성을 높이기 위해 보통 행렬 스캐닝 방식을 사용한다.
빈도 스캐닝	• 스캐닝 속도를 향상시키기 위해 사용하는 또 다른 방법은 항목이나 문자의 나열을 자주 사용하는 순서로 배열하는 것이다. • 가장 많이 사용하는 방법은 문자나 항목에 커서가 처음 위치에서 활성화되도록 배열하는 것이다. 이렇게 하면 의사소통이나 문자입력 시간을 절약할 수 있다.

✦ 스위치

- 스위치는 종종 스캐닝기술과 함께 AAC의 항목 선택에 사용되기도 하고, 지체장애 아동의 초기 의사소통 및 언어발달에 필요한 인과관계와 선택하기 등 언어 이전 기술을 촉진하는 데도 사용
- 의도적인 의사소통을 발달시키기 위해 인과관계 이해 및 선택하기를 자주 연습해야 함
- 단일 메시지 의사소통장치, 다단계 의사소통장치 등이 있음
- **스위치의 유용성 평가 시 고려해야 할 스위치의 특성:** 힘, 피드백, 간격, 크기, 무게, 복합 스위치, 안정성 등

86

2022. 중
★답안작성

(가)는 학부모가 특수 교사에게 보낸 전자우편 내용이고, (나)는 특수 교사의 답신이다. 〈작성 방법〉에 따라 서술하시오. [4점]

(가) 학부모가 특수 교사에게 보낸 전자우편 내용

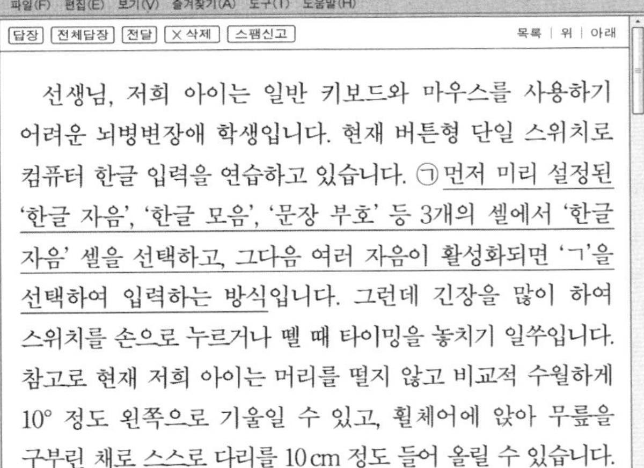

선생님, 저희 아이는 일반 키보드와 마우스를 사용하기 어려운 뇌병변장애 학생입니다. 현재 버튼형 단일 스위치로 컴퓨터 한글 입력을 연습하고 있습니다. ㉠ 먼저 미리 설정된 '한글 자음', '한글 모음', '문장 부호' 등 3개의 셀에서 '한글 자음' 셀을 선택하고, 그다음 여러 자음이 활성화되면 'ㄱ'을 선택하여 입력하는 방식입니다. 그런데 긴장을 많이 하여 스위치를 손으로 누르거나 뗄 때 타이밍을 놓치기 일쑤입니다. 참고로 현재 저희 아이는 머리를 떨지 않고 비교적 수월하게 10° 정도 왼쪽으로 기울일 수 있고, 휠체어에 앉아 무릎을 구부린 채로 스스로 다리를 10 cm 정도 들어 올릴 수 있습니다.

컴퓨터를 사용하고 싶은 저희 아이에게 적합한 스캐닝 방법과 스위치를 알려 주세요.

(나) 특수 교사의 답신

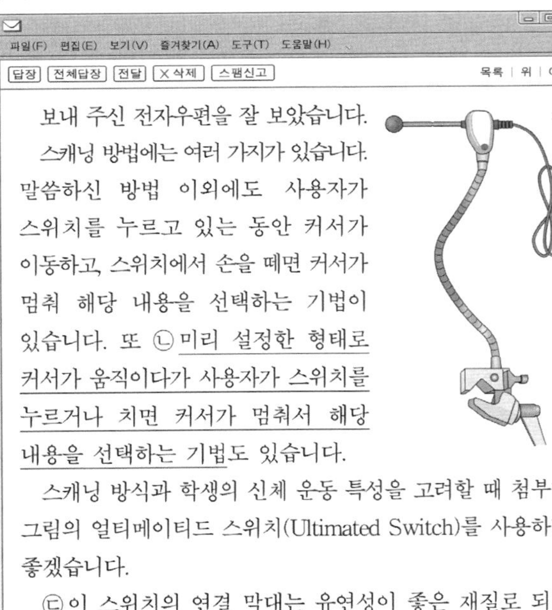

보내 주신 전자우편을 잘 보았습니다.

스캐닝 방법에는 여러 가지가 있습니다. 말씀하신 방법 이외에도 사용자가 스위치를 누르고 있는 동안 커서가 이동하고, 스위치에서 손을 떼면 커서가 멈춰 해당 내용을 선택하는 기법이 있습니다. 또 ㉡ 미리 설정한 형태로 커서가 움직이다가 사용자가 스위치를 누르거나 치면 커서가 멈춰서 해당 내용을 선택하는 기법도 있습니다.

스캐닝 방식과 학생의 신체 운동 특성을 고려할 때 첨부한 그림의 얼티메이티드 스위치(Ultimated Switch)를 사용하면 좋겠습니다.

㉢ 이 스위치의 연결 막대는 유연성이 좋은 재질로 되어 있고, 막대의 끝을 집게나 조임쇠로 만들었습니다.

… (하략) …

작성방법

- (가)의 밑줄 친 ㉠에 해당하는 스캐닝 형태를 쓸 것
- (나)의 밑줄 친 ㉡에 해당하는 스캐닝 선택 조절 기법을 쓸 것
- (나)의 밑줄 친 ㉢의 특성에 따른 장점을 사용자 측면에서 2가지 서술할 것

PART 12

핵심테마 체크 ✔

- 직접선택_활성화전략
- 대체입력 프로그램
- 스크린리더

MY MEMO

87

정답 및 예시답안

○ 시간 활성화전략
○ ⓜ / 스크린리더는 입력 프로그램이 아니라 화면의 내용을 출력해주는 것이므로 틀린 설명이다.

알찬 지문풀이

- ㉠ 마우스 포인터의 움직임 속도를 조정 ➡ 근긴장도가 높은 상태에서 주먹을 쥐고 트랙볼을 사용하며, 이를 통하여 마우스 포인터를 이동시키므로 오류가 쉽게 발생할 수 있다. 따라서 마우스 포인터의 움직임 속도를 느리게 또는 영수에게 적절하게 조정하는 것은 적절하다.
- ㉡ 개별 키의 크기를 확대하기 위해 '숫자 키패드 켜기'를 설정하지 않음 ➡ 마우스 포인터의 이동으로 키를 선택할 때 보다 쉽게, 오류 없이 선택할 수 있도록 개별 키의 크기를 확대해 줄 수 있다.
- ㉢ 로그온 시 화상키보드 시작을 설정 ➡ 영수는 화상 키보드를 사용하므로 로그온 시 항상 시작되도록 하면 더 편리하게 사용할 수 있다.
- ㉣ 반전 기능을 이용하여 대비 수준을 조정 ➡ 빛에 민감하여 눈의 피로도가 높으므로, 이를 고려하여 대비 수준을 조정한다.

관련이론

✦ 직접선택의 활성화전략

시간 활성화	• 선택 항목을 인식하도록 미리 결정되어 있는 시간 동안 접촉(또는 그 위치에 머무르기)을 유지하도록 요구 • '머무는 시간'의 길이(설정된 시간)는 사용자의 능력과 상황에 따라 다를 수 있음 • 장점: 부주의에 의한 활성화와 사용자에게 요구되는 운동 조절의 부담을 줄여 줌 • 사용자가 어떠한 방법으로든 화면의 항목을 확인하는 것이 필요하고, 장치에 의한 선택이 인식되기 위해서는 일정한 시간 동안 접촉을 유지시키는 것이 필요한 방법
해제 활성화	• 사용자가 디스플레이에 손가락을 갖다 대고 원하는 항목에 도달할 때까지 접촉을 유지해야 함 • 사용자가 디스플레이와 직접적인 접촉을 유지하는 동안에는 선택이 이루어지지 않기 때문에 디스플레이 위에 어디에서든지 자신의 손가락을 움직일 수 있음 • 접촉시간은 개인의 능력과 요구에 따라 조정됨 • 장점: 사용자로 하여금 확고하게 디스플레이를 사용하도록 해 주며, 너무 느리거나 비효율적으로 움직여서 시간이 설정된 활성화전략으로는 이득을 얻을 수 없는 사용자의 오류를 최소화함 • 화면에 직접적인 접촉이 유지되는 동안은 선택이 이루어지지 않음
여과 활성화	• 특정 항목과 동떨어진 간단한 움직임을 '허용'(즉, 무시)하면서 포인터가 각 항목에 머문 시간의 양을 감지함 • 시간 활성화전략 혹은 해제 활성화전략 사용이 어려운 이들을 대상으로 하는 방법

87 2016. 중

다음은 김 교사가 중학생 영수(뇌병변, 저시력)의 쓰기 지도를 위해 작성한 계획서이다. 지도 단계 중 2단계에 적용된 직접 선택 기법의 활성화 전략 명칭을 쓰시오. 그리고 영수의 컴퓨터 접근 특성을 고려할 때, ㉠~㉤ 중에서 틀린 내용 1가지의 기호를 쓰고 그 이유를 설명하시오. [2점]

〈컴퓨터를 통한 쓰기 지도 계획〉

○ **목표**: 컴퓨터를 이용하여 글쓰기를 할 수 있다.

○ **영수의 컴퓨터 접근 특성**
- 일상생활에서 사용하는 간단한 단어는 말할 수 있음
- 대근육 및 소근육 운동 기능이 떨어져 키보드 또는 마우스를 통한 글자 입력이 어려움
- 근긴장도가 높아 주먹을 쥔 상태에서 트랙볼을 사용함
- 트랙볼을 이용하여 마우스 포인터를 이동시켜 특정 키(key)를 선택함
- 빛에 민감하여 눈의 피로도가 높음

○ **지도 단계**

단계	지도 내용	유의점
1 단계	○ 책상 높낮이 조절, 모니터 높낮이 및 각도 조절 ○ 컴퓨터 입력 기기 준비: 화상 키보드, 트랙볼	○ 윈도우 프로그램을 기반으로 함
2 단계	○ 화상 키보드 환경 설정 • 화상 키보드 사용 방식: '가리켜서 입력' 선택 • 가리키기 시간: 2초 [마우스 포인터를 특정 키 위에 2초 이상 유지시키면 해당 키의 값이 입력됨]	㉠ 영수의 특성을 고려하여 마우스 포인터의 움직임 속도를 조정함 ㉡ 키보드 개별 키의 크기를 확대하기 위해 '숫자 키패드 켜기'를 설정하지 않음 ㉢ '로그온 시 화상키보드 시작'을 설정하여 컴퓨터 시작 시에 항상 사용할 수 있게 함

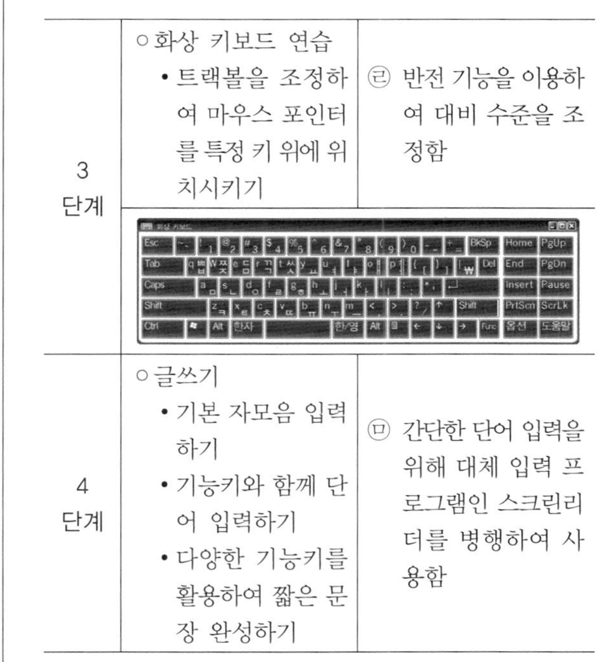

단계	지도 내용	유의점
3 단계	○ 화상 키보드 연습 • 트랙볼을 조정하여 마우스 포인터를 특정 키 위에 위치시키기	㉣ 반전 기능을 이용하여 대비 수준을 조정함
4 단계	○ 글쓰기 • 기본 자모음 입력하기 • 기능키와 함께 단어 입력하기 • 다양한 기능키를 활용하여 짧은 문장 완성하기	㉤ 간단한 단어 입력을 위해 대체 입력 프로그램인 스크린리더를 병행하여 사용함

핵심테마 체크 ✔

• 직접선택의 활성화전략

MY MEMO

88

정답 및 예시답안

1) 초과정
2) ① 초과정
   ② 스위치를 활성화하면 커서가 움직이기 시작하여 설정된 훑기 형태에 따라 움직이다가, 원하는 항목에서 스위치를 놓으면 선택된다.
3) 초과정

관련이론

✦ 직접선택의 활성화전략

시간 활성화	• 선택 항목을 인식하도록 미리 결정되어 있는 시간 동안 접촉(또는 그 위치에 머무르기)을 유지하도록 요구 • '머무는 시간'의 길이(설정된 시간)는 사용자의 능력과 상황에 따라 다를 수 있음 • **장점**: 부주의에 의한 활성화와 사용자에게 요구되는 운동 조절의 부담을 줄여 줌 • 사용자가 어떠한 방법으로든 화면의 항목을 확인하는 것이 필요하고, 장치에 의한 선택이 인식되기 위해서는 일정한 시간 동안 접촉을 유지시키는 것이 필요한 방법
해제 활성화	• 사용자가 디스플레이에 손가락을 갖다 대고 원하는 항목에 도달할 때까지 접촉을 유지해야 함 • 사용자가 디스플레이와 직접적인 접촉을 유지하는 동안에는 선택이 이루어지지 않기 때문에 디스플레이 위에 어디에서든지 자신의 손가락을 움직일 수 있음 • 접촉시간은 개인의 능력과 요구에 따라 조정됨 • **장점**: 사용자로 하여금 확고하게 디스플레이를 사용하도록 해 주며, 너무 느리거나 비효율적으로 움직여서 시간이 설정된 활성화전략으로는 이득을 얻을 수 없는 사용자의 오류를 최소화함 • 화면에 직접적인 접촉이 유지되는 동안은 선택이 이루어지지 않음
여과 활성화	• 특정 항목과 동떨어진 간단한 움직임을 '허용'(즉, 무시)하면서 포인터가 각 항목에 머문 시간의 양을 감지함 • 시간 활성화전략 혹은 해제 활성화전략 사용이 어려운 이들을 대상으로 하는 방법

88

2021. 초

(가)는 중도중복장애 학생 소영이의 의사소통 특성이고, (나)는 2015 개정 특수교육 기본 교육과정 과학과 3~4학년군에 따른 수업 계획안의 일부이다. 물음에 답하시오. [5점]

(가) 의사소통 특성

- 도구: 의사소통기기, 원 버튼 스위치
- 기법: 보완대체의사소통 선택기법
- 기능: 한 손으로 스위치 이용

(나) 수업 계획안

성취기준	㉠ 자석에 붙는 물체와 붙지 않는 물체를 구별한다.
단계	활동
자유탐색	• 자석을 여러 가지 물체에 대어보기 – 깡통, 동전, 못, 연필, 지우개, 클립
탐색결과 발표	• 어떤 물체가 자석에 붙는지 선택하기 – 깡통, 못, 클립 • 어떤 물체가 자석에 붙지 않는지 선택하기 – 동전, 연필, 지우개
교사의 인도에 따른 탐색	• ㉡ 자석에 붙는 물체와 붙지 않는 물체 선택하기
탐색결과 정리	• 자석에 붙는 물체 정리하기 – 자석에 붙는 것과 붙지 않는 것

※ 유의사항
소영이가 ㉢ 유도적(역) 스캐닝 기법으로 원 버튼 스위치를 사용하도록 지도

1) 2015 개정 특수교육 기본 교육과정 과학과 '내용체계'에 근거하여 ㉠에 해당하는 영역과 핵심개념을 각각 쓰시오. [2점]

① 영역 :

② 핵심개념 :

2) ① 기초 탐구 과정 중 ㉡에 해당하는 용어를 쓰고, ② ㉢의 사용 방법을 쓰시오. [2점]

① :

② :

3) (나)에서 적용하고자 하는 수업모형을 쓰시오. [1점]

핵심테마 체크 ✔

- 중도중복장애 학생의 의사소통을 위한 의사소통 상대자의 역할

MY MEMO

89

정답 및 예시답안

②

알찬 지문풀이

- ㄷ. 학생에게 비상징적 의사소통 기술 사용을 촉진하기 위해 ~~친근한 대화상대자와 상호작용하는 환경으로 제~~한한다. ➡ 다양한 대화상대자와 다양한 환경을 접할 수 있도록 해야 함
- ㄹ. 학생에게 상징과 비상징이 결합된 ~~다중양식을 사용하기보다는~~ 상징을 구체화하고 정교화하여 학생의 이해도를 높인다. ➡ 학생의 이해도만을 고려하여 상징을 제시하기보다 다양한 양식을 활용하여 의사소통하도록 해야 함

관련이론

✦ 보완대체 의사소통(AAC)의 유형

비도구적	도구적		
	전자적		비전자적
• 눈동자 움직임 • 표정 • 가리키는 동작 • 몸짓 • 손가락 알파벳 • 말소리 • 수화	음성출력 컴퓨터 직접선택 방식 단어나 그림을 선택하면 녹음된 음성이 출력됨	음성출력 컴퓨터 간접선택 방식 스위치 조작 및 스캐닝 방법으로 단어나 그림을 선택함	• 사물 • 그림, 사진 • PCS • 리버스 • 블리스

✦ 보완대체 의사소통 체계(AAC)_비도구적 의사소통

- 신체를 도구로 하는 비도구적 의사소통 형태는 자신의 몸을 이용하기 때문에 항상 보조도구를 지니고 있는 셈이다.
- 무엇을 AAC 형태로 투입할 것인가는 아동의 강점과 약점을 잘 파악하여 선택하여야 한다. 무엇보다도 중요한 것은 아동 주변, 예를 들면 가정이나 유치원 또는 학교에서 아동의 몸짓언어를 이해할 수 있어야 한다는 점이다.
- 신체언어는 큰 전제조건 없이 쉽게 배울 수 있는 장점이 있는 반면에, 대화상대자도 어느 정도 지식이 있어야 한다는 단점이 있다.
- 또한 전달속도가 상대적으로 빠른 반면에, 복잡하고 추상적인 내용은 전달하기 어렵다.

89

2013. 중

비구어 중도 · 중복장애 학생의 비상징적 의사소통을 증진하기 위해 대화상대자인 교사가 할 수 있는 의사소통 촉진 전략으로 옳은 것만을 〈보기〉에서 있는 대로 고른 것은?

보기

ㄱ. 학생이 보이는 비상징적 의사소통 형태의 다양성과 의미를 고려하여 민감하게 반응한다.
ㄴ. 학생이 보이는 문제행동에 내포된 의사소통 기능을 파악하고, 문제행동을 대체할 의사소통 기술을 지도한다.
ㄷ. 학생에게 비상징적 의사소통 기술 사용을 촉진하기 위해 친근한 대화상대자와 상호작용하는 환경으로 제한한다.
ㄹ. 학생에게 상징과 비상징이 결합된 다중양식을 사용하기보다는 상징을 구체화하고 정교화하여 학생의 이해도를 높인다.
ㅁ. 자연스러운 환경 내에서 발생하는 반복적인 일과들을 예측 가능하도록 구조화하여 학생에게 역할을 부여하고, 사회적 상호작용에 참여할 기회를 확대한다.

① ㄱ, ㄷ
② ㄱ, ㄴ, ㅁ
③ ㄴ, ㄷ, ㄹ
④ ㄴ, ㄹ, ㅁ
⑤ ㄷ, ㄹ, ㅁ

핵심테마 체크

- 지체장애 학생 특성에 적절한 기기의 배치
- 메시지 확인하기 전략

MY MEMO

90

정답 및 예시답안

1) 변인통제
2) • **엉덩이(골반)**: 의자벨트 등을 사용하여 골반이 중립의 위치에 있도록 해야 한다.
   • **무릎**: 무릎의 각도는 90도 정도를 유지할 수 있도록 자세를 조정해 준다.
   • **발**: 두 발의 바닥이 발판에 닿을 수 있도록 한다.
3) ① (대칭성 경반사의 영향을 받지 않기 위해서) 고개를 앞으로 숙이거나 뒤로 젖히지 않도록 눈높이에 맞는 위치에 음성출력 의사소통 기기를 배치한다.
   ② 은지는 오른손으로 스위치를 이용하므로 은지의 중심선에서 약간 오른쪽에, 고개를 위아래로 움직이지 않을 수 있는 위치에 배치한다.
4) 양달은 따뜻해요! 맞아요! (잘 했어요!)

관련이론

✦ 메시지 확인하기 전략

- 학생은 교사의 표정이나 반응에 따라 다시 시도하기도 하고, 좌절하기도 한다. 그러므로 학생의 의사소통 시도에 긍정적인 반응을 보이고 정확한 문장으로 확인해 주는 전략이 필요하다.
- 학생이 실수를 했을 때 부정적인 반응을 보이게 되면 학생은 어떠한 시도도 하지 않으려 들 것이다.
- 학생의 시도에 대한 부정적인 반응은 소극적인 참여를 조장하게 된다. 그러나 중요한 것은 정확하게 반응하는 방법에 대한 체계적인 지도가 뒷받침되어야 한다는 점이다.
- 학생의 반응에 대한 즉각적인 반응을 보여주고 반응의 결과에 관계없이 표현한 것에 대한 강화와 정확한 표현 방법을 알려 주는 체계적인 교수 절차가 필요하다.
- 학생이 시도한 것에 대해 반응을 보이고, 표현한 것에 대해 확인해 주는 전략으로 학생의 의사소통 능력을 신장시킬 수 있다.

90

2016. 초
★답안작성

(가)는 ○○특수학교 김 교사가 계획한 '2011 개정 특수교육 교육과정' 중 기본 교육과정 과학과 5~6학년군 '온도와 열' 단원의 수업 활동 개요이다. (나)는 은지의 특성이고, (다)는 교사가 은지에게 음성출력 의사소통기기를 사용하도록 지도하는 장면이다. 물음에 답하시오. [5점]

(가) 수업 활동 개요(7~8차시)

학습모형	탐구학습모형
학습목표	• 양달과 응달의 온도를 측정할 수 있다. • 양달과 응달의 온도를 비교하여 발표할 수 있다.
단계	학생 활동 내용
탐색 및 문제 파악	• 우리 학교에서 양달과 응달 찾아보기 • 양달과 응달의 흙을 만져보며 차이 느껴보기
가설 설정	• 양달과 응달의 흙을 만져보며 온도에 차이가 있는지 생각해 보고, 어느 쪽 온도가 더 높을지 예상해 보기
실험 설계	• 온도계, 관찰보고서 등 실험 장치 및 재료 확인하기 • 양달과 응달의 온도 측정에 관련된 변인 확인하기 • (　　　㉠　　　) • 양달과 응달의 온도 측정 시 주의할 점 알기
실험	• 모둠별로 온도계를 사용하여 양달과 응달의 온도를 측정하고 관찰보고서에 온도 기록하기
가설 검증	• 실험을 통해 알게 된 양달과 응달의 온도를 각 모둠별로 예상한 것과 비교하여 발표하기
적용	• 양달과 응달의 온도 차이가 일상생활에 이용되는 사례 발표하기

※ 유의 사항: 은지에게 음성출력 의사소통기기를 사용하여 발표할 기회를 제공한다.

(나) 은지의 특성

- 경직형 사지마비인 뇌성마비로 진단받았음
- 오른손으로 스위치를 이용함
- 스캐닝(scanning: 훑기) 기법으로 음성출력 의사소통기기를 사용하여 의사소통함
- 휠체어에 앉아 있을 때의 모습은 다음과 같음

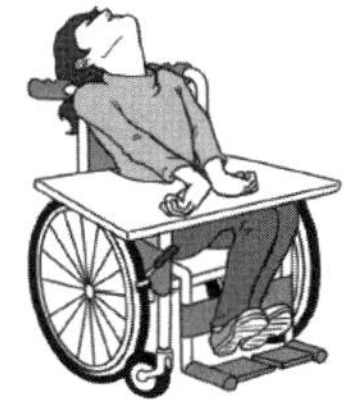

(다) 음성출력 의사소통기기 사용 지도 장면

김 교사: ㉡(음성출력 의사소통기기와 스위치를 은지의 휠체어용 책상에 배치한다.) 이 모둠에서는 은지가 한번 발표해 볼까요? (음성출력 의사소통기기와 은지를 번갈아 보며 잠시 기다린다.)
은　지: (자신의 음성출력 의사소통기기를 본 후 교사를 바라본다.)
김 교사: 은지야, "양달은 따뜻해요."라고 말해 보자. (음성출력 의사소통기기에서 양달 상징에 불빛이 들어왔을 때, 은지의 스위치를 눌러 "양달은 따뜻해요."라는 음성이 산출되도록 한다. 그런 다음 은지가 스위치를 누르는 것을 기다려준다.)
은　지: (음성출력 의사소통기기에서 양달 상징에 불빛이 들어왔을 때, 스위치를 눌러 "양달은 따뜻해요."라는 음성이 산출되도록 한다.)
김 교사: (　　　㉢　　　)

1) (가)의 ㉠에 들어갈 학생 활동의 예를 1가지 쓰시오. [1점]

2) (나)의 그림을 보고, 교사가 은지의 엉덩이(골반), 무릎, 발을 바르게 정렬하는 방법을 각각 쓰시오. [1점]

3) (다)의 ㉡에서 교사가 ① 음성출력 의사소통기기와 ② 스위치를 적절하게 배치하는 방법을 (나)의 은지의 특성을 고려하여 각각 쓰시오. [2점]

①:

②:

4) (다)의 ㉢에서 김 교사가 은지의 음성출력 의사소통기기 사용을 촉진하기 위해 '메시지 확인하기 전략'을 사용하였다. ㉢에 들어갈 교사의 말을 쓰시오. [1점]

핵심테마 체크 

- 상징의 유형 및 도상성
- AAC 사용자가 갖추어야 할 4가지 의사소통능력
- 과잉학습

MY MEMO

91

정답 및 예시답안

1) 전경-배경의 대비(구분)를 흑백으로 뚜렷하게 제작하여 도상성을 향상시킨다[전경-배경의 대비(구분)을 흑백으로 뚜렷하게 제작하여 쉽고 명료하게 이해할 수 있도록 한다].
2) 픽토그램 그려보기(표현하기/만들어보기 등)
3) ㉢ 언어적 능력
   ㉣ 사회적 능력
4) 과잉학습

관련이론

✦ AAC 사용자가 갖추어야 할 4가지 의사소통능력(요소)

언어능력	• 자신의 모국어에 대한 수용언어 및 표현언어 기술 • AAC 체계에 사용되는 선화, 낱말, 신호 및 그 밖의 언어적 부호에 대한 지식 • AAC 사용자들이 메시지를 수용하기 위해서는 의사소통 파트너가 표현하는 구어를 배워야만 함 • 부모, 의사소통 전문가, 친구 및 기타 촉진자들은 AAC 사용자가 이러한 과제를 숙달하도록 돕는 데 주요한 역할을 함 • 촉진자는 자연스러운 상황에서 표현언어(자연적이든 보완적이든)를 연습할 수 있는 지속적인 기회를 제공해야 함
조작능력	• AAC 체계를 정확하고 효율적으로 조작하는 데 필요한 기계적인 기술 • AAC 의존자와 그들을 지원하는 사람들이 가장 필요로 하는 것은 AAC 체계가 소개되면 가능한 한 빨리 조작적인 능력을 습득하는 것
사회적 능력	• 의사소통적인 상호작용을 시작, 유지, 진전, 종료하는 사회적 상호작용 기술 • AAC 의존자들이 배워야 하는 중요한 사회관계적 기술 - 긍정적인 자아상 - 타인에 대한 관심과 의사소통하고자 하는 욕구 - 적극적인 대화 참여 - 파트너에게 반응 보이기 - 파트너를 편안하게 하는 능력 • AAC 사용자와 촉진자가 자연스러운 상황에서 사회적 능력과 관련된 기술을 연습할 수 있는 기회를 갖는 것은 매우 중요
전략적 능력	• AAC 의존자가 AAC 사용과 관련된 기능적 한계를 극복하기 위해 사용하는 보완전략과 관련 • AAC에 익숙하지 않은 사람들과 의사소통하기, 의사소통의 단절 해결하기, 느린 말 속도 보완하기 등이 포함 • 전략적 능력에 대한 교수는 의사소통이 단절되었을 때 사용할 수 있는 다양한 적응 또는 대체 전략을 가르치는 것

91

2017. 초

(가)는 2011 개정 특수교육 교육과정 중 기본 교육과정 미술과 5~6학년 '소통하고 이해하기' 단원 교수 · 학습 과정안이고, (나)는 자폐성장애 학생 지혜의 특성을 고려하여 보완 · 대체 의사소통 체계(AAC)를 활용한 의사소통 지도계획이다. 물음에 답하시오. [5점]

(가)

학년	단원	소단원	제재	차시
6	7. 소통하고 이해하기	7.2 생활 속 여러 알림 메시지	1) 우리 주변의 알림 메시지	9/12

	교수 학습 활동	자료(㉶) 및 유의점(㉷)
활동 1	• 여러 가지 픽토그램 살펴보기 • ㉠ 픽토그램이 갖추어야 할 조건 알아보기	㉶ 여러 가지 픽토그램 [A] 예 :
활동 2	• (㉡)	
활동 3	• 여러 가지 픽토그램을 보고 느낀 소감 말하기	㉷ 수업 중 활용한 픽토그램을 의사소통 지도에 활용한다.

(나)

지혜의 특성	의사소통 지도 계획
• 시각적 자극을 선호함 • 소근육이 발달되어 있음 • 태블릿PC의 AAC 애플리케이션을 사용함 • 일상생활과 관련된 어휘를 제한적으로 이해하고 사용할 수 있음 • 질문에 대답은 하지만 자발적으로 의사소통을 시도하지 않음	• 미술시간에 배운 [A]를 ㉢ AAC 어휘목록에 추가하고, [A]로 의사소통할 수 있다는 것을 지도한다. • [A]를 사용하여 ㉣ 대화를 시도하고 대화 주제를 유지할 수 있도록 지도한다. • ㉤ '[A]를 사용한 의사소통하기'를 습득한 후, 습득하기까지 필요했던 회기 수의 50% 만큼 연습기회를 추가로 제공하여 [A]의 사용을 유지할 수 있게 한다.

1) (가)의 ㉠이 의미를 분명하게 전달하기 위해 갖추어야 할 조건 1가지를 쓰시오. [1점]

2) (가)의 ㉡에 들어갈 미술과 3개 내용 영역 중 '활동 1'과 '활동 3'에서 제시되지 않은 내용 영역에 해당하는 활동의 예 1가지를 쓰시오. [1점]

3) AAC 사용자가 갖추어야 할 4가지 의사소통 능력 중 (나)의 ㉢과 ㉣을 통해 향상시킬 수 있는 능력은 무엇인지 각각 쓰시오. [2점]

㉢ :

㉣ :

4) (나)의 ㉤에 해당하는 전략을 쓰시오. [1점]

핵심테마 체크 ✔

• 보완대체 의사소통 체계(AAC)_어휘 수집 방법

MY MEMO

92

정답 및 예시답안

④

문제 속 자료분석

은행에서 입·출금하는 것을 가르치기 위하여, 김 교사는 A가 이용하고 싶어 하는 집 근처의 은행을 방문하였다. 김 교사는 은행의 창구에서 이루어지는 입·출금 과정에서 은행 직원과 고객들이 주고받는 표현어휘와 수용어휘들을 모두 기록하였다. 기록한 어휘 중에서 A의 학습목표와 생활연령을 고려하여 표현어휘들을 선정하고 A의 대체의사소통기기에 녹음하였다.

관련이론

✦ AAC의 어휘 선택과정(방법)

- 환경 또는 생태학적 목록
  - AAC 사용자들의 어휘 개별화를 위해 AAC 팀이 다양한 활동을 관찰하고 대상자의 참여 방식을 기록하기 위해 사용할 수 있다.
  - 환경 목록을 개발하는 동안 AAC 팀은 빈번하게 이루지는 활동 속에서 장애학생과 또래 일반학생이 사용하는 어휘를 관찰하고 기록한다.
  - AAC 팀은 이러한 과정을 통해 얻은 어휘 항목에서 AAC를 사용하는 학생이 처리할 수 있는 가장 중요한 낱말들을 추려내어 목록을 작성하게 된다.
- 의사소통 일지와 점검표
  - 어휘 일지는 AAC 사용자가 다양한 상황에서 필요로 하였던 낱말이나 구절을 기록한 것이다.
  - 의사소통 일지는 주로 하루 종일 필요하였던 어휘를 종이에 기록하는 정보 제공자에 의해 관리된다.

92 2009. 중

김 교사는 구어적 의사소통이 어려운 중도 · 중복장애학생 A를 위해 음성 출력이 가능한 대체의사소통기기를 적용하기로 하였다. 김 교사가 그 기기에 미리 녹음할 구어적 표현을 알아보기 위하여 다음과 같이 사용한 접근법으로 가장 적절한 것은?

> 은행에서 입 · 출금하는 것을 가르치기 위하여, 김 교사는 A가 이용하고 싶어 하는 집 근처의 은행을 방문하였다. 김 교사는 은행의 창구에서 이루어지는 입 · 출금 과정에서 은행 직원과 고객들이 주고받는 표현어휘와 수용어휘들을 모두 기록하였다. 기록한 어휘 중에서 A의 학습목표와 생활연령을 고려하여 표현어휘들을 선정하고 A의 대체의사소통기기에 녹음하였다.

① 스크립트 일과법(scripted routines)
② 어휘 점검표법(vocabulary checklist)
③ 언어경험 접근법(language experience)
④ 생태학적 목록법(ecological inventory)
⑤ 일반사례교수법(general case instruction)

핵심테마 체크 ✔

- 어휘목록 구성 전략
- 환경중심 언어중재
- 대화상대자 훈련

MY MEMO

93

정답 및 예시답안

1) • **구성 전략**: 환경–활동 중심
   • **이유**: 학생의 개별적인 환경을 중심으로 어휘목록을 구성하여 보다 기능적인 어휘를 사용할 수 있도록 한다.
2) ㉡ 요구 모델
   ㉢ 시간지연
3) 대화상대자가 보완대체의사소통체계에 대한 지식과 기술을 습득하고 올바른 태도를 갖게 하여 보다 효과적으로 의사소통에 참여하도록 한다.

관련이론

✦ 어휘목록 구성 전략

전략	방법
문법적 범주를 이용	• 구어의 어순, 즉 문법 기능에 따라 어휘를 배열함 • **피츠제럴드 키(fitzgerald key)**: 왼쪽에서 오른쪽으로 사람, 행위, 수식어, 명사, 부사의 순서로 나열. 판의 위나 아래쪽에 자주 사용되는 글자나 구절을 배열함 • 각 범주별로 시각적 식별을 쉽게 하기 위해 색깔을 다르게 하는 경우가 많음
의미론적 범주를 이용	• 의미론적 범주(사람, 장소, 활동 등) • **Hamilton과 Snell(1993)의 연구**: 신체 및 감정 상태, 음식, 지역사회 활동, 집에서 필요한 물품과 같은 범주를 사용 • **Mirenda 등(1994)의 연구**: 간식, 점심, 교통수단, 방과 후 활동, 주말 활동, 자기관리, 친구, 가족 등의 범주를 사용
환경/활동 중심으로 구성	• 각각의 의사소통판이 특정한 환경이나(예 가게) 활동(예 소꿉놀이하기)에 맞는 어휘들로 구성 • 특별하거나 일상적인 활동에의 참여를 촉진하는 풍부한 어휘를 담을 수 있음 • 연령에 맞게 지역사회, 학교, 또는 직업 환경에서 사용하도록 고안할 수 있고, 중재자가 비교적 손쉽게 해당 활동에 필요한 어휘만으로 의사소통판을 구성할 수 있음

93

2013추. 중

(가)는 A 특수학교(중학교) 1학년인 영미의 특성이고, (나)는 영미를 지도하기 위하여 수립한 보완 · 대체의사소통(AAC) 지도 계획안의 일부이다. 물음에 답하시오. [5점]

(가) 영미의 특성

- 중도 · 중복장애를 가지고 있음
- 구어를 사용하여 의사소통하기 어려우며, 글을 읽지 못함

(나) 의사소통 지도 계획안

단계	내용
의사소통 평가	• 영미의 의사소통 특성과 현재 수행 능력을 평가하여 AAC 체계를 선정함
목표 설정	• 의사소통 지도의 목표를 수립함
어휘 수집	• 학교 식당에서 필요한 어휘를 수집함
어휘 구성	• ㉠ 수집한 어휘들을 학교 식당에서 효율적으로 사용할 수 있도록 조직화하여 의사소통판을 구성함
의사소통 표현하기 기술 교수	• 영미에게 그림 상징을 지적하여 의사를 표현하도록 지도함 • ㉡ 처음에는 시범을 보이지 않고 영미의 관심에 주의를 기울이면서 요구하기, 그림상징을 선택하여 답하기의 순서로 의사표현하기 기술을 지도함. 긍정적 반응에는 강화를 제공하고 오반응이나 무반응에는 올바른 반응을 보여 주어 따라하도록 함 • ㉢ 의사소통 상황에서 영미에게 기대되는 반응이 나타날 때까지 수 초간 어떠한 촉진도 주지 않고, 목표기술을 자발적으로 사용할 수 있도록 기회를 제공함 • ㉣ 대화상대자 훈련을 계획하여 실시함

1) ㉠에서 의사소통판을 제작하기 위하여 사용할 수 있는 어휘 목록 구성 전략을 쓰고, 그 전략이 효과적인 이유를 1가지만 쓰시오. [2점]

• 구성 전략 :

• 이유 :

2) ㉡과 ㉢에서 의사소통을 촉진하기 위해 사용한 전략을 쓰시오. [2점]

㉡ :

㉢ :

3) ㉣을 실시하는 목적을 1가지만 쓰시오. [1점]

• 목적 :

핵심테마 체크 ✔

- 언어의 구성요소
- 어휘목록 구성 전략
- 직접선택_활성화전략

MY MEMO

94

정답 및 예시답안

○ ㉠ 형식(형태)
○ ㉡은 문법적 범주 이용이고, ㉠을 고려하여 구어의 어순, 즉 문법 기능에 따라 어휘를 배열한다.
○ ㉢ 해제 활성화전략(기법)

관련이론

✦ 어휘목록 구성 전략

전략	방법
문법적 범주를 이용	• 구어의 어순, 즉 문법 기능에 따라 어휘를 배열함 • 피츠제럴드 키(fitzgerald key): 왼쪽에서 오른쪽으로 사람, 행위, 수식어, 명사, 부사의 순서로 나열. 판의 위나 아래쪽에 자주 사용되는 글자나 구절을 배열함 • 각 범주별로 시각적 식별을 쉽게 하기 위해 색깔을 다르게 하는 경우가 많음
의미론적 범주를 이용	• 의미론적 범주(사람, 장소, 활동 등) • Hamilton과 Snell(1993)의 연구: 신체 및 감정 상태, 음식, 지역사회 활동, 집에서 필요한 물품과 같은 범주를 사용 • Mirenda 등(1994)의 연구: 간식, 점심, 교통수단, 방과 후 활동, 주말 활동, 자기관리, 친구, 가족 등의 범주를 사용
환경/활동 중심으로 구성	• 각각의 의사소통판이 특정한 환경이나(예 가게) 활동(예 소꿉놀이하기)에 맞는 어휘들로 구성 • 특별하거나 일상적인 활동에의 참여를 촉진하는 풍부한 어휘를 담을 수 있음 • 연령에 맞게 지역사회, 학교, 또는 직업 환경에서 사용하도록 고안할 수 있고, 중재자가 비교적 손쉽게 해당 활동에 필요한 어휘만으로 의사소통판을 구성할 수 있음

✦ AAC 직접선택의 활성화전략

시간 활성화	• 선택 항목을 인식하도록 미리 결정되어 있는 시간 동안 접촉(또는 그 위치에 머무르기)을 유지하도록 요구 • '머무는 시간'의 길이(설정된 시간)는 사용자의 능력과 상황에 따라 다를 수 있음 • 장점: 부주의에 의한 활성화와 사용자에게 요구되는 운동 조절의 부담을 줄여 줌 • 사용자가 어떠한 방법으로든 화면의 항목을 확인하는 것이 필요하고, 장치에 의한 선택이 인식되기 위해서는 일정한 시간 동안 접촉을 유지시키는 것이 필요한 방법
해제 활성화	• 사용자가 디스플레이에 손가락을 갖다 대고 원하는 항목에 도달할 때까지 접촉을 유지해야 함 • 사용자가 디스플레이와 직접적인 접촉을 유지하는 동안에는 선택이 이루어지지 않기 때문에 디스플레이 위에 어디에서든지 자신의 손가락을 움직일 수 있음 • 접촉시간은 개인의 능력과 요구에 따라 조정됨 • 장점: 사용자로 하여금 확고하게 디스플레이를 사용하도록 해 주며, 너무 느리거나 비효율적으로 움직여서 시간이 설정된 활성화전략으로는 이득을 얻을 수 없는 사용자의 오류를 최소화함 • 화면에 직접적인 접촉이 유지되는 동안은 선택이 이루어지지 않음
여과 활성화	• 특정 항목과 동떨어진 간단한 움직임을 '허용'(즉, 무시)하면서 포인터가 각 항목에 머문 시간의 양을 감지함 • 시간 활성화전략 혹은 해제 활성화전략 사용이 어려운 이들을 대상으로 하는 방법

고득점 답안 비법 ✰ ㉢: • (나)의 '화면이나 대체입력기기'를 '직접'접촉하거나 누른다는 단서는 직접선택을 의미함

• 직접선택과 간접선택의 구분은 접촉 여부가 아니라(직접선택은 접촉/비접촉을 모두 포함함), 선택항목과 학생의 선택 사이에 매개가 추가적으로 존재하는지가 핵심. 즉, 간접선택은 선택과정에서 한 개 이상의 단계가 요구되어야 하는데, 이 문제는 이에 대한 단서가 없음

• ㉢에서 '커서가 도달' 했다는 표현은 훑어주는 과정에서 커서가 도달하였다는 것인지, 직접선택에 따라 표시되는 커서인지 명확치 않음. 즉 '커서가 도달'하였다는 것만으로 간접선택이라 볼 수 없음

94

2020. 중

(가)는 뇌성마비 학생 F의 의사소통 특성이고, (나)는 학생 F의 수업 참여도를 높이기 위해 교사가 작성한 보완대체 의사소통기기 활용 계획의 일부이다. 〈작성 방법〉에 따라 서술하시오. [4점]

(가) 학생 F의 의사소통 특성

- 한국 웩슬러 아동용 지능검사 4판(K-WISC-Ⅳ) 결과: 언어이해 지표 점수 75
- 조음에 어려움이 있음
- 태블릿 PC 애플리케이션을 이용하여 수업에 참여함

(나) 보완대체의사소통기기 활용 계획

- 활용 기기: 태블릿 PC
- 애플리케이션을 활용한 수업 내용
  - ㉠ <u>문장을 어순에 맞게 표현하기</u>
- 어휘 목록
  - 문법 요소, 품사 등 수업 내용에 관련된 어휘 목록 선정
- 어휘 목록의 예 ㉡
  - 나, 너, 우리, 학교, 집, 밥, 과자
  - 을, 를, 이, 가 에, 에서, 으로
  - 가다, 먹다, 오다, 공부하다
- 어휘 선택 기법 ㉢
  - 화면이나 대체 입력기기를 직접 접촉하거나 누르고 있을 동안에는 선택되지 않음
  - 선택하고자 하는 해당 항목에 커서가 도달했을 때, 접촉하고 있던 것을 떼게 되면 그 항목이 선택됨

작성방법

- (나)의 밑줄 친 ㉠과 관련된 용어를 언어의 3가지 하위 체계 구성 요소 중에서 1가지 쓸 것
- (나)의 ㉡에 해당하는 어휘 목록 구성 전략을 1가지 쓰고, ㉠의 수업 내용을 고려하여 어휘 목록을 구성할 때, 어휘를 배열하는 방법을 1가지 서술할 것
- (나)의 ㉢에 해당하는 어휘 선택 기법을 1가지 쓸 것

핵심테마 체크 ✔

- 보완대체 의사소통 체계(AAC)의 중재
- 참여모델
- 어휘자료의 유형

MY MEMO

95

정답 및 예시답안

④

문제 속 자료분석

- (가) 학생 A가 음성산출도구의 터치스크린을 이용해서 자신이 원하는 상징을 정확하게 지적할 수 있는지 평가하였다. ➡ 기회장벽(외부의 정책, 실제, 지식 등)의 내용이 아님
- (다) 부모 면담을 통해 학생 A에게 특별한 장소나 사람, 취미와 관련된 어휘를 조사하여 선정하였다. ➡ 핵심어휘가 아니라 부수어휘에 대한 설명

관련이론

✦ AAC의 어휘자료(어휘 유형)

핵심 어휘	• 다양한 사람에 의해 자주 사용되는 낱말과 메시지를 말함 • 핵심어휘 판별을 위한 자료 – 성공적인 AAC 사용자들의 어휘 사용 패턴에 기초한 낱말 목록 – 특정인의 사용 패턴에 기초한 낱말 목록 – 유사한 상황에서 일반인이 사용하는 말과 글 수행에 기초한 낱말 목록
부수 어휘	• AAC 사용자들이 개별적으로 필요로 하는 어휘 낱말과 메시지들 • 선호하는 표현, 특정인의 이름, 장소, 활동 등이 포함 • 이러한 낱말은 AAC 체계에 포함된 어휘의 개별화와 핵심어휘 목록에 나타나지 않은 아이디어 및 메시지들의 표현을 가능하게 함

✦ 참여모델

이 모델은 AAC를 통해 의사소통할 개인과 생활연령이 같은 또래의 기능적인 참여에 기초하여 AAC 평가를 수행하고 중재를 계획할 수 있는 체계적인 과정을 제공한다. 참여모델에서는 AAC 사용을 어렵게 하는 장벽을 기회장벽과 접근장벽으로 구분한다.

- **기회장벽**: AAC 사용자가 아닌 주변 사람의 문제로 발생하는 것으로, AAC 시스템이나 중재만으로는 해결할 수 없는 장벽이다.
  - 정책장벽 · 실제장벽 · 지식장벽
  - 기술장벽 · 태도장벽
- **접근장벽**: 접근장벽은 사회나 지원체계의 제한이 아닌 AAC 사용자의 능력이나 태도, 의사소통 시스템의 제한으로 발생하는 장벽이다. 예를 들면, AAC 시스템의 어휘 저장 용량이 부족하여 의사소통의 제한을 갖는 경우이다. 이처럼 의사소통 관련 접근장벽은 물론 이동성의 부족, 사물 조작 및 관리 능력의 어려움, 인지기능과 의사결정의 문제, 읽기 및 쓰기 장애, 감각 및 지각 손상 등 사용자의 다양한 능력이나 태도가 관련되어 있다.

95

2011. 중

다음은 김 교사가 중도(severe) 뇌성마비 중학생 A에게 음성산출도구를 적용하는 보완 · 대체 의사소통 중재 과정이다. 각 과정별 적용의 예로 적절한 것을 고른 것은?

과정	적용의 예
기회장벽 평가	(가) 학생 A가 음성산출도구의 터치스크린을 이용해서 자신이 원하는 상징을 정확하게 지적할 수 있는지 평가하였다.
접근장벽 평가	(나) 학생 A가 휠체어에 앉을 때 랩트레이(lap tray)나 머리 지지대 등이 필요한지 알아보기 위해 자세를 평가하였다.
핵심 어휘 선정	(다) 부모 면담을 통해 학생 A에게 특별한 장소나 사람, 취미와 관련된 어휘를 조사하여 선정하였다.
상징 지도	(라) 음성산출도구의 상징을 지도할 때는 실제 사물－실물의 축소 모형－컬러 사진－흑백 사진－선화 상징 순으로 지도하였다.
일상생활에서 음성산출도구 사용 유도	(마) 미술시간에 학생 A의 손이 닿지 않는 곳에 풀과 가위를 두고 기다리는 등 환경 조성 전략을 사용하여, 음성산출도구로 의사소통할 수 있도록 유도하였다.

① (가), (나), (다)　　② (가), (나), (라)
③ (가), (다), (마)　　④ (나), (라), (마)
⑤ (다), (라), (마)

핵심테마 체크 ✔

• 참여모델

MY MEMO

96

정답 및 예시답안

④

관련이론

✦ 참여모델의 장벽

기회장벽	정책장벽	AAC 사용자의 상황을 좌우하는 법률이나 규정으로 인해 나타남
	실제장벽	가정, 학교 또는 직장에서 이루어지고 있는 일반적인 절차나 관습을 말함
	지식장벽	AAC 사용자가 아닌 다른 누군가의 정보 부족
	기술장벽	광범위한 지식에도 불구하고 도움을 제공하는 사람들이 AAC 기법이나 전략을 실제로 이행하는 데 어려움을 지닐 때 발생
	태도장벽	개인의 태도와 신념이 참여의 장벽이 되는 경우
접근장벽	• 현재의 의사소통평가 • 말 사용 및 말 증가의 잠재성 평가 • 환경적 조정의 잠재성 평가 • AAC 체계 또는 도구의 활용 잠재성 평가	

96 2012. 중

다음은 보완대체의사소통(AAC) 체계의 적용을 방해하는 '장벽(barrier)'에 대한 설명이다. (가)와 (나)에 들어갈 내용으로 알맞은 것은?

> AAC는 구어 사용이 곤란한 특수학교(급) 학생들에게 효과적인 의사소통 체계가 될 수 있음에도 불구하고, 그 적용을 방해하는 여러 가지 장벽이 존재한다. 참여모델(participation model)에 따르면, [(가)]은 AAC 도구가 어떤 활동에 필요한 어휘를 저장할 만큼 충분한 용량을 갖고 있지 않을 때 발생할 수 있다. 그리고 지식 장벽은 [(나)]이/가 AAC 사용법에 대한 정보가 부족할 때 발생할 수 있다.

	(가)	(나)
①	기술 장벽	AAC를 이용하는 학생
②	기술 장벽	AAC를 지도하는 교사
③	기회 장벽	AAC를 이용하는 학생
④	접근 장벽	AAC를 지도하는 교사
⑤	접근 장벽	AAC를 이용하는 학생

PART 12

핵심테마 체크

- AAC의 참여모델_장벽
- 스크립트 문맥을 활용한 중재

MY MEMO

97

정답 및 예시답안

○ 지식장벽, 기술장벽

○ 스크립트 문맥을 활용한 중재 / 상황에 적절한 상황 언어를 가장 일반화된 형태로 지도할 수 있다.

관련이론

✦ 참여모델

구분	내용
의미	• AAC를 통해 의사소통할 사람과 생활연령이 같은 일반 또래의 기능적인 참여에 기초하여 AAC 평가를 수행하고 중재를 계획할 수 있도록 하는 체계적인 과정을 보여줌 • 쿡과 허시가 제안한 인간활동 보조테크놀로지(HAAT) 모델과 유사함: HAAT모델에서는 중재자가 보조테크놀로지에 의존하는 사람 간의 상호작용, 완성되어야 할 활동, 활동이 수행되는 상황 등을 고려

절차

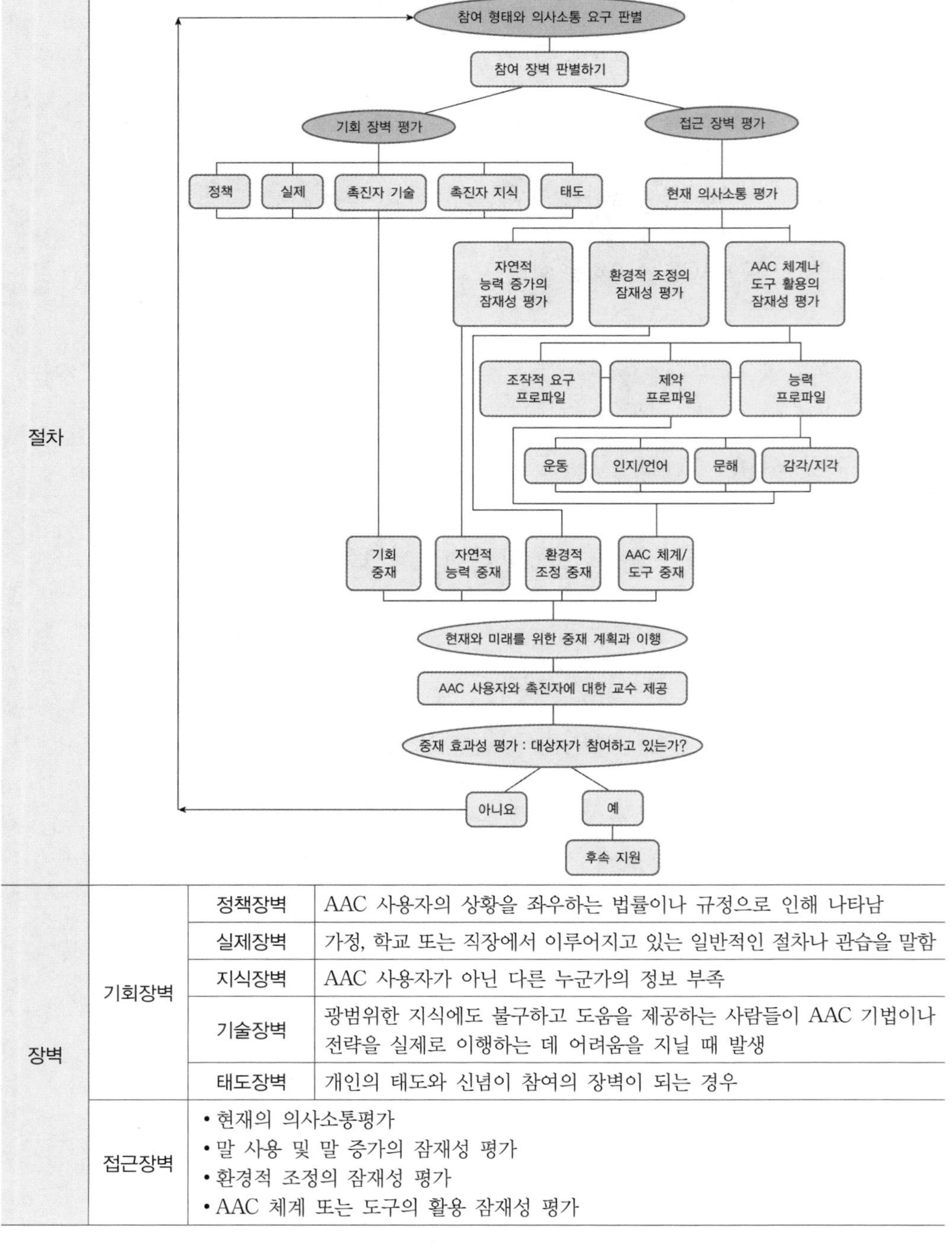

구분			
장벽	기회장벽	정책장벽	AAC 사용자의 상황을 좌우하는 법률이나 규정으로 인해 나타남
		실제장벽	가정, 학교 또는 직장에서 이루어지고 있는 일반적인 절차나 관습을 말함
		지식장벽	AAC 사용자가 아닌 다른 누군가의 정보 부족
		기술장벽	광범위한 지식에도 불구하고 도움을 제공하는 사람들이 AAC 기법이나 전략을 실제로 이행하는 데 어려움을 지닐 때 발생
		태도장벽	개인의 태도와 신념이 참여의 장벽이 되는 경우
	접근장벽		• 현재의 의사소통평가 • 말 사용 및 말 증가의 잠재성 평가 • 환경적 조정의 잠재성 평가 • AAC 체계 또는 도구의 활용 잠재성 평가

97

2018. 중

다음은 특수교사인 김 교사가 보완·대체 의사소통(AAC) 기기를 사용하는 학생 J의 부모님께 보낸 전자우편이다. 〈작성 방법〉에 따라 서술하시오. [4점]

파일(F) 편집(E) 보기(V) 즐겨찾기(A) 도구(T) 도움말(H)

답장 | 전체답장 | 전달 | X 삭제 | 스팸신고 | 목록 | 위 | 아래

안녕하세요? Y교육지원청 특수교육지원센터에서 실시하는 'AAC 기기 활용 워크숍'에 대해 안내를 드립니다.

㉠ 이번 워크숍에서는 학생 J가 사용 중인 AAC 기기를 개발한 전문가와 함께 기기에 새로운 상징을 추가해 보고, 유형에 따라 상징을 분류하는 방법을 실습합니다. 또한 배터리 문제 발생 시 해결할 수 있는 기기 관리 방법에 대해서도 안내할 예정입니다.

저와 학생 J의 담임교사도 이 워크숍에 참여합니다. 부모님께서도 이 워크숍이 AAC 기기 활용과 관리에 많은 도움이 되시기를 바랍니다. 워크숍에 대한 자세한 내용은 첨부한 파일을 참조하십시오. 감사합니다.

p.s 다음과 같이 패스트푸드점을 이용하는 상황을 구조화한 내용으로 의사소통 중재를 시작할 예정입니다. 학생 J가 잘 참여할 수 있도록 격려해 주십시오.

㉡

점　원: 안녕하세요?
학생 J: [안녕하세요]
점　원: 무엇을 주문하시겠어요?
학생 J: [치즈버거] [주세요]
점　원: 2,500원입니다.
학생 J: (카드를 꺼내며)
[카드 여기 있어요]
점　원: 예, 맛있게 드십시오.
학생 J: [감사합니다]

※ [ ]는 상징을 눌렀을 때 출력된 음성을 의미함

의사소통판 구성(안)

안녕하세요	주세요	카드 여기 있어요	감사합니다
치즈버거	음료수	감자튀김	아이스크림

작성방법

- 뷰켈만과 미렌다(D. Beukelman & P. Mirenda)의 참여 모델에서 언급한 장벽 중 ㉠을 통해 해결할 수 있는 기회 장벽 유형을 2가지 적을 것
- ㉡에 해당하는 의사소통 중재 방법의 명칭을 쓰고, 이 중재방법의 장점을 교사 입장에서 1가지 서술할 것

脈 테마별 기출분포도

테마			연도별 기출분포	셀프체크
지체장애의 하위유형별 특성 및 중재	뇌성마비		⑨유 ⑨초 ⑨중 ⑩유 ⑩초 ⑩중 ⑪유 ⑪초 ⑪중 ⑫중 ⑬초 ⑭중 ⑮초 ⑮중 ⑯중 ⑰중 ⑱초 ⑱중 ⑲중 ⑳유 ⑳중 ㉑유 ㉑초 ㉑중 ㉒중 ㉔중	□□□□□
	이분척추		⑪유 ⑪초 ⑮초 ㉓중	□□□□□
	근이영양증		⑪유 ⑪초 ⑭중 ⑳초 ⑳중 ㉓유	□□□□□
	경련장애		⑫중 ⑯중 ⑰유 ⑱중 ⑲초 ㉓중	□□□□□
	골형성 부전증		⑰중	□□□□□
	척추측만증		⑩중 ⑰중	□□□□□
교육	지체장애 학생을 위한 교육과정		⑩중	□□□□□
	교수 적합화		⑨초 ⑩초 ⑬초 ⑮중 ⑳유	□□□□□
	팀 접근_초학문적 팀		⑭중 ⑫유 ⑫초 ⑱중	□□□□□
	부분참여의 원리		⑨초 ⑪유 ⑫중 ⑯중 ⑲중 ⑳유 ㉔초	□□□□□
관련지원	운동발달 및 자세	자세 및 운동의 개념과 지원	⑩유 ⑩중 ⑪중 ⑬초 ⑬중 ⑭중 ⑯초 ⑯중 ⑰유 ⑲초 ㉑중 ㉒초 ㉓유 ㉓초 ㉔중	□□□□□
		기기	⑪중 ⑬초 ⑭중 ⑮초 ⑯중 ⑰초 ⑰중 ⑲초 ㉑초 ㉑중 ㉒초 ㉒중 ㉓초 ㉔유	□□□□□
	보행 및 이동	지원/전략	⑫유 ⑫초 ⑱중 ⑳초	□□□□□
		안아 옮기기	⑪중 ⑰초	□□□□□
		기기	⑩중 ⑪유 ⑪초 ⑫유 ⑫초 ⑬중 ⑮초 ⑱초 ⑱중 ⑳유 ⑳초 ㉒유 ㉒중 ㉓초 ㉔초 ㉔중	□□□□□
	일상생활기술	섭식	⑨중 ⑪유 ⓭초 ⑭중 ⑰중 ⑱중 ㉒중 ㉔중	□□□□□
		착탈의	⑪중 ⑰초 ⑳중	□□□□□
		용변	⑪중 ⑭중 ⑮유 ㉓중	□□□□□
		욕창/피부	⑨중 ⑬초 ⓭초 ㉓유	□□□□□
		개인위생기술	⑱중	□□□□□
	치료_보바스, 보이타, NDT		⑩중 ⑮중	□□□□□
	특별한 건강관리_응급처치 등 보조공학적 지원		⑫중 ⑳초 ㉑중	□□□□□

PART

13

지체 및 중복장애

핵심테마 체크 ✔

• 뇌성마비의 정의와 원인

MY MEMO

정답 및 예시답안

③

관련이론

✦ 뇌성마비 정의와 원인

- 뇌성마비는 중추신경계가 한창 성장 · 성숙하고 있는 일정 시점에서 뇌 손상으로 발생하고, 뇌 손상이 진행되지 않으나 나타나는 증상은 끊임없이 변화할 수 있는 질환이다.
- 뇌 손상으로 수의적 · 자발적 움직임과 자세에 장애가 있지만 뇌 손상의 부위와 정도에 따라 나타나는 운동장애의 형태(예 경직형과 무정위운동형 등)도 다양하므로 일종의 뇌 손상으로 나타나는 임상증후군이라 할 수 있다.
- 뇌성마비는 출생 전이나 출생 시, 출생 후 얼마 되지 않아 발생하여 아동의 발달에 영향을 미치므로 발달장애로 분류된다.
- 아동이 좀 더 성장한 후에 뇌성마비와 유사해 보이는 다양한 조건이 발생할 수도 있다.

✦ 뇌성마비 발생 요인

구분	발생 요인
출산 전	• 선천성 감염(톡소플라스마증, 풍진, 바이러스, 포진, 매독) • 산과적 합병증(임신중독증, 태반 이상, 영양실조) • 유전성 질환(염색체 이상, 뇌성마비 가족력)
출산 시	• 조산(두개 내 출혈, 저산소증) • 출산 합병증(질식, 뇌 손상) • 감염(세균성 패혈증, 뇌막염) • 대사성(고빌리루빈 혈증, 저혈당증)
출산 후	• 뇌 손상 • 감염(뇌막염, 농양, 뇌염) • 뇌혈관 사고 • 뇌졸중 • 후천성 뇌병증(독성, 대상성, 저산소-허혈증)

01

2010. 초

다음은 윤 교사가 뇌성마비 학생 경수의 일상생활과 학습 장면에서 관찰한 결과이다. 문제의 주된 원인을 〈보기〉에서 고른 것은?

- 소리나 움직임에 크게 놀라는 반응을 보이며 얼굴과 팔을 함께 움직이면서 불안정한 목소리로 말한다. 이 증상은 다른 학생이 주목하는 긴장된 상황에서 더욱 심하게 일어난다.
- 쓰기 과제를 수행할 때 의도하지 않은 불필요한 동작이나 이상한 방향으로 돌발적인 동작이 일어나 알아보기 힘든 글자를 쓴다.

보기

ㄱ. 근력의 무긴장
ㄴ. 원시반사의 잔존
ㄷ. 대뇌 기저핵의 손상
ㄹ. 근 골격계의 구조 이상

① ㄱ, ㄴ
② ㄱ, ㄷ
③ ㄴ, ㄷ
④ ㄴ, ㄹ
⑤ ㄷ, ㄹ

PART 13

핵심테마 체크 ✔

- 뇌성마비의 생리적 분류 유형
- 척추측만증
- 운동발달 과정
- 보상적 운동 패턴

MY MEMO

02

정답 및 예시답안

②

알찬 지문풀이

- ㄱ. 근 긴장도를 조절하는 뇌 영역이 손상된 뇌성마비는 비정상적 근 긴장에 의한 근골격계의 문제가 성장할수록 심해지는 ~~진행성 질환~~이다. ➡ **비진행성**

- ㄷ. 경직형 뇌성마비에서 주로 보이는 ~~관절 구축~~은 관절 주위 근육의 경직으로 인해 골격이 관절에서 이탈된 상태를 의미하며, 성장할수록 통증과 척추 측만증을 유발한다. ➡ **탈구**

- ㅁ. 비정상적인 근 긴장은 근골격 구조의 변화를 유발하는데 스스로 자세를 바꾸거나 팔을 이용하여 신체를 지지하는 것과 같은 ~~보상적 운동 패턴의 발달을 도와주면 이차적 장애를 개선~~할 수 있다.
  ➡ **장애로 인해 나타나는 증상을 보상하기 위해 나타나는 운동은 이차적 장애를 유발할 수 있음**

관련이론

✦ 구축

- 근육의 길이가 줄어들거나 동작에 대한 일정한 저항과 같은 영구적 근육의 단축. 아동의 행동 범위와 사지를 완전하게 움직이는 능력을 제한, 근긴장도의 지속적인 증가
- 근육, 인대, 관절막의 길이가 단축되어 나타나는 현상
- 아동이 성장할수록 근육 간의 불균형으로 인한 단축이 더 심해져서 관절의 정렬이 흩어지며 이로 인해 근육의 움직임이 제한되고 강한 경직으로 인해 구축이 생김
- 발이 바깥쪽 바닥에 닿고 발의 안쪽이 세워져 발바닥이 몸의 중앙을 향해 휘어진 상태인 내반족(clubfoot)이 나타나기도 함
- 반대로 발의 안쪽이 내려앉고 바깥쪽이 솟아오른 발의 변형인 외반족(pes valgus)이 나타나기도 함
- 발가락 관절이 밑쪽으로 굽어져서 고정된 상태에서 발끝으로 걷는 형태를 보이는 첨족(equinus)도 정형외과적인 증상 중 하나

✦ 보상작용(보상적 운동 패턴)

- 뒤로 넘어가는 체중 이동을 보상하기 위해 등을 구부린 채로 앉거나(rounded back), 양다리를 옆으로 벌려 'W' 형태로 앉는 자세(W sitting) 등 부적절한 자세를 취하여 균형을 유지하려는 보상작용이 뇌성마비 중 가장 많이 나타남

고득점 답안 비법 ☆ 지체장애 관련 기본 용어를 정확히 이해해 둘 것

02

2012. 중

뇌성마비에 대한 설명으로 옳은 것을 <보기>에서 있는 대로 고른 것은?

보기

ㄱ. 근 긴장도를 조절하는 뇌 영역이 손상된 뇌성마비는 비정상적 근 긴장에 의한 근골격계의 문제가 성장할수록 심해지는 진행성 질환이다.

ㄴ. 경직성 편마비는 환측(患側)의 근육과 팔다리가 건측(健側)에 비해 발육이 늦거나 짧은 경향이 있으며, 반맹(半盲)이나 감각장애가 발생하기도 한다.

ㄷ. 경직형 뇌성마비에서 주로 보이는 관절 구축은 관절 주위 근육의 경직으로 인해 골격이 관절에서 이탈된 상태를 의미하며, 성장할수록 통증과 척추 측만증을 유발한다.

ㄹ. 운동은 신체의 중앙(근위부)에서 말초(원위부)의 방향으로 발달하고, 근육의 수축은 반사적 수축에서 수의적 수축으로 발달하는데, 뇌성마비는 이러한 정상 운동 발달 과정을 방해한다.

ㅁ. 비정상적인 근 긴장은 근골격 구조의 변화를 유발하는데 스스로 자세를 바꾸거나 팔을 이용하여 신체를 지지하는 것과 같은 보상적 운동 패턴의 발달을 도와주면 이차적 장애를 개선할 수 있다.

① ㄱ, ㄷ
② ㄴ, ㄹ
③ ㄱ, ㄴ, ㅁ
④ ㄴ, ㄷ, ㄹ
⑤ ㄷ, ㄹ, ㅁ

핵심테마 체크 

- 뇌성마비의 생리적 분류 유형

MY MEMO

03

정답 및 예시답안

④

알찬 지문풀이

- ① ~~근 긴장도가 낮아~~ 몸통과 사지를 반복적으로 일정하게 비틀거나 운동의 중복성이 있다. ➡ **근긴장도가 높음**
- ② 과잉동작이나 불수의적 운동은 거의 없지만 근육 신축성이 없어 운동 저항이 강하고 지능도 낮다. ➡ **강직형**
- ③ 뇌막염과 같은 출생 후 질병으로 인해 추체외로가 손상되어 경련성 근 긴장과 불수의적 운동이 모두 나타난다. ➡ **진전형**
- ④ 운동피질의 손상으로 신전과 굴곡의 원시적 집단반사가 보여 자동운동이 어렵고 제어하기 어려운 간헐적인 경련이 있다. ➡ **경직형**
- ⑤ 소뇌 기저핵 손상이 광범위하여 바빈스키 양성 반응이 1세 이후에도 지속되며 평형감각이 낮아 자세 불안정과 눈과 손발의 불협응이 보인다. ➡ **운동실조형**

관련이론

✦ 뇌성마비의 생리적 분류

경직형	• 경직형은 대뇌피질(cerebral cortex)의 운동영역 손상에 기인하며, 근긴장이 증가하는 경직이 나타난다. • 보통 상지에서는 팔을 구부리는 근육의 마비가 많이 나타나고, 하지에서는 펴는 근육의 마비가 많이 나타난다. • 근육 경직으로 관절 구축과 변형 등 다양한 형태의 비정상적인 자세가 출현하고 수의운동은 가능하더라도 운동의 질이 떨어지며, 일반적으로 발달 수준에 따라 다양한 공동운동(synergies movement)이 나타난다. • 많은 경직형 뇌성마비 아동에게서 고관절 아탈구를 볼 수 있고, 흔히 '까치발'이라 하는 첨족 변형도 많이 나타난다. • 고관절 내전근 경직으로 전형적인 가위자세(scissors posture)를 보이고, 이런 상태에서 보행이 가능할 경우 가위보행의 형태를 나타내게 된다. • 척추에서는 측만증과 후만증 변형이 많이 나타나고, 이 때문에 앉았을 때 등이 활처럼 휘어지는 '라운드 백(round back)' 현상을 쉽게 볼 수 있다. • 교실이나 가정에서 바닥 앉기 자세를 취할 때 양다리를 쭉 펴고 앉게 되면 하지 근육의 경직과 단축으로 '라운드 백' 현상이 현저하게 나타나므로 주의해야 한다. • 앉기 자세에서 감소한 균형 능력을 보상하고 안정성을 얻기 위해 'W 앉기(W squat)' 자세를 취하는 경우가 많으나 비정상적인 하지 정렬을 초래하고 관절에 무리가 가는 자세이므로 피해야 한다. • 경직형 뇌성마비 아동은 지능 역시 다양하나 일반적으로 무정위운동형(athetoid type)보다 낮고, 간질 역시 무정위운동형보다 많이 나타난다.
무정위 운동형	• 무정위운동형은 뇌의 바닥 부위인 기저핵(basal ganglia) 손상이 주된 원인이다. • 운동 특성은 목적 없이 빠르거나 느린 운동 패턴이 나타나고, 휴식 시에도 팔다리가 꿈틀꿈틀 움직이거나 움찔거리는(jerky) 불수의적 동작이 일어난다. • 진전(tremor)이 동반되기도 하고, 상지 말단의 운동이 상지 근위부로 물결치듯 퍼져가 마치 벌레가 움직이는 것처럼 보인다. 그러므로 손으로 물체를 잡으려고 뻗칠 때에 불규칙적이고 원하지 않는 방향으로 움직임이 일어나게 된다. • 불수의운동은 움직이려고 노력하거나 말을 할 때 또는 흥분을 하거나 깊은 생각을 하는 모든 것들이 자극이 된다. • 무정위운동형은 사지에서뿐만 아니라 혀를 포함한 구강 근육과 안면 등 신체 모든 부위에서 나타날 수 있으므로 발음과 호흡근의 조절장애로 인한 언어장애와 의사소통 문제가 발생하고, 얼굴 찡그림이나 침 흘림 등으로 사회적 상호작용에도 영향을 미친다. • 신체 근위부(어깨, 골반 등) 안정성이 부족하고, 자세 유지에 필요한 정위반응과 평형반응이 결여되어 자세가 불안하다. 지능이 정상인 경우도 많고 비교적 높은 편이다.
실조형	• 실조형은 소뇌 손상 시 나타나며, 소뇌는 협응운동과 근긴장도, 인지기능 그리고 평형반응을 담당하는 중추신경계의 하나이다. 따라서 실조형 뇌성마비 아동은 수의적 운동은 존재하지만 협응되지 않은 어설픈 움직임이 일어나고 강한 진전이 동반된다. • 저긴장(hypotonia)과 안진(nystagmus), 낮은 지능, 발음이 명확하지 않은 말 등이 나타난다. • 몸통과 팔다리의 평형장애로 자세조절 능력에 결함이 나타나고, 걸을 때는 균형을 잡지 못하고 술에 취한 것처럼 걷거나(drunken gait) 발을 넓게 하여 걷고 동시에 발의 위치를 확인하려고 발을 보면서 걷는 실조성 보행(ataxic gait)이 나타난다.
이완형	• 이완형(atonia, flaccidity)은 근긴장도가 현저히 떨어져 있는 저긴장 상태로, 목적 있는 운동은 물론 중력에 대항하여 자세를 유지하기도 어렵다.
혼합형	• 혼합형은 위의 여러 증상이 혼합된 상태로 최근에는 두 가지 이상이 중복된 혼합형이 증가하는 추세이다.

03

2009. 중

그림과 같이 하지의 내전 구축으로 '가위' 형태의 자세를 보이기도 하며, 걸을 수 있는 경우 첨족(equinus) 보행을 특징으로 하는 뇌성마비의 생리적 분류 유형에 대한 설명으로 가장 적절한 것은?

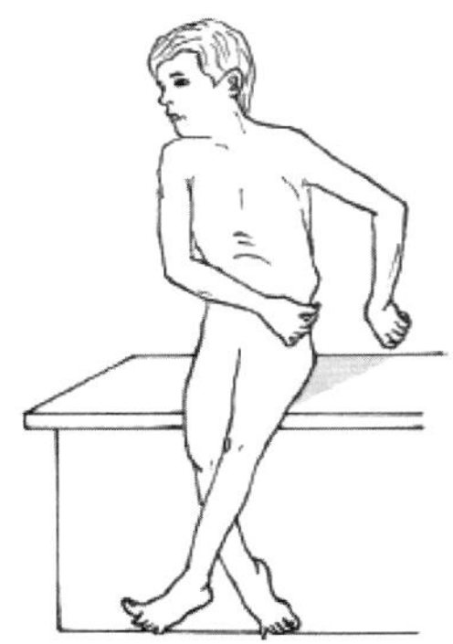

① 근 긴장도가 낮아 몸통과 사지를 반복적으로 일정하게 비틀거나 운동의 중복성이 있다.

② 과잉동작이나 불수의적 운동은 거의 없지만 근육 신축성이 없어 운동 저항이 강하고 지능도 낮다.

③ 뇌막염과 같은 출생 후 질병으로 인해 추체외로가 손상되어 경련성 근 긴장과 불수의적 운동이 모두 나타난다.

④ 운동피질의 손상으로 신전과 굴곡의 원시적 집단반사가 보여 자동운동이 어렵고 제어하기 어려운 간헐적인 경련이 있다.

⑤ 소뇌 기저핵 손상이 광범위하여 바빈스키 양성 반응이 1세 이후에도 지속되며 평형감각이 낮아 자세 불안정과 눈과 손발의 불협응이 보인다.

04

핵심테마 체크 ✔

- 뇌성마비 학생의 호흡 특성

MY MEMO

정답 및 예시답안

⑤

알찬 지문풀이

- ⑤ ➡ 날숨을 길게 내쉬도록 지도하는 것이 바람직함

관련이론

✦ 뇌성마비 학생의 호흡 특성 및 중재 방안

호흡 특성	중재 방안
흡기 지속시간, 호기 지속시간이 모두 일반 아동에 비해 짧다.	• 가장 즐겁게 호흡할 수 있는 자세를 길러준다.
호기에서 흡기로 이동하는 휴식이 거의 보이지 않는다.	• 몸을 긴장하지 않고 여유 있게 심호흡하는 방법을 가르쳐 주는 것이 필요하다.
1분간의 호흡운동 가운데 과호흡과 유사하게 나타나는 것이 많다.	• 계속해서 날숨에 관여하는 여러 근육을 강화시키고 활발하게 활동할 수 있게 한다.
안정 시 호흡수가 일반 아동에 비해 8~10회 많다.	• 숨을 빠르게 할 수 있게 한다.
호흡이 유연하지 않다.	• 숨과 발성의 지속시간을 연장시킨다. • 입과 코로 숨쉬기를 부드럽게 한다.

05

핵심테마 체크 ✔

- 뇌성마비 학생의 생리적 분류
- 뇌성마비 학생의 언어적 특성

MY MEMO

정답 및 예시답안

③

문제 속 자료분석

	운동 특성	말 특성
①	균형 감각과 방향 감각이 없어 걸음이 불안정하다. ➡ 운동실조	말하는 속도가 느리고, 음절을 한 음 한 음씩 끊어서 말한다. ➡ 운동실조
②	몸의 같은 쪽 상지와 하지(편측)의 근육 긴장도가 높아 발끝으로 걷는다. ➡ 경직성 편마비	억양이 거의 없어 단조로우며, 과대비음이 나타난다. ➡ 경직형
④	스스로 조절할 수 없는 신체의 떨림으로 인해 연속적인 근육 긴장도의 변화를 보인다. ➡ 진전형	말할 때 떨림과 말더듬 현상이 심하게 나타난다. ➡ 진전형
⑤	전신의 근육 긴장도 변화가 심하고, 의도적으로 움직이려고 할 때 불규칙적으로 뒤틀린 동작을 보인다. ➡ 불수의운동형	호흡이 거칠고 기식성의 소리가 많다. ➡ 불수의운동형

04

2009. 유

뇌성마비 아동 민수는 다음과 같은 호흡특성을 가지고 있다. 국어과 '말하기' 수업시간에 교사가 적용할 수 있는 지도 방법으로 적절하지 않은 것은?

- 역호흡을 한다.
- 호흡이 얕고 빠르다.
- 호흡이 유연하지 않다.
- 호흡주기가 불규칙하다.

① 입과 코로 부드럽게 숨을 쉬도록 지도한다.
② 날숨과 발성의 지속시간을 연장하도록 한다.
③ 긴장하지 않고 여유 있게 심호흡을 하도록 한다.
④ 머리, 몸통, 어깨의 움직임이 안정되도록 조절한다.
⑤ 느리게 심호흡을 하고, 날숨을 조절해서 짧게 내쉬도록 한다.

05

2011. 중

그림은 한 뇌성마비학생의 뇌손상 부위와 정도를 나타낸 것이다. 이 학생의 운동 및 말(speech) 특성을 설명한 것으로 옳은 것은?

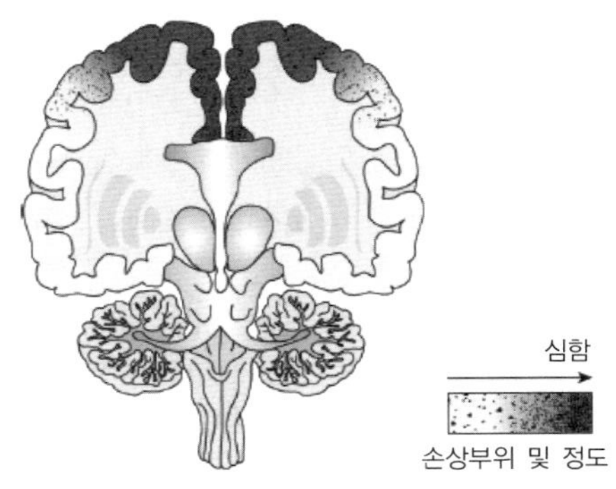

	운동 특성	말 특성
①	균형 감각과 방향 감각이 없어 걸음이 불안정하다.	말하는 속도가 느리고, 음절을 한 음 한 음씩 끊어서 말한다.
②	몸의 같은 쪽 상지와 하지의 근육 긴장도가 높아 발끝으로 걷는다.	억양이 거의 없어 단조로우며, 과대비음이 나타난다.
③	상지보다 하지의 근육 긴장도가 높고 관절의 움직임이 제한되어 있다.	성대의 지나친 긴장으로 인해 후두에서 쥐어짜는 듯이 말한다.
④	스스로 조절할 수 없는 신체의 떨림으로 인해 연속적인 근육 긴장도의 변화를 보인다.	말할 때 떨림과 말더듬 현상이 심하게 나타난다.
⑤	전신의 근육 긴장도 변화가 심하고, 의도적으로 움직이려고 할 때 불규칙적이고 뒤틀린 동작을 보인다.	호흡이 거칠고 기식성의 소리가 많다.

핵심테마 체크 ✔

- 자세 지도_편마비
- 지체장애 학생의 자리배치
- 보완대체 의사소통 체계(AAC)_직접선택의 활성화 전략
- 수동 휠체어_구성요소

MY MEMO

06

정답 및 예시답안

1) ① 동영상을 시청할 때 오른쪽으로 고개를 돌려 텔레비전을 시청할 수 있도록 자리를 배치한다.
   ② 활동을 할 때 마비된 오른쪽을 더 많이(조금이라도 더) 사용하도록 하기 위함이다.
3) 특별한 항목에서 잠깐 동안의 움직임은 무시하되, 전체적인 영역에서 각 항목마다 소요된 포인터의 시간을 감지하여 작동되는 원리이다.
4) ⓐ 등받이(등받침)
   ⓑ 랩보드(랩트레이, 휠체어용 책상)

관련이론

✦ 뇌성마비 학생의 자세 지도

- 몸통의 안정성에 문제가 있는 학생에게는 안정성을 줄 수 있는 의자를 제공한다.
- 굴곡 패턴이 강한 경직형 사지마비 학생에게는 수업활동 중에 서기 보조기기를 이용하여 서서 수업에 참여할 수 있도록 한다.
- 편마비 학생의 경우 마비가 심한 쪽을 전혀 쓰거나 보려고도 하지 않는 점을 감안하여 수업 중 칠판이나 교사의 위치를 고려하여 양손을 모두 사용할 수 있는 기회를 준다.
- 뇌성마비의 운동 유형에 따라 약간씩 차이가 있긴 하지만 원칙적으로 학생이 사용하지 않으려고 하는 부위의 동작을 촉진하는 것이 바람직하다.
- 지체장애 학생의 자세 및 앉기 지도에서 무엇보다 중요한 것은 학생이 편안함을 느끼고, 건강을 유지하도록 지도해야 한다는 것이다. 스스로 앉기 자세를 취하기 어렵거나 오랜 시간 자세를 유지하기 어려운 학생의 경우 원활한 혈액순환을 유도하고 관절과 근육에 무리가 오지 않도록 자세를 자주 바꿔 주는 것이 필요하다.
- 상체를 사용할 수 있는 학생의 경우 30분마다 앉은 자리에서 엉덩이를 드는 운동을 하면 피부 손상을 예방하고 뼈에 오는 압박을 줄일 수 있다.
- 계속 앉은 자세를 취하는 것은 관절 구축을 일으킬 수 있으므로 엉덩이와 무릎을 반듯하게 펴도록 하는 것도 필요하다.
- 척추만곡으로 진행 위험이 있는 경우에는 오래 앉아 있는 것을 금하고 보다 이완되고 대칭적으로 몸통 자세를 취하게 할 필요가 있다.
- 자세를 바꾸어 주는 것은 학기 초에 학급 시간표와 일상적 교수 일정을 고려한 계획을 세워 실행에 옮기는 것이 무엇보다 중요하다.

✦ 휠체어의 구조별 특징

구분	고려해야 할 요소
의자	• 자세의 지지를 위해 단단한 것일수록 좋음 • 엉덩이의 크기에 맞추는 것이 좋음
등받침	• 접을 수 있도록 제작된 형태가 대부분임 • 학생의 자세를 위해서는 딱딱한 재질이 더 바람직함 • 고개를 가누는 정도에 따라 높이 조절이 필요함
팔걸이	• 상지의 지지를 도와 몸무게를 지지할 수 있도록 해 척추의 기형을 예방하는 데 도움이 됨 • 의자에서 휠체어로 이동 시 팔걸이를 잡고 이동하게 되므로 적절한 높이와 안정성이 필요함 • 팔걸이를 지지하여 체중을 분산시키거나 체중 이동 훈련을 할 수 있으므로 둔부의 압력을 줄이고 욕창 등의 문제를 예방할 수 있음
머리 받침대	• 머리 조절이 어려운 학생에게 필요하며 머리의 자세, 근긴장, 목의 자세 또는 연하작용을 보조해 줌
좌석 벨트	• 이동 시 안정성을 제공하며, 몸통 및 골반의 위치를 잡아 주고, 미끄러짐 현상을 방지함
브레이크 및 조절 장치	• 전동 휠체어의 경우 조이스틱형의 조절장치가 적합하며 헤드 스틱이나 입을 이용하는 스위치로 된 장치도 사용됨
뒷바퀴	• 플라스틱 소재의 딱딱한 바퀴보다는 공기가 들어가는 바퀴가 충격 흡수 면에서 우수하여 승차감이 좋으나 공기주입 장치 및 바퀴 수리 등 보수 관리가 필요함
앞바퀴(캐스터)	• 앞바퀴의 크기가 큰 경우에는 이동 시 충격을 흡수하여 승차감이 좋고 장애물 통과가 쉬우나 기동성이 떨어지며, 앞바퀴가 작은 경우에는 회전이 쉽고 바퀴 흔들림이 적으며 이상진동이 덜 하나 충격 흡수가 나쁘며 틈에 빠지기 쉬움
손 조절바퀴(핸드림)	• 이동 시 손으로 잡는 둥근 손잡이 부분으로 직경이 클 경우에는 힘을 이용하여 출발 및 가속이 쉽고, 직경이 작을 경우에는 속도의 유지가 용이함
발 받침대와 다리 받침대	• 무릎과 다리, 발의 각도를 올바르게 위치할 수 있도록 함
휠체어용 책상(랩 보드)	• 휠체어를 이용하는 학생의 섭식과 의사소통 기기를 놓는 등 학습활동에 사용이 편리하나, 독립적인 이동을 방해하며 휠체어의 무게와 전후좌우의 길이를 증가시켜 불편을 초래함
기타: 안전벨트, 주차 시 브레이크 장치, 기울임 방지 장치	

06

2018. 초
★답안작성

(가)는 지체장애 학생 미주와 영수의 특성이고, (나)는 교사가 2011 개정 특수교육 교육과정 중 기본 교육과정 사회과 5~6학년 '우리나라의 명절과 기념일' 단원을 지도하기 위해 개념 학습 모형에 따라 작성한 수업 계획의 일부이다. 물음에 답하시오. [6점]

(가)

미주	• ㉠ 경직형 뇌성마비이며 오른쪽 편마비를 가짐 • 발화는 가능하나 발음은 부정확함
영수	• 독립적인 보행이 어려워 수동휠체어를 사용함 • 보완·대체의사소통(AAC) 도구를 사용함

(나)

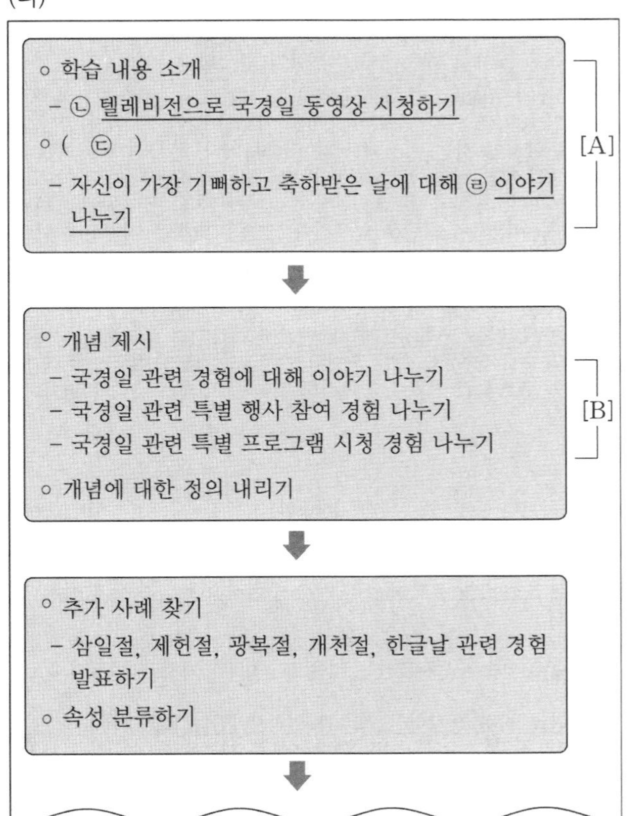

1) (가)의 밑줄 친 ㉠을 고려할 때 (나)의 밑줄 친 ㉡ 활동에서 자세 지도를 위한 ① 미주의 자리 배치 방법과 ② 그 이유 1가지를 쓰시오. [2점]

①:

②:

2) ① (나)의 [A]는 학습 문제 확인 단계이다. ㉢에 들어갈 주요 활동을 쓰고, ② (나)에 적용된 개념 학습 모형의 유형을 [B]를 고려하여 쓰시오. [2점]

①:

②:

3) (나)의 밑줄 친 ㉣에 참여하기 위해 영수는 여과 활성화(filtered activation) 기능이 적용된 보완·대체의사소통(AAC) 도구를 사용하려 한다. 여과 활성화의 작동 원리를 쓰시오. [1점]

4) 다음은 수동휠체어 선택과 사용 시에 고려해야 할 사항이다. ⓐ와 ⓑ에 들어갈 내용을 순서대로 쓰시오. [1점]

• (ⓐ)은/는 학생이 고개를 가누는 정도에 따라 높이 조절이 가능하며 접을 수 있도록 제작된 경우가 많고, 적절한 자세를 위해서는 딱딱한 재질이 더 바람직함 • (ⓑ)은/는 학생의 식사 및 학습 활동, 의사소통 기기 등의 사용에 편리하지만, 휠체어의 무게와 전후좌우의 길이를 증가시키기 때문에 독립적인 이동에 불편을 초래할 수 있음

핵심테마 체크 ✔

- 발작의 유형
- 보상작용(보상적 운동패턴)
- 휠체어의 구성요소 및 고려할 사항
- 프론 스탠더

MY MEMO

07

정답 및 예시답안

1) ① 전신 긴장성-간대성 발작(대발작)
   ② 기도폐쇄(기도폐색) / (부상)
2) 균형을 유지하려는 보상작용에 따라 나타나는 것이다.
3) ⓐ / 양쪽 다리의 길이가 다르면 휠체어 발판의 높이를 다르게 조절한다.
4) 프론 스탠더

관련이론

✦ 발작의 유형

부분 발작	• 단순부분발작[focal motor(simple partial) seizures] : 몇 가지 근육군이 떨리는 형태로 나타난다. 예를 들어, 오른쪽 다리에 불수의적이고 반복적인 떨림이 있는 것으로 의식 소실이 없다. • 감각발작(sensory seizures) : 어지러움이나 시각, 청각, 미각, 후각 등 감각의 장애를 야기한다. 환청이나 환시가 나타난다. 예를 들면, 아동의 목소리나 음악 소리 혹은 다른 소리를 들을 수 있고 빛이나 색, 형상 등을 볼 수도 있다. • 자율신경발작(autonomic seizures) : 창백해지고 땀이나 홍조, 동공확장을 일으키며 흔히 맥박 증가, 공포, 불안을 동반한다. • 정신운동발작(psychomotor seizures) : 보통 의식이 저하되고 행동에 변화를 보인다. 시각·청각적 느낌이나 환각을 경험하기도 하며 옷을 들어올리기, 입맛 다시기, 씹는 행동, 자리에서 일어나는 등의 부적절한 행동을 하게 된다. 이러한 상태는 수초에서 수분까지 지속될 수 있다.
전신 발작	• 부재발작(absence seizures) : 과거에 소발작(petit mal seiure)이라고 불렸으며, 어린 아동에게서 많이 나타나고, 약 1~30초의 짧은 시간 동안에 의식을 잃는다. 전신 긴장성-간대성 발작(대발작)보다는 정도가 약하나 자주 나타나며, 한곳에 시선을 정지한 채 쳐다보거나, 눈을 깜박거리거나, 신체의 한 부분에 가벼운 경련을 일으키거나, 어떤 일정 행동을 반복적으로 나타내기도 한다. • 잭슨형 발작(Jacksonian seizures) : 의식에는 변화가 없으나 경직성 마비가 몸의 한 부위에서 나타나다가 신체의 다른 부위나 전신에 점차 확산되어 경련을 일으킨다. 잭슨형 발작은 대발작에 이어 나타나기도 한다. • 전신 긴장성-간대성 발작(generalized tonic-clonic seizure) : 대발작(grand mal seizure)이라고도 불리며, 가장 흔한 형태로 전체의 60%를 차지하는데, 사람에 따라서는 발작을 하기 전에 전조(aura)라 불리는 평상시와는 다른 특유한 감각을 느끼기도 한다. 발작이 시작되면 의식불명 상태에서 온몸이 경직되고, 호흡 곤란이 생길 수도 있으며, 배변 통제가 안 되고, 격렬한 발작으로 인해 신체적으로 상해를 입기도 한다. 발작이 진정되면 기억을 못하기도 하는데, 대개는 졸려 하며 휴식을 취하게 된다.

✦ 발작 시 대처

- 학생의 입에 아무것도 넣지 않는다. 학생이 다치거나 구토를 유발할 수 있다.
- 발작이 진행되는 동안 입속에 어떤 것도 넣으려고 해서는 절대 안 된다. 사람들이 자신의 혀를 깨물 수 있고 그래서 발작 동안 해가 될 수 있다고 해도, 그런 부상은 입에 넣은 물건이 일으키는 부상만큼 잦거나 심하지 않다.
- 입에 들어간 물건은 고르지 못한 압력 때문에 관절이 턱에서 빠지거나, 이가 부러지거나, 기도가 막히거나, 학생이 얼굴을 돌리면 구강구조가 다칠 수 있다.
- 학생은 의식이 없기 때문에, 입에 무엇이든 있다면 기도로 들어갈 수 있으므로, 음식이나 유동체를 주지 말아야 한다. 발작이 진행되는 동안 기도를 열거나 유지하려고 시도하는 것은 도움이 못 되지만, 발작이 끝난 후에는 필요하다.
- 발작이 진행되는 동안 학생이 혀를 삼킬 것이라고 잘못 생각하는 경우가 있다. 이런 오해를 하는 사람은 발작을 하는 학생의 입 안에 물체를 넣으려 하거나 혀를 잡아당기려 한다. 이런 시도는 물체가 입 안에서 깨져 상처를 입힐 수 있으므로 절대로 해서는 안 된다. 대신 학생을 옆으로 뉘여 발작이 진행되는 동안 침의 양이 늘어나 호흡을 방해하는 것을 막도록 해야 한다.

✦ 서기 자세 보조기기

프론 스탠더	• 스스로 서기가 어려운 학생에게 엎드린 자세로 다리 및 몸통을 고정시킨 후 전동이나 수동 장치를 이용하여 각도를 세워 바로 설 수 있도록 보조하는 기기이다. • 머리를 스스로 가눌 수 있는 경우 사용할 수 있으며, 상체의 조절이 어느 정도 가능한 경우는 체중을 앞으로 실은 채 기대어 두 손을 기능적으로 사용하는 것이 가능하므로 상지기능 강화를 위해 사용할 수도 있다.
수파인 스탠더	• 상체와 하체의 조절 능력이 저조하여 세우기가 힘든 경우 등을 대고 누운 자세에서 다리 및 몸통을 고정시킨 후 전동이나 수동 장치를 이용하여 각도를 세워 바로 설 수 있도록 보조하는 기기이다. • 머리를 스스로 가누지 못하는 학생은 수파인 스탠더를 사용하여 기립 자세를 유지한다.
스탠딩 테이블	• 몸통이나 다리 근육 사용의 제한으로 스스로 서기 어려운 학생에게 설 수 있도록 지원하는 보조기기이다. • 학생의 신장에 따라 높이를 조절할 수 있고 각도 또한 조절할 수 있으며 테이블이 있어 서기 자세에서 상지를 활용한 활동을 할 수 있다.

07 | 2019. 초 ★답안작성

다음은 성재를 위한 교육 지원 협의회 회의록의 일부이다. 물음에 답하시오. [5점]

일시	2018년 ○월 ○일 15:00~16:00		
장소	특수학급	기록자	특수교사
참석자	통합학급 교사, 특수교사, 보건교사, 치료지원 담당자, 전문상담교사, 보호자		
발언 내용			

…(전략)…

보건교사: 성재는 경직형 양마비 지체장애 학생인데, 뇌전증도 있어요. 성재는 지난 4월에 교실에서 온몸이 경직되고 호흡 곤란이 오면서 입에 침이 고이고 거품이 입 밖으로 나오는 격렬한 발작을 했습니다. 선생님, 많이 놀라셨지요?

통합학급 교사: 처음이라서 많이 당황했어요. 갑자기 그런 일이 생기니까 아무 생각도 나지 않더라고요. 혀를 깨물어 피가 날 수도 있을 것 같아 수건을 물려 줄까 고민했습니다. 그런데 발작은 다 똑같은 형태로 나타나나요?

보건교사: 아니요. 발작 형태는 다양합니다. 그때 성재가 보인 발작은 (㉠)에 해당합니다. 그리고 발작할 때 입에 수건을 물려 주면 (㉡) 때문에 위험할 수 있습니다.

…(중략)…

특수교사: 성재는 매트 위에 앉아서 놀 때 ㉢ <u>양다리를 좌우로 벌려 W모양</u>으로 앉던데, 괜찮나요?

치료지원 담당자: 그런 자세가 계속되면 서기나 걷기 그리고 일상생활에도 문제가 생길 수 있어서 자세 지도가 필요합니다.

보 호 자: 아, 그렇군요. 성재는 집에 오면 휠체어에 앉아서 지내는 시간이 많아요. ㉣ <u>휠체어에 바르게 앉는 자세</u>에 대해서 알고 싶습니다.

치료지원 담당자: 무엇보다 신체의 정렬 상태가 안정적이며 균형 잡힌 상태를 유지하는 것이 중요합니다.

특수교사: 맞아요. 저희 교실에서도 서기 자세를 지도하고 있습니다. 다행히 성재는 자기 스스로 목을 가눌 수 있고, 상체 조절이 어느 정도 가능합니다. 그래서 선 자세에서 체중을 앞으로 실은 채 자세를 조금 기울여 두 손을 쓸 수 있도록 (㉤)을/를 사용하고 있어요.

…(하략)…

1) ① ㉠에 들어갈 발작의 유형을 쓰고, ② ㉡에 들어갈 말을 쓰시오. [2점]

①:

②:

2) 다음 그림은 ㉢ 자세이다. 이와 같이 앉는 이유를 1가지 쓰시오. [1점]

3) 다음은 ㉣을 위한 일반적인 지도 요령이다. 적절하지 <u>않은</u> 것 1가지를 찾아 기호를 쓰고 바르게 고쳐 쓰시오. [1점]

> ⓐ 하지: 양쪽 다리의 길이가 다르더라도 휠체어 발판의 높이는 같게 한다.
> ⓑ 골반: 체중이 고르게 분산되도록 좌석의 중심부에 앉게 한다.
> ⓒ 몸통: 어깨선을 수평으로 맞추고, 어느 한쪽으로 치우치지 않고 정중선을 유지하게 한다.
> ⓓ 머리: 고개를 들고 턱을 약간 밑으로 잡아당기는 자세를 유지하게 한다.

4) ㉤에 들어갈 적절한 보조기기의 명칭을 쓰시오. [1점]

핵심테마 체크 ✔

• 뇌성마비의 생리적 분류 유형
• 보편적 설계
• 대체키보드

MY MEMO

08

정답 및 예시답안

1) 불수의운동형
2) ① 보편적 설계
② 휠체어를 탄 채 이용할 수 있도록 공간이 넓게 제작된 그네
3) ① ㉡
② 소근육 조절이 어려운 유아는 확대 키보드가 도움이 됩니다.

관련이론

✦ 키보드 수정

• 터치스크린
• 한 손 사용자 키보드
• 화상 키보드(스크린키보드)
• 확대 키보드
• 미니 키보드
• 일반 키보드의 수정: 스티커, 키 가드, 마우스 스틱 사용 등

✦ 뇌성마비의 생리적 분류

유형	내용
경직형	• 경직형은 대뇌피질(cerebral cortex)의 운동영역 손상에 기인하며, 근긴장이 증가하는 경직이 나타난다. • 보통 상지에서는 팔을 구부리는 근육의 마비가 많이 나타나고, 하지에서는 펴는 근육의 마비가 많이 나타난다. • 근육 경직으로 관절 구축과 변형 등 다양한 형태의 비정상적인 자세가 출현하고 수의운동은 가능하더라도 운동의 질이 떨어지며, 일반적으로 발달 수준에 따라 다양한 공동운동(synergies movement)이 나타난다. • 많은 경직형 뇌성마비 아동에게서 고관절 아탈구를 볼 수 있고, 흔히 '까치발'이라 하는 첨족 변형도 많이 나타난다. • 고관절 내전근 경직으로 전형적인 가위자세(scissors posture)를 보이고, 이런 상태에서 보행이 가능할 경우 가위보행의 형태를 나타내게 된다. • 척추에서는 측만증과 후만증 변형이 많이 나타나고, 이 때문에 앉았을 때 등이 활처럼 휘어지는 '라운드 백(round back)' 현상을 쉽게 볼 수 있다. • 교실이나 가정에서 바닥 앉기 자세를 취할 때 양다리를 쭉 펴고 앉게 되면 하지 근육의 경직과 단축으로 '라운드 백' 현상이 현저하게 나타나므로 주의해야 한다. • 앉기 자세에서 감소한 균형 능력을 보상하고 안정성을 얻기 위해 'W 앉기(W squat)' 자세를 취하는 경우가 많으나 비정상적인 하지 정렬을 초래하고 관절에 무리가 가는 자세이므로 피해야 한다. • 경직형 뇌성마비 아동은 지능 역시 다양하나 일반적으로 무정위운동형(athetoid type)보다 낮고, 간질 역시 무정위운동형보다 많이 나타난다.
무정위운동형	• 무정위운동형은 뇌의 바닥 부위인 기저핵(basal ganglia) 손상이 주된 원인이다. • 운동 특성은 목적 없이 빠르거나 느린 운동 패턴이 나타나고, 휴식 시에도 팔다리가 꿈틀꿈틀 움직이거나 움찔거리는(jerky) 불수의적 동작이 일어난다. • 진전(tremor)이 동반되기도 하고, 상지 말단의 운동이 상지 근위부로 물결치듯 퍼져가 마치 벌레가 움직이는 것처럼 보인다. 그러므로 손으로 물체를 잡으려고 뻗칠 때에 불규칙적이고 원하지 않는 방향으로 움직임이 일어나게 된다. • 불수의운동은 움직이려고 노력하거나 말을 할 때 또는 흥분을 하거나 깊은 생각을 하는 모든 것들이 자극이 된다. • 무정위운동형은 사지에서뿐만 아니라 혀를 포함한 구강 근육과 안면 등 신체 모든 부위에서 나타날 수 있으므로 발음과 호흡근의 조절장애로 인한 언어장애와 의사소통 문제가 발생하고, 얼굴 찡그림이나 침 흘림 등으로 사회적 상호작용에도 영향을 미친다. • 신체 근위부(어깨, 골반 등) 안정성이 부족하고, 자세 유지에 필요한 정위반응과 평형반응이 결여되어 자세가 불안하다. 지능이 정상인 경우도 많고 비교적 높은 편이다.
실조형	• 실조형은 소뇌 손상 시 나타나며, 소뇌는 협응운동과 근긴장도, 인지기능 그리고 평형반응을 담당하는 중추신경계의 하나이다. 따라서 실조형 뇌성마비 아동은 수의적 운동은 존재하지만 협응되지 않은 어설픈 움직임이 일어나고 강한 진전이 동반된다. • 저긴장(hypotonia)과 안진(nystagmus), 낮은 지능, 발음이 명확하지 않은 말 등이 나타난다. • 몸통과 팔다리의 평형장애로 자세조절 능력에 결함이 나타나고, 걸을 때는 균형을 잡지 못하고 술에 취한 것처럼 걷거나(drunken gait) 발을 넓게 하여 걷고 동시에 발의 위치를 확인하려고 발을 보면서 걷는 실조성 보행(ataxic gait)이 나타난다.
이완형	• 이완형(atonia, flaccidity)은 근긴장도가 현저히 떨어져 있는 저긴장 상태로, 목적 있는 운동은 물론 중력에 대항하여 자세를 유지하기도 어렵다.
혼합형	• 혼합형은 위의 여러 증상이 혼합된 상태로 최근에는 두 가지 이상이 중복된 혼합형이 증가하는 추세이다.

08

2020. 유
★답안작성

(가)는 5세 뇌성마비 유아 슬기의 특성이고, (나)는 지체장애 유아에 대한 유아특수교사들의 대화이다. 물음에 답하시오. [5점]

(가)

- 사지를 불규칙하게 뒤틀거나, 팔다리를 움찔거리는 행동을 보임
- 사물에 손을 뻗을 때 손바닥이 바깥쪽으로 틀어지며 의도하지 않는 방향으로 움직임이 일어남
- 정위반응과 평형반응이 결여되어 자세가 불안정함

(나)

[A]
장 교사: 저희 원은 새로 입학한 재우를 위해 실내·외 환경을 개선했어요. 휠체어를 타는 재우에게 위험하지 않도록 교실 바닥의 높이 차이를 없앴더니 다른 아이들도 안전하게 생활하게 되었어요.
김 교사: 그렇군요. 교실 바닥 공사가 재우에게만 좋은 것이 아니라 모든 아이들에게도 좋은 거네요.
장 교사: 자갈길로 되어 있던 놀이터 통로도 목재로 바꾸고, 놀이터에 계단 없는 미끄럼틀도 설치했어요. 재우가 휠체어를 타고 내려올 수 있을 정도로 넓게 설치했더니 그곳에서 재우와 함께 여러 명의 아이들이 미끄럼틀을 타면서 놀게 되었어요. 이번에는 그네도 바꾸었어요.
김 교사: 와우! ㉠ <u>재우가 그네도 탈 수 있게 되었네요.</u> 결국 누구나 놀 수 있는 놀이터가 되었네요.

… (중략) …

김 교사: 지체장애 유아들은 컴퓨터를 사용할 때 표준형 키보드를 사용할 수도 있지만, 장애유형과 정도에 따라 대체키보드를 사용해야 해요. ㉡ <u>소근육 운동 조절이 어려운 유아는 미니 키보드가 도움이 된다</u>고 하네요.
장 교사: 그리고 ㉢ <u>손가락 조절이 어려워 한 번에 여러 개의 키를 동시에 누르는 유아들에게는 타이핑 정확도를 향상시킬 수 있도록 키가드를 사용</u>하게 해야겠어요.
김 교사: ㉣ <u>손을 떨고 손가락 조절은 잘 안 되지만, 머리나 목의 조절이 가능한 뇌성마비 유아들에게는 헤드 스틱이나 마우스 스틱을 사용</u>하면 좋을 것 같아요.
장 교사: 그렇군요. ㉤ <u>마우스를 조정하기 어려운 유아는 트랙볼, 조이스틱을 활용</u>하도록 해야겠어요.

1) (가)에 근거하여 슬기의 운동장애 유형을 쓰시오. [1점]

2) ① (나)의 [A]에서 나타난 개념은 무엇인지 쓰고, ② 이 개념에 근거하여 ㉠에 해당하는 그네의 예를 1가지 쓰시오. [2점]

①:

②:

3) 보조공학의 관점에서 ① ㉡~㉤ 중 <u>틀린</u> 것을 1가지 찾아 기호를 쓰고, ② 대안을 제시하여 고쳐 쓰시오. [2점]

①:

②:

핵심테마 체크 

- 뇌성마비의 운동적 분류
- 원시반사
- 서기 보조기기
- 보행 보조기기

MY MEMO

09

정답 및 예시답안

○ 학생 E는 경직형 뇌성마비이다.
○ ㉠은 학생 E의 옆에 서서 지도하면 비대칭성 긴장형 목반사가 활성화될 수 있으므로 적절하지 않다. ㉣의 프론스탠더는 머리와 상지 조절이 어느 정도 가능해야 사용할 수 있는데, 학생 F는 고개를 가누지 못하므로 적절하지 않다.
○ 후방지지형 워커

관련이론

✦ 긴장성 목반사

ATNR	• 비대칭 긴장성 목반사 • 목을 좌우로 돌리는 동작에 의해 유발되어, 얼굴이 바라보는 쪽의 팔과 다리가 신전되고 그 반대편의 팔과 다리는 굴곡 • 종종 '펜싱 자세'라고도 불리며 앙와위(supine : 등으로 누운 자세), 혹은 앉은 자세에서 쉽게 유발 • 식사하기, 시각적 추적하기, 양손을 신체 중앙 부분에서 사용하기, 신체의 전반적 대칭성 유지를 저해하는 요인이 됨 • 비대칭적인 앉기 자세를 발생시키며 좌골이나 고관절 부위에 욕창을 발생시킬 수 있는 비대칭적 체중부하를 유발 • ATNR은 머리를 머리받침의 정중선에 유치시키고, STNR은 머리의 안정성을 유지하면서 시야의 상하 범위를 일정하게 유지하며 사물을 바라본다면 반사의 영향을 최소화시킬 수 있음
STNR	• 대칭 긴장성 목반사 • 목의 굴곡이나 신전에 의해 일어남 • 목이 뒤로 젖힌 상태인 신전했을 때에는 상지가 신전되고 하지는 굴곡되며, 반대로 목을 앞으로 수그린 상태로 굴곡시켰을 때에는 상지가 굴곡되고 하지가 신전됨 • 복와위(prone : 엎드린 자세) 자세에서는 이 반사의 영향으로 인해 사지와 하지의 체중 지지 활동에 많은 지장을 받게 됨 • STNR은 아동을 앉은 자세에서 앞으로 미끄러지게 하고, 천골과 미골에 욕창의 위험을 일으킬 수 있음 • 휠체어에 앉아 있는 지체장애 학생에게 STNR이 출현하면 다리가 굴곡되어 천골과 미골로만 체중을 지지하고 앉아 있는 천골앉기 자세가 되거나 다리가 신전되어 뻗치는 전방 미끄러짐 현상이 나타남

✦ 서기 자세 보조기기

프론 스탠더	• 스스로 서기가 어려운 학생에게 엎드린 자세로 다리 및 몸통을 고정시킨 후 전동이나 수동 장치를 이용하여 각도를 세워 바로 설 수 있도록 보조하는 기기 • 상체의 조절이 어느 정도 가능한 경우는 상지기능 강화를 위해 사용할 수도 있음
수파인 스탠더	• 상체와 하체의 조절능력이 저조하여 세우기가 힘든 경우 등을 대고 누운 자세에서 다리 및 몸통을 고정시킨 후 전동이나 수동 장치를 이용하여 각도를 세워 바로 설 수 있도록 보조하는 기기
스탠딩프레임	• 높이 조절이 가능한 직립자세 보조기기

✦ 후방지지형 워커

- 보행 중 신체의 무게중심의 전반으로 쏠려 앞으로 넘어지는 경향이 있거나 점차 빨라지는 가속 보행이 나타날 때에는 후방형을 사용하면 좋음
- 보통 아동들이 많이 사용하고 워커의 가로대에 등을 기대고 워커 안에 설 수 있게 하여 똑바른 기립 자세를 강화하기 위해 설계

✦ GMFCS 3수준

- 다른 사람이 옆에 서 있거나 신체적 보조를 제공하면 난간을 잡고 계단을 오르내릴 수 있고, 보행능력이 제한적이므로 체육 및 스포츠 활동에 참여하기 위해 수동 휠체어 및 전동 휠체어와 같은 기구가 필요함
- 앉을 때 좌석벨트가 필요할 수 있고, 앉은 자세에서 일어나거나 바닥에서 일어설 때 신체적 보조나 지지면이 필요함
- 실내에서 스스로 수동 휠체어나 전동 이동장비를 사용할 수 있고, 실외에서는 다른 사람이 수동 휠체어를 밀어 주거나 전동 이동장비를 사용할 수 있음
- 신체적 보조를 받으면 난간을 잡고 계단을 오르내릴 수 있음

09

2022. 중
★답안작성

(가)는 지체장애 학생 E, F, G의 특성이고, (나)는 교육실습생이 (가)를 바탕으로 작성한 지도 시 유의사항이다. <작성 방법>에 따라 서술하시오. [4점]

(가) 특성

학생	특성
E	• 추체계와 운동피질의 손상으로 인한 뇌성마비임 • 근 긴장도가 높고 근육이 뻣뻣해지며 가위 모양 자세를 보임 • 비대칭성 긴장형 목반사(ATNR)를 보임 • 위식도 역류를 보이며, 강직성 씹기반사가 나타남
F	• 사지마비 뇌성마비임 • 고개를 가누지 못하고, 앉아 있을 때 머리와 몸통이 앞쪽으로 굴곡됨 • 다른 사람의 도움을 받아 수동 휠체어로 이동함
G	• 뇌성마비로 대근육운동기능체계(GMFCS) 3수준임 • 실내에서 손으로 잡는 이동 기구를 사용하여 이동할 수 있음 • 보행 시 신체의 무게중심이 앞으로 기울어지는 경향을 보임

(나) 유의사항

학생	유의사항
E	• ㉠ <u>수업 활동 시 학생 E 옆에 가까이 서서 지도하기</u> • ㉡ <u>식사 시 실리콘 재질의 숟가락이나 포크 사용하기</u>
F	• ㉢ <u>휠체어에 앉을 때 머리 지지대와 어깨 지지대를 활용하여 신체 정렬하기</u> • ㉣ <u>수업 활동 시 대안적인 서기 자세를 취할 수 있도록 프론스탠더 활용하기</u>
G	• ㉤ <u>계단을 오르내릴 때 난간을 잡고 이동하도록 지도하기</u> • 교실 및 복도에서 ㉥ <u>워커</u>를 사용하여 이동하기

작성방법

- (가)에 제시된 학생 E의 운동장애에 따른 뇌성마비 유형을 쓸 것
- (가)의 학생별 특성을 고려하여 (나)의 밑줄 친 ㉠~㉤ 중 적절하지 <u>않은</u> 것 2가지를 찾아 기호와 함께 그 이유를 각각 서술할 것
- (가)에 제시된 학생 G의 특성을 고려하여 (나)의 밑줄 친 ㉥의 종류를 쓸 것

핵심테마 체크 ✔

- 뇌성마비
- 근이영양증
- 이분척추

MY MEMO

10

정답 및 예시답안

②

알찬 지문풀이

- ㄴ. (나): ~~진행성이기 때문에 향후 이 마비 증상은 얼굴 전체로 확대~~된다. ➡ 불수의운동형의 경우, 목 가누기가 안 되고, 침을 흘리고, 삼키는 것이 어려워 말하기를 방해하지만, 진행성이 아님. 뇌성마비 = 비진행성 질환
- ㄷ. (다): 유전자 중 X염색체의 결함이 주된 원인인 안면견갑상완형의 초기 증상이다. ➡ 안면견갑완형은 다리 쇠약보다, 어깨나 팔의 쇠약, 안면근육에 영향
- ㅁ. (마): 척추 뼈가 완전히 닫히지 않아 분리된 척추 사이로 척수액이나 신경섬유가 돌출된 것이 원인인 ~~잠재이분척추~~의 증상이다. ➡ 척수수막류

문제 속 자료분석

- (가): 어떤 동작을 수행하면 자신의 의지와 상관없는 불필요한 동작이 수반된다. ➡ 불수의운동형

〈보기〉

- ㄹ. (라): 향후 독립보행이 어렵게 되어 휠체어를 사용하게 된다. ➡ 근이영양증은 진행성이므로 향후 독립보행이 어려워짐
- ㅂ. (바): 향후 수두증으로 진행하거나 션트(shunt) 삽입 수술 등이 필요할 수 있다. ➡ 척수수막류의 경우, 뇌척수액의 순환에 문제가 생겨 수두증이 발생할 수 있음. 션트 = 유연한 튜브. 션트를 삽입하여 뇌척수액 흐름의 압력 조절, 뇌척수액의 역류 방지

관련이론

✦ 근이영양증

- 근이영양증은 근섬유의 주된 퇴화로 인해 진행성 근육약화를 가지고 오는 선천성 장애로 폭넓게 정의
- 수의근의 진행성 근위축을 주증상으로 하는 질병군의 총칭
- 최근에 가장 신뢰할 수 있는 원인은 근막이상설. 즉, 근육세포막의 단백질인 디스트로핀(distrophin)의 소실 때문에 발생한다는 것
- 디스트로핀 단백질의 소실은 특성 유전자의 결함으로 발생

✦ 이분척추

<table>
<tr><td>정의와 특징</td><td colspan="3">• 척수를 감싸는 척추의 유전적 결함으로 인하여 하반신의 근육 및 감각을 조절하는 척수 및 신경의 일부분이 정상적으로 성장할 수 없음
• 대개 어느 정도의 하반신 마비를 가지고 있으므로 방광의 조절기능이나 위장기능장애를 가짐
• 대부분의 경우 팔과 상체를 활용할 수 있음</td></tr>
<tr><td rowspan="4">하위유형</td><td>잠재 이분척추</td><td colspan="2">• 가장 약한 장애를 나타내는 유형
• 단지 몇 개의 척추, 보통 하부척추가 변형되는 질환</td></tr>
<tr><td>수막염</td><td colspan="2">• 기형 척추를 통해 뇌척수막(척수를 덮고 있는 막)이 빠져 나온 것</td></tr>
<tr><td rowspan="2">척수 수막염</td><td>특징</td><td>• 척수 및 신경근이 탈출하며, 탈출한 척수와 신경은 척추를 후굴하게 함
• 아주 위험한 마비나 감염을 유발시키며 일반적으로 척추의 손상부위가 높으면 높을수록 신체기능에 미치는 영향은 큼
• 키아리Ⅱ기형과 뇌수종이 있을 수 있음</td></tr>
<tr><td>치료</td><td>• 뇌실복막 션트(VP shunt)를 수술로 삽입
• 션트는 넘치는 뇌척수액이 두뇌에서 나와 튜브를 타고 내려와 복막강으로 이동해서 몸에 재흡수되도록 하여 두뇌에서의 뇌척수액 축적을 막아주고 뇌손상을 일으킬 수 있는 두뇌에 대한 압력을 막아 줌
• 션트는 감염되거나 막힐 수 있는데, 막힘이 발생했을 때 아동은 두통, 흐릿한 시야, 구역질이나 구토, 무기력, 팔 힘의 약화, 혹은 심할 경우 동공 확대를 경험할 수 있음
• 션트가 고장나는 것은 응급상황으로, 검사를 위해 병원에 보내야 함
• 아동이 성장하게 되면 성장에 맞추어 교정할 수 있도록 정기적인 션트 수정이 필요함
• 션트의 밸브에도 고장이 생길 수 있다는 것을 인지하는 것은 중요하다. 어떤 션트 밸브의 경우 프로그램 될 수 있고 부주의로 압력환경이 바뀔 때 알려 주므로 이에 대한 정기적인 측정이 필요함</td></tr>
</table>

10

2011. 유

다음은 특수학교 박 교사가 자신의 학급 아동을 관찰한 내용이다. 이에 대한 설명으로 적절한 것을 〈보기〉에서 모두 고른 것은?

이름	장애 유형	관찰 내용
수지	뇌성마비	(가) 어떤 동작을 수행하면 자신의 의지와 상관없는 불필요한 동작이 수반된다. (나) 입 주위 근육에 마비가 나타나며, 이로 인하여 책이나 공책에 침을 흘리는 경우가 많다.
현우	근이영양증	(다) 종아리 부위의 근육이 뭉친 것처럼 크게 부어올라 있다. (라) 가우어 징후(Gower's sign)를 보이며 바닥에서 일어나는 데 어려움이 있다.
영수	이분척추	(마) 척추 부위에 혹과 같은 모양으로 근육이 부어올라 있다. (바) 머리가 비정상적으로 크고, 자주 구토를 하며 머리가 아프다고 호소한다.

보기

ㄱ. (가): 대뇌 기저핵의 손상이 주된 원인인 불수의 운동형의 주된 증상이다.
ㄴ. (나): 진행성이기 때문에 향후 이 마비 증상은 얼굴 전체로 확대된다.
ㄷ. (다): 유전자 중 X염색체의 결함이 주된 원인인 안면 견갑상완형의 초기 증상이다.
ㄹ. (라): 향후 독립보행이 어렵게 되어 휠체어를 사용하게 된다.
ㅁ. (마): 척추 뼈가 완전히 닫히지 않아 분리된 척추 사이로 척수액이나 신경섬유가 돌출된 것이 원인인 잠재이분척추의 증상이다.
ㅂ. (바): 향후 수두증으로 진행하거나 션트(shunt) 삽입 수술 등이 필요할 수 있다.

① ㄱ, ㄴ
② ㄱ, ㄹ, ㅂ
③ ㄴ, ㄷ, ㄹ
④ ㄷ, ㄹ, ㅁ
⑤ ㄱ, ㄷ, ㅁ, ㅂ

핵심테마 체크 ✔

- 뇌성마비의 의미
- 척추측만
- 보바스법

MY MEMO

정답 및 예시답안

②

알찬 지문풀이

- ㄱ. ➡ 뇌성마비는 신경성 증후군이며, 뇌성마비에 따른 증상 중 하나에 척추측만이 있음. 척추측만은 운동성 증후군
- ㄹ. ➡ 자세는 일과 시간동안 바꾸어 주어야 함. 한 자세를 오랜 시간 유지하는 것은 바람직하지 않음
- ㅁ. ➡ 보바스법의 최근 정의: 중추신경계 손상으로 인해서 환자 개개인이 가지고 있는 문제점 즉, 긴장도와 동작 그리고 기능장애를 평가하고 그에 맞는 치료를 통하여 회복을 촉진하여 자세 조절과 선택적 동작의 향상을 통한 기능을 최적화하는 데 그 목적이 있음

관련이론

✦ 척추측만

- 척추만곡의 특징은 만곡의 형태, 굴곡의 심각성, 그리고 원인에 따라 달라짐
- 척추측만증의 경우 굴곡의 심각한 정도는 각도로 측정(경도, 중등도, 중도 굴곡)

✦ 보바스법의 기본 원리

- 소멸되어야 할 비정상적인 반사패턴을 인위적으로 억제시키고 정상적인 반사패턴을 촉진시켜 몸을 바르게 가누고 몸통 돌려 눕기를 하고 바르게 두 발을 모아서 서고, 평형반응, 미로반응 등을 유발시켜 균형을 잡고, 앉고, 서고, 걸을 수 있도록 유도하는 것
- 평형반응의 완전한 통합에 의하여 일어난 정립반응이 평형반응에 중복되어 나타나는 발달 능력은 뇌성마비 아동의 치료에 있어 중요한 요소

11

2010. 중

척추측만증이 있는 뇌성마비학생에 대한 설명으로 옳은 것을 <보기>에서 모두 고른 것은?

보기

ㄱ. 뇌성마비는 발생학적으로 척추형성부전이나 척추 연골화가 있어 신경근성 척추측만으로 분류된다.
ㄴ. 신체 정렬이 되지 않은 부적절한 자세가 관절의 위치나 근육의 길이를 변형시켜 이차적인 장애로 척추측만을 일으킬 수 있다.
ㄷ. 척추측만이 고착되지 않은 경우, 중력에 대항하고 비정상적인 근육 긴장도를 최소화시켜 주는 방식으로 신체 정렬이 되도록 자세를 잡아 준다.
ㄹ. 척추측만증 교정을 위해 맞춤화된 앉기 보조 도구를 제공하여 가장 편하고 바른 자세를 잡아 주고, 그 자세를 일과 시간 동안 계속 유지시켜 준다.
ㅁ. 척추측만증을 위한 운동요법의 하나인 보바스(Bobath)법은 척추 주위의 운동 자극점을 지속적으로 눌러주어 비정상적인 자세긴장도를 정상화하는 것이다.

① ㄱ, ㄴ
② ㄴ, ㄷ
③ ㄴ, ㄷ, ㅁ
④ ㄱ, ㄷ, ㄹ, ㅁ
⑤ ㄴ, ㄷ, ㄹ, ㅁ

핵심테마 체크 ✔

- 대근육 운동기능 분류체계 (GMFCS)
- 프론 스탠더
- 강직성 씹기 반사

MY MEMO

12

정답 및 예시답안

○ 대근육 운동기능 분류체계는 뇌성마비 아동이 자발적으로 시작하는 동작을 평가하는 시스템으로, 앉기, 이동 동작, 가동성에 초점을 두고, 기능적 제한과 보행 보조기구나 이동 보조기구가 필요한가에 근거를 두고 구분한 단계이다.

○ **신체 기능적 측면**: GMFCS 4수준이므로 프론 스탠더에 지지하여 직립의 자세를 안정적으로 유지하여 신체활동을 효과적으로 할 수 있도록 돕는다.

○ **교수·학습 측면**: 프론 스탠더에 지지하여 직립자세를 취할 수 있게 함으로써, 보다 다양한 교수·학습활동에 참여할 수 있도록 한다.

○ 강직성 씹기 반사가 있으므로 깨지기 쉬운 재질인 일회용 플라스틱 숟가락 등은 사용을 삼가야 하고, 실리콘 재질 등 안전한 재질의 숟가락을 사용해야 한다.

관련이론

✦ 대근육 운동기능 분류체계(GMFCS)

의미 및 특징	• 뇌성마비 아동 및 청소년의 대근육 운동기능을 평가하기 위해서 5개의 연령군(2세, 2~4세, 4~6세, 6~12세, 12~18세)별 5단계 수준으로 분류 • 학생의 자발적인 시작동작과 일상생활을 관찰하여 평가 • 학생이 가장 잘할 때가 아닌 일상생활에서의 운동기능 수준을 기준으로 하므로 현재 기능적 활동의 수준을 잘 파악할 수 있음 • 특히 앉기 및 이동동작, 몸통균형 조절능력에 중점 • 운동에서의 기능적 제한 여부, 보행 보조기구나 휠체어 등의 필요 여부에 근거하여 운동기능을 5단계로 분류 • 검사 대상자의 가정, 학교, 지역사회 등에서의 일반적인 능력에 근거하여 분류하되, 결과를 동작의 질이나 호전 가능성 판단의 기준으로 삼아서는 안 됨

✦ GMFCS 4수준

- 학생은 대부분의 환경에서 타인의 신체적 도움을 받거나 전동 휠체어를 사용하고, 몸통과 골반의 자세 조절을 위해 개조된 의자가 필요함
- 이동 시 대부분 신체적 도움이 필요하고, 가정에서는 바닥에서 구르거나 기어서 이동함
- 신체적 도움을 받아 짧은 거리를 걷거나 전동 휠체어를 사용하고, 자세를 잡아주면 학교나 가정에서 체간지지 워커를 사용할 수 있음
- 학교·야외·지역사회에서 타인이 학생의 수동 휠체어를 밀어 주거나 전동 휠체어를 사용하여 이동하고, 이동성의 제한으로 인해 체육 및 스포츠 활동에 참여하기 위해서는 신체적 도움이나 전동 휠체어와 같은 장치가 필요함

✦ 강직성 씹기 반사

- 숟가락이나 어떤 물체를 입에 넣으면 반사적으로 꽉 무는 것과 같은 반응이 나타남
- 물기 반사는 음식 먹이기가 어렵고, 치아 손상을 일으킬 수 있을 뿐만 아니라 씹기에 필수적인 턱의 앞, 옆, 회전운동을 방해하여 씹기가 어려움
- 입안에 음식을 넣어 주면 의도하지 않게 갑자기 입을 다무는 강직성이 나타나, 숟가락으로 음식을 먹이는 것을 방해하고 씹는 것을 극도로 어렵게 함. 입안에 들어오는 자극에 대한 민감도가 강하고 비자발적임

✦ 숟가락의 수정

- 숟가락을 사용하기 위해서는 식사행동에 대한 정확한 과제분석이 필요. 과제 분석 단계에 따라 수정된 식사도구를 이용하면 좀 더 쉽게 지도할 수 있음
- 수정된 식사도구는 숟가락 위에 있는 음식을 떨어뜨리지 않고 균형을 유지하면서 입에 넣는 것이 어려운 아동에게 도움이 됨
- 입 부위에 감각이 예민하거나 강직성 씹기 반사를 가진 아동의 경우 금속 재질의 숟가락은 적절하지 않음
- 자극을 최소화하기 위해서는 플라스틱이나 실리콘 소재가 좋은데, 이때 일회용 플라스틱 숟가락은 부러지기 쉽게 때문에 적절하지 않음
- 수정된 식사도구는 매우 유용하나 정상화의 원칙이 중요하고 분명한 이득이 있을 때만 사용

12

2017. 중
★답안작성

다음은 지체장애 학생 D의 특성이다. 뇌성마비 장애인의 대근육 운동 기능을 평가하는 ㉠의 평가 및 분류 방법상 특징을 1가지 쓰시오. 그리고 보조기기 ㉡이 적절한 이유를 신체 기능적 측면과 교수·학습 측면에서 각각 1가지씩 설명하고, 학생 D를 위한 식사 도구 선정 시 고려해야 할 사항을 ㉢에 비추어 1가지 제시하시오. [4점]

> 경직형 사지마비(spastic quadriplegia)가 있는 학생 D는 ㉠ 대근육 운동 기능 분류체계(Gross Motor Function Classification System: GMFCS)의 4수준으로, 휠체어를 이용해 이동한다. 대부분의 시간을 휠체어에 앉아 생활하지만, 교수·학습 장면에서는 종종 서기 자세 보조기기인 ㉡ 프론 스탠더(prone stander)를 사용한다. D는 ㉢ 강직성 씹기 반사(tonic bite reflex)가 일어나는 경우가 있어서 음식 섭취 시 주의를 기울일 필요가 있다.

핵심테마 체크

- 단어예측 프로그램
- 보행 보조기기
- GMFCS
- 단계적 훑기
- 보조공학 사정의 특성
- SETT 모델

MY MEMO

13

정답 및 예시답안

1) ① 입력한 첫 글자로 시작하는 단어 목록이 나타난다.
   ② 체간지지 워커
2) 스캐닝(훑기) 조작을 처음 배우는 것
3) ① 실천적 사정
   ② 과제

관련이론

✦ 단어예측 프로그램

- 단어예측 프로그램 같은 소프트웨어가 쓰기과정을 수월하게 보조하며, 키보드를 이용하면 다른 사람이나 자신이 훨씬 알아보기 쉬운 글쓰기를 할 수 있다.

✦ GMFCS 4수준

- 학생은 대부분의 환경에서 타인의 신체적 도움을 받거나 전동 휠체어를 사용하고, 몸통과 골반의 자세 조절을 위해 개조된 의자가 필요함
- 이동 시 대부분 신체적 도움이 필요하고, 가정에서는 바닥에서 구르거나 기어서 이동함
- 신체적 도움을 받아 짧은 거리를 걷거나 전동 휠체어를 사용하고, 자세를 잡아주면 학교나 가정에서 체간지지 워커를 사용할 수 있음
- 학교 · 야외 · 지역사회에서 타인이 학생의 수동 휠체어를 밀어 주거나 전동 휠체어를 사용하여 이동하고, 이동성의 제한으로 인해 체육 및 스포츠 활동에 참여하기 위해서는 신체적 도움이나 전동 휠체어와 같은 장치가 필요함
- 대부분 바퀴 달린 이동장비를 사용함
- 자세 조절을 위해 개조된 의자가 필요하며, 이동 시 한두 명의 신체적 보조가 필요함
- 서서 하는 이동동작을 돕기 위해 자신의 다리로 체중을 지지하기도 함
- 실내에서 짧은 거리는 신체적 보조나 바퀴 달린 이동장비로 이동이 가능하고, 자세를 잡아주면 체간지지 워커를 사용하기도 함. 전동 휠체어 조작능력이 있음

✦ SETT 모델

- 학생이 보조공학을 선택할 때 네 가지 주요 영역인 학생, 환경, 과제 그리고 도구를 강조하는 모델이다.
- 보조공학을 사용하는 일련의 과정은 교육자나 관련된 사람들과 가족 그리고 학생 모두의 참여를 통해 이루어지는 과정임을 전제로 한다.
- 참여자들은 보조공학 사용 여부를 결정하기 전에 체계화된 질문을 이용하여 다음과 같은 사항들에 대한 구체적인 정보를 먼저 수집해야 한다.

구분	내용
학생	• 학생이 해야 할 필요가 있는 것을 먼저 확인한 후, 학생의 능력, 선호도, 특별한 요구에 대한 정보를 수집한다.
환경	• 교수환경 조정, 필요한 교구, 시설, 지원교사, 접근성에 관한 문제점(예를 들어 물리적 환경, 교수적 환경, 또는 공학적 환경에의 접근성)에 대해 파악한다. • 이때, 학생을 지원해 주는 사람들에게 도움이 될 만한 지원 자료들도 수집해야 한다. • 지원 자료에는 해당 학생의 태도나 기대치도 포함된다.
과제	• 학생이 수행해야 할 모든 과제가 조사되어야 한다. • 학생에게 필요한 활동을 과제에 포함시켜서 그 학생이 전반적인 환경에서 더 많은 활동에 참여할 수 있게 하고, IEP 목표를 달성할 수 있게 해야 한다.
도구	• 도구는 참여자들의 초기결정 그리고 뒤따르는 사항들에 대한 지속적인 결정에 사용된다. • 첫 번째 도구는 가능성이 있는 보조공학 해결책을 함께 심사숙고하는 것이다. 다음은 가장 적절한 혹은 가장 가능성 있는 해결책을 찾고, 이어 참여자들은 선택된 공학에 필요한 교수전략을 결정하게 된다. 마지막으로, 사용기간 동안 효과성에 대해서 어떻게 점검할 것인지의 방법을 결정한다.

고득점 답안 비법 ☆ 1) ② GMFCS 4단계에 근거하여 보조기기를 제시해야 함 : 실내에서 짧은 거리는 신체적 보조나 바퀴 달린 이동장비로 이동이 가능하고 자세를 잡아주면 체간지지 워커를 사용하기도 함

☆ 2) 단계적 훑기의 '사용자 특성'을 써야 하며, 단계적 훑기를 적용하는 사용자의 특성은 운동 조절이나 인지능력의 제한이 심한 사람들, 혹은 훑기 조작을 처음 배우는 사람들임

13

2024. 초
★답안작성

다음은 특수교육지원센터의 질의응답 게시판에 올라온 보조공학 기기와 관련된 글의 일부이다. 물음에 답하시오. [5점]

특수교육지원센터 〉 질의응답 게시판

Q & A

Q : 우리 반 학생은 쓰기 활동에 컴퓨터를 활용하고 있습니다. 그런데 키보드로 자료를 입력할 때 오타가 많아 힘들어 합니다. 도와줄 수 있는 방법이 없을까요?

└ A : 이 학생의 경우 키가드나 ㉠ 단어 예측 프로그램을 사용하면 도움이 될 것 같습니다.

Q : 한 가지 더 질문이 있습니다. 이 학생은 ㉡ 불수의 운동형 뇌성마비를 가지고 있으며, 대근육 운동 기능 평가(Gross Motor Function Classification System : GMFCS) 결과 4단계라고 합니다. 다음 주에 실내 체험학습을 갈 때 어떤 보조기기를 활용하는 것이 좋을까요?

└ A : 체험학습이라면 실내 활동이라도 이동 거리가 상당할 것으로 보입니다. 이런 경우에는 휠체어가 적절할 것 같습니다. 다만 실내 좁은 공간이라면 학생의 운동 기능을 고려할 때 (㉢)을/를 추천합니다.

Q : 안녕하세요? 우리 아이는 인지 기능은 정상이나 호흡이 거칠고 불규칙해서 다른 사람들이 아이의 말을 알아 듣기 어려워 일 년 전부터 보완·대체 의사소통체계(AAC)를 사용하고 있습니다. 그런데 운동장애가 심해져서 다른 방법이 필요할 것 같습니다. 학교와 집에서 사용하기 위해 담임 선생님께서는 ㉣ 단계적 훑기(step scanning) 기법을 추천하셨습니다. 어떤 방법인지 궁금합니다. [A]

└ A : 단계적 훑기는 간접 선택 기법의 일종입니다. 담임 선생님께서는 인지 기능이나 운동 기능보다는 (㉤) 때문에 추천하신 것 같습니다. 그 방법이 쉽습니다. 자세한 내용을 설명하기 전에 학생의 신체적 특성과 운동 기능 등 여러 가지 사항을 고려하여 보조공학 사정을 해 보는 것이 좋을 것 같습니다. 보조공학 사정은 생태학적 사정, (㉥)와/과 계속적 사정의 특성이 있습니다.

1) 다음은 ㉠에 대한 설명이다. ① ⓐ에 들어갈 내용을 쓰고, ② ㉡을 고려하여 ㉢에 들어갈 보조기기를 쓰시오. [2점]

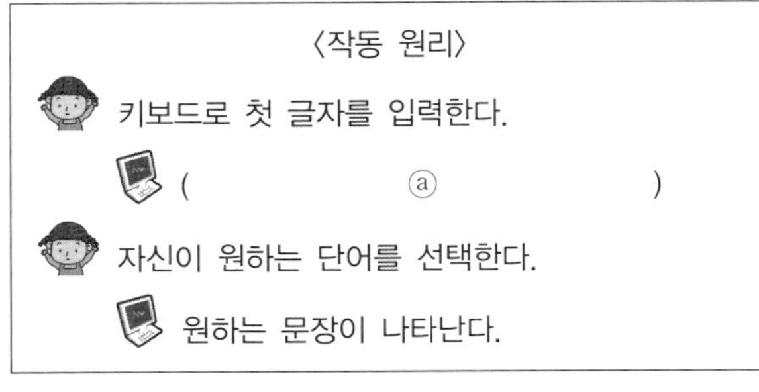

① :

② :

2) ㉤에 들어갈 ㉣의 사용자 특성을 1가지 쓰시오. [1점]

3) ① ㉥에 들어갈 보조공학 사정의 일반적 특성(D. Bryant & B. Bryant, 2003)을 쓰고, ② 자바라(J. Zabala)의 SETT 구조 모델에 근거하여 [A]에 추가로 고려해야 할 구성 요소를 쓰시오. [2점]

① :

② :

PART 13

14

핵심테마 체크

- 지체장애 학생을 위한 교수적합화
- GMFCS

MY MEMO

정답 및 예시답안

1) 유치원 C
2) 유치원 C
3) ① 신체적 보조를 받아 달리기를 하도록 한다 등
   ② 손으로 잡는 이동기구를 활동에 참여하도록 한다, 테이프 선을 따라 잡을 수 있는 레일을 설치하여 레일을 잡고 활동에 참여하도록 한다 등

관련이론

✦ GMFCS 단계별 내용

단계	내용
I	• 달리기와 뛰기 등 대근육 운동기능을 수행할 수 있으나 속도·균형·협응 면에서 제한이 있으며, 개인의 선택과 환경적 요인에 따라 체육 및 스포츠 활동에 참여할 수 있음 • 신체적 보조 없이 도로 경계석이나 난간을 잡지 않고 계단을 오르내릴 수 있음
II	• 난간을 잡고 계단을 오르나 난간이 없으면 신체적 보조를 받아서 계단을 오르고, 야외와 지역사회에서 신체적 도움을 받거나 손으로 잡는 이동기구를 이용하여 걸음 • 먼 거리는 휠체어를 사용하여 이동하고, 달리기와 뛰기 등 대근육 운동기술능력은 매우 부족하며, 체육 및 스포츠 활동 참여를 위해서는 수정이 필요함 • 대부분의 경우 걸을 수 있음. 손으로 잡는 보행 보조기구를 안전 목적으로 사용하기도 하며, 장거리 이동 시 바퀴 달린 이동장비를 사용하기도 함
III	• 앉았다 일어나거나 바닥에서 일어날 때 타인의 신체적 도움이나 지지면이 필요하고, 먼 거리 이동 시 휠체어를 사용함 • 다른 사람이 옆에 서 있거나 신체적 보조를 제공하면 난간을 잡고 계단을 오르내릴 수 있고, 보행능력이 제한적이므로 체육 및 스포츠 활동에 참여하기 위해 수동 휠체어 및 전동 휠체어와 같은 기구가 필요함 • 앉을 때 좌석벨트가 필요할 수 있고, 앉은 자세에서 일어나거나 바닥에서 일어설 때 신체적 보조나 지지면이 필요함 • 실내에서 스스로 수동 휠체어나 전동 이동장비를 사용할 수 있고, 실외에서는 다른 사람이 수동 휠체어를 밀어 주거나 전동 이동장비를 사용할 수 있음 • 신체적 보조를 받으면 난간을 잡고 계단을 오르내릴 수 있음
IV	• 학생은 대부분의 환경에서 타인의 신체적 도움을 받거나 전동 휠체어를 사용하고, 몸통과 골반의 자세 조절을 위해 개조된 의자가 필요함 • 이동 시 대부분 신체적 도움이 필요하고, 가정에서는 바닥에서 구르거나 기어서 이동함 • 신체적 도움을 받아 짧은 거리를 걷거나 전동 휠체어를 사용하고, 자세를 잡아주면 학교나 가정에서 체간지지 워커를 사용할 수 있음 • 학교·야외·지역사회에서 타인이 학생의 수동 휠체어를 밀어 주거나 전동 휠체어를 사용하여 이동하고, 이동성의 제한으로 인해 체육 및 스포츠 활동에 참여하기 위해서는 신체적 도움이나 전동 휠체어와 같은 장치가 필요함 • 대부분 바퀴 달린 이동장비를 사용함 • 자세 조절을 위해 개조된 의자가 필요하며, 이동 시 한두 명의 신체적 보조가 필요함 • 서서 하는 이동동작을 돕기 위해 자신의 다리로 체중을 지지하기도 함 • 실내에서 짧은 거리는 신체적 보조나 바퀴 달린 이동장비로 이동이 가능하고, 자세를 잡아주면 체간지지워커를 사용하기도 함. 전동 휠체어 조작능력이 있음
V	• 학생의 모든 환경에서 수동 휠체어로 다른 사람이 옮겨 주어야 하며 중력에 대항하여 머리와 몸통의 자세를 유지하기 어렵고 팔과 다리의 움직임 조절에 제한이 있음 • 머리를 가누고·앉고·서고·이동하기 등을 위해 보조공학을 사용하나 이런 장비로 완전히 보완되지는 않고, 이동할 때에는 전적으로 타인의 신체적 도움을 받아야 함 • 가정에서 학생은 바닥에서 짧은 거리를 이동하거나 성인이 안아서 옮겨 주어야 함 • 좌석과 조작방법을 수정한 전동 휠체어를 사용해 스스로 이동할 수도 있지만 이동성의 제한으로 체육 및 스포츠 활동에 참여하기 위해서는 신체적 도움과 전동 휠체어와 같은 장치가 필요함 • 수동 휠체어 이용 시 항상 다른 사람의 도움이 필요함 • 목과 몸통을 가누지 못하고 팔다리 조절이 어려움. 따라서 보조장비가 필요하지만 충분히 보완되지는 않음 • 이동 시 한두 명의 신체적 보조나 자동 리프트가 필요함 • 좌석, 조종간 등 많은 부분을 개조한 전동 이동장비를 통해 스스로 이동이 가능한 경우도 있음

14

2021. 유

다음은 4세반 통합학급 서 교사와 유아특수교사 박 교사가 나눈 대화이다. 물음에 답하시오. [5점]

> 서 교사: 선생님, 몸으로 표현하는 활동으로 어떤 활동을 계획하세요?
> 박 교사: 저는 지금까지 해 왔던 '곰 사냥을 떠나자' 활동을 하려고 해요.
> 서 교사: 곰 사냥 가는 길의 풀밭, 강물, 진흙, 숲, 동굴 상황을 ㉠ '흔들기'나 '들어올리기'와 같은 동작으로 표현하는 거에요?
> 박 교사: 네, 그 동작도 좋지만, 이번에는 ㉡ 테이프로 바닥에 곰 사냥 가는 길을 만들고, 그 테이프 선을 따라 '달리기', '껑충 뛰기', '밀기', '당기기', '회전하기', '구부리기'와 같은 활동을 해 보려고요.
> 서 교사: 그 방법도 참 좋겠네요. '선 따라가기 활동'에서 '밀기', '당기기'와 같은 동작을 하면 ㉢ 무게나 힘 등의 저항에 대해 한 번에 최대한 힘을 낼 수 있는 능력을 기를 수 있어요.
> 박 교사: 그런데 뇌성마비 유아 아람이가 잘 참여할 수 있을지 걱정이 되네요.
> 서 교사: 그러네요. 아람이는 대근육 운동 기능 분류체계(GMFCS, 4~5세) 2수준이라고 하셨으니까 또래 유아들과 같은 동작을 하는 데 어려움이 있을 수 있겠네요.
> 박 교사: 네, 그래서 ㉣ 달리기를 힘들어하는 아람이도 참여할 수 있는 방법을 고민하고 있어요.

1) ㉠은 2019 개정 유치원 교육과정 '신체운동 · 건강' 영역의 내용범주 '신체활동 즐기기' 내용에 제시된 운동 유형 중에서 어떤 운동에 해당하는지 2가지 쓰시오. [2점]

2) ㉢에 해당하는 기초 체력 요소를 쓰시오. [1점]

3) ㉡ 활동을 할 때 ㉣을 위한 교수적 수정을 ① 활동과 ② 교육 자료 측면에서 각각 쓰시오. [2점]

①:

②:

핵심테마 체크 ✔

- 뇌성마비 하위유형
- GMFCS
- 키가드
- 특수교육법_특수교육관련서비스

MY MEMO

15

정답 및 예시답안

1) ① 경직형 양마비 뇌성마비
   ② 타인이 수동 휠체어를 밀어주어 이동할 수 있는 능력이다.
2) ① 키가드
   ② 다른 키를 건드리지 않고 원하는 키를 정확하게 입력할 수 있게 도와준다.
3) 가족지원

관련이론

✦ 뇌성마비 하위유형

유형	내용
경직형 사지마비	• 경직형 사지마비(spastic quadriplegia)는 상지와 하지가 모두 손상을 받는 가장 심한 유형으로, 과도한 동시수축(exaggerated co-contraction)이 나타난다. • 과잉긴장으로 소리, 위치, 자극에 대해 공포심, 불안감을 느끼기도 하고, 머리조절 능력이 현저히 떨어지고, 침을 흘리며, 의사소통장애가 수반된다.
경직형 양마비	• 경직형 양마비(spastic diplegia)는 주로 하지가 손상을 받는 상태를 말하나, 상지의 손상도 존재한다. • 양쪽 일차 운동피질의 윗부분 쪽에 손상이 발생한 것이다. • 몸통의 회전 능력이 부족하여 옆으로 앉는 자세(side sitting)를 취하기가 어렵다. • 뒤로 넘어가는 체중 이동을 보상하기 위해 등을 구부린 채로 앉거나(rounded back), 양다리를 옆으로 벌려 'W' 형태로 앉는 자세(W sitting) 등 부적절한 자세를 취하여 균형을 유지하려는 보상작용이 뇌성마비 중 가장 많이 나타난다. • W자형으로 앉는 자세는 넓은 지지면을 제공하고 체중을 앞뒤로 옮기기 편한 자세여서 뇌성마비 학생이 선호하나 이러한 자세는 엉덩이와 무릎관절의 긴장을 높이고 회전운동과 측면으로의 체중 이동을 어렵게 한다.
경직형 편마비	• 경직형 편마비(spastic hemiplegia)는 몸의 한쪽 편만 마비가 된 경우를 말한다. • 두뇌 한쪽 부분의 운동피질에 손상이 발생한 것이다. • 오른쪽 편마비인 경우에는 두뇌의 왼쪽 운동피질이 손상된 것이고 왼쪽 편마비는 두뇌의 오른쪽 운동피질이 손상된 것이다. • 추체로는 일차 운동피질의 축색돌기로 구성되어 있고 축색돌기는 두뇌에서 내려와 뇌간 정도의 수준에서 대부분은 반대편으로 교차하고 내려와서 척수의 뉴런과 연결된다. 대부분의 축색돌기는 교차하기 때문에 두뇌의 좌측은 신체의 우측 움직임을 조절하고 우측은 신체의 좌측 움직임을 조절한다. • 경직형 편마비는 대부분 걸을 수 있으나 마비된 쪽의 팔, 다리를 사용하지 않는 경향이 있으며 모든 기능적인 동작을 손상되지 않은 쪽으로만 해결하려고 한다. 그러나 한쪽만 지나치게 사용하면 발작(seizure)이 나타날 우려가 있으므로 주의가 필요하다. 안정성(stability)과 운동성(mobility)을 동시에 추구하기 때문에 산만하고 분주하며 집중력이 떨어진다.

✦ GMFCS 4수준

- 학생은 대부분의 환경에서 타인의 신체적 도움을 받거나 전동 휠체어를 사용하고, 몸통과 골반의 자세 조절을 위해 개조된 의자가 필요함
- 이동 시 대부분 신체적 도움이 필요하고, 가정에서는 바닥에서 구르거나 기어서 이동함
- 신체적 도움을 받아 짧은 거리를 걷거나 전동 휠체어를 사용하고, 자세를 잡아주면 학교나 가정에서 체간지지 워커를 사용할 수 있음
- 학교・야외・지역사회에서 타인이 학생의 수동 휠체어를 밀어 주거나 전동 휠체어를 사용하여 이동하고, 이동성의 제한으로 인해 체육 및 스포츠 활동에 참여하기 위해서는 신체적 도움이나 전동 휠체어와 같은 장치가 필요함
- 대부분 바퀴 달린 이동장비를 사용함
- 자세 조절을 위해 개조된 의자가 필요하며, 이동 시 한두 명의 신체적 보조가 필요함
- 서서 하는 이동동작을 돕기 위해 자신의 다리로 체중을 지지하기도 함
- 실내에서 짧은 거리는 신체적 보조나 바퀴 달린 이동장비로 이동이 가능하고, 자세를 잡아주면 체간지지 워커를 사용하기도 함. 전동 휠체어 조작능력이 있음

✦ 키가드

- 구멍이 뚫려 있는 플라스틱으로서 일반 자판 위에 놓고 학생이 구멍 사이로 한 손가락으로 자판을 누르는 동안 다른 손가락은 키 가드 위에 지탱할 수 있는 장치
- 표준 키보드의 위에 놓고 사용하는 것으로 운동신경장애가 있는 사용자가 다른 키를 건드리지 않고 원하는 키를 찾아 정확하게 입력할 수 있게 도와주는 장치

15

2021. 초

(가)는 미나의 개별화교육지원팀 회의록이고, (나)는 보호자와 담임 교사의 대화이다. 물음에 답하시오. [5점]

(가) 개별화교육지원팀 회의록

일시	2020년 ○월 ○일 16:00~17:00
내용	△△학교 열린 회의실
협의 내용 요지	1. 대상 학생의 현재 장애 특성 • 대뇌피질의 손상이 원인 • 근육이 뻣뻣하고 움직임이 둔함 • 양마비가 있음 • 까치발 형태의 첨족 변형과 가위 모양의 다리 [A] • ㉠ 대근육 운동 기능 분류 시스템(Gross Motor Function Classification System: GMFCS) 4단계 • ㉡ 수동 휠체어 사용 2. 대상 학생의 교육적 요구 파악 • ㉢ 표준 키보드를 사용하여 입력하는 데 어려움이 있음 • 구어 사용을 위한 보완대체의사소통 지원 요청 3. 학기 목표, 교육 내용의 적절성 확인 및 평가 계획 안내 … (중략) … 4. 특수교육 관련서비스에 대한 협의 사항 • 교육용 보조공학기기 • 특수교육실무원 • 물리치료 • (㉣) 5. 기타 지원 정보 • 방과후 학교, 종일반 참여 여부

(나) 보호자와 담임 교사의 대화

어 머 니: 선생님, 미나 언니가 미나 때문에 스트레스를 받아서 도움이 필요해요. 미나 언니와 같은 비장애 형제자매가 도움을 받을 수 있는 방법이 있을까요?

담임 교사: 네, 어머니께서 필요로 하는 서비스는 교육청에서 도움을 받을 수 있습니다.

1) ① (가)의 [A]에 나타난 미나의 뇌성마비 유형을 쓰고, ② ㉠에서 가능한 ㉡의 사용 능력을 쓰시오. [2점]

①:

②:

2) 미나의 장애 특성을 고려하여 ① ㉢을 사용하기 위해 부착하는 보조공학기기의 명칭과, ② 그 기기의 사용 장점을 1가지 쓰시오. [2점]

①:

②:

3) (나)의 대화 내용을 반영하여 ㉣에 들어갈 특수교육 관련서비스를 「장애인 등에 대한 특수교육법」(법률 제17494호, 2020.10. 20. 일부개정)에 근거하여 쓰시오. [1점]

핵심테마 체크 ✓

- GMFCS
- 전동 휠체어
- 건강장애 선정기준

MY MEMO

16

정답 및 예시답안

1) ① 스위치
   ② 3개월
2) ① 초과정
   ② 모로반사

관련이론

✦ GMFCS 5수준

- 학생의 모든 환경에서 수동 휠체어로 다른 사람이 옮겨 주어야 하고, 중력에 대항하여 머리와 몸통의 자세를 유지하기 어렵다. 팔과 다리의 움직임 조절에 제한이 있고, 머리를 가누고/앉고/서고/이동하기 등을 위해 보조공학을 사용하나 이런 장비로 완전히 보완되지는 않는다. 이동할 때에는 전적으로 타인의 신체적 도움을 받아야 하고, 가정에서 학생은 바닥에서 짧은 거리를 이동하거나 성인이 안아서 옮겨 주어야 한다. 좌석과 조작 방법을 수정한 전동 휠체어를 사용해 스스로 이동할 수도 있지만 이동성의 제한으로 체육 및 스포츠 활동에 참여하기 위해서는 신체적 도움과 전동 휠체어와 같은 장치가 필요하다.

✦ 건강장애 선정기준

① 장애인 등에 대한 특수교육법에서는 건강장애를 "만성질환으로 인하여 3개월 이상의 장기입원 또는 통원치료 등 계속적인 의료적 지원이 필요하여 학교생활 및 학업수행에 어려움이 있는 사람"으로 정의하고 있다(교육부, 2020).
② 만성질환이란 학생의 교육적 수행에 영향을 줄 수 있는 만성적이거나 심각한 건강상의 문제를 일으키는 질병을 말한다.
③ 우리나라에서는 건강장애를 가진 특수교육대상자의 선정기준에 건강장애에 관한 구체적인 병명을 제시하지 않고 있다. 다만, 개별 학생의 의료적 진단 및 교육적 진단을 고려하여 선정하게 되어 있다.
④ 국내의 병원학교에서 교육을 받는 건강장애 학생 중 가장 많은 수를 차지하는 것은 소아암 학생들이다. 그러나 건강장애를 일으키는 질병은 소아암 외에도 신장 및 심장 질환, 소아천식, 제1형 당뇨 등 매우 다양하다.

✦ 모로반사

- 머리를 뒤로 젖혔을 때 팔이 신전 및 외전 그리고 외회전되면서 몸 전체가 신전 패턴이 되는 경우이다.
- 모로반사가 남아 있는 경우 몸이 신전되면서 휠체어 앞으로 미끄러져 나가게 되므로 앉기 자세에서 균형을 잃기 쉽다.

16

2023. 초

(가)는 건강장애 학생과 지체장애 학생의 특성이고, (나)는 체육 전담교사와 특수교사가 나눈 대화의 일부이다. 물음에 답하시오. [4점]

(가) 학생 특성

학생	특성
주호	• 만성적인 심장 질환을 가지고 있음 • 추운 날씨에는 청색증이 나타남 • 호흡기 계통 질환이 잦아 현장 체험 등에서 주의가 필요함 • 최근 병원에서 퇴원하여 계속적인 통원 치료를 받고 있음
세희	• 뇌성마비를 가지고 있음 • 일상생활 중 근긴장의 변화를 자주 보이며, 상지와 몸통이 본인의 의지와 상관없이 움직임 • 대근육 운동기능 분류체계(GMFCS) 5단계에 속함 ┐ • 현재 스캐닝 기법을 이용하여 보완대체의사소통 기기를 사용하고 있음 [A] • 야외 활동을 할 때에는 특수 전동 휠체어를 사용함 ┘

(나) 대화 내용

체육전담교사 / 특수교사

체육전담교사: 주호가 퇴원했다고 들었는데 특수교육대상자로 선정되었나요?

특수교사: 네, ㉠ 건강장애를 가진 특수교육대상자로 선정되었습니다. 주호처럼 계속적인 의료적 지원이 필요한 경우에는 건강장애로 선정될 수 있습니다.

체육전담교사: 다음 주에 유산소 운동 중심 수업을 계획하고 있는데, 제가 주호를 위해 주의해야 할 점이 있나요?

특수교사: 과격한 운동은 피하게 하고, 중간에 쉴 수 있도록 해 주세요. 주호에게는 ㉡ 걷기나 가볍게 달리기 등의 유산소 운동이 도움이 됩니다.

[B] ┐

체육전담교사: 얼마 전 수업시간에 세희가 휠체어에서 뒤로 넘어질 뻔했거든요. 어떤 모습이었냐면요, 갑자기 양팔이 활처럼 바깥으로 펼쳐지면서 뻗히다가 팔이 다시 안쪽으로 모아지는 모습이었어요. 정말 놀랐습니다.

특수교사: 갑자기 큰 소리가 났을 때 보이는 원시반사 중의 하나인데요, 가급적이면 갑작스러운 소음이나 움직임을 피해 주시는 것이 좋습니다.

┘

1) ① (가)의 [A]를 고려하여 특수 전동 휠체어를 운행하기 위한 보조공학기기를 1가지 쓰고, ② (나)의 ㉠으로 선정되기 위한 최소한의 기간을 쓰시오. [2점]

①:

②:

2) ① (나)의 ㉡을 통해 주호에게 중점적으로 향상시키고자 하는 건강 체력 요소 1가지를 쓰고, ② [B]의 대화에서 알 수 있는 원시반사 유형을 쓰시오. [2점]

①:

②:

핵심테마 체크

- 뇌성마비의 생리적 분류 유형
- 근이영양증
- 착탈의

MY MEMO

정답 및 예시답안

○ 학생 M은 운동실조형이다.
○ ㉠ 가성비대가 나타나는 이유는 근육의 변성과 재생이 반복되면서 지방 조직과 괴사 조직으로 대체되어 커져 보이기만 하기 때문이다. / ㉡ 가우어 징후이다.
○ ㉢ 마비된 우측을 대퇴부위까지 먼저 입고 비마비측인 왼쪽을 입는다.

관련이론

✦ 근이영양증

구분		내용
정의		• 근이영양증(muscular dystrophy)은 유전적으로 결정되는 진행성 질환으로 골격근의 진행성 위축과 근력 저하를 특징으로 하는 근육질환이다. • 근이영양증은 점차 근육이 힘을 잃어 가는 질병이므로 근디스트로피, 진행성 근이영양증(Pregressive Muscular Dystrophy; PMD)이라고도 불린다.
유형	듀센형 근이영양증	• 듀센형은 근이영양증의 대표적 유형이며 가장 흔하고 심각한 증상을 나타낸다. 대체로 근력, 내구력과 기능을 상실하며 신속히 진행된다. 듀센형은 디스트로핀이 심각하게 결핍된 경우에 나타난다. • 듀센형 근이영양증의 증상은 두 가지 증상, 즉 가우어스 사인(Gowers' sign)과 가성비대형(pseud ohypertrophic form)으로 나타난다. • 하지 근육이 약해지기 시작하는 초기에는 앉은 자세에서 일어서기가 어려워서 손을 사용하는 형태가 나타나는데, 이를 가우어스 사인이라고 한다. • 가성비대란 종아리 부분의 약해진 근육을 보상하기 위해, 근육이 지방섬유로 대치되어 마치 건강한 근육 조직처럼 보이는 것을 말하며 이를 의사성장(false growth)이라고도 한다. 실제로는 근육이 비대해지는 것이 아니고 근섬유가 괴사된 자리에 지방 및 섬유화가 진행되어 단단해지고 커진 것처럼 보이는 것을 말한다. • 근육의 약화는 다리와 고관절에서 나타나기 시작하여 어깨와 목 부위로 진행되고 팔과 호흡 근육, 심장 근육으로 증상이 진행된다.
	베커형 근이영양증	• 베커형 근이영양증은 듀센형과 마찬가지로 디스트로핀이 결핍되어 나타나는 근이영양증이다. 디스트로핀이 전혀 존재하지 않는 듀센형과는 달리, 베커형은 디스트로핀이 소량 존재하거나 비효과적·비정상적인 형태로 존재하는 유형이다. • 베커형 근이영양증도 듀센형과 같이 다리와 골반의 약화로부터 질병의 진행이 시작되지만 그 강도가 약하며 훨씬 늦게 시작한다. • 발병 시기가 보통 5~20세로 듀센형보다는 늦게 나타나고, 상태도 덜 심한 형태로 나타난다. • 근육의 약화는 나타나지만 질병 발생 후 25년 이상 경과된 다음에 보행하지 못하게 될 정도로 진행속도가 느려서 조기 사망을 일으키지는 않는다.
	안면견갑 상완형 근이영양증	• 안면견갑상완형 근이영양증이란 안면근, 견갑근(어깨근), 상완(어깨와 팔굽 사이 근육)과 허리, 엉덩이 근육 등이 약화되기 시작하며 어깨뼈가 날개 같이 튀어나오는 익상견갑(scapular winging)을 특징으로 하는 질병이다. • 다른 유형과는 달리 안면견갑상완형은 대부분은 10대에서 20대 청소년기에 처음 증상이 나타나서 느리게 진행되고 수명에는 영향을 미치지 않는다. • 움직임의 특성으로는 목을 움직이는 근육(목굴근), 대흉근(가슴근), 삼각근(어깨근) 등이 약화되어 일상생활에서 움직임의 제한이 나타난다. • 특히 안면근육 약화로 휘파람 불기, 풍선 불기, 빨대로 물 마시기 동작의 어려움이 나타난다. 또한 팔을 들어 올리거나 눈을 완전히 감는 일이 불가능하게 되며 장애는 골반과 다리 부분으로 진행되어 간다. • 이 유형은 진행이 늦고 중년 이후에도 보행이 가능하나, 심각성 정도가 매우 광범위하여 심장의 문제, 지적장애, 시각 및 청각장애를 일으킬 수 있다.
	지대형 근이영양증	• 지대형 근이영양증의 발병 연령은 유아기로부터 50세 이후까지 매우 넓다. 증상은 다양하나 근력 저하와 같은 임상적인 증상은 나타나지 않는다. • 전체적으로 보면 듀센형보다는 증상이 가볍고 진행도 늦다.

고득점 답안 비법 ㉠은 근육이 아닌 지방질로 바뀌어 커 보이는 것이라는 점이 포함되면 됨. 용어 사용에 따라 다양한 표현이 가능함

17

2020. 중
★답안작성

(가)는 ○○중학교에 재학 중인 지체장애 학생 3명의 특성이고, (나)는 체육교사가 이를 바탕으로 작성한 지도 계획의 일부이다. <작성 방법>에 따라 서술하시오. [4점]

(가) 특성

학생	특성
L	• 뇌성마비 • 뇌손상 부위와 마비 부위는 다음과 같음 뇌손상 부위 / 마비 부위 : 우측 편마비 / 심함 / 손상부위 및 정도
M	• 뇌성마비 • 소뇌 손상으로 발생함 • 평형이나 균형을 잡기 위한 협응이 잘 이루어지지 않음 • 다리를 넓게 벌리고, 팔을 바깥쪽으로 올리고 걷는 형태를 보임 소뇌
N	• 듀센형 근이영양증 • 초등학교 시기에는 다음과 같은 신체 특성이 있었음 ㉠ 가성비대 / ㉡ 앉아 있다 일어설 때의 자세

(나) 지도 계획

학생	지도 시 유의 사항
L	• 신체의 양쪽을 사용하도록 지도하기 • 체육복 착·탈의 점검하기 (단기목표: ㉢ <u>체육복 바지 입기</u>)
M	• 신체 활동 시 충분한 시간 주기 • 대근육 활용 촉진하기
N	• 신체 이완 및 심리적 지원하기 • 피로도 최소화하기

작성방법

- (가)의 학생 M의 특성에 근거하여 학생 M의 운동장애 유형을 쓸 것
- (가)의 그림 ㉠이 나타나는 이유를 1가지 서술하고, 그림 ㉡에 해당하는 용어를 1가지 쓸 것
- (나)의 밑줄 친 ㉢의 절차를 학생 L의 마비 부위를 고려하여 서술할 것

18

핵심테마 체크 

• 근이영양증

MY MEMO

정답 및 예시답안

○ ㉠ 가우어 징후
○ ㉡ 가성비대

관련이론

✦ 근이영양증

구분		내용
정의와 이해		• 근이영양증은 근섬유의 주된 퇴화로 인해 진행성 근육약화를 가지고 오는 선천성 장애로 폭넓게 정의 • 수의근의 진행성 근위축을 주증상으로 하는 질병군의 총칭 • 최근에 가장 신뢰할 수 있는 원인은 근막이상설임. 즉, 근육세포막의 단백질인 디스트로핀(distrophin)의 소실 때문에 발생한다는 것
하위유형	듀센형	• 가성비대형 • 근약화는 다리와 골반 주위 근육에서 시작하여 어깨 및 목 근육으로 진행하고 팔 근육도 영향을 받음. 병의 말기에는 호흡근 및 심장근의 기능부전까지 진행됨 • 측만증과 고관절 탈구 같은 자세 변형이 이미 진행된 상태이므로 단순한 자세 유지를 위한 목적에는 부합하지만 측만증을 교정하거나 진행을 억제시키기는 어려움 • **가우어 징후**: 아동이 바닥에 앉아 있다 일어설 때 볼 수 있는데, 발을 넓게 벌리고 손을 사용하여 발목과 무릎, 허벅지를 차례로 짚어 누르면서 일어나는 전형적인 형태를 말함 • **가성비대**: 종아리근육의 가성비대는 실제 근육의 발달로 비대해지는 것이 아니고 근육의 변성과 재생이 반복되면서 지방조직과 괴사조직으로 대체되어 커져 보이기만 한 것 • **트렌델렌버그 보행**: 골반 주위 둔근의 약화는 트렌델렌버그 보행으로 알려져 있는 오리 보행을 초래하여 보행 시 좌우 동요가 커짐 • **첨족 보행**: 다리근력의 약화로 무릎이 갑작스럽게 굴곡되어 넘어지는 것을 방지하기 위해 무릎을 과신전시켜 잠금 상태로 서 있게 되며, 아킬레스건의 구축은 첨족(까치발) 보행을 유발 • **멀온징후**: 상지와 견갑대근육까지 약화되면 겨드랑이 아래에 손을 넣어 들어 올릴 때 상지가 위로 올라가는 멀온징후가 나타남. 따라서 근이영양증 학생을 휠체어에서 자리이동 할 때에는 겨드랑이를 받쳐 들지 말고 등 뒤에서 깍지 낀 학생의 양 손목을 잡고 자리이동을 해야 안전함
	베커형	• 듀센형과 마찬가지로 디스트로핀이 결핍되어 나타나는 근이영양증 • 디스트로핀이 전혀 존재하지 않는 듀센형과는 달리, 베커형은 디스트로핀이 소량 존재하거나 비효과적, 비정상적인 형태로 존재하는 유형
	지대형	• 초기의 근약화는 골반과 견갑대에 나타나는데, 진행이 느리고 중증의 장애나 구축은 많이 발생하지 않음 • 전체적으로 보면 듀센형보다는 증상이 가볍고 진행도 늦음
	안면견갑상완형	• 안면근, 견갑근(어깨근), 상완(어깨와 팔굽 사이 근육)과 허리, 엉덩이 근육 등이 약화되기 시작하며 어깨뼈가 날개 같이 튀어나오는 익상견갑을 특징으로 하는 질병 • 대부분은 10대에서 20대 청소년기에 처음 증상이 나타나서 느리게 진행되고 수명에는 영향을 미치지 않음 • 움직임의 특성으로는 목을 움직이는 근육(목굴근), 대흉근(가슴근), 삼각근(어깨근) 등이 약화되어 일상생활에서 움직임의 제한이 나타남 • 안면근육약화로 휘파람 불기, 풍선 불기, 빨대로 물 마시기 동작의 어려움이 나타남 • 팔을 들어 올리거나 눈을 완전히 감는 일이 불가능하게 되며 장애는 골반과 다리 부분으로 진행됨
	근긴장형	• 성인에서 제일 흔한 유전성 근육질환으로 골격근, 심장, 뇌, 수정체 등 여러 장기를 침범하는 전신성·퇴행성 질환 • 주된 증상은 근력약화와 근위축이며, 증상의 개인차가 심해 'floopy infant' 또는 형겊 인형 증상을 보이는 선천성부터 경미한 증상만 있는 경우까지 다양

18 2014. 중

다음은 중학교 특수학급 교사와 방과 후 스포츠 활동 강사가 근이영양증(Muscular Dystrophy : MD)을 지닌 학생들에 대해 나눈 대화 내용이다. 밑줄 친 ㉠과 ㉡이 의미하는 용어를 각각 쓰시오. [2점]

> 강사: 선생님, 제가 이전 학교에서 지도했던 학생들 중 ㉠ 두 다리를 넓게 벌리고 양 손으로 바닥을 짚었다가 무릎과 허벅지를 손으로 밀면서 일어나는 모습을 보이는 학생이 있었어요. 스포츠 활동 프로그램을 계획해야 하는데, 이 학교에도 이런 특징을 보이는 학생이 있나요?
>
> 교사: 아마도 이 학교에서는 그런 특징을 보이는 학생을 보기는 어려울 거예요. 그런 학생들의 경우, 중학생이 되면 대부분 휠체어를 타게 되기 때문이에요.
>
> 강사: 그렇군요. 제가 지도했던 또 다른 학생은 배를 쑥 내밀고 등이 움푹 들어간 자세로 걷는데도 종아리 부분은 크고 튼튼해 보이더라고요. 그건 왜 그런 건가요?
>
> 교사: 그건 ㉡ 실제적으로 근위축이 일어나지만 근섬유 대신에 지방세포가 들어차 마치 근육이 증가한 것처럼 보이는 것이지 실제로 튼튼한 것은 아니에요.
>
> 강사: 네. 좋은 정보 감사합니다. 그러면 휠체어를 타는 학생들이 현재 상태를 유지할 수 있도록 근육 스트레칭이나 적절한 운동 프로그램을 준비하면 되겠네요.

PART 13

핵심테마 체크 ✔

- 근이영양증
- 교수환경의 수정_물리적 환경
- 욕창 예방
- 자세 지도

MY MEMO

19

정답 및 예시답안

1) ① ㉢ / 가성비대가 나타나는 근육도 사용하도록 하는 것
   ② ㉣ / 피로도를 고려하여 피로감이 없는 정도로 자전거를 타도록, 힘들어서 피로하면 그만 타도록 등
2) 고정형 자전거 주변에 지지대나 쿠션, 매트 등을 배치
3) ① 욕창 예방
   ② 자세 바꾸어 주기

관련이론

✦ 근이영양증 지도 시 고려할 사항

신체적 측면	• 아동의 적응능력을 촉진하기 위해 잔존능력을 최대한 활용할 수 있도록 격려 • 정기적으로 학생의 상태를 점검하고 지원 수준을 적절하게 조절 • 물리적인 지원 시 학생의 독립성을 최대한 고려 • 보행을 어렵게 할 수 있는 비만에 대해 철저히 관리 • 피곤의 수위를 조절한 보행을 장려할 것 • 피로나 욕창 방지를 위한 자세관리에 주의할 것 • 근력 향상보다 마비의 진행을 늦출 수 있는 근지구력에 중점을 두고 훈련할 것 • 같은 자세로 오랫동안 활동해야 할 경우 관절이 구축될 수 있으므로 자세 바꿔 주기 등에 주의할 것 • 자력으로 목 가누기가 곤란한 아동의 경우 졸음이나 약간의 물리적 충격만으로도 목이 앞뒤, 좌우로 쓰러져 호흡이 멈추는 등의 사고가 발생할 위험이 있으므로 항상 주의 • 심장, 호흡기 감염에 주의할 것 • 정기적인 스트레칭 운동, 악기연주나 수영, 자전거 타기 등을 통해 남아 있는 근육의 힘들을 효과적으로 사용하도록 지도할 것
심리 사회적 측면	• 학교 사회복지사나 심리학자와 같은 전문가의 도움을 연계할 것 • 자존감을 잃지 않도록 학생이 여전히 가치 있고, 쓸모 있고, 중요한 사람이라고 대하는 태도를 잊지 말아야 하며, 다른 학생들과 다른 규칙을 적용하거나 또래로부터 격리되지 않도록 유의할 것
개인 자율성 증진	• 책상의 높이 수정, 팔 받침대 제공 • 부드러운 연필, 사용하기 쉬운 필기도구 제공 • 쓰는 것 대신 숙제를 녹음할 수 있도록 지원, 계산기 사용 허용, 시간제한적 과제물 줄이기 • 컴퓨터 접근이 용이한 보조기기 제공
의사소통 지원	• 안면견갑상완형은 안면근육의 마비로 무표정하거나 단조로운 표정을 지울 수 있으므로 얼굴 모양을 통한 비상징적 의사소통이 어려울 수 있음 • 구어표현능력과 단기 언어활동 기억력 결손 등 음성언어 부분의 장애가 있을 수 있으므로 병의 경과에 따라 의사소통을 보완할 수 있는 방법 지원
학습지원	• 지적장애부터 정상 또는 우수한 수준까지 지적 능력이 다양 • 교사는 학생의 잠재력 발휘를 위해 체계적인 교수법을 제공하는 것이 중요하며, 이들 학생의 지적 능력은 근이영양증의 정도나 증상 진행과는 관련이 없음을 인식하는 것이 중요
일상생활 지원	• 일상생활 활동에 보조공학기기가 필요하고, 활동기술의 수정 및 적합화가 요구됨 • 컴퓨터 사용이나 책상 활동 등 상지 사용을 위해 팔 지지대를 제공하고, 음식물 씹기 및 삼킴에 관여하는 근육약화가 진행되면 음식을 잘게 썰어 제공한다든지, 필요하면 빨대를 통해 물이나 음료를 마시도록 해 주는 등의 지원 • 근이영양증 학생은 비만해지기 쉬워 체중이 많이 나가므로 자리이동 시에는 두 사람 이상이 적절한 방법으로 시행한다든지 리프트를 사용하여 부상 발생을 예방해야 함

✦ 욕창 및 자세 지도

- 욕창은 휠체어나 침대에서 자신의 몸을 자유롭게 이동시키지 못할 때 발생한다. 따라서 자세를 자주 바꾸어 주는 것이 필요하며, 욕창을 방지할 수 있는 특수 쿠션도 유용하다. 욕창은 발이나 뒤꿈치에도 발생한다.
- 욕창은 뼈와 닿아 있는 조직에서 생기며 외관상 손상이 드러나기 전에 이미 많은 부분에서 손상이 진행된다. 따라서 개별적이고 전문적인 관찰이 필요하다.

고득점 답안 비법 ✰ 1)의 ②: 피로도를 고려하여 운동 및 보행의 수위를 조절한다는 내용으로 작성하면 됨

✰ 2): 자전거를 타다가 넘어지지 않도록 하는 도구를 배치하는 것, 넘어지더라도 다치지 않도록 주변에 쿠션 등을 두는 것 등. 고정형 자전거와 관련되는 공간, 주변 환경의 상태, 도구나 장치 등의 배열

19

2023. 유

다음은 통합학급 교사들이 준우에 관해 나눈 대화의 일부이다. 물음에 답하시오. [5점]

박 교사: 선생님, 준우가 듀센형 근이영양증(Duchenne's muscular dystrophy)인데, 신체 활동할 때 고려할 점에 관해 협의해 보아요.
김 교사: 네, 준우가 ㉠ 걷기 능력을 가능한 한 오랫동안 유지할 수 있도록 해요.
박 교사: 그리고 ㉡ 근력 약화도 지연되도록 해야겠어요.
김 교사: 근력 운동은 무게가 있는 물건을 사용하면 어떨까요?
박 교사: 네, 하지만 너무 무거운 것은 피해야 할 것 같아요. 그리고 ㉢ 가성비대가 나타나는 근육은 사용하지 않도록 하는 것이 중요해요.
김 교사: 근력 운동뿐만 아니라 유산소 운동도 꼭 포함해야겠어요. 준우가 비만이 심해질수록 움직이기 더 힘들어하는데, 고정형 자전거를 타게 하면 어떨까요?
박 교사: 좋아요. 준우가 타다가 ㉣ 힘들어서 피로하다고 하더라도 몇 분 더 타도록 지도할게요. 그리고 준우뿐만 아니라 다른 유아들도 타다가 넘어질 수 있으니, ㉤ 고정형 자전거 주변의 물리적 환경을 수정해야겠어요.

… (중략) …

[A]
박 교사: 준우의 용변 처리를 지도할 때 엉덩이를 보니 일부 피부가 빨간색이었고 시간이 지난 후 다시 보아도 원래 피부색으로 잘 돌아오지 않았어요.
김 교사: 그렇죠. 준우 아버지께서도 준우가 집에서 의자에 좋은 자세로는 앉아 있지만 너무 오랫동안 앉아 있다고 걱정하셨어요. 교실에서도 선생님께서 알려 준 방법대로 의자에 바르게 앉아 있기는 하지만 한번 앉으면 잘 일어나려고 하지 않아요.

박 교사: ㉥ 의자 위에 특수 쿠션을 올려놓고 준우가 앉을 수 있도록 해야겠어요.
김 교사: 보조기기를 사용하는 것 외에 다른 방법은 무엇이 있나요?
박 교사: 일과 중에도 수시로 (㉦)을/를 해야 해요. 그리고 피부를 관찰하고 점검해서 피부의 청결, 습기, 온도, 상처, 감염 여부를 확인하여 조치해요. 균형 있는 영양 섭취, 용변 처리, 비만 등에 대한 지도가 필요합니다.

1) ㉠~㉣ 중 잘못된 내용을 2가지 찾아 그 기호를 쓰고, 각각을 바르게 고쳐 쓰시오. [2점]

①:

②:

2) ㉤에 해당하는 예를 1가지 쓰시오. [1점]

3) [A] 상황을 고려하여 ① ㉥을 사용할 때 기대되는 효과를 쓰고, ② ㉦에 들어갈 교사의 지원 내용을 1가지 쓰시오. [2점]

①:

②:

핵심테마 체크 ✔

- 근이영양증_안면견갑상완형
- 대근육 운동기능 분류체계(GMFCS)
- 목발의 사용

MY MEMO

20

정답 및 예시답안

1) ① 안면견갑상완형 근이영양증으로 인해 안면근육이 약화되었기 때문이다.
   ② V단계에 해당하며, 독립적인 이동수단이 없어 (수동) 휠체어로 다른 사람이 도움을 주어야 이동이 가능하다.
2) ① 교사는 준우의 뒤쪽에서 겨드랑이 사이로 팔을 넣어 준우의 양 손목을 단단히 잡는다.
   ② 목발과 좌측 발을 계단 아래로 내려놓은 다음 우측 발을 내려놓는다.
3) 교수·학습의 실효성을 높이기 위하여 학교에서는 필요에 따라 수업시간을 연속적으로 편성·운영할 수 있다.

관련이론

✦ 안면견갑상완형

- 안면근, 견갑근(어깨근), 상완(어깨와 팔굽 사이 근육)과 허리, 엉덩이 근육 등이 약화되기 시작하며 어깨뼈가 날개 같이 튀어나오는 익상견갑을 특징으로 하는 질병
- 대부분은 10대에서 20대 청소년기에 처음 증상이 나타나서 느리게 진행되고 수명에는 영향을 미치지 않음
- 움직임의 특성으로는 목을 움직이는 근육(목굴근), 대흉근(가슴근), 삼각근(어깨근) 등이 약화되어 일상생활에서 움직임의 제한
- 안면근육약화로 휘파람 불기, 풍선 불기, 빨대로 물 마시기 동작의 어려움이 나타남
- 팔을 들어 올리거나 눈을 완전히 감는 일이 불가능하게 되며 장애는 골반과 다리 부분으로 진행됨

✦ 지팡이와 목발

- 지팡이와 목발은 지체장애 학생의 기능에 따라 다양한 형태와 기능을 가지고 있으며 독립적인 보행이 가능한 학생의 수직적 움직임을 가능하게 하는 이동기기
- 보행용 목발은 나무나 알루미늄, 가벼운 금속 재질로 되어 있고, 끝은 미끄러지지 않도록 고무가 씌워져 있음
- 사용자의 체격이나 키에 따라 높이를 조절하여 사용하는데, 키의 16%를 감산하여 크기를 정하고, 어깨와 팔의 각도가 25~30도 정도 되도록 높이를 조절한다. 목발의 길이는 겨드랑이에서 손가락 2~3개 아래에 있도록 조절하는 것이 적절
- 목발을 이용하여 계단을 올라갈 때는 불편하지 않은 발을 먼저 내딛고 이후 목발과 불편한 발을 내딛도록 지도하며, 계단을 내려갈 때는 목발과 불편한 발을 먼저 내딛고 불편하지 않은 발이 내려가도록 지도하는 것이 안전

✦ GMFCS 5수준

- 학생의 모든 환경에서 수동 휠체어로 다른 사람이 옮겨 주어야 하며 중력에 대항하여 머리와 몸통의 자세를 유지하기 어렵고 팔과 다리의 움직임 조절에 제한이 있음
- 머리를 가누고·앉고·서고·이동하기 등을 위해 보조공학을 사용하나 이런 장비로 완전히 보완되지는 않고, 이동할 때에는 전적으로 타인의 신체적 도움을 받아야 함
- 가정에서 학생은 바닥에서 짧은 거리를 이동하거나 성인이 안아서 옮겨 주어야 함
- 좌석과 조작방법을 수정한 전동 휠체어를 사용해 스스로 이동할 수도 있지만 이동성의 제한으로 체육 및 스포츠 활동에 참여하기 위해서는 신체적 도움과 전동 휠체어와 같은 장치가 필요함
- 수동 휠체어 이용 시 항상 다른 사람의 도움이 필요함
- 목과 몸통을 가누지 못하고 팔다리 조절이 어려움. 따라서 보조장비가 필요하지만 충분히 보완되지는 않음
- 이동 시 한두 명의 신체적 보조나 자동 리프트가 필요함
- 좌석, 조종간 등 많은 부분을 개조한 전동 이동장비를 통해 스스로 이동이 가능한 경우도 있음

20

2020. 초
★답안작성

(가)는 지체장애 특수학교에 다니는 학생들의 특성이고, (나)는 2015 개정 특수교육 교육과정 중 기본 교육과정 실과 5~6학년군 '즐거운 여가 생활' 단원 수업 활동 계획의 일부이다. 물음에 답하시오. [5점]

(가) 학생 특성

예지	• 안면견갑상완형 근이영양증 ┐ • 어깨뼈가 날개같이 튀어나와 있음 [A] • 팔을 들어 올리는 데 어려움이 있음 ┘ • ㉠ 휘파람 불기, 풍선 불기, 빨대로 물 마시기 동작에 어려움이 있음
준우	• 경직형 뇌성마비 • 사지마비가 있음 ┐ • 모든 운동 기능이 제한적임 [B] • 머리 조절이 어렵고, 체간이 한쪽으로 기울어짐 ┘
은수	• 골형성부전증 • 좌측 하지 골절로 이동에 어려움이 있음

(나) 수업 활동 계획

활동	영화 관람	활동 장소	영화관
학습 목표	영화 관람 순서에 따라 영화를 관람할 수 있다.		
교수 · 학습 활동	• 영화 포스터 살펴보기 • 영화 입장권 구입하기		
⋯	⋯		
지도의 유의점	• 준우: 화장실 이용 시 보조인력의 추가 지원이 요구됨. 휠체어에서 양변기로 이동시키기 위해 보조인력은 준우의 무릎과 발목 뒤쪽을 지지하고, 교사는 (　　　㉡　　　) • 은수: 상영관에서 ㉢ 양쪽 목발을 사용하여 손잡이 없는 계단을 내려갈 때와 올라갈 때 주의하도록 함 • 왕복 이동 시간(1시간)과 영화 관람 시간(2시간)을 고려하여 오후 1시부터 4시까지 ㉣ 수업시간을 연속적으로 배정함(실과와 창의적 체험활동 연계)		

1) ① (가)의 [A]를 고려하여 ㉠의 이유를 쓰고, ② '대근육 운동 기능 분류체계(Gross Motor Function Classification System Expanded and Revised: GMFCS-E&R, 6~12세)'에서 [B]가 해당되는 단계의 이동 특성을 이동보조기기와 관련지어 쓰시오. [2점]

①:

②:

2) ① (나)의 ㉡에 들어갈 교사의 행동을 준우의 신체와 관련지어 쓰고, ② (가)에 제시된 은수의 특성을 고려하여 (나)의 ㉢을 지도할 때 목발과 발의 내딛는 순서를 쓰시오. [2점]

①:

②:

3) 2015 개정 특수교육 교육과정 중 기본 교육과정 실과에서 '교수 · 학습'의 '유의 사항'에 근거하여 ㉣과 같이 수업시간을 편성 · 운영하는 이유를 쓰시오. [1점]

핵심테마 체크

• 보편적 학습설계의 원리
• 발작(경련) 시 주의사항

MY MEMO

21

정답 및 예시답안

1) ① 안전하게 생활하기
   ② 비상시 적절히 대처하기
2) ㉡ 다양한 표현 수단의 제공
   ㉢ 다양한 표상 수단의 제공
3) ① ⓑ / 기도로 넘어갈 위험이 있는 물이나 마실 것을 주어서는 안 된다. 물이나 마실 것을 주면 기도가 막힐 수 있기 때문에 주면 안 된다.
   ② ⓓ / 유아의 고개를 약간 옆으로 돌려준다.

관련이론

✦ 보편적 학습설계(UDL)의 원리

제1원리	표상(representation) : 인지학습을 지원하기 위해, 다양하고 융통성 있는 제시방법 제공
제2원리	행동과 표현(action & expression) : 전략적 학습을 지원하기 위해, 다양하고 융통성 있는 표현 및 연습방법 제공
제3원리	참여(engagement) : 정서적 학습을 지원하기 위해, 다양하고 융통성 있는 참여를 위한 선택권 제공

✦ 발작 시 대처방안

발작 시	• 발작 지속시간을 확인할 수 있도록 시계를 봄 • 부상 위험이 있으므로 아이를 붙잡거나 움직임을 멈추려고 하지 말아야 함 • 부상 방지를 위해 머리나 신체 아래에 수건이나 담요를 깔아 줌 • 가구, 기타 딱딱하거나 날카로운 물건 등 학생의 주위에 있는 위험물을 제거 • 침이나 이물질이 기도를 막지 않도록 머리를 앞으로 비스듬히 해 줌 • 옆으로 눕혀 입안의 타액을 배출시키고 흡인을 예방할 수 있도록 함 • 강제로 입을 벌리려 하지 않음 • 간질 중 혀를 무는 일은 거의 없으므로 혀 무는 것을 방지하기 위한 물건을 입안에 넣지 않도록 함 • 안정이 가장 중요하므로 몸을 흔들거나 큰소리로 의식을 환기시키기 위한 자극을 하지 않도록 함 • 의식이 회복될 때까지 편안하게 눕힘 • 발작이 끝날 때까지 옆에서 주시 • 다음의 경우에는 구급차를 부름 – 발작이 5분 이상 지속될 때 – 의식이 회복되지 못한 상태에서 즉시 중복 발작이 발생하는 경우 – 발작이 처음 발생한 경우 – 호흡 곤란이 있는 경우 – 물 안에서 발작이 발생했을 때 등 • 발작이 끝나면 아이가 혼란스러워하지만 곧 안정을 찾게 됨. 이 시기에는 흡인 위험이 있으므로 어떤 액체 음료도 제공하지 않아야 함 • 발작 후에는 탈진하므로 휴식을 취할 수 있게 함
발작 후	• 간질약 복용 유무를 확인함 • 발작 후 호흡을 회복하지 못하면 인공호흡을 함 • 학생이 회복 후 쉬거나 잠을 자기를 원하면 그렇게 하도록 허락함 • 학급의 학생들을 안심시키거나 이러한 상황을 적절히 이해시킴 • 발작이 평소보다 길거나 강하면 부모나 의사에게 연락하고 상담함 • 학생의 발작의 전조나 발작 시 전후의 행동에 대해서 기록해 둠

21

2017. 유

(가)는 발달지체 유아 준희의 특성이고, (나)는 통합학급 교수활동 계획안의 일부이다. 물음에 답하시오. [6점]

(가)

- 장애명: 발달지체(언어발달지체, 뇌전증)
- 언어 이해: 3~4개 단어로 된 간단한 문장을 이해함
- 언어 표현: 그림 카드 제시하기 또는 지적하기로 자신의 의사를 표현함

(나)

활동명	이럴 땐 싫다고 말해요	대상 연령	5세
활동 목표	• ㉠ 성폭력 위험 상황에 대처한다. • 기분 좋은 접촉과 기분 나쁜 접촉을 구분하고 표현한다.		
활동 자료	동화 『다정한 손길』		
활동 자료 수정	상황과 주제에 적합한 그림 카드, 수정된 그림 동화, 동영상, 사진, PPT 자료 등		

활동 방법			자료 및 유의점
교사 활동	유아 활동		
	일반 유아	장애 유아	
1. 낯선 사람이 내 몸을 만지려 할 때 어떻게 해야 할지 이야기 나눈다.	(생략)		㉢ 준희를 위해 동화 내용을 4장의 장면으로 간략화한 그림동화 자료로 제시한다.
2. 동화『다정한 손길』을 들려준다.			
3. 동화 내용을 회상하며 여러 가지 유형의 접촉에 대해 이야기 나누고 기분 좋은 접촉과 기분 나쁜 접촉을 구별할 수 있게 한다.		㉡ 교사의 질문에 그림 카드로 대답한다.	
4. 기분 나쁜 접촉이 있을 때 취해야 할 행동에 대해 알려준다.			㉣ 준희에게 경련이 일어나면 즉시 적절히 대처한다.

… (하략) …

1) 2015 개정 유치원 교육과정 '신체 운동 · 건강' 영역에서 ① (나)의 ㉠이 포함되는 '내용범주'와 ② '내용'을 각각 쓰시오. [2점]

①:

②:

2) (가)를 참고하여 (나)의 ㉡, ㉢에 적용한 '보편적학습설계' 원리를 각각 쓰시오. [2점]

㉡:

㉢:

3) (나)의 ㉣에서 교사가 취해야 할 행동으로 적절하지 않은 것 2가지를 ⓐ~ⓔ에서 찾아 기호를 쓰고, 그 내용을 각각 바르게 고쳐 쓰시오. [2점]

ⓐ 유아 주변의 위험한 물건을 치운다.
ⓑ 경련을 진정시키기 위해 물이나 마실 것을 준다.
ⓒ 유아와 함께 있으면서 목과 허리 부분을 느슨하게 해 준다.
ⓓ 구토를 하면 질식할 수 있으므로 유아를 똑바로 눕히고 손으로 고개를 받쳐 들어 준다.
ⓔ 경련을 하는 동안에는 경련을 저지하기 위해 유아의 몸을 억제하는 행동을 하지 않는다.

①:

②:

핵심테마 체크 ✓

- 이분척추
- 긴장성 목반사
- 전신발작의 유형

MY MEMO

22

정답 및 예시답안

○ ㉠은 척수수막류이다.
○ ㉣은 '고개를 왼쪽으로 돌리면'이고, ㉤은 '고개를 뒤로 젖히면'이다.
○ ㉥은 전신 긴장성-간대성 발작이다.

관련이론

✦ 이분척추

척수 수막류	• 이분척추의 가장 심한 형태는 척수수막류이다. 척수를 둘러싸고 있는 척추뼈의 뒷부분이 완전히 닫히지 않아 분리된 척추 사이로 척수나 신경섬유가 돌출된 상태이며, 이 경우에는 신경장애를 일으킨다.
수막류	• 수막류는 뼈 결손 부위의 척수막이 결손된 것으로, 척수 자체가 손상된 것은 아니다. • 수막류는 쉽게 치료가 가능하고 외과적 수술을 통해서 완치될 수 있다.
잠재이분 척추	• 잠재이분척추는 뼈의 결손만 일어난 것으로 눈에 띄는 영양이 없는 경우를 말한다. • 잠재이분척추는 눈에 띄는 장애를 유발하지 않는다.

✦ 자세반사

긴장성 목반사	• 긴장성 목반사는 머리 조절능력의 부족으로 머리가 앞뒤 또는 측면으로 기울거나 회전하면서 목 근육과 관절의 고유수용기를 자극하여 몸 전체의 근긴장 분포 변화와 함께 특징적인 자세가 나타나는 반사이다. • 긴장성 목반사는 출현 시 나타나는 자세에 따라 대칭성 긴장성 목반사(STNR)와 비대칭성 긴장성 목반사(ATNR)로 나눈다. • STNR은 머리를 뒤로 젖히면 과도한 척추전만이 되면서 상지에는 신전근긴장이, 하지에는 굴곡근긴장이 증가하고, 반대로 머리를 앞으로 숙이면 척추후만 자세와 함께 상지에는 굴곡근긴장이, 하지에는 신전근긴장이 증가하는 반사이다. • ATNR은 목을 회전시키면 안면 쪽의 상하지와 몸통은 신전근긴장이, 머리 쪽의 상하지와 몸통에는 굴곡근긴장이 증가하는 것으로 신체 좌우의 자세가 비대칭이므로 비대칭성 긴장성 목반사라고 한다.
긴장성 미로 반사	• 긴장성 미로반사는 내이의 미로가 자극되었을 때 몸 전체의 근긴장 변화를 일으키는 자세반사로, 바로 누운 자세에서는 신전근긴장이 증가하고, 엎드려 누운 자세에서는 굴곡근긴장이 증가하는 것이다. • 이 반사가 나타나는 뇌성마비 아동을 휠체어에 앉혔을 때 앉기 균형이 부족하거나 몸통 조절이 안 되어 휠체어 등받이를 경사시키면 긴장성 미로반사의 영향으로 몸 전체의 신전근긴장이 증가하고 뻗침 자세가 나타나게 된다.
음성 지지 반응	• 음성 지지반응은 발바닥이 자극되면 순간적으로 하지 굴곡근긴장이 증가하면서 다리가 굴곡되는 반사이다. • 이 반사는 휠체어 발받침에 발이 닿으면 순간적으로 하지를 굴곡시켜 천골앉기 자세를 초래하게 된다.
양성 지지 반응	• 양성 지지반응은 휠체어 발받침의 자극과 같이 발바닥이 자극되면 음성 지지반응과는 반대로 하지의 신전근긴장이 증가하는 반사이다. • 양성 지지반응은 가끔 뇌성마비 아동의 근력 약화를 보상하여 선 자세를 취할 수 있게 해주지만 보행을 위한 무릎관절의 굴곡을 할 수 없고, 가위자세를 초래하여 보행에 방해가 된다. • 또한 휠체어 앉기에서는 뻗침 자세를 초래하여 전방 미끄러짐 현상이 나타나게 된다. • 적절한 발목 스트랩의 사용은 발바닥 전체에 가해지는 자극을 뒤꿈치로 이동시킴으로써 양성 지지반응의 출현을 억제할 수 있다.
모로 반사	• 모로반사는 보통 생후 4~8개월경까지 나타날 수 있지만 그 이후는 소실되어 나타나지 않는다. • 그러나 뇌성마비 아동에게서는 지속적으로 나타날 수 있는데 반 누운 자세에서 아동의 머리를 받쳐주다가 갑자기 그 지탱을 제거하면 팔을 급격하게 펴서 벌리는 자세반사가 나타난다.
갈란트 반사	• 갈란트반사(Galant reflex)는 손톱으로 12번 늑골에서부터 장골능까지 척추의 측면을 따라 긁어 내려가면 자극을 주는 쪽으로 몸통과 골반이 휘어지는 현상이다. • 비대칭적으로 출현하면 뇌손상을 의심할 수 있고, 비대칭적 반응이 지속적으로 남아 있으면 척추 측만을 발생시키기 쉽다.

✦ 전신 긴장성-간대성 발작(generalized tonic-clonic seizure)

- 대발작(grand mal seizure)이라고도 불리며, 가장 흔한 형태로 전체의 60%를 차지하는데, 사람에 따라서는 발작을 하기 전에 전조(aura)라 불리는 평상시와는 다른 특유한 감각을 느끼기도 한다.
- 발작이 시작되면 의식불명 상태에서 온몸이 경직되고, 호흡 곤란이 생길 수도 있으며, 배변 통제가 안 되고, 격렬한 발작으로 인해 신체적으로 상해를 입기도 한다. 발작이 진정되면 기억을 못하기도 하는데, 대개는 졸려 하며 휴식을 취하게 된다.

22

2023. 중
★답안작성

(가)는 지체장애 특수학교에 재학 중인 학생의 특성이고, (나)는 특수 교사와 지원인력이 나눈 대화의 일부이다. 〈작성 방법〉에 따라 서술하시오. [4점]

(가) 학생의 특성

학생	특성
A	• (㉠) 이분척추 • 신경계 일부가 돌출된 상태로 태어남 • 뇌수종으로 인한 지적장애 • 방광 조절 기능장애 • 하지마비
B	• 대뇌피질(cerebral cortex) 손상 • ㉡ 비대칭성 긴장성 목반사(ATNR)가 남아 있음 • 경직형 뇌성마비
C	• 대뇌피질(cerebral cortex) 손상 • ㉢ 대칭성 긴장성 목반사(STNR)가 남아 있음 • 전신발작 • 경직형 뇌성마비

(나) 특수 교사와 지원인력의 대화

특수 교사: 선생님, 학생 B와 학생 C는 원시반사가 있으니, 주의해서 지원해 주시기 바랍니다.

지원인력: 어떻게 지원하면 될까요?

특수 교사: 학생 B와 C는 휠체어를 이용할 때 머리를 움직이지 않도록 하여 팔과 다리의 신전과 굴곡을 최소화하는 것이 중요합니다. 학생 B는 (㉣), 왼쪽 방향의 팔과 다리가 신전되고 반대편 팔과 다리는 굴곡됩니다. 학생 C는 (㉤), 양팔은 신전되고 양 다리는 굴곡됩니다.

…(중략)…

특수 교사: 선생님, 학생 C는 전신발작이 있으니 전조 증상에 유의해서 관찰해 주세요.

지원인력: 평소와 다른 특이한 행동이나 감각 반응 등을 관찰하면 되겠군요.

특수 교사: 네. 발작이 시작되면 의식이 없어지고, 온몸이 경직되며 호흡 곤란과 격렬한 발작으로 인해 신체적 상해를 입기도 해요. 근육이 수축과 이완을 반복하며 몸 전체가 심하게 흔들립니다. 대부분 발작은 3~5분 안에 끝나고 힘이 빠진 상태에서 주로 잠이 듭니다. 그리고 발작이 진정되면 꼭 휴식을 취하게 해 주세요. [㉥]

… (하략) …

작성방법

- (가)의 학생 A의 특성에 따라 괄호 안의 ㉠에 들어갈 이분척추의 유형을 쓸 것
- (가)의 밑줄 친 ㉡과 ㉢에 근거하여 (나)의 괄호 안의 ㉣과 ㉤에 해당하는 내용을 순서대로 서술할 것
- (나)의 ㉥에 해당하는 전신발작의 명칭을 쓸 것

23

핵심테마 체크

- 발작의 유형
- 발작에 대한 지원방안

MY MEMO

정답 및 예시답안

○ 부재발작
○ 부재발작을 자주 하는 아동의 경우에는 발작 후에 수업의 어느 부분을 학습하고 있는지를 찾도록 도와주는 또래 도우미를 지정하여 지원해 줄 수 있다. 또래 도우미는 발작이 끝난 후 책의 어느 페이지를 읽고 있는지 찾아주는 것만으로도 학생을 지원할 수 있으며, 이는 읽기 활동 시 특히 유용하다.

관련이론

✦ 부재발작

- 소발작이라고도 하는데, 주로 4~12세 사이에 시작된다.
- 특징적으로 '멍한 상태'를 보이는 발작 증세가 5~15초 정도 지속되며, 많은 경우 하루에 수십 회씩 나타나기도 한다.
- 학생이 공허하게 앞을 주시하거나 눈을 깜빡거리거나 간대성 경련을 보이기도 한다.
- 전조 없이 갑자기 나타나고, 보통 경련이 계속됨에 따라 학업성적이 떨어지게 된다.

24

핵심테마 체크

- 척추측만
- 골형성부전증
- 골절

MY MEMO

정답 및 예시답안

○ ㉠ 척추측만증
○ ㉡ 골절

관련이론

✦ 척추측만증

- 척추측만증(scoliosis)은 뇌성마비 학생의 15~30% 정도에서 나타난다.
- 척추 주위 근육의 비대칭적인 긴장으로 이해 잘못된 자세를 방치하게 되어 척추가 S자형이나 C자형으로 만곡되는 것을 말한다. 방치하면 자세의 균형, 보행, 심폐 기능에 영향을 줄 수 있다.

✦ 골형성부전증

- 골형성부전증(osteogenesis imperfecta)은 뼈가 약하여 신체에 큰 충격이나 특별한 원인이 없이도 뼈가 쉽게 부러지는 유전질환이다.
- 일생 동안 몇 차례 정도의 골절을 겪기도 하고 아동에 따라서는 다발성 골절을 경험하기도 하지만, 이러한 골절의 빈도는 나이가 많아짐에 따라 감소한다.
- 대부분 정상적인 지능을 가지고 있으며, 운동 발달이 늦고, 유스타키오관 문제로 인해 귀가 자주 감염된다.
- 척추문제로 인한 수술과 다리 교정을 위한 보조기기가 필요하며 척추측만을 예방하기 위한 자세 교정이 요구된다.
- 그 밖에 운동을 통한 체중 조절과 물리치료 및 작업치료 제공이 도움이 된다.

23

2016. 중

다음은 학생 A의 발작(seizure)에 대해 교사가 정리한 내용의 일부이다. 학생 A에게 나타난 발작의 유형을 쓰고, 밑줄 친 상황을 고려하여 학생 A가 수업에 참여할 수 있도록 교사가 수업 중에 지원해 줄 수 있는 방법 1가지를 쓰시오. [2점]

> 학생 A는 종종 전조나 전구 증상도 없이 잠깐 동안 의식을 잃고, 아무런 움직임 없이 허공만 응시하고 있었다. 말을 하다가도 순간적으로 말을 중단하고, 움직임이 없어지며 얼굴이 창백해졌다. 발작이 끝나면 아무 일도 없었던 것처럼 이전에 하던 활동을 계속 이어서 하지만 발작 중에 있었던 교실 상황은 파악하지 못하여 혼란스러워 했다. 학생 A는 수시로 의식을 잃기 때문에 수업의 내용을 많이 놓쳐 당황해 하기도 하고, 수업 내용을 이해하지 못하여 좌절하기도 했다.

24

2017. 중

다음은 J 고등학교 교사들의 대화 내용이다. ㉠에 공통으로 들어갈 병명을 쓰고, ㉡에 들어갈 내용을 1가지 쓰시오. [2점]

> 김 교사: 학생 K는 평소 서 있을 때 양쪽 어깨 높이에 차이가 있고, 몸통 좌우가 비대칭적으로 보였었는데 원인을 알 수 없는 청소년기 특발성 (㉠)(으)로 진단되었다고 합니다.
>
> 양 교사: 그런데 (㉠)은/는 뇌성마비나 근이영양증이 있는 학생에게도 종종 나타납니다. 그대로 방치하면 자세, 보행 및 심폐기능에도 영향을 줄 수 있기 때문에 적절한 치료와 함께 교육적 지원을 받아야 합니다.
>
> 박 교사: 우리 학급의 학생 M은 골형성부전증입니다. 친구들과 다른 신체적 특성 때문에 심리적으로 위축되지 않도록 사회·심리적 지원을 해 주고 있습니다.
>
> 양 교사: 골형성부전증의 특성상 (㉡)의 위험이 있으므로 특히 신체활동이 많은 교수·학습 활동 시 주의해야 합니다.

PART 13

핵심테마 체크 

- 뇌성마비의 생리적 분류 유형

MY MEMO

25

정답 및 예시답안

④

알찬 지문풀이

- ㄱ. 앉기를 지도하기 위해 발달적 지도법을 사용할 때에는 ~~네발 기기를 이용한 놀이 방법~~을 사용한다. ➡ 발달적 순서에 적절하지 않음

- ㄷ. 움직임 자세의 지도는 ~~소근육 운동부터 시작해서~~ 자신감을 얻게 한 후 ~~점차 대근육 운동으로~~ 진행한다. ➡ 대근육에서 소근육으로 진행

관련이론

✦ 뇌성마비의 생리적 분류

경직형	• 경직형은 대뇌피질(cerebral cortex)의 운동영역 손상에 기인하며, 근긴장이 증가하는 경직이 나타난다. • 보통 상지에서는 팔을 구부리는 근육의 마비가 많이 나타나고, 하지에서는 펴는 근육의 마비가 많이 나타난다. • 근육 경직으로 관절 구축과 변형 등 다양한 형태의 비정상적인 자세가 출현하고 수의운동은 가능하더라도 운동의 질이 떨어지며, 일반적으로 발달 수준에 따라 다양한 공동운동(synergies movement)이 나타난다. • 많은 경직형 뇌성마비 아동에게서 고관절 아탈구를 볼 수 있고, 흔히 '까치발'이라 하는 첨족 변형도 많이 나타난다. • 고관절 내전근 경직으로 전형적인 가위자세(scissors posture)를 보이고, 이런 상태에서 보행이 가능할 경우 가위보행의 형태를 나타내게 된다. • 척추에서는 측만증과 후만증 변형이 많이 나타나고, 이 때문에 앉았을 때 등이 활처럼 휘어지는 '라운드 백(round back)' 현상을 쉽게 볼 수 있다. • 교실이나 가정에서 바닥 앉기 자세를 취할 때 양다리를 쭉 펴고 앉게 되면 하지 근육의 경직과 단축으로 '라운드 백' 현상이 현저하게 나타나므로 주의해야 한다. • 앉기 자세에서 감소한 균형 능력을 보상하고 안정성을 얻기 위해 'W 앉기(W squat)' 자세를 취하는 경우가 많으나 비정상적인 하지 정렬을 초래하고 관절에 무리가 가는 자세이므로 피해야 한다. • 경직형 뇌성마비 아동은 지능 역시 다양하나 일반적으로 무정위운동형(athetoid type)보다 낮고, 간질 역시 무정위운동형보다 많이 나타난다.
무정위 운동형	• 무정위운동형은 뇌의 바닥 부위인 기저핵(basal ganglia) 손상이 주된 원인이다. • 운동 특성은 목적 없이 빠르거나 느린 운동 패턴이 나타나고, 휴식 시에도 팔다리가 꿈틀꿈틀 움직이거나 움찔거리는(jerky) 불수의적 동작이 일어난다. • 진전(tremor)이 동반되기도 하고, 상지 말단의 운동이 상지 근위부로 물결치듯 퍼져가 마치 벌레가 움직이는 것처럼 보인다. 그러므로 손으로 물체를 잡으려고 뻗칠 때에 불규칙적이고 원하지 않는 방향으로 움직임이 일어나게 된다. • 불수의운동은 움직이려고 노력하거나 말을 할 때 또는 흥분을 하거나 깊은 생각을 하는 모든 것들이 자극이 된다. • 무정위운동형은 사지에서뿐만 아니라 혀를 포함한 구강 근육과 안면 등 신체 모든 부위에서 나타날 수 있으므로 발음과 호흡근의 조절장애로 인한 언어장애와 의사소통 문제가 발생하고, 얼굴 찡그림이나 침 흘림 등으로 사회적 상호작용에도 영향을 미친다. • 신체 근위부(어깨, 골반 등) 안정성이 부족하고, 자세 유지에 필요한 정위반응과 평형반응이 결여되어 자세가 불안하다. 지능이 정상인 경우도 많고 비교적 높은 편이다.
실조형	• 실조형은 소뇌 손상 시 나타나며, 소뇌는 협응운동과 근긴장도, 인지기능 그리고 평형반응을 담당하는 중추신경계의 하나이다. 따라서 실조형 뇌성마비 아동은 수의적 운동은 존재하지만 협응되지 않은 어설픈 움직임이 일어나고 강한 진전이 동반된다. • 저긴장(hypotonia)과 안진(nystagmus), 낮은 지능, 발음이 명확하지 않은 말 등이 나타난다. • 몸통과 팔다리의 평형장애로 자세조절 능력에 결함이 나타나고, 걸을 때는 균형을 잡지 못하고 술에 취한 것처럼 걷거나(drunken gait) 발을 넓게 하여 걷고 동시에 발의 위치를 확인하려고 발을 보면서 걷는 실조성 보행(ataxic gait)이 나타난다.
이완형	• 이완형(atonia, flaccidity)은 근긴장도가 현저히 떨어져 있는 저긴장 상태로, 목적 있는 운동은 물론 중력에 대항하여 자세를 유지하기도 어렵다.
혼합형	• 혼합형은 위의 여러 증상이 혼합된 상태로 최근에는 두 가지 이상이 중복된 혼합형이 증가하는 추세이다.

25

2011. 유

뇌성마비 유아에게 2008년 개정 특수학교 기본교육과정 체육과 내용인 '움직임의 자세 이해하기'를 지도하기 위한 고려 사항으로 적절한 것을 〈보기〉에서 모두 고른 것은?

보기

ㄱ. 앉기를 지도하기 위해 발달적 지도법을 사용할 때에는 네발 기기를 이용한 놀이 방법을 사용한다.
ㄴ. 앉기나 서기 지도를 통해 유아가 손을 사용하여 환경과의 능동적인 상호 작용을 할 수 있도록 한다.
ㄷ. 움직임 자세의 지도는 소근육 운동부터 시작해서 자신감을 얻게 한 후 점차 대근육 운동으로 진행한다.
ㄹ. 비정상적인 자세 반사가 있을 때에는 정상적인 자세를 반복하여 지도함으로써 정상 패턴을 경험하도록 한다.
ㅁ. 운동실조형(ataxia) 유아의 경우, 운동 계획 능력의 부족으로 생기는 문제를 최소화할 수 있도록 환경을 구성해서 지도한다.

① ㄱ, ㄴ
② ㄴ, ㅁ
③ ㄱ, ㄴ, ㄹ
④ ㄴ, ㄹ, ㅁ
⑤ ㄱ, ㄷ, ㄹ, ㅁ

핵심테마 체크 ✔

- 뇌성마비의 생리적 분류 유형
- 원시반사
- 원시반사와 운동발달 특성

MY MEMO

26

정답 및 예시답안

- ○ 경직형은 근긴장도가 높아 움직임이 둔하고 느리며, 무정위운동형은 근긴장도가 수시로 변하여 비자발적이고 불수의적인 운동이 나타난다.
- ○ ㉡ 추체계
- ○ ㉢ 원시반사는 출생 시 존재하는 것으로 본능적으로 신체를 보호하기 위하여 나타나는 필수적인 행동이며, 나이가 들면서 소멸되고 통합되는 것이다. 지속적 원시반사는 중추신경계의 미성숙이나 기능 이상을 보여주는 것으로, 이로 인해 더 높은 수준의 정위반응, 보호반응, 평형반응 등이 지연되거나 나타나지 않을 수 있다.

관련이론

✦ 원시반사

- 운동능력에 많은 영향을 미치는 요소가 자세반사이다. 자세반사는 구르기, 앉기, 기기 등의 정상발달을 하는 데 중요한 역할을 한다.
- 모든 아동은 생존을 위해 자신의 근육을 이용하여 수의적인 조절을 할 수 있을 때까지 반사적이고 자동적인 반응을 보이는데, 이것을 원시반사(primitive reflex)라 한다. 원시반사는 아기를 보호하거나, 초기 운동 기술 발달을 위한 기초를 형성한다.
- 뇌성마비 학생은 자세와 운동의 정상적인 패턴 대신에 원시반사가 지속되고 비정상적인 자세반사로 인해 비정상적인 협응이 나타난다.
- 중추신경의 척수와 뇌간은 원시반사를 일으키며, 정상적인 운동 발달의 필수 요소로서 정위반사나 균형반사와 같은 높은 수준의 반사를 준비하고 원시반사는 일정한 시간이 지나면 소실된다.
- 일반 아동에게는 원시반사가 중추신경체계의 성숙에 따라 생후 2~6개월 후에는 소실되며, 높은 수준의 반사인 목정위반사, 몸통정위반사, 시각정위반사 등으로 서로 통합되고 대체된다.
- 뇌성마비 학생의 경우에는 원시반사가 생후 6개월 후에도 계속 남아 있는 상태가 된다.
- 지체장애 학생은 장애 유형에 따라 여러 가지 특징적인 자세 이상을 보인다. 일반 아동은 엎드린 자세(prone position)에서는 신전근이 발달하고 누운 자세에서는 굴곡근이 발달하지만, 뇌성마비 학생은 엎드린 자세에서도 굴곡근이 발달하거나 과장된 신전근이 발달하고 누운 자세에서도 몸이 활처럼 휘어진 듯한 과장된 신전근이 발달한다. 그러므로 규칙적이고 정기적인 자세발달 평가가 필요하다.

✦ 자세반사(자세반응, postural reaction)

자세반응	반응
정위반응	• 머리 정위반응: 머리를 수직으로, 입을 수평으로 정렬하는 머리의 정상 위치를 유지하기 • 몸통 정위반응: 몸통을 곧게 세우기 위해 몸통 부분을 일직선으로 정렬시키기
방위반응/보호반응	• 넘어지지 않으려고 팔과 다리를 곧게 펴서 이동하는 쪽으로 뻗어서 디딤
평형반응	• 균형을 유지하기 위해 몸통의 상태와 신체의 근긴장도 조정 • 멀리 있는 물건을 잡기 위해 손을 뻗을 때 균형을 잡기 위해 몸을 움직임

고득점 답안 비법 ✰ 뇌성마비 유형 2가지에 대해 '근긴장도 이상'의 측면에서 신체운동 특성을 비교하여 각 1가지씩 서술하는 문제

26

2019. 중
★답안작성

다음은 지체장애 ○○특수학교의 특수교사와 특수교육 교육공무직원 간에 나눈 대화 내용이다. 〈작성 방법〉에 따라 서술하시오. [5점]

교육공무직원: 선생님, 학생 K와 L은 모두 뇌성마비가 있는데 그 특성이 서로 달라 보여요.
특 수 교 사: 네. ㉠ <u>학생 K의 뇌성마비 유형은 경직형이고, 학생 L은 무정위운동형</u>입니다. 뇌성마비는 뇌의 손상 부위에 따라 다른 운동 패턴을 보이는데 경직형 뇌성마비는 (㉡)에 손상을 입은 경우이고, 무정위운동형은 동작 조절에 기여하는 기저핵 손상이 원인이라고 알려져 있어요. 뇌성마비 학생들은 경련, 시각장애, 그리고 청각장애와 같은 부수적인 장애를 보이는 경우도 많지요.
교육공무직원: 학생 K의 식사 보조를 하다보면 목을 움직일 때 갑자기 팔이 뻗쳐져서 놀란 적이 있었어요.
특 수 교 사: 학생 K는 ㉢ <u>원시반사</u> 운동이 남아 있습니다.

… (하략) …

작성방법

- 밑줄 친 ㉠에서 제시된 뇌성마비 유형 2가지의 신체 운동 특성을 근 긴장도 이상의 측면에서 각 1가지씩 서술할 것
- 괄호 안의 ㉡에 들어갈 용어를 쓸 것
- 밑줄 친 ㉢의 개념을 쓰고, 지속적 원시반사의 문제점 1가지를 서술할 것 (단, 원시반사 소실 이후 나타나야 하는 전형적 운동발달 특성에 비추어 서술할 것)

핵심테마 체크 

• 긴장성 미로반사

MY MEMO

27

정답 및 예시답안

①

문제 속 자료분석

(가)	(나)
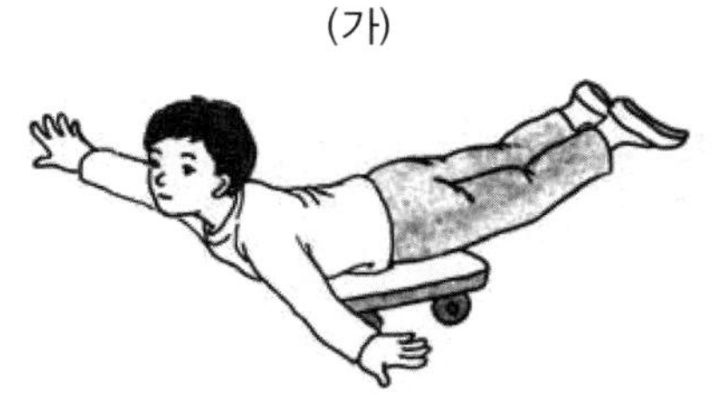	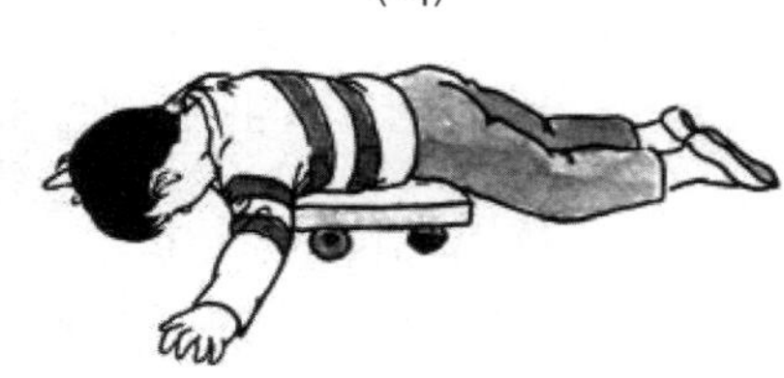
➡ 엎드린 자세에서 머리를 들고, 팔과 다리를 모두 신전시켜 비행자세를 취한 것	➡ 긴장성 미로반사의 활성화로 인하여 엎드린 자세에서 굴곡근의 긴장도가 높아져, 머리를 들어 올릴 수 없고, 팔과 다리가 모두 굴곡되어 있음

관련이론

✦ 긴장성 미로반사

- 긴장성 미로반사는 머리를 신전시키고 바로 누워 있을 때에는 몸 전체에 신전근의 긴장이 증가하고, 엎드려 누워 있는 경우에는 굴곡의 긴장이 증가하는 반사이다.
- 중력에 대항하여 머리, 어깨, 팔, 다리를 치켜드는 반사이다.
- 머리를 중립자세로 위치시키면 이 반사의 영향을 감소시킬 수 있으며, 앉은 자세에서 등받이가 뒤로 기울어지면 몸 전체에서 강한 신전 패턴이 나타나, 갑자기 휠체어에서 움직이게 되었을 때 앞으로 미끄러질 위험이 있으므로 주의 깊게 평가한다.
- TLR의 영향을 받은 아동은 복와위 시 머리를 들어 올릴 수 없고 앉기나 무릎으로 기기를 할 수 없다. 앙와위 시에는 머리를 들 수 없고, 앉기 위하여 몸을 일으킬 수 없으며, 신체 중심선에 팔을 모으기도 어렵다.
- 이러한 반사의 영향을 피하기 위하여 누워 있을 때에는 옆으로 눕는 자세를 취하는 것이 좋고, 앉은 자세에서 적절한 자세잡기 기기를 사용할 수 있다.

27

2010. 유

박 교사는 만 5세 발달지체 유아 민호에게 2008년 개정 특수학교 기본교육과정 체육과의 '기구를 이용한 다양한 움직임 익히기'를 지도하기 위해 스케이트보드를 사용하였다. 박 교사는 민호가 (가)와 같은 비행자세를 취하지 못하고 (나)와 같이 있는 것을 보고 긴장성 미로반사의 통합에 문제가 있음을 알게 되었다. 민호와 같은 문제를 가진 유아에게 나타날 수 있는 행동으로 가장 가까운 것은?

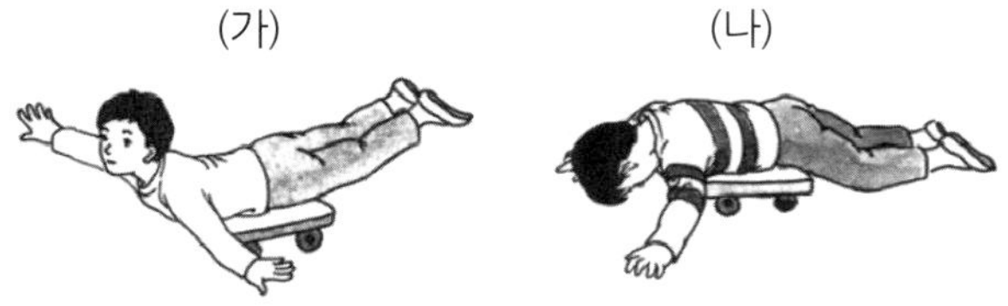

① 바로 누운 자세에서 목을 들거나 다리를 들 수 없고, 균형을 잡고 앉아 있기 어렵다.
② 바로 누운 자세에서 머리를 한쪽으로 돌리면 몸 전체가 같은 방향으로 회전된다.
③ 바로 누운 자세에서 머리를 돌리면 돌린 쪽의 팔다리는 펴지고 반대쪽은 구부려진다.
④ 의자에 앉은 자세에서 고개를 뒤로 젖히면 양팔은 펴지고 다리는 구부려진다.
⑤ 네발 기기 자세에서 머리를 돌리면 돌린 방향의 반대편 팔꿈치가 구부려진다.

핵심테마 체크 ✔

- 긴장성 미로반사
- 단하지 보조기
- AAC_선택기법
- 촉구의 용암

MY MEMO

28

정답 및 예시답안

1) ① 머리가 중심에 위치하도록 한다, 머리를 중립에 두도록 한다 등
   ② 첨족으로 인한 발의 변형이 심화, 첨족 보행 등을 예방하기 위함이다.
2) 교사는 음성 출력 의사소통 기기의 상징을 보며 "큰 북"이라고 말하고 잠시 기다린다.
3) ① 최소−최대 촉진(도움 증가시키기, 도움 늘리기 등)
   ② 교사가 스위치를 누르는 시범을 보여주고 4초간 기다린다.

관련이론

✦ 긴장성 미로반사

- 내이의 미로가 자극되었을 때 몸 전체의 근긴장 변화를 일으키는 자세반사로, 바로 누운 자세에서는 신전근긴장이 증가하고, 엎드려 누운 자세에서는 굴곡근긴장이 증가하는 것
- 뇌성마비 아동을 휠체어에 앉혔을 때 앉기 균형이 부족하거나 몸통 조절이 안 되어 휠체어 등받이를 경사시키면 긴장성 미로반사의 영향으로 몸 전체의 신전근긴장이 증가하고 뻗침 자세가 나타나게 됨
- 중력에 대항하여 머리, 어깨, 팔, 다리를 치켜드는 반사
- 머리를 중립 자세로 위치시키면 이 반사의 영향을 감소시킬 수 있으며, 앉은 자세에서 등받이가 뒤로 기울어지면 몸 전체에서 강한 신전 패턴이 나타나면서 갑자기 휠체어에서 움직이게 되었을 때 앞으로 미끄러질 위험이 있으므로 주의 깊게 평가

✦ 단하지 보조기

- 단하지 보조기(AFO: Ankle Foot Orthoses)는 아킬레스건의 단축으로 흔히 까치발 서기나 보행을 하는 아동들의 발목관절구축을 예방하고 진행을 억제시킬 목적으로 가장 많이 사용
- 무릎 이하에 사용하는 보조기. 슬하보조기라고도 하며 족관절 신경손상 및 족관절 불안정 시 발목의 관절운동, 특히 굴곡운동을 고정하는 경우 사용. 발목이나 발의 기형 교정 및 예방, 족관절에 받는 체중 부하를 감소하고자 할 때, 족관절의 불수의운동을 조절하고자 할 때 주로 이용

✦ AAC의 훑기 기법

자동 스캐닝	• 스위치를 누르면 커서가 배열된 항목을 자동으로 스캐닝한다. • 커서가 원하는 항목에 도달하였을 때 다시 스위치를 누르면 선택된다. • 이러한 스캐닝 방법은 스위치를 정확하게 누를 수 있지만 계속해서 스위치를 누르고 있거나 스위치 활성화 상태를 유지할 수 없는 사람이 사용하면 좋다.
역 스캐닝	• 커서가 항목들을 가로질러 움직일 수 있도록 스위치를 계속 누르고 있다가 원하는 항목에 도달하였을 때 스위치를 놓는다. • 이러한 스캐닝 방법의 대표적 사례는 라디오 시계의 알람을 설정할 때 볼 수 있다. 화살표 버튼을 누르고 원하는 기상시간에 도달할 때까지 숫자가 지나는 것을 주시하다 원하는 기상시간에 도달했을 때 정확하게 버튼에서 손을 떼야 한다.
단계 스캐닝	• 커서가 원하는 항목에 도달할 때까지 스위치를 눌러 한 항목씩 진행한다. • 스위치를 누르는 표시가 사라지면 원하는 항목임을 암시한다. • 일반적인 사례는 자동차 오디오에서 좋아하는 두 대역의 방송 주파수 사이를 이동하는 것이다. 원하는 주파수의 프로그램이 나올 때까지 여러 번 스위치를 반복해서 눌러야 한다. 따라서 단계 스캐닝은 각각의 항목으로 움직이기 위해 스위치를 필요한 만큼 눌러야 하므로 피로할 수 있다. • 그러나 스위치를 정확한 시점에 눌러야 하는 부담감이 없고 비교적 단순하므로 인지 능력이 떨어지거나 처음 스캐닝 조작을 배우는 사람에게 유용하다.

고득점 답안 비법 1) ① 옆으로 눕기 자세: 머리가 중심에 위치하는지 확인한 다음 팔과 다리에 적절한 쿠션을 넣어 주어 전신이 이완되도록 한다, 장애가 심할 경우 등받이를 대 주고 가슴 벨트로 안정성을 높여 준다.
② 첨족과 관련지어 설명하는 것이 핵심

28

2022. 초
★답안작성

다음 (가)는 초등학교 2학년 혜지의 특성이고, (나)는 혜지의 발에 착용하는 보장구이며, (다)는 혜지의 보완대체 의사소통(AAC) 체계이다. 물음에 답하시오. [5점]

(가) 혜지의 특성

- 뇌성마비 학생이며, 시각적 정보 처리에 어려움이 있어 그림을 명확하게 변별하기 어려움
- 비정상적인 근긴장도로 인해 자세를 자주 바꿔 주어야 함
- ㉠ 바로 누운 자세에서 긴장성 미로반사가 나타남

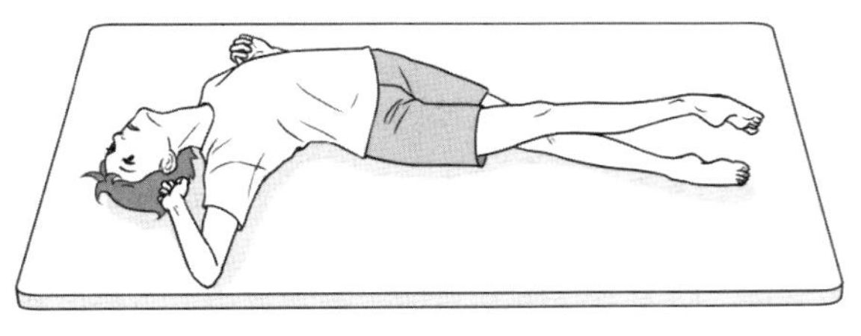

(나) 혜지의 보장구

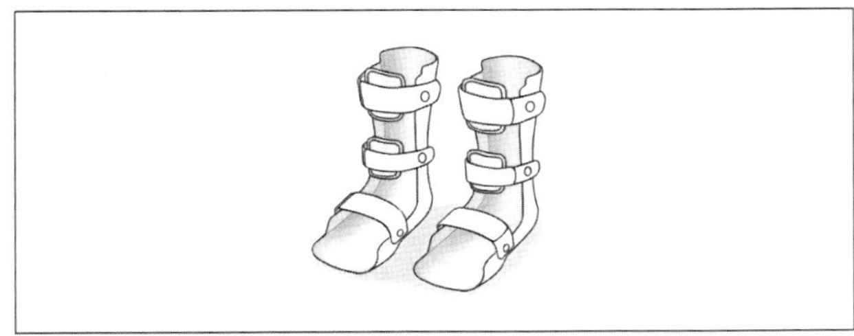

(다) 혜지의 AAC 체계

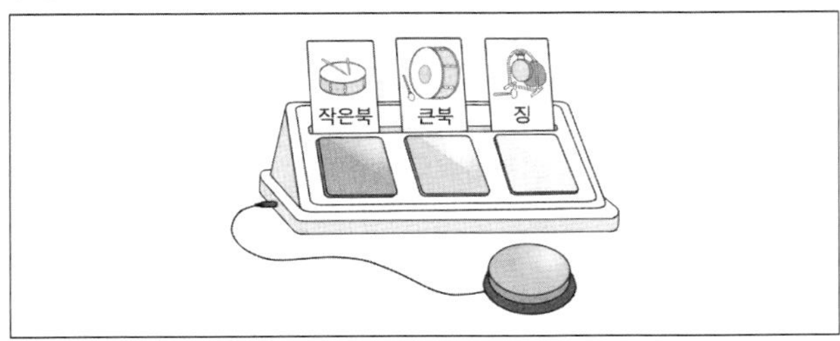

1) 교실에는 혜지의 자세유지용 보조기기가 없는 상황이다. 교사가 혜지의 뒤에서 등을 받치고 옆으로 눕혀 악기 연주 활동에 참여시키고자 할 때, ① ㉠의 특성을 고려하여 혜지가 옆으로 누운 자세를 유지할 수 있도록 교사가 가장 먼저 해 주어야 할 자세 조절 방법을 쓰고, ② 혜지가 (나)의 보장구를 착용하는 이유를 쓰시오. [2점]

①:

②:

2) (다)에서 교사는 혜지가 스위치를 눌러 원하는 악기를 선택할 수 있도록 다음의 스캐닝(훑기)을 지원하였다. 교사가 어떻게 해야 하는지 ⓐ에 쓰시오. [1점]

- 교사는 음성 출력 의사소통 기기의 상징을 보며 "작은 북"이라고 말하고 잠시 기다린다.
- 혜지가 반응이 없다.
- 교사는 (ⓐ).

3) 다음은 혜지가 스위치를 눌러 악기를 선택할 수 있도록 지도하는 절차이다. ① 교사가 사용한 체계적 교수의 명칭을 쓰고, ② ⓑ에서 교사가 시행하는 방법을 혜지의 특성을 고려하여 구체적으로 쓰시오. [2점]

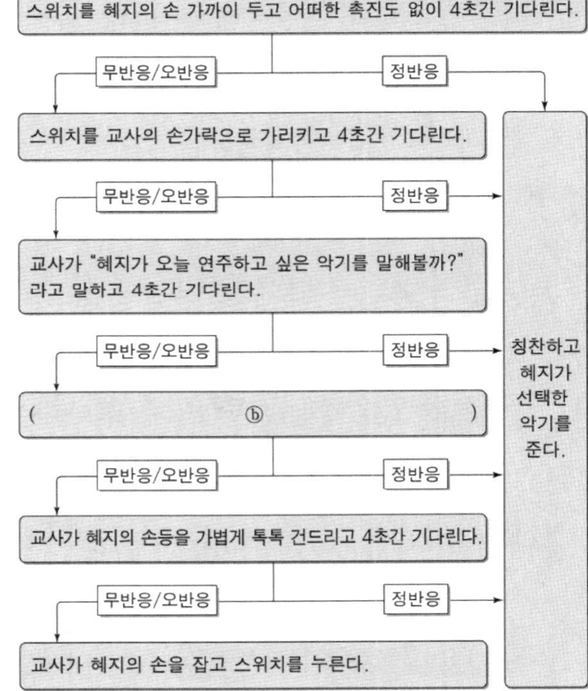

무반응: 반응이 없다.
오반응: 시도하였으나 스위치를 누르지 못한다.
정반응: 스위치를 누른다.

①:

②:

핵심테마 체크 ✔

- 경사판
- 긴장성 미로반사
- 협력적 팀 모델

MY MEMO

29

정답 및 예시답안

○ 삼각보조대(경사판) (긴장성 미로반사는 엎드려 누워 있을 때 굴곡의 긴장이 증가하기 때문)
○ 긴장성 미로반사는 바로 눕거나 엎드리면 반사 반응이 나타나기 때문에 옆으로 누워서 휴식을 취하도록 해야 한다.
○ ㉢은 초학문적 팀에 의한 풀 인(pull-in) 서비스이며, 이는 분리된 치료공간에서 치료를 제공하는 것이 아니라 치료사가 교실에 들어와 교사와 협력하여 지체장애 학생이 활동에 참여하는 동안 치료를 제공하는 것이다. 학생 측면에서의 장점은 자신이 또래와 분리되지 않고 상호작용할 수 있다는 장점이 있다(모든 팀원이 공유된 목표를 통하여 중재를 실시하므로, 학생은 일관성 있는 서비스를 제공받을 수 있다).

관련이론

✦ 긴장성 미로반사

- 긴장성 미로반사는 내이의 미로가 자극되었을 때 몸 전체의 근긴장 변화를 일으키는 자세반사로, 바로 누운 자세에서는 신전근긴장이 증가하고, 엎드려 누운 자세에서는 굴곡근긴장이 증가하는 것이다.
- 이 반사가 나타나는 뇌성마비 아동을 휠체어에 앉혔을 때 앉기 균형이 부족하거나 몸통 조절이 안 되어 휠체어 등받이를 경사시키면 긴장성 미로반사의 영향으로 몸 전체의 신전근긴장이 증가하고 뻗침 자세가 나타나게 된다.

✦ 협력적 팀 모델

다문학적 팀 모델	• 다문학적 팀 모델(multidisciplinary team model)에서 다양한 전문가는 각자의 전문 영역에서 각자 학생을 진단 및 평가하고 독립적으로 중재를 계획하고 실행한다. • 다문학적 팀 모델에서는 학생을 위해 지원을 제공하는 팀 구성원들 간에 만나고 협의하는 일은 거의 없다.
간학문적 팀 모델	• 간학문적 팀 모델(interdisciplinary team model)에서는 학생을 지원하는 팀 전문가 중 일부 전문가가 프로그램을 제공하기 위해 함께 학생을 평가하고 중재를 계획하기도 한다. • 그러나 팀 전문가가 각자 학생을 위한 중재를 실행하거나 지원을 제공한다.
초학문적 팀 모델	• 초학문적 팀 모델(transdisciplinary team model)의 특징은 팀 구성원 각자의 전문적인 지식을 다른 팀 구성원에게 알려 주는 역할 방출이 진행되고, 학생이 자연스러운 활동에서 전문가에게 필요한 기술을 배우도록 팀 구성원이 협의하여 결정한다는 점이다. • 지체장애 학생은 신체적 · 인지적 · 의사소통적인 다양한 어려움을 보이므로 이들을 가르치는 교사는 학생에게 최상의 교육을 제공하기 위해서 다른 전문 영역의 지식과 정보를 습득하고 학생에게 실행할 수 있어야 한다. • 팀의 구성원들이 각자의 전문 영역에서 협력적으로 학생을 진단평가하고 학생의 요구를 파악하여 함께 지식과 정보를 공유하는 원형 진단(arena assessment)과 전문가들이 학생을 교육하고 지원하기 위해 필요한 지식, 정보, 기술을 가르쳐 주는 역할 방출(role release)을 통해 교사는 학생에게 더욱 효과적인 교육을 제공하는 역할을 수행한다. • 또한 통합된 치료(integrated therapy)를 통해 기능적인 환경 내에서 협력팀 구성원이 공유한 목표기술을 가르친다. 그리고 초학문적 팀 모델에서는 삽입 기술 교수(embedded skill instruction)를 통해 자연스러운 활동에서 기술을 교수한다. • 통합된 치료는 치료가 자연적인 활동과 맥락 내에서 제공되므로 학생은 일반적인 환경에서 이루어지는 자연적인 촉진과 우연성에 반응하는 법을 배운다. 치료사에 의해서만 제공되지 않고 특수교사와 함께 실행할 수 있으므로 학생의 개인적 요구에 더 집중할 수 있다. • 풀 인(pull-in) 서비스는 분리된 치료공간에서 치료를 제공하는 것이 아니라 치료사가 교실에 들어와 교사와 협력하여 지체장애 학생이 활동에 참여하는 동안 치료를 제공하는 것이다. 학생 측면에서의 장점은 자신이 또래와 분리되지 않고 상호작용할 수 있다는 장점이 있다.

29

2014. 중
★답안작성

다음의 (가)는 지체장애 특수학교에 재학 중인 학생 A의 특성이고, (나)는 특수교사와 물리치료사가 미술 시간에 학생 A를 관찰한 내용이며, (다)는 학생 A를 위해 (가)와 (나)를 반영하여 수립한 지원 계획이다. (다)의 ㉠을 하기 위해 활용 가능한 보조기구를 1가지만 제시하고, ㉡을 하는 이유를 (가)의 밑줄 친 특성과 관련지어 설명하시오. 그리고 ㉢과 ㉣에 해당하는 서비스 유형을 비교할 때, ㉢에 해당하는 서비스 유형이 지닌 학생 측면에서의 장점을 1가지만 쓰시오. [3점]

(가) 학생 A의 특성

- 뇌성마비(경직형 사지마비)로 긴장성 미로 반사를 보임
- 이너 시트(inner seat)가 장착된 휠체어를 사용함

(나) 학생 A에 대한 관찰 내용

- 친구들과 바닥에 전지를 펴 놓고 '우리 마을 지도'를 그리고 있음
- 바닥에 앉아 있는 자세를 취하는 데 어려움을 보임

(다) 학생 A를 위한 지원 계획

㉠ 엎드려서 그리기를 잘 할 수 있는 자세를 취하도록 지원한다.
㉡ 그림을 그리다 피로감을 호소하면 옆으로 누운 자세를 취하도록 지원한다.
㉢ 특수교사가 미술 수업을 하는 동안 물리치료사는 학생 A가 '우리 마을 지도'를 잘 그릴 수 있도록 바른 자세를 잡아준다.
㉣ 물리치료사는 학교 내 치료 공간에서 학생 A에게 치료 지원을 제공한다.

핵심테마 체크 ✔

- 비대칭 긴장성 미로반사(ATNR)
- 대칭 긴장성 미로반사(STNR)

MY MEMO

30

정답 및 예시답안

①

알찬 지문풀이

- ㄱ. ~~머리가 뒤로 젖혀지면 양팔은 펴지고(신전근의 증가) 양쪽 다리는 구부려진다(굴곡근의 증가)~~. ➡ ATNR은 머리를 좌우로 돌리는 동작에 의해서 나타나는 반사
- ㅁ. 개인용 학습 자료를 제시할 때, 반사가 일어나 ~~A의 얼굴이 돌려지는 쪽의 눈높이 위치~~에 자료가 오도록 한다. ➡ 학습 자료를 제시할 때 얼굴을 좌우로 돌리지 않도록 정중앙에 배치해 주어야 함
- ㅂ. 스위치로 조작하는 의사소통판을 사용할 때, 스위치를 세워주어 A가 조작을 위해 ~~머리를 숙여~~ 반사가 활성화되지 않도록 한다. ➡ ATNR은 머리를 숙이는 것이 아니라 머리를 좌우로 향하게 되어 나타나는 반사

관련이론

✦ 자세반사

구분	내용
긴장성 목반사	• 긴장성 목반사는 머리 조절능력의 부족으로 머리가 앞뒤 또는 측면으로 기울거나 회전하면서 목 근육과 관절의 고유수용기를 자극하여 몸 전체의 근긴장 분포 변화와 함께 특징적인 자세가 나타나는 반사이다. • 긴장성 목반사는 출현 시 나타나는 자세에 따라 대칭성 긴장성 목반사(STNR)와 비대칭성 긴장성 목반사(ATNR)로 나눈다. • STNR은 머리를 뒤로 젖히면 과도한 척추전만이 되면서 상지에는 신전근긴장이, 하지에는 굴곡근긴장이 증가하고, 반대로 머리를 앞으로 숙이면 척추후만 자세와 함께 상지에는 굴곡근긴장이, 하지에는 신전근긴장이 증가하는 반사이다. • 신체 정중선을 중심으로 좌우의 자세가 대칭이므로 대칭성 긴장성 목반사라고 한다. • ATNR은 목을 회전시키면 안면 쪽의 상하지와 몸통은 신전근긴장이, 머리 쪽의 상하지와 몸통에는 굴곡근긴장이 증가하는 것으로 신체 좌우의 자세가 비대칭이므로 비대칭성 긴장성 목반사라고 한다. • 휠체어에 앉아 있는 지체장애 학생에게 STNR이 출현하면 다리가 굴곡되어 천골과 미골로만 체중을 지지하고 앉아 있는 천골앉기(scaral sitting)자세가 되거나 다리가 신전되어 뻗치는 전방 미끄러짐(forward sliding) 현상이 나타난다. • 또한 ATNR이 출현하면, 그 모양이 펜싱 선수가 공격을 취하는 자세와 비슷한 '펜싱 자세'를 취하게 되고, 몸통 좌우의 근긴장 불균형으로 척추측만증의 자세 변형을 유발하기 쉽다. • ATNR은 머리를 머리받침의 정중선에 유치시키고, STNR은 머리의 안정성을 유지하면서 시야의 상하 범위를 일정하게 유지하며 사물을 바라본다면 반사의 영향을 최소화시킬 수 있다.
긴장성 미로 반사	• 긴장성 미로반사는 내이의 미로가 자극되었을 때 몸 전체의 근긴장 변화를 일으키는 자세반사로, 바로 누운 자세에서는 신전근긴장이 증가하고, 엎드려 누운 자세에서는 굴곡근긴장이 증가하는 것이다. • 이 반사가 나타나는 뇌성마비 아동을 휠체어에 앉혔을 때 앉기 균형이 부족하거나 몸통 조절이 안 되어 휠체어 등받이를 경사시키면 긴장성 미로반사의 영향으로 몸 전체의 신전근긴장이 증가하고 뻗침 자세가 나타나게 된다.
음성 지지 반응	• 음성 지지반응은 발바닥이 자극되면 순간적으로 하지 굴곡근긴장이 증가하면서 다리가 굴곡되는 반사이다. • 이 반사는 휠체어 발받침에 발이 닿으면 순간적으로 하지를 굴곡시켜 천골앉기 자세를 초래하게 된다.
양성 지지 반응	• 양성 지지반응은 휠체어 발받침의 자극과 같이 발바닥이 자극되면 음성 지지반응과는 반대로 하지의 신전근긴장이 증가하는 반사이다. • 양성 지지반응은 가끔 뇌성마비 아동의 근력 약화를 보상하여 선 자세를 취할 수 있게 해주지만 보행을 위한 무릎관절의 굴곡을 할 수 없고, 가위자세를 초래하여 보행에 방해가 된다. • 또한 휠체어 앉기에서는 뻗침 자세를 초래하여 전방 미끄러짐 현상이 나타나게 된다. • 적절한 발목 스트랩의 사용은 발바닥 전체에 가해지는 자극을 뒤꿈치로 이동시킴으로써 양성 지지반응의 출현을 억제할 수 있다.
모로 반사	• 모로반사는 보통 생후 4~8개월경까지 나타날 수 있지만 그 이후는 소실되어 나타나지 않는다. • 그러나 뇌성마비 아동에게서는 지속적으로 나타날 수 있는데 반 누운 자세에서 아동의 머리를 받쳐주다가 갑자기 그 지탱을 제거하면 팔을 급격하게 펴서 벌리는 자세반사가 나타난다.
갈란트 반사	• 갈란트반사(Galant reflex)는 손톱으로 12번 늑골에서부터 장골능까지 척추의 측면을 따라 긁어 내려가면 자극을 주는 쪽으로 몸통과 골반이 휘어지는 현상이다. • 비대칭적으로 출현하면 뇌손상을 의심할 수 있고, 비대칭적 반응이 지속적으로 남아 있으면 척추측만을 발생시키기 쉽다.

30 2010. 중

신체운동발달평가에서 비대칭 긴장성 경부반사(asymmetrical tonic neck reflex ; ATNR) 검사 결과가 양성으로 나타난 뇌성마비 학생 A의 반사운동 특성 및 이에 따른 교육적 고려 사항으로 옳은 것을 <보기>에서 모두 고른 것은? [2.5점]

보기

ㄱ. 머리가 뒤로 젖혀지면 양팔은 펴지고(신전근의 증가) 양쪽 다리는 구부려진다(굴곡근의 증가).
ㄴ. 이 반사가 활성화되면 손의 기능적 사용이 어렵고 물체를 잡을 때도 한쪽 팔로만 잡으려 한다.
ㄷ. 이 원시반사가 지속되면 시각적 탐색능력이 저하되어 신체 인식이 늦어지고 시각적 인지능력도 낮아진다.
ㄹ. A와 상호작용을 하고자 할 때, 교사는 A의 몸을 기준으로 정중선 앞에서 접근하도록 한다.
ㅁ. 개인용 학습 자료를 제시할 때, 반사가 일어나 A의 얼굴이 돌려지는 쪽의 눈높이 위치에 자료가 오도록 한다.
ㅂ. 스위치로 조작하는 의사소통판을 사용할 때, 스위치를 세워주어 A가 조작을 위해 머리를 숙여 반사가 활성화되지 않도록 한다.

① ㄴ, ㄷ, ㄹ
② ㄱ, ㄴ, ㄷ, ㅁ
③ ㄱ, ㄴ, ㄹ, ㅂ
④ ㄱ, ㄷ, ㄹ, ㅁ, ㅂ
⑤ ㄴ, ㄷ, ㄹ, ㅁ, ㅂ

핵심테마 체크

- 원시반사
- AAC 직접선택 방법 평가 시 고려할 사항

MY MEMO

31

정답 및 예시답안

①

관련이론

✦ 긴장성 목반사

ATNR	• 비대칭 긴장성 목반사 • 목을 좌우로 돌리는 동작에 의해 유발되어, 얼굴이 바라보는 쪽의 팔과 다리가 신전되고 그 반대편의 팔과 다리는 굴곡됨 • 종종 '펜싱 자세'라고도 불리며 앙와위(supine : 등으로 누운 자세), 혹은 앉은 자세에서 쉽게 유발 • 식사하기, 시각적 추적하기, 양손을 신체 중앙 부분에서 사용하기, 신체의 전반적 대칭성 유지를 저해하는 요인이 됨 • 비대칭적인 앉기 자세를 발생시키며 좌골이나 고관절 부위에 욕창을 발생시킬 수 있는 비대칭적 체중부하를 유발 • ATNR은 머리를 머리받침의 정중선에 유치시키고, STNR은 머리의 안정성을 유지하면서 시야의 상하 범위를 일정하게 유지하며 사물을 바라본다면 반사의 영향을 최소화시킬 수 있음
STNR	• 대칭 긴장성 목반사 • 목의 굴곡이나 신전에 의해 일어남 • 목이 뒤로 젖힌 상태인 신전했을 때에는 상지가 신전되고 하지는 굴곡되며, 반대로 목을 앞으로 수그린 상태로 굴곡시켰을 때에는 상지가 굴곡되고 하지가 신전됨 • 복와위(prone : 엎드린 자세) 자세에서는 이 반사의 영향으로 인해 사지와 하지의 체중지지 활동에 많은 지장을 받게 됨 • STNR은 아동을 앉은 자세에서 앞으로 미끄러지게 하고, 천골과 미골에 욕창의 위험을 일으킬 수 있음 • 휠체어에 앉아 있는 지체장애 학생에게 STNR이 출현하면 다리가 굴곡되어 천골과 미골로만 체중을 지지하고 앉아 있는 천골앉기 자세가 되거나 다리가 신전되어 뻗치는 전방 미끄러짐 현상이 나타남

✦ AAC 직접선택 방법 평가 시 고려사항

- 사용자의 운동조절 능력과 컴퓨터 접근성, 의사소통 접근성, 가리키기, 몸짓, 눈 응시 같은 현재 사용하고 있는 모든 접근 방법 및 시스템을 가장 먼저 관찰한다.
- 사용자의 다양한 신체조절 부위와 방법을 검토하여 기존의 접근 방법을 향상시킬 수 있는 방법을 찾는다.
- 손가락 또는 손을 사용한 직접선택을 가장 먼저 고려한다. 그다음 팔, 머리, 발 또는 다리, 무릎 순으로 사용할 신체부위를 평가한다.
- 과거에 사용했거나 실패했던 접근방법에 대해 가족이나 주변 인물로부터 정보를 구한다.

31

2013. 중

비대칭 긴장성 경부반사(ATNR)를 보이는 뇌성마비 학생 A와 대칭 긴장성 경부반사(STNR)를 보이는 뇌성마비 학생 B를 위한 교사의 지원방법으로 옳은 것만을 〈보기〉에서 있는 대로 고른 것은?

보기

ㄱ. 학생 A에게 학습 교재를 제공할 때는 교재를 책상 가운데에 놓아주고 양손을 몸의 중앙으로 모을 수 있게 한다.
ㄴ. 학생 A가 휠체어에 앉아 있을 때는 원시적 공동운동 패턴을 극대화시켜서 구축과 변형을 예방하고 천골과 미골에 욕창이 발생하지 않게 한다.
ㄷ. 학생 A가 컴퓨터 작업을 할 때 반사가 활성화되면 고개가 돌아간 방향에 모니터를 놓고, 관절 운동범위(ROM)와 자발적 신체 움직임을 고려하여 스위치의 위치를 정한다.
ㄹ. 학생 B를 휠체어에 앉힐 때에는 골반과 하지 그리고 체간의 위치를 바로 잡은 후, 머리와 목의 위치를 바르게 한다.
ㅁ. 학생 B의 컴퓨터 사용을 위해 직접선택능력을 평가할 때는 손의 조절, 발과 다리의 조절, 머리 및 구강과 안면의 조절순으로 한다.

① ㄱ, ㄹ
② ㄴ, ㄷ
③ ㄱ, ㄷ, ㄹ
④ ㄴ, ㄷ, ㅁ
⑤ ㄴ, ㄹ, ㅁ

핵심테마 체크 ✔

- 대체입력기기
- AAC_직접선택
- GMFCS
- 경직형 뇌성마비

MY MEMO

32

정답 및 예시답안

○ ㉠의 방식을 사용하는 것은 전자 지시기(눈 응시 시스템, 아이트래커 등)이다.
○ ㉡은 여과(평균) 활성화이다.
○ ㉢의 이유는 첫째, 경직형 뇌성마비에 따라 움직이려고 할 때 근긴장도가 더 높아질 수 있고, 둘째, GMFCS 5단계로서 머리와 몸통의 자세를 유지하고 조절하는 것이 어려우므로 움직임이나 조절 등의 과정을 최소화하기 위한 것이다.

관련이론

✦ 전자 지시기

- 초음파기기, 적외선 빔, 눈동자 움직임, 신경 신호, 뇌파 등을 이용하여 화면상의 커서를 움직일 수 있도록 해 줌
- 사지마비로 컴퓨터 조작이 어려울 경우 머리나 목의 움직임, 눈의 움직임 등 원활한 신체부위를 이용하여 컴퓨터를 조작할 수 있음

✦ 눈 응시 시스템 관련 설명

- **지체장애 학생의 의사소통 지원**: 간단한 의사표현은 눈 응시(eye-gazing) 시스템이나 헤드 마우스, 들숨-날숨(sip and puff) 스위치 등 하이테크를 이용한 방법 등을 고려
- **지체장애 학생의 대안적 말하기**: 구어표현이 어려운 지체장애 학생의 말을 보완할 수 있는 다른 방법, 즉 눈 응시하기, 제스처나 손짓기호로 표현하기, 그림이나 상징을 지적하여 표현하기 등의 방법을 사용할 수 있음

✦ GMFCS 5수준

- 학생의 모든 환경에서 수동 휠체어로 다른 사람이 옮겨 주어야 하며 중력에 대항하여 머리와 몸통의 자세를 유지하기 어렵고 팔과 다리의 움직임 조절에 제한이 있음
- 머리를 가누고 · 앉고 · 서고 · 이동하기 등을 위해 보조공학을 사용하나 이런 장비로 완전히 보완되지는 않고, 이동할 때에는 전적으로 타인의 신체적 도움을 받아야 함
- 가정에서 학생은 바닥에서 짧은 거리를 이동하거나 성인이 안아서 옮겨 주어야 함
- 좌석과 조작 방법을 수정한 전동 휠체어를 사용해 스스로 이동할 수도 있지만 이동성의 제한으로 체육 및 스포츠 활동에 참여하기 위해서는 신체적 도움과 전동 휠체어와 같은 장치가 필요함
- 수동 휠체어 이용 시 항상 다른 사람의 도움이 필요함
- 목과 몸통을 가누지 못하고 팔다리 조절이 어려움. 따라서 보조장비가 필요하지만 충분히 보완되지는 않음

✦ 직접선택의 활성화전략

시간 활성화	• 선택 항목을 인식하도록 미리 결정되어 있는 시간 동안 접촉(또는 그 위치에 머무르기)을 유지해야 함 • '머무는 시간'의 길이(설정된 시간)는 사용자의 능력과 상황에 따라 다를 수 있음 • **장점**: 부주의에 의한 활성화와 사용자에게 요구되는 운동 조절의 부담을 줄여 줌 • 사용자가 어떠한 방법으로든 화면의 항목을 확인하는 것이 필요하고, 장치에 의한 선택이 인식되기 위해서는 일정한 시간 동안 접촉을 유지시키는 것이 필요한 방법
해제 활성화	• 사용자가 디스플레이에 손가락을 갖다 대고 원하는 항목에 도달할 때까지 접촉을 유지해야 함 • 사용자가 디스플레이와 직접적인 접촉을 유지하는 동안에는 선택이 이루어지지 않기 때문에 디스플레이 위에 어디에서든지 자신의 손가락을 움직일 수 있음 • 접촉시간은 개인의 능력과 요구에 따라 조정됨 • **장점**: 사용자로 하여금 확고하게 디스플레이를 사용하도록 해 주며, 너무 느리거나 비효율적으로 움직여서 시간이 설정된 활성화전략으로는 이득을 얻을 수 없는 사용자의 오류를 최소화함 • 화면에 직접적인 접촉이 유지되는 동안은 선택이 이루어지지 않음
여과 활성화	• 특정 항목과 동떨어진 간단한 움직임을 '허용'(즉, 무시)하면서 포인터가 각 항목에 머문 시간의 양을 감지함 • 시간 활성화전략 혹은 해제 활성화전략 사용이 어려운 이들을 대상으로 하는 방법

고득점 답안 비법 ✰ ㉢ 답안과 관련하여 참고할 수 있는 근거: 뇌성마비의 특수교육지원 내용 중 "몸의 정중선을 중심으로 한 대칭적인 움직임을 촉진하고, 몸통의 움직임과 안정성을 확보시킨다." 등의 내용이 있음

32

2024. 중

(가)는 지체장애 학생 A와 B의 특성이고, (나)는 교육 실습생과 특수 교사의 대화 중 일부이다. <작성 방법>에 따라 서술하시오. [4점]

(가) 학생 A와 B의 특성

학생 A	• 경직형 뇌성마비, 목 조절이 어려움 • GMFCS 5단계
학생 B	• 경직형 뇌성마비, 비대칭성 긴장성 경반사 • GMFCS 5단계

(나) 교육 실습생과 특수 교사의 대화

교육 실습생: 선생님, 오늘 ○○수업 참관 시간에 학생 A를 만났는데, 눈이 마주치니 학생 A가 저를 보고 웃었어요. 저도 학생 A와 의사소통을 하고 싶은데 방법이 없었어요. 어떤 기기를 사용할 수 있을까요?

특수 교사: 학생 A가 비교적 자유롭게 움직일 수 있는 신체 부분이 눈입니다. 그러면 학생 A의 눈동자의 움직임을 이용하는 기기를 사용할 수 있습니다. 기기에 있는 작은 카메라로 눈동자의 움직임을 찍고 그 방향을 읽어 AAC 기기의 마우스 포인터를 움직이는 겁니다. 선택은 시선이 일정 시간 머물거나 눈을 깜박이는 동작으로 합니다. 컴퓨터와 연결하면 눈동자의 움직임으로 컴퓨터도 사용할 수 있어요. [㉠]

…

교육 실습생: 선생님, 학생 B가 직접 선택 방법으로 태블릿PC의 의사소통 애플리케이션을 사용할 수 있도록 지도하고 싶은데, 어떤 방법이 좋을까요?

특수 교사: 직접 선택을 하는 데에는 다양한 전략이 있습니다. 그중에서 (㉡) 전략을 사용해 보면 어떨까요? 이 전략은 해당 프로그램이 단시간 내에 수집한 정보를 바탕으로 셀이 선택되는 데 필요한 시간을 감지해서, 유효한 시간과 무시해도 되는 시간을 찾아냅니다. 그래서 일정 시간 동안 누르고 있는 셀은 선택되지만, 잠깐 스치듯 누르는 셀은 선택되지 않습니다.

교육 실습생: 학생 B의 경우는 원시반사가 남아 있는데, 모니터의 위치는 어떻게 하면 좋을까요?

특수 교사: AAC 기기나 모니터를 ㉢ <u>몸의 정중선에 위치하도록 하는 것이 중요</u>합니다.

작성방법

- (나)의 ㉠의 방식을 사용하는 기기의 명칭을 쓸 것
- (나)의 괄호 안의 ㉡에 해당하는 용어를 쓸 것
- 학생 B의 특성을 고려하여 (나)의 밑줄 친 ㉢의 이유를 2가지 서술할 것 (단, '원시반사'가 포함된 서술은 제외함)

핵심테마 체크 ✔

- 대근육 운동능력 분류체계(GMFCS)
- 비대칭성 긴장성 경반사(ATNR)
- 고유 수용성 감각 장애
- 신경발달처치법(NDT)

MY MEMO

33

정답 및 예시답안

○ ㉠ 비대칭성 긴장성 경반사
- 비대칭성 긴장성 목반사는 목을 좌우로 돌리는 동작에 의해 유발된다.
- 목을 돌림에 따라 얼굴이 바라보는 쪽의 팔과 다리가 신전되고 그 반대편의 팔과 다리는 굴곡된다.

○ ㉡ 고유 수용성 감각 장애
- 고유 수용성 체계는 공간에 있어서의 신체 위치에 대한 인식을 개인에게 제공하는 역할을 한다.
- 근육, 관절 그리고 관절을 둘러싼 조직들은 고유 수용성 체계의 수용기들이다. 이러한 수용기들은 신체 위치에 대한 인식을 개인에게 제공하고 근긴장을 조절함으로써 움직임을 지원하며, 움직이는 동안 공간에서의 신체 위치 변화에 반응한다.

○ ㉢ 신경 발달 처치법(NDT)의 특징
- 신경 발달 치료 기술은 그룹 교수활동을 하는 동안 앉기 자세의 조절, 자세 전환을 위하여 앉기부터 서기까지의 이동, 학교 건물의 한 장소에서 다른 장소로 옮겨 가기, 점심시간에 먹고, 화장실 가고, 옷을 입는 것처럼 반복적인 개인 관리를 할 때 팔과 손을 사용하는 기능적 활동을 하는 동안 자주 적용되어야 한다.
- 신체 다루기(handling)는 신경 발달 치료(NDT)와 가장 밀접하게 관련되어 있는데 "학생의 신체를 조절하는 핵심 포인트로 치료사의 손에 의해 제공된 단계적인 감각 입력"으로 언급된다.
- 단계적인 감각 입력은 이동을 도와주기 시작하면서 학생이 경험하는 감각을 뜻한다. 이러한 감각 입력에는 실제적인 움직임 경험으로부터 전정 감각과 고유 감각 등 학생에게 전달되는 성인 손의 압력과 접촉이 포함된다.
- 만약 자세 취하기가 비대칭 경직성 경반사(ATNR)의 영향을 억제하는 데 사용되었다면, 학생의 머리와 몸통 조절 활동은 반사 활동의 영향을 감소시키는 것을 지원하게 된다.
- 또한 지원과 억제는 전형적인 움직임 패턴(움직임 지원)을 자극하고 비전형적인 패턴(움직임 억제)은 방해하는 데 사용된다.

○ ㉣ **자리 배치**: 비대칭 긴장성 경반사를 보이므로 이를 고려하여 칠판이나 교사를 볼 때 고개를 좌우로 돌리지 않도록 교실의 중앙에 배치한다. 또한 독립적인 이동수단이 없으며 도움을 받아 이동해야 하므로 이동이 용이한 위치에 자리를 배치한다.

○ ㉤ **책상의 높이**: 고개를 조절하지 못하고 몸통을 잘 조절하지 못하므로 책상의 높이를 상향 조절하여 상체를 지지할 수 있도록 한다.

○ ㉥ **음성출력 의사소통 기기와 트랙볼의 위치**: 비대칭 긴장성 경반사를 보이므로 기기와 트랙볼을 중앙에 배치하여 기기나 트랙볼을 조정하는 과정에서 고개를 좌우로 돌리지 않아도 되도록 한다.

문제 속 자료분석

- GMFCS V 수준 ➡ 신체적 손상은 수의적 운동 조절을 제한하고 반중력 머리 들기와 몸통 자세를 유지하는 능력에 어려움을 준다. 모든 운동기능 영역이 제한적이다. 아동은 독립적인 이동수단이 없으며 도움을 받아 이동한다.
- 비대칭 긴장성 경반사와 고유 수용성 감각 장애의 특성과 신경 발달 처치 접근법을 연관 지어 설명한다.
- GMFCS V 수준에 따라 좌석 배치, 책상의 높이, 음성 출력 의사소통 기기와 트랙볼의 위치를 설명한다.

관련이론

✦ 고유 수용 감각체계

- **고유 수용성 체계의 최종 산물**: 협응된 움직임, 실행증, 공간지각, 시각지각, 의미 있는 활동으로의 행동의 조직화
- 고유 수용성 체계는 공간에 있어서의 신체 위치에 대한 인식을 개인에게 제공하는 역할을 한다.
- 근육, 관절 그리고 관절을 둘러싼 조직들은 고유 수용성 체계의 수용기들이다. 이러한 수용기들은 신체 위치에 대한 인식을 개인에게 제공하고 근긴장을 조절함으로써 움직임을 지원하며, 움직이는 동안 공간에서의 신체 위치 변화에 반응한다.
- 신전과 압박은 이러한 수용기들의 활동을 촉진하기 때문에 엎드린 자세에서 팔꿈치로 버티기 또는 서기와 같은 체중지지 과제와 걷기는 각각 팔과 다리의 고유 수용기를 활성화시킨다. 또한 뛰기, 밀기, 당기기 등의 과제들은 관절 구조를 늘리거나 압박함으로써 수용기들을 활성화시킨다.
- 신전이나 압박, 그리고 거기에 적용되어지는 힘에 의존하는 고유 수용성 수용기들의 정보는 공간에서 신체의 다양한 부분들의 위치와 그들이 빠르게 움직이는 방법에 대한 인식을 제공하기 위해 신경계에 제공된다. 또한 이러한 정보는 효율적인 움직임을 강화하기 위해서 또는 움직임의 범위를 확장하기 위해서, 그리고 잠재적인 상해로부터 신체를 보호하기 위해서 특별한 근육의 긴장을 조절하도록 돕는다.

✦ 신경발달처치(NDT)

- 신경발달처치(NDT)는 의사와 물리치료사인 Bobath부부가 개발한 것으로, 보바스 치료라고도 불린다.
- 신경발달처치의 궁극적인 목적은 학생의 비전형적인 움직임 패턴을 억제하고 필수적인 자세반응을 포함한 전형적 움직임 패턴을 촉진하는 것이다.

33

2015. 중
★답안작성

다음 (가)는 병원학교에서 원적학교로 복귀를 준비하는 중도 뇌성마비 학생 A의 특성 및 관련 서비스 내용이고, (나)는 학생 A를 위해 병원학교 교사가 원적학교 교사에게 제안한 교실환경 구성안이다. (가)의 밑줄 친 ㉠, ㉡의 현상을 설명하고, 밑줄 친 ㉢의 방법적 특징을 밑줄 친 ㉠, ㉡과 연관지어 쓰시오. 그리고 (나)에서 학생 A의 특성을 고려하여 괄호 안의 ㉣~㉥에 들어갈 구체적인 내용을 쓰고, 그 이유를 각각 1가지씩 쓰시오. [10점]

(가) 학생 A의 특성 및 관련 서비스

구분	특성 및 관련 서비스
감각 · 운동 특성	• 대근육 운동 능력 분류 체계(GMFCS) V 수준임 • ㉠ 비대칭성 긴장성 경반사(ATNR)를 보임 • ㉡ 고유 수용성 감각 장애(proprioceptive dysfunction)를 보임
의사소통 방법	• 음성 출력 의사소통 기기와 트랙볼을 사용함 • 음성 출력 의사소통 기기를 활용하여 일상적 대화 및 수업 활동에 필요한 간단한 의사소통을 함
관련 서비스	• ㉢ 신경 발달 처치법(Neurodevelopmental treatment : NDT)으로 물리 치료를 주 3회 받기 시작함

(나) 학생 A를 위해 제안한 교실환경 구성안

고려 사항
• 교실에서의 좌석 배치 : (㉣) • 책상의 높이 : (㉤) • 음성 출력 의사소통 기기와 트랙볼의 위치 : (㉥)

핵심테마 체크 ✔

- 자세 지도
- 선행사건 중심의 중재
- 다면적 평가
- 촉진

MY MEMO

34

정답 및 예시답안

④

알찬 지문풀이

- ㄱ. 학생 A의 ~~책상 높이를 낮추고 휠체어에 외전대를 제공~~하면, 몸통의 전방굴곡을 막고 신체의 정렬을 도와 안정된 착석 자세를 확보할 수 있다. ➡ **전방굴곡이 있을 때에는 책상 높이를 상향 조절해야 하며, 경직형의 경우 가위 모양의 자세를 보일 수 있으므로 내전대가 적절함**

- ㅁ. 학생 A의 학습 성공 경험을 높이기 위해 자극 촉진과 반응 촉진을 적용할 수 있다. 두 전략은 ~~모두 교수 자극을 수정~~하기 때문에 계획에 시간이 걸리지만, 학습 과제의 특성에 따라 강화 제공 방식이 달라 학생 A의 정반응 가능성을 높여 줄 것이다. ➡ **반응촉진은 타인의 도움(반응)으로 촉진을 제공하는 것**

관련이론

✦ 상제의 지지

측방굴곡	• 측방굴곡의 경우에는 몸통의 좌우에 지지대를 설치하는데, 이때 지나치게 특정 부위에 체중이 쏠려서 통증이나 피부의 손상을 초래하지 않도록 주의한다. • 측방굴곡이 근육 자체의 잡아당김에서 비롯된 것이 아니라 앉은 자세에서의 중력의 힘에 의한 것이라면, 의자의 등판을 약간 뒤로 젖혀 주면 효과가 있다.
전방굴곡	• 전방굴곡의 경우에 가장 흔히 사용되는 방법은 가슴, 혹은 어깨에 벨트를 두르는 방법이다. • 나비형, H형, V형 등의 여러 유형이 있으며 벨트가 아동의 목을 스쳐서 자극하지 않도록 띠의 끝부분을 어깨보다 아래쪽에 고정시키는 것이 좋다. • 벨트의 사용 외에도 휠체어에 부착하여 사용할 수 있는 책상을 사용하여 몸통을 지지하게 한다.

✦ 내전대와 외전대

- 내전은 근육이 몸통 중심 쪽으로 당겨지는 것을 말하고, 외전은 몸통 정중선에서 바깥쪽으로 당겨지는 것을 말한다. 따라서 내전근은 몸 안쪽으로 끌어당기는 근육이고, 외전근은 몸통 중심에서 바깥쪽으로 벌리는 데 관여하는 근육이다. 내전대와 외전대는 도구가 놓인 위치를 중심으로 했을 때와 기능을 중심으로 했을 때 그 해석이 다르다.
  <u>도구가 놓인 위치에 따라 내전대와 외전대로 구분하는 경우</u>는, 내전대는 무릎과 무릎 사이, 즉 몸의 중심에 놓는 도구이다. 반대로 외전대는 몸의 바깥쪽에 놓는 도구이다. 따라서 무릎 사이에 놓으면 당연히 내전대로, 다리가 안쪽으로 휘는 것을 방지한다. 반대로 다리의 바깥쪽 부분에 놓는 도구는 외전대라고 하고, 다리가 바깥쪽으로 더 휘는 것을 방지한다.
  이와 달리 <u>기능을 중심으로 내전대와 외전대로 구분하는 경우</u>는, 내전대는 내전을 돕는 역할을 하는 것이고, 외전대는 외전을 돕는 역할을 하는 것이다. 내전대는 도구가 몸의 중심 쪽으로 모아지는 역할을 하는 것이고, 외전대는 어떤 도구가 몸의 중심에서 바깥쪽으로 벌어지도록 유도하는 역할을 하는 도구이다.

✦ 선행사건 중심의 중재

- 문제행동의 발생을 예방할 수 있게끔 환경을 재구성하도록 구성된 것이다.
- 선행사건과 배경사건 중재에서는 문제행동을 일으키는 요인으로 알려진 특정한 사건들을 없애거나 수정하는 것은 물론 바람직한 행동과 관련된 사건들을 수정하거나 증가시키거나 도입하기도 한다.

✦ 다면적 평가(다면적 점수화)

- 학생은 능력, 노력, 성취와 같은 몇몇 영역에서 평가되고 점수를 받는다.
- 예 학생이 시간 안에 프로젝트를 완성하였다면 30점을 받고, 모든 요구된 부분들을 포함하였다면 35점을, 적어도 4개의 다른 자료를 사용하였다면 39점을 받을 것이다.

34

2012. 중

다음은 지체장애학생 A의 특성이다. 학생 A를 위해 고려할 수 있는 교육적 지원 방법으로 적절한 것만을 <보기>에서 있는 대로 고른 것은? [2.5점]

- 장애 및 운동 특성
  - 뇌성마비(사지마비, 경직형)
  - 휠체어 이동
  - 착석 자세에서 체간의 전방굴곡
  - 관절운동범위(ROM)의 제한
- 학습 특성
  - 과제에 대한 독립적 수행 의지가 낮고 보조원에게 의존하는 경향이 있음
  - 과제 회피 행동을 간혹 보임(교재를 떨어뜨리는 행동 등)
  - 학습 장면에서 잦은 실패 경험으로 인해 학습 동기가 낮음
  - 학업 성취 수준이 낮음

보기

ㄱ. 학생 A의 책상 높이를 낮추고 휠체어에 외전대를 제공하면, 몸통의 전방굴곡을 막고 신체의 정렬을 도와 안정된 착석 자세를 확보할 수 있다.

ㄴ. 제한된 ROM으로 학습 활동에 참여하기 어려울 수 있으므로 보조기기를 제공하거나 과제 수행 계열을 조정하는 방식으로 과제 참여 수준을 수정하여 의존성은 줄이고 독립심은 높일 수 있다.

ㄷ. 선행자극 전략의 하나로 학생 A에게 과제 선택 기회를 제공함으로써 활동에 대한 동기를 높이고 과제에 대해 느끼는 혐오적 속성과 과제 회피행동은 감소시킬 수 있을 것이다.

ㄹ. 학습 평가 시 학생 A의 능력, 노력, 성취의 측면을 모두 평가하는 다면적 평가 방법을 적용할 수 있다. 평가 수정은 학생 A의 성취 수준에 적절한 평가 준거에 맞추어 변화의 정도 파악에 중점을 두는 것이 필요하다.

ㅁ. 학생 A의 학습 성공 경험을 높이기 위해 자극 촉진과 반응 촉진을 적용할 수 있다. 두 전략은 모두 교수 자극을 수정하기 때문에 계획에 시간이 걸리지만, 학습 과제의 특성에 따라 강화 제공 방식이 달라 학생 A의 정반응 가능성을 높여 줄 것이다.

① ㄱ, ㄷ ② ㄴ, ㅁ

③ ㄱ, ㄹ, ㅁ ④ ㄴ, ㄷ, ㄹ

⑤ ㄴ, ㄷ, ㅁ

핵심테마 체크

• 자세 지도

MY MEMO

35

정답 및 예시답안

②

알찬 지문풀이

	자세 조정 방법
(가)	학생 A를 매트에 ~~똑바로 누이고 허리 밑에 지름 20cm 정도인 롤(roll)을 받쳐준 후 양손으로 책을 잡도록~~ 한다. ➡ 비대칭성 긴장성 목반사는 앙와위(등으로 누운 자세), 앉은 자세에서 쉽게 유발. 제시한 자세는 비대칭성과 관련이 없고, 바른 자세를 만들어주는 형태로 보기도 어려움
(나)	학생 A를 삼각지지대(wedge) 위에 엎드리게 하여 엉덩이와 등이 들리지 않게 벨트로 고정시킨 다음, 학생 A의 얼굴 앞쪽에 노트북을 배치한다.
(다)	기립대(standing equipment)에 학생 A를 세워 허리, 엉덩이, 무릎을 벨트로 고정시키고, 양 팔꿈치 옆에 지지대를 받쳐 준 후 작은 북을 학생 앞에 놓는다.
(라)	학생 A를 각진 의자(corner chair)에 앉혀 다리를 뻗게 하고, 등은 바르게 유지하게 하며, 어깨를 안으로 모아 주어 양손이 몸의 중앙에 오게 한 후 카드를 손에 쥐어 준다.
(마)	학생 A를 의자에 앉혀서 ~~허벅지 옆에 지지대~~를 사용하여 ~~양 다리를 곧게 뻗게 한~~ 뒤, 윗몸이 들어갈 정도의 둥근 홈이 있는 책상 위에 양 팔꿈치를 올려 주어 물감을 사용하게 한다. ➡ 다리가 꼬아져 있으므로 지지대를 옆이 아니라 안쪽에 해주는 것이 도움이 됨. 의자에서 가장 기본은 엉덩이를 뒤로 붙이고, 발판을 대어 발이 뜨지 않고 무릎이 90도가 되도록 함. 그 후에 상지나 고개를 조정함

관련이론

✦ 보조기기 사용 시 유의사항

- 시야 확보, 방향을 이해하는 능력, 환경에 대한 주의 등 사전 교육을 제공한다.
  - 안전을 위해 필요한 경우 실전훈련에 앞서 가상훈련을 제공하는 소프트웨어를 활용한다.
  - 충전, 보관 등 스스로 전동 휠체어를 관리하는 습관을 지도한다.
- 어떤 기기를 사용하든 이동성 보조공학기기의 목적은 가장 효과적인 방법으로 가장 좋은 움직임을 제공하면서 최대한 독립성을 가지고 움직이게 하는 것이다. 적절한 이동성 보조기기와 최적의 보조공학기기의 선택은 많은 평가와 고려를 통해 이루어질 수 있다.

35 2011. 중

그림은 뇌성마비학생 A가 보조 도구 없이 의자에 앉아 있는 모습이다. 다양한 상황에서 학생 A를 위해 교사가 취할 수 있는 자세 조정 방법을 설명한 것으로 옳은 것만을 모두 고른 것은? [2.5점]

	상황	자세 조정 방법
(가)	쉬는 시간에 매트 위에 누워 책을 볼 때	학생 A를 매트에 똑바로 누이고 허리 밑에 지름 20cm 정도인 롤(roll)을 받쳐 준 후 양손으로 책을 잡도록 한다.
(나)	컴퓨터 시간에 엎드려 노트북으로 작업할 때	학생 A를 삼각지지대(wedge) 위에 엎드리게 하여 엉덩이와 등이 들리지 않게 벨트로 고정시킨 다음, 학생 A의 얼굴 앞쪽에 노트북을 배치한다.
(다)	특별활동 시간에 밴드부에서 작은 북 치기를 할 때	기립대(standing equipment)에 학생 A를 세워 허리, 엉덩이, 무릎을 벨트로 고정시키고, 양 팔꿈치 옆에 지지대를 받쳐 준 후 작은 북을 학생 앞에 놓는다.
(라)	재량활동 시간에 바닥에 앉아 친구들과 카드놀이를 할 때	학생 A를 각진 의자(corner chair)에 앉혀 다리를 뻗게 하고, 등은 바르게 유지하게 하며, 어깨를 안으로 모아 주어 양손이 몸의 중앙에 오게 한 후 카드를 손에 쥐어 준다.
(마)	미술 시간에 책상 앞에 앉아 물감 찍어 모양 만들기를 할 때	학생 A를 의자에 앉혀서 허벅지 옆에 지지대를 사용하여 양 다리를 곧게 뻗게 한 뒤, 윗몸이 들어갈 정도의 둥근 홈이 있는 책상 위에 양 팔꿈치를 올려 주어 물감을 사용하게 한다.

① (가), (나), (마)
② (나), (다), (라)
③ (다), (라), (마)
④ (가), (나), (다), (라)
⑤ (가), (나), (라), (마)

PART 13

핵심테마 체크 ✔

- 프론 스탠더
- 뇌성마비 학생을 위한 교육적 지원

MY MEMO

36

정답 및 예시답안

1) 명절
2) 모둠별로 둘러앉아서 하는 활동이므로 프론 스탠더를 사용할 경우 민수만 서 있는 자세를 취하게 되어 학습활동으로부터 고립될 우려가 있다. 따라서 휠체어를 사용하여 또래들과 둘러앉아 활동에 참여할 수 있도록 한다.
3) 뇌성마비로 인한 신체발달 및 자세의 불균형을 방지하기 위하여 양손을 모두 사용하도록 한다.
4) • ㉣ 자기평가
   • ㉤ 상호평가
   • 이유: 자기평가와 상호평가 등의 다양한 방법을 통하여 평가를 실시한다.

관련이론

✦ 서기 자세 보조기기

- 신체의 적절한 근긴장도와 몸통의 안정성을 유지할 수 있게 하여 서기에 대한 두려움을 감소시키고 신체의 정중선을 중심으로 신체부위의 정렬을 유지시킴
- 서기 자세 보조기기는 잦은 변화를 주어 보조기기와 신체가 닿는 부분에 염증이나 욕창이 발생하지 않도록 유의
- 서기 자세 보조기기를 사용하여 몸통을 똑바로 세울 수 있도록 지지해 주면 몸통 조절력이 향상되어 학생의 팔과 손의 사용능력이 증가하게 됨
- 보조기기를 사용하여 대안적인 서기 자세를 취하게 해 주면 머리 조절과 손의 사용을 자유롭게 하며, 좀 더 쉽게 기능적 움직임을 가능하게 하고, 활동과 일과의 참여를 촉진

구분	내용
프론 스탠더	• 스스로 서기가 어려운 학생에게 엎드린 자세로 다리 및 몸통을 고정시킨 후 전동이나 수동 장치를 이용하여 각도를 세워 바로 설 수 있도록 보조하는 기기 • 상체의 조절이 어느 정도 가능한 경우는 상지기능 강화를 위해 사용할 수도 있음
수파인 스탠더	• 상체와 하체의 조절능력이 저조하여 세우기가 힘든 경우 등을 대고 누운 자세에서 다리 및 몸통을 고정시킨 후 전동이나 수동 장치를 이용하여 각도를 세워 바로 설 수 있도록 보조하는 기기
스탠딩 프레임	• 높이 조절이 가능한 직립자세 보조기기

36

2013. 초

특수학교 최 교사는 중도 뇌성마비 학생 민수가 있는 학급에서 '2010 개정 특수교육 교육과정' 중 기본 교육과정 사회과 '우리나라의 풍습' 단원을 지도하고자 한다. (가)는 교수 · 학습 과정안이고, (나)는 본시 평가 계획이다. 물음에 답하시오. [5점]

(가) 교수 · 학습 과정안

학습 목표	민속놀이의 의미를 알고, 규칙을 지켜 민속놀이를 할 수 있다.	
단계	교수 · 학습 활동	자료 및 유의점
도입	• 영상 자료를 활용하여 다양한 민속놀이 알아보기 • 민속놀이 경험 이야기하기	• DVD
전개	• 널뛰기, 씨름, 강강술래 등 민속놀이 알기 • 줄다리기에 담긴 의미 알기 • 탈춤을 통한 서민들의 생활 모습 알기	• 민속놀이 단원은 (㉠)와(과) 관련지어 지도하는 것이 효과적임
	• ㉡ <u>모둠별로 책상을 붙이고 둘러앉아서 민속놀이 도구 만들기</u> • 놀이 방법을 알고 규칙을 지키며 윷놀이 하기	• ㉢ <u>양손을 사용하여 활동하도록 지도함</u>

(나) 본시 평가 계획

- ㉣ <u>학생들이 자기의 활동 참여도(예 : ☺, 😐, ☹)를 기록지에 표시하도록 함</u>
- ㉤ <u>학생들이 놀이 규칙을 잘 지킨 3명의 친구를 선정하여 칭찬 스티커를 주도록 함</u>

1) (가)의 ㉠에 들어갈 말을 쓰시오. [1점]

2) 민수는 바른 자세를 유지하기 위해 프론 스탠더(prone stander, 서기 자세 보조기기)가 필요한 학생이다. 그러나 최 교사는 (가)의 ㉡ 활동에서 민수에게 프론 스탠더 대신 휠체어를 사용하게 하였다. 최 교사의 이러한 조치가 적절한 이유 1가지를 쓰시오. [1점]

3) (가)의 ㉢에서 양손을 사용하도록 지도한 이유 1가지를 쓰시오. [1점]

4) (나)의 ㉣, ㉤과 같은 평가 방법의 명칭을 쓰고, 평가 계획이 적절한 이유를 사회과 '5. 평가'의 내용에 근거하여 쓰시오. [2점]

- ㉣ :
- ㉤ :
- 이유 :

핵심테마 체크 ✔

• 자세 지도
• 수파인 스탠더

MY MEMO

37

정답 및 예시답안

○ **몸통 자세 유지**: 고개를 잘 가누지 못하며 앉아 있을 때(머리 조절이 안 된 상태) 몸통이 앞쪽으로 굴곡(전방굴곡)되므로 가슴, 혹은 어깨에 벨트를 둘러 준다.
○ **다리 자세 유지**: 몸의 바깥쪽으로 무릎이 회전되어 다리가 정렬되지 못한 상태이므로, 외전대나 내전대로 다리가 정렬되도록 한다.
○ **서기 자세 보조기기**: 수파인 스탠더
○ **수파인 스탠더 사용 시 장점**: 서기 자세 보조기기를 사용하여 몸통을 똑바로 세울 수 있도록 지지해 주면 몸통 조절력이 향상되어 학생의 팔과 손의 사용 능력이 증가하게 된다. 그러므로 보조기기를 사용하여 대안적인 서기 자세를 취하게 해 주면 머리 조절과 손의 사용을 자유롭게 하며, 좀 더 쉽게 기능적 움직임을 가능하게 하고, 활동과 일과의 참여를 촉진시킨다.

관련이론

✦ **신체부위별 자세 지도: 몸통과 다리 자세 유지 방법**

구분	내용
골반과 고관절 지지	• 골반은 중립의 위치에 있어야 하며, 앞으로 휘거나, 좌우로 흔들리거나, 몸이 앞으로 기울지 않아야 함 • 바른 자세는 골반이 등과 수평이거나 앉아 있을 때 수직일 때임. 골반이 바르게 위치되었을 때 몸과 머리의 조절이 용이 • 골반은 의자 벨트로 지지해 줄 수 있고, 기형을 막기 위해 45도 각도로 제공하는 것이 좋음 좀 더 편안한 자세를 위해서는 팔걸이나 책상 등을 제공 • 좌석이 견고하지 못하면 골반의 중립 자세가 쉽게 무너져서 후방경사나 측방경사를 초래 • 자세 지도의 핵심은 골반 중립 자세 유지이며, 이는 골반의 전상장골극이 전방을 향해야 하고 측방 지지를 통해 골반이 좌석의 중심부에 위치되도록 해야 함 • 골반이 후방경사되지 않고 중립 자세가 되도록 천골 부위도 지지해야 함 • 후방경사나 측방경사와 같은 골반의 회전 변형이 있는 경우, 자세 조절의 목표는 머리가 균형 잡힌 상태로 몸통이 전방을 향하도록 해야 함
하지의 지지	• 다리가 바르게 정렬되고 교실 바닥이나 휠체어 발판에 바르게 지지할 수 있도록 해 줌 • 의자의 깊이는 앉았을 때 무릎과 의자 밑판 앞부분과의 거리가 손가락 1~2개 정도일 때가 가장 적절 • 만약 양쪽 다리 길이에 차이가 있는 경우라면 이를 고려하여 의자 밑판과 발판의 길이를 다르게 만든 특수의자를 제작 • 비대칭적 엉덩이를 가진 경우에는 이를 고려한 특수밑판을 제작하여 체중으로 인한 압력이 엉덩이에 고르게 지지되도록 함 • 다리를 모으지 못하고 발판 밑으로 떨어뜨리거나, 다리를 바짝 붙이거나, 벌리지 못하는 등 다리를 적절히 정렬하지 못하는 경우에는 외전대나 내전대 등으로 다리가 정렬되도록 함 • 발을 잘 고정시키는 것도 중요함. 다리는 다리 분리대와 발을 고정할 수 있는 벨크로 등의 고정끈을 이용하여 발바닥의 전면이 바닥에 닿도록 하는 것이 안정감을 유지하는 데 좋음. 이때 슬관절이 약 90도를 유지할 수 있도록 발판의 높이를 조절함 • 고관절과 슬관절, 그리고 족관절의 중립 자세는 90도 굴곡 자세 • 경직으로 하지뻗침 현상이 있는 아동은 고관절과 슬관절 굴곡을 90도보다 크게 하여 긴장을 감소시킬 수 있음 • 다리를 약간 벌려 앉는 것도 신전근긴장을 감소시키는 데 도움 • 휠체어 앉기 자세에서 기능적인 고관절과 슬관절의 관절각을 유지하고, 체중 지지를 위해서 발받침을 반드시 설치
어깨 및 상체의 지지	• 상체를 지지하는 어깨 벨트나 가슴 벨트를 이용하여 가슴의 압력을 제공하여 안정감을 줌 • 몸통의 안정성이 결여될 경우에는 크게 나누어 좌우 옆쪽으로 몸통이 기울어지는 측방굴곡과 앞쪽으로 수그러지는 전방굴곡의 문제가 유발됨 • 아동의 몸통 조절능력이 양호하다면 등받이 높이의 견갑골 바로 아래까지 낮출 수 있고, 그렇지 않다면 어깨 높이까지 높여야 함 • 진행성 척추전만증과 후만증이 있는 경우는 등의 모양과 반대로 등받이를 개조해야 함 • 몸통의 측면 지지는 상지 원위부의 기능을 촉진시키고 자세 안정성을 제공 • 척추측만증이 진행 중인 경우 측면 지지를 통해 약간의 교정력을 제공할 수 있지만 자세 보조용구는 이미 발생한 척추 변형을 교정하지는 못함 • 멜빵이나 가슴 스트랩은 몸통과 어깨의 전면을 충분히 지지함으로써 몸통을 바른 자세로 놓이게 하고, 상지의 기능적인 사용에 도움을 주며 똑바로 균형 잡힌 자세로 머리와 어깨를 유지시키는 데 효과적

37

2016. 중

다음은 지체중복장애 중학생 A의 자세 특성이다. 밑줄 친 ㉠과 ㉡을 고려하여, 학생 A를 휠체어에 앉힐 때 몸통과 다리의 자세 유지 방법을 각각 1가지 쓰시오. 그리고 이 학생에게 적합한 서기 자세 보조기기의 명칭을 쓰고, 이 보조기기를 사용했을 때의 장점을 1가지 쓰시오.

[4점]

- 저긴장성 뇌성마비와 정신지체를 중복으로 지니고 있음
- 낮은 근긴장도로 인해 상체와 하체의 조절 능력이 낮음
- ㉠ 앉아 있을 때 양쪽 고관절과 무릎이 몸의 바깥쪽으로 회전됨
- ㉡ 고개를 가누지 못하며 앉아 있을 때 머리와 몸통이 앞쪽으로 굴곡됨
- 적절한 보조기기의 지원이 없이는 다양한 교육 활동에 참여하는 데 제한이 따름

핵심테마 체크

- 서기 자세 보조기기
- 의사소통 발달단계
- 의사소통기술

MY MEMO

38

정답 및 예시답안

1) ① 수파인 스탠더
   ② 언어 이전의 의도적 의사소통 행동 단계
2) 초과정
3) 의사표현하기

관련이론

✦ 서기 자세 보조기기

- 서기 자세 보조기기는 신체의 적절한 근긴장도와 몸통의 안정성을 유지할 수 있게 하여 서기에 대한 두려움을 감소시키고 신체의 정중선을 중심으로 신체부위의 정렬을 유지시킨다.
- 서기 자세 보조기기는 스스로 앉거나 서지 못하는 학생에게 수직 자세의 대안적인 자세를 취하게 해줌으로써 신체의 건강 증진과 편안함을 제공한다.
- 서기 자세 보조기기는 잦은 변화를 주어 보조기기와 신체가 닿는 부분에 염증이나 욕창이 발생하지 않도록 유의한다.
- 서기 자세 보조기기를 사용하여 몸통을 똑바로 세울 수 있도록 지지해 주면 몸통 조절력이 향상되어 학생의 팔과 손의 사용 능력이 증가하게 된다.
- 보조기기를 사용하여 대안적인 서기 자세를 취하게 해 주면 머리 조절과 손의 사용을 자유롭게 하며, 좀 더 쉽게 기능적 움직임을 가능하게 하고, 활동과 일과의 참여를 촉진시킨다.

구분	내용
프론 스탠더	• 스스로 서기가 어려운 학생에게 엎드린 자세로 다리 및 몸통을 고정시킨 후 전동이나 수동 장치를 이용하여 각도를 세워 바로 설 수 있도록 보조하는 기기이다. • 머리를 스스로 가눌 수 있는 경우 사용할 수 있으며, 상체의 조절이 어느 정도 가능한 경우는 체중을 앞으로 실은 채 기대어 두 손을 기능적으로 사용하는 것이 가능하므로 상지기능 강화를 위해 사용할 수도 있다.
수파인 스탠더	• 상체와 하체의 조절 능력이 저조하여 세우기가 힘든 경우, 등을 대고 누운 자세에서 다리 및 몸통을 고정시킨 후 전동이나 수동 장치를 이용하여 각도를 세워 바로 설 수 있도록 보조하는 기기이다. • 머리를 스스로 가누지 못하는 학생은 수파인 스탠더를 사용하여 기립 자세를 유지한다.
스탠딩 테이블	• 몸통이나 다리 근육 사용의 제한으로 스스로 서기 어려운 학생에게 설 수 있도록 지원하는 보조기기이다. • 학생의 신장에 따라 높이를 조절할 수 있고 각도 또한 조절할 수 있으며 테이블이 있어 서기 자세에서 상지를 활용한 활동을 할 수 있다.

✦ 의사소통의 발달단계

① **전의도적 단계(prelocutionary)**: 학생이 자신의 의도를 정확하게 표현하지 못하므로 대화상대자가 학생이 표현하고자 하는 의도를 주도적으로 해석해야 하는 단계이다. 이 단계에서는 교사는 학생이 흥미로워 하는 사물을 이용하여 공동관심이나 상호 관심을 형성할 수 있도록 유도한다. 교사와 학생이 같은 사물이나 활동에 집중하고 있거나 학생과 교사가 서로를 바라볼 때 교사의 일관성이 있는 피드백은 학생의 의도를 유도할 수 있다.

② **의도적인 비구어 단계(illocutionary)**: 학생이 정확한 발음의 구어는 아니지만 관습적인 몸짓이나 부정확한 발음 혹은 일정한 행동이나 몸짓 등으로 표현하는 단계이다.

③ **의도적인 상징적 의사소통 단계(locutionary)**: 구체적인 의도를 가지고 상대방을 향해 단어나 기타 상징체계를 사용하여 지적하거나 표현하는 단계이다.

38

2023. 초

(가)는 중도 지적장애와 지체장애를 중복으로 가지고 있는 학생 민수의 특성이고, (나)는 음악과 3~4학년군의 '즐거운 학교' 단원 지도 계획 중 일부이다. 물음에 답하시오. [5점]

(가) 민수의 특성

- 몸통과 사지의 조절 능력이 부족함
- 스스로 머리 가누기가 어렵고, 서서 하는 활동 시에는 자세 보조기기가 필요함
- ㉠ 요구하는 상황에서 '으', '거' 등의 소리를 내거나 가지고 싶은 물건이 있으면 몸을 앞뒤로 흔드는 행동으로 표현함

(나) 지도 계획

차시	제재명	학습활동	유의 사항
1	소리 탐색하기	• 학교에서 들을 수 있는 소리 탐색하기 – 교실 내에서 들을 수 있는 소리 들어 보기(책상 부딪치는 소리, 칠판 두드리는 소리 등) – 교실 밖에서 들을 수 있는 소리 들어 보기(복도에서 뛰는 소리, 급식실에서 밥 먹는 소리 등)	– 민수에게 학교 생활과 관련된 다양한 소리를 들려주어 소리에 집중하고 관심을 보일 수 있도록 지도함
2	소리 내기 I	• (㉡)	– 민수의 상지 기능을 강화하기 위해 손으로 소리를 낼 수 있도록 유도함
3	소리 내기 II	• 여러 가지 물건이나 타악기로 소리 내기 – 교실 물건으로 소리 내기(연필, 책 등) – 타악기로 소리 내기(큰북, 작은북 등)	– 큰북 치기는 서서 하는 활동으로 유도함 – 민수는 ㉢ 자신의 의사를 잘 전달하지 못하므로 사전에 선호도를 파악한 후 원하는 사물 중 하나를 고르도록 함

[A] (차시 2~3)

1) ① (가)를 참고하여 민수에게 필요한 자세 보조기기를 쓰고, ② ㉠을 바탕으로 민수의 의사소통 발달 단계를 쓰시오. [2점]

①:

②:

2) ① 민수가 리듬감이나 박자감을 익힐 수 있도록 (나)의 ㉡에 들어갈 학습활동을 쓰고, ② [A]에 해당하는 음악과 내용 영역을 쓰시오. [2점]

①:

②:

3) (나)의 ㉢에서 향상시키고자 하는 의사소통 기술을 쓰시오. [1점]

핵심테마 체크

- 서기 자세 보조기기

MY MEMO

39

정답 및 예시답안

1) 유치원 C
2) 프론스탠더
3) 유아교육이론

관련이론

✦ 서기 자세 보조기기

- 서기 자세 보조기기는 신체의 적절한 근긴장도와 몸통의 안정성을 유지할 수 있게 하여 서기에 대한 두려움을 감소시키고 신체의 정중선을 중심으로 신체부위의 정렬을 유지시킨다.
- 서기 자세 보조기기는 스스로 앉거나 서지 못하는 학생에게 수직 자세의 대안적인 자세를 취하게 해줌으로써 신체의 건강 증진과 편안함을 제공한다.
- 서기 자세 보조기기는 잦은 변화를 주어 보조기기와 신체가 닿는 부분에 염증이나 욕창이 발생하지 않도록 유의한다.
- 서기 자세 보조기기를 사용하여 몸통을 똑바로 세울 수 있도록 지지해 주면 몸통 조절력이 향상되어 학생의 팔과 손의 사용 능력이 증가하게 된다.
- 보조기기를 사용하여 대안적인 서기 자세를 취하게 해 주면 머리 조절과 손의 사용을 자유롭게 하며, 좀 더 쉽게 기능적 움직임을 가능하게 하고, 활동과 일과의 참여를 촉진시킨다.

구분	내용
프론 스탠더	• 스스로 서기가 어려운 학생에게 엎드린 자세로 다리 및 몸통을 고정시킨 후 전동이나 수동 장치를 이용하여 각도를 세워 바로 설 수 있도록 보조하는 기기이다. • 머리를 스스로 가눌 수 있는 경우 사용할 수 있으며, 상체의 조절이 어느 정도 가능한 경우는 체중을 앞으로 실은 채 기대어 두 손을 기능적으로 사용하는 것이 가능하므로 상지기능 강화를 위해 사용할 수도 있다.
수파인 스탠더	• 상체와 하체의 조절 능력이 저조하여 세우기가 힘든 경우, 등을 대고 누운 자세에서 다리 및 몸통을 고정시킨 후 전동이나 수동 장치를 이용하여 각도를 세워 바로 설 수 있도록 보조하는 기기이다. • 머리를 스스로 가누지 못하는 학생은 수파인 스탠더를 사용하여 기립 자세를 유지한다.
스탠딩 테이블	• 몸통이나 다리 근육 사용의 제한으로 스스로 서기 어려운 학생에게 설 수 있도록 지원하는 보조기기이다. • 학생의 신장에 따라 높이를 조절할 수 있고 각도 또한 조절할 수 있으며 테이블이 있어 서기 자세에서 상지를 활용한 활동을 할 수 있다.

39

2024. 유

(가)는 지호의 개별화가족지원계획을 작성하기에 앞서 지호 어머니와 장애영아학급 교사가 나눈 대화의 일부이고, (나)는 지호 어머니가 반응성 교수법을 연습한 후 지호와 놀이하는 장면이다. 물음에 답하시오. [5점]

(가)

교 사: 어머니의 요청에 의해 앞서 촬영한 지호와 어머니의 놀이 상호작용 동영상 자료를 보며 말씀 나누겠습니다.

… (중략) …

교 사: 영상을 모두 보셨는데요. 어떠셨는지요?
어머니: 아… 영상을 보며 선생님 말씀을 들으니… 제가 참… 우리 지호는 쳐다볼 준비가 안 됐는데 저는 계속 그림책을 펴며 지호에게 보라 하고 ….
교 사: 그래도 지호를 위해 많이 노력하셨어요. 그런데 저는 어머니께서 지호보다 앞서서 뭐든 해 주려 하는 점이 다소 우려됩니다.
어머니: 그럼 우리 지호와 즐겁고 의미 있게 놀 수 있는 좋은 방법을 구체적으로 배우고 싶어요.
교 사: 지호에게는 마호니(G. Mahoney)의 ㉠ <u>반응성 교수법(Responsive Teaching : RT)</u>이 적절합니다. 이 방법은 일상생활에서 지호와 어머니가 상호작용하면서 지호 발달에 필요한 중심 행동을 자연스럽게 배우고 사용할 수 있도록 하는 것이에요.

… (중략) …

어머니: 선생님, 우리 지호가 30개월인데 고개 조절은 할 수 있지만 제가 도와줘도 몸통의 안정성이 부족해 오래 앉거나 서 있는 것을 힘들어해요. 그래서 인지 우리 지호는 자신이 할 수 있는 몇 가지 행동조차 스스로 하려 하지 않아요. 지호의 서기 자세를 도와주는 보조기기에는 어떤 것이 있을까요?
교 사: (㉡)을/를 활용하면 도움이 될 거예요.
어머니: 아! 그렇군요. 감사합니다. 선생님.

(나)

지호 : 드럼을 향해 손을 뻗는다.
손바닥으로 드럼을 2번 두드린다.
엄마 : 지호처럼 손바닥으로 드럼을 2번 두드린다.
지호 : 엄마를 바라보며 미소를 짓고 손을 흔든다.
엄마 : 미소를 지으며 지호처럼 손을 흔든다.
지호 : 엄마에게 손을 뻗는다.
엄마 : 손을 뻗어 지호의 손바닥과 맞닿자 깍지를 껴서 잡는다.
지호와 엄마 : 서로 눈을 마주치고 웃으며 잡은 손을 흔든다.
지호 : 흔들던 손을 내려놓고 환하게 웃으며 "아앙~" 하고 소리를 낸다.
엄마 : 지호처럼 웃으며 "아앙~" 하고 소리를 낸다.

1) ① (가)에서 지호가 습득해야 할 행동을 ㉠에 근거하여 쓰고, ② (나)에서 지호 어머니가 사용한 상호작용 전략이 무엇인지 쓰시오. [2점]

①:

②:

2) (가)에서 ㉡에 해당하는 서기 자세 보조기기의 명칭을 쓰시오. [1점]

3) (나)를 참고하여 ① 지호의 의사소통 행동이 비고츠키(L. Vygotsky)의 언어 발달 단계 중 어느 단계에 해당하는지 쓰고, ② 그렇게 판단한 근거를 쓰시오. [2점]

①:

②:

핵심테마 체크 ✔

- 대근육 운동기능 분류체계(GMFCS)
- 초학문적 팀 접근

MY MEMO

40

정답 및 예시답안

④

알찬 지문풀이

- ㄱ. ㉠은 ~~시각-운동 통합 발달검사(Developmental Test of Visual Motor Integration)~~로 측정할 수 있다.
  ➡ 대근육 운동기능 분류체계(GMFCS)

- ㄷ. ㉢에서 물리치료사는 특수학교 교사에게 자문 및 역할방출(role release)을 통해 민수에게 ~~직접서비스~~를 제공하고 있는 것이다. ➡ 팀원을 통해 간접적으로 서비스를 제공

관련이론

✦ 대근육 운동기능 분류체계(GMFCS)

의미 및 특징	• 뇌성마비 아동 및 청소년의 대근육 운동기능을 평가하기 위해서 5개의 연령군(2세, 2~4세, 4~6세, 6~12세, 12~18세)별 5단계 수준으로 분류 • 학생의 자발적인 시작동작과 일상생활을 관찰하여 평가 • 학생이 가장 잘할 때가 아닌 일상생활에서의 운동기능 수준을 기준으로 하므로 현재 기능적 활동의 수준을 잘 파악할 수 있음 • 특히 앉기 및 이동동작, 몸통균형 조절능력에 중점 • 운동에서의 기능적 제한 여부, 보행 보조기구나 휠체어 등의 필요 여부에 근거하여 운동기능을 5단계로 분류 • 검사 대상자의 가정, 학교, 지역사회 등에서의 일반적인 능력에 근거하여 분류하되, 결과를 동작의 질이나 호전 가능성 판단의 기준으로 삼아서는 안 됨
단계별 내용	 〈1단계〉  〈2단계〉  〈3단계〉  〈4단계〉  〈5단계〉 • Ⅰ단계: 제한 없이 걷는다(경함). • Ⅱ단계: 걷지만 제한적이다(중등도). • Ⅲ단계: 손으로 보행 보조기구를 잡고 걷거나 휠체어를 움직여 걷는다(중등도). • Ⅳ단계: 스스로 이동은 가능하지만 이동이 제한적이고 전동 휠체어 등의 이동기구를 사용하는 수준이다(심함). • Ⅴ단계: 수동휠 체어로 다른 사람이 이동시켜 주어야 하는 수준이다(심함).

✦ 워커

- 혼자서 보행하기에는 근력, 조정력, 평행 유지 등이 힘든 이를 위한 이동 보조장치
- 일반적으로 근거리 이동에 사용
- 워커는 속이 빈 튜브형 알루미늄으로 제작되며 가장 지지력이 좋은 보행 보조기구로, 다양한 종류가 있음
- 보행 보조기구 중 안정성이 가장 크므로 균형 유지가 어렵거나 평행봉에서 보행 훈련을 마친 후 크러치를 사용하기에는 적절하지 않은 경우에 사용
- 빨리 걸을 수 없고 경사로나 계단 오르내리기가 어려운 단점이 있음
- 워커의 손잡이 높이는 사용자에 따라 맞추어야 하지만 보통 워커를 잡고 섰을 때 주관절이 20~25도 정도 굽힘이 되도록 높이를 정함

40

2012. 유·초

다음은 협력적 팀 접근을 위해 특수학교 교사와 물리치료사가 체육수업 시간 동안 민수의 활동을 관찰한 후 나눈 대화이다. <보기>의 설명 중 옳은 것을 모두 고르면?

> 치료사: ㉠ 민수의 활동을 관찰한 후 대근육 운동능력을 평가해 보았더니, ㉡ 수동휠체어를 타고 다니지만 서기 연습과 워커를 사용해서 걷기 연습을 하는 것이 필요해요.
> 교 사: 그럼 서기 자세보조기기를 사용해서 서기 연습을 시키려면 어떻게 도와주어야 할까요?
> 치료사: ㉢ 선생님을 민수로 생각하고 제가 시범을 보일게요. 민수의 경우 다리에 힘이 풀려서 주저앉거나 엉덩이가 뒤로 당겨져 정렬이 흐트러질 수 있으니 서기 자세보조기기의 엉덩이, 무릎, 발 벨트 부분을 묶어 주는 것이 좋아요.
>
> (1주일 경과 후)
> 교 사: ㉣ 지난 미술시간에 민수가 워커를 사용하여 걸어서 두 발자국 정도 옮기니까 가위 모양으로 두 다리가 꼬이며 힘들어 하는 것을 보았어요. 어떻게 도와주면 될까요?
> 치료사: (방법을 알려준다.)
> 교 사: 이제 알겠어요. 앞으로는 ㉤ 쉬는 시간에 워커를 사용하여 걸어서 화장실에 다녀오는 기회를 자주 줄게요.

보기

ㄱ. ㉠은 시각 운동 통합 발달검사(Developmental Test of Visual Motor Integration)로 측정할 수 있다.
ㄴ. ㉡의 걷기 연습 초기에는 몸통이나 팔 지지형 워커를 사용하다가 걷기 능력이 향상되면 일반형 워커로 교체해 주는 것이 필요하다.
ㄷ. ㉢에서 물리치료사는 특수학교 교사에게 자문 및 역할방출(role release)을 통해 민수에게 직접서비스를 제공하고 있는 것이다.
ㄹ. ㉣의 경우 신체의 정렬을 유지할 수 있도록 민수의 등 뒤에 서서 교사의 한쪽 다리를 민수의 무릎 사이에 넣어 주어 두 다리가 꼬이지 않게 도와줄 수 있다.
ㅁ. ㉤에서 걷기의 운동 형태는 워커를 사용하는 것이고, 운동 기능은 화장실로 이동하는 것이다.

① ㄱ, ㄷ　　② ㄷ, ㅁ
③ ㄱ, ㄴ, ㄹ　　④ ㄴ, ㄹ, ㅁ
⑤ ㄱ, ㄴ, ㄷ, ㅁ

핵심테마 체크 ✔

- 워커
- 프론 스탠더
- 목발

MY MEMO

41

정답 및 예시답안

①

알찬 지문풀이

- ㄷ. (나)는 ~~머리를 스스로 가누기 어려운 학생~~에게 사용하는 기립 보조기기이다. ➡ **상체와 하지의 지지**
- ㅁ. (다)를 이용하여 계단을 내려갈 때는 (다)와 불편하지 않은 발을 먼저 딛고, 올라갈 때는 (다)와 불편한 발을 먼저 내딛는다. ➡ **내려갈 때는 불편한 발과 목발을, 올라갈 때는 불편하지 않은 발을 먼저 딛는 것**
- ㅂ. (다)의 길이는 (다)를 지지하고 섰을 때, 어깨와 팔의 각도를 ~~약 45도~~로 하고 ~~겨드랑이에 주먹 하나가 들어갈 정~~도로 하여 조절한다. ➡ **약 25~30도, 겨드랑이에서 손가락 2~3개 아래에 있도록 조절**

관련이론

✦ 후방 지지형 워커

- 보행 중 신체의 무게중심의 전반으로 쏠려 앞으로 넘어지는 경향이 있거나 점차 빨라지는 가속 보행이 나타날 때에는 후방형을 사용하면 좋음
- 보통 아동들이 많이 사용하고 워커의 가로대에 등을 기대고 워커 안에 설 수 있게 하여 똑바른 기립 자세를 강화하기 위해 설계

✦ 크러치

특징		• 다양한 종류가 있으며 보행 보조기구 중 가장 많이 사용 • 크러치가 너무 길면 겨드랑이가 압박되어 팔의 저림 증상이 나타나고, 어깨가 올라가서 상체를 밀어 올리기 힘듦. 너무 짧으면 전방으로 구부정하게 서 있게 되고 불안정하므로 사용자의 키 높이에 맞게 크러치를 측정하는 것이 중요 • 사용자의 체격이나 키에 따라 높이를 조절하여 사용하는데, 키의 16%를 감산하여 크기를 정하고, 어깨와 팔의 각도가 25~30도 정도 되도록 높이를 조절 • 적절한 목발 선택방법은 겨드랑이에서 손가락 2~3개 아래에 있도록 목발의 길이를 조절하는 것 • 보행용 목발은 나무나 알루미늄, 가벼운 금속재질로 되어 있고, 끝은 미끄러지지 않도록 고무가 씌워져 있음 • 보행 전에 상지(팔)에 힘을 기르고, 몸의 균형을 잡는 훈련과 크러치의 크기를 조절하여 미끄럽지 않은 장소에서 연습 • 평지에서 걷기가 익숙해지면, 계단이나 언덕 내리막길 등에서 연습하여 다양한 환경에 적응하도록 함 • **헬멧 착용**: 안전을 위해, 특히 간질이 있는 아동의 경우 반드시 헬멧을 착용하고 연습함
종류	표준형	• 가장 많이 사용하는 표준형 크러치는 액와(겨드랑) 크러치라고도 하며, 고정형과 손잡이 높이와 전체 길이를 조절할 수 있는 조절형이 있음 • 체중은 액와 받침에만 지지돼서는 안 되고 손잡이에도 지지력이 분산되어야 함
	비액와	• 체중 지지를 위한 패드와 커프(cuff)가 상완에 있는 상완 크러치와 전완에 있는 전완 크러치가 있음
계단 오르내리기		• 크러치를 사용하여 계단을 오르내릴 때에는 항상 정상 또는 건강한 다리가 계단 위쪽에 있어야 함 • 올라갈 때는 정상 쪽 다리를 먼저 계단에 올려놓고 발을 딛으면서 약한 쪽 다리와 크러치를 동시에 올려놓음 • 내려올 때는 약한 다리와 크러치를 동시에 계단 아래로 내려놓은 다음 정상 쪽 발을 내려놓음 • 특수교사는 지체장애 학생의 옆에서 보호하는 것이 가장 좋은 위치 • 그러나 계단이 좁거나 다른 이유로 옆에 있기 어려울 때에는 지체장애 학생의 아래쪽에 위치하도록 함 • 교사는 가능하면 난간을 잡고 계단 위아래에 양발을 앞뒤로 벌려 서서 체중이동과 자세를 용이하게 만들 수 있는 준비를 하여 넘어짐에 대비하도록 함

41

2013.

지체장애 학생들이 사용하는 보조기기 (가)~(다)에 대한 설명으로 옳은 것만을 <보기>에서 있는 대로 고른 것은?

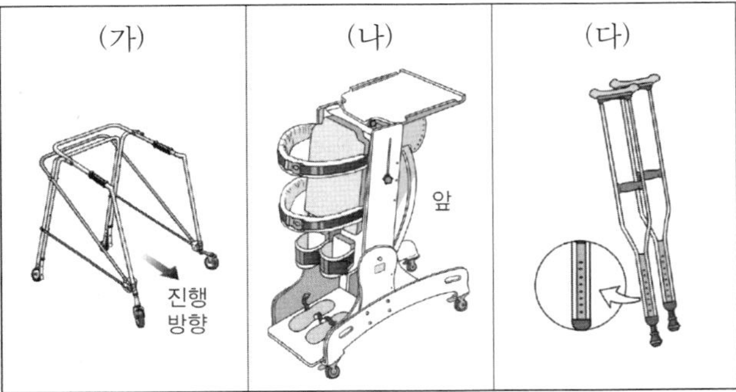

보기

ㄱ. (가)는 체간의 힘이 부족하여 몸통이 앞으로 기우는 학생이 사용하는 보행 보조기기이다.

ㄴ. (가)는 양쪽 손잡이를 잡아 두 팔로 지지하고 서서 몸의 균형을 잡고 자세를 곧게 하여 안정적으로 걷는 동작을 향상시킨다.

ㄷ. (나)는 머리를 스스로 가누기 어려운 학생에게 사용하는 기립 보조기기이다.

ㄹ. (나)는 고관절 수술 후 관절의 근육을 형성하거나 원시반사를 경감시켜 주는 효과가 있고, 체중을 앞으로 실은 채 기댈 수 있으므로 두 손을 기능적으로 사용할 수 있다.

ㅁ. (다)를 이용하여 계단을 내려갈 때는 (다)와 불편하지 않은 발을 먼저 딛고, 올라갈 때는 (다)와 불편한 발을 먼저 내딛는다.

ㅂ. (다)의 길이는 (다)를 지지하고 섰을 때, 어깨와 팔의 각도를 약 45도로 하고 겨드랑이에 주먹 하나가 들어갈 정도로 하여 조절한다.

① ㄱ, ㄴ, ㄹ
② ㄱ, ㄷ, ㅂ
③ ㄴ, ㄹ,
④ ㄱ, ㄷ, ㄹ, ㅂ
⑤ ㄴ, ㄷ, ㅁ, ㅂ

핵심테마 체크 ✔

• 보행 보조기기

MY MEMO

42

정답 및 예시답안

1) 유아특수교육
2) 워커
3) 유치원 C

관련이론

✦ 워커

<table>
<tr><td>특징</td><td colspan="2">• 혼자서 보행하기에는 근력, 조정력, 평행 유지 등이 힘든 이를 위한 이동 보조장치
• 일반적으로 근거리 이동에 사용
• 워커는 속이 빈 튜브형 알루미늄으로 제작되며 가장 지지력이 좋은 보행 보조기구로, 다양한 종류가 있음
• 보행 보조기구 중 안정성이 가장 크므로 균형 유지가 어렵거나 평행봉에서 보행 훈련을 마친 후 크러치를 사용하기에는 적절하지 않은 경우에 사용
• 빨리 걸을 수 없고 경사로나 계단 오르내리기가 어려운 단점이 있음
• 워커의 손잡이 높이는 사용자에 따라 맞추어야 하지만 보통 워커를 잡고 섰을 때 주관절이 20~25도 정도 굽힘이 되도록 높이를 정함</td></tr>
<tr><td rowspan="5">유형</td><td>표준형</td><td>• 일반적으로 많이 사용되지만 워커를 밀면서 걷기 때문에 몸통이 앞으로 기울어질 수 있다는 단점이 있음
• 표준형은 4개의 다리와 끝에 모두 고무 팁(tip)이 부착되어 있으며 안정성이 가장 좋음
• 사용자의 선호에 따라 높이 조절이 가능하고 운반을 위해 쉽게 접을 수 있음</td></tr>
<tr><td>구동</td><td>• 좀 더 편안한 보행을 위해 바퀴가 부착된 것으로 앞의 두 다리에만 부착된 것과 네 다리에 모두 부착된 것이 있음
• 균형능력이 좋지 않고, 양팔로 워커를 들어 올리기 힘들거나 하지손상이 있을 때 사용하지만 표준형에 비해 안정성이 떨어지며 계단이나 경사로에는 사용하기 어려움
• 사용자의 편의를 위해 브레이크가 설치된 것도 있지만 위험할 수 있으므로 사용 시 주의
• 바퀴가 없는 고정 워커를 사용하는 데 불편을 느끼거나 팔이나 손에 약간의 장애가 있는 아동이 사용</td></tr>
<tr><td>교대형</td><td>• 양쪽 앞에 축이 있어 좌우가 교대로 앞으로 움직일 수 있도록 설계
• 동시에 양쪽 팔을 움직이지 않고 정상 보행처럼 순차적으로 팔이 나아가며 보다 빠른 보행이 가능
• X자형 걸음으로 걷는 아동이 사용</td></tr>
<tr><td>후방 지지형</td><td>• 보행 중 신체의 무게중심의 전반으로 쏠려 앞으로 넘어지는 경향이 있거나 점차 빨라지는 가속 보행이 나타날 때에는 후방형을 사용하면 좋음
• 보통 아동들이 많이 사용하고 워커의 가로대에 등을 기대고 워커 안에 설 수 있게 하여 똑바른 기립 자세를 강화하기 위해 설계</td></tr>
<tr><td>편마비용</td><td>• 한쪽 상하지의 마비가 있는 경우 건강한 쪽으로 워커를 짚고 보행할 수 있음
• 한쪽 다리가 불편한 사용자들이 지팡이에 비해 쉽고 편하게 한쪽을 지지할 수 있도록 보행을 도와줌</td></tr>
<tr><td>보행</td><td colspan="2">• 먼저 워커를 들어 25~30cm 앞으로 이동시키고, 강한 다리를 이동한 후 약한 다리를 진전
• 한쪽 다리에만 체중을 지지할 수 있거나 한쪽 하지를 절단했을 때도 워커를 앞으로 이동시키고, 그 후 워커를 짚어 체중을 이동한 다음 다리를 진전
• 워커는 가급적 평지에서만 사용하고 계단을 오를 때에는 접는 워커를 사용하지만 안정성이 떨어지기 때문에 거의 사용하지 않음
• 워커는 크러치나 지팡이를 사용하기 전에 매우 유용하며, 교실이나 가정에서도 비교적 많이 사용
• 워커로 안전한 보행이 되면 다음 단계로 크러치를 사용한 보행을 지도</td></tr>
</table>

42

2022. 유

(가)는 유아특수교사 김 교사가 지체장애 유아 진수에 대해 작성한 일지의 일부이고, (나)는 김 교사와 진수 어머니의 대화이며, (다)는 신체활동의 예시이다. 물음에 답하시오. [5점]

(가)

바깥 놀이터에서

(진수는 놀이를 하는 친구들을 보고 있음)
민지 : 진수야, 너도 같이 할래?
진수 : 아니.
교사 : 진수도 같이 놀고 싶니?
진수 : 네. 놀고 싶어요.
교사 : 근데 왜 민지에게 "아니"라고 했어?
진수 : 넘어질까봐 무서워요.
교사 : 그러면 민지에게 넘어질까봐 무섭다고 말하렴.
민지 : 선생님, 진수랑 같이 놀고 싶은데, 어떻게 해야 할지 모르겠어요.

[고민]

- 진수는 하지근육이 약해져서 자세가 불안정하고 자주 넘어지며 뛰는 것을 힘들어한다.
- 모든 유아가 놀이에 참여할 수 있는 방법은 무엇일까?

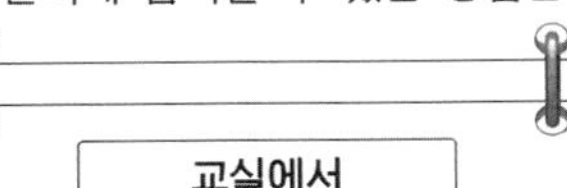

교실에서

교사 : 오늘은 진수와 어떻게 하면 함께 놀 수 있을지 얘기해 볼까요?
민지 : 진수랑 같이 교실에서 놀아요.
지은 : 뛰지 말고 앉아서 엉덩이 걸음으로 놀이해요.
인호 : 기어서 놀이하면 더 재밌을 것 같아요.
미주 : 술래도 앉아서 해요. 그럼 진수도 술래 할 수 있어요.
교사 : 진수의 생각은 어떤지 들어 볼까?
진수 : 나도 같이 놀아서 너무 기뻐.
인호 : 진수야, 넌 나랑 기어갈래?
진수 : 나는 걸어서 갈 수 있어. 뛰지만 않으면 돼.
민지 : 그럼, 우리 뛰는 것만 빼고, 걷거나, 기거나, 엉덩이 걸음으로 게임하면 좋겠어. [A]

[성찰]

- 유아들은 놀이를 계획하면서 적극적으로 자신의 생각을 말하고 친구들과 사이좋게 지내려고 하였다. 앞으로도 이러한 시간을 자주 가져야겠다.
- 유아들의 제안에 따라 '사과반 꽃이 피었습니다' 놀이를 하였다. 유아들은 교실에서 다양한 동작으로 재미있게 놀았고, 진수도 자신감 있게 적극적으로 놀이에 참여하는 모습을 보니 흐뭇했다.
- ㉠ <u>진수의 사회·정서 발달영역 목표 '상황에 맞게 자신의 감정을 말로 표현할 수 있다.'를 다양한 놀이에 삽입하여 연습할 수 있게 하였다.</u>

(나)

진수 어머니 : 선생님, 요즘 진수는 유치원에서 어떻게 지내나요?
김 교 사 : 네, 친구들과 함께 하는 활동들도 재미있게 하고 적응도 잘 하고 있어요. 친구들과 함께 신체활동 하는 것을 좋아하는데 넘어지기도 해서 진수의 안전을 고려한 활동으로 수정해서 하고 있어요.
진수 어머니 : 신경써 주셔서 감사해요. 진수가 넘어질 때마다 저도 걱정이 많거든요.
김 교 사 : 네, 걱정이 많이 되시죠? 그러시면 ㉡ <u>진수가 걷는 것을 도와줄 수 있는 보조기기</u>를 이용해 보시는 것은 어떠세요? 물론 운동도 병행해야 하구요.
진수 어머니 : 그러면 집에서 저랑 같이 할 수 있는 운동이 있을까요?
김 교 사 : 네. 우리 반에서 했던 신체활동 중에 집에서도 할 수 있는 방법을 알려드릴게요.

(다)

활동명	신체활동 내용
터널 속으로	두 손과 배로 밀면서 지나가기
새처럼 훨훨	바로 선 자세에서 팔을 옆으로 펴서 움직이기
친구 따라 사뿐사뿐	3인 1조로 줄을 지어 발바닥 표시를 따라 다리 건너기
한칸한칸 조심조심	5칸 나무계단을 한 칸씩 가기
아래로 쑤욱	가만히 선 자세에서 상체를 굽혀 다리를 잡아보기

1) (가)의 ① [A]에서 진수를 위해 적용한 참여 지원 방법을 쓰고, ② ㉠의 목표 수행을 보여주는 진수의 말을 찾아 1가지 쓰시오. [2점]

①:

②:

2) (나)의 ㉡에 해당하는 보행 보조기기를 1가지 쓰시오. [1점]

3) (다)의 활동 중에서 이동운동에 해당하는 활동명을 2가지 찾아 쓰고, 각 활동에 해당하는 이동운동의 유형을 쓰시오. [2점]

- 활동명 :

  유형 :

- 활동명 :

  유형 :

핵심테마 체크 ✔

- 목발의 사용
- 발작 시 주의사항

MY MEMO

43

정답 및 예시답안

○ 오른손으로 왼손을 받쳐 양손을 모두 사용하여 얼굴을 씻도록 지도한다. 그 이유는 편마비일 때 한쪽만을 지나치게 사용하면 불균형이 심화되고 발작이 나타날 우려가 있기 때문이다.
○ 학생 L이 목발로 계단을 오를 때에는 기능상 어려움이 없는 건측인 오른발은 먼저 딛고, 그다음 목발과 기능상 어려움이 있는 왼발이 계단 위를 디디며 오르도록 지도한다.
○ 학생을 옆으로 눕혀야 발작 시 침이 밖으로 나올 수 있어 기도가 막히는 것을 방지할 수 있기 때문이다.

관련이론

✦ 보행 보조기구를 사용한 보행지도

1) 보호 및 보조방법
- 보호는 과도한 체중부하, 균형상실, 넘어짐을 예방하기 위함이며, 이를 위해 지체장애 학생의 허리에 보행벨트를 착용하면 도움이 된다. 너무 느슨하거나 복부를 압박할 만큼 꽉 조여 착용하지 않도록 주의한다.
- 지체장애 학생이 움직일 때 교사는 함께 움직일 수 있는 위치에 있어야 하며 가급적 가까이 서서 걷는 것이 좋으나 신체 움직임과 보행 보조기구를 방해하지 않도록 하는 것이 중요하다. 이를 위해 진행할 방향과 움직임을 정확히 인지하고, 진행 경로에 방해물의 위치도 미리 파악해야 한다.
- 보호 및 보조를 위한 위치는 정해져 있지 않지만 보통 학생의 측면 후방에 위치하는 것이 좋다. 이때 한 손은 학생의 어깨 위에 얹고 다른 손은 보행벨트를 잡아 어깨는 뒤로 당기고 고관절은 전방으로 밀어줄 수 있도록 준비한다.

2) 평지 보행
- 특수교사는 보행 보조기구를 사용한 보행지도 시 기저면을 적절한 범위 내에서 넓게 취하도록 한다.
- 한쪽 다리가 다른 쪽 다리보다 앞에 위치해 서 있으면 기저면 내에서 무게중심을 유지하며, 지체장애 학생의 움직임에 따라 체중을 전후로 이동시키면서 보호할 수 있다. 그리고 지체장애 학생의 발 움직임에 따라 동시에 교사의 발도 함께 움직인다. 예를 들면 학생이 오른쪽 크러치와 왼발을 전진시킬 때 교사도 함께 왼발을 전진시키며 항상 학생과 가까운 거리를 유지한다. 이렇게 함으로써 보행 및 훈련 동안 에너지를 유지하고 근긴장과 피로를 감소시킬 수 있다.

3) 계단 오르내리기
- 크러치를 사용하여 계단을 오르거나 내려올 때에는 항상 정상 또는 건강한 다리가 계단 위쪽에 있어야 한다. 즉, 올라갈 때는 정상 쪽 다리를 먼저 계단에 올려놓고 발을 딛으면서 약한 쪽 다리와 크러치를 동시에 올려놓는다. 내려올 때는 약한 다리와 크러치를 동시에 계단 아래로 내려놓은 다음 정상 쪽 발을 내려놓는다.
- 이때 특수교사는 지체장애 학생의 옆에서 보호하는 것이 가장 좋은 위치이다. 그러나 계단이 좁거나 다른 이유로 옆에 있기 어려울 때에는 지체장애 학생의 아래쪽에 위치하도록 한다. 교사는 가능하면 난간을 잡고 계단 위아래에 양발을 앞뒤로 벌려 서서 체중 이동과 자세를 용이하게 만들 수 있는 준비를 하여 넘어짐에 대비하도록 한다.
- 크러치를 사용한 계단 오르기
  ① 몸을 들 때 건강한 쪽 하지를 이용해야 하므로 건측 하지를 먼저 계단 위로 움직인다.
  ② 건측 하지가 다음 계단 위에 적절하게 놓이면 체중을 건측 하지로 이동시키고, 몸을 계단 위로 들어 올린다.
  ③ 몸을 들어 올리는 동시에 환측 하지와 크러치를 같은 계단 위로 옮긴다.
  ④ 다른 방법은 환측 하지를 건측 하지가 놓인 계단 위로 먼저 올린 다음 크러치를 움직인다.
- 크러치를 사용한 계단 내려오기
  ① 환측 하지를 지지하기 위해 크러치를 먼저 계단 아래로 옮긴다.
  ② 크러치와 환측 하지가 아래 계단으로 내려갈 수 있도록 체중을 건측 하지로 이동시킨다.
  ③ 크러치와 환측 하지가 아래 계단으로 내려갈 때까지 건측 하지를 굽혀 몸을 낮춘다.
  ④ 다른 방법은 크러치를 먼저 아래 계단으로 내린 후 환측 하지를 내린다. 이때 체중은 크러치와 환측 하지로 이동한다.

43

2018. 중
★답안작성

다음은 교육실습생이 파악한 학생의 특성과 특수교사의 조언을 정리한 내용이다. 〈작성 방법〉에 따라 서술하시오. [4점]

학생	특성	특수교사 조언
K	• 경직형 뇌성마비 학생임 • 왼쪽 편마비임	• 체육 시간이 끝난 후, 학생의 특성을 고려하여 세면대에서 ㉠ '손으로 얼굴 씻기' 를 지도함
L	• 교통사고로 인한 지체장애 학생으로 목발을 사용하여 이동함 • 오른발의 기능에는 어려움이 없으나 왼발의 기능에 어려움이 있음	• 평지 이동 훈련 후, ㉡ '목발로 계단 오르기' 를 지도함
M	• 경직형 뇌성마비 학생임 • 전신 긴장성-간대성 발작(대발작)을 간헐적으로 보임	• 발작을 보일 때, 교사가 취해야 할 행동의 예: ㉢ 학생을 옆으로 눕힘

작성방법

- 학생 K의 특성을 고려하여 밑줄 친 ㉠의 적절한 지도방법을 1가지 제시하고, 그 이유를 서술할 것
- 학생 L의 특성을 고려하여 밑줄 친 ㉡의 방법을 작성할 것(목발, 왼발, 오른발의 이동 순서와 방법을 포함할 것)
- 학생 M의 특성을 고려하여 밑줄 친 ㉢의 이유를 1가지 서술할 것

핵심테마 체크 

- 수동 휠체어 사용 시 고려 사항(구성요소별)

MY MEMO

44

정답 및 예시답안

②

알찬 지문풀이

- ① 기동성을 높이기 위해서 ~~앞바퀴는 작을수록, 뒷바퀴는 클수록 좋다~~. ➡ 앞바퀴가 작을수록 방향전환이 잘 되고, 앞바퀴가 클수록 충격흡수에 효과적. 뒷바퀴가 클수록 기동성이 떨어짐
- ③ 요추의 지지와 기능적 운동을 위한 자세에 도움이 되도록 등받이의 재질은 유연성이 ~~클수록 좋다~~. ➡ 단단한 재질
- ④ 랩 트레이(lap tray)는 양손을 기능적으로 사용하는 데 유용하지만 몸통과 머리의 안정성을 ~~방해한다~~. ➡ 도움이 됨
- ⑤ 팔걸이에 팔을 올려놓으면 척추에 작용하는 압력이 줄지만 상체 균형능력이 제한적인 경우에는 몸통의 안정성이 ~~방해된다~~. ➡ 팔걸이에 팔을 올려놓는 것은 몸통의 안정성에 도움이 됨

관련이론

✦ 수동 휠체어의 구성요소별 고려사항

구성요소	고려사항
의자	• 자세의 지지를 위해 단단한 것일수록 좋음 • 엉덩이의 크기에 맞추어 가능한 한 좁게 맞추는 것이 좋음
등받이	• 학생의 자세를 위해서는 딱딱한 재질이 더 바람직함 • 고개를 가누는 정도에 따라 높이 조절이 필요함 • 등받이는 고정된 것과 경사시킬 수 있는 것이 있음
팔걸이	• 팔걸이를 지지하여 체중을 분산시키거나 체중이동훈련을 할 수 있으므로 둔부의 압력을 줄이고 욕창 등의 문제를 예방할 수 있음 • 상체의 안정성을 위한 장치 • 길이가 짧은 것은 책상에의 접근이 용이 • 길이가 긴 것은 팔을 좀 더 많이 지지함 • 대부분의 휠체어는 팔받침 높이를 조절할 수 있고, 랩보드를 팔받침에 부착시킬 수 있음
머리 받침대	• 머리 조절이 어려운 학생에게 필요하며 머리의 자세, 근긴장, 목의자세 또는 연하 작용을 보조해 줌
뒷바퀴	• 뒷바퀴는 스포크나 주물로 만든 플라스틱으로 되어 있음 • 휠체어의 바퀴는 휠체어 추진에 가장 큰 영향을 주는데, 무게가 가벼울수록 좀 더 쉽게 관성을 이기고 앞으로 나아갈 수 있음 • 뒷바퀴의 크기는 다양하나 보통 22인치와 24인치가 많이 사용되며 사용자의 팔 길이에 따라 달리 사용할 수 있음
앞바퀴	• 앞바퀴가 큰 경우에는 이동 시 충격을 흡수하고 장애물 통과, 구르기 저항이 좋으나 기동성이 적으며, 앞바퀴가 작은 경우에는 회전이 쉽고 바퀴 흔들림이 적으나 충격흡수가 나쁘며 틈에 빠지기 쉬움 • 뒷바퀴와 마찬가지로 캐스터는 다양한 치수와 형태, 그리고 재료로 만들어짐
타이어	• 휠체어 타이어는 경성 타이어와 공기 타이어가 있음 • 경성 타이어는 내구성이 좋고 주로 실내에서 사용하며, 공기 타이어는 충격흡수가 좋아 부드러운 승차감을 제공하지만 공기압을 자주 확인해야 함 • 타이어의 압력 감소는 회전저항을 증가시켜 추진을 위해 에너지 소모가 증가함
핸드림	• 이동 시 손으로 잡는 둥근 손잡이 부분으로 직경이 클 경우에는 힘을 이용하여 출발 및 가속이 쉽고, 직경이 작을 경우에는 속도의 유지가 용이함 • 두께나 형태는 사용자의 쥐는 능력에 따라 달라지고, 바퀴 손잡이를 잡을 수 없는 경우에는 특수 바퀴 손잡이를 설치하여 잡지 않고 밀기만 해서 휠체어를 추진하는 방법도 있음 • 편마비장애의 경우 한 손으로만 휠체어를 추진할 수 있도록 바퀴 손잡이가 모두 한쪽에 부착되어 있음
랩보드	• 휠체어용 책상으로 휠체어를 이용하는 학생의 섭식과 의사소통기기를 놓는 등 학습활동에 사용이 편리하나, 독립적인 이동을 방해하며 휠체어의 무게와 전후 좌우 길이를 증가시켜 불편을 초래함
브레 이크	• 브레이크를 작동시킬 정도의 힘이 부족한 경우 사용하는 휠체어 바퀴 잠금장치와 일반 브레이크 등의 두 가지 종류가 있음 • 브레이크는 레버식과 토글식이 있는데 최근에는 손의 힘이 약한 사람도 한 번 작동으로 정지할 수 있는 토글 브레이크가 보급되고 있음
안전 벨트	• **허리 혹은 가슴 벨트**: 몸을 가누지 못하거나 체중이 가벼워 작은 흔들림에도 떨어지기 쉬운 장애인을 위해 허리(가슴)와 등받이를 밀착함 • **손·발목 벨트**: 손 혹은 발을 고정시키는 데 사용함 • **좌석 벨트**: 골반의 안정성을 제공해 주는 역할을 하는 것으로 골반을 지탱해 주기 때문에 바른 자세를 취하는 데 필요한 보장구에 해당함

44

2010. 중

지체장애학생들이 사용하는 일반적인 수동 휠체어에 대한 설명으로 가장 적절한 것은?

① 기동성을 높이기 위해서 앞바퀴는 작을수록, 뒷바퀴는 클수록 좋다.

② 좌석 넓이는 몸이 차체에 직접 닿아 압력을 느끼지 않는 범위에서 가급적 좁아야 한다.

③ 요추의 지지와 기능적 운동을 위한 자세에 도움이 되도록 등받이의 재질은 유연성이 클수록 좋다.

④ 랩 트레이(lap tray)는 양손을 기능적으로 사용하는 데 유용하지만 몸통과 머리의 안전성을 방해한다.

⑤ 팔걸이에 팔을 올려놓으면 척추에 작용하는 압력이 줄지만 상체 균형능력이 제한적인 경우에는 몸통의 안정성이 방해된다.

핵심테마 체크 ✔

- 전동 휠체어_조이스틱, 스위치
- 수동 휠체어 구조_팔걸이, 랩보드

MY MEMO

45

정답 및 예시답안

○ ㉠은 불기 빨기 스위치(들숨 날숨 스위치 등)이다. (*TIP: 불기 빨기, 들숨 날숨 모두 sip and puff를 번역한 것임. 조우스는 마우스의 유형이므로 답이 될 수 없음)
○ ㉡은 속도이다.
○ ㉣의 방법: 첫째, 고정형 팔걸이에 랩보드를 부착한다. 둘째, 고정형 팔걸이의 높이에 따라 높이 조절이 가능한 책상을 사용한다.

관련이론

✦ 전동 휠체어를 작동 시키는 다양한 방식: 조이스틱, 스위치 등

- 뇌성마비 불수의운동형 학생이 청소년 시기에 전동 휠체어, 컴퓨터 그리고 다른 환경적 제어들을 작동하기 위해 스위치를 사용하는 등 최적의 독립기능을 유지할 수 있도록 가능한 한 어린 시기에 이동 시스템을 제공한다.
- 전동 휠체어는 사용자의 기능 수준에 따라 입력 특성을 조절할 필요도 있다. 즉, 보통 많이 사용하는 조이스틱 방식으로 할 것인지 온/오프(on/off) 방식의 마이크로 스위치를 쓸 것인지를 결정하고, 입력장치의 위치도 수정할 필요가 있다.
- 전동 휠체어의 경우 조이스틱형의 조절장치가 적합하며 헤드 스틱이나 입을 이용하는 스위치로 된 장치도 사용된다.

✦ 수동 휠체어의 구조: 팔걸이와 랩보드

팔걸이	• 팔걸이를 지지하여 체중을 분산시키거나 체중이동훈련을 할 수 있으므로 둔부의 압력을 줄이고 욕창 등의 문제를 예방할 수 있음 • 상체의 안정성을 위한 장치 • 길이가 짧은 것은 책상에의 접근이 용이 • 길이가 긴 것은 팔을 좀 더 많이 지지함 • 대부분의 휠체어는 팔받침 높이를 조절할 수 있고, 랩보드를 팔받침에 부착시킬 수 있음
랩보드	• 휠체어용 책상으로 휠체어를 이용하는 학생의 섭식과 의사소통기기를 놓는 등 학습활동에 사용이 편리하나, 독립적인 이동을 방해하며 휠체어의 무게와 전후 좌우 길이를 증가시켜 불편을 초래함

45

2024. 중
★답안작성

(가)는 학생 A와 B의 특성이고, (나)는 특수학교 교사 A와 B의 대화이다. 〈작성 방법〉에 따라 서술하시오. [4점]

(가) 학생 A와 B의 특성

학생 A	• 듀센형 근이영양증 • 척주(척추)만곡이 나타남 • 첨족보행을 하며 균형 감각이 불안하여 자주 넘어짐 • 착석 시스템 적용 전동 휠체어를 사용함
학생 B	• 경직형 뇌성마비 • 고정형 팔걸이의 수동 휠체어를 사용함

(나) 특수 교사 A와 B의 대화

특수 교사 A: 전동 휠체어를 어떻게 움직이나요?

특수 교사 B: 전동 휠체어를 움직이는 데에는 다양한 방식을 적용할 수 있습니다. 예를 들어 조이스틱, 스위치 등을 사용합니다. 몸의 다양한 부분에 스위치를 적용할 수 있는데, 호흡으로 작동하는 (㉠) (이)나 혀로 작동하는 스위치도 있습니다.

특수 교사 A: 그러면 학생 A의 전동 휠체어는 어떤 방식으로 작동하나요?

특수 교사 B: 학생 A의 경우에는 손을 일정하게 움직일 수 있기 때문에 비례적 조이스틱을 사용하면 됩니다. 가고 싶은 방향으로 비례적 조이스틱을 움직이면 그 방향으로 휠체어가 움직입니다.

특수 교사 A: 비례적 조이스틱으로 (㉡)을/를 조절할 수도 있습니까?

특수 교사 B: 물론입니다. 원하는 방향으로 미는 정도에 따라 조절할 수 있습니다.

특수 교사 A: 학생 B는 ㉢ <u>교과 전담 이동 수업 시간에 다른 책상을 사용하는 것이 어렵습니다.</u> ㉣ <u>학생 B의 접근성을 보장하기 위한 방법</u>이 있을까요?

특수 교사 B: 네, 학생 B의 접근성을 보장하기 위해 할 수 있는 방법을 자료와 함께 자세히 메모해 드릴게요.

작성방법

• (나)의 괄호 안의 ㉠에 해당하는 스위치의 유형을 쓸 것
• (나)의 괄호 안의 ㉡에 해당하는 용어를 쓸 것
• (나)의 밑줄 친 ㉢을 해결하기 위한 ㉣을 2가지 서술할 것

핵심테마 체크 ✔

• 전동 휠체어

MY MEMO

46

정답 및 예시답안

②

관련이론

✦ 전동 휠체어

- 전동 휠체어는 수동 휠체어에 비해 더 무겁고, 바퀴는 더 작으나 표면에 닿는 면은 넓다. 전동 휠체어는 다양한 조이스틱에 의해 작동된다. 중도의 지체장애를 가진 학생도 턱, 입, 발 등으로 조이스틱을 조절하거나 음성 등 대안적 작동 방법을 배울 수 있다. 다만, 전동 휠체어를 이용하거나 기능을 지도할 때에는 다음과 같은 주의사항을 숙지해야 한다.
  - 안전벨트를 꼭 사용한다.
  - 전동 휠체어의 속도는 사용하는 학생의 기능 수준에 적절하게 조절되어야 한다.
  - 작고 밀집된 장소에서 사용하기 전에 넓고 안전한 공간에서 충분한 조정 기술을 연습한다.
  - 적당한 시야 확보, 방향을 이해하는 능력, 환경에 대한 주의 등 사전 교육을 제공한다.
  - 안전을 위해 필요한 경우 실전훈련에 앞서 가상훈련을 제공하는 소프트웨어를 활용한다.
  - 충전, 보관 등 스스로 전동 휠체어를 관리하는 습관을 지도한다.
- 어떤 기기를 사용하든 이동성 보조공학기기의 목적은 가장 효과적인 방법으로 가장 좋은 움직임을 제공하면서 최대한 독립성을 가지고 움직이게 하는 것이다. 적절한 이동성 보조기기와 최적의 보조공학기기의 선택은 많은 평가와 고려를 통해 이루어질 수 있다.

46 2011. 유

영서는 만 6세이고, 경직형 뇌성마비, 중도 정신지체, 말·언어 장애가 있다. 김 교사가 영서를 위해 수립한 보조공학 기기 적용 계획으로 적절한 내용을 고른 것은?

보기

ㄱ. 학습 활동을 효과적으로 할 수 있도록 그림 이야기 소프트웨어를 음성출력 기능과 함께 사용하게 한다.

ㄴ. 의사표현을 할 수 있도록 리버스 상징보다 이해하기 쉬운 블리스 상징을 적용한 의사소통판을 사용하게 한다.

ㄷ. 고개를 뒤로 많이 젖히지 않고 물을 마실 수 있도록 빨대나 한쪽 면이 반원형으로 잘린 컵을 사용하게 한다.

ㄹ. 움직이는 장난감 자동차를 가지고 놀 수 있도록 장난감 자동차에 스위치를 연결하고 그 스위치를 휠체어 팔걸이에 설치한다.

ㅁ. 뇌성마비 경직형 아동은 독립보행을 할 수 없으므로 원활한 이동을 할 수 있도록 조기에 스스로 전동휠체어를 사용하게 한다.

① ㄱ, ㄴ, ㄷ
② ㄱ, ㄷ, ㄹ
③ ㄴ, ㄷ, ㄹ
④ ㄴ, ㄹ, ㅁ
⑤ ㄷ, ㄹ, ㅁ

핵심테마 체크 ✔

- 이분척추_션트
- 휠체어 사용 시 고려사항
- 스플린트
- 보완대체 의사소통 체계(AAC)_참여모델
- 보완대체 의사소통 체계(AAC)_어휘목록 구성 전략

MY MEMO

47

정답 및 예시답안

1) 마을을 조사하는 활동을 하는 동안 션트가 감염되지 않도록 유의한다.
2) 앞바퀴가 큰 휠체어는 충격흡수에 도움이 되기 때문에, 마을을 조사하러 이동하는 동안 턱을 넘을 때에도 근긴장도가 높아지거나 깜짝 놀라지 않고 보다 안정적으로 이동할 수 있도록 한다.
3) 스플린트는 보통 단단한 플라스틱 모형으로 만들며, 팔과 손의 자세를 잡기 위해 사용될 수 있기 때문에 왼손을 펴지 못하고 안쪽으로 휘어 있는 은지에게 필요하다.
4) 참여모델
5) 환경/활동중심

관련이론

✦ 션트

척수수막류의 구체적 문제에 대한 치료: 가장 흔한 처치는 뇌실복막 션트를 수술로 삽입

- 뇌실복막 션트(VP shunt)를 수술로 삽입한다. 션트는 측뇌실로 들어가는 근위부 도뇨관(관), 밸브(배액을 조절하는), 그리고 목과 가슴 피부 밑에서 복막(복부)강이나 대체 장소로 가는 원위부 도뇨관으로 구성
- 션트는 넘치는 뇌 척수액이 두뇌에서 나와 튜브를 타고 내려와 복막강으로 이동해서 몸에 재흡수되도록 하여 두뇌에서 뇌 척수액의 축적을 막아 주고 뇌손상을 일으킬 수 있는 두뇌에 대한 압력을 막아 준다.
- 션트는 감염되거나 막힐 수 있다. 막힘이 발생했을 때 아동은 두통, 흐릿한 시야, 구역질이나 구토, 무기력, 팔 힘의 약화, 혹은 심할 경우 동공 확대를 경험할 수 있다. 그러한 실수가 자주 일어날 경우 정서장애(폭력 포함), 학교 수행능력 감소 등과 같은 증상도 나타날 수 있다. 션트가 고장난 것은 응급상황으로 검사를 위해 병원에 보내야 한다. 아동이 성장하게 되면 성장에 맞추어 교정할 수 있도록 정기적인 션트 수정이 필요하다.
- 션트의 밸브에도 고장이 생길 수 있다는 것을 인지하는 것은 중요하다. 어떤 션트 밸브의 경우 프로그래밍 될 수 있고 부주의로 압력환경이 바뀔 때 알려주므로 정기적인 측정이 필요하다.

✦ 스플린트, 석고붕대, 보조기

- 스플린트, 석고붕대, 보조기 등은 아동이 좀 더 쉽게 움직이게 하여 이동성과 기능을 높일 수 있는 자세로 신체부위(보통 몸통 또는 사지)를 잡아 주기 위하여 주문 제작한 장비다.
- 경직된 조직을 서서히 펴는 데 사용할 수 있다.
- 아동의 빠른 성장과 몸에 직접 닿는 장비의 특성으로 인해 세심한 점검과 빈번한 교체가 필요하다.
- 스플린트는 보통 단단한 플라스틱 모형으로 만들며, 팔과 손의 자세를 잡기 위해 사용한다.
- 스플린트는 어떤 활동을 위해 밤에만 착용하거나, 하루 대부분의 시간 동안 착용하거나, 하루 중 일부 시간 동안 착용하거나 떼어 낼 수 있다.
- 석고붕대는 보통 비정상적으로 과도한 근긴장도를 줄이거나, 근육이 짧아져 생기는 관절 구축을 완화하고 근육을 펴기 위해 사용한다.
- 석고붕대는 대체로 좀 더 중도의 장애를 가진 아동이 기능적인 자세 잡기를 취하도록 하는 데 사용되므로, 보조기와 스플린트는 그 다음에 사용될 수 있다.
- 석고붕대는 일반적으로 팽팽한 근육을 좀 더 늘리기 위한 기능을 가지고 있으므로 몇 주마다 교체해 주는 것이 필요하다.
- 비전형적인 근긴장도를 보이는 아동의 약 85%가 언젠가는 보조기를 사용한다.
- 보조기는 단단한 플라스틱으로 만들며, 다리 또는 발의 안정화와 자세 잡기, 긴장도 감소를 위해 사용하다.
- 발목 보조기는 발목과 발의 자세를 조절하며, 무릎 보조기는 발목과 발뿐 아니라 무릎의 자세도 조절해 준다.
- 보조기는 보통 아동이 체중 지지 활동을 시작할 때 사용한다.
- 착용 시간은 서서히 늘리며, 일반적으로 아동이 깨어 있는 대부분의 시간 동안 착용하게 한다.

47

2015. 초
★답안작성

(가)는 지체장애 특수학교 2학년 학생들의 특성이고, (나)는 '2009 개정 슬기로운 생활과 교육과정'에 따른 '마을과 사람들' 단원 지도 계획과 학생 지원 계획의 일부이다. 물음에 답하시오. [5점]

(가) 학생 특성

미나	• 이분척추를 지닌 학생이며, 뇌수종으로 인하여 션트(shunt) 삽입 수술을 받음
현우	• 뇌성마비 학생이며, 상지 사용이 가능하여 휠체어를 타고 이동할 수 있음 • 휠체어를 타고 턱을 넘을 때, 몸통의 근 긴장도가 높아지고 깜짝깜짝 놀라는 반응을 보임
은지	• 뇌성마비학생이며, 전동휠체어를 타고 이동할 수 있음 • 구어 사용은 어렵지만, 간단한 일상적인 대화는 이해할 수 있음 • 그림 상징을 이해하고, 오른손 손가락으로 상징을 지적할 수 있음 • 왼손은 항상 주먹이 쥐어진 채 펴지 못하고 몸의 안쪽으로 휘어져 있음

(나) 단원 지도 계획과 학생 지원 계획

대주제	이웃		
단원	마을과 사람들		
차시	차시명	학습 목표 및 활동	학생 지원 계획
8–9	우리 마을 둘러 보기	○ 우리 마을의 모습을 조사한다. – 마을 모습 이야기하기 – 조사 계획 세우기 – 마을 조사하기 • 건물, 공공장소 및 시설물 등을 조사하기 • 마을 사람들이 하는 일을 조사하기	○ 미나 – 마을 조사시 ㉠ 션트(shunt)에 문제가 발생하지 않도록 유의하기 ○ 현우 – 마을 조사시 ㉡ 앞바퀴가 큰 휠체어 제공하기 ○ 은지 – 수업 중 ㉢ 스프린트(splint) 착용시키기 – 보완·대체 의사소통(AAC) 지원 계획하기 • (㉣)을/를 적용하여 평가하기 • 마을 조사 시 궁금한 내용을 질문할 수 있도록 ㉤ 어휘 목록 구성하기

1) (가)에 제시된 미나의 특성을 고려할 때, (나)의 ㉠에 문제가 발생하지 않도록 하기 위해 교사가 유의해야 할 사항을 1가지 쓰시오. [1점]

2) (가)에 제시된 현우의 특성을 고려할 때, (나)의 마을 조사 활동 시 ㉡의 장점을 1가지 쓰시오. [1점]

3) 교사가 은지에게 (나)의 ㉢을 착용시킨 이유를 은지의 특성에 비추어 1가지 쓰시오. [1점]

4) 다음은 (나)의 ㉣에 대한 설명이다. ㉣에 들어갈 모델의 명칭을 쓰시오. [1점]

> • 보완·대체 의사소통과 관련된 의사결정과 중재를 하기 위한 평가 모델임
> • 생활연령이 동일한 일반학생의 생활 패턴과 그에 따른 의사소통 형태를 근거로 보완·대체 의사소통 평가를 수행함
> • 자연스러운 환경 내에서 의사소통을 가로막는 기회장벽과 접근장벽을 평가함

5) (나)의 ㉤을 다음과 같이 구성하였다. 어떤 어휘 목록 구성 전략을 사용한 것인지 쓰시오. [1점]

핵심테마 체크 ✔

• 안아 옮기기

MY MEMO

48

정답 및 예시답안

③

알찬 지문풀이

• ㄱ. 교사는 학생 A의 등 아래로 손을 넣고 ~~교사의 허리를 이용하여~~ 학생을 힘껏 들어 올려서 안는다. ➡ **몸통을 똑바로 세우고 허리를 구부리기보다는 다리를 구부리고 안을 자세 취하기**

• ㄷ. 학생 A를 쉽게 들어 올리기 위해 학생의 앉은 자세를 먼저 잡아 주고, ~~학생의 근육이 이완되지 않도록 유지~~하며 들어 올린다. ➡ **신체가 가능한 한 많이 정렬되고, 이완되도록 기다려주어야 함**

• ㄹ. 학생 A를 마주보게 안아서 옮길 때는 학생의 양 하지를 벌리고 무릎을 구부려 교사의 허리에 걸치게 한 다음, 학생의 팔을 교사의 어깨에 올려 껴안고 옮긴다. ➡ **하지 근육의 긴장도가 높은 경직형 아동은 경직을 줄이고 양 하지를 이완할 수 있도록 해줌. 과소긴장의 아동들은 고개 조절이 어려움. 양육자의 팔 가까이에 기대게 하고 얼굴이 정면을 향하게 하여 다리를 함께 모아서 안을 경우 쉽게 안을 수 있음**

관련이론

✦ 안전하고 효과적인 들어 올리기와 이동을 위한 우선적인 신체역학의 규칙

- 학생에게 무엇을 할 것인지 설명하고 학생이 가능한 한 적극적으로 참여하도록 하기
- 들거나 이동시킬 학생에게 직접 다가가서 자세 취하기
- 몸통을 똑바로 세우고 허리를 구부리기보다는 다리를 구부리고 안을 자세 취하기
- 학생에게 몸을 밀착하여 안을 준비하기
- 자신의 몸을 회전하지 말고 학생을 안을 준비하기
- 바닥에 평평하게 발을 대고 편안하게 한쪽 발을 다른 발 앞에 놓기
- 이동할 때 가능한 한 많은 무게를 학생 스스로 지지하게 하기
- 들어 올리기가 어렵거나 약 16kg 이상 무게가 나가는 학생의 경우 도움을 요청하여 두 사람이 함께 들어 올리기

48

2011. 중

학생 A는 근육의 긴장도가 높고 독립보행이 안 되며, 그림 상징으로 의사소통을 하는 중도(severe) 뇌성마비학생이다. 이 학생의 특성과 그림상의 문제점을 고려하여 교사가 학생 A를 바르게 안아 옮기기 위한 방법으로 적절한 것만을 <보기>에서 모두 고른 것은?

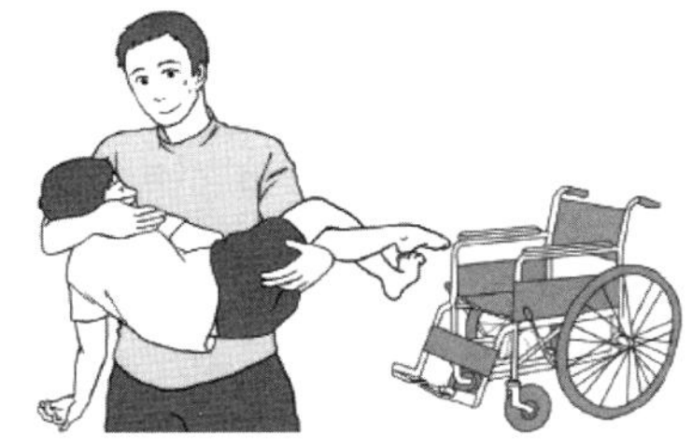

보기

ㄱ. 교사는 학생 A의 등 아래로 손을 넣고 교사의 허리를 이용하여 학생을 힘껏 들어 올려서 안는다.
ㄴ. 교사가 학생 A를 들어 올릴 때, 학생이 교사를 쳐다보거나 휠체어를 바라보는 반응을 기다려준다.
ㄷ. 학생 A를 쉽게 들어 올리기 위해 학생의 앉은 자세를 먼저 잡아 주고, 학생의 근육이 이완되지 않도록 유지하며 들어 올린다.
ㄹ. 학생 A를 마주보게 안아서 옮길 때는 학생의 양 하지를 벌리고 무릎을 구부려 교사의 허리에 걸치게 한 다음, 학생의 팔을 교사의 어깨에 올려 껴안고 옮긴다.

① ㄱ, ㄴ
② ㄱ, ㄷ
③ ㄴ, ㄹ
④ ㄱ, ㄷ, ㄹ
⑤ ㄴ, ㄷ, ㄹ

핵심테마 체크 ✔

- 착탈의_편마비 학생
- 안아 옮기기
- 건강장애 학생을 위한 지원방안_천식

MY MEMO

49

정답 및 예시답안

1) ① 교육내용과 방법을 일상생활 안에서 경험할 수 있도록 한다.
   ② 학생과 함께 차시별 주제를 공유하고, 학습활동을 계획한다.
2) 마비된 쪽의 팔부터 소매를 끼워 입힌 후, 나머지 부분을 입힌다.
3) 철수의 양다리(양 하지)를 벌려 교사의 허리를 감도록 한 후, 학생의 양팔로 교사의 목이나 어깨를 안도록 하여 안정적인 자세를 취하도록 한다.
4) 천식발작으로 인해 응급상황이 발생하면, 도움요청 카드를 사용하여 상황을 알리고 도움을 요청하도록 한다.

관련이론

✦ 지체장애 유형에 따른 착탈의

편마비	• 편마비의 경우 입을 때는 마비 쪽 소매를 먼저 끼워 넣어 어깨까지 입힌 후 비마비 쪽 소매를 끼워 넣는다. • 벗을 때는 마비 쪽 어깨를 벗긴 다음 비마비 쪽 상지를 소매부터 빼고 이어서 마비 쪽 소매를 뺀다. • 머리부터 입는 셔츠는 마비 쪽 소매를 끼워 넣은 후 비마비 쪽 소매를 끼워 넣는다. 셔츠 뒤의 옷자락을 잡고 머리부터 씌운다. • 벗을 때는 역으로 목 뒤의 옷자락을 잡아 앞으로 당겨 머리를 뺀 후 비마비 쪽 상지를 빼고 마비 쪽 상지를 뺀다. • 바지는 마비 쪽을 대퇴부위까지 먼저 입고 나서 비마비 쪽 바지를 입는다. 벗을 때는 역으로 비마비 쪽부터 벗으면 된다.
근이영양증	• 휠체어에서 앉은 자세 유지가 가능하며 좌우로 몸을 흔들어 체중 이동 시에도 넘어지지 않는 경우에는 시간이 오래 걸리지만 옷 입기가 가능하다. • 팔을 올리거나 옷을 입으려면 휠체어 랩보드 같은 받침이 필요하고, 받침 위에 옷을 올려 머리가 들어가기 쉽도록 옷을 벌리고 정리해 둔다. • 팔꿈치를 받침에 지지한 상태에서 양손으로 옷을 들고 머리 가까이 대면 몸을 앞으로 숙여 머리를 안에 넣는다. • 양손을 머리끝까지 올려 옷을 붙잡은 후 목을 뒤로 젖혀 머리가 옷깃에 나올 때까지 조금씩 내린다. 그런 후에 한쪽씩 소매를 넣고 손가락을 움직여 소매를 걷어 올리고, 몸을 옆으로 움직여 옷을 완전히 내린다. 벗는 방법은 옷의 뒷자락을 잡고 앞으로 당겨 머리를 뺀 후 다시 잡아당겨서 벗는다. • 바지 입기는 몸을 앞으로 숙이고 손을 발로 가져가야 하므로 휠체어에서 수행하기는 어렵다. 따라서 바닥에 무릎을 펴고 앉은 자세를 취하고, 한쪽 다리의 무릎을 구부린 후 발밑에 있는 바지 허리춤에 손을 가져간다. 손가락을 이용해 바지를 무릎까지 입히면 대퇴를 따라 미끄러져 간다. 몸을 옆으로 움직여서 지면과 엉덩이 사이에 공간을 만들고 손가락을 바지 허리 부분에 걸어 끌어 올리면 된다.
뇌성마비	• 무정위운동형 뇌성마비의 경우 불수의운동과 변화하는 근긴장의 문제로 일정한 자세를 유지하기 어렵다. • 특히 하지에 비해 상지나 몸통의 마비가 심한 경우가 많아 상지에 의존하는 ADL 수행이 어려운데, 머리나 몸통을 고정하거나 벽에 기댄다든지 난간을 잡으면 불수의운동이 감소하여 자세 안정성이 좋아진다. • 지적 능력이 좋고 운동기능이 좋은 경우에는 스스로 옷을 입을 수 있으나 동작 시 움직임 패턴의 예측이 어렵기 때문에 전적으로 의존하거나 보조하는 수준에 머무르는 경우가 대부분이다. • 보통 운동장애가 큰 부위부터 보조하면 쉽고, 신체 변형이 심한 경우에는 가능하면 체위 변화를 줄일 수 있는 옷 입기 순서를 고려해야 한다. • 긴장성 미로반사가 나타날 때에는 옆으로 누운 자세에서 옷을 입히면 수월하고, 긴장성 목반사가 나타나는 아동은 머리를 중립 위치에 위치시키고 옷 입기를 수행하도록 한다.

✦ 소아천식 학생을 위한 교육지원 방안

교사는 천식이 있는 학생에게 가능한 한 정상적인 교육 경험을 제공하기 위해 환경 조절, 응급상황 대처, 자기관리 지도방안을 마련해야 한다. 각각에 대해 살펴보면 다음과 같다.

- 첫째, 교사는 천식 학생이 겪는 어려움을 줄일 수 있도록 교실 환경을 평가하여 자극을 줄이는 등 환경 조절에 대해 노력하는 것이 필요하다.
- 둘째, 위급한 상황에 대비하여 학교의 보건교육교사와 연계하여 응급상황에 대한 대처 계획을 수립한다.
- 셋째, 천식을 가지고 있는 학생이 스스로 질병을 관리할 수 있도록 지도해야 한다.
- 어린 연령의 학생의 경우 흡입기(bronchodilator)나 의료용 분무기(nebulizer)를 올바르게 사용할 수 있도록 하고, 초등학교 고학년 학생의 경우에는 스스로 사용할 수 있도록 하는 교육이 필요하다.

49

2017. 초

(가)는 2015 개정 특수교육 교육과정 중 기본 교육과정 바른 생활과, 슬기로운 생활과, 즐거운 생활과에 대한 내용이고, (나)는 슬기로운 생활과 '가을 풍경 관찰하기' 현장 체험학습 계획 시 중도 · 중복장애 학생들의 특성에 따라 교사가 고려해야 하는 사항이다. 물음에 답하시오. [5점]

(가)

- 바른 생활과, 슬기로운 생활과, 즐거운 생활과 내용 체계의 일부

영역 (대주제)	핵심 개념 (소주제)	내용 (일반화된 지식)	내용 요소(활동 주제)		
			바른 생활	슬기로운 생활	즐거운 생활
7. 가을	7.2 가을의 모습	가을이 되면 자연의 모습이 변한다.	서로 도우며 함께 살기	가을 풍경 관찰하기	가을 풍경 표현하기

- 바른 생활과, 슬기로운 생활과, 즐거운 생활과의 각 단원의 전개 순서는 다음의 주제 학습 절차를 적용한다.

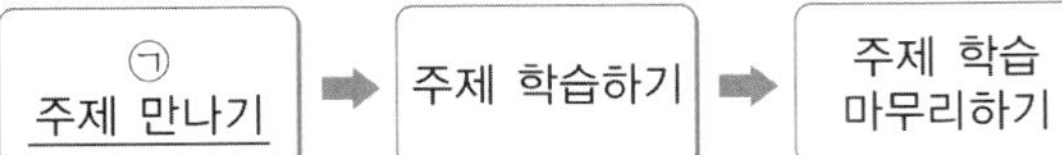

(나)

학생 이름	특성	고려 사항
영희	• 외상성 뇌손상(교통사고) • 오른쪽 편마비, 인지적 손상, 언어장애를 보임	• 외출 전에 ㉡<u>상의(앞이 완전히 트인 긴소매) 입히는 순서</u> 고려하기
철수	• 중도 지적장애와 경직형 뇌성마비 • 전신의 긴장도가 높아 머리가 뒤로 젖혀지고 다리는 가위자 모양이 됨	• 안아 옮길 때 자세에 유의하기 [A]
연우	• 중도 지적장애 • 알레르기성 천식을 앓고 있음 • 천식 발작 시 마른 기침을 하고 흉부 압박을 느끼며 고통을 호소함 • 천식 발작이 심한 경우 호흡곤란이 동반되고 의사소통이 어려움	• 외출 시 준비물(휴대용 흡입기, 마스크, 상비약, 도움요청 카드, 휴대용 손전등, 휴대용 알람기 등) 점검하기 • ㉢<u>응급 상황 발생 시 도움을 요청하는 방법</u> 환기하기

1) ① (가)에서 바른 생활과, 슬기로운 생활과, 즐거운 생활과의 영역(대주제)과 핵심 개념(소주제)을 동일하게 설정한 이유를 2015 개정 특수교육 교육과정 중 기본 교육과정 바른 생활과, 슬기로운 생활과, 즐거운 생활과의 '성격'에 근거하여 쓰고, ② 차시별 주제들을 탐색하는 (가)의 ㉠에서 교사와 학생이 하는 것을 2015 개정 특수교육 교육과정 중 기본 교육과정 바른 생활과, 슬기로운 생활과, 즐거운 생활과의 '교수 · 학습 방법'에 근거하여 쓰시오. [2점]

①:

②:

2) (나)의 ㉡을 영희의 신체적 특성을 고려하여 쓰시오. [1점]

3) (나)의 [A]에서 보이는 문제점을 해결하기 위해 교사가 자신의 신체를 이용하여 철수를 안는 방법 1가지를 쓰시오. [1점]

4) (나)의 ㉢의 예를 연우의 특성과 외출 시 준비물을 고려하여 1가지 쓰시오. [1점]

핵심테마 체크 ✔

• 비구강 섭식

MY MEMO

50

정답 및 예시답안

②

알찬 지문풀이

• ㄱ. ➡ 반 친구들과 같은 장소 및 시간에서 식사를 하는 것이 바람직하다.

• ㄷ. ➡ 연식(soft diet)은 질감이 부드럽고 쉽게 소화되며, 자극성 조미를 하지 않고 섬유질을 제한하는 식사를 의미한다. 유동식(full liquid diet)은 연식으로 옮겨가는 단계에 적용되는 식사로서, 고형식을 씹거나 삼키고 소화하기 어려운 경우 공급하는 식사이다. 혀의 조절장애가 있는 경우 씹는 운동이 어렵다고 해서 유동식으로 제공하게 되면 소화, 변비 등의 문제를 야기할 수 있으며 기능상의 문제가 개선되지 않을 수 있으므로 이 방법이 좋다고 할 수 없다.

• ㄹ. ➡ 구역질 반사는 음식을 뱉어내려는 반사를 의미한다.

관련이론

✦ 비구강 섭식

1) 기구
   ① 위루관(G-tube)
      • 복부를 통해 위까지 튜브를 연장시킨 것
      • 아주 오랫동안 사용할 수 있거나 심지어 평생 사용 가능
      • 구강섭취를 보충하기 위해 사용하거나 학생들이 아프거나 또는 구강섭취가 적절하지 않을 때 사용 가능
   ② 공장루술관(J-tube)
      • 복부에서 십이지장이나 또는 소장의 두 번째 부분까지 연장시킨 것
      • 구강운동 기술을 가지고 G 튜브나 J 튜브를 사용하는 학생들은 입으로 먹고 마시는 것으로 호흡하는 데 위험하지 않아 이를 허용한다.
      • G 튜브나 J 튜브는 주로 학생의 옷으로 덮여 있다.
   ③ 비강삽입관(N-G-tube)
      • 코를 통해 목과 식도를 타고 내려가 위에 이르도록 연장한 것
      • 어떤 학생들은 N-G 튜브를 가지고 매 섭식 때마다 삽입하는 경우도 있고 다른 몇몇의 학생들은 한 번에 몇 주일 동안 지니고 있는 경우도 있다.
      • N-G 튜브는 입으로 필요한 만큼의 영양분을 섭식하지 못하는 학생들에게 일시적으로 도움을 주기 위한 짧은 기간의 해결책이다.
2) 비구강 섭식 절차와 연관된 것
   • 액상 영양제는 고형의 또는 정상적인 음식물을 조심스럽게 갈아 튜브를 통과시켜 투여한다.
   • 섭식은 연속적으로 또는 간헐적으로 이루어진다.
   • 중력 저하법: 위보다 8~24인치 높은 곳에 환자용 조유를 담은 용기를 지닌다.
   • 펌프: 전기적 또는 전지의 힘으로 작동한다.
   • 주수기: 커다란 주수기 섭식관의 끝에 부착되어 있고, 액상 영양제는 주수기에 담겨진다.
   • 버튼식 위루: 복부의 피부에 맞는 짧은 튜브이고, 섭식을 제거할 수 있는 작은 플러그가 있다.
3) 교실에서의 실행
   • 음식물 섭취와 관계없이, 음식물 투입은 동료들과의 식사시간이나 간식시간 동안 이루어져야 한다.
   • 학생들은 식사시간 기술 개발을 증진시키고 식사시간대에 발생할 수 있는 모든 사회적 상호작용에 참여하기 위한 기회를 갖기 위해 가능하면 전형적인 방식으로 그들의 식사시간에 참여하여야 한다.
   • 환자용 조유를 튜브로 공급하는 동안 학생들의 위치는 매우 중요하다.
   • 학생이 입으로 먹거나 마실 수 없다면 구강위생 절차나 입 관리를 해 주어야 한다.
   • 만약 아동의 N-G 튜브나 G 튜브가 학교 일과 중에 빠지게 되면, 깨끗한 거즈 패드나 옷으로 입구를 덮어 두어야 한다.
   • G 튜브는 다음 식사시간 전 2시간 이내에 갈아주는 것이 매우 중요하다.
   • J 튜브가 빠진 경우에는 학생의 의사가 그것을 대체해 주어야 한다.

50

2009. 중

지체장애학생의 음식 섭취에 관련된 특성과 학급 내에서의 일반적인 지원 방법에 관한 적절한 설명을 〈보기〉에서 모두 고른 것은? [2.5점]

보기

ㄱ. 구강섭식이 어려워 비강삽입관(鼻腔挿入管)을 이용하여 비전형적인 방법으로 식사를 하는 학생의 경우, 반 친구들과는 다른 장소 및 시간에 식사하는 것이 바람직하다.

ㄴ. 목에 과신전이 있는 학생의 경우, 음료를 마실 때 금속이나 유리 재질의 보통 컵 대신에 한쪽이 둥글게 패인 플라스틱 재질의 투명한 컵을 이용하게 하여 과신전 가능성을 줄인다.

ㄷ. 신경근육계 손상으로 혀의 조절장애가 있는 학생은 연식(軟食)의 섭취가 더 어려우므로 유동식으로 제공하는 것이 좋다. 하지만 지속될 경우 변비나 치아의 문제를 야기할 수 있으므로 주의한다.

ㄹ. 구역질 반사(gag reflex)가 있으면 입안에 강한 비자발적인 자극이 있어 음식을 먹다가 사레에 들리기 쉽다. 이 반사가 과민하면 큰 조각의 음식물이나 이상한 물체를 삼키는 것을 막지 못하므로 주의한다.

ㅁ. 학생에게 음식을 먹여 줄 때, 음식을 주는 사람은 학생의 바로 앞에서 눈높이를 맞춰 앉아 식사를 보조한다. 학생이 음식을 먹을 때는 머리와 몸통의 위치, 그리고 힘이 가는 곳과 약해지는 곳을 관찰한다.

① ㄱ, ㄴ
② ㄴ, ㅁ
③ ㄷ, ㄹ
④ ㄱ, ㄷ, ㅁ
⑤ ㄴ, ㄹ, ㅁ

핵심테마 체크

• 섭식 지도

MY MEMO

51

정답 및 예시답안

①

알찬 지문풀이

• ② ~~편안하게 누운 자세를 취하게 한 다음~~ 부드러운 음식을 먹는 것부터 지도한다. ➡ 앉거나 비스듬히 기댄 자세

• ③ 스테인리스(stainless) 숟가락보다는 ~~1회용 플라스틱~~ 숟가락을 사용해서 먹도록 지도한다. ➡ 1회용 플라스틱은 강직성 씹기 반사 반응에 의해 손상되기 쉬우며 이는 아동이 다칠 수 있으므로 위험함

• ④ 장기적으로는 보조기기를 이용하기보다는 ~~신체적 보조를 받아 자세를 유지하도록~~ 한다. ➡ 장기적으로는 독립적으로 자세를 취할 수 있도록 해야 함

• ⑤ 컵을 사용할 때에는 컵의 가장자리를 ~~치아 위에 올려놓아~~ 음료를 잘 마실 수 있도록 한다. ➡ 컵의 가장자리를 아랫입술에 놓아서 깨무는 자극을 줄이도록 함

관련이론

✦ 섭식 및 식사 지도

섭식 관련 문제	• 호흡 • 턱 조절장애 • 식사 지도에 대한 문제 • 위식도 역류 • 자세 및 근긴장도 문제 • 식사기능 관련 비정상적 반사 • 혀와 입술의 기능 조절 부족
중재 시 일반적 고려사항	• 숟가락이나 포크 사용 등 초기 기술의 지도단계에서는 동일한 훈련자가 지도하는 것이 효과적 • 초기의 지도는 조용한 장소에서 실시되어야 함 • 기술의 향상을 위해 가능한 한 기회를 많이 제공하고 실제 식사시간을 통해 지도함 • 식사 자세에 문제가 있으면 식사동작도 어려워지므로 자세를 바르게 취하는 것도 중요함 • 목을 너무 뒤로 젖히면 잘못 삼킬 수 있고 삼킴장애로 흡인성 폐렴에 걸릴 수 있으니 주의해야 함 • 흡인성 폐렴은 기도가 막혀 얼굴색이 변하거나 기침을 길게 한다든지 가래 낀 소리 또는 목소리를 내지 못하는 등의 증상이 나타남
식사 자세	• 튜브 섭식의 경우 직립 자세나 45도 각도의 자세가 음식물의 역류를 막으며, 식사 후 최소한 45분은 똑바로 있거나 반쯤 기대도록 함 • 자연스러운 자세를 유지할 수 있도록 해 주는 것이 좋으며, 새로운 자세에 적응하고 편안하게 되기 위해서는 식사시간 10~15분 전부터의 자세가 중요함 • 음식을 먹일 때는 반드시 지체장애 학생의 운동 패턴과 특정 감각자극에 대한 반응을 이해하여 시시각각으로 변화하고 달라지는 아동의 반응에 대처할 수 있어야 함 • **자세지지** – 중증의 신경운동장애가 있는 지체장애 학생의 경우 외적 자세 지지를 통해 신체 안정성과 대칭성, 그리고 눈 맞춤 능력을 향상시킬 수 있음 – 목 가누기가 잘 안 되는 아동의 경우 머리와 등 뒤에 받침대를 사용하여 테이블에 받쳐 비스듬히 누운 자세를 만들어 줌 • **착석장치 또는 경사 조절 휠체어 사용** – 간단하게 수건을 말아 대퇴 후면을 지지해 주면 좀 더 안정적인 고관절 굴곡 상태를 조장하고 더 나은 신체정렬을 만들 수 있음 – 좌석이 너무 넓으면 아동이 옆으로 쓰러지는 경향이 있으므로 양쪽 고관절 측면에 수건을 말아서 지지해 주면 좀 더 안정적인 몸통 지지가 가능함 – 먹고 삼키는 데 문제가 있는 아이들이 좌석과 등받이를 동시에 경사시키는 휠체어를 사용하여 안전하게 식사를 할 수 있음 • **폼 웨지의 사용** – 폼 웨지를 사용하면 다리를 약간 벌린 상태로 고관절을 굴곡 시킬 수 있으므로 뻗침 자세를 줄일 수 있고 좀 더 나은 머리와 몸통의 정렬을 유도할 수 있음 – 맞춤형 착석장치나 골반 벨트 등을 사용하면 좀 더 안정적인 고관절 중립 자세를 유지할 수 있음 • **프론 스탠더나 스탠딩 프레임의 사용** – 프론 스탠더나 스탠딩 프레임을 사용하여 선 자세에서 식사를 하면 고유 수용성 감각 입력을 증진시키고, 능동적인 머리 및 몸통 조절을 통해 좀 더 효과적인 구강운동을 도와줌

51

2011. 유

다음과 같은 특성을 보이는 만 4세 발달지체 유아 철수를 위한 식사 지도에서 고려해야 할 사항으로 가장 적절한 것은?

- 강직성 씹기 반사가 나타난다.
- 스스로 씹는 능력이 부족하다.
- 구강과 안면에 과민 반응이 나타난다.

① 거즈로 안면을 두드리거나 잇몸을 마사지하여 턱의 조절을 돕는다.
② 편안하게 누운 자세를 취하게 한 다음 부드러운 음식을 먹는 것부터 지도한다.
③ 스테인리스(stainless) 숟가락보다는 1회용 플라스틱 숟가락을 사용해서 먹도록 지도한다.
④ 장기적으로는 보조기기를 이용하기보다는 신체적 보조를 받아 자세를 유지하도록 한다.
⑤ 컵을 사용할 때에는 컵의 가장자리를 치아 위에 올려놓아 음료를 잘 마실 수 있도록 한다.

핵심테마 체크 

- 위식도 역류
- 연습방법_시도유형
- 원시반사 유형

MY MEMO

52

정답 및 예시답안

○ ㉢이 틀렸다. 걸쭉한 형태로 음식물을 수정하여 제공한다.
○ ㉤이 틀렸다. 교사가 식사 보조를 할 때는 학생 A의 옆 또는 뒤에서 지원한다.
○ ㉥은 집중 시도이다. (*TIP : 학생 A가 숟가락 홀더 사용을 새로 배워야 하고, 익숙해지기까지 많은 시간이 걸릴 수 있다는 것이 단서. 이는 습득이 필요한 상황이므로 집중 시도)
○ ㉦은 모로반사이다.

관련이론

✦ 음식물의 수정

- 식사 초기에는 음식물의 형태는 남아 있으나 씹으면 쉽게 으깨지는 음식물로 지도
- 반유동식의 음식물이나 갈아 으깬 음식물을 이용하여 입술로 숟가락에 놓인 음식물을 긁어내어 입안으로 가져와서 씹는 연습을 하도록 지도
- 장애아동에 따라 각기 다른 음식의 감촉과 음료의 농도에 따라 흡인 위험성을 최소화하여 좀 더 쉽게 먹을 수 있음
- 오렌지 주스처럼 신맛이 나는 묽은 음료는 타액 분비를 촉진시키므로 이미 침을 많이 흘려 문제가 되는 지체장애 학생에게는 좋지 않음
- 우유는 점액량을 증가시키므로 울혈과 기침, 숨 막힘 없이 마시기 힘듦
- 일반 음식을 먹지 못하는 경우에는 채소 등을 삶아 걸쭉하게 만든 퓨레(puree)형 음식을 제공
- 퓨레형 음식은 삼키는 자극 없이 쉽게 넘어가므로 기도폐쇄의 위험을 증가시키며, 변비와 충치를 일으키고, 구강 구조를 약하게 하며, 비타민 결핍을 가져올 수 있음
- 퓨레형 음식은 고형 음식을 먹을 때 습득할 수 있는 기능을 경험하지 못하게 하므로 가능한 한 퓨레형 음식을 피하고 고형 음식을 먹도록 지도하는 것이 필요함
- 작은 알갱이 형태의 음식보다 으깬 바나나 등 덩어리가 큰 음식부터 지도
- 당근, 완두콩과 같은 채소를 감자에 으깨서 먹게 하고, 좀 더 단단한 음식을 먹을 수 있게 되면 점차 다른 종류로 확대

✦ 음식을 제시하는 태도 및 자세

- 음식을 먹일 때의 적절한 위치는 음식이 아동의 얼굴 아래에 오는 것이 좋고 먹이는 사람의 얼굴의 눈높이, 또는 눈 아래에 있도록 하기 위해 낮은 의자에 앉음
- 아동의 목이 뒤로 젖혀 있는 것보다는 목을 약간 구부리게 하는 자세가 질식 없이 쉽게 삼키도록 하며 비정상적인 반사 작용을 최소화함
- 먹이는 사람은 아동과 가능한 한 가깝게 위치하고 아동의 옆, 또는 뒤에서 신체적 도움을 주는 것이 좋음
- 입안에 음식을 넣어줄 때는 혀의 중앙 부분에 넣어 줌
- 턱의 움직임에 제한이 많은 경우에는 쉽게 씹을 수 있도록 치아 사이에 직접 음식을 놓아 줌

✦ 시도 유형(목표기술 연습 방법)

집중시도	• 단일과제를 집중적으로 여러 차례에 걸쳐서 가르치는 것 • 새로운 기술을 습득하거나 유창성을 높이기 위해 1 : 1 집중시도가 효과적
간격시도	• 교사가 단일 과제를 가르친 후 학생을 쉬게 하고, 학생이 쉬는 동안 다른 학생에게 시켜보거나 다른 과제를 하게 해서, 해당 학생이 다시 똑같은 것을 배우기 전에 조금 전에 배운 것을 생각해 보거나 친구가 하는 것을 볼 수 있는 기회를 주는 것
분산시도	• 하루 일과 중에 자연스러운 상황 속에 삽입해서 목표행동을 가르치는 것으로, 연습과 연습 사이에 다른 활동을 할 수도 있고, 다른 행동에 대해 배울 수도 있음

✦ 모로반사

- 머리를 뒤로 젖혔을 때 팔이 신전 및 외전 그리고 외회전되면서 몸 전체가 신전 패턴이 되는 경우
- 모로반사가 남아 있는 경우 몸이 신전되면서 휠체어 앞으로 미끄러져 나가게 되므로 앉기 자세에서 균형을 잃기 쉬움

52

2024. 중
★답안작성

다음은 ○○특수학교의 특수 교사와 교육 실습생 A와 B가 중도뇌성마비 학생 A의 식사 기술 지도에 대해 나눈 대화이다. 〈작성 방법〉에 따라 서술하시오. [4점]

교육 실습생 A:	학생 A는 목 조절이 힘들고 위식도 역류가 심합니다. 그래서 씹기를 거부하고 구토 증상도 나타나요.
교육 실습생 B:	그런 경우에는 ㉠ 음식을 작은 조각으로 잘라서 조금씩 자주 제공해야 합니다. ㉡ 식사를 마친 후에도 곧바로 눕지 않고 앉아 있도록 하는 게 좋겠네요.
교육 실습생 A:	학생 A는 기도 폐쇄 현상이 자주 나타납니다.
교육 실습생 B:	그럴 경우 ㉢ 죽(퓌레) 형태로 음식물을 수정하여 제공해야 합니다.
교육 실습생 A:	그렇군요. 그런데 학생 A는 혼자 숟가락을 사용하지 못해서 식사 보조를 해 주는데, 그럴 때 숟가락을 강하게 물고 있어서 치아가 손상될까 봐 걱정이에요.
교육 실습생 B:	우선 숟가락을 바꿔 보는 것은 어떨까요? ㉣ 부드러운 실리콘 소재의 숟가락을 사용하는 것이 좋겠네요. 그리고 ㉤ 교사가 식사 보조를 할 때는 학생 A의 앞에 앉아 지원해야 해요.
교육 실습생 A:	선생님, 학생 A가 혼자 식사를 할 수 있도록 숟가락 홀더(utensil holder) 사용하는 방법을 지도하려는데 간격 시도와 (㉥) 중에 어느 것이 더 적절할까요?
특수 교사:	식사 기술 지도에는 간격 시도가 적절하지 않습니다. 그리고 학생 A는 숟가락 홀더 사용을 새로 배워야 하므로 익숙해지기까지 많은 시간이 걸릴 수 있습니다. 그래서 정해진 점심 시간 이외에도 자연스러운 환경 속에서 간식 시간 등을 이용하여 추가로 지도하는 것이 바람직합니다.
교육 실습생 B:	식사 장소도 고민 중입니다. 식사 중에 친구들이 갑자기 큰 소리를 내거나 뛰면 학생 A는 무척 놀라고 ㉦ 갑작스러운 목 신전 반사가 나타나며 팔을 쭉 벌리면서 무언가를 잡으려 하는 자세를 취하게 됩니다.
특수 교사:	주변 상황 변화에 대해 과도한 반사행동을 가진 학생에게는 편안하고 안정된 느낌을 제공해 주는 것도 필요합니다.

작성방법

- 밑줄 친 ㉠~㉤ 중 틀린 내용을 2가지 찾아 기호를 쓰고, 틀린 내용을 바르게 고쳐 서술할 것
- 괄호 안의 ㉥에 해당하는 연습 방법을 쓸 것
- 밑줄 친 ㉦과 같은 반사행동 명칭을 쓸 것

핵심테마 체크 ✔

- 팀 협력 모델
- 대칭성 긴장성 경반사
- 섭식 지도_식사 자세

MY MEMO

53

정답 및 예시답안

○ ㉠ 초학문적 팀 모델
○ ㉡ 원형진단
○ ㉢ F 학생은 목이 젖혀지면(신전) 대칭성 긴장성 목반사 반응이 나타나므로, 이를 예방하기 위해 한쪽이 잘린 컵을 사용하여 목이 뒤로 젖혀지지 않고도(과신전 되지 않고) 물을 마시도록 할 수 있다.
○ ㉣ 위식도 역류가 자주 발생하므로 식사 후 45분(또는 60분) 이상은 수직 또는 반수직 자세를 유지하도록 지도해야 한다.

관련이론

✦ 대칭성 긴장성 경반사

- 목의 굴곡이나 신전에 의해 일어남
- 목이 뒤로 젖힌 상태인 신전했을 때에는 상지가 신전되고 하지는 굴곡되며, 반대로 목을 앞으로 수그린 상태로 굴곡시켰을 때에는 상지가 굴곡되고 하지가 신전됨
- 복와위(prone : 엎드린 자세) 자세에서는 이 반사의 영향으로 인해 사지와 하지의 체중 지지 활동에 많은 지장을 받게 됨
- STNR은 아동을 앉은 자세에서 앞으로 미끄러지게 하고, 천골과 미골에 욕창의 위험을 일으킬 수 있음
- 휠체어에 앉아 있는 지체장애 학생에게 STNR이 출현하면 다리가 굴곡되어 천골과 미골로만 체중을 지지하고 앉아 있는 천골앉기 자세가 되거나 다리가 신전되어 뻗치는 전방 미끄러짐 현상이 나타남

✦ 위식도 역류

- 뇌성마비 아동에게 위식도 역류 증상은 매우 흔히 나타난다.
- 위식도 역류는 음식물을 자주 뱉어 낸다든지 먹을 때 목이 메거나 구역질, 기침, 구토 등의 증상을 보일 수 있고, 식도염이나 흡인성 폐렴 등의 합병증을 발생시킬 수도 있다.
- 위식도 역류를 예방하려면 음식물을 조금씩 자주 먹이고, 걸쭉한 형태의 음식물이 도움이 되며, 식사 후에 45분에서 한 시간 정도 비스듬히 앉아 있게 하는 것이 좋다.

고득점 답안 비법 ☆ 낮게 잘린 컵에 대한 이유를 목반사의 특성과 관련지어 서술할 것

☆ 식사 자세에 대해 위식도 역류에 따른 특성과 연결 지어 서술할 것

53

2018. 중
★답안작성

다음은 뇌성마비 학생 E와 F의 특성과 지원 계획이다. 〈작성 방법〉에 따라 서술하시오. [4점]

학생	구분	내용
E	특성	• 경직형 뇌성마비 학생임 • 워커를 사용하여 이동하기 시작함
	지원 계획	• 교사, 부모, 물리치료사, 작업치료사 등 다양한 전문가들이 팀을 이루고 함께 모여 동시에 학생 E를 진단함 (㉡) • 교사는 촉진자로서 학생 E의 움직임과 행동을 유도해 내고, 팀원들은 학생의 행동을 관찰하면서 각자의 전문영역과 관련한 평가를 함 (㉡) • 평가결과에 기초하여 팀원들은 "워커를 사용하여 목표지점까지 이동할 수 있다."는 목표를 설정하고 공유한 후, 개별화교육 계획에 반영함 (㉡) • 교사와 부모는 물리치료사와 작업치료사에게 다음의 내용을 배워 학생을 지도함 －바른 정렬을 유지하며 워커로 걷는 방법 －적절한 근 긴장도를 유지하며 걷는 방법 －방향 전환 방법 • 교사는 학생 E가 학교 일과 중 자연스러운 환경에서 '워커를 사용하여 이동하기'를 연습할 수 있도록 계획하고 지도함 (㉠: 지원 계획 전체)
F	특성	• 경직형 뇌성마비 학생임 • ⓐ <u>대칭성 긴장형 목반사(STNR)</u>를 보임 • 식사를 한 후, ⓑ <u>위식도 역류가 자주 발생함</u>
	지원 계획	• 흡인을 예방하기 위해 ㉢ <u>한쪽이 낮게 잘린 컵을 사용하여 물을 마시도록 지도함</u> • 학생의 특성에 맞는 적절한 유형의 음식을 제공하고, ㉣ <u>식사 후 적절한 자세</u>를 취하도록 지도함

작성방법

- ㉠에 해당하는 팀 협력 모델 명칭을 쓰고, 이 모델에서 사용하는 ㉡에 해당하는 진단방법을 제시할 것
- 밑줄 친 ㉢이 적절한 이유를 ⓐ의 특성에 근거하여 1가지 서술할 것
- 밑줄 친 ㉣에 해당하는 것을 ⓑ를 고려하여 1가지 제시할 것

핵심테마 체크 ✓

- 섭식 지도
- 특별한 건강관리

MY MEMO

54

정답 및 예시답안

1) ① / 단순 모방에 어려움이 있으므로 교사가 손을 사용하여 턱의 움직임을 촉진한다.
   ③ / 지시 따르기, 상징이해 능력 등에 어려움이 있으므로 청각적으로 자극을 제시하기보다 움직임이나 이동 등에 대한 지원을 통하여 신체 및 정서 발달이 촉진되도록 한다.
2) ① 청결
   ② 수분
3) ① / 식사 후 역류가 발생할 수 있으므로 약 45분간은 반쯤 기대거나 앉은 자세를 유지하도록 해야 한다.
   ③ / 고형식 음식이 아니라 걸쭉한 형태나 질감의 음식 형태를 제공한다.

문제 속 자료분석

- 현우는 빨기, 씹기, 삼키기 등의 섭식 기능에 문제가 있음 ➡ **고형식 섭취 어려움**
- 음식물 역류, 목이 메어 구역질이나 기침 자주 함, 삼키기 곤란 증상 ➡ **유동식 섭취 어려움**

➡ **따라서 유동식보다 걸쭉한 형태나 질감의 음식 형태로 제공하는 것이 적절**

관련이론

✦ 음식물의 수정

- 식사 초기에는 음식물의 형태는 남아 있으나 씹으면 쉽게 으깨지는 음식물로 지도
- 반유동식의 음식물이나 갈아 으깬 음식물을 이용하여 입술로 숟가락에 놓인 음식물을 긁어내어 입안으로 가져와서 씹는 연습을 하도록 지도
- 장애아동에 따라 각기 다른 음식의 감촉과 음료의 농도에 따라 흡인 위험성을 최소화하여 좀 더 쉽게 먹을 수 있음
- 오렌지 주스처럼 신맛이 나는 묽은 음료는 타액 분비를 촉진시키므로 이미 침을 많이 흘려 문제가 되는 지체장애 학생에게는 좋지 않음
- 우유는 점액량을 증가시키므로 울혈과 기침, 숨 막힘 없이 마시기 힘듦
- 일반 음식을 먹지 못하는 경우에는 채소 등을 삶아 걸쭉하게 만든 퓨레(puree)형 음식을 제공
- 퓨레형 음식은 삼키는 자극 없이 쉽게 넘어가므로 기도폐쇄의 위험을 증가시키며, 변비와 충치를 일으키고, 구강 구조를 약하게 하며, 비타민 결핍을 가져올 수 있음
- 퓨레형 음식은 고형 음식을 먹을 때 습득할 수 있는 기능을 경험하지 못하게 하므로 가능한 한 퓨레형 음식을 피하고 고형 음식을 먹도록 지도하는 것이 필요함
- 작은 알갱이 형태의 음식보다 으깬 바나나 등 덩어리가 큰 음식부터 지도
- 당근, 완두콩과 같은 채소를 감자에 으깨서 먹게 하고, 좀 더 단단한 음식을 먹을 수 있게 되면 점차 다른 종류로 확대

✦ 위식도 역류

- 뇌성마비 아동에게 위식도 역류 증상은 매우 흔히 나타남
- 위식도 역류는 음식물을 자주 뱉어 낸다든지 먹을 때 목이 메거나 구역질, 기침, 구토 등의 증상을 보일 수 있고, 식도염이나 흡인성 폐렴 등의 합병증을 발생시킬 수도 있음
- 위식도 역류를 예방하려면 음식물을 조금씩 자주 먹이고, 걸쭉한 형태의 음식물이 도움이 되며, 식사 후에 45분에서 한 시간 정도 비스듬히 앉아 있게 하는 것이 좋음

54

2013추. 초

다음은 지체장애와 정신지체를 지닌 중도·중복장애 학생 현우의 전반적 특성을 제시한 것이다. 물음에 답하시오. [5점]

• 성별 : 남	• 연령 : 8세

- 단순 모방, 지시 따르기, 상징 이해 능력이 매우 떨어져 기능 훈련에 어려움을 보임
- 스스로 용변 처리를 하거나 용변 의사를 표현할 수 없어서 기저귀를 착용하고 있음
- 자세 유지, 움직임과 이동이 곤란함
- 빨기, 씹기, 삼키기 등의 섭식 기능에 문제가 있음
- 다음과 같은 두드러진 건강상의 문제를 보임
  ㉠ <u>요로 계통의 감염으로 인해 소변에서 유해한 세균이 검출되며, 배뇨통, 요의 절박(절박 요실금), 발열, 구토, 설사, 체중 증가 부진, 복통 등의 증상을 유발함</u>
  ㉡ <u>식사 도중 음식물이 역류하거나 음식물로 인해 목이 메어 구역질이나 기침을 자주 하며, 가슴앓이, 식도염증, 그리고 삼키기 곤란 증상으로 인하여 소화, 배설, 영양실조 등의 2차적 문제가 발생함</u>

1) 현우의 전반적 특성을 고려할 때, 다음 중 우선적으로 적용해야 할 교육 목표로서 적절하지 않은 것 2가지를 찾아 번호를 쓰고, 그 내용을 바르게 수정하시오. [2점]

> ① 교사 모델링을 통해 스스로 턱을 조절하여 씹을 수 있도록 한다.
> ② 다양한 감각을 활용하여 외부 환경 및 대상을 직접 경험할 수 있도록 한다.
> ③ 노래, 악기 등 음악이나 소리를 통한 청각적 자극을 제공하여 신체 및 정서 발달을 촉진한다.
> ④ 칩톡, 테크톡과 같은 음성 출력 의사소통 기기를 통해 용변 의사를 표현할 수 있도록 한다.

- 번호와 수정 내용 :
- 번호와 수정 내용 :

2) 다음은 ㉠에 대해 특수교사가 지원할 수 있는 내용을 제시한 것이다. ①과 ②에 들어갈 알맞은 말을 쓰시오.

> 감염 부위의 (①)을(를) 유지시키고, 충분한 (②) 섭취를 돕는다.

①:

②:

3) ㉡에 대하여 적절하지 않은 지원 내용 2가지를 다음에서 찾아 번호를 쓰고, 그 내용을 바르게 수정하시오. [2점]

> ① 식사 후 약 10분간 누워서 스트레칭을 하도록 한다.
> ② 하루 동안 필요한 음식량을 조금씩 나누어 자주 제공한다.
> ③ 고형식 음식을 일정 크기로 잘라서 숟가락으로 떠 먹인다.
> ④ 의사의 처방에 따라 정해진 시간에 정확한 양의 약물을 복용시킨다.

- 번호와 수정 내용 :
- 번호와 수정 내용 :

핵심테마 체크 ✔

• 용변훈련

MY MEMO

55

정답 및 예시답안

④

알찬 지문풀이

• ㄷ. 명수가 기저귀를 착용하지 않도록 용변 처리 훈련을 야간에도 동시에 시작한다. ➡ **순차적 · 점진적으로 실시**

관련이론

✦ 용변기술 훈련 단계

1단계 습관 훈련	• 용변 패턴을 파악한 후 학생에게 시간에 맞춰 용변을 보도록 하는 것으로, 예측되는 시간 10분 전에 화장실에 가도록 하며 5분 동안 변기에 앉아 있도록 함 • 가장 중요한 것은 학생이 변기 위에 편안하게 앉아 있을 수 있어야 하며, 자세 유지가 어려운 경우 자세 보조용구를 사용하거나 붙잡을 수 있는 난간 등을 이용하면서 필요한 운동기능을 훈련하도록 함 • 배설 경보기, 이동식 좌변기, 변기 안전 등받이, 좌변기 안전 보조대, 미끄럼방지 매트 등 보조기구를 사용하면 도움이 됨
2단계 자기 주도적 용변	• 화장실을 가야 하는 필요성을 인식시키는 단계임 • 학생이 불편함을 표현하는 다양한 행동이나 신호를 주의 깊게 관찰하고 확인해야 하며, 좀 더 긍정적이고 수용 가능한 표현을 할 수 있도록 물건, 사진, 단어 등을 이용해서 화장실을 가고 싶다는 표현을 지도하도록 함 • 용변훈련용 팬티, 방수 팬티, 소변 경보기, 간이 변기, 화장실 티슈용 집게, 보완대체 의사소통기기 등의 보조기구를 사용하면 도움이 됨
3단계 스스로 용변 보기	• 용변기술의 일반화와 좀 더 숙달된 기술 습득을 목표로 함 • 닦기와 물 내리기, 손 씻기, 깔끔히 옷 입기 등 관련 기술을 수행할 뿐만 아니라 화장실에 가야 하는 필요성도 인식시키는 것 • 이 단계에서는 부모와의 협력을 통해 가정에서 야간에도 용변훈련을 시작하도록 함

✦ 용변훈련 관련 고려사항

집중연습 및 빠른 훈련	• 건강상의 문제가 없는 범위 내에서 자주 소변을 보도록 평소보다 음료 섭취를 증가시키고, 약 10분 정도 정해진 시간 동안 변기에 앉게 함 • 촉진을 통해 용변 보기를 도와줄 수 있으나 용암법 절차에 따라 차츰 줄여 나감 • 성공적인 화장실 사용과 마른 속옷 유지 상태에 따라 강화를 제공하고, 촉진 없이 용변 보기를 수행하면 자기주도적 훈련을 시작함
관련기술 지도	• 화장실로 이동하기, 필요한 경우 변기 올리기와 내리기, 바지를 내리거나 치마를 올리기, 물 내리기, 손 씻기, 화장실에서 돌아오기 등은 배변훈련을 가르칠 때 필요한 기술 • 기술들은 따로 분리하여 가르칠 수 있는 것이 아니라 배변훈련과 동시에 자연스러운 기회를 통해 지도함 • 배변기술은 신체적인 기능 외에 배변에 대한 의사를 표현하고 적절한 도움을 요청하는 것을 포함하여 지도함
지도환경	• 용변 지도는 가급적 화장실에서 실시하는 것이 좋고, 안전 손잡이와 신체 크기에 맞는 좌변기, 미끄럼방지 바닥 매트, 다양한 높이의 소변기, 건조기능이 있는 세탁기, 샤워시설과 휠체어 회전 반경이 고려된 공간 등 환경적 요구사항을 갖추어야 함 • 변기 사용 시 안정성이 있는 자세 유지가 중요하므로 처음에는 옆에서 변기에 앉아 있는 학생의 몸통을 잡아 줌 • 하지 굴곡근 및 내전근 경직 등 중증의 지체장애로 변기를 사용할 수 없는 경우에는 매트 위에서 바로 누운 자세로 대소변관리를 수행할 수 있음 • 허리에 방석이나 수건을 두툼하게 말아서 넣거나 폼 웨지를 끼우고 엉덩이를 들어 줌

55

2011. 유

만 4세 발달지체 유아 명수는 기저귀를 착용하고 유치원에 온다. 정 교사는 2008년 개정 특수학교 기본교육과정 사회과의 내용인 '화장실의 바른 사용법을 알고 용변 처리하기'를 명수에게 지도하고자 한다. 〈보기〉에서 적절한 지도 방법을 모두 고른 것은?

보기

ㄱ. 명수가 생활하는 환경에서 일관성 있는 훈련 절차로 지도한다.
ㄴ. 용변 처리 훈련 기간 중에는 명수에게 입고 벗기 쉬운 옷을 입힌다.
ㄷ. 명수가 기저귀를 착용하지 않도록 용변 처리 훈련을 야간에도 동시에 시작한다.
ㄹ. 명수가 독립적으로 용변 처리를 할 수 있도록 지도하되, 필요한 경우 부분참여를 하도록 한다.

① ㄱ, ㄷ
② ㄱ, ㄹ
③ ㄴ, ㄷ
④ ㄱ, ㄴ, ㄹ
⑤ ㄴ, ㄷ, ㄹ

핵심테마 체크 ✔

- 착탈의
- 섭식 중재
- 용변훈련

MY MEMO

56

정답 및 예시답안

①

문제 속 자료분석

(나)	삼킴의 문제로 인해 빨대로 음료를 마실 수 없다. ➡ 삼킴의 문제가 있는 것은 마시는 것 자체에 대한 문제가 있는 것임	~~컵에 부착된 빨대를 이용하여 우선 물과 같은 음료부터 빨대로 마실 수 있도록 최소촉구체계 방법~~으로 지도한다. ➡ 학생들이 도움 없이 컵으로 마시는 것이 숙달될 수 있는 잠재성을 가졌을 때 빨대 사용을 배울 수 있지만, 일반적으로 이러한 빨대 사용은 컵으로 마시기를 배운 이후에야 비로소 가르칠 수 있다. ➡ 최소촉진: 학생이 일단 과제 단계의 1/3 이상을 배웠다면 더 효과적. 과제를 바르게 수행하기 위해 체계에서 가장 개입적인 촉진을 필요로 하는 학생에게는 시간적으로 비효율적일 수 있음
(라)	방광 기능의 문제로 배뇨 조절이 안 되어 바지가 젖곤 한다. ➡ 용변훈련을 위한 선행조건을 만족하지 못함. 의학적 상태나 배설기관의 문제 등의 여부를 확인해야 함 • 선행조건 ① 안정된 배설형태 ② 매일 1~2시간의 소변을 보지 않는 시간 ③ 연령은 2세 이상	소변 훈련용 바지를 이용하여 과잉 교정절차로 점차 스스로 소변을 조절할 수 있도록 지도한다. ➡ 방광의 통제를 획득한 이후의 용변 실수를 없애기 위해 사용될 수 있는 효과적인 방법으로 소개. 이 경우 방광통제, 배뇨조절 자체를 할 수 있도록 훈련시키는 것이 바람직함

56

2011. 중

다음은 일상생활에서 나타나는 지체장애학생 A의 특성이다. 학생 A의 특성을 고려한 자기관리기술 중재 방법으로 적절한 것만을 모두 고른 것은?

	일상생활 특성	자기관리기술 중재 방법
(가)	셔츠를 혼자 벗을 수 있으나 입지는 못한다.	헐렁한 셔츠를 스스로 입을 수 있도록 셔츠 입기의 마지막 단계부터 역순으로 촉구와 용암법을 활용하여 지도한다.
(나)	삼킴의 문제로 인해 빨대로 음료를 마실 수 없다.	컵에 부착된 빨대를 이용하여 우선 물과 같은 음료부터 빨대로 마실 수 있도록 최소촉구체계 방법으로 지도한다.
(다)	숟가락을 자주 떨어뜨려서 손으로 음식을 집어먹는다.	숟가락의 손잡이에 고리를 달아 손에 끼우고, 고정시간지연 절차에 따라 숟가락으로 음식 먹기를 지도한다.
(라)	방광 기능의 문제로 배뇨 조절이 안 되어 바지가 젖곤 한다.	소변 훈련용 바지를 이용하여 과잉 교정절차로 점차 스스로 소변을 조절할 수 있도록 지도한다.

① (가), (다)　　② (나), (다)
③ (나), (라)　　④ (가), (나), (라)
⑤ (가), (다), (라)

핵심테마 체크 ✔

- 용변훈련
- 행동형성

MY MEMO

57

정답 및 예시답안

1) • **준비 여부**: 준비되어 있지 않음
 • **판단 근거**: 소변 횟수가 너무 많고 시간 간격도 너무 짧아 배설의 양식이 안정적이지 못하기 때문
2) 안정성 확보
3) • **전략**: 후진형 행동연쇄
 • **장점**: 자연적 강화를 제공한다.

관련이론

✦ 용변기술 평가

준비도 평가	• 용변훈련을 위해 선행되어야 할 조건은 다음과 같음 – 최소 2세 이상의 생활연령 – 기저귀가 1~2시간 정도 건조한 상태를 유지 – 하루에 3~5회 정도 일정 시간에 배뇨하는 등 안정적인 배설 패턴을 보일 때 – 기저귀나 옷이 젖고 더러워지면 행동이나 표정으로 배설을 인식할 수 있을 때 – 변기에 앉아 균형을 유지할 수 있는 능력 – 부모의 생각과 협력 수준 – 의학적 상태나 배설기관의 문제 등
용변 패턴 평가	• 용변 패턴 평가는 자연스러운 용변 습관을 확인하기 위한 것으로, 용변 차트를 활용하여 주간 용변 패턴을 파악함 • 부모의 참여가 필요하고 30분 간격으로 기록함 • 정확한 용변 패턴을 알기 위해서는 최소 2주 이상 자료를 수집해야 함
관련 기술 평가	• 용변을 보는 과정과 절차는 이동하기, 옷 벗고 입기, 뒤처리하기, 손 씻기 등 여러 가지 기술이 관련되어 있고, 독립적인 용변 처리를 위한 목표 달성에 영향을 미침 • 운동 및 감각 기능의 제한으로 이들 관련 기술을 모두 수행할 수 없을 때에는 일부 단계라도 수행할 수 있도록 지도하는 것이 의미가 있음

✦ 화장실 이용을 위한 자세 지도

- 적절한 자세잡기는 화장실 훈련에서 필수적인 요소다.
- 골반과 엉덩이, 몸통 근육의 자세조절과 근육의 긴장도, 신체 정렬을 통한 안정성 확보는 화장실 훈련을 위해 지도되어야 한다.
- 화장실을 이용하는 데 필요한 자세를 지도하기 위해 자세유지 기기들을 활용할 수 있다. 개인의 특성에 따라 약간의 지지만을 지원해서도 도울 수 있는 환경적인 수정 방법을 사용할 수도 있다.

57

2015. 유

진희는 경직형 뇌성마비를 가진 5세 유아이다. 특수학교 강 교사는 신변처리 기술을 지도하기 위해 2주 동안 자료를 수집하였다. 다음은 진희의 배뇨와 착탈의 기술에 대한 현재 수준과 단기목표의 일부이다. [5점]

구분	현재 수준	단기목표
배뇨	• 배뇨와 관련된 의학적 질병은 없음 • 1일 소변 횟수는 13~17회임 • 소변 간격은 10~60분임	㉠ 유아용 변기에 앉아 있을 수 있다.
착탈의	• 옷을 입거나 벗는 데 도움이 필요함 • 고무줄 바지를 내릴 수 있음 • 바지춤을 잡고 있으나 올리지는 못함	㉡ 혼자서 고무줄 바지를 입을 수 있다.

1) 위 자료를 근거로 배뇨 학습을 위한 진희의 신체적 준비 여부를 판단하여 쓰고, 판단의 근거를 쓰시오. [2점]

• 준비 여부 :

• 판단 근거 :

2) 단기목표 ㉠에 도달하기 위해 물리치료사는 다음과 같은 지도상의 유의점을 알려 주었다. A에 들어갈 알맞은 말을 쓰시오. [1점]

> 진희가 변기에 앉아서 옆으로 쓰러지지 않도록 하려면 자세잡기부터 잘 해주셔야 합니다. 앉은 자세에서 여러 가지 동작을 수행하려면 (A) 능력이 매우 중요하기 때문입니다.

3) 강 교사는 단기목표 ㉡을 과제 분석하여 4 → 3 → 2 → 1단계의 순으로 지도하였다. 이 교수전략이 무엇인지 쓰고, 장점 1가지를 쓰시오. [2점]

> 1단계 : 바지에 발 넣기
> 2단계 : 무릎까지 바지 올리기
> 3단계 : 무릎에서 엉덩이까지 바지 올리기
> 4단계 : 엉덩이에서 허리까지 바지 올리기

• 전략 :

• 장점 :

핵심테마 체크

- 비구강 섭식
- 용변훈련

MY MEMO

58

정답 및 예시답안

- ㅇ 튜브를 통한 영양공급은 자연스러운 식사 시간이나 간식 시간 동안 교실에서 행해져야만 한다. 식사 시간에 이뤄지는 튜브를 통한 영양공급은 학생이 가능한 한 정상적인 과정을 통해 식사 시간에 참여할 뿐만 아니라 음식이 제공되면서 느끼는 포만감을 경험한다.
- ㅇ 튜브섭식의 경우 직립 자세나 45도 각도의 자세가 음식물의 역류를 막으며, 식사 후 최소한 45분은 똑바로 있거나 반쯤 기대도록 한다.
- ㅇ 기저귀가 평균 3회 정도 젖어 있었으므로 하루에 약 3회 정도 배뇨를 한 것으로 볼 수 있다. 이는 안정적인 배설의 패턴을 보이는 것이므로 소변 훈련을 받을 준비가 되었다고 볼 수 있다.

관련이론

✦ 위루관 영양 섭취(튜브를 통한 영양공급)

- 입을 통해 음식물 섭취가 불가능한 경우 영양공급을 위해 위에 직접 관을 넣어 음식물을 주입하게 됨
- 불편하고 관이 빠지기 쉬워 흡인성 폐렴을 일으킬 가능성이 있음
- 위루관 영양은 이들 문제를 해결하고 장기간 영양공급이 가능하여 입을 통해 음식물을 섭취하기 어려운 중증장애인에게 유용한 방법
- 연하과정에서 문제가 발생한 학생들은 음식물을 삼키는 매우 짧은 시간 동안에 음식물이 기도로 흘러들어 가거나, 폐로 들어가 질식이나 폐렴 등의 심각한 부작용이 나타날 수 있음
- 튜브를 통해 영양식을 주입하기로 결정되면 식사 준비와 과정에서 주의할 사항들을 숙지하여 청결하고 안전한 식사 지도가 되도록 유의함
- 위루관으로 음식물을 주입하기 전에 감염을 방지하기 위해 손을 깨끗이 씻음
- 음식물의 역류를 막기 위해 음식물을 주입하는 동안과 주입한 후 한 시간 정도는 상체를 45~90도로 세워서 앉은 자세를 유지함
- 주입할 음식물은 냉장고에 보관하되, 주입 전에는 실내 온도만큼 따뜻한 정도를 유지함
- 평상시에도 위루관 주변의 피부자극, 위루관 막힘 등에 유의하며, 위루관의 위치 변화나 빠짐 예방을 위해 통 목욕, 수영을 자제하고, 충돌의 위험이 있는 운동은 제한함
- 식사과정에서 일방적으로 튜브를 통해 필요한 영양분을 넣어 주어 수동적으로 먹게 하는 것이 아니라 식사할 준비를 하고, 음식에 대한 주의를 기울이게 하여 식사활동에 능동적인 참여자가 될 수 있도록 지도함

✦ 용변기술 평가

구분	내용
준비도 평가	• 용변훈련을 위해 선행되어야 할 조건은 다음과 같음 – 최소 2세 이상의 생활연령 – 기저귀가 1~2시간 정도 건조한 상태를 유지 – 하루에 3~5회 정도 일정 시간에 배뇨하는 등 안정적인 배설 패턴을 보일 때 – 기저귀나 옷이 젖고 더러워지면 행동이나 표정으로 배설을 인식할 수 있을 때 – 변기에 앉아 균형을 유지할 수 있는 능력 – 부모의 생각과 협력 수준 – 의학적 상태나 배설기관의 문제 등
용변 패턴 평가	• 용변 패턴 평가는 자연스러운 용변 습관을 확인하기 위한 것으로, 용변 차트를 활용하여 주간 용변 패턴을 파악함 • 부모의 참여가 필요하고 30분 간격으로 기록함 • 정확한 용변 패턴을 알기 위해서는 최소 2주 이상 자료를 수집해야 함
관련 기술 평가	• 용변을 보는 과정과 절차는 이동하기, 옷 벗고 입기, 뒤처리하기, 손 씻기 등 여러 가지 기술이 관련되어 있고, 독립적인 용변 처리를 위한 목표 달성에 영향을 미침 • 운동 및 감각 기능의 제한으로 이들 관련 기술을 모두 수행할 수 없을 때에는 일부 단계라도 수행할 수 있도록 지도하는 것이 의미가 있음

58 2014. 중

다음의 (가)는 중도 · 중복장애학생 A의 특성이고, (나)는 중도 · 중복장애학생 B의 특성 및 소변 훈련 준비도 평가 결과이다. 학교 일과 중 언제 (가)의 밑줄 친 ㉠을 하는 것이 적절한지 쓰고, ㉠을 할 때 학생 A에게 적절한 자세를 1가지만 쓰시오. 그리고 (나)의 밑줄 친 ㉡을 기초로 학생 B가 소변 훈련을 받을 준비가 되어 있는지, 그 여부를 판단할 수 있는 근거 1가지만 쓰시오. [3점]

(가) 학생 A의 특성

㉠ 위루관(G튜브)을 통해 영양 공급을 받음

(나) 학생 B의 특성 및 소변 훈련 준비도 평가 결과

- 소변보기와 관련한 생리적인 문제는 없음
- ㉡ 소변 훈련 준비도 평가 결과

시간 \ 날짜	4/8	4/9	4/10	4/11	4/12
09:00	−	+	+	+	−
09:30	+	−	−	−	+
10:00	+	+	+	+	+
10:30	+	+	+	+	+
11:00	−	+	+	+	−
11:30	+	−	−	−	+
12:00	+	+	+	+	+
12:30	+	+	+	+	+
13:00	+	+	+	+	+
13:30	−	−	−	+	−
14:00	+	+	+	−	+
14:30	+	+	+	+	+
15:00	+	+	+	+	+

* + : 기저귀가 마름, − : 기저귀가 젖음
* 순간 표집법으로 측정함

PART 13

핵심테마 체크 ✔

- 법_대상자 선정기준(장애인 등에 대한 특수교육법)
- 교육심리_매슬로우
- 용변훈련 3단계

MY MEMO

59

정답 및 예시답안

○ ㉠은 정서 · 행동장애이고, 시각과 청각에 의한 학습이 곤란한 경우에는 시청각장애로 분류되기 때문에 ㉡과 같이 말한 것이다.
○ ㉢은 하위 욕구가 충족되어야 상위 욕구가 발생한다는 것이다.
○ ㉣은 (용변 패턴을 파악한 후 학생에게 시간에 맞춰 용변을 보도록 하는 것으로) 학생이 배변할 것으로 예측되는 시간 10분 전에 화장실에 가도록 하며 5분 동안 변기에 앉아 있도록 하는 것이다.

관련이론

✦ 용변훈련 단계

1 단계	습관 만들기(정기적인 용변) • 이 단계의 목적은 아동이 규칙적인 계획표에 따라 변기에 앉는 경험을 주는 것이다. • 훈련을 돕기 위한 환경조절방법은 아동의 습관 만들기에 도움이 된다. 아동용 변기를 이용하거나 느낌이 좋은 소재의 변기 커버 이용하기, 바닥에 미끄러지지 않는 논슬립 매트 깔아주기, 화장실 문을 제거하여 고립된 느낌을 완화해주기 등이 있다. • 화장실에 가는 것을 꺼리거나 공포를 느끼는 아동들의 경우에는 강제로 실시하지 않는다.
2 단계	스스로 화장실 사용 시도하기 • 화장실에 가야 할 필요를 인식하고 징후를 나타내도록 하는 단계이다. • 아동이 용변을 보자마자 칭찬해 줌으로써 방광이 가득 찬 것과 배설하는 것의 관계를 인식하도록 돕는다. • 처음에는 바지를 정기적으로 점검하여 마른 채로 있을 때에는 강화하며 실수 시에는 관심이나 강화를 하지 않고 옷을 갈아입히는 등의 단계를 통해 훈련을 시작한다. • 이 단계에서는 다리를 꼬거나, 얼굴을 찡그리거나, 구석으로 가는 등의 화장실에 가고자 하는 아동의 행동 표현에 대한 민감한 관찰이 요구된다.
3 단계	독립적으로 화장실 사용하기 • 이 단계에서 지도해야 할 내용은 화장실을 가야 한다는 것을 깨닫는 것과 화장실을 이용하는 모든 과정을 스스로 해내는 것이다. • 변기에 앉아 있는 시간이 많으면 많을수록 배변할 확률이 높으나 학교에서는 자주 화장실에 갈 수 있는 여건이 안 되므로 시간당 10~15분 정도 화장실에 머물면서 훈련하는 것이 효과적이다. • 배변훈련의 성과는 교사와 아동이 얼마나 많은 시간을 투자하느냐와 관계가 있다. • 이 단계는 용변기술을 일반화하고 좀 더 숙달되게 하는 것이 중요하며 낮 시간 동안에 이루어지는 기술들이 점차로 밤 시간 동안에도 이루어질 수 있도록 가정에서도 같이 시작한다.

59 2023. 중 ★답안작성

(가)는 신규 교사와 수석 교사가 나눈 대화의 일부이고, (나)는 배변 훈련 계획의 일부이다. <작성 방법>에 따라 서술하시오. [4점]

(가) 신규 교사와 수석 교사의 대화

신규 교사: 2022년 6월에 일부 개정된 장애인 등에 대한 특수교육법 시행령에서 중도중복장애를 지닌 특수교육 대상자에 대한 선정 기준이 보다 명료해졌다고 들었습니다.

수석 교사: 네. 그렇습니다. 중도중복장애는 지적장애 또는 자폐성장애를 지니면서 시각장애, 청각장애, 지체장애, (㉠) 중 하나 이상을 가지고 있어야 합니다.

신규 교사: 시각과 청각 모두 장애의 정도가 심하여 두 감각에 의한 학습활동이 곤란한 경우도 중도중복장애로 분류되나요?

수석 교사: ㉡ 아닙니다.

…(중략)…

신규 교사: 중도중복장애 학생의 보호자가 교과교육을 강하게 요구하고 있어요. 하지만 우리 반 학생들의 장애 정도가 너무 심하다보니 교과지도보다는 식사지도와 배변지도에 치중하게 되는 것 같아요.

수석 교사: 물론 교과지도도 중요합니다. 그러나 상위 욕구와 하위 욕구로 욕구의 위계를 설명하였던 매슬로우(A. Maslow)에 따르면, (㉢) (이)라고 합니다. 중도중복장애 학생의 생리 및 안전의 욕구를 고려하여 이를 충족하기 위한 기능적 기술을 우선적으로 가르치는 것이 중요합니다. 기본적인 생리·안전이 제공되었을 때 비로소 학습이 이뤄진다고 생각합니다.

(나) 배변 훈련 계획

단계	내용	지도 중점
사전 단계	배변일지 작성	매 15~30분 간격으로 기록
1단계	㉣ 습관 훈련하기	반복적 훈련을 지속적으로 실시
2단계	스스로 시도하기	다양한 신호 관찰
3단계	독립적으로 용변 보기	일반화 및 유지

<지도상 유의사항>
- 학생의 자율성 존중
- 개인 사생활 보호 및 인권 존중
- 훈련 효과를 높이기 위해 가정과 유기적으로 협력

작성방법

- (가)의 괄호 안의 ㉠에 해당하는 장애명을 쓰고, 밑줄 친 ㉡과 같이 말한 이유를 서술할 것 [단, 「장애인 등에 대한 특수교육법시행령」(대통령령 제32722호, 2022. 6. 28., 일부개정)에 근거할 것]
- (가)의 괄호 안의 ㉢에 해당하는 내용을 서술할 것
- (나)의 밑줄 친 ㉣에 해당하는 내용을 학생의 배변 시점을 기준으로 서술할 것

핵심테마 체크 

- 학생 특성에 적절한 이 닦기 지도
- 전체과제 행동연쇄

MY MEMO

60

정답 및 예시답안

○ ㉠ **감각적 측면**: 입 주변에 사물이 닿으면 놀라는 반응을 보이므로, 구강 주변을 미리 충분히 마사지해 준 후 이 닦기를 지도한다.
○ ㉡ **도구적 측면**: 거친 질감의 도구에 대한 거부반응을 보이므로 부드러운 칫솔을 사용한다.
○ 전체과제 제시법의 장점(다음 중 택 2)
 – 모든 단계에 대한 학습기회가 제공되어 과제분석한 내용이 자연스럽게 연쇄된다.
 – 연쇄가 길지 않으므로 효과적이고 효율적인 학습이 가능하다.
 – 순서대로 학습하는 데 효과적이다.
 – 특정 단계를 반복하지 않으므로 지루하지 않다.

관련이론

✦ 지체중복장애 학생의 개인 위생 및 영양 관리

개인위생	• 몸단장과 개인위생의 지도는 개인적인 요구와 잔존기술의 정도에 따라 결정하고 계획 • 개인 위생기술은 지도가 필요한 모든 기술에 대해 자연적인 상황에서 개인적인 요구가 존중되도록 개별적으로 지도 • 가정과의 상호 협조적인 관계를 맺은 후 지도하는 것이 효과적
치아관리	• 운동능력에 문제가 있는 아동은 양치질을 하는 것에 어려움을 느끼며, 비정상적인 반사작용과 운동의 제한된 범위를 가진 아동들은 치과 치료를 더 어렵게 만들 수 있음 • 경련장애를 가진 아동은 넘어지면서 이가 손상될 수 있고 칼슘과 비타민 D 신진대사장애로 치아 발달이 부실할 수 있음 • 간질을 조절하는 약을 복용할 때의 부작용으로 과도한 잇몸의 성장과 구강염, 잇몸출혈 등이 생길 수 있어 구강에 나쁜 영향을 미칠 수 있음
영양관리	• 장애아동의 경우 음식을 입에 넣어 줄 때 음식을 밀어내거나 과도한 구역질 등 구강운동기술의 어려움으로 인해 음식 섭취의 양이 감소할 수 있으며 음식 거부, 편식 등 으로 인해 음식 섭취와 소화에 어려움이 생겨 영양의 문제가 발생할 수 있음 • 영양학적 문제는 심각한 위험을 초래할 수 있으므로 정기적인 검사와 지도가 필요

✦ 행동연쇄의 유형

전진형	• 처음 단계부터 마지막 단계까지 순차적으로 가르치는 것 • 초기단계의 표적행동이 짧아 한 회기에 다수의 훈련 시행이 가능하지만, 새로운 훈련단계가 시작될 때마다 표적행동의 양이 증가되어 욕구 좌절과 학습에 대한 저항을 불러올 수 있음
후진형	• 마지막 단계부터 처음 단계까지 역순으로 가르치는 것 • 마지막 단계의 행동 이전 행동 단계들은 교사가 모두 완성해 준 상태에서 마지막 단계의 행동을 학생이 하도록 하는 방법 • 학생의 입장에서는 매 회기에 마지막 단계까지 완수하게 되고 강화를 받게 된다는 장점 • 그 과제를 끝까지 여러 차례 반복할 수 있는 기회가 학생에게 주어진다는 것도 장점 • 한 시행에 소요되는 시간이 길어 초기부터 지루할 수 있고, 한 회기에 많은 훈련을 시행할 수 없다는 단점이 있음 • 일반적으로 전진형 연쇄가 보다 자연스러운 교수 계열을 제시하므로 후진형 연쇄보다는 권장
전체 과제형	• 과제분석을 통한 모든 단계를 시행하도록 하면서 아동이 독립적으로 수행하지 못하는 단계에 대해서는 훈련을 실시하는 방법 • 행동연쇄에 있는 단위행동은 습득했는데 행동을 순서대로 수행하지 못할 때 사용하면 유용 • 학습자가 하위과제 대부분을 이미 습득한 경우 • 하위과제의 수가 많지 않아 비교적 단순하고, 모방 능력이 있으며, 장애의 정도가 심하지 않은 개인을 대상으로 훈련할 때

고득점 답안 비법 ☆ (가)에 제시된 학생 특성에 충실하여 답안을 작성할 것

60

2018. 중
★답안작성

(가)는 중도 · 중복장애 학생 G의 특성 및 이 닦기 지도 시 유의사항이고, (나)는 학생 H의 이 닦기 지도 방법이다. 〈작성 방법〉에 따라 서술하시오. [4점]

(가) 학생 G의 특성 및 이 닦기 지도 시 유의사항

특성	지도 시 유의사항
• 입 주변에 사물이 닿으면 깜짝 놀라면서 피함 • 거친 질감의 음식물이나 숟가락 등의 도구가 입에 들어오면 거부하는 반응을 보임	학생의 ㉠감각적 측면과 ㉡도구적 측면을 고려하여 지도할 것

(나) 학생 H의 이 닦기 지도 방법

- 이 닦기를 6단계로 과제분석한 후, 처음부터 마지막 단계까지 수행하도록 지도함
- 전체 6단계 중 독립적인 수행이 어려운 2, 4, 5단계는 촉구 및 교정적 피드백 등을 사용하여 지도함
- 2, 4, 5단계를 스스로 수행할 수 있도록 촉구를 용암시켜 나감
- 처음부터 마지막 단계까지 수행한 후에 자연적 강화(청결함 등)를 경험할 수 있도록 지도함

작성방법

- 학생 G의 특성에 근거하여 밑줄 친 ㉠과 ㉡에서 특수교사가 제공할 수 있는 지원방법을 각각 1가지 서술할 것
- (나)에 사용된 행동연쇄법은 다른 유형의 행동연쇄법에 비해 어떠한 장점이 있는지 2가지 서술할 것

핵심테마 체크 ✔

- 욕창 관리
- 피부 관리

MY MEMO

61

정답 및 예시답안

⑤

관련이론

✦ 피부 관리

학교에서의 적절한 피부 관리 처치는 피부 균열의 예방과 욕창을 개선시키는 것에 중점을 둠

- 건강한 피부를 위한 4가지 목표
  ① 피부를 청결하고 마르게 유지하기
  ② 적절한 영양 유지하기
  ③ 적당한 활동 유지하기
  ④ 신체의 일부에 대한 지속적인 압력을 가하는 시간을 낮추기
- 주요한 피부 관리 프로그램
  ① 대소변의 실금을 감소시키거나 없애기
  ② 정기적인 화장실 이용 스케줄 수립
  ③ 도뇨관 이용
  ④ 일상적이고 빈번한 기저귀 점검과 교체 일정 수립
  ⑤ 대소변에 피부 노출 시간의 감소를 위한 노력
- 적당한 영양과 수분의 유지가 욕창 방지를 위한 중요한 전략의 하나
- 적절한 수준의 활동 역시 반드시 장려: 활동을 하지 않는 것은 피부 표면에 대한 압력을 경험하는 기회를 높일 수 있음
- 오랫동안 피부에 영양소와 산소 부족이 이어질 경우, 조직이 소멸되고 종기가 생김
- 활동적이거나 비활동적인 학생은 브레이스, 신발, 또는 휠체어에 앉아 있어 압력을 경험할 수 있음
- 건강하지 않은 피부에 대해 관리를 시행할 때는 피부가 건강한 상태로 되돌아가는 것을 촉진하기 위한 처치에 중점을 둠

61

2009. 중

지체장애학생에게서 나타날 수 있는 욕창과 같은 피부 문제와 이의 관리에 대한 적절한 설명을 <보기>에서 모두 고른 것은?

보기

ㄱ. 휠체어에 오래 앉아 있는 학생을 위해 좌석에 욕창 방지 쿠션을 깔아 준다. 체중을 분산시켜 욕창을 예방할 수 있을 뿐만 아니라 학생의 자세나 체위를 바꾸어 주지 않아도 되기 때문에 학교생활에 도움이 된다.

ㄴ. 신체 움직임이 많은 활동은 근육의 크기를 고르게 유지시키지 않고 피부 표면의 마찰이 커져 욕창 발생 가능성을 높인다. 따라서 경련성 운동마비장애학생은 신체 활동 시 경련성 동작에 따른 마찰력 증가를 주의하여, 되도록 신체 움직임이 적은 활동을 하도록 한다.

ㄷ. 같은 압력이나 마찰력이라도 학생마다 물리적 자극에 대한 저항력의 차이가 있으므로 욕창 발생 여부가 달라질 수 있다. 저단백질증, 빈혈, 비타민 부족 등의 불량한 영양 상태는 신체조직의 저항력을 낮춰 욕창 발생을 높이므로 적당한 영양섭취와 수분의 공급이 필요하다.

ㄹ. 변실금(便失禁)은 대변에 포함된 박테리아와 독소가 피부에 묻어 피부가 벗겨질 수 있어 요실금(尿失禁)보다 욕창에 더 중요한 위험 요인이다. 실금으로 인해 기저귀를 착용하는 학생은 기저귀를 자주 점검하고 오염된 부위를 씻어 주어 청결하게 유지하는 것이 필요하다.

ㅁ. 외부의 압력이 신체에 지속적으로 작용하는 것이 욕창 발생의 핵심적인 원인이다. 중복·지체장애학생들은 이로 인한 통증이나 피부에 문제가 생겨도 이를 표현하는 데 어려움을 가질 수 있으므로 구어적 형태가 아니더라도 몸짓과 같은 신호를 개발하는 것을 의사소통 지도목표에 포함할 필요가 있다.

① ㄱ, ㄴ　　② ㄴ, ㅁ
③ ㄷ, ㅁ　　④ ㄱ, ㄷ, ㄹ
⑤ ㄷ, ㄹ, ㅁ

핵심테마 체크 ✓

- 자세 지도
- 지체장애 학생을 위한 교실환경 조정

MY MEMO

62

정답 및 예시답안

1) 중화
2) 자세를 자주 바꾸어 주기
3) 휠체어가 충분히 지나갈 수 있도록 책상 간 간격을 확보해 두기
4) 기본 교육과정

관련이론

✦ 욕창과 관련된 다양한 설명

- 하루 중 대부분을 누워만 지내는 중증뇌성마비 아동의 경우는 혈액순환 촉진과 욕창 방지를 위해 주기적으로 자세를 교환해 주어야 하지만 옆으로 누운 자세 등의 유지가 어려움. 따라서 앉기 자세 보조용구나 각종 벨트 및 스트랩 등을 사용하고, 서 있는 자세를 위한 프론 스탠더 및 누운 자세 보조를 위한 웨지 등을 사용해야 함
- 학생의 혈액순환을 촉진하고 욕창을 예방할 수 있도록 자세를 자주 바꿔 주는데, 이는 학생의 피부가 보조기기에 닿으면 마찰로 상처가 생기고, 심한 경우 세포가 괴사하고 피부박리가 일어날 수 있기 때문. 학생의 자세를 잡거나 바꿔 줄 때 무릎을 구부리고 가능한 허리를 곧게 펴서 교사의 신체에 무리가 가지 않도록 주의
- 욕창은 예방이 중요한데 누워 있을 때는 적어도 2시간마다, 휠체어에 앉아 있을 때는 30분마다 자세 변화를 해주어야 함
- 압력 경감을 위한 쿠션을 사용하거나 단백질 등 균형 있는 영양섭취, 자주 발생하는 부위를 항상 청결하고 건조한 상태로 유지하는 것이 좋음
- 척수손상으로 인한 이차적 장애는 매우 보편적. 가장 많은 경우에 동반되는 문제는 욕창(pressure sore)임. 욕창은 휠체어나 침대에서 자신의 몸을 자유롭게 이동시키지 못할 때 발생함. 따라서 자세를 자주 바꾸어 주는 것이 필요하며, 욕창을 방지할 수 있는 특수 쿠션도 유용. 욕창은 발이나 뒤꿈치에도 발생함. 욕창은 뼈와 닿아있는 조직에서 생기며 외관상 손상이 드러나기 전에 이미 많은 부분에서 손상이 진행됨. 따라서 개별적이고 전문적인 관찰이 필요
- 서기 자세 보조기기는 잦은 변화를 주어 보조기기와 신체가 닿는 부분에 염증이나 욕창이 발생하지 않도록 유의
- 학교에서의 적절한 피부 관리 처치는 피부균열의 예방과 욕창을 개선시키는 것에 중점을 둠

✦ 지체장애 학생을 위한 교실 환경조성

- 휠체어, 워커, 피더 시트, 보조대 등 개별 학생에게 필요한 다양한 자세지원 보조기기나 운동 및 관련 기기들을 비치
- 안전한 이동을 위해서는 지지대와 안전 바를 설치하고 휠체어 및 보조기기를 활용할 수 있는 공간을 확보
- 교실의 모든 출입문은 휠체어를 탄 학생이 통행할 수 있도록 바닥의 턱이 없어야 하며 손에 힘이 없더라도 학생들이 독립적으로 여닫을 수 있는 시스템이어야 함
- 혼자서도 이용할 수 있는 화장실의 시설은 학생의 자립능력을 신장시킬 수 있음
- 경사로는 중간에 중간멈춤면을 두어서 휠체어 이용 시 가속화되는 것을 방지하고 손잡이를 다양한 높이로 해 주어 독립보행하는 학생이나 휠체어를 사용하는 학생 모두가 이용할 수 있게 함

62

2013. 초

다음의 (가)는 '2010 개정 특수교육 교육과정' 중 기본 교육과정 과학과 내용을 기초로 김 교사가 재구성한 월간 교육 계획의 일부이다. (나)는 (가)의 교육 계획 중 2주차 학습 제재를 지도하기 위해 작성한 교수·학습 계획이다. 물음에 답하시오. [5점]

(가) 7월 교육 계획

주제		생활 속의 과학 현상
주	학습제재	주요 내용
1	생활 속의 (㉠) 작용	• 생선의 비린내를 없애기 위해 레몬 뿌리기 • 머리를 헹굴 때 마지막에 식초 넣어 헹구기
2	생활 속의 증발 현상	• 젖은 옷에서 물의 증발 관찰하기 • 바닷물의 증발로 소금을 얻을 수 있음을 알기

(나) 교수·학습 계획

학생 특성	• 수지: 경도 정신지체를 수반한 지체장애 학생으로 휠체어를 사용함 • 동우: 척수 손상으로 ㉡ <u>욕창</u>을 보일 위험이 있음

학습 목표	일상생활 속에서 수증기와 관련되어 일어나는 자연현상에 대해 알 수 있다.	
단계	교수·학습 활동	지도 시 유의점
탐색 및 문제 파악	• 젖은 옷을 창 가까이에 널어 시간 흐름에 따른 변화 관찰하기	수지가 창가로 이동하기 쉽도록 ㉢ <u>교실 환경을 조정함</u>
자료 제시 및 관찰 탐색	• 시간이 지나면서 젖은 옷이 어떻게 되었는지 이야기하고, 그 이유에 대하여 토론하기	
자료 추가 제시 및 관찰 탐색	• 가스레인지에 물을 끓이고 난 후, 그릇에 담긴 물의 양 관찰하기	가스레인지 사용 시 특히 안전에 유의함
(㉣)	• '증발'이라는 용어를 도입하고, 증발의 특징 및 증발에 영향을 주는 요인에 대하여 논의하기	
적용 및 응용	• 학생들에게 물수건을 하나씩 나누어 주고, 누가 10분 동안에 잘 말리는지 게임하기	

1) (가)의 ㉠에 들어갈 알맞은 말을 쓰시오. [1점]

2) (나)의 ㉡을 예방하기 위해 김 교사가 할 수 있는 방법 1가지를 쓰시오. [1점]

3) (나)의 ㉢의 구체적인 방법 1가지를 쓰시오. [1점]

4) (나)에 적용된 수업 모형과 ㉣ 단계의 명칭을 쓰시오. [2점]

• 수업 모형 :

• ㉣ :

PART 13

핵심테마 체크 

- 특별한 건강관리 절차

MY MEMO

63

정답 및 예시답안

①

알찬 지문풀이

- ㉡ 케톤 식이요법(ketogenic diet)은 ~~칼슘과 단백질을 늘리고 지방과 탄수화물은 적게 섭취~~하는 방식이다. ➡ 탄수화물과 단백질의 양을 제한하고 지방을 통해 열량을 제공하는 방법
- ㉣ 하임리히 구명법(Heimlich maneuver)은 기도 폐색이 된 학생을 뒤에서 팔로 안듯이 잡고, 명치끝(횡격막하)에 힘을 가해 ~~복부 아래쪽으로 쓸어내리는 방법~~이다. ➡ 복부 위쪽으로
- ㉤ 학생을 ~~바닥에 엎어 놓고 복부를 쿠션 등으로 받친 다음~~, ~~흉골의 중간 부분~~에 해당하는 등 부위에 직접 압박을 가한다. ➡ 단단한 바닥에 눕히고, 흉골 바로 아래를 압박

관련이론

✦ 케톤 생성 식이요법

- 케톤 생성 식이요법은 발작활동을 통제하기 위한 특정 상황에서 사용된다.
- 이 방법은 아동의 식사에서 탄수화물과 단백질의 양을 제한하는 대신에 대부분의 열량은 지방이 함유된 식품을 통해 제공하는 섭식방법이다.
- 탄수화물과 지방은 보통 1 : 4의 비율이다.
- 음식은 반드시 가중치를 두어야 하며, 각 식사는 신중히 계산되어야 한다.
- 식사가 발작 감소에 어떠한 영향을 주는지에 대한 완전한 기제는 밝혀지지 않았지만, 식사에서 발생하는 케톤의 축적 때문에 항경련제 효과가 나타나는 것으로 밝혀졌다.
- 케톤 생성 식이요법은 전신발작이나 부분발작 등 다양한 발작에 효과적인 것으로 밝혀졌다.
- 케톤 생성 식이요법은 그 효과 면에서 매우 우수한 방법이나, 불균형 식이를 지속하여 위험한 합병증이 따를 수 있고, 식사를 준비하는 보호자의 철저한 교육이 필요하다는 점에서 많은 어려움이 있다.
- 일부 부모는 식이요법이 너무 어렵다고 지적하며, 많은 아동이 식사가 즐겁지 않으며 군것질에 끌리는 등의 문제점이 나타났다.

✦ 하임리히 요법(Heimlich maneuver)

- 횡격막하 복부밀기
- 대상자의 상복부 또는 흉부 하부를 6~10회 정도 빠른 속도로 압박하는 것
- 절차
  ① 환자를 뒤에서 팔로 안듯이 잡고
  ② 한 손으로 다른 손목을 잡아서
  ③ 속이 비게 주먹을 쥐고
  ④ 환자의 명치 바로 아래 상복부를 눌러
  ⑤ 주먹으로 복부를 위쪽 방향으로 강하게 압박하면서 안는다.
- 이 절차는 복부 위쪽으로 힘을 가해서 폐의 공기를 압축해, 폐쇄물을 밀어낸다.
- 횡격막하 복부밀기를 실행하기 전에 입에 있는 것은 신중하게 제거해야 한다(그래야 목이나 기도로 폐쇄물이 더 깊이 들어가는 것을 막을 수 있다).
- 구조자가 환자를 뒤에서 잡을 수 없다면, 대안 절차는 환자를 바닥이나 단단한 표면에 반듯이 눕히고, 환자의 얼굴이나 머리를 향해서 무릎을 꿇는다. 구조자는 흉골 바로 아래 손을 넣고 빠르고 강하게 앞쪽으로 굽혀 밀기를 한다. 흉곽 밀기는 압박이 흉골의 중간에 바로 가해진다는 것만 제외하고 횡격막하 밀기와 비슷하다. 질식한 사람이 상당히 비만이거나 임신이 상당히 진행된 단계일 때 이 방법의 사용이 필요하다

63

2012. 중

다음은 특별한 건강관리가 필요한 학생들이 보일 수 있는 발작과 질식 사고에 대한 설명이다. ㉠~㉤ 중에서 옳은 것만을 있는 대로 고른 것은? [1.5점]

> 학생이 발작을 일으키면, 교사는 ㉠ 발작을 억제시키기 위해 학생을 흔들거나 붙들지 말아야 하며, 발작이 멈춘 후에는 충분한 휴식을 취하게 한다.
> 발작을 억제하기 위해 식이요법을 시도할 수 있다. ㉡ 케톤 식이요법(ketogenic diet)은 칼슘과 단백질을 늘리고 지방과 탄수화물은 적게 섭취하는 방식이다.
> (중략)
> ㉢ 뇌성마비가 있는 학생은 기도 폐색에 의한 질식 사고의 위험이 있는데, 치아와 잇몸의 손상, 구강 반사의 문제, 연하 곤란 등이 원인이 될 수 있다. 질식 사고가 생기게 되면 즉시 응급처치를 실시해야 한다. ㉣ 하임리히 구명법(Heimlich maneuver)은 기도 폐색이 된 학생을 뒤에서 팔로 안듯이 잡고, 명치 끝(횡격막하)에 힘을 가해 복부 아래쪽으로 쓸어내리는 방법이다. 의식 불명 등으로 뒤에서 안을 수 없는 상황이라면, ㉤ 학생을 바닥에 엎어 놓고 복부를 쿠션 등으로 받친 다음, 흉골의 중간 부분에 해당하는 등 부위에 직접 압박을 가한다.

① ㉠, ㉢
② ㉠, ㉡, ㉢
③ ㉡, ㉢, ㉣
④ ㉠, ㉡, ㉣, ㉤
⑤ ㉠, ㉢, ㉣, ㉤

핵심테마 체크

- 자세 보조기기
- 강화된 환경중심 언어중재

MY MEMO

64

정답 및 예시답안

1) 보다 빠르게, 오류 없이 글자를 입력할 수 있도록 돕는다.
2) 안전띠의 의미를 보다 명확하게(상세하게) 확인한다 등
3) ① 단하지 보조기(발목 보조기)
   ② 욕창, 구축 등의 문제
4) 학생에게 반응을 요구하기 이전에, 우선 공동관심을 형성하기 위함이다.

관련이론

✦ 단하지 보조기

- 족관절에서 흔히 볼 수 있는 관절 구축은 첨족 또는 만곡족(club foot) 변형이다.
- 흔히 까치발이라는 표현을 많이 쓰는데 아킬레스건의 단축으로 족관절이 내회전 및 족저굴곡 된 위치로 굳어진 것이다.
- 오래 지속되면 건 연장술과 같은 수술적 방법 외에는 교정할 수 없으므로 예방을 위해 단하지 보조기(Ankle Foot Orthosis; AFO)를 착용한다.
- 뇌성마비 아동은 다양한 보조기나 스플린트(splint)를 사용할 수 있다. 그중에서 단하지 보조기(Ankle Foot Orthosis; AFO)는 아킬레스건의 단축으로 흔히 까치발 서기나 보행을 하는 아동들의 발목관절 구축을 예방하고 진행을 억제시킬 목적으로 가장 많이 사용한다.
- 가끔 보조기 착용을 거부하거나 스트레스 등으로 문제행동을 보일 때에는 보조기가 학생에게 맞게 착용되었는지, 특정 부위가 피부를 압박하여 붉게 변하거나 피부 짓무름이 있는지 등을 수시로 확인해야 한다.
- 보조기 착용을 극심하게 거부하는 아동이 일과 중 잠시 착용하는 것은 보조기 착용의 본래 목적을 달성할 수 없으므로 전문가와 상의하여 착용 여부를 다시 점검할 필요가 있다.

✦ 강화된 환경중심 언어중재(EMT)

- 환경중심 언어중재의 수정된 형태로서, 기존의 우발교수, 시간지연, 요구-모델 등의 전략에 물리적 환경 조절전략과 반응적 상호작용전략이 결합된 중재
- 일반화와 충분한 의사소통의 기회를 증진시키는 데에 보다 많은 초점

<table>
<tr><td>물리적 환경 조성 전략</td><td colspan="2">• 물리적 환경 조절전략의 핵심은 아동의 언어를 촉진하기 위한 물리적인 전략으로서 아동이 선호하는 자료를 중심으로 물리적 환경을 설정
• 대상 아동의 인지와 언어 수준 등을 잘 고려하되, 도움을 요청할 수 있도록 일부러 혼자 할 수 없는 상황을 설정하는 것이 중요
• 전략: 흥미 있는 자료, 닿지 않는 위치, 도움이 필요한 상황, 불충분한 자료 제공, 중요 요소 빼기, 선택기회 제공, 예상치 못한 상황</td></tr>
<tr><td rowspan="10">반응적 상호 작용 전략</td><td colspan="2">• 아동의 행동에 성인 대상자가 어떻게 반응해야 하는지에 대한 것으로서, 아동의 언어적 또는 비언어적 행동에 반응하는 방법
• 아동의 눈높이에서 공동관심, 공동활동, 그리고 주고받기 등을 통해 아동이 더 많은 의사소통 기회를 가질 수 있도록 하는 데에 주목적이 있음
• 이때에는 지시나 질문은 가급적 피하고 성인이 아동의 행동을 모방하거나 상호작용을 하여 반응을 기다려 주는 것이 중요</td></tr>
<tr><td>아동 주도 따르기</td><td>• 아동의 말이나 행동과 유사한 언어적·비언어적 행동을 하며 아동 주도에 따름. 아동이 말하도록 기다려주고, 아동이 하는 말이나 행동을 모방함. 아동의 관심에 기초하여 활동을 시작하고 다른 활동으로 전이할 때에도 아동의 흥미를 관찰함</td></tr>
<tr><td>공동관심 형성하기</td><td>• 아동이 하는 활동에 교사가 관심을 보이며 참여함. 아동이 활동을 바꾸면 성인도 아동이 선택한 활동으로 바꿈</td></tr>
<tr><td>정서 일치시키기</td><td>• 아동의 정서에 맞추어 반응함. 그러나 아동의 정서가 부적절하면 맞추지 않음</td></tr>
<tr><td>상호적 주고받기</td><td>• 상호작용을 할 때에는 아동과 성인이 교대로 대화나 사물을 주고받음</td></tr>
<tr><td>시범 보이기</td><td>• 먼저 모델링이 되어 줌. 혼잣말기법이나 평행적 발화기법을 사용함</td></tr>
<tr><td>확장하기</td><td>• 아동의 발화에 적절한 정보를 추가하여 보다 완성된 형태로 다시 들려줌</td></tr>
<tr><td>아동을 모방하기</td><td>• 아동의 행동 또는 말을 모방하여 아동과 공동관심을 형성하거나 아동에게 자신의 말이 전달되었음을 알려줌</td></tr>
<tr><td>아동발화에 반응하기</td><td>• 아동이 한 말에 대해 고개를 끄덕이거나 '응', '옳지', '그래' 등과 같은 말을 해 주면서 아동의 말을 이해했다는 것을 알려 주고 인정해 줌</td></tr>
<tr><td>아동반응 기다리기</td><td>• 아동이 언어적 자극에 반응할 수 있도록 적어도 5초 정도의 반응시간을 기다려 줌</td></tr>
</table>

64

2017. 초
★답안작성

(가)~(다)는 지체장애 특수학교에서 제작한 '학생 유형별 교육 지원 사례 자료집'에 수록된 Q&A의 일부이다. 물음에 답하시오. [5점]

(가)

Q 불수의 운동형 뇌성마비 학생 A는 노트필기가 어려워 쓰기 대체방법으로 컴퓨터를 이용하고 있는데, 불수의적 움직임으로 인해 어려움이 많습니다. 이러한 어려움을 해결해 줄 수 있는 보조공학 기기나 프로그램을 알고 싶습니다.

A 학생 A처럼 직접 선택 방식으로 글자를 입력하는 경우에는, 키가드와 버튼형 마우스 같은 컴퓨터 보조기기나 ㉠단어예측 프로그램이 도움이 됩니다.

Q 학생 A가 읽기이해에 어려움이 있어 상보적 교수를 적용하여 읽기지도를 하려고 하는데, 상보적 교수 중 명료화하기 전략이 무엇인지 궁금합니다.

A ㉡상보적 교수의 명료화하기 전략은 사전 찾기를 포함하여 학생이 글을 읽다가 어려운 단어가 있을 때 단어의 의미를 파악할 수 있도록 도와주거나, 글의 내용을 이해하도록 도와줍니다.

(나)

Q 경직형 뇌성마비 학생 B는 높은 근 긴장도로 인해 ㉢근육, 인대, 관절막의 길이가 짧아지고 변형되어 첨족 및 내반족, 척추 측만 등이 나타나고 있습니다. 그래서 바른 자세를 유지하기 위해 몸통 및 상체 지지형 휠체어 등의 보조기기를 사용하고 있습니다. 이와 같은 보조기기를 사용할 때 유의하여야 할 사항은 무엇인지 궁금합니다.

A ㉣보조기기를 오랫동안 사용하게 되면 학생의 신체에 부정적인 영향을 줄 수 있습니다. 그래서 보조기기 사용에 대한 계획을 수립하는 것이 바람직합니다.

(다)

Q 혼합형 뇌성마비 학생 C는 교사가 '요구하기('집' 소리가 녹음된 음성출력도구의 버튼 누르기)' 시범을 보이면 쉽게 따라할 수 있습니다. 교사의 시범 없이도 학생이 '요구하기'를 할 수 있게 하는 방법을 알고 싶습니다.

A 강화된 환경중심 언어중재 전략(EMT) 중 '요구-모델' 절차를 적용하여 다음과 같이 지도할 수 있습니다.

> 학생: (하교할 준비를 마치고 닫혀 있는 교실 문을 바라본다.)
> 교사: (㉤ 학생이 바라보고 있는 교실 문을 바라본다.) 뭘 하고 싶어?
> 학생: ('집'소리가 녹음된 버튼을 누른다.) '집'🔊
> 교사: 그렇구나! 집에 가고 싶구나! (학생을 통학 버스 타는 곳까지 데려다 준다.)
>
> … (하략) …
>
> ※ 🔊는 녹음된 말소리를 의미함

1) (가)의 ㉠을 사용할 때 학생 A에게 줄 수 있는 이점 1가지를 쓰시오. [1점]

2) 다음의 [읽기 자료]에 밑줄 친 단어 중에서 1개를 선택하여 (가)의 ㉡을 적용한 예 1가지를 쓰시오. [1점]

[읽기 자료]

> 안전띠는 우리의 안전을 위해 몸을 좌석에 붙들어 매는 띠입니다. 학교 버스를 타고 소풍을 갈 때 버스에서 안전띠를 착용해야 합니다. 내릴 때까지 안전띠를 풀지 말아야 합니다.
>
> ※ 학생이 어려워하는 단어: 안전띠, 착용

3) (나)의 ㉢을 보일 때 사용할 수 있는 ① 보조기기의 예와 ② ㉣의 예를 각각 1가지씩 쓰시오. [2점]

①:

②:

4) 교사가 (다)의 ㉤과 같이 행동한 이유를 쓰시오. [1점]

PART 13

핵심테마 체크 

- 긴장성 미로반사
- 헤드 포인팅 시스템
- 고정 키 시스템
- 키가드

MY MEMO

65

정답 및 예시답안

○ 학생 G는 긴장성 미로반사를 보이고, ㉠은 옆으로 눕는 자세를 취하여 긴장성 미로반사가 활성화되지 않도록 한다.

○ ㉢이 틀렸다. 학생 G가 보이는 긴장성 미로반사는 머리를 중립 자세로 위치시켜 반사의 영향을 줄일 수 있으므로, 헤드 포인팅 시스템을 활용하는 것은 부적절하다.

○ ㉣이 틀렸다. ㉣은 같은 키 값이 여러 번 찍히지 않도록 하는 것이 아니라, 한 손만 사용할 수 있을 경우에 멀티 키 기능을 수행할 수 있도록 하는 것이며, 학생 H는 양손 사용이 가능하므로 틀린 설명이다.

관련이론

✦ 긴장성 미로반사

- 내이의 미로가 자극되었을 때 몸 전체의 근긴장 변화를 일으키는 자세반사로, 바로 누운 자세에서는 신전근긴장이 증가하고, 엎드려 누운 자세에서는 굴곡근긴장이 증가하는 것
- 뇌성마비 아동을 휠체어에 앉혔을 때 앉기 균형이 부족하거나 몸통 조절이 안 되어 휠체어 등받이를 경사시키면 긴장성 미로반사의 영향으로 몸 전체의 신전근긴장이 증가하고 뻗침 자세가 나타나게 됨
- 중력에 대항하여 머리, 어깨, 팔, 다리를 치켜드는 반사
- 머리를 중립 자세로 위치시키면 이 반사의 영향을 감소시킬 수 있으며, 앉은 자세에서 등받이가 뒤로 기울어지면 몸 전체에서 강한 신전 패턴이 나타나면서 갑자기 휠체어에서 움직이게 되었을 때 앞으로 미끄러질 위험이 있으므로 주의 깊게 평가
- TLR의 영향을 받은 아동은 복와위 시 머리를 들어 올릴 수 없고 앉기나 무릎으로 기기를 할 수 없음. 앙와위 시에는 머리를 들 수 없고, 앉기 위하여 몸을 일으킬 수 없으며, 신체 중심선에 팔을 모으기도 어려움
- 반사의 영향을 피하기 위하여 누워 있을 때에는 옆으로 눕는 자세를 취하는 것이 좋고, 앉은 자세에서 적절한 자세 잡기 기기를 사용할 수 있음

✦ 헤드 포인팅 시스템

- 손을 사용할 수 없는 경우, 마우스 포인터의 움직임을 보고 추적할 수 있는 경우, 머리 조절능력이 좋은 경우 대체 입력을 위해 사용할 수 있음

✦ 고정 키 시스템

- 다른 키를 누르는 동안 컨트롤 키를 항상 켜 놓기
- <Ctrl+Alt+Del> 같은 바로 가기 키를 한 번에 하나씩 입력할 수 있도록 해 주는 기능
- 운동 조절능력이 부족한 장애인이 컴퓨터의 명령 키와 같은 특수 키를 이용할 수 있게 해 주는 방식으로, 한 손만 사용할 수 있는 장애인이 멀티 키 기능을 수행할 수 있게 함

✦ 키가드

- 표준 키보드의 위에 놓고 사용하는 것으로 운동신경장애가 있는 사용자가 다른 키를 건드리지 않고 원하는 키를 찾아 정확하게 입력할 수 있게 도와주는 장치
- 이와 같은 방식은 마우스 스틱 사용자나 머리에 헤드 스틱을 장착하여 키보드를 입력하는 사용자들도 유용하게 사용할 수 있는 장치

65

2021. 중
★답안작성

(가)는 ○○중학교에 재학 중인 지체장애 학생의 특성이고, (나)는 교사가 이를 바탕으로 작성한 지도 계획이다. 〈작성 방법〉에 따라 서술하시오. [4점]

(가) 학생 특성

학생	특성
G	• 중도 뇌성마비 • 앉기 자세 유지가 어려우며 신체 피로도가 높음 • 등을 대고 누운 자세에서 과도한 신전근을 보임 • 배를 대고 엎드린 자세에서 과도한 굴곡근을 보임
H	• 뇌성마비 • 양손 사용이 가능함 • 손 떨림 증상이 있어 키보드로 정확하게 입력하는 것이 어려움

(나) 지도 계획

학생	지도 계획
G	• ㉠ 대안적 자세로 과제에 참여할 수 있도록 지원하기 • ㉡ 헤드포인팅 시스템을 활용하여 워드프로세서 입력 지도하기 • ㉢ 휠체어 이용 시 휠체어가 뒤로 기울어지지 않도록 주의하기
H	• 키보드 입력 시 키가드를 제공하고, 한 번에 같은 키 값이 여러 번 찍히지 않도록 ㉣ 고정키 시스템 기능 설정하기 • 철자 중 일부를 입력하여 단어 완성하기가 가능한 ㉤ 단어 예측 프로그램 지도하기

작성방법

- (가)의 학생 G가 보이는 원시반사 형태를 1가지 쓰고, 이에 근거하여 (나)의 밑줄 친 ㉠을 설명할 것
- (가)를 고려하여 (나)의 밑줄 친 ㉡~㉤ 중 틀린 곳 2가지를 찾아 기호를 쓰고, 그 이유를 각각 서술할 것

핵심테마 체크 ✔

- 생태학적 목록 접근법
- 부분참여의 원리

MY MEMO

66

정답 및 예시답안

②

알찬 지문풀이

- ㄱ. ~~상향식 접근~~으로 A의 현재 수행수준을 기초로 하는 생태학적 목록 접근법이다. ➡ 하향식
- ㄴ. 교육과정을 중심으로 독립생활로의 전환 준비 과정을 목표로 한 ~~수행사정 접근법~~이다. ➡ 생태학적 목록은 교육과정의 내용을 구성하는 과정에서 사용하는 접근법
- ㄹ. A의 ~~정신연령~~에 비추어 현재는 물론 졸업 후 독립생활을 위해서도 필요한 기술을 선정한다. ➡ 생활연령

관련이론

✦ 지체장애 학생을 위한 교과내용 선정 시 고려사항

- 첫째, 현재 학생의 수행수준에 기초하여 교과목표와 내용을 선정한다. 지체장애 학생의 상징 사용 수준이 전 상징기, 구체적 상징기, 추상적 상징기인지에 기초하여 목표와 내용을 개발한다. 학생의 상징 사용이 전 상징기 수준이라면 사물이나 몸짓을 활용하고, 구체적 성장기 수준이라면 그림이나 사진을 활용하며, 추상적 상징기 수준이라면 문자와 숫자를 활용하여 지도한다.
- 둘째, 학생이 교과시간에 배운 내용을 일상생활과 졸업 이후 삶에서도 활용할 수 있도록 생태학적 목록을 작성하여 일상생활에서 필요한 학업 기술과 지역사회에서 생활하는 데 도움이 되는 기술을 선정하여 가르친다.
- 셋째, 지체장애 학생의 생활연령을 고려하여 가르칠 교과내용을 선택한다. 교사는 학생의 생활연령에 적절한 학년 수준의 교과 내용을 선정하여 일상생활 수행에 도움이 되도록 지도한다.

✦ 부분참여의 원리

- 지역사회에서의 활동은 여러 기술이 연쇄적으로 일어나기 때문에 중도장애 학생들의 완전한 참여는 어려울 수 있으나, 부분참여를 통해 의미 있게 지역사회 기술을 수행하도록 할 수 있다.
- Baumgart 등은 이러한 부분참여를 가능하게 하는 방법으로 보조기기 사용하기, 개인적 보조 제공하기, 기술계열 수정하기 등의 방법을 제시하였다.
- 부분참여의 원리는 지체장애 교육에 긍정적인 영향을 주었지만 잘못 적용되는 사례도 많은 것으로 지적되고 있다.
- 부분참여의 원리가 장애학생을 수동적인 존재로 인식되게 하거나 생활연령 적합성, 기능성 활동 중심의 교수 원리를 망각하게 하는 오류를 가져올 수 있으므로, 적절히 적용하도록 유의해야 한다.
- **부분참여의 원리를 적용하는 과정에서 반복되는 오류**
  - 수동적 참여(예 연극 활동에 참여하는 대신 관찰하는 기회만 제공하는 경우)
  - 근시안적 참여로 전반적인 기회를 제공하지 않고 기능적이지 않는 활동에만 참여(예 마트에서 물건사기 기술을 가르치는 대신 카트만 밀게 하는 경우)
  - 단편적 참여로 부정기적인 참여(예 수업에 매일 참여하는 대신 3일만 수업을 받고 2일은 치료를 받는 경우)
  - 참여기회의 상실로 독립적인 활동에만 치중하게 하는 경우(예 국어 수업 시간에 공부하는 대신 다음 수업이 진행되는 컴퓨터실로 워커로 이동하게 한 경우)

66 2010. 중

다음은 고등학교 2학년 중도 지체장애학생 A의 지도계획 수립을 위해 교사가 사용한 접근법이다. 교사가 사용한 접근법과 밑줄 친 부분에 대한 설명으로 옳은 것을 <보기>에서 모두 고른 것은?

> 교사는 기본 교육과정 사회과의 '소비생활' 단원을 이용하여, A의 전환교육 목표인 '지역사회 이용 및 참여'를 지도하려고 한다. 교사는 A가 사는 동네를 방문하여 상점들을 조사하였다. 다른 지역에도 흔히 있는 대형 할인점 한 곳을 선정한 교사는, 할인점 내의 물리적 환경에 따라 구매에 필요한 활동과 각 활동마다 요구되는 기술들을 조사하였다. 이후 교사는 <u>몇 가지 사항을 고려하여, 조사된 기술들에서 A에게 우선적으로 지도할 기술을 선정하였다</u>.

보기

ㄱ. 상향식 접근으로 A의 현재 수행수준을 기초로 하는 생태학적 목록 접근법이다.
ㄴ. 교육과정을 중심으로 독립생활로의 전환 준비 과정을 목표로 한 수행사정 접근법이다.
ㄷ. 구매활동 기술이지만 할인점 외의 다른 환경과 활동에서도 사용할 수 있는지를 고려한다.
ㄹ. A의 정신연령에 비추어 현재는 물론 졸업 후 독립생활을 위해서도 필요한 기술을 선정한다.
ㅁ. 운동성 제한으로 인한 활동 제약을 고려하되, 부분참여의 원리를 반영하여 활동에 의미 있게 참여할 수 있는 기술을 선정한다.

① ㄱ, ㄹ ② ㄷ, ㅁ
③ ㄱ, ㄷ, ㅁ ④ ㄴ, ㄷ, ㄹ
⑤ ㄴ, ㄷ, ㅁ

핵심테마 체크

- 중다수준 교육과정
- 중복 교육과정

MY MEMO

67

정답 및 예시답안

④

알찬 지문풀이

구분	학습자를 위한 적용
①	휠체어 사용을 고려하여 앉아서 햇빛에 비친 그림자 길이를 재게 함 ➡ **보조공학기기를 적용한 것**
②	화장실에 가고 싶다는 의사표현 방법을 지도함 ➡ **교육과정 중복**
③	실험 중에 손잡이가 있는 비커를 제공하여 젓기 활동을 하게 함 ➡ **보조도구를 적용한 것**
④	자석에 붙는 것과 붙지 않는 것을 구별하는 활동을 하게 함 ➡ **중다수준**
⑤	실험 보고서 내용을 말로 녹음하여 제출하게 함 ➡ **반응양식의 수정**

관련이론

✦ 중다수준 교육과정과 중복 교육과정

<table>
<tr><td>중다수준 교육과정</td><td colspan="3">• 장애학생과 일반 또래들이 과학실험과 같이 함께 하는 활동에 참여할 때 이루어짐
• 학생들은 같은 교과 영역 내의 여러 수준의 교육목표
• 고전적인 교육목표의 위계 개념이 기초
• 한 학생은 기초적인 지식이나 이해 수준에서 학습할 때, 다른 학생은 보다 심화된 적용이나 종합 수준에서 배울 수 있음</td></tr>
<tr><td>중복 교육과정</td><td colspan="3">• 장애학생과 일반학생이 각자의 개별화된 교수목표를 가지고 교육활동에 참여하는 것
• 개별화된 학습목표가 둘 이상의 교육 영역에서 나온다는 점이 같은 교과 영역 내에서의 수준 차이만을 가지는 중다수준 교수와의 차이
• 교육과정 중복을 고려하기 전에 일반 또래들과 같은 목표나 중다수준 교수목표를 고려할 수 있는지를 먼저 생각해 보는 것이 중요함</td></tr>
<tr><td rowspan="3">공통점과 차이점</td><td>구분</td><td>중다수준 교육과정/교수</td><td>교육과정 중복</td></tr>
<tr><td>차이점</td><td>• 학습목표와 학습결과들은 동일한 교과목(예 사회, 과학, 수학) 안에 있고, 학생들은 학습량과 난이도를 감당해야 한다.</td><td>• 같은 교실 안의 일반학생들이 교과(예 과학, 수학, 역사 등)에 목표를 둔다면 장애학생들의 학습목표는 다른 영역, 예를 들어 의사소통, 사회화 또는 자기관리능력 등이 될 수 있다.</td></tr>
<tr><td>공통점</td><td colspan="2">• 동일한 연령의 다양한 학습 수준을 가진 학생들이 수업을 한다.
• 정규학습활동 안에서 학습이 일어난다.
• 각각의 학습자들이 적절한 수준의 난이도로 개별화된 교수학습목표를 가진다.</td></tr>
</table>

67 2010. 초

일반학교에서 장애학생을 과학 수업에 통합시키고자 할 때, 학습자의 장애특성에 따라 중다수준 교수(multi-level instruction)를 적용한 것으로 가장 적절한 것은?

구분	학습자	통합학급 교육 활동	학습자를 위한 적용
①	건강장애 학생	햇빛에 비친 그림자 길이 재기	휠체어 사용을 고려하여 앉아서 햇빛에 비친 그림자 길이를 재게 함
②	자폐성 장애 학생	고무 찰흙을 사용하여 배설기관의 구조 만들기	화장실에 가고 싶다는 의사표현 방법을 지도함
③	뇌성마비 학생	젓는 속도에 따라 설탕이 물에 녹는 속도를 비교하는 실험하기	실험 중에 손잡이가 있는 비커를 제공하여 젓기 활동을 하게 함
④	정신지체 학생	같은 극과 다른 극의 자기력 모양을 비교하는 활동하기	자석에 붙는 것과 붙지 않는 것을 구별하는 활동을 하게 함
⑤	쓰기장애 학생	실험 보고서 작성하기	실험 보고서 내용을 말로 녹음하여 제출하게 함

PART 13

핵심테마 체크 ✔

• 부분참여의 원리

MY MEMO

68

정답 및 예시답안

○ **사회적 관점에서 학생이 얻을 수 있는 부분참여의 이점**: 부분참여를 통해 의미 있게 활동에 참여하도록 하며, 이는 또한 통합학급의 또래들과 동등한 활동에 참여할 수 있도록 기회를 제공하게 되므로, 지체장애 학생의 소속감이나 자아존중감 등이 향상될 수 있다, 사회적으로 가치 있는 역할을 부여한다 등

○ **잘못 적용된 것**

– ㉡ / 지난 시간의 과제를 독립적으로 하는 데 너무 오랜 시간과 노력이 필요한 상황이 되어, 현재 활동에 참여하지 못하게 되었다.

– ㉢ / 선생님이 대신 수행해 주고 학생 A가 구경하도록 하는 것은 학생 A가 수동적으로 참여하게 되는 형태이다.

– ㉣ / 팔이 자유롭지 않아 접이선대로 상자를 접지 못하지만, A 학생의 목표는 순서에 맞게 상자를 조립하는 것이다. 그런데 학생 A가 상자가 움직이지 않도록 잡고만 있도록 하는 것은 전반적인 학습의 기회로부터 배제시켰다고 볼 수 있다.

관련이론

✦ 부분참여의 원리

구분		내용
의미		• 부분적 참여 원리는 본질적으로, 모든 중도장애 학생들은 최소한으로 제한된 다양한 학교 내외 환경과 활동들에서 부분적으로라도 자신들이 기능할 수 있도록 많은 기술을 습득할 수 있다는 사실에 대한 긍정적 단어 • 아동이 다른 사람의 눈에 더욱 가치 있게 보이도록 하는 가운데, 아동이 제외되거나 차별받는 것을 방지할 수 있음
핵심		• 일반 또래들이 참여하는 활동에 함께 참여하기 위하여 굳이 기술을 독립적으로 행할 수 있어야 할 필요가 없다는 것이 핵심 • 대신에, 다른 형식을 통해서 기술의 기능을 행할 수 있는 조정이 적용될 수 있음 • 개별화된 조정은 특정 개인에게 적용될 수 있으며 특정한 학생이 생활연령에 적절하고 기능적인 활동에 적어도 부분적으로나마 참여할 수 있도록 하는 것 • '조정'은 아래의 것들을 포함할 수 있다. – 의사소통기기와 같은 '물품과 도구들' – 휠체어를 밀어주는 '개인적인 도움' – 바지를 벗기 위해 의자에 앉는 것과 같은 조정된 '기술 순서' – 놀이장소의 크기를 줄이는 것과 같은 '조정된 규칙' – 보조기구를 달고 팀 경기에 참여하는 것을 허락하는 '사회적인 태도의 조정'
적절한 조정을 위한 단계		① 첫 번째 단계는 일반인들이 어떻게 특정한 활동을 행하는지 관찰하고 기록하여 목록을 작성하는 것이다. 이 부분은 개인의 수행에 근거한 과제분석을 구성하여 끝낼 수 있다. ② 두 번째 단계는 '불일치 분석'을 행하여, 장애를 가진 개인이 행할 수 없는 과제분석의 특정한 기술을 결정하는 것이다. ③ 세 번째 단계는 장애를 가진 개인이 교수를 통하여 습득하거나 습득하지 못한 기술들에 대한 각 단계의 적정한 기대치를 설정하는 것이다. ④ 네 번째 단계에서 교수 팀은 습득이 어렵다고(또는 불가능하다고) 확인된 단계들을 끝마치기 위해 사용될 수 있는 조정에 대한 가정을 세운다. ⑤ 이어서 팀은 가능성 있는 조정들 중 어떠한 조정이 가장 실행 가능성이 큰가, 또는 가장 잘 사용될 수 있는가를 알아보기 위한 시험과정을 시작한다. ⑥ 이 단계들을 마치면 팀은 마지막 조정을 선택하고, 그 조정을 사용하여 기술을 가르치기 시작한다.
오류 유형	수동적 참여	장애를 가진 학생들이 자연스러운 환경에 배치되었으나 적극적으로 활동들에 참여하도록 허락하는 대신에 또래들이 활동에 참여하는 것을 관찰하는 기회만 제공하는 것
	근시안적 참여	교사가 교육과정의 관점들 중 한 가지 혹은 몇 가지만을 좁은 시야로 집중하고, 학생이 학습의 전반적인 기회들로부터 이득을 보지 못하도록 하는 것
	단편적 참여	학생이 몇몇 활동들에 부정기적으로 참여하는 것
	참여기회 상실	학생이 독립적으로 활동을 하기 위해 너무 많은 시간과 노력을 기울이게 함으로써 학생으로 하여금 더 많은 수의 활동들에 참여할 기회를 상실하게 하는 것

68

2016. 중
★답안작성

(가)는 학생 A에 대한 정보이고, (나)는 학생 A를 위해 예비 교사가 부분참여의 원리를 적용하여 작성한 활동 참여 계획이다. 사회적 관점에서 학생이 얻을 수 있는 부분참여의 이점을 쓰고, 학생 A의 활동목표를 고려하였을 때, ㉠~㉤ 중에서 부분참여의 원리가 잘못 적용된 것의 기호 3가지를 쓰고, 각각의 문제점을 설명하시오. [4점]

(가) 학생 A의 정보

- 뇌성마비(경직형 왼쪽 편마비)
- 첨족으로 스스로 걸을 수 있으나 핸드레일을 잡아야 함
- 왼쪽 어깨, 팔꿈치, 손목은 몸의 안쪽을 향해 구축과 변형이 있음
- 왼쪽 엄지손가락이 손바닥 쪽으로 굽어진(thumb-in-palm) 채 구축이 되어 변형됨
- 구어로 의사소통하는 데 어려움이 있어 음성 출력 의사소통 기기를 사용함

(나) 활동 참여 계획

학생 A의 활동목표	학생 A의 현행 수행 수준	참여 촉진 방법
이야기를 읽고 내용을 파악하는 질문에 답할 수 있다.	이야기를 읽고 중요한 내용을 표현할 수 있음	㉠ 제재 글과 관련된 어휘 목록을 교사가 의사소통 기기에 미리 구성해 두고 활동에 참여하게 함
구입한 물건값을 계산할 수 있다.	지폐와 동전의 구분은 가능하나 물건값을 계산하기 어려워함	㉡ 다른 학생들이 물건값을 계산하는 과제를 푸는 동안 바로 앞 시간에 마치지 못한 쓰기 과제를 완성하게 함
탈 만들기를 할 때 탈 틀에 종이 죽을 붙일 수 있다.	왼손의 변형으로 인해 종이 죽을 붙이는 데 어려움이 있음	㉢ 다른 학생들이 탈 틀에 종이 죽을 붙이는 동안 선생님이 학생 A의 것을 붙이고 학생 A에게 이를 지켜보게 함
조립 순서에 맞게 상자를 조립할 수 있다.	양손과 팔을 자유롭게 움직이기 어려워 접이선대로 상자를 접지 못함	㉣ 다른 학생들이 상자 조립을 완료할 때까지 학생 A가 다른 학생의 상자를 움직이지 않게 붙잡아 주도록 함
칫솔을 쥐고 이를 닦을 수 있다.	칫솔을 쥘 수 있지만 손목의 회전과 상하 움직임이 자유롭지 않음	㉤ 전동 칫솔을 사용하여 앞니는 학생 A가 닦게 하고 어금니는 교사가 닦아 줌

핵심테마 체크

- 부분참여의 원리
- 최소개입촉진
- 점진적 안내

MY MEMO

69

정답 및 예시답안

①

알찬 지문풀이

- ㉢ 과학 수업이 매주 3시간 있는데, ~~2시간은 수업에 참여하고 1시간은 치료지원을 받게 하~~면, '부분참여의 원리'도 살리고 치료 지원과 학습 요구의 균형도 이룰 수 있습니다. ➡ **부분참여의 원리는 활동에서 일부 제외되어 다른 활동에 참여하도록 하는 개념이 아님**
- ㉣ '최소개입촉진(least intrusive prompting)의 원리'에 따라 효과적인 교수법 중 ~~가장 간단하고 사용하기 쉬운~~ 것을 선택 ➡ **최소개입촉진은 학생에게 최대한의 기회를 제공하고, 개입을 최소한으로 한다는 의미**
- ㉤ ~~학습 단계 초기에는 도움을 주지 않다가 필요할 때는 즉시 촉진을 제공할 수 있고, 과제 수행에 따라 점차 신체적인 안내를 늘려가는~~ 점진적 안내(graduated guidance)가 좋겠네요. ➡ **점진적 안내는 신체적 촉진의 양을 점차 줄여가는 촉진체계**

관련이론

✦ 부분참여의 원리

의미		• 부분적 참여 원리는 본질적으로, 모든 중도장애 학생들은 최소한으로 제한된 다양한 학교 내외 환경과 활동들에서 부분적으로라도 자신들이 기능할 수 있도록 많은 기술을 습득할 수 있다는 사실에 대한 긍정적 단어임 • 아동이 다른 사람의 눈에 더욱 가치 있게 보이도록 하는 가운데, 아동이 제외되거나 차별받는 것을 방지할 수 있음
오류 유형	수동적 참여	장애를 가진 학생들이 자연스러운 환경에 배치되었으나 적극적으로 활동들에 참여하도록 허락하는 대신에 또래들이 활동에 참여하는 것을 관찰하는 기회만 제공하는 것
	근시안적 참여	교사가 교육과정의 관점들 중 한 가지 혹은 몇 가지만을 좁은 시야로 집중하고, 학생이 학습의 전반적인 기회들로부터 이득을 보지 못하도록 하는 것
	단편적 참여	학생이 몇몇 활동들에 부정기적으로 참여하는 것
	참여기회 상실	학생이 독립적으로 활동을 하기 위해 너무 많은 시간과 노력을 기울이게 함으로써 학생으로 하여금 더 많은 수의 활동들에 참여할 기회를 상실하게 하는 것

✦ 점진적 안내(graduated guidance)

- 정반응을 위한 신체적 촉진이 필요한 학생에게 적절한 반응을 하도록 하기 위해서 꼭 필요하다고 판단되는 신체적 촉진을 주고, 시간이 지나면서 강도가 약한 촉진을 제공하는 방법
- 필요한 촉진의 수준을 정하기 위해선 촉진을 주었을 때 정반응과 촉진을 주지 않았을 때의 정반응 데이터를 모으는 것이 필요
- **그림자 기법**: 점진적 안내의 마지막 단계로서, 교사가 학생의 손을 접촉하지 않은 채 가까이 하는 것만으로 학생 스스로 수행하도록 함

69 2012. 중

다음은 중도 · 중복장애학생 A의 통합학급 과학과 수업 참여 방법에 대해 교사들이 나눈 대화이다. ㉠~㉤ 중에서 옳은 것만을 있는 대로 고른 것은?

최 교사: 학생 A를 과학과 수업에 참여시키기 위해 '최소 위험 가정(least dangerous assumption)'의 기준을 적용할 수 있겠어요. 분명한 근거 없이 장애가 심하다고 통합학급 수업에 따라가지 못할 것이라는 가정을 함부로 해서는 안 된다는 것이죠.

강 교사: 수업 활동 중에 학생 A가 스스로 하기 어려운 활동도 있겠지만, ㉠ '부분참여의 원리'를 적용해서 친구들에게 모두 의존하지 않고 활동에 일정 수준 참여하게 한다면 활동을 통해 배우게 될 뿐만 아니라 자존감도 높아진다고 생각해요.

최 교사: ㉡ '부분참여의 원리'를 적용하는 것은 통합학급에서 학생 A의 이미지와 역량에 긍정적인 영향을 줄 수 있다는 점에서 '사회적 역할 가치화(social role valorization)'라는 개념을 실현하는 것으로 볼 수 있어요.

강 교사: ㉢ 과학 수업이 매주 3시간 있는데, 2시간은 수업에 참여하고 1시간은 치료지원을 받게 하면, '부분참여의 원리'도 살리고 치료 지원과 학습 요구의 균형도 이룰 수 있습니다.

김 교사: 학생 A를 위한 교수 방법으로 ㉣ '최소개입촉진(least intrusive promptings)의 원리'에 따라 효과적인 교수법 중 가장 간단하고 사용하기 쉬운 것을 선택하도록 하지요.

강 교사: 학생 A의 운동장애를 감안한다면, 신체적 도움이 필요해요. ㉤ 학습 단계 초기에는 도움을 주지 않다가 필요할 때는 즉시 촉진을 제공할 수 있고, 과제 수행에 따라 점차 신체적인 안내를 늘려가는 점진적 안내(graduated guidance)가 좋겠어요.

① ㉠, ㉡
② ㉢, ㉣
③ ㉠, ㉡, ㉣
④ ㉠, ㉡, ㉣, ㉤
⑤ ㉡, ㉢, ㉣, ㉤

핵심테마 체크 ✔

- 행동연쇄
- 부분참여의 원리

MY MEMO

70

정답 및 예시답안

1) ① 초과정
   ② 후진형 행동연쇄
2) ① 부분참여의 원리
   ② ⓒ은 활동의 전반적인 기회로부터 이득을 보지 못하도록 하는 근시안적 참여의 문제점이 있다.
3) 초과정

관련이론

✦ 행동연쇄의 유형

유형	내용
전진형	• 처음 단계부터 마지막 단계까지 순차적으로 가르치는 것 • 초기단계의 표적행동이 짧아 한 회기에 다수의 훈련 시행이 가능하지만, 새로운 훈련 단계가 시작될 때마다 표적행동의 양이 증가되어 욕구 좌절과 학습에 대한 저항을 불러올 수 있음
후진형	• 마지막 단계부터 처음 단계까지 역순으로 가르치는 것 • 마지막 단계의 행동 이전 행동 단계들은 교사가 모두 완성해 준 상태에서 마지막 단계의 행동을 학생이 하도록 하는 방법 • 학생의 입장에서는 매 회기에 마지막 단계까지 완수하게 되고 강화를 받게 된다는 장점 • 그 과제를 끝까지 여러 차례 반복할 수 있는 기회가 학생에게 주어진다는 것도 장점 • 한 시행에 소요되는 시간이 길어 초기부터 지루할 수 있고, 한 회기에 많은 훈련을 시행할 수 없다는 단점이 있음 • 일반적으로 전진형 연쇄가 보다 자연스러운 교수 계열을 제시하므로 후진형 연쇄보다는 권장
전체 과제형	• 과제분석을 통한 모든 단계를 시행하도록 하면서 아동이 독립적으로 수행하지 못하는 단계에 대해서는 훈련을 실시하는 방법 • 행동연쇄에 있는 단위행동은 습득했는데 행동을 순서대로 수행하지 못할 때 사용하면 유용 • 학습자가 하위과제 대부분을 이미 습득한 경우 • 하위과제의 수가 많지 않아 비교적 단순하고, 모방 능력이 있으며, 장애의 정도가 심하지 않은 개인을 대상으로 훈련할 때

✦ 부분참여의 원리

구분		내용
의미		• 부분적 참여 원리는 본질적으로, 모든 중도장애 학생들은 최소한으로 제한된 다양한 학교 내외 환경과 활동들에서 부분적으로라도 자신들이 기능할 수 있도록 많은 기술을 습득할 수 있다는 사실에 대한 긍정적 단어임 • 아동이 다른 사람의 눈에 더욱 가치 있게 보이도록 하는 가운데, 아동이 제외되거나 차별받는 것을 방지할 수 있음
오류 유형	수동적 참여	장애를 가진 학생들이 자연스러운 환경에 배치되었으나 적극적으로 활동들에 참여하도록 허락하는 대신에 또래들이 활동에 참여하는 것을 관찰하는 기회만 제공하는 것
	근시안적 참여	교사가 교육과정의 관점들 중 한 가지 혹은 몇 가지만을 좁은 시야로 집중하고, 학생이 학습의 전반적인 기회들로부터 이득을 보지 못하도록 하는 것
	단편적 참여	학생이 몇몇 활동들에 부정기적으로 참여하는 것
	참여기회 상실	학생이 독립적으로 활동을 하기 위해 너무 많은 시간과 노력을 기울이게 함으로써 학생으로 하여금 더 많은 수의 활동들에 참여할 기회를 상실하게 하는 것

70

2024. 초

(가)는 특수교사와 통합학급 교사가 실과 6학년 수업 계획에 대해 나눈 대화의 일부이고, (나)는 특수교사가 민우의 '프로그래밍 요소와 구조' 수업을 위해 만든 수업 자료의 일부이다. 물음에 답하시오. [6점]

(가)

통합학급 교사: 이번 수업에서는 간단한 음식 만드는 순서를 알고리즘과 함께 지도하고, 학생들이 코딩 연습을 해 보게 하려고요.

특 수 교 사: 좋은 생각입니다. 학생들이 재미있어 하겠어요.

통합학급 교사: 전자레인지로 간단한 음식 만들기 활동을 하려니 ㉠교차 오염이 걱정되어서, 학생들이 수업 전 자기점검법을 사용하도록 해야겠어요.

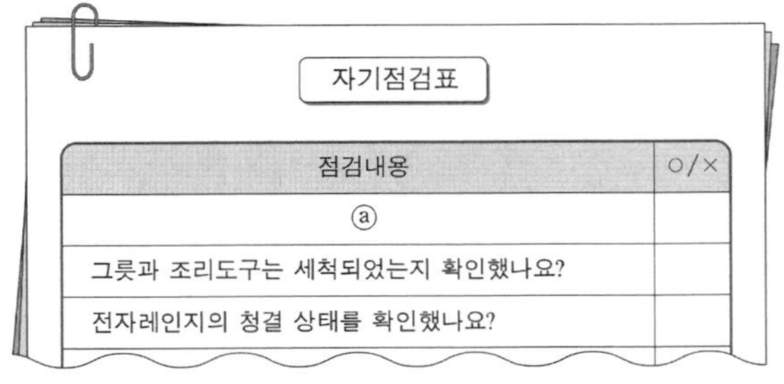
자기점검표

점검내용	○/×
ⓐ	
그릇과 조리도구는 세척되었는지 확인했나요?	
전자레인지의 청결 상태를 확인했나요?	

… (중략) …

통합학급 교사: 민우가 움직임에 제한이 많아서 간단한 음식 만들기 활동에 참여할 수 있을지 고민이에요.

특 수 교 사: ㉡과제분석이 된 각 단계를 '완료되면 음식 꺼내기'부터 하나씩 배울 수 있도록 지도하면 될 거예요.
그리고 민우가 전체 활동에 항상 동일하게 참여해야 하는 것은 아니에요. 민우가 최대한 독립적으로 참여할 수 있도록 각 단계를 조정해 주면, 민우가 적극적으로 참여할 수 있을 거예요. 민우가 전자레인지에 시간 설정하는 방법을 배우는 것은 의미 있을 것 같아요. [A]

통합학급 교사: 그럼 ㉢다른 학생들이 간단한 음식 만들기를 하는 동안 민우는 시간 설정을 하기 위해 숫자 쓰기를 연습할 수 있도록 해야겠어요.

특 수 교 사: 선생님, 그것은 적절한 활동이 아닌 것 같아요.

(나)

○ 전자레인지로 간단한 음식 만들기 활동 속에서 프로그램의 구조 익히기

① 전자레인지 문을 연다. ② 음식을 넣는다. ③ 전자레인지 문을 닫는다.	④ 시간을 설정한다. ⑤ 시작 버튼을 누른다. ⑥ 완료되면 음식을 꺼낸다.

[B]

○ 전자레인지로 간단한 음식 만들기 순서 나열하기

… (중략) …

○ 음식 만들기 로봇이 다음과 같이 움직이도록 블록을 조립하고 실행하기

```
시작하기 버튼을 클릭했을 때
이동 방향을 0으로 정하기
붓의 색을 ■ 으로 정하기
붓의 굵기를 40으로 정하기
그리기 시작하기
이동 방향으로 100만큼 움직이기
방향을 90만큼 회전하기
1초 기다리기
이동 방향으로 100만큼 움직이기
방향을 90만큼 회전하기
1초 기다리기
이동 방향으로 100만큼 움직이기
방향을 90만큼 회전하기
1초 기다리기
이동 방향으로 100만큼 움직이기
방향을 90만큼 회전하기
1초 기다리기
```
[C]

```
시작하기 버튼을 클릭했을 때
이동 방향을 0으로 정하기
붓의 색을 ■ 으로 정하기
붓의 굵기를 40으로 정하기
그리기 시작하기
ⓑ
    이동 방향으로 100만큼 움직이기
    방향을 90만큼 회전하기
    1초 기다리기
```
[D]

1) ① (가)의 ㉠에서 고려해야 할 ⓐ에 해당하는 예시를 1가지 쓰고, ② (나)의 [B]를 고려하여 (가)의 ㉡에 해당하는 행동 지도 방법의 명칭을 쓰시오. [2점]

①:

②:

2) ① (가)의 [A]에 해당하는 중도중복장애 학생의 교수 원리를 쓰고, ② [A]를 근거로 ㉢의 문제점을 1가지 쓰시오. [2점]

①:

②:

3) ① (나)에서 [C]에 적용된 프로그램의 구조를 쓰고, ② [D]의 ⓑ에 들어갈 명령어를 쓰시오(단, 필요한 경우 적합한 수를 넣어 명령어를 완성할 것). [2점]

①:

②:

핵심테마 체크

- 정상화의 원리
- 부분참여의 원리

MY MEMO

71

정답 및 예시답안

○ 정상화의 원리는 교육환경 차원에서 중도・중복장애 학생도 일반학생과 동일하거나 최대한 유사한 환경에서 교육을 받아야 한다는 것, 교육내용 차원에서 가르치고 배우는 내용이 일반학생의 것과 동일하거나 유사해야 한다는 점을 시사한다.
○ ㉡ 사회적 역할강화
○ ㉢ 자기옹호

관련이론

✦ 정상화의 원리

- 장애나 기타 불이익을 경험하는 모든 사람들에게 사회의 일반적인 환경 및 생활 방식과 유사하거나 동일한 삶의 형태와 일상생활의 조건을 가능하게 해 주는 것

✦ 사회적 역할 강화의 원칙(social role valorization, SRV)

- 지적장애 학생을 위한 생활기술 교수에 초점을 두는 철학적 기초는 사회적 역할 강화의 원칙에 있다(Wolfensberger, 1993).
- 이 모델은 세 가지 중심 개념들로 이루어지고, 궁극적 기능성의 기준, 위험허용의 존엄성, 능력-일탈 가설을 포함한다. 이러한 개념은 오늘날 지적장애인을 위한 서비스 제공의 핵심 가치와 철학에 집중한다.
- 각 개념은 생활기술을 자연스럽게 습득하지 못하였고 지역사회 내 고립과 저가치화의 위험이 있는 사람들에게 생활기술을 제공해야 하는 필요성도 뒷받침한다.

<table>
<tr><td>사회적 역할 강화의 원칙</td><td colspan="2">• 사회적 저가치화의 위험에 처해 있는 모든 사람에게 사회적으로 가치 있는 역할들을 만들거나 지원하는 실제로, 이를 통해 그들은 가치 있는 시민에게 제공되는 혜택들을 받을 수 있다. 이러한 혜택들은 물리적 환경(그들이 사는 곳과 가치 있는 타인과 함께 참여하는 곳), 관계(사회적 통합), 활동(연령에 적합하고 통합된 활동들), 언어(표찰) 및 이미지(개인적 외모)에서 그들의 사회적 이미지의 향상을 포함한다.
• 궁극적으로 달갑지 않거나 가치 폄하될 수 있는 개인에 대해 가치를 부여하고 긍정적인 소통을 하는 것이다.
• 장애인을 언급할 때 사람이 먼저인 언어(personal-first language)를 사용하는 것은 사회적 역할 강화의 원칙의 성과 가운데 하나이다.</td></tr>
<tr><td rowspan="3">사회적 역할 강화 원칙에 포함되는 3가지 개념</td><td>궁극적 기능성의 기준</td><td>• 개인이 "사회적, 직업적, 가정적으로 통합된 지역사회 환경에서 가능한 생산적이고 독립적으로 기능"하기 위한 기술들을 가지는 것이다.
• 이러한 환경들에서 개인이 적극적이고 자율적인 참여가 배제되는 교육적인 가정과 실제들은 지양되어야 한다.</td></tr>
<tr><td>위험허용의 존엄성</td><td>• 위험허용의 존엄성(dignity of risk)은 위험을 감수하는 사람들에게 제공되는 인간 존엄성이라는 것이 있고 그들은 그렇게 함으로써 통합된 사회에 적극적으로 참여하는 것으로부터 제한받지 않는다는 것이다.
✦ 위험허용 존엄성의 원칙
1. 성인은 스스로 결정을 내려야 하고 그렇게 할 기회가 주어져야 한다.
2. 타인이 결정해주기 이전에 독립적인 결정을 할 수 있도록 적절한 지원과 도움이 제공되어야 한다.
3. 성인은 타인의 의견과 상반된 결정을 내릴 권리가 있다. 그들은 이러한 결정에 대한 결과를 경험할 권리가 있으며, 여기에는 물론 실패도 포함된다.
4. 개인을 위한 모든 결정에는 흥미와 선호가 반드시 고려되어야 하고 "기본 원리와 자유"를 침해해서는 안 된다.</td></tr>
<tr><td>능력-일탈 가설</td><td>• 이 가설은 일반적으로 저가치화의 위험이 있는 사람이 보이는 부정적인 관심을 이끌어내는 행동에 대한 지역사회 구성원의 관용을 설명한다. 예를 들면, 성공적으로 자기관리를 하고, 타인과 소통하고, 개인 금융을 관리하고, 직무를 마치고, 지역사회 내에서 독립적으로 이동하는 능력은 능력의 이미지를 형성하는 모든 생활기술이다. 따라서 한 사람이 공공의 일상적인 생활에서 능숙하고 가치 있는 행동과 기술들을 정기적으로 보여줄 때, 드물고 특이한 행동을 보이게 되더라도 사회는 큰 관용을 가질 수 있다.</td></tr>
</table>

71

2019. 중

다음은 ○○특수학교 참관 실습생을 위해 담당 교사가 중도·중복장애 교육을 주제로 작성한 교육 자료의 일부이다. 〈작성 방법〉에 따라 서술하시오. [4점]

〈교육 자료〉

1. 교육 가능성에 대한 신념
   - ㉠ 정상화 원리(principle of normalization)
     - 시사점: 장애인의 교육에서 중요한 것이 무엇인가에 대한 관점의 패러다임 제공
   - (㉡)
     - 정상화 원리에 기반하여 올펜스버거(W. Wolfensberger)가 체계화
     - 개인이 한 사회의 가치로운 구성원으로 인식되도록 하는 것의 중요성을 역설함
     - 시사점: 중도·중복장애 학생이 자유 의지와 권리를 지켜 나갈 수 있도록 필요한 교수와 지원을 제공하여 사회적 이미지를 긍정적으로 개선시킴

2. 긍정적 기대
   - 2015 개정 특수교육 기본 교육과정 사회과에서 자신의 삶을 자율적으로 관리하는 자율생활역량을 강조함
     - '나의 삶' 영역 중학교 내용 요소에는 다양한 상황에서 합리적인 선택 방법을 알고 스스로 결정하는 '자기 결정'이 있음
     - '나의 삶' 영역 고등학교 내용 요소에는 자신의 요구, 신념, 권리가 소중함을 알고 이를 지켜나가는 생활을 실천하는 '(㉢)'이/가 포함됨

작성방법

- 밑줄 친 ㉠이 중도·중복장애학생 교육에 제공하는 시사점을 교육 환경(즉, 교육적 배치)과 교육 내용(즉, 가르치고 배우는 내용) 차원에서 각 1가지씩 서술할 것 (단, <교육 자료>에 제시된 내용은 제외할 것)
- 괄호 안의 ㉡, ㉢에 해당하는 내용을 순서대로 쓸 것

핵심테마 체크 ✔

- 부분참여의 원리
- 삽입교수
- 중다수준 교육과정
- 중복 교육과정

MY MEMO

72

정답 및 예시답안

④

관련이론

✦ 부분참여의 원리

의미		• 부분적 참여 원리는 본질적으로, 모든 중도장애 학생들은 최소한으로 제한된 다양한 학교 내외 환경과 활동들에서 부분적으로라도 자신들이 기능할 수 있도록 많은 기술을 습득할 수 있다는 사실에 대한 긍정적 단어임 • 아동이 다른 사람의 눈에 더욱 가치 있게 보이도록 하는 가운데, 아동이 제외되거나 차별받는 것을 방지할 수 있음
오류 유형	수동적 참여	장애를 가진 학생들이 자연스러운 환경에 배치되었으나 적극적으로 활동들에 참여하도록 허락하는 대신에 또래들이 활동에 참여하는 것을 관찰하는 기회만 제공하는 것
	근시안적 참여	교사가 교육과정의 관점들 중 한 가지 혹은 몇 가지만을 좁은 시야로 집중하고, 학생이 학습의 전반적인 기회들로부터 이득을 보지 못하도록 하는 것
	단편적 참여	학생이 몇몇 활동들에 부정기적으로 참여하는 것
	참여기회 상실	학생이 독립적으로 활동을 하기 위해 너무 많은 시간과 노력을 기울이게 함으로써 학생으로 하여금 더 많은 수의 활동들에 참여할 기회를 상실하게 하는 것

✦ 삽입교수

의미	• 목표기술을 자연스러운 일과활동 내에서 수행할 수 있도록 활동 속에 삽입하는 것을 말하며, 학생의 수행 정도에 따라 연습시수를 정하여 일과 내에 분산하여 시도할 수 있도록 계획됨
장점	• 학생이 소속된 학급 운영과 활동 진행에 큰 변화를 요구하지 않음 • 학생을 별도로 분리해서 교육할 필요 없이 일반적인 학급 운영의 틀 내에서 교수할 수 있음 • 학급 내 자연적인 환경에서 교수가 일어나기 때문에 새로 습득한 기술의 즉각적이고 기능적인 사용능력을 증진시킬 수 있음 • 학생의 하루 일과 및 활동 전반에 걸쳐 삽입학습기회가 체계적으로 제공됨으로써 새롭게 학습한 기술의 사용능력이 다양한 상황으로 일반화될 수 있음

✦ 중다수준 교육과정과 중복 교육과정

중다수준 교육과정	• 장애학생과 일반 또래들이 과학실험과 같이 함께 하는 활동에 참여할 때 이루어짐 • 학생들은 같은 교과 영역 내의 여러 수준의 교육목표 • 고전적인 교육목표의 위계 개념이 기초 • 한 학생은 기초적인 지식이나 이해 수준에서 학습할 때, 다른 학생은 보다 심화된 적용이나 종합 수준에서 배울 수 있음
중복 교육과정	• 장애학생과 일반학생이 각자의 개별화된 교수목표를 가지고 교육활동에 참여하는 것 • 개별화된 학습목표가 둘 이상의 교육 영역에서 나온다는 점이 같은 교과 영역 내에서의 수준 차이만을 가지는 중다수준 교수와의 차이 • 교육과정 중복을 고려하기 전에 일반 또래들과 같은 목표나 중다수준 교수목표를 고려할 수 있는지를 먼저 생각해 보는 것이 중요함

72 2009. 초
★답안작성

다음은 중도 · 중복장애 학생 민호와 영미를 통합학급 수업에 참여시키기 위해 송 교사와 박 교사가 나눈 대화이다. 밑줄 친 (가)~(다)에 해당하는 내용과 <보기>의 내용이 바르게 짝지어진 것은?

송 교사: 내일 인터넷 자료를 가지고 '여러 동물의 한살이'를 지도하려고 해요. (가) <u>다른 친구들이 모둠별로 모여 동물의 한살이에 관한 조사 활동을 할 때 민호는 친구들의 이름을 알기 위해 다양한 활동을 할 거예요</u>. 다음 주에는 동물원에 가기 전에 민호가 학교 사육장에 있는 동물들을 직접 관찰하게 하려고 해요.

박 교사: 저는 '여러 곳의 기온재기'를 지도하려고 해요. 먼저 우리 반 친구들이 각자 자기의 모형 온도계를 만들 때 (나) <u>영미의 것은 제가 만들고 색칠하기는 영미에게 시키려고요</u>. 그리고 (다) <u>우리 반 친구들이 실제 온도계로 교실 안 여러 곳의 온도를 재는 동안 영미는 모형 온도계 눈금을 읽게 할 거예요</u>.

보기

ㄱ. 부분참여
ㄴ. 삽입교수
ㄷ. 중다수준 교육과정
ㄹ. 교육과정 중복(중첩)

	(가)	(나)	(다)
①	ㄷ	ㄱ	ㄴ
②	ㄷ	ㄱ	ㄹ
③	ㄷ	ㄴ	ㄹ
④	ㄹ	ㄱ	ㄷ
⑤	ㄹ	ㄴ	ㄷ

脈 테마별 기출분포도

테마		연도별 기출분포	셀프체크
건강장애 대상자 선정 및 취소	대상자 선정기준 및 취소 조건	⑪초 ⑪중 ⑱중 ㉓중	□□□□□
교육배치 및 지원	건강장애 교육 전달체계 : 병원학교, 순회교육, 원격교육 등	⑪초 ⑪중 ⑱중 ⑳중 ㉒중 ㉓중 ㉔중	□□□□□
	학적관리, 출결관리, 평가 및 학업 성적관리	⑪초 ⑪중 ⑱중 ⑳중 ㉒중 ㉓중	□□□□□
만성질환별 이해 및 교육지원	소아천식	⑫초 ⑰초 ㉑중	□□□□□
	심장장애	⑫초 ㉔중	□□□□□
	신장장애	⑫초	□□□□□
	소아암	⑫초 ㉒중	□□□□□
	소아당뇨	⑫초 ⑳중	□□□□□

PART

14

건강장애

핵심테마 체크 ✔

- GMFCS
- 전동 휠체어
- 건강장애 선정기준

MY MEMO

01

정답 및 예시답안

1) ① 스위치
   ② 3개월
2) ① 초과정
   ② 모로반사

관련이론

✦ GMFCS 5수준

- 학생의 모든 환경에서 수동 휠체어로 다른 사람이 옮겨 주어야 하고, 중력에 대항하여 머리와 몸통의 자세를 유지하기 어렵다. 팔과 다리의 움직임 조절에 제한이 있고, 머리를 가누고/앉고/서고/이동하기 등을 위해 보조공학을 사용하나 이런 장비로 완전히 보완되지는 않는다. 이동할 때에는 전적으로 타인의 신체적 도움을 받아야 하고, 가정에서 학생은 바닥에서 짧은 거리를 이동하거나 성인이 안아서 옮겨 주어야 한다. 좌석과 조작 방법을 수정한 전동 휠체어를 사용해 스스로 이동할 수도 있지만 이동성의 제한으로 체육 및 스포츠 활동에 참여하기 위해서는 신체적 도움과 전동 휠체어와 같은 장치가 필요하다.

✦ 건강장애 선정기준

① 장애인 등에 대한 특수교육법에서는 건강장애를 "만성질환으로 인하여 3개월 이상의 장기입원 또는 통원치료 등 계속적인 의료적 지원이 필요하여 학교생활 및 학업수행에 어려움이 있는 사람"으로 정의하고 있다(교육부, 2020).
② 만성질환이란 학생의 교육적 수행에 영향을 줄 수 있는 만성적이거나 심각한 건강상의 문제를 일으키는 질병을 말한다.
③ 우리나라에서는 건강장애를 가진 특수교육대상자의 선정기준에 건강장애에 관한 구체적인 병명을 제시하지 않고 있다. 다만, 개별 학생의 의료적 진단 및 교육적 진단을 고려하여 선정하게 되어 있다.
④ 국내의 병원학교에서 교육을 받는 건강장애 학생 중 가장 많은 수를 차지하는 것은 소아암 학생들이다. 그러나 건강장애를 일으키는 질병은 소아암 외에도 신장 및 심장 질환, 소아천식, 제1형 당뇨 등 매우 다양하다.

✦ 모로반사

- 머리를 뒤로 젖혔을 때 팔이 신전 및 외전 그리고 외회전되면서 몸 전체가 신전 패턴이 되는 경우이다.
- 모로반사가 남아 있는 경우 몸이 신전되면서 휠체어 앞으로 미끄러져 나가게 되므로 앉기 자세에서 균형을 잃기 쉽다.

01

2023. 초

(가)는 건강장애 학생과 지체장애 학생의 특성이고, (나)는 체육 전담교사와 특수교사가 나눈 대화의 일부이다. 물음에 답하시오. [4점]

(가) 학생 특성

학생	특성
주호	• 만성적인 심장 질환을 가지고 있음 • 추운 날씨에는 청색증이 나타남 • 호흡기 계통 질환이 잦아 현장 체험 등에서 주의가 필요함 • 최근 병원에서 퇴원하여 계속적인 통원 치료를 받고 있음
세희	• 뇌성마비를 가지고 있음 • 일상생활 중 근긴장의 변화를 자주 보이며, 상지와 몸통이 본인의 의지와 상관없이 움직임 • 대근육 운동기능 분류체계(GMFCS) 5단계에 속함 ┐ • 현재 스캐닝 기법을 이용하여 보완대체의사소통 기기를 사용하고 있음 [A] • 야외 활동을 할 때에는 특수 전동 휠체어를 사용함 ┘

(나) 대화 내용

체육전담교사 특수교사

주호가 퇴원했다고 들었는데 특수교육대상자로 선정되었나요?

네, ㉠ 건강장애를 가진 특수교육대상자로 선정되었습니다. 주호처럼 계속적인 의료적 지원이 필요한 경우에는 건강장애로 선정될 수 있습니다.

다음 주에 유산소 운동 중심 수업을 계획하고 있는데, 제가 주호를 위해 주의해야 할 점이 있나요?

과격한 운동은 피하게 하고, 중간에 쉴 수 있도록 해 주세요. 주호에게는 ㉡ 걷기나 가볍게 달리기 등의 유산소 운동이 도움이 됩니다.

얼마 전 수업시간에 세희가 휠체어에서 뒤로 넘어질 뻔 했거든요. 어떤 모습이었냐면요, 갑자기 양팔이 활처럼 바깥으로 펼쳐지면서 뻗히다가 팔이 다시 안쪽으로 모아지는 모습이었어요. 정말 놀랐습니다.

[B]

갑자기 큰 소리가 났을 때 보이는 원시반사 중의 하나인데요, 가급적이면 갑작스러운 소음이나 움직임을 피해 주시는 것이 좋습니다.

1) ① (가)의 [A]를 고려하여 특수 전동 휠체어를 운행하기 위한 보조공학기기를 1가지 쓰고, ② (나)의 ㉠으로 선정되기 위한 최소한의 기간을 쓰시오. [2점]

①:

②:

2) ① (나)의 ㉡을 통해 주호에게 중점적으로 향상시키고자 하는 건강 체력 요소 1가지를 쓰고, ② [B]의 대화에서 알 수 있는 원시반사 유형을 쓰시오. [2점]

①:

②:

02

핵심테마 체크 

• 건강장애 선정 및 교육지원

MY MEMO

정답 및 예시답안

③

관련이론

✦ 건강장애 선정기준

<table>
<tr><td>법적 선정기준</td><td>• 만성질환으로 인하여 3개월 이상의 장기입원 또는 통원치료 등 계속적인 의료적 지원이 필요하여 학교생활 및 학업수행에 어려움이 있는 사람</td></tr>
<tr><td>교육부의 상세한 선정기준</td><td>• 만성질환 치료를 위한 장기 의료처치가 요구되어 연간 수업일수의 3개월 이상 결석 및 이로 인한 유급 위기에 처해 있으면서, 학교생활 및 학업수행에 어려움이 있어 특수교육지원이 요구되는 학생을 건강장애로 선정하고 있음
• 다른 장애 유형과는 달리 건강장애를 지닌 특수교육대상자로 선정된 이후 다른 학교급으로 진급할 때에는 특수교육운영위원회에서 재선정 배치 여부를 재심사하여 결정
• 건강장애 학생의 선정은 장애인 등에 대한 특수교육법 시행규칙에 따른 특수교육대상자 선별검사 및 진단·평가를 별도로 실시하지 않음
• 만성질환을 가진 학생 중에서 장기치료로 인해 해당 학년의 진도를 따라가지 못하거나 유급 위기에 있는 등 학업수행에 어려움이 있는 것으로 판단되는 학생에 한해 특수교육운영위원회에서 결정함
• 이때 만성질환은 장애인증명서, 장애인 수첩, 혹은 진단서를 통해 확인

✦ 세부기준의 의미
<table>
<tr><td>만성질환</td><td>• 백혈병, 소아암, 각종 종양 등 장기적인 의료처치가 요구되는 만성질환을 말함
• 우리나라에서는 만성질환으로 지속적인 관리가 필요하나 학교 출석이 가능한 경우에는 건강장애로 선정하지 않음</td></tr>
<tr><td>3개월 이상 계속적인 의료적 지원</td><td>• '3개월 이상 장기입원 또는 통원치료 등 계속적인 의료적 지원'이라는 기준은 입원 혹은 통원치료 등 장기간의 의료적 처치가 요구되는 경우를 의미
• 연간 수업일수 중 3개월 이상의 결석이 발생하면 유급의 위험에 처하기 때문에 유급을 방지하려는 조치</td></tr>
<tr><td>학교생활 및 학업수행에 어려움</td><td>• 만성질환으로 3개월 이상 결석으로 인한 유급을 방지하기 위해 병원학교 및 원격수업이 필요한 경우는 특수교육이 필요한 학생으로 간주</td></tr>
</table>
</td></tr>
</table>

✦ 건강장애 학생 선정 및 무상교육 제공

• 만성질환 치료를 위한 장기 의료처치가 요구되어 연간 수업일수 중 3개월 이상 결석 및 이로 인한 유급 위기에 처해 있으면서 학교생활 및 학업수행에 어려움이 있어 특수교육지원이 요구되는 자를 건강장애로 선정하여, 무상교육 혜택 부여 및 순회교육·병원학교·화상강의 등 다양한 방법을 통해 출석일수를 확보하여 상급학교·학년으로 진학하도록 지원하는 것

02

2011. 중

다음은 심장 수술로 장기간 입원하게 된 고등학생 A의 어머니와 병원학교 특수교사의 대화이다. ㉠~㉣에서 옳은 것만을 모두 고른 것은? [1.5점]

> 어 머 니: 간호사 말이 A가 여기에서 특수교육을 받을 수 있다던데요…….
> 특수교사: ㉠ A가 2개월 이상 입원하게 될 경우, 「장애인 등에 대한 특수교육법」 시행령에 근거해서 건강장애를 지닌 특수교육대상자로 선정될 수 있습니다.
> 어 머 니: 그럼 A에게 무슨 혜택이 있지요?
> 특수교사: ㉡ 건강장애학생으로 선정되면 입학금과 수업료, 교과용 도서 대금 및 급식비가 무상으로 지원됩니다.
> 어 머 니: 그럼 병원에 입원해 있는 동안 수업 결손은 어떻게 하지요?
> 특수교사: ㉢ 병원학교에서 교과 수업뿐만 아니라 필요에 따라 화상 강의도 제공합니다.
> 어 머 니: 그럼 제가 어떻게 해야 하지요?
> 특수교사: ㉣ 병원학교 배치 신청서를 작성하여 진단서와 함께 병원에 제출하면, 심사 결과에 따라 건강장애로 선정되어 저희 병원학교에 배치됩니다.

① ㉠, ㉢
② ㉠, ㉣
③ ㉡, ㉢
④ ㉠, ㉡, ㉣
⑤ ㉡, ㉢, ㉣

PART 14

핵심테마 체크

- 건강장애 선정
- 소아암의 이해

MY MEMO

03

정답 및 예시답안

○ 원격수업
○ 장애인증명서, 장애인 수첩, 진단서 중 1가지
○ ⓒ에서 학생 H의 학적은 병원학교가 아니라 원적학교에 둔다. ⓞ처럼 신체활동과 체육활동을 피하도록 하는 것이 아니라, 체력과 피로도 등을 고려하여 적절한 수준에서 참여할 수 있도록 한다.

관련이론

✦ 건강장애 선정기준

법적 선정기준	• 만성질환으로 인하여 3개월 이상의 장기입원 또는 통원치료 등 계속적인 의료적 지원이 필요하여 학교생활 및 학업수행에 어려움이 있는 사람
교육부의 상세한 선정기준	• 만성질환 치료를 위한 장기 의료처치가 요구되어 연간 수업일수의 3개월 이상 결석 및 이로 인한 유급 위기에 처해 있으면서, 학교생활 및 학업수행에 어려움이 있어 특수교육지원이 요구되는 학생을 건강장애로 선정하고 있음 • 다른 장애 유형과는 달리 건강장애를 지닌 특수교육대상자로 선정된 이후 다른 학교급으로 진급할 때에는 특수교육운영위원회에서 재선정 배치 여부를 재심사하여 결정 • 건강장애 학생의 선정은 장애인 등에 대한 특수교육법 시행규칙에 따른 특수교육대상자 선별검사 및 진단·평가를 별도로 실시하지 않음 • 만성질환을 가진 학생 중에서 장기치료로 인해 해당 학년의 진도를 따라가지 못하거나 유급 위기에 있는 등 학업수행에 어려움이 있는 것으로 판단되는 학생에 한해 특수교육운영위원회에서 결정함 • 이때 만성질환은 장애인증명서, 장애인 수첩, 혹은 진단서를 통해 확인 ✦ 세부기준의 의미 **만성질환**: • 백혈병, 소아암, 각종 종양 등 장기적인 의료처치가 요구되는 만성질환을 말함 • 우리나라에서는 만성질환으로 지속적인 관리가 필요하나 학교 출석이 가능한 경우에는 건강장애로 선정하지 않음 **3개월 이상 계속적인 의료적 지원**: • '3개월 이상 장기입원 또는 통원치료 등 계속적인 의료적 지원'이라는 기준은 입원 혹은 통원치료 등 장기간의 의료적 처치가 요구되는 경우를 의미 • 연간 수업일수 중 3개월 이상의 결석이 발생하면 유급의 위험에 처하기 때문에 유급을 방지하려는 조치 **학교생활 및 학업수행에 어려움**: • 만성질환으로 3개월 이상 결석으로 인한 유급을 방지하기 위해 병원학교 및 원격수업이 필요한 경우는 특수교육이 필요한 학생으로 간주

✦ 소아암 학생을 위한 교육지원

건강관리	• 소아암 학생의 치료는 병원에서 이루어지지만, 의학적 조치 이후에도 꾸준한 건강관리 수칙을 통해 발병 이전의 생활로 돌아갈 수 있도록 자기관리능력을 지도해야 함 • 소아암 학생에게 운동은 매우 필요하나, 단기간에 강한 운동은 삼가함 • 운동 중 관절이나 근육에 손상이 가지 않도록 주의
학습지원	• 학교환경 내에서 필요한 경우 충분한 휴식과 수업 참여시간 조정 시 이용할 수 있는 공간을 확보 • 치료로 인한 체력적인 문제와 약물로 인한 부작용 등을 고려하여 교사는 융통성 있는 과제제시와 과제시간을 추가로 허용
정서적 지원	• 자신의 질병과 상황을 수용할 수 있도록 심리 및 정서 지원이 필요 • 본인이 왜 암에 걸렸는지, 진단받은 질병을 어떻게 수용할 것인지 등 자신의 감정을 표출하거나 이해하는 방법을 가르치는 것은 매우 중요
식사 지도	• 대부분은 학교의 급식을 같이 할 수 있으며, 건강하고 균형 잡힌 식습관 등 기본적인 식사 지도 방법은 일반학생들과 동일 • 다만 좀 더 건강한 식습관을 학생과 가족이 함께 갖도록 하는 것이 바람직

03

2022. 중

(가)는 ○○중학교에 재학 중인 학생 H에 관해 담임 교사와 특수 교사가 나눈 대화의 일부이고, (나)는 학생 H를 위한 지원 계획의 일부이다. <작성 방법>에 따라 서술하시오. [4점]

(가) 대화

담임 교사: 선생님, 저희 반 학생 H가 소아암 치료를 위해 6개월간 병원에 입원하게 되었어요. 입원해 있는 동안 어떤 교육 지원을 받을 수 있을까요?

특수 교사: 네, 건강장애로 인한 특수교육대상자로 선정되면 ㉠ <u>병원학교</u>에서 수업을 받을 수 있습니다.

담임 교사: 특수교육대상자로 선정되려면 어떤 진단·평가를 받아야 하나요?

특수 교사: 「장애인 등에 대한 특수교육법 시행규칙」에 따르면, 건강장애와 관련하여 특수교육대상자 선별검사 및 진단평가 영역이 별도로 규정되어 있지 않습니다. 만성질환의 경우에는 (㉡)을/를 참고자료로 활용하여 특수교육운영위원회의 심사를 거쳐 특수교육대상자로 선정될 수 있습니다.

(나) 지원 계획

구분	내용
병원학교 입교	㉢ 학생 H의 학적은 병원학교에 두고 관련 지침을 적용한다. ㉣ 병원학교의 출결확인서 또는 수업확인증명서에 따라 출결을 처리한다.
학교 복귀 지원	㉤ 또래 관계를 지원하고, 심리 상담을 통해 정서적인 안정을 갖도록 한다. ㉥ 필요한 경우, 교내에 충분한 휴식을 취할 수 있는 공간을 확보한다. ㉦ 백혈구 수치가 낮아지거나 감염의 위험성이 높아지면 예기치 못한 결석이 자주 발생할 수 있으므로 학습 결손에 대한 방안을 마련한다. ㉧ 장기간 치료로 인한 체력 소모와 피로감을 고려하여 신체 활동과 체육 활동을 피하도록 한다. ㉨ 방사선치료나 화학요법으로 인해 인지능력에 변화가 발생한 경우 학업 수행 시 지원이 요구된다.

작성방법

- (가)의 밑줄 친 ㉠을 제외하고 학생 H가 제공받을 수 있는 교육 지원을 1가지 쓸 것 [단, 「장애인 등에 대한 특수교육법」 제25조 2항(법률 제17494호, 2020. 10. 20., 일부개정)에 근거할 것]
- (가)의 괄호 안 ㉡에 해당하는 내용을 1가지 쓸 것
- (나)의 ㉢~㉨ 중 적절하지 <u>않은</u> 것 2가지를 찾아 기호와 함께 각각 바르게 고쳐 서술할 것

PART 14

핵심테마 체크 

- 건강장애_대상자 선정기준
- 건강장애_학업성적관리
- 건강장애_수행평가 관련 학업성적관리

MY MEMO

04

정답 및 예시답안

○ ⓑ의 외상성 부상 학생은 건강장애 대상자가 아니다. ⓔ의 건강장애 학생의 학적은 원적 학교에 둔다.
○ ㉠은 학업성적관리위원회이다.
○ ㉡의 방법은 학업성적관리규정에 따라 인정사유 및 인정점의 비율을 결정하여 수행평가 인정점을 부여한다.

관련이론

✦ 외상성 부상 학생

- 건강장애 학생의 선정기준은 만성질환으로 제한하고 있으나, 건강장애 학생에 준하는 교육지원을 할 수 있는 기타 사항들이 있다. 3개월 이상 외상적 부상 학생이 이에 해당된다.
- 외상적 부상 학생이란 건강장애 선정 대상자는 아니지만 3개월 이상의 치료를 필요로 하는 화상, 교통사고 등의 심각한 외상적 부상으로 불가피하게 장기결석이 예상되는 학생을 말한다.
- 외상적 부상 학생은 해당 치료기간에 한해 건강장애 학생들의 교육지원인 병원학교와 원격수업을 이용할 수 있으며, 해당 기관 이용일수를 출석으로 인정하고 있다.
- 외상적 부상 학생은 해당 교육(지원)청에서 관련 진단서, 담임교사 및 업무담당자 의견 등 제반사항을 고려하여 선정한다.

✦ 건강장애 학생의 학업성적관리

1) 학업성적관리 규정
   - 건강상의 이유로 출석이 곤란한 경우에 병원학교 담당교사와 소속학교 담임교사 간 협의를 통해 가정이나 병원에서 평가를 할 수 있다고 규정하고 있다(교육부, 2016).
   - 직접평가가 불가능한 경우에는 학교장이 당해 학교의 '학업성적관리 규정'에 따라 성적을 결정한다.
2) 학교 자체의 평가 관련 규정의 개발
   - 시 교육청 중·고등학교에서는 학업성적관리 시행지침의 제19조(인정점 부여)와 제20조(수행평가)에 따라 학교 자체에서 건강장애 학생을 위한 별도의 평가 관련 규정을 개발해야 한다.
   - 학업성적관리 규정에는 각급학교가 병원학교 및 원격수업 수강 학생에 관한 규정을 포함하여 인정점을 부여할 방안을 마련하도록 명시하고 있다.
3) 수행평가에 참여하지 못한 학생의 인정점 부여
   - 학업성적관리 시행지침 제19조에 따라 건강장애 학생의 직접평가(지필평가)가 불가능할 때는 학업성적관리위원회 심의를 거쳐 적절한 인정점 비율을 논의하고 학교장이 최종적으로 결정한다.
   - 수행평가에 참여하지 못한 학생의 인정점 부여방법은 교과협의회(교과평가계획수립 후 학업성적관리위원회에서 심의) 또는 학업성적관리위원회에서 결정한다.
4) 학교평가에 출석이 불가한 경우
   - 중·고등학교의 경우에는 소속학교의 시험일정에 따라 평가 당일 출석시험에 응시해야 하며, 출석이 불가한 경우에는 시·도교육청의 학업성적관리 규정이나 소속학교 학업성적관리위원회의 결정에 따라 처리된다.
   - 수행평가의 경우에는 평가 당일 결석 시 다음과 같은 규정을 마련하여 운영할 수 있다.
   - 건강장애 학생과 같이 평가 당일 결시로 인해 수행평가에 참여하지 못할 때는 별도규정을 마련할 수 있다.

04

2023. 중

(가)는 ○○교육지원청 특수교육지원센터 누리집 질의응답 내용의 일부이며, (나)는 건강장애 학생 A의 평가조정을 위한 회의록의 일부이다. <작성 방법>에 따라 서술하시오. [4점]

(가) 누리집 질의응답

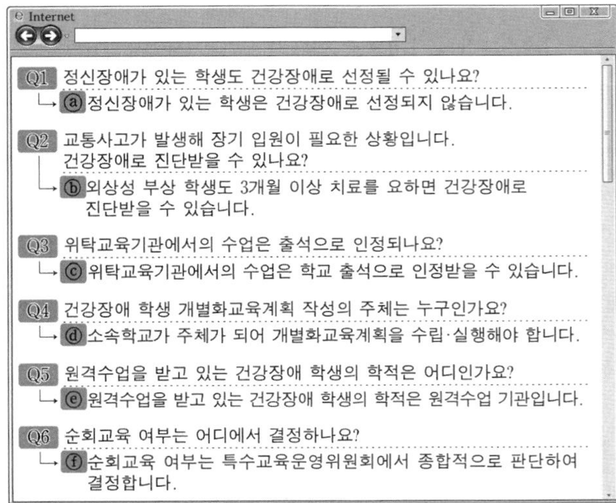
Q1 정신장애가 있는 학생도 건강장애로 선정될 수 있나요?
└→ ⓐ 정신장애가 있는 학생은 건강장애로 선정되지 않습니다.

Q2 교통사고가 발생해 장기 입원이 필요한 상황입니다. 건강장애로 진단받을 수 있나요?
└→ ⓑ 외상성 부상 학생도 3개월 이상 치료를 요하면 건강장애로 진단받을 수 있습니다.

Q3 위탁교육기관에서의 수업은 출석으로 인정되나요?
└→ ⓒ 위탁교육기관에서의 수업은 학교 출석으로 인정받을 수 있습니다.

Q4 건강장애 학생 개별화교육계획 작성의 주체는 누구인가요?
└→ ⓓ 소속학교가 주체가 되어 개별화교육계획을 수립·실행해야 합니다.

Q5 원격수업을 받고 있는 건강장애 학생의 학적은 어디인가요?
└→ ⓔ 원격수업을 받고 있는 건강장애 학생의 학적은 원격수업 기관입니다.

Q6 순회교육 여부는 어디에서 결정하나요?
└→ ⓕ 순회교육 여부는 특수교육운영위원회에서 종합적으로 판단하여 결정합니다.

(나) (㉠) 회의록

개최 일시	2022. ○. ○○.	장소	회의실
참석자	교감, 담임 교사, 특수 교사, 관련 업무 담당자		
안건	건강장애 학생 평가조정 방안		

담 당 자: 회의를 시작하겠습니다. 안건은 건강장애 학생 A의 평가조정 방안에 관한 건입니다. 담임 선생님께서는 학생의 상황에 대해 설명해 주시기 바랍니다.

담임 교사: 학생 A는 올해 혈액암으로 인해 건강장애로 선정된 학생입니다. 이 학생은 현재 ○○병원에서 5개월째 입원 중이며, 원격수업을 수강하고 있습니다. 학부모와 상담한 결과, 건강 상태로 인해 중간고사 기간에 학교에 출석하지 못하는 상황으로 판단됩니다. 이러한 이유로 (㉠) 개최를 요청하게 되었습니다.

특수 교사: 학생 A와 같이 장기 결석으로 인해 출석 시험이 곤란한 경우에 평가에서 불이익을 받을 우려가 있으므로 평가를 조정하는 것이 필요합니다.

교　　감: 건강장애 학생의 경우에도 출석 시험이 원칙입니다. 학생 A의 건강 상태와 현 상황을 고려한 평가 조정 방안에 대해 의견을 주시기 바랍니다.

특수 교사: 이런 경우 학생 A는 병원에서 시험을 볼 수 있습니다. 만약 건강 상태가 계속 좋지 않아 수행평가에도 참여하지 못하는 경우, ㉡ <u>다음과 같이 처리할 수 있습니다.</u>

…(하략)…

작성방법

- (가)의 ⓐ~ⓕ 중 틀린 응답 내용을 2가지 찾아 기호를 쓰고, 각각 바르게 고쳐 쓸 것
- (나)의 괄호 안의 ㉠에 공통으로 해당하는 명칭을 쓸 것
- (나)의 밑줄 친 ㉡에 해당하는 방법을 1가지 서술할 것 (단, 평가 점수 부여 방식에 근거할 것)

PART 14

핵심테마 체크 ✔

- 대상자 선정 취소
- 소아당뇨

MY MEMO

05

정답 및 예시답안

○ ㉠에 대한 사항을 결정하는 주체는 시・도교육청이다.
○ ㉡에 해당하는 내용(다음 중 택 1)
  - 건강장애 선정의 직접적인 원인이 된 질병이 완치된 경우
  - 소속 학교로 복귀하여 정상적으로 출석하는 경우(치료 또는 진단을 위해 월 1~2회 외래 치료하는 경우도 포함)
  - 소속 학교에서 휴학 또는 자퇴를 하고자 하는 경우
○ ㉢은 소아당뇨이고, ㉣에 해당하는 내용은 저혈당 간식 섭취하기이다.

관련이론

✦ 건강장애 선정 및 취소

선정	• 건강장애의 선정은 만성질환 치료로 인해 장기결석이 불가피한 경우에 선정하며, 교육지원 절차가 매우 간소 • 건강장애로 선정되면 담임교사나 특수교사가 학생의 개별화교육계획을 수립한 후 이에 근거하여 학생의 건강 상태에 따라 학교, 병원, 가정 어디서든 교육을 받을 수 있도록 지원 • 의뢰하기 위해서는 치료로 인해 장기결석이 불가피한 것을 판단할 수 있는 진단서 혹은 장애인 등록증이나 장애인 수첩과 특수교육대상 선정 신청서를 학교나 교육청에 제출해야 함
취소	• 취소 조건 – 건강장애 선정의 직접적인 원인이 된 질병이 완치된 경우 – 건강장애학생이 다니던 학교로 복귀하여 정상적으로 출석하는 경우(*정상적인 출석이란 치료 또는 진단을 위해 월 1~2회 정도 외래치료를 하는 경우를 말함) – 건강장애 학생이 다니던 학교에서 휴학 또는 자퇴를 하는 경우 • 취소 절차 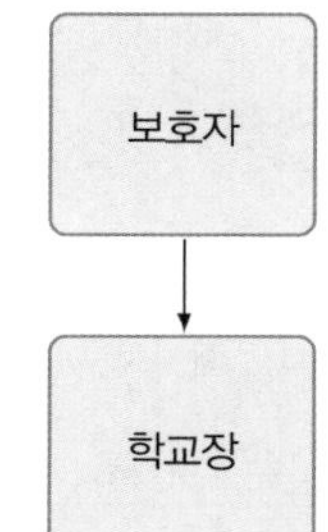 보호자: 학교에 특수교육대상자 선정・배치 취소 동의서 작성 제출 학교장: 해당교육(지원)청에 특수교육대상자 선정・배치 취소 신청 공문 제출 〈제출서류〉 ① 특수교육대상자(건강장애) 선정・배치 취소 신청서 ② 특수교육대상자 선정・배치 취소 동의서(학부모용)

✦ 소아당뇨(제1형 당뇨 지원)

특성	• 고혈당증 • 저혈당증 – 증상: 두통, 배고픔, 땀, 몸이 떨림, 창백한 피부, 피로감, 빠른 맥박, 거친 숨소리, 현기증, 흐릿한 시야, 집중 어려움, 예민함, 화, 경련, 의식잃음 등의 증상을 보일 수 있음 – 응급처치: 음식섭취(주스, 음료, 설탕, 포도당 등), 응급실, 포도당 수액 등(*의식이 없는 상태에서는 기도폐쇄의 위험이 있으므로 음식이나 음료수를 먹게 해서는 안 됨) • 당뇨병성 케톤산증
치료	• 인슐린 주사 • 혈당검사 • 식이요법 – 음식의 양을 조절하는 것이 아니라 혈당 조절이 잘 될 수 있도록 식사를 조절하는 것 – 정상적인 성장과 발육을 할 수 있도록 충분한 영양을 섭취해야 함 – 식이요법의 목적은 혈당의 상승을 최대한 억제하여 혈당을 유지하고 합병증의 발생을 지연시키며 좋은 영양 상태를 유지하는 것 – 저혈당증을 막기 위해서는 규칙적인 식사가 필요 – 저혈당 증상을 학생이 자각할 때에는 간식을 먹을 수 있게 하며, 간식은 보통 오전 10시 30분경, 오후 3시경으로 2회 정도 먹는 것을 추천 • 운동요법

05

2020. 중

(가)는 특수교육지원센터 홈페이지 게시판에 있는 질의응답 내용의 일부이고, (나)는 학생 L의 건강관리 지원 계획의 일부이다. 〈작성 방법〉에 따라 서술하시오. [4점]

(가) 질의응답 내용

Q1 저희 아이는 소아 천식을 앓고 있어요. 만약 건강장애로 선정된다면 집에서 공부할 수 있는 방법이 있나요?

A1 네, 원격수업이나 ㉠ <u>순회교육</u>을 받을 수 있습니다.

Q2 건강장애 학생의 부모입니다. 향후 건강장애 선정을 취소할 수 있나요?

A2 ㉡ <u>건강장애 특수교육대상자 선정 취소 사유</u>에 해당하는 경우, 학부모가 건강장애 선정 취소를 신청할 수 있습니다.

Q3 학생 L은 (㉢)을/를 앓고 있어요. ⓐ <u>혈당 검사, 인슐린 주사, 식이요법을 통해 매일 꾸준히 관리해야 해요</u>. 학교에서 어떤 지원을 받을 수 있을까요?

(나) 건강관리 지원 계획

○ 응급 상황 대처 계획

구분	나타날 수 있는 증상	처치
경증 저혈당	발한, 허기, 창백, 두통, 현기증	• 즉시 신체 활동 금지 • 즉시 혈당 측정 • (㉣) • 휴식 취하기 • 보건교사 연락 • 보호자 연락

작성방법

- (가)의 밑줄 친 ㉠을 위한 교육과정의 편성·운영에 관한 사항을 결정하는 주체를 쓸 것 [단, 2015 개정 특수교육 교육과정 총론(교육부 고시 제2018-163호)에 근거할 것]
- (가)의 밑줄 친 ㉡에 해당하는 내용을 1가지 서술할 것
- (가)의 밑줄 친 ⓐ를 참고하여 괄호 안의 ㉢에 해당하는 용어를 쓰고, (나)의 괄호 안의 ㉣에 해당하는 내용을 1가지 쓸 것

핵심테마 체크

• 건강장애 학생을 위한 교육지원

MY MEMO

06

정답 및 예시답안

③

알찬 지문풀이

• ㄱ. ➡ 학적은 원적학교에 두어야 함

• ㄴ. ➡ 병원학교 입급일을 기준으로 하는 것이 아니라, 특수교육대상자로 선정되어 배치가 되면, 배치된 소속 학교에서 개별화교육계획을 작성함. 이는 병원학교에 입급하게 되어도 소속은 원래 학교이기 때문임

• ㄷ. ➡ 수업 결손을 막기 위한 다양한 지원

• ㄹ. ➡ 가급적 학교에 가서 평가를 받도록 하고, 출석이 어려울 경우 병원에서 실시하는 평가도 인정

• ㅁ. ➡ • 학업 지원: 사이버 가정학습, 순회교육, 화상강의 시스템, u러닝
• 심리정서적 지원: 전화나 이메일 등 통신매체, 인식개선교육, 캠프 등 행사, 봉사점수제 등

관련이론

✦ 건강장애 학생을 위한 교육지원의 개관

구분		내용
교육지원 목적		• 관련 법령에 따른 무상 의무교육 제공 • 질병으로 인해 학교에 출석하지 않아도 병원학교, 원격수업, 순회교육 등 다양한 방법을 이용한 개별화된 교육지원 • 심리적 요구에 따른 프로그램 운영과 심리정서적 적응 지원 • 대안적 교육방법(병원학교, 원격수업, 순회교육 등)을 이용한 출석일수 확보로 상급학교 및 학년 진급 지원
건강장애 교육 전달체계	병원학교	• 건강장애 학생의 교육기회 확대를 위한 방안으로 입원 중인 학생을 위한 개별화된 학습 지원, 심리정서적 지원 등을 통해 학업을 지속할 수 있도록 도와주며, 학교생활 적응을 도모하고 치료 효과를 증진하기 위한 목적으로 설치 • 만성질환으로 인해 3개월 이상 입원치료나 잦은 통원치료로 인해 학교 출석을 제대로 할 수 없는 학생을 위해 병원에 설치된 학급을 말하며, 정식학교가 아닌 위탁 교육기관
	원격교육	• 장기입원이나 통원치료로 인해 학교 교육을 받을 수 없는 학생들이 가정이나 병원 등 어디에서나 인터넷을 이용한 원격수업으로 학습지체 및 유급 문제를 해소할 수 있도록 지원하는 교육 형태 • 병원학교에 입원해 있거나 퇴원한 이후에라도 감염이 우려되거나 요양이 필요하여 학교 출석이 어려운 건강장애 학생이 이용할 수 있음 • 인터넷을 통해 수업에 참여하며 이러한 수업 참여는 학교 출석으로 인정받을 수 있음
	순회교육	• 장애로 인해 장단기의 결석이 불가피하여 학교에서 교육을 받기 곤란하거나 불가능한 학생의 교육을 위해 의료기관 또는 가정 등에 교사가 직접 방문하여 특수교육대상자의 교육을 지원하는 교육 형태 • 특수교육대상자의 장애 정도와 교육 요구 등에 대한 정확한 진단·평가를 통해 학교로 등교하여 교육 받는 것이 어려운 학생들이 학교 교육에서 배제되지 않도록 개별 학생의 학습권을 보장하기 위한 교육 형태 • 순회교육 여부는 특수교육운영위원회에서 종합적으로 판단하여 결정하되, 부모의 동의를 포함하도록 함
학교복귀 지원		• 건강장애 학생이 장기입원이나 장기통원치료를 마치고 학교 교육을 받기 위해 학교로 돌아오는 것을 의미 • 학교생활에 적응한다는 것은 건강상의 문제가 남아 있더라도 학업을 지속하며, 또래와 지속적인 관계를 유지하면서 일상적인 생활로 돌아가는 것을 의미 • 학교복귀지원의 목적은 건강장애 학생이 소속 학교 및 소속 학급의 학생들과 단절되는 것을 막고 지속적으로 소통할 수 있도록 하기 위한 것이며, 담임교사를 통한 교육지원의 질을 높이기 위해서임

06

2011. 초

샛별초등학교에 재학 중인 건강장애 학생 창수는 소아암 치료를 위해 5개월간 장기 입원하게 되어 병원학교에 입급하려고 한다. 담임교사는 창수의 병원학교 입급과 관련된 점검 사항을 작성하여 특수교사에게 조언을 구하려고 한다. 다음에서 적절한 내용을 모두 고른 것은?

구분	병원학교 점검 사항
학사 운영	ㄱ. 창수의 학적은 병원학교에 두고, 샛별초등학교의 학년과 학기를 적용한다.
교육 과정 운영	ㄴ. 병원학교에서의 입급일로부터 14일 이내에 창수의 건강관리계획을 포함한 개별화교육계획을 작성해야 한다. ㄷ. 창수의 오랜 병원생활로 인한 수업 결손을 막기 위해 재량활동을 교과 재량활동으로 운영한다. ㄹ. 창수에게 학력 평가를 실시할 때, 평가 당일 샛별초등학교에 출석하여 평가를 받도록 권장하되, 병원방문 평가도 인정한다.
환급 준비	ㅁ. 병원학교에서는 창수가 샛별초등학교로 복귀하는 것을 도울 수 있도록 학업 · 심리 · 사회 적응 등을 위한 학교복귀 프로그램을 실시한다.

① ㄱ, ㄴ
② ㄷ, ㅁ
③ ㄹ, ㅁ
④ ㄱ, ㄴ, ㄹ
⑤ ㄷ, ㄹ, ㅁ

PART 14

핵심테마 체크 ✔

- 건강장애 학생의 학적 및 성적관리

MY MEMO

07

정답 및 예시답안

- ㉠ 2시간 이상
- ㉡ 출석 확인서
- ㉢ 학업성적관리

관련이론

✦ 학적관리 · 출결관리 · 평가 및 학업성적관리

구분	내용
학적관리	• 건강장애 학생은 학교생활기록 작성 및 관리 지침에 의하여 학적은 학생의 소속학교에 두고 위탁학생으로 등록하여 관리 • 위탁학생 관련 규정에 따라 병원학교나 원격수업 기관에서 수업하더라도 학적 사항들은 학생이 재학하고 있는 소속학교의 지침을 따름 • 학교에서의 위탁학생 등록 업무는 학적계 또는 담임교사이며, 건강장애 학생의 학적관리를 위한 특수교사 업무로는 건강장애 선정 및 취소 관련 업무, 건강장애 학생 상담, 학부모 상담, 평가 참여를 위한 지원 등의 학교생활의 전반적 지원을 담당 • 병원학교 및 원격수업 등 정보통신매체를 이용하여 수업을 받는 건강장애 학생의 학적은 소속학교에 두고 성적 및 평가는 소속학교 학업성적관리위원회의 결정에 따라 처리함
출결관리	• 학생당 1일 적정 교육시수는 의료진과 협의하여 조정하되 초등학생은 1시수 이상, 중 · 고등학생은 2시수 이상을 최소 수업시수로 함. 이때 1단위 시간은 최소 20분으로 함 • 병원학교 및 원격수업 등 정보통신매체를 이용하여 수업을 받는 건강장애 학생의 출결은 반드시 확인해야 하며, 출결은 병원학교 및 원격수업 등 정보통신매체의 출결확인서에 따름 • 병원학교 및 원격수업 등 정보통신매체를 이용한 수업에 출석하지 않은 경우에는 시 · 도교육청의 규칙과 지침에 따라 결석처리 • 건강장애 학생의 교육과정은 개별 학생마다 다르나 병원학교 및 원격수업에 참여하는 것을 출석으로 인정하여 학사를 관리 • 건강장애 학생의 출석 통보 및 확인은 병원학교의 경우에는 매월 초에 출결 상황을 소속학교로 직접 통보하고, 원격수업기관의 경우에는 매월 초에 출결 상황을 교육청으로 통보하며, 교육청에서 소속학교로 통보 • 학년 수료 및 졸업에 관한 규정에 따르면 학생의 각 학년과정의 수료에 필요한 출석일수는 소속학교 해당 학년 수업일수의 2/3 이상이 요구되기 때문에 정확한 출석관리가 필요 • 병원학교 수업 참여 또는 원격수업을 중복으로 수강한 경우에는 1일로 인정하며, 소속학교 출석일수와 원격수업 수업일수를 합해서 기준 수업일수를 합하여 계산하는 개념이 아님 • 병원학교 수업일수는 개근의 개념이 아니라 소속학교에서 진급 시 부족한 수업일수를 보전하기 위한 개념
평가 및 학업성적 관리	• 병원학교와 원격수업기관에서는 학교생활기록 작성 및 관리지침에 따라 건강장애 학생들의 내신 반영과 성적처리를 위한 별도의 평가는 시행하지 않으며 성적에 관한 자료를 제공하지 않음 • 원격수업기관의 시험 및 성적처리 등 일체의 사항은 소속학교의 교육과정에 따르며 성적처리는 소속학교의 학생들과 동일하게 관리 • 평가 및 학업성적처리는 소속학교에서 '건강장애 학생을 위한 학업성적관리 규정'을 마련해야 함 • 학업성적관리 규정의 주요 지침 – 병원학교 또는 원격수업기관 이용 학생의 평가는 될 수 있는 대로 당일 출석을 권장하여 처리 – 직접평가가 불가능한 경우에는 병원학교 또는 원격수업기관의 수업내용을 참고하여 기재 – 병원학교 또는 원격수업기관의 자료가 없는 경우에는 위탁교육기관에서의 수업참가로 기록

07

2018. 중

다음은 건강장애 학생 교육지원 매뉴얼의 Q&A 내용 중 일부이다. ㉠~㉢에 들어갈 내용을 순서대로 쓰시오.

[2점]

Q1 병원학교에서 수업받고 있는 중·고등학생은 출석 인정을 받을 수 있습니까?

A1 예, 출석으로 인정받을 수 있습니다. 중·고등학생은 1일 (㉠) 수업에 참여할 경우 출석으로 인정하며 (단, 정서·행동장애 병원학교는 1일 4시간 이상), 이때 병원학교의 (㉡)을/를 소속 학교에 제출해야 합니다.

Q2 병원학교에서 수업을 받고 있지만, 건강상태가 좋지 않아 소속 학교에 출석하여 평가를 받기 힘들거나 병원이나 가정 등에서도 평가를 받기 어려운 학생이 있습니다. 이런 경우에 어떠한 해결방법이 있습니까?

A2 평가 당일 소속 학교에 출석하여 평가를 실시함을 원칙으로 하지만, 부득이한 이유 등으로 인해 직접 평가가 불가능한 경우에는 소속 학교의 (㉢)규정에 따라 처리하게 됩니다.

핵심테마 체크 

- 심장장애
- 건강장애 교육 전달체계_병원학교

MY MEMO

08

정답 및 예시답안

○ ㉠ 심장장애
○ ㉡ 개별화된 학습지원

관련이론

✦ 심장장애의 이해

- 대부분의 학생은 일반학교에 다닐 수 있으며 모든 정상적인 활동을 할 수 있음
- 청색증(cyanosis)이 심한 학생은 추위에 잘 적응하지 못하므로 추운 날씨에는 실외에서 하는 교육을 피하는 특별한 조치가 필요
- 호흡곤란이 심한 학생은 힘들어할 경우 휴식을 취하도록 함
- 힘든 운동을 제외한 운동, 즉 빠르게 걷기, 가볍게 달리기, 자전거 타기, 수영, 가벼운 등산, 계단 오르기 등의 유산소운동은 도움이 됨
- 심장병의 치료: 수술, 영양 및 식이요법 등

✦ 병원학교

<table>
<tr><td>개념</td><td colspan="2">• 학교에서 교육을 받기 어려운 학생들을 위해 병원 내에 설치한 학교
• 병원학교는 만성질환을 치료하기 위해 학업을 중단하고 있는 건강장애 학생의 교육을 지원하기 위한 제도
• 학생들의 학업 연속성 유지 및 학습권 보장과 개별화된 학습지원, 심리정서적 지원 등을 통해 학교생활 적응을 도모하고 삶에 대한 희망과 용기를 심어 주어 치료 효과를 증진하기 위한 목적으로 운영</td></tr>
<tr><td rowspan="3">병원학교 운영</td><td>병원학교 운영 위원회</td><td>• 건강장애 학생이 자신의 치료과정을 긍정적으로 수용하고 사회적 고립에서 탈피하여 심리적・정신적 긴장을 해소할 수 있도록 지원하여 치료 종료 후 학교생활에 적응하도록 지원하는 데 목적이 있음
• 운영협의회는 학기별 1회지만 긴급 안건 발생 시 수시로 개최하며, 병원학교 운영과 관련한 교재교구 구매, 교육활동비 등에 대한 계획을 수립하여 집행
• 공식적인 의사소통 체계로서 전반적인 병원학교 운영에 대해 논의하는 협의체</td></tr>
<tr><td>교육과정 운영</td><td>• 기본 방향은 국가 수준의 교육과정, 시・도교육청 수준의 교육과정과 일관성을 유지하되 소속학교의 교육목표를 고려하여 편성・운영
• 국가 수준 교육과정의 편성・운영 기준이나 방침의 타당성, 적합성을 고려하고, 학교에 주어진 교육과정 편성・운영의 자율성, 융통성, 창의성을 최대한 발휘</td></tr>
<tr><td>학사일정</td><td>• 병원학교가 속한 협력학교의 학사일정에 따름
• 연간 수업일수는 병원학교 협력학교의 연간 수업일수에 따라 운영하되, 교과와 창의적 체험활동 등의 구성은 병원학교의 여건, 담임교사의 의견, 의료진의 의견 등을 고려하여 운영할 수 있음
• 병원학교의 수업 참여를 출석으로 인정하고, 출석은 초등학생 1일 1시간 이상, 중학생 1일 2시간 이상을 최소 수업시간으로 정하되, 1시간의 적정 수업시간은 20분 이상을 기준으로 하여 학교 재량에 따라 융통성 있게 증감 가능</td></tr>
</table>

고득점 답안 비법 ✰ 병원학교의 운영목적: 학생들의 학업 연속성 유지 및 학습권 보장과 개별화된 학습지원, 심리정서적 지원 등을 통해 학교생활 적응을 도모하고 삶에 대한 희망과 용기를 심어 주어 치료 효과를 증진하기 위한 목적으로 운영하고 있음 → 단, 글의 맥락 및 의미상 '학습' 측면의 지원이라는 것이 키워드이므로, 학습지원, 학업지원 등도 답안이 되어야 한다고 봄

08

2024. 중

다음은 건강장애 학생 A에 대한 ○○중학교 담임 교사와 특수 교사의 대화이다. 괄호 안의 ㉠과 ㉡에 해당하는 내용을 각각 쓰시오. [2점]

> 담임 교사: 학생 A는 (㉠)이/가 있는데 학교에서 어떤 점을 유의해야 하나요?
> 특수 교사: 학생 A는 부정맥이 있고 청색증이 심하므로 추운 날씨에 야외 활동이나 야외 수업은 피해야 하고, 호흡이 곤란한 경우에는 휴식을 취하도록 지도해야 합니다.
> 담임 교사: 학생 A는 잦은 입원으로 결석이 많습니다. 그렇지만 학생 A는 학업을 계속하고 싶어 하는데, 어떤 방법이 있을까요?
> 특수 교사: 병원학교가 어떨까요? 병원학교는 만성질환을 치료하기 위해 학업을 중단하고 있는 건강장애 학생의 교육을 지원하기 위한 학교입니다.
> 담임 교사: 학생 A는 결석이 잦아서 학습 진도가 맞지 않은데 괜찮을까요?
> 특수 교사: 네, 괜찮습니다. 병원학교는 학생들의 학업 연속성 유지 및 학습권 보장을 위해 학생의 요구와 수준에 맞추어 (㉡) 지원을 하고, 심리·정서적인 지원도 하고 있습니다.

핵심테마 체크 ✔

- 건강장애 만성질환별 특수교육 지원

MY MEMO

09

정답 및 예시답안

②

알찬 지문풀이

- ② 동절기에는 운동장에서 하는 ~~체육수업을 받지 않고, 특수학급에 가서 다른 교과의 수업을 받게~~ 한다.
  ➡ 학생의 건강상태에 무리가 되지 않도록 활동을 수정하고 참여하도록 해야 함. 통합 환경에서 분리시키는 것은 바람직하지 않음

관련이론

✦ 건강장애 만성질환별 이해

소아 천식	• 천식은 아동기에 자주 발생하는 알레르기질환 중 하나로, 식생활이 서구화되고 대기오염이 날로 심각해져 감에 따라 빠른 속도로 증가하는 추세 • 소아천식이란 천식으로 숨 쉴 때 들어오는 여러 가지 자극 물질에 대한 기관지의 과민반응으로 인해 나타나는 소아기 만성질환 • 천식은 평소에는 아무 일도 없는 것처럼 증상이 나타나지 않지만, 갑자기 숨이 가빠지거나 약물이 필요한 위급 상황이 되기도 하며 호흡기 증상이 반복적이며 갑작스럽게 나타남 • 일단 호전이 되면 대부분은 거의 정상 상태로 회복되나 반복적으로 자주 재발하는 특징을 가진 호흡기질환 • 소아천식의 특징은 기도의 과민반응과 광범위한 기도폐색 증상으로 설명됨
심장 장애	• 대부분의 학생은 일반학교에 다닐 수 있으며 모든 정상적인 활동을 할 수 있음 • 청색증(cyanosis)이 심한 학생은 추위에 잘 적응하지 못하므로 추운 날씨에는 실외에서 하는 교육을 피하는 특별한 조치가 필요 • 호흡곤란이 심한 학생은 힘들어할 경우 휴식을 취하도록 함 • 힘든 운동을 제외한 운동, 즉 빠르게 걷기, 가볍게 달리기, 자전거 타기, 수영, 가벼운 등산, 계단 오르기 등의 유산소운동은 도움이 됨 • **심장병의 치료**: 수술, 영양 및 식이요법 등
신장 장애	• 만성 콩팥병은 사구체 여과율의 감소 여부와 상관없이 신장의 구조 또는 기능의 이상이 3개월 이상 지속하는 경우와 신장의 손상이 없더라도 사구체 여과율이 3개월 이상 일정 기능 이하인 경우를 말함 • 식욕부진과 식이제한 등에 의한 열량공급 부족, 만성 빈혈, 각종 내분비장애 등으로 인한 신체적 성장장애를 보일 수 있음 • 장기간 약물 복용과 스테로이드 단기 복용 등으로 인해 불면증과 주의력 결핍 및 인지 처리과정에서의 손상이 유발되어 지능 발달지연 등 인지적 어려움이 나타날 수 있음 • 대부분의 신장장애는 합병증 관리를 위해 수분 및 염분 조절, 식이 조절, 규칙적인 약물 복용과 검사 등이 필요 • 지속적인 혈액투석 치료를 할 경우 정서적·심리적 스트레스를 경험할 수 있음 • 신장장애 학생의 정서적 적응을 위해 교사는 이들이 감정을 잘 표현하도록 도와주는 것이 중요 • 피곤하지 않도록 활동량을 조절해야 하기 때문에 정상 교과를 다 수행하기는 어려움 • 투석으로 인해서 커진 혈관 때문에 반팔 옷을 기피하는 경우도 있으므로, 학생이 긴팔교복을 입고자 할 경우 이에 대한 배려가 필요 • 질병으로 인한 한계를 인식하고 필요한 경우 학교에서 도움을 요청하는 방법에 대해서 배울 수 있도록 함 • 학업 결손에 대한 부담과 걱정이 많으므로 이에 대한 지원이 필요
소아 암	• 암진단을 받았던 학생은 이해와 따뜻한 환경 안에서 대처 기술(coping skills)을 배우는 것이 필요 • 대부분의 소아암 학생은 병원에 입원해서 항암치료를 받을 때 외에는 일반학교에 다닐 수 있으며 무리하지 않는 가운데 모든 활동에 참여할 수 있음 • 학교생활 중에 면역력이 약한 학생의 감염을 예방하기 위해 공동 컵을 사용하거나 생수를 마시지 않도록 하고, 별도로 개인 컵과 보리차 등 끓인 물을 가지고 다니도록 함 • 수업 활동 참여에서는 힘든 운동과 과격하게 부딪히는 운동만 피하면 됨. 항암치료를 받고 있다고 모든 체육시간에서 제외시킬 필요는 없음 • 치료가 끝나도 신체에 장애가 남아있는 경우도 있고 치료 중이라면 더욱 부모님과 상의하여 원서를 쓰기 전 집과 가까운 학교를 배정받을 수 있도록 안내 • **소아암의 치료**: 항암 화학요법, 수술치료, 방사선치료, 조혈모세포 이식, 면역치료 등
소아 당뇨	• 췌장의 베타세포가 90% 이상 파괴되어 인슐린의 분비 이상으로 포도당이 세포 내로 들어가지 못해 혈당 농도가 비정상적으로 높아지는 질병 • 당뇨는 인슐린 분비의 장애, 또는 인슐린 작용의 장애로 발생하는 대사질환 • 당뇨병은 완치될 수는 없으나, 매일 인슐린 주사를 맞으면서 열량 처방에 의한 식사요법, 적당한 운동과 정규적인 병원 진찰을 통하여 조절할 수 있음

09

2012. 초

다음은 특수교육대상자로 선정되어 초등학교 일반학급에 통합되어 있는 건강장애 학생들의 개별적인 상황과 특수교육 지원 내용이다. 상황에 따른 특수교육 지원이 적절하지 <u>않은</u> 것은?

	만성 질환	개별 학생의 상황	특수교육 지원
①	소아 천식	먼지와 특정성분의 음식에 과민반응을 보여 천명을 동반한 기침과 호흡곤란이 심하게 나타난다.	부모와 보건교육교사와 상의하여 과민반응을 일으키는 음식을 통제하고, 교실환경을 평가하여 자극을 줄여준다.
②	심장 장애	온도변화가 심하거나 몹시 추운 날에는 청색증과 호흡곤란 증세가 나타난다.	동절기에는 운동장에서 하는 체육수업을 받지 않고, 특수학급에 가서 다른 교과의 수업을 받게 한다.
③	신장 장애	투석치료를 위해 매주 정기적으로 3번씩 조퇴를 해야 한다.	조퇴로 인한 특정 교과 학습의 결손을 보충할 수 있도록 통신교육이나 체험교육 등의 학습 기회를 제공한다.
④	소아 암	소아암 치료를 위해 학기 중 4개월 동안 병원에 입원하여야 한다.	입원한 병원의 병원학교에서 최소한 1일에 1시간 이상 수업에 참여하게 하여 유급이 되지 않게 한다.
⑤	소아 당뇨	혈당 조절을 위해 매일 인슐린 주사를 맞으며, 종종 저혈당 증세가 나타난다.	수업시간이라도 갑작스러운 저혈당 증세가 나타나면, 사탕이나 초콜릿 등을 먹을 수 있도록 허용한다.

핵심테마 체크 ✓

• 소아천식

MY MEMO

10

정답 및 예시답안

○ 학생 K는 지속성 경도 천식 증상이 있으므로, ㉠으로 가능한 최대로 숨을 들이마신 후에 가장 빠르고 최대한 힘있게 숨을 내쉬었을 때의 속도를 측정하여 매일의 천식 증상 변화를 살핀다.
○ ㉡은 분산 시도이다.
○ ㉤이 틀렸다. 천식 발작 증상이 심해지면 호흡곤란 등의 위험한 응급상황이 발생할 수 있으므로 증상이 잠잠해지도록 기다리는 것은 적절하지 않다.
○ ㉦이 틀렸다. 발작이 나타나면 숨 쉬는 데 에너지를 다 소모하게 되어, 누운 자세를 취하기 어렵기 때문이다.

관련이론

✦ 천식 치료기구 사용지도

- 어린 아동의 경우에는 흡입기나 네뷸라이저를 올바르게 사용할 수 있도록 교육하거나 도움을 받도록 하고, 학생의 경우에는 스스로 사용할 수 있도록 교육
- 언제 어디서든 의료적 조치를 할 수 있도록 여건을 조성해야 함
- 흡입기를 사용할 때는 졸음, 손떨림, 흥분, 과다활동, 주의력 결핍 등의 증상이 나타날 수 있으며, 과다하게 사용할 경우 부작용은 더욱 크게 나타날 수 있음
- 교사는 흡입기 사용법을 익혀 학생이 바르게 사용할 수 있도록 함
- 천식 증상이 심할 때에는 의사의 처방에 따라 천식 흡입기를 사용

네뷸라이저	• 가정에서도 쉽게 사용이 가능 • 반드시 약액의 종류나 흡입 시간, 흡입 횟수 등을 의사의 처방과 지시에 따라 사용
정량식 흡입기	• 약통을 누르면 일정량의 약물이 추진 가스와 함께 분무되는 흡입기 • 약물의 성분에 따라 소염 스테로이드제, 장시간형 기관지 확장제, 속효성 기관지 확장제 등이 포함 • 정량식 흡입기만으로 기도에 약물을 전달하기 어려운 경우 정량식 흡입기에 흡입 보조 기구인 스페이서를 끼워서 사용 • 정량식 흡입기를 사용할 때에는 벨브를 누르는 동작과 공기를 흡입하는 동작이 일치해야 하고 공기를 흡입할 때 느린 속도로 천천히 흡입해야 함
건조분말 흡입기	• 약물과 부형제가 혼합된 분말을 직접 마시는 것으로 추진제가 따로 없으므로 흡입할 때 세고, 빠르게 들이마셔야 하는 호흡기
약물의 보관	• 학생들이 약이나 흡입 약물을 쉽게 꺼낼 수 있는 장소에 보관

✦ 시도 유형(목표기술 연습 방법)

집중시도	• 단일과제를 집중적으로 여러 차례에 걸쳐서 가르치는 것 • 새로운 기술을 습득하거나 유창성을 높이기 위해 1 : 1 집중시도가 효과적
간격시도	• 교사가 단일 과제를 가르친 후 학생을 쉬게 하고, 학생이 쉬는 동안 다른 학생에게 시켜 보거나 다른 과제를 하게 해서, 해당 학생이 다시 똑같은 것을 배우기 전에 조금 전에 배운 것을 생각해 보거나 친구가 하는 것을 볼 수 있는 기회를 주는 것
분산시도	• 하루 일과 중에 자연스러운 상황 속에 삽입해서 목표행동을 가르치는 것으로, 연습과 연습 사이에 다른 활동을 할 수도 있고, 다른 행동에 대해 배울 수도 있음

고득점 답안 비법 ✩ <작성 방법>에서 '목표기술 연습방법'을 요구하고 있으므로 집중시도, 분산시도, 간격시도 중 ㉡에 해당하는 분산시도를 써야 함

✩ 삽입교수는 분산시도라는 연습 방법을 활용하는 교수전략

10

2021. 중

(가)는 지적장애를 동반한 건강장애 학생 K의 특성이고, (나)는 학생 K에 대한 건강관리 지도 계획이다. <작성 방법>에 따라 서술하시오. [4점]

(가) 학생 K의 특성

- 의사소통에 어려움이 있음
- 지속성 경도 천식 증상이 있음
- 흡입기 사용 시 도움이 필요함

(나) 지도 계획

○ ㉠ 최대호기량측정기 사용 지도
- 매일 일정한 시간에 측정하고 결과를 기록하도록 지도

○ '도움카드' 사용 지도
- '도움카드' 사용 방법을 학습하기 위해 '1:1 집중시도' 연습 지도
- 일반화를 위해 다음과 같이 자연스러운 환경에서 '도움카드' 사용하기 연습 지도 ㉡
  - 환기가 필요할 때 '도움카드'를 이용하여 도움 요청하기
  - 체육 활동 시 '도움카드'를 이용하여 휴식 시간 요청하기
  - 수업 시간에 갈증을 느낄 때 '도움카드'를 이용하여 물 마시기 요청하기
  - 흡입기 사용 시 '도움카드'를 이용하여 교사에게 도움 요청하기

○ 기타 교육적 지원

㉢ 교실에 천식 유발인자가 재투입되지 않는 특수 필터가 장착된 공기청정기를 사용한다.

㉣ 학생이 천식 발작의 징후인 흉부 압박, 연속적으로 터져 나오는 기침 등의 증상을 자각할 수 있도록 지도한다.

㉤ 천식 발작이 나타나면 증상이 잠잠해질 때까지 기다린 후에 조치를 취하도록 한다.

㉥ 학교의 모든 사람이 천식에 대한 지식을 갖출 수 있도록 교육을 실시한다.

㉦ 천식 발작이 일어났을 때 대개는 앉은 자세보다 누운 자세를 취하도록 하는 것이 바람직하다.

㉧ 일반적으로 적절한 운동은 도움이 되므로 준비 운동 후 운동에 참여하도록 한다.

작성방법

- (나)의 밑줄 친 ㉠의 사용 방법을 1가지 서술할 것 [단, (가)의 학생 특성에 근거할 것]
- (나)의 ㉡에 해당하는 목표 기술 연습 방법을 1가지 쓸 것
- (나)의 ㉢~㉧ 중 틀린 곳 2가지를 찾아 기호를 쓰고, 그 이유를 각각 서술할 것

임지원

특수교육 기출맥서 ③

초판인쇄 | 2024. 5. 10. **초판발행** | 2024. 5. 16. **편저자** | 임지원
발행인 | 박 용 **발행처** | (주)박문각출판 **등록** | 2015년 4월 29일 제2015-000104호
주소 | 06654 서울시 서초구 효령로 283 서경 B/D **팩스** | (02)584-2927
전화 | 교재 문의 (02)6466-7202, 동영상 문의 (02)6466-7201

저자와의
협의하에
인지생략

정가 37,000원

ISBN 979-11-6987-892-0
ISBN 979-11-6987-889-0(세트)